APPLICATION GUIDES OF
CHINA ACCOUNTING
STANDARDS AND
RELEVANT LEGISLATIONS 2018

企业会计准则
及相关法规应用指南 2018

许太谊◎主编

中国市场出版社
China Market Press
·北 京·

图书在版编目（CIP）数据

企业会计准则及相关法规应用指南．2018/许太谊主编．—北京：中国市场出版社，2018．1
ISBN 978-7-5092-1636-1

Ⅰ．①企… Ⅱ．①许… Ⅲ．企业-会计准则-中国-指南②会计法-中国-指南 Ⅳ．①F279．23-62 ②D922．26-62

中国版本图书馆 CIP 数据核字（2017）第 292585 号

企业会计准则及相关法规应用指南 2018
QIYE KUAIJI ZHUNZE JI XIANGGUAN FAGUI YINGYONG ZHINAN 2018

主　　编 许太谊
责任编辑 张　瑶
出版发行 中国市场出版社 China Market Press
社　　址 北京月坛北小街 2 号院 3 号楼　　**邮政编码** 100837
电　　话 编 辑 部（010）68032104　读者服务部（010）68022950
发 行 部（010）68021338　68020340　68053489
68024335　68033577　68033539
总 编 室（010）68020336
盗版举报（010）68020336
邮　　箱 474885818@qq. com
经　　销 新华书店
印　　刷 河北鑫兆源印刷有限公司
规　　格 185mm×260mm 16 开本　　**版　　次** 2018 年 1 月第 1 版
印　　张 37．25　　**印　　次** 2018 年 1 月第 1 次印刷
字　　数 1 050 千字　　**定　　价** 98．00 元
书　　号 ISBN 978-7-5092-1636-1

PREFACE

前　言

2017 年我国企业会计准则又经历了一次“大修”，修订了《企业会计准则第 14 号——收入》《企业会计准则第 16 号——政府补助》《企业会计准则第 22 号——金融工具确认和计量》《企业会计准则第 23 号——金融资产转移》《企业会计准则第 24 号——套期会计》《企业会计准则第 37 号——金融工具列报》，共 6 个企业会计准则。新出台了《企业会计准则第 42 号——持有待售的非流动资产、处置组和终止经营》、《企业会计准则解释第 9 号》《企业会计准则解释第 10 号》、《企业会计准则解释第 11 号》、《企业会计准则解释第 12 号》以及《增值税会计处理规定》、《企业破产清算有关会计处理规定》、《规范“三去一降一补”有关业务的会计处理规定》、《企业产品成本核算制度——煤炭行业》等制度。

我国现行企业会计准则体系是根据我国国内企业和资本市场发展的实际需要，在借鉴国际财务报告准则的基础上建立起来的，由企业会计准则——基本准则和具体准则以及企业会计准则解释构成。本书以企业会计准则以及解释为主干，共六个部分。第一部分为企业会计准则，包括企业会计准则——基本准则和 41 个具体准则及其应用指南；第二部分为企业会计准则解释，包括企业会计准则解释第 1 至 12 号，共 12 个企业会计准则解释；第三部分是特殊会计处理规定，包括增值税会计处理规定、企业破产清算有关会计处理规定、规范“三去一降一补”有关业务的会计处理规定，典当、文化、粮食等企业以及保险合同、风险准备金等业务与企业会计准则的衔接和规定；第四部分是会计工作规范，包括会计基础工作规范和企业会计信息化工作规范两个方面的内容；第五部分是中央八项规定及相关财务规定，收集了与企业有关的厉行节约反对浪费、公务接待、因公出国等方面的规定；第六部分是其他财会法规，包括企业产品成本核算制度以及石油石化、钢铁、煤炭等行业规定，国有科技型企业股权和分红激励暂行办法，会计档案管理办法等内容。旨在为读者查阅有关准则、制度，规范企业财务会计工作提供一条捷径，实现“一册在手，会计全有”。本书每个部分都有政策导读，可以帮助读者正确理解、快速查阅。

本书可作为广大企业财会人员，财政、税务、审计等政府部门工作人员，会计师事务所、税务师事务所等中介机构从业人员企业会计准则的培训教材和日常工作的实用工具书，也是财经类专业师生及其他相关人员学习企业会计准则、查阅财会制度的理想参考资料。

本书由许太谊主编，参加本书编写及其相关工作的还有李保瑞、刘洁、任晓琳、邬欣、孟可、季书战、张伟、陈晓娣、郑茜、姚红霞等。尽管我们为本书的出版付出了不懈的努力，但本书的缺点和不足仍在所难免，恳请读者批评、指正，以便再版时修订。

许太谊

2017 年 12 月

CONTENTS
目　录

第一部分　企业会计准则

政策导读 …… 3

一、关于新收入准则 …… 3
二、关于新金融工具相关会计准则 …… 22
三、关于新政府补助准则 …… 26
四、关于持有待售的非流动资产、处置组和终止经营准则 …… 32
五、关于公允价值计量、合营安排、在其他主体中权益的披露准则 …… 36

会计准则 …… 38

企业会计准则——基本准则（2014 年修订） …… 38
企业会计准则第 1 号——存货 …… 42
《企业会计准则第 1 号——存货》应用指南 …… 44
企业会计准则第 2 号——长期股权投资（2014 年修订） …… 45
企业会计准则第 3 号——投资性房地产 …… 49
《企业会计准则第 3 号——投资性房地产》应用指南 …… 51
企业会计准则第 4 号——固定资产 …… 53
《企业会计准则第 4 号——固定资产》应用指南 …… 56
企业会计准则第 5 号——生物资产 …… 57
《企业会计准则第 5 号——生物资产》应用指南 …… 60
企业会计准则第 6 号——无形资产 …… 62
《企业会计准则第 6 号——无形资产》应用指南 …… 65
企业会计准则第 7 号——非货币性资产交换 …… 67
《企业会计准则第 7 号——非货币性资产交换》应用指南 …… 69
企业会计准则第 8 号——资产减值 …… 71
《企业会计准则第 8 号——资产减值》应用指南 …… 77
企业会计准则第 9 号——职工薪酬（2014 年修订） …… 79
企业会计准则第 10 号——企业年金基金 …… 84
《企业会计准则第 10 号——企业年金基金》应用指南 …… 88

企业会计准则第 11 号——股份支付 …… 90
《企业会计准则第 11 号——股份支付》应用指南 …… 92
企业会计准则第 12 号——债务重组 …… 94
《企业会计准则第 12 号——债务重组》应用指南 …… 96
企业会计准则第 13 号——或有事项 …… 98
《企业会计准则第 13 号——或有事项》应用指南 …… 100
企业会计准则第 14 号——收入（2017 年修订）…… 102
企业会计准则第 16 号——政府补助（2017 年修订）…… 111
企业会计准则第 17 号——借款费用 …… 113
《企业会计准则第 17 号——借款费用》应用指南 …… 115
企业会计准则第 18 号——所得税 …… 117
《企业会计准则第 18 号——所得税》应用指南 …… 120
企业会计准则第 19 号——外币折算 …… 122
《企业会计准则第 19 号——外币折算》应用指南 …… 124
企业会计准则第 20 号——企业合并 …… 126
《企业会计准则第 20 号——企业合并》应用指南 …… 129
企业会计准则第 21 号——租赁 …… 132
《企业会计准则第 21 号——租赁》应用指南 …… 136
企业会计准则第 22 号——金融工具确认和计量（2017 年修订）…… 138
企业会计准则第 23 号——金融资产转移（2017 年修订）…… 153
企业会计准则第 24 号——套期会计（2017 年修订）…… 159
企业会计准则第 25 号——原保险合同 …… 167
企业会计准则第 26 号——再保险合同 …… 171
企业会计准则第 27 号——石油天然气开采 …… 174
《企业会计准则第 27 号——石油天然气开采》应用指南 …… 178
企业会计准则第 28 号——会计政策、会计估计变更和差错更正 …… 179
《企业会计准则第 28 号——会计政策、会计估计变更和差错更正》应用指南 …… 181
企业会计准则第 29 号——资产负债表日后事项 …… 182
企业会计准则第 30 号——财务报表列报（2014 年修订）…… 184
企业会计准则第 31 号——现金流量表 …… 191
《企业会计准则第 31 号——现金流量表》应用指南 …… 194
企业会计准则第 32 号——中期财务报告 …… 201
企业会计准则第 33 号——合并财务报表（2014 年修订）…… 203
企业会计准则第 34 号——每股收益 …… 211
企业会计准则第 35 号——分部报告 …… 213
《企业会计准则第 35 号——分部报告》应用指南 …… 216
企业会计准则第 36 号——关联方披露 …… 217
企业会计准则第 37 号——金融工具列报（2017 年修订）…… 219
企业会计准则第 38 号——首次执行企业会计准则 …… 238
《企业会计准则第 38 号——首次执行企业会计准则》应用指南 …… 241
企业会计准则第 39 号——公允价值计量（2014 年印发）…… 244

企业会计准则第 40 号——合营安排（2014 年印发）…… 253
企业会计准则第 41 号——在其他主体中权益的披露（2014 年印发）…… 256
企业会计准则第 42 号——持有待售的非流动资产、处置组和终止经营（2017 年印发）…… 260
附录 会计科目和主要账务处理 …… 264

第二部分 企业会计准则解释

政策导读 …… 339

准则解释 …… 340

企业会计准则解释第 1 号 …… 340
企业会计准则解释第 2 号 …… 343
企业会计准则解释第 3 号 …… 345
企业会计准则解释第 4 号 …… 348
企业会计准则解释第 5 号 …… 351
企业会计准则解释第 6 号 …… 353
企业会计准则解释第 7 号 …… 354
企业会计准则解释第 8 号 …… 358
企业会计准则解释第 9 号——关于权益法下有关投资净损失的会计处理 …… 360
企业会计准则解释第 10 号——关于以使用固定资产产生的收入为基础的折旧方法 …… 361
企业会计准则解释第 11 号——关于以使用无形资产产生的收入为基础的摊销方法 …… 362
企业会计准则解释第 12 号——关于关键管理人员服务的提供方与接受方是否为关联方 …… 363

第三部分 特殊会计处理规定

政策导读 …… 367

会计规定 …… 368

增值税会计处理规定 …… 368
财政部关于《增值税会计处理规定》有关问题的解读 …… 374
企业破产清算有关会计处理规定 …… 376
规范“三去一降一补”有关业务的会计处理规定 …… 386
典当企业执行《企业会计准则》若干衔接规定 …… 388
保险合同相关会计处理规定 …… 394
可再生能源电价附加有关会计处理规定 …… 397
粮食企业执行会计准则有关粮油业务会计处理的规定 …… 398
证券公司财务报表格式和附注 …… 403

农业保险大灾风险准备金会计处理规定 …… 443
财政部关于中央文化企业执行《企业会计准则》有关事项的通知 …… 446

第四部分　会计工作规范

政策导读 …… 461
会计规范 …… 462
会计基础工作规范 …… 462
企业会计信息化工作规范 …… 488

第五部分　中央八项规定及相关财务规定

政策导读 …… 495
相关规定 …… 496
中央八项规定 …… 496
党政机关厉行节约反对浪费条例 …… 497
党政机关国内公务接待管理规定 …… 505
因公短期出国培训费用管理办法 …… 508
因公临时出国经费管理办法 …… 512

第六部分　其他财会法规

政策导读 …… 519
相关法规 …… 520
中华人民共和国会计法（2017 年修订） …… 520
企业财务会计报告条例 …… 526
企业财务通则 …… 531
企业产品成本核算制度（试行） …… 540
企业产品成本核算制度——石油石化行业 …… 546
企业产品成本核算制度——钢铁行业 …… 558
企业产品成本核算制度——煤炭行业 …… 565
国有科技型企业股权和分红激励暂行办法 …… 571
会计档案管理办法 …… 578
会计人员继续教育规定 …… 583

APPLICATION GUIDES OF CHINA ACCOUNTING STANDARDS

and relevant legislations 2018

第一部分　企业会计准则

政策导读

我国现行的企业会计准则体系包括基本准则、具体准则（应用指南）和会计准则解释。企业会计准则体系以基本准则为主导，对企业财务会计的一般要求和主要方面做出原则性的规定，为制定具体准则和会计制度提供依据。具体准则是在基本准则的指导下，处理会计具体业务标准的规范，其具体内容可分为一般业务准则、特殊行业和特殊业务准则、财务报告准则三大类。一般业务准则规范普遍适用的一般经济业务的确认、计量要求，如存货、固定资产、无形资产、职工薪酬、所得税等；特殊行业和特殊业务准则是对特殊行业和特定业务的会计问题做出的处理规范，如生物资产、金融资产转移、套期保值、原保险合同、合并会计报表等；财务会计报告准则主要规范各类企业通用的报告类准则，如财务报表列报、现金流量表、合并财务报表、中期财务报告、分部报告等。应用指南从不同角度对企业具体准则进行强化，是对具体准则的操作指引，解决实务操作。会计准则解释是根据企业会计准则执行情况和有关问题，同时考虑我国会计准则与国际会计的持续趋同和等效情况，对会计准则进行的解释。

现行企业会计准则体系由财政部 2006 年 2 月 15 日以第 33 号部长令印发的《企业会计准则——基本准则》，2006 年 2 月 15 日以财会〔2006〕3 号文件印发的 38 项具体准则和此后陆续对准则的修订和新增，2006 年 10 月 30 日以财会〔2006〕18 号文件印发的《企业会计准则——应用指南》以及 2007 年后陆续印发的《企业会计准则解释第 1 号》至《企业会计准则解释第 12 号》构成。2014 年，财政部相继对《企业会计准则——基本准则》和《企业会计准则第 2 号——长期股权投资》、《企业会计准则第 9 号——职工薪酬》、《企业会计准则第 30 号——财务报表列报》、《企业会计准则第 33 号——合并财务报表》和《企业会计准则第 37 号——金融工具列报》等 5 个具体会计准则进行了修订，并新增了《企业会计准则第 39 号——公允价值计量》、《企业会计准则第 40 号——合营安排》和《企业会计准则第 41 号——在其他主体中权益的披露》等 3 个具体准则。2017 年，财政部对企业会计准则再次进行了“大修”，修订了《企业会计准则第 14 号——收入》《企业会计准则第 16 号——政府补助》《企业会计准则第 22 号——金融工具确认和计量》《企业会计准则第 23 号——金融资产转移》《企业会计准则第 24 号——套期会计》《企业会计准则第 37 号——金融工具列报》等 6 个具体准则，新制定印发了《企业会计准则第 42 号——持有待售的非流动资产、处置组和终止经营》。

一、关于新收入准则

2017 年 7 月 5 日，财政部修订发布了《企业会计准则第 14 号——收入》

（以下简称新收入准则），这是我国企业会计准则体系修订完善、保持与国际财务报告准则持续全面趋同的重要成果。2006 年 2 月，财政部发布《企业会计准则第 14 号——收入》和《企业会计准则第 15 号——建造合同》（以下分别简称收入准则和建造合同准则），对企业的收入确认、计量和相关信息的披露进行了规范。其中，收入准则规范企业销售商品、提供劳务和让渡资产使用权取得的收入，建造合同准则规范企业建造合同取得的收入；销售商品收入主要以风险和报酬转移为基础确认，提供劳务收入和建造合同收入主要采用完工百分比法确认。然而，随着市场经济的日益发展、交易事项的日趋复杂，实务中收入确认和计量面临越来越多的问题。例如，如何划分收入准则和建造合同准则的边界，如何区分销售商品收入和提供劳务收入，如何判断商品所有权上的主要风险和报酬转移，如何区分按总额还是净额确认收入，对于包含多重交易安排或可变对价的复杂合同如何进行会计处理，等等。这从客观上要求我们完善现行收入相关准则，切实满足实践需要。

此外，国际会计准则理事会于 2014 年 5 月发布了《国际财务报告准则第 15 号——与客户之间的合同产生的收入》（以下简称国际财务报告准则第 15 号），自 2018 年 1 月 1 日起生效。该准则改革了现有的收入确认模型，突出强调了主体确认收入的方式应当反映其向客户转让商品或服务的模式，确认金额应当反映主体因交付该商品或服务而预期有权获得的金额，并设定了统一的收入确认计量的五步法模型，即识别与客户订立的合同、识别合同中的单项履约义务、确定交易价格、将交易价格分摊至各单项履约义务、履行每一单项履约义务时确认收入。综上，为切实解决我国现行准则实施中存在的具体问题，进一步规范收入确认、计量和相关信息披露，并保持我国企业会计准则与国际财务报告准则持续趋同，我们借鉴国际财务报告准则第 15 号，并结合我国实际情况，修订形成了新收入准则。

（一）本次修订的主要内容

一是将现行收入和建造合同两项准则纳入统一的收入确认模型。现行收入准则和建造合同准则在某些情形下边界不够清晰，可能导致类似的交易采用不同的收入确认方法，从而对企业财务状况和经营成果产生重大影响。新收入准则要求采用统一的收入确认模型来规范所有与客户之间的合同产生的收入，并且就“在某一时段内”还是“在某一时点”确认收入提供具体指引，有助于更好地解决目前收入确认时点的问题，提高会计信息可比性。

二是以控制权转移替代风险报酬转移作为收入确认时点的判断标准。现行收入准则要求区分销售商品收入和提供劳务收入，并且强调在将商品所有权上的主要风险和报酬转移给购买方时确认销售商品收入，实务中有时难以判断。新收入准则打破商品和劳务的界限，要求企业在履行合同中的履约义务，即客户取得相关商品（或服务）控制权时确认收入，从而能够更加科学合理地反映企业的收入确认过程。

三是为包含多重交易安排的合同的会计处理提供更明确的指引。现行收入准则对于包含多重交易安排的合同仅提供了非常有限的指引，具体体现在收入准则第十五条以及企业会计准则讲解中有关奖励积分的会计处理规定。这些规定远远不能满足当前实务需要。新收入准则对包含多重交易安排的合同的会计处理提供了更明确的指引，要求企业在合同开始日对合同进行评估，识别合同所包含的各单项履约义务，按照各单项履约义务所承诺商品（或服务）的单独售价的相对比例将交易价格分摊至各单项履约义务，进而在履行各单项履约义务时确认相应的收入，有助于解决此类合同的收入确认问题。

四是对于某些特定交易（或事项）的收入确认和计量给出了明确规定。新收入准则对于某些特定交易（或事项）的收入确认和计量给出了明确规定。例如，区分总额和净额确认收入、附有质量保证条款的销售、附有客户额外购买选择权的销售、向客户授予知识产权许可、售后回购、无须退还的初始费等，这些规定将有助于更好地指导实务操作，从而提高会计信息的可比性。

（二）本次修订的意义

我国自2006年发布收入准则和建造合同准则至今已逾十载，财政部2017年首次对收入相关准则进行了全面修订。本次修订的意义体现在：

一是有助于企业增强合同意识、规范合同管理。新收入准则基于与客户之间的合同确认收入。在市场经济条件下，市场主体之间的交易主要依据合同，合同约定了交易各方的权利和义务，且这些权利和义务受到法律保护。与大多数市场经济国家一致，新收入准则基于合同确认收入，有助于强化企业合同意识、规范合同管理，将有力推动我国的市场经济进一步走向成熟。

二是有助于提升企业收入信息的质量和透明度，并提高企业间收入信息的可比性。新收入准则要求采用统一的收入确认模型确认收入，以控制权转移代替风险报酬转移作为收入确认的标准，对于收入的确认、计量以及很多特定的交易和事项给出了具体指引，并要求企业充分披露与收入相关的信息，将有助于指导实务操作，满足企业收入核算的实际需要，提供更加可靠、可比、透明的收入信息，从而更好地为企业、投资人、监管机构等财务报表使用者进行经济决策提供依据。

三是有助于促进企业业务管理与会计管理的有机融合，全面提升企业的管理水平。与国际财务报告准则第15号一致，新收入准则突出强调了企业确认收入的方式应当反映其向客户转让商品或服务的模式，确认金额应当反映企业因交付该商品或服务而预期有权获得的金额。企业在确认收入的过程中需要依据历史数据等进行大量的判断和估计，合同条款的约定直接影响收入确认的结果，会计核算所需的很多信息也会依赖于业务部门提供的相关信息。因此，新收入准则实施后，为确保企业收入信息的质量，必然促使企业更好地收集和整理相关业务信息，同时要求业务部门和财务部门之间密切合作，就相关交易的商业模式、支付条款、定价安排等进行充分沟通，这都将有力地推动企业内部管理和会计工作的有机融合，全面提升企业的管理水平。

（三）新收入准则的实施时间和衔接安排

国际财务报告准则第 15 号将于 2018 年 1 月 1 日开始施行，并允许主体提前采用。因此，所有在香港上市或在采用国际财务报告准则的境外市场发行权益证券或债券的境内公司，都须自 2018 年 1 月 1 日起执行该准则。考虑到我国 A 股上市公司、非上市公司等的情况和要求有所不同，财政部广泛听取了各方的意见，并与相关部委进行沟通，在兼顾我国的市场环境和企业的实际情况，并与国际趋同的基础上，采取了分步实施的策略，具体如下：

一是对于在境内外同时上市的企业以及在境外上市并采用国际财务报告准则或企业会计准则编制财务报告的企业，自 2018 年 1 月 1 日起执行新收入准则，这一要求与国际财务报告准则第 15 号的生效日期保持一致，以避免该类上市公司境内外报表出现差异。

二是对于其他在境内上市的企业，要求自 2020 年 1 月 1 日起执行新收入准则，为这些企业预留两年的准备时间，以总结借鉴境外上市公司执行新收入准则的经验，确保所有上市公司高质量地执行新收入准则。

三是对于执行企业会计准则的非上市企业，要求自 2021 年 1 月 1 日起执行新收入准则，为这些企业预留近三年的准备时间，以确保准则在该类企业得到平稳有效实施。

四是对于条件具备、有意愿和有能力提前执行新收入准则的企业，允许其提前执行该准则。

在衔接规定方面，国际财务报告准则第 15 号有两种方法供企业选择：一是允许企业采用追溯调整，二是将首次执行的累积影响仅调整首次执行该准则当年年初留存收益及财务报表其他相关项目金额，而不调整可比期间信息。新收入准则采用了第二种方法，既实现我国企业之间的财务报表信息可比，又避免追溯调整给企业带来的负担和影响。

现将新收入准则与旧准则比较如下（见表 1-1）。

表 1-1　　新收入准则与旧准则的比较

2017 年版收入准则	2006 年版收入及建造合同准则	**修订内容及说明**
	第一章　总　则	
第一条　为了规范收入的确认、计量和相关信息的披露，根据《企业会计准则——基本准则》，制定本准则。	**第一条**　为了规范收入的确认、计量和相关信息的披露，根据《企业会计准则——基本准则》，制定本准则。	

续表

2017 年版收入准则	2006 年版收入及建造合同准则	修订内容及说明
第二条 收入，是指企业在日常活动中形成的、会导致所有者权益增加的、与所有者投入资本无关的经济利益的总流入。	**第二条** 收入，是指企业在日常活动中形成的、会导致所有者权益增加的、与所有者投入资本无关的经济利益的总流入。 本准则所涉及的收入，包括销售商品收入、提供劳务收入和让渡资产使用权收入。 企业代第三方收取的款项，应当作为负债处理，不应当确认为收入。	**收入的定义一致； 不再按收入的类型来确认收入。**
第三条 本准则适用于所有与客户之间的合同，但下列各项除外： （一）由《企业会计准则第 2 号——长期股权投资》、《企业会计准则第 22 号——金融工具确认和计量》、《企业会计准则第 23 号——金融资产转移》、《企业会计准则第 24 号——套期会计》、《企业会计准则第 33 号——合并财务报表》以及《企业会计准则第 40 号——合营安排》规范的金融工具及其他合同权利和义务，分别适用《企业会计准则第 2 号——长期股权投资》、《企业会计准则第 22 号——金融工具确认和计量》、《企业会计准则第 23 号——金融资产转移》、《企业会计准则第 24 号——套期会计》、《企业会计准则第 33 号——合并财务报表》以及《企业会计准则第 40 号——合营安排》。 （二）由《企业会计准则第 21 号——租赁》规范的租赁合同，适用《企业会计准则第 21 号——租赁》。 （三）由保险合同相关会计准则规范的保险合同，适用保险合同相关会计准则。 本准则所称客户，是指与企业订立合同以向该企业购买其日常活动产出的商品或服务（以下简称“商品”）并支付对价的一方。 本准则所称合同，是指双方或多方之间订立有法律约束力的权利义务的协议。合同有书面形式、口头形式以及其他形式。	**第三条** 长期股权投资、建造合同、租赁、原保险合同、再保险合同等形成的收入，适用其他相关会计准则。	**将 2006 年版原收入和建造合同两项准则纳入统一的收入确认模型； 排除范围增加金融工具（股利收入不属于收入准则的适用范围）； 明确定义了“客户”和“合同”。**
		企业以存货换取客户的固定资产、无形资产等的，按照收入准则的规定进行会计处理；其他非货币性资产交换，按照《企业会计准则第 7 号——非货币性资产交换》的规定进行会计处理。

续表

2017 年版收入准则	2006 年版收入及建造合同准则	修订内容及说明
第二章　确　认		
第四条　企业应当在履行了合同中的履约义务，即在客户取得相关商品控制权时确认收入。 取得相关商品控制权，是指能够主导该商品的使用并从中获得几乎全部的经济利益。		**以控制权转移替代风险报酬转移作为收入确认时点的判断标准。**
第五条　当企业与客户之间的合同同时满足下列条件时，企业应当在客户取得相关商品控制权时确认收入： （一）合同各方已批准该合同并承诺将履行各自义务； （二）该合同明确了合同各方与所转让商品或提供劳务（以下简称"转让商品"）相关的权利和义务； （三）该合同有明确的与所转让商品相关的支付条款； （四）该合同具有商业实质，即履行该合同将改变企业未来现金流量的风险、时间分布或金额； （五）企业因向客户转让商品而有权取得的对价很可能收回。 在合同开始日即满足前款条件的合同，企业在后续期间无需对其进行重新评估，除非有迹象表明相关事实和情况发生重大变化。合同开始日通常是指合同生效日。	**第四条**　销售商品收入同时满足下列条件的，才能予以确认： （一）企业已将商品所有权上的主要风险和报酬转移给购货方； （二）企业既没有保留通常与所有权相联系的继续管理权，也没有对已售出的商品实施有效控制； （三）收入的金额能够可靠地计量； （四）相关的经济利益很可能流入企业； （五）相关的已发生或将发生的成本能够可靠地计量。	**识别与客户订立的合同：明确"控制权转移"的前提条件； 定义了"商业实质"。**
第六条　在合同开始日不符合本准则第五条规定的合同，企业应当对其进行持续评估，并在其满足本准则第五条规定时按照该条的规定进行会计处理。 对于不符合本准则第五条规定的合同，企业只有在不再负有向客户转让商品的剩余义务，且已向客户收取的对价无需退回时，才能将已收取的对价确认为收入；否则，应当将已收取的对价作为负债进行会计处理。没有商业实质的非货币性资产交换，不确认收入。		**无需退还的预收款在满足条件时确认为收入。**
第七条　企业与同一客户（或该客户的关联方）同时订立或在相近时间内先后订立的两份或多份合同，在满足下列条件之一时，应当合并为一份合同进行会计处理： （一）该两份或多份合同基于同一商业目的而订立并构成一揽子交易。 （二）该两份或多份合同中的一份合同的对价金额取决于其他合同的定价或履行情况。 （三）该两份或多份合同中所承诺的商品（或每份合同中所承诺的部分商品）构成本准则第九条规定的单项履约义务。	CAS 15[a] **第七条**　一组合同无论对应单个客户还是多个客户，在同时满足下列条件的情况下，应当合并为单项合同： （一）该组合同按一揽子交易签订； （二）该组合同密切相关、每项合同实际上已构成一项综合利润工程的组成部分； （三）该组合同同时或依次履行。	**修订了合同合并的条件。**

续表

2017 年版收入准则	2006 年版收入及建造合同准则	修订内容及说明
第八条 企业应当区分下列三种情形对合同变更分别进行会计处理： （一）合同变更增加了可明确区分的商品及合同价款，且新增合同价款反映了新增商品单独售价的，应当将该合同变更部分作为一份单独的合同进行会计处理。 （二）合同变更不属于本条（一）规定的情形，且在合同变更日已转让的商品或已提供的服务（以下简称“已转让的商品”）与未转让的商品或未提供的服务（以下简称“未转让的商品”）之间可明确区分的，应当视为原合同终止，同时，将原合同未履约部分与合同变更部分合并为新合同进行会计处理。 （三）合同变更不属于本条（一）规定的情形，且在合同变更日已转让的商品与未转让的商品之间不可明确区分的，应当将该合同变更部分作为原合同的组成部分进行会计处理，由此产生的对已确认收入的影响，应当在合同变更日调整当期收入。 本准则所称合同变更，是指经合同各方批准对原合同范围或价格作出的变更。	CAS 15 **第六条** 追加资产的建造，满足下列条件之一的，应当作为单项合同： （一）该追加资产在设计、技术或功能上与原合同包括的（一项或数项）资产存在重大差异； （二）议定该追加资产的造价时，不需要考虑原合同价款。	**明确不同情形的合同变更的会计处理； 修改了合同变更的定义。**
第九条 合同开始日，企业应当对合同进行评估，识别该合同所包含的各单项履约义务，并确定各单项履约义务是在某一时段内履行，还是在某一时点履行，然后，在履行了各单项履约义务时分别确认收入。 履约义务，是指合同中企业向客户转让可明确区分商品的承诺。履约义务既包括合同中明确的承诺，也包括由于企业已公开宣布的政策、特定声明或以往的习惯做法等导致合同订立时客户合理预期企业将履行的承诺。企业为履行合同而应开展的初始活动，通常不构成履约义务，除非该活动向客户转让了承诺的商品。 企业向客户转让一系列实质相同且转让模式相同的、可明确区分商品的承诺，也应当作为单项履约义务。 转让模式相同，是指每一项可明确区分商品均满足本准则第十一条规定的、在某一时段内履行履约义务的条件，且采用相同方法确定其履约进度。	CAS 15 **第五条** 一项建造合同包括建造数项资产的，在同时满足下列条件的情况下，每项资产应当分立为单项合同： （一）每项资产均有独立的建造计划； （二）与客户就每项资产单独进行谈判，双方能够接受或拒绝与每项资产有关的合同条款； （三）每项资产的收入和成本可以单独辨认。 CAS 15 **第六条** 追加资产的建造，满足下列条件之一的，应当作为单项合同： （一）该追加资产在设计、技术或功能上与原合同包括的（一项或数项）资产存在重大差异； （二）议定该追加资产的造价时，不需要考虑原合同价款。	**识别合同中的单项履约义务； 定义了“履约义务”“转让模式相同”。**
第十条 企业向客户承诺的商品同时满足下列条件的，应当作为可明确区分商品： （一）客户能够从该商品本身或从该商品与其他易于获得资源一起使用中受益；		**明确“可明确区分”的条件； 明确“不可单独区分”的情形。**

续表

2017 年版收入准则	2006 年版收入及建造合同准则	修订内容及说明
（二）企业向客户转让该商品的承诺与合同中其他承诺可单独区分。 下列情形通常表明企业向客户转让该商品的承诺与合同中其他承诺不可单独区分： 1. 企业需提供重大的服务以将该商品与合同中承诺的其他商品整合成合同约定的组合产出转让给客户。 2. 该商品将对合同中承诺的其他商品予以重大修改或定制。 3. 该商品与合同中承诺的其他商品具有高度关联性。		
第十一条　满足下列条件之一的，属于在某一时段内履行履约义务；否则，属于在某一时点履行履约义务： （一）客户在企业履约的同时即取得并消耗企业履约所带来的经济利益。 （二）客户能够控制企业履约过程中在建的商品。 （三）企业履约过程中所产出的商品具有不可替代用途，且该企业在整个合同期间内有权就累计至今已完成的履约部分收取款项。 具有不可替代用途，是指因合同限制或实际可行性限制，企业不能轻易地将商品用于其他用途。 有权就累计至今已完成的履约部分收取款项，是指在由于客户或其他方原因终止合同的情况下，企业有权就累计至今已完成的履约部分收取能够补偿其已发生成本和合理利润的款项，并且该权利具有法律约束力。	**第十条**　企业在资产负债表日提供劳务交易的结果能够可靠估计的，应当采用完工百分比法确认提供劳务收入。完工百分比法，是指按照提供劳务交易的完工进度确认收入与费用的方法。 CAS 15 **第十八条**　企业在资产负债表日，建造合同的结果能够可靠估计的，应当根据完工百分比法确认合同收入和费用。 完工百分比法，是指根据合同完工进度确认收入与费用 的方法。	**明确“在某一时段内履行履约义务”的条件。**
第十二条　对于在某一时段内履行的履约义务，企业应当在该段时间内按照履约进度确认收入，但是，履约进度不能合理确定的除外。企业应当考虑商品的性质，采用产出法或投入法确定恰当的履约进度。其中，产出法是根据已转移给客户的商品对于客户的价值确定履约进度；投入法是根据企业为履行履约义务的投入确定履约进度。对于类似情况下的类似履约义务，企业应当采用相同的方法确定履约进度。 当履约进度不能合理确定时，企业已经发生的成本预计能够得到补偿的，应当按照已经发生的成本金额确认收入，直到履约进度能够合理确定为止。	**第十二条**　企业确定提供劳务交易的完工进度，可以选用下列方法： （一）已完工作的测量。 （二）已经提供的劳务占应提供劳务总量的比例。 （三）已经发生的成本占估计总成本的比例。 CAS 15 **第二十一条**　企业确定合同完工进度可以选用下列方法： （一）累计实际发生的合同成本占合同预计总成本的比例； （二）已经完成的合同工作量占合同预计总工作量的比例； （三）实际测定的完工进度。	**在某一时段内履行的履约义务，按照履约进度确认收入；履约进度的确认可以采用产出法或投入法。**

续表

2017 年版收入准则	2006 年版收入及建造合同准则	修订内容及说明
第十三条 对于在某一时点履行的履约义务，企业应当在客户取得相关商品控制权时点确认收入。在判断客户是否已取得商品控制权时，企业应当考虑下列迹象： （一）企业就该商品享有现时收款权利，即客户就该商品负有现时付款义务。 （二）企业已将该商品的法定所有权转移给客户，即客户已拥有该商品的法定所有权。 （三）企业已将该商品实物转移给客户，即客户已实物占有该商品。 （四）企业已将该商品所有权上的主要风险和报酬转移给客户，即客户已取得该商品所有权上的主要风险和报酬。 （五）客户已接受该商品。 （六）其他表明客户已取得商品控制权的迹象。	**第四条** 销售商品收入同时满足下列条件的，才能予以确认： （一）企业已将商品所有权上的主要风险和报酬转移给购货方； （二）企业既没有保留通常与所有权相联系的继续管理权，也没有对已售出的商品实施有效控制； （三）收入的金额能够可靠地计量； （四）相关的经济利益很可能流入企业； （五）相关的已发生或将发生的成本能够可靠地计量。	**以控制权转移替代风险报酬转移作为收入确认时点的判断标准； 明确控制权转移的迹象。**
	第三章 计 量	
第十四条 企业应当按照分摊至各单项履约义务的交易价格计量收入。 交易价格，是指企业因向客户转让商品而预期有权收取的对价金额。企业代第三方收取的款项以及企业预期将退还给客户的款项，应当作为负债进行会计处理，不计入交易价格。	**第五条** 企业应当按照从购货方已收或应收的合同或协议价款确定销售商品收入金额，但已收或应收的合同或协议价款不公允的除外。 **第二条** 企业代第三方收取的款项，应当作为负债处理，不应当确认为收入。	**交易价格是预期有权收取的金额，并非预计最终收回的金额。**
第十五条 企业应当根据合同条款，并结合其以往的习惯做法确定交易价格。在确定交易价格时，企业应当考虑可变对价、合同中存在的重大融资成分、非现金对价、应付客户对价等因素的影响。	**第五条** 合同或协议价款的收取采用递延方式，实质上具有融资性质的，应当按照应收的合同或协议价款的公允价值确定销售商品收入金额。 **第六条** 销售商品涉及现金折扣的，应当按照扣除现金折扣前的金额确定销售商品收入金额。现金折扣在实际发生时计入当期损益。现金折扣，是指债权人为鼓励债务人在规定的期限内付款而向债务人提供的债务扣除。 **第七条** 销售商品涉及商业折扣的，应当按照扣除商业折扣后的金额确定销售商品收入金额。商业折扣，是指企业为促进商品销售而在商品标价上给予的价格扣除。	**明确了确定交易价格时应考虑的因素。**

续表

2017 年版收入准则	2006 年版收入及建造合同准则	修订内容及说明
第十六条 合同中存在可变对价的，企业应当按照期望值或最可能发生金额确定可变对价的最佳估计数，但包含可变对价的交易价格，应当不超过在相关不确定性消除时累计已确认收入极可能不会发生重大转回的金额。企业在评估累计已确认收入是否极可能不会发生重大转回时，应当同时考虑收入转回的可能性及其比重。 每一资产负债表日，企业应当重新估计应计入交易价格的可变对价金额。可变对价金额发生变动的，按照本准则第二十四条和第二十五条规定进行会计处理。		**明确可变对价的两种方法：（1）期望值；（2）最可能发生的单一金额。**
第十七条 合同中存在重大融资成分的，企业应当按照假定客户在取得商品控制权时即以现金支付的应付金额确定交易价格。该交易价格与合同对价之间的差额，应当在合同期间内采用实际利率法摊销。 合同开始日，企业预计客户取得商品控制权与客户支付价款间隔不超过一年的，可以不考虑合同中存在的重大融资成分。	**第五条** 合同或协议价款的收取采用递延方式，实质上具有融资性质的，应当按照应收的合同或协议价款的公允价值确定销售商品收入金额。应收的合同或协议价款与其公允价值之间的差额，应当在合同或协议期间内采用实际利率法进行摊销，计入当期损益。	**确定融资成分的对比标准为“现金售价”；差额的处理方式一致。**
第十八条 客户支付非现金对价的，企业应当按照非现金对价的公允价值确定交易价格。非现金对价的公允价值不能合理估计的，企业应当参照其承诺向客户转让商品的单独售价间接确定交易价格。非现金对价的公允价值因对价形式以外的原因而发生变动的，应当作为可变对价，按照本准则第十六条规定进行会计处理。 单独售价，是指企业向客户单独销售商品的价格。		**非现金对价以公允价值计量；定义了“单独售价”。**
第十九条 企业应付客户（或向客户购买本企业商品的第三方，本条下同）对价的，应当将该应付对价冲减交易价格，并在确认相关收入与支付（或承诺支付）客户对价二者孰晚的时点冲减当期收入，但应付客户对价是为了向客户取得其他可明确区分商品的除外。 企业应付客户对价是为了向客户取得其他可明确区分商品的，应当采用与本企业其他采购相一致的方式确认所购买的商品。企业应付客户对价超过向客户取得可明确区分商品公允价值的，超过金额应当冲减交易价格。向客户取得的可明确区分商品公允价值不能合理估计的，企业应当将应付客户对价全额冲减交易价格。		**应付客户对价的应冲减交易价格，除非向客户取得其他可明确区分商品。**

续表

2017 年版收入准则	2006 年版收入及建造合同准则	修订内容及说明
第二十条 合同中包含两项或多项履约义务的，企业应当在合同开始日，按照各单项履约义务所承诺商品的单独售价的相对比例，将交易价格分摊至各单项履约义务。企业不得因合同开始日之后单独售价的变动而重新分摊交易价格。		**将交易价格分摊至各单项履约义务； 按单独售价的相对比例分摊交易价格。**
第二十一条 企业在类似环境下向类似客户单独销售商品的价格，应作为确定该商品单独售价的最佳证据。单独售价无法直接观察的，企业应当综合考虑其能够合理取得的全部相关信息，采用市场调整法、成本加成法、余值法等方法合理估计单独售价。在估计单独售价时，企业应当最大限度地采用可观察的输入值，并对类似的情况采用一致的估计方法。 市场调整法，是指企业根据某商品或类似商品的市场售价考虑本企业的成本和毛利等进行适当调整后，确定其单独售价的方法。 成本加成法，是指企业根据某商品的预计成本加上其合理毛利后的价格，确定其单独售价的方法。 余值法，是指企业根据合同交易价格减去合同中其他商品可观察的单独售价后的余值，确定某商品单独售价的方法。		**确定单独售价的最佳证据是在类似环境下向类似客户单独销售商品的价格； 单独售价无法直接观察的，可以采用市场调整法、成本加成法、余值法等方法。**
第二十二条 企业在商品近期售价波动幅度巨大，或者因未定价且未曾单独销售而使售价无法可靠确定时，可采用余值法估计其单独售价。		**明确余值法的使用条件。**
第二十三条 对于合同折扣，企业应当在各单项履约义务之间按比例分摊。 有确凿证据表明合同折扣仅与合同中一项或多项（而非全部）履约义务相关的，企业应当将该合同折扣分摊至相关一项或多项履约义务。 合同折扣仅与合同中一项或多项（而非全部）履约义务相关，且企业采用余值法估计单独售价的，应当首先按照前款规定在该一项或多项（而非全部）履约义务之间分摊合同折扣，然后采用余值法估计单独售价。 合同折扣，是指合同中各单项履约义务所承诺商品的单独售价之和高于合同交易价格的金额。		**合同折扣应按比例分摊； 定义“合同折扣”。**

续表

2017 年版收入准则	2006 年版收入及建造合同准则	修订内容及说明
第二十四条 对于可变对价及可变对价的后续变动额，企业应当按照本准则第二十条至第二十三条规定，将其分摊至与之相关的一项或多项履约义务，或者分摊至构成单项履约义务的一系列可明确区分商品中的一项或多项商品。 对于已履行的履约义务，其分摊的可变对价后续变动额应当调整变动当期的收入。		**明确可变对价及其后续变动的分摊。**
第二十五条 合同变更之后发生可变对价后续变动的，企业应当区分下列三种情形分别进行会计处理： （一）合同变更属于本准则第八条（一）规定情形的，企业应当判断可变对价后续变动与哪一项合同相关，并按照本准则第二十四条规定进行会计处理。 （二）合同变更属于本准则第八条（二）规定情形，且可变对价后续变动与合同变更前已承诺可变对价相关的，企业应当首先将该可变对价后续变动额以原合同开始日确定的基础进行分摊，然后再将分摊至合同变更日尚未履行履约义务的该可变对价后续变动额以新合同开始日确定的基础进行二次分摊。 （三）合同变更之后发生除本条（一）、（二）规定情形以外的可变对价后续变动的，企业应当将该可变对价后续变动额分摊至合同变更日尚未履行的履约义务。		**明确合同变更后的可变对价后续变动的会计处理。**
	第四章　合同成本	
第二十六条 企业为履行合同发生的成本，不属于其他企业会计准则规范范围且同时满足下列条件的，应当作为合同履约成本确认为一项资产： （一）该成本与一份当前或预期取得的合同直接相关，包括直接人工、直接材料、制造费用（或类似费用）、明确由客户承担的成本以及仅因该合同而发生的其他成本； （二）该成本增加了企业未来用于履行履约义务的资源； （三）该成本预期能够收回。	CAS 15 **第十二条** 合同成本应当包括从合同签订开始至合同完成止所发生的、与执行合同有关的直接费用和间接费用. CAS 15 **第十三条** 合同的直接费用应当包括下列内容： （一）耗用的材料费用； （二）耗用的人工费用； （三）耗用的机械使用费； （四）其他直接费用，指其他可以直接计入合同成本的费用。	**明确合同成本资本化的条件。**
第二十七条 企业应当在下列支出发生时，将其计入当期损益： （一）管理费用。 （二）非正常消耗的直接材料、直接人工和制造费用（或类似费用），这些支出为履行合同发生，但未反映在合同价格中。 （三）与履约义务中已履行部分相关的支出。 （四）无法在尚未履行的与已履行的履约义务之间区分的相关支出。	**第十七条** 合同成本不包括应当计入当期损益的管理费用、销售费用和财务费用。因订立合同而发生的有关费用，应当直接计入当期损益。	**明确计入当期损益的项目。**

续表

2017 年版收入准则	2006 年版收入及建造合同准则	修订内容及说明
第二十八条 企业为取得合同发生的增量成本预期能够收回的，应当作为合同取得成本确认为一项资产；但是，该资产摊销期限不超过一年的，可以在发生时计入当期损益。 增量成本，是指企业不取得合同就不会发生的成本（如销售佣金等）。 企业为取得合同发生的、除预期能够收回的增量成本之外的其他支出（如无论是否取得合同均会发生的差旅费等），应当在发生时计入当期损益，但是，明确由客户承担的除外。		明确增量成本资本化和费用化；定义了“增量成本”。
第二十九条 按照本准则第二十六条和第二十八条规定确认的资产（以下简称“与合同成本有关的资产”），应当采用与该资产相关的商品收入确认相同的基础进行摊销，计入当期损益。		资本化的合同履行成本与合同取得成本采用与相关收入确认相同的基础进行摊销。
第三十条 与合同成本有关的资产，其账面价值高于下列两项的差额的，超出部分应当计提减值准备，并确认为资产减值损失： （一）企业因转让与该资产相关的商品预期能够取得的剩余对价； （二）为转让该相关商品估计将要发生的成本。 以前期间减值的因素之后发生变化，使得前款（一）减（二）的差额高于该资产账面价值的，应当转回原已计提的资产减值准备，并计入当期损益，但转回后的资产账面价值不应超过假定不计提减值准备情况下该资产在转回日的账面价值。	CAS 15 **第二十七条** 合同预计总成本超过合同总收入的，应当将预计损失确认为当期费用。	与合同成本有关的资产应计提减值准备，该减值准备可以转回。
第三十一条 在确定与合同成本有关的资产的减值损失时，企业应当首先对按照其他相关企业会计准则确认的、与合同有关的其他资产确定减值损失；然后，按照本准则第三十条规定确定与合同成本有关的资产的减值损失。 企业按照《企业会计准则第 8 号——资产减值》测试相关资产组的减值情况时，应当将按照前款规定确定与合同成本有关的资产减值后的新账面价值计入相关资产组的账面价值。		确认与合同成本有关的资产的减值准备时，应首先对其他资产确定减值损失。

续表

2017 年版收入准则	2006 年版收入及建造合同准则	修订内容及说明
第五章　特定交易的会计处理		
第三十二条　对于附有销售退回条款的销售，企业应当在客户取得相关商品控制权时，按照因向客户转让商品而预期有权收取的对价金额（即，不包含预期因销售退回将退还的金额）确认收入，按照预期因销售退回将退还的金额确认负债；同时，按照预期将退回商品转让时的账面价值，扣除收回该商品预计发生的成本（包括退回商品的价值减损）后的余额，确认为一项资产，按照所转让商品转让时的账面价值，扣除上述资产成本的净额结转成本。 每一资产负债表日，企业应当重新估计未来销售退回情况，如有变化，应当作为会计估计变更进行会计处理。		对于附有销售退回条款的销售，需同时确认退货权资产及预期退款负债。
第三十三条　对于附有质量保证条款的销售，企业应当评估该质量保证是否在向客户保证所销售商品符合既定标准之外提供了一项单独的服务。企业提供额外服务的，应当作为单项履约义务，按照本准则规定进行会计处理；否则，质量保证责任应当按照《企业会计准则第 13 号——或有事项》规定进行会计处理。在评估质量保证是否在向客户保证所销售商品符合既定标准之外提供了一项单独的服务时，企业应当考虑该质量保证是否为法定要求、质量保证期限以及企业承诺履行任务的性质等因素。客户能够选择单独购买质量保证的，该质量保证构成单项履约义务。		提供单独质保服务的，作为单项履约义务；不作为单项履约义务的质保适用或有事项准则。
第三十四条　企业应当根据其在向客户转让商品前是否拥有对该商品的控制权，来判断其从事交易时的身份是主要责任人还是代理人。企业在向客户转让商品前能够控制该商品的，该企业为主要责任人，应当按照已收或应收对价总额确认收入；否则，该企业为代理人，应当按照预期有权收取的佣金或手续费的金额确认收入，该金额应当按照已收或应收对价总额扣除应支付给其他相关方的价款后的净额，或者按照既定的佣金金额或比例等确定。 企业向客户转让商品前能够控制该商品的情形包括： （一）企业自第三方取得商品或其他资产控制权后，再转让给客户。 （二）企业能够主导第三方代表本企业向客户提供服务。 （三）企业自第三方取得商品控制权后，通		明确总额或净额确认收入的判断标准——转让前是否拥有控制权；列举总额法的情形。

续表

2017 年版收入准则	2006 年版收入及建造合同准则	修订内容及说明
过提供重大的服务将该商品与其他商品整合成某组合产出转让给客户。 在具体判断向客户转让商品前是否拥有对该商品的控制权时，企业不应仅局限于合同的法律形式，而应当综合考虑所有相关事实和情况，这些事实和情况包括： （一）企业承担向客户转让商品的主要责任。 （二）企业在转让商品之前或之后承担了该商品的存货风险。 （三）企业有权自主决定所交易商品的价格。 （四）其他相关事实和情况。		
第三十五条　对于附有客户额外购买选择权的销售，企业应当评估该选择权是否向客户提供了一项重大权利。企业提供重大权利的，应当作为单项履约义务，按照本准则第二十条至第二十四条规定将交易价格分摊至该履约义务，在客户未来行使购买选择权取得相关商品控制权时，或者该选择权失效时，确认相应的收入。客户额外购买选择权的单独售价无法直接观察的，企业应当综合考虑客户行使和不行使该选择权所能获得的折扣的差异、客户行使该选择权的可能性等全部相关信息后，予以合理估计。 客户虽然有额外购买商品选择权，但客户行使该选择权购买商品时的价格反映了这些商品单独售价的，不应被视为企业向该客户提供了一项重大权利。		客户的额外购买选择权应根据其是否提供重大权利，以及是否行使或失效，分别进行会计处理。
第三十六条　企业向客户授予知识产权许可的，应当按照本准则第九条和第十条规定评估该知识产权许可是否构成单项履约义务，构成单项履约义务的，应当进一步确定其是在某一时段内履行还是在某一时点履行。 企业向客户授予知识产权许可，同时满足下列条件时，应当作为在某一时段内履行的履约义务确认相关收入；否则，应当作为在某一时点履行的履约义务确认相关收入： （一）合同要求或客户能够合理预期企业将从事对该项知识产权有重大影响的活动； （二）该活动对客户将产生有利或不利影响； （三）该活动不会导致向客户转让某项商品。		企业向客户授予知识产权许可的，首先应评估是否构成单项履约义务；再根据性质分为“在某一时段内履行”（代表客户可使用知识产权的承诺）或“在某一时点履行”（转让使用知识产权的权利）。 明确应作为在某一时段内履行的三个条件。

续表

2017 年版收入准则	2006 年版收入及建造合同准则	修订内容及说明
第三十七条　企业向客户授予知识产权许可，并约定按客户实际销售或使用情况收取特许权使用费的，应当在下列两项孰晚的时点确认收入： （一）客户后续销售或使用行为实际发生； （二）企业履行相关履约义务。		基于销售或使用的知识产权许可收入确认按“客户后续销售或使用行为实际发生”与“企业履行相关履约义务”两者孰晚确定。
第三十八条　对于售后回购交易，企业应当区分下列两种情形分别进行会计处理： （一）企业因存在与客户的远期安排而负有回购义务或企业享有回购权利的，表明客户在销售时点并未取得相关商品控制权，企业应当作为租赁交易或融资交易进行相应的会计处理。其中，回购价格低于原售价的，应当视为租赁交易，按照《企业会计准则第 21 号——租赁》的相关规定进行会计处理；回购价格不低于原售价的，应当视为融资交易，在收到客户款项时确认金融负债，并将该款项和回购价格的差额在回购期间内确认为利息费用等。企业到期未行使回购权利的，应当在该回购权利到期时终止确认金融负债，同时确认收入。 （二）企业负有应客户要求回购商品义务的，应当在合同开始日评估客户是否具有行使该要求权的重大经济动因。客户具有行使该要求权重大经济动因的，企业应当将售后回购作为租赁交易或融资交易，按照本条（一）规定进行会计处理；否则，企业应当将其作为附有销售退回条款的销售交易，按照本准则第三十二条规定进行会计处理。 售后回购，是指企业销售商品的同时承诺或有权选择日后再将该商品（包括相同或几乎相同的商品，或以该商品作为组成部分的商品）购回的销售方式。		负有远期安排下的回购义务或享有回购权利的，根据回购价格大小，分别作为租赁交易或融资交易进行处理； 负有回购义务的，根据客户是否具有行使该要求的重大经济动因，分别作为租赁交易或融资交易、附有销售退回条款的销售交易进行处理； 明确“售后回购”的定义。
第三十九条　企业向客户预收销售商品款项的，应当首先将该款项确认为负债，待履行了相关履约义务时再转为收入。当企业预收款项无需退回，且客户可能会放弃其全部或部分合同权利时，企业预期将有权获得与客户所放弃的合同权利相关的金额的，应当按照客户行使合同权利的模式按比例将上述金额确认为收入；否则，企业只有在客户要求其履行剩余履约义务的可能性极低时，才能将上述负债的相关余额转为收入。		客户不行使的权利通常按照客户行使合同权利的模式按比例确认为收入。

续表

2017年版收入准则	2006年版收入及建造合同准则	修订内容及说明
第四十条 企业在合同开始（或接近合同开始）日向客户收取的无需退回的初始费（如俱乐部的入会费等）应当计入交易价格。企业应当评估该初始费是否与向客户转让已承诺的商品相关。该初始费与向客户转让已承诺的商品相关，并且该商品构成单项履约义务的，企业应当在转让该商品时，按照分摊至该商品的交易价格确认收入；该初始费与向客户转让已承诺的商品相关，但该商品不构成单项履约义务的，企业应当在包含该商品的单项履约义务履行时，按照分摊至该单项履约义务的交易价格确认收入；该初始费与向客户转让已承诺的商品不相关的，该初始费应当作为未来将转让商品的预收款，在未来转让该商品时确认为收入。 企业收取了无需退回的初始费且为履行合同应开展初始活动，但这些活动本身并没有向客户转让已承诺的商品的，该初始费与未来将转让的已承诺商品相关，应当在未来转让该商品时确认为收入，企业在确定履约进度时不应考虑这些初始活动；企业为该初始活动发生的支出应当按照本准则第二十六条和第二十七条规定确认为一项资产或计入当期损益。		无需退回的初始费根据是否与向客户转让已承诺的商品相关，分别进行会计处理；确定履约进度时不考虑未向客户转让已承诺的商品的初始活动。
第六章　列　报		
第四十一条 企业应当根据本企业履行履约义务与客户付款之间的关系在资产负债表中列示合同资产或合同负债。企业拥有的、无条件（即，仅取决于时间流逝）向客户收取对价的权利应当作为应收款项单独列示。 合同资产，是指企业已向客户转让商品而有权收取对价的权利，且该权利取决于时间流逝之外的其他因素。如企业向客户销售两项可明确区分的商品，企业因已交付其中一项商品而有权收取款项，但收取该款项还取决于企业交付另一项商品的，企业应当将该收款权利作为合同资产。 合同负债，是指企业已收或应收客户对价而应向客户转让商品的义务。如企业在转让承诺的商品之前已收取的款项。 按照本准则确认的合同资产的减值的计量和列报应当按照《企业会计准则第22号——金融工具确认和计量》和《企业会计准则第37号——金融工具列报》的规定进行会计处理。		明确列示为应收款项的条件——企业拥有的，无条件（即，仅取决于时间流逝）向客户收取对价的权利；定义“合同资产”“合同负债”；明确合同资产的减值适用金融工具准则。

续表

2017 年版收入准则	2006 年版收入及建造合同准则	修订内容及说明
第四十二条 企业应当在附注中披露与收入有关的下列信息： （一）收入确认和计量所采用的会计政策、对于确定收入确认的时点和金额具有重大影响的判断以及这些判断的变更，包括确定履约进度的方法及采用该方法的原因、评估客户取得所转让商品控制权时点的相关判断，在确定交易价格、估计计入交易价格的可变对价、分摊交易价格以及计量预期将退还给客户的款项等类似义务时所采用的方法、输入值和假设等。 （二）与合同相关的下列信息： 1. 与本期确认收入相关的信息，包括与客户之间的合同产生的收入、该收入按主要类别（如商品类型、经营地区、市场或客户类型、合同类型、商品转让的时间、合同期限、销售渠道等）分解的信息以及该分解信息与每一报告分部的收入之间的关系等。 2. 与应收款项、合同资产和合同负债的账面价值相关的信息，包括与客户之间的合同产生的应收款项、合同资产和合同负债的期初和期末账面价值、对上述应收款项和合同资产确认的减值损失、在本期确认的包括在合同负债期初账面价值中的收入、前期已经履行（或部分履行）的履约义务在本期调整的收入、履行履约义务的时间与通常的付款时间之间的关系以及此类因素对合同资产和合同负债账面价值的影响的定量或定性信息、合同资产和合同负债的账面价值在本期内发生的重大变动情况等。 3. 与履约义务相关的信息，包括履约义务通常的履行时间、重要的支付条款、企业承诺转让的商品的性质（包括说明企业是否作为代理人）、企业承担的预期将退还给客户的款项等类似义务、质量保证的类型及相关义务等。 4. 与分摊至剩余履约义务的交易价格相关的信息，包括分摊至本期末尚未履行（或部分未履行）履约义务的交易价格总额、上述金额确认为收入的预计时间的定量或定性信息、未包括在交易价格的对价金额（如可变对价）等。 （三）与合同成本有关的资产相关的信息，包括确定该资产金额所做的判断、该资产的摊销方法、按该资产主要类别（如为取得合同发生的成本、为履行合同开展的初始活动发生的成本等）披露的期末账面价		**明确企业应当在附注中披露与收入有关的信息。**

续表

2017年版收入准则	2006年版收入及建造合同准则	修订内容及说明
值以及本期确认的摊销及减值损失金额等。 （四）企业根据本准则第十七条规定因预计客户取得商品控制权与客户支付价款间隔未超过一年而未考虑合同中存在的重大融资成分，或者根据本准则第二十八条规定因合同取得成本的摊销期限未超过一年而将其在发生时计入当期损益的，应当披露该事实。		
第七章　衔接规定		
第四十三条　首次执行本准则的企业，应当根据首次执行本准则的累积影响数，调整首次执行本准则当年年初留存收益及财务报表其他相关项目金额，对可比期间信息不予调整。企业可以仅对在首次执行日尚未完成的合同的累积影响数进行调整。同时，企业应当在附注中披露，与收入相关会计准则制度的原规定相比，执行本准则对当期财务报表相关项目的影响金额，如有重大影响的，还需披露其原因。 已完成的合同，是指企业按照与收入相关会计准则制度的原规定已完成合同中全部商品的转让的合同。尚未完成的合同，是指除已完成的合同之外的其他合同。 **第四十四条**　对于最早可比期间期初之前或首次执行本准则当年年初之前发生的合同变更，企业可予以简化处理，即无需按照本准则第八条规定进行追溯调整，而是根据合同变更的最终安排，识别已履行的和尚未履行的履约义务、确定交易价格以及在已履行的和尚未履行的履约义务之间分摊交易价格。 企业采用该简化处理方法的，应当对所有合同一致采用，并且在附注中披露该事实以及在合理范围内对采用该简化处理方法的影响所作的定性分析。		不要求完全追溯，累积影响数调整年初留存收益及财务报表其他相关项目金额，对可比期间信息不予调整；定义“已完成的合同”“尚未完成的合同”。
第四十四条　对于最早可比期间期初之前或首次执行本准则当年年初之前发生的合同变更，企业可予以简化处理，即无需按照本准则第八条规定进行追溯调整，而是根据合同变更的最终安排，识别已履行的和尚未履行的履约义务，确定交易价格以及在履行的和尚未履行的履约义务之间分摊交易价格。企业采用该简化处理方法的，应当对所有合同一致采用，并且在附注中披露该事实以及在合理范围内对采用该简化处理方法的影响所作的定性分析。		对于非当年的合同变更，可以简化处理。

续表

2017 年版收入准则	2006 年版收入及建造合同准则	修订内容及说明
第八章　附　则		
第四十五条　本准则自 2018 年 1 月 1 日起施行。		分类分批实施。在境内外同时上市的企业以及在境外上市并采用国际财务报告准则或企业会计准则编制财务报表的企业，自 2018 年 1 月 1 日起施行；其他境内上市企业，自 2020 年 1 月 1 日起施行；执行企业会计准则的非上市企业，自 2021 年 1 月 1 日起施行。同时，允许企业提前执行。

a. 前面标有 CAS 15 的为建造合同准则的内容。

二、关于新金融工具相关会计准则

2017 年 3 月 31 日，财政部修订发布了《企业会计准则第 22 号——金融工具确认和计量》、《企业会计准则第 23 号——金融资产转移》和《企业会计准则第 24 号——套期会计》等三项金融工具会计准则（以下简称新金融工具相关会计准则）。

（一）新金融工具相关会计准则修订的主要内容

新金融工具相关会计准则修订的主要内容包括以下几个方面：

一是金融资产分类由现行“四分类”改为“三分类”。现行金融工具确认和计量准则按照持有金融资产的意图和目的将金融资产分为四类（即以公允价值计量且其变动计入当期损益的金融资产、持有至到期投资、贷款和应收款项、可供出售金融资产），分类较为复杂，存在一定的主观性，在一定程度上影响了会计信息的可比性。新修订的金融工具确认和计量准则规定以企业持有金融资产的“业务模式”和“金融资产合同现金流量特征”作为金融资产分类的判断依据，将金融资产分类为以摊余成本计量的金融资产、以公允价值计量且其变动计入其他综合收益的金融资产以及以公允价值计量且其变动计入当期损益的金融资产三类，减少了金融资产类别，提高了分类的客观性和会计处理的一致性。

二是金融资产减值会计由“已发生损失法”改为“预期损失法”。现行金融工具确认和计量准则对于金融资产减值的会计处理采用的是“已发生损失法”，即只有在客观证据表明金融资产已经发生损失时，才对相关金融资产计提减值准备。新修订的金融工具确认和计量准则将金融资产减值会计处理由“已发生损失法”修改为“预期损失法”，要求考虑金融资产未来预期信用损失情况，从而更加及时、足额地计提金融资产减值准备，便于揭示和防控金融资产信用风险。

三是套期会计更加如实地反映企业的风险管理活动。现行的套期会计准则对套期会计规定了严格的适用条件，导致实务中企业开展的大量套期业务无法通过套期会计在财务报表中予以反映。新修订的套期会计准则更加强调套期会计与企业风险管理活动的有机结合，在拓宽套期工具和被套期项目的范围、以定性的套期有效性要求取代现行准则的定量要求、允许通过调整套期工具和被套期项目的数量实现套期关系的“再平衡”等方面实现诸多突破，从而有助于套期会计更好地反映企业的风险管理活动。除此之外，新金融工具相关会计准则还在以下方面作了调整和完善：

一是简化嵌入衍生工具的会计处理。按照现行金融工具确认和计量准则规定，满足一定条件的嵌入衍生工具应当从混合合同中分拆，作为单独的衍生工具进行处理。如无法对嵌入衍生工具进行单独计量，应将混合合同整体指定为以公允价值计量且其变动计入当期损益。此规定涉及的专业判断较多，企业对其理解和把握口径存在差异。修订后的金融工具确认和计量准则对嵌入衍生工具的会计处理进行了简化：混合合同主合同为金融资产的，应将混合合同作为一个整体进行会计处理，不再分拆；混合合同不属于金融资产的，基本继续沿用现行准则关于分拆的规定。

二是调整非交易性权益工具投资的会计处理。在现行金融工具确认和计量准则下，许多企业将非交易性权益工具投资分类为可供出售金融资产处理，在可供出售金融资产处置时，原计入其他综合收益的累计公允价值变动额可转出计入当期损益。而在修订后的金融工具确认和计量准则下，允许企业将非交易性权益工具投资指定为以公允价值计量且其变动计入其他综合收益进行处理，但该指定不可撤销，且在处置时不得将原计入其他综合收益的累计公允价值变动额结转计入当期损益。

三是进一步明确金融资产转移的判断原则及其会计处理。现行金融资产转移准则规定了金融资产转移的确认和计量，修订后的金融资产转移准则在维持金融资产转移及其终止确认判断原则不变的前提下，对相关判断标准、过程及会计处理进行了梳理，突出金融资产终止确认的判断流程，对相关实务问题提供了更加详细的指引，增加了继续涉入情况下相关负债计量的相关规定，并对此情况下企业判断是否继续控制被转移资产提供更多指引，对不满足终止确认条件情况下转入方的会计处理和可能产生的对同一权利或义务的重复确认等问题进行了明确。

四是增加套期会计中期权时间价值的会计处理方法。现行准则规定，当企业仅指定期权的内在价值为被套期项目时，剩余的未指定部分即期权的时间价值部分作为衍生工具的一部分，应当以公允价值计量且其变动计入当期损益，造成了损益的潜在波动，不利于反映企业风险管理的成果。修订后的套期会计准则引入了新的会计处理方法，期权时间价值的公允价值变动应当首先计入其他综合收益，后续的会计处理根据被套期项目的性质分别进行处理。这种处理方法有利于更好地反映企业交易的经济实质，提供了与其他领域相一致的会计处理方法，提高了会计结果的可比性，减少了企业损益的波动性。

五是增加套期会计中信用风险敞口的公允价值选择权。修订后的套期会计准则规定，符合一定条件时，企业可以在金融工具初始确认时、后续计量中或尚未确认时，将金融工具的信用风险敞口指定为以公允价值计量且其变动计入当期损益的金融工具；当条件不再符合时，应当撤销指定。新规定允许企业对金融工具的信用风险敞口选择以公允价值计量且其变动计入当期损益的方式来进行会计处理，以实现信用风险敞口和信用衍生工具公允价值变动在损益表中的自然对冲，而不需要采用套期会计，以此作为套期会计的一种替代，以更好地反映企业管理信用风险活动的结果，提高企业管理信用风险的积极性。

（二）本次金融工具相关会计准则修订的意义

本次金融工具相关会计准则的修订是我国 2006 年发布金融工具相关会计准则十年来对这组准则的第一次全面修订，无论是在金融工具会计处理的基本理念，还是金融工具分类、确认和计量等具体会计处理方面，都有较大变化。从总体上看，新金融工具相关会计准则对强化企业管理、促进资本市场健康发展、优化市场资源配置、提升金融监管效能意义重大，影响深远。

一是有利于企业加强金融资产和负债管理，夯实资产质量，切实保护投资者和债权人利益。新金融工具相关会计准则关于金融资产的分类发生了较大决策改变，对金融资产的分类突出了企业持有金融资产的“业务模式”和金融资产的“合同现金流量特征”，有助于推动企业在战略决策、业务管理和合同管理层面提升金融资产和负债的精细化管理水平。同时，为了消除或显著减少金融资产和负债的会计错配，新金融工具相关会计准则还赋予了企业灵活的选择权，允许企业将金融资产和负债指定为以公允价值计量且其变动计入当期损益，从而提升企业资产负债匹配管理水平。这些修订有助于提高会计信息质量，能够向企业的投资者和债权人提供更有针对性的信息，提高决策质量。

二是有利于推动企业加强风险管理，及时预警企业面临的金融风险，有效防范和化解金融风险。在当前金融深化的背景下，对信用风险、市场风险等金融风险的管理是现代企业管理的重要组成部分。新金融工具相关会计准则要求基于过去、现在和前瞻性信息，按照“预期损失法”计提金融资产减值准备，将推动企业建立以信用数据和评价为基础的信用风险管理体系，提升应对信用风险事件和信用损失的能力；这组准则要求对相关金融资产和金融负债采用公允价值计量，从而可以及时预警和反映金融资产和金融负债面临的市场风险等金融风险，提高企业风险识别、计量、防范和控制能力；这组准则更加强调套期会计与企业风险管理活动的有机结合，使企业能够更好地利用各种金融工具管理企业所面临的各种风险。

三是有利于促进企业战略、业务、风控和会计管理的有机融合，全面提升企业管理水平和效率，促进企业转型升级。新金融工具相关会计准则的实施需要前台业务、中台风险和后台财务部门的密切配合，需要整合来自上述多个部门的专业团队形成统一的实施团队。对业务模式的判断可能使业务部门的业务流程产生变化，预期信用损失将对许多业务部门的经济实质产生重大影响，业务部门的参与和意见至关重要。这些都将推动企业风险管理和会计工作的有机融合，全面提升企业的风险管理水平。

四是有利于提高金融市场透明度，强化金融监管，提升监管效能。新金融工具相关会计准则高度重视企业信息披露，要求企业充分披露信用风险等相关信息，其基本理念和方法与新巴塞尔协议一脉相承。企业在实施新金融工具相关会计准则后将能够进一步提升信息披露的质量和深度，有助于提高金融市场的整体透明度，为监管部门强化金融监管、提升监管效能奠定坚实基础。

（三）新金融工具相关会计准则的实施时间安排

国际会计准则理事会要求自2018年1月1日起施行《国际财务报告准则第9号——金融工具》，因此，所有在香港上市或在采用国际财务报告准则的境外市场发行权益证券或债券的境内公司，都须自2018年1月1日起执行该准则。考虑到我国A股上市公司、非上市公司等的情况和要求有所不同，采取了统一推进、分步实施新修订金融工具相关会计准则的方案，具体如下：

一是对于在境内外同时上市的企业以及在境外上市并采用国际财务报告准则或企业会计准则编制财务报告的企业，要求自2018年1月1日起执行新金融工具相关会计准则，这一要求与《国际财务报告准则第9号——金融工具》的生效日期保持一致，以免出现境内外报表适用准则差异。

二是对于其他境内上市企业，要求自2019年1月1日起执行新金融工具相关会计准则，为这些企业预留近两年的准备时间，同时确保上市公司范围内执行该准则的一致性。

三是对于执行企业会计准则的非上市企业，要求自2021年1月1日起执行新金融工具相关会计准则，为这些企业预留近四年的准备时间，以确保准则执行质量。

四是对于条件具备、有意愿和有能力提前执行新金融工具相关会计准则的企业，鼓励其提前执行该准则。

同时，国际会计准则理事会为了避免保险公司因执行新金融工具相关会计准则而导致其资产和负债的错配，以及因执行即将发布的国际保险合同会计准则而需要两次调账，于 2016 年 9 月通过决议，允许符合条件的保险公司延后执行新金融工具国际财务报告准则，但最晚不得晚于 2021 年 1 月 1 日。通过征求我国国内保险公司和保险监管部门的意见，我国也借鉴国际做法，允许符合条件的保险公司延后执行新金融工具相关会计准则，为此，财政部单独制定有关过渡办法，确保保险公司平稳实施新金融工具相关会计准则。

三、关于新政府补助准则

为了适应社会主义市场经济发展需要，规范政府补助的会计处理，提高会计信息质量，根据《企业会计准则——基本准则》，财政部对《企业会计准则第 16 号——政府补助》进行了修订，于 2017 年 5 月 10 日，以《财政部关于印发修订〈企业会计准则第 16 号——政府补助〉的通知》（财会〔2017〕15 号，以下简称新政府补助准则）发布，自 2017 年 6 月 12 日起施行。并要求对 2017 年 1 月 1 日存在的政府补助采用未来适用法处理，对 2017 年 1 月 1 日至新政府补助准则施行日之间新增的政府补助根据该准则进行调整。财政部此前发布的有关政府补助会计处理规定与新政府补助准则不一致的，以该准则为准。

（一）新政府补助准则修订的主要内容

一是增加了政府补助的两大特征，明确政府补助准则的适用范围。新政府补助准则增加了政府补助的特征，包括无偿性和来源于政府的经济资源，以便于区分企业从政府取得的经济资源是政府补助、政府资本性投资还是政府购买服务。明确政府以投资者身份向企业投入资本，享有相应的所有者权益，不适用政府补助准则。明确企业从政府取得的经济资源，如果与企业销售商品或提供服务等活动密切相关，且是企业商品或服务的对价或者是对价的组成部分，适用《企业会计准则第 14 号——收入》等相关会计准则。另外，针对实务中存在的政府将补助拨付给集团母公司，集团母公司再将其转拨给下属子公司时，下属子公司是否可以确认政府补助等类似问题，新政府补助准则进一步明确对企业收到的来源于其他机构的补助，有确凿证据表明政府是补助的实际拨付者，其他机构只是起到代收代付的作用，则该项补助也属于来源于政府的经济资源，符合其他条件的情况下，也可以确认为政府补助。

二是与国际财务报告准则趋同，允许政府补助采用净额法。《国际会计准则第 20 号——政府补助的会计和政府捐助的披露》允许政府补助按总额或净额列报。但原政府补助准则只允许采用总额法，而新政府补助准则允许采用净额法对政府补助进行核算。新政府补助准则明确与资产相关的政府补助，应当冲减相关资产的账面价值或确认为递延收益并分期计入损益。与收益相关的政府补助，用于补偿企业以后期间的相关成本费用或损失的，确认为递延收益，并在确认相关成本费用或损失的期间，计入当期损益或冲减相关成本；用于补偿企业已发生的相关成本费用或损失的，直接计入当期损益或冲减相关成本。

三是明确政府补助相关科目的使用，新增“其他收益”报表项目。原应用指南规定，政府补助应计入营业外收入。但在实务中，部分补助资金与企业日常活动密切相关，不适宜计入营业外收入。新政府补助准则明确了企业应当在利润表中的“营业利润”项目之上单独增加“其他收益”项目，规定与日常活动相关的政府补助计入其他收益或冲减相关成本，与企业日常活动无关的政府补助计入营业外收支。企业有必要增设“其他收益”会计科目。

与资产相关的政府补助见表1-2。

表1-2　　与资产相关的政府补助

与资产相关的政府补助	总额法	净额法
与日常活动相关	资产负债表：货币资金（或应收款项）、递延收益； 利润表：递延收益分配入“其他收益”； 已确认的政府补助退回：先冲减递延收益，不足部分再计入当期损益。	资产负债表：货币资金（或应收款项）、冲减资产的账面价值； 利润表：进损益的折旧摊销费用减少； 已确认的政府补助退回：调整资产账面价值。
与日常活动无关	资产负债表：货币资金（或应收款项）、递延收益 利润表：递延收益分配入“营业外收入” 已确认的政府补助退回：先冲减递延收益，不足部分再计入当期损益	资产负债表：货币资金（或应收款项）、冲减资产的账面价值 利润表：进损益的折旧摊销费用减少 已确认的政府补助退回：调整资产账面价值

与收益相关的政府补助见表1-3、表1-4。

表1-3　　与收益相关的政府补助——补偿以后期间的

与收益相关的政府补助——补偿以后期间的	总额法	净额法
与日常活动相关	资产负债表：货币资金（或应收款项）、递延收益； 利润表：递延收益分摊入“其他收益”； 已确认的政府补助退回：先冲减递延收益，不足部分再计入当期损益。	资产负债表：货币资金（或应收款项）、递延收益； 利润表：递延收益分期冲减相关成本费用； 已确认的政府补助退回：先冲减递延收益，不足部分再计入当期损益。
与日常活动无关	资产负债表：货币资金（或应收款项）、递延收益； 利润表：递延收益分配入“营业外收入”； 已确认的政府补助退回：先冲减递延收益，不足部分再计入当期损益。	资产负债表：货币资金（或应收款项）、递延收益； 利润表：冲减营业外支出； 已确认的政府补助退回：先冲减递延收益，不足部分再计入当期损益。

表 1-4　　与收益相关的政府补助——补偿已发生的

与收益相关的政府补助——补偿已发生的	总额法	净额法
与日常活动相关	资产负债表：货币资金（或应收款项）； 利润表：计入当期“其他收益”； 已确认的政府补助退回：直接计入当期损益。	资产负债表：货币资金（或应收款项）； 利润表：冲减相关成本费用； 已确认的政府补助退回：直接计入当期损益。
与日常活动无关	资产负债表：货币资金（或应收款项）； 利润表：计入当期“营业外收入”； 已确认的政府补助退回：直接计入当期损益。	资产负债表：货币资金（或应收款项）； 利润表：冲减营业外支出； 已确认的政府补助退回：直接计入当期损益。

四是对财政贴息的会计处理做了更加详细的规定。新政府补助准则对于财政贴息的会计处理做了更加详细的规定，区分财政将贴息资金拨付给贷款银行和财政将贴息资金直接拨付给受益企业两种情况，为企业提供了不同的核算方法。对于财政将贴息资金拨付给贷款银行，由贷款银行以政策性优惠利率向企业提供贷款的，企业可以选择下列方法之一进行会计处理：（1）以实际收到的借款金额作为借款的入账价值，按照借款本金和该政策性优惠利率计算相关借款费用。（2）以借款的公允价值作为借款的入账价值并按照实际利率法计算借款费用，实际收到的金额与借款公允价值之间的差额确认为递延收益。递延收益在借款存续期内采用实际利率法摊销，冲减相关借款费用。对于财政将贴息资金直接拨付给企业，企业应当将对应的贴息冲减相关借款费用。

五是修改了与资产相关政府补助的摊销方法。原准则规定“与资产相关的政府补助，应当确认为递延收益，并在相关资产使用寿命内平均分配，计入当期损益”。而新政府补助准则规定“与资产相关的政府补助，应当确认为递延收益，并在相关资产使用寿命内按合理、系统的方法分期计入损益”。新政府补助准则更强调与资产相关政府补助的摊销方法应当结合各项资产未来经济利益的消耗方式，采用合理系统的方法分摊，而非一定要按照平均法分摊。

六是将原准则应用指南和企业会计准则讲解中的内容提到准则正文中。例如，相关资产在使用寿命结束前被出售、转让、报废或发生毁损的，应当将尚未分配的递延收益余额转入资产处置当期的损益。又如，对同时包含与资产相关部分和与收益相关部分的政府补助，应当区分不同部分分别进行会计处理；难以区分的，应当整体归类为与收益相关的政府补助。

现将新政府补助准则与旧准则比较如表 1-5 所示。

表 1-5 新政府补助准则与旧准则的比较

2017 年版准则	2006 年版准则	修订内容及说明
第一章 总 则		
第一条 为了规范政府补助的确认、计量和列报，根据《企业会计准则——基本准则》，制定本准则。	**第一条** 为了规范政府补助的确认、计量和相关信息的披露，根据《企业会计准则——基本准则》，制定本准则。	“相关信息的披露”改为“列报”。
第二条 本准则中的政府补助，是指企业从政府无偿取得货币性资产或非货币性资产。	**第二条** 政府补助，是指企业从政府无偿取得货币性资产或非货币性资产，**但不包括政府作为企业所有者投入的资本。**	去掉了“但不包括政府作为企业所有者投入的资本”的描述。
第三条 政府补助具有下列特征： （一）来源于政府的经济资源。对于企业收到的来源于其他方的补助，有确凿证据表明政府是补助的实际拨付者，其他方只起到代收代付作用的，该项补助也属于来源于政府的经济资源。 （二）无偿性。即企业取得来源于政府的经济资源，不需要向政府交付商品或服务等对价。		新增第三条：不再强调从政府直接取得，明确政府是实际拨付者的代收代付的，也属于来源于政府，明确“无偿性”——无对价。以便于区分企业从政府取得的经济资源是政府补助、政府资本性投入还是政府购买服务。
第四条 政府补助分为与资产相关的政府补助和与收益相关的政府补助。 与资产相关的政府补助，是指企业取得的、用于购建或以其他方式形成长期资产的政府补助。 与收益相关的政府补助，是指除与资产相关的政府补助之外的政府补助。	**第三条** 政府补助分为与资产相关的政府补助和与收益相关的政府补助。 与资产相关的政府补助，是指企业取得的、用于购建或以其他方式形成长期资产的政府补助。 与收益相关的政府补助，是指除与资产相关的政府补助之外的政府补助。	
第五条 下列各项适用其他相关会计准则： **（一）企业从政府取得的经济资源，如果与企业销售商品或提供服务等活动密切相关，且是企业商品或服务的对价或者是对价的组成部分，适用《企业会计准则第 14 号——收入》等相关会计准则。 （二）所得税减免，适用《企业会计准则第 18 号——所得税》。 政府以投资者身份向企业投入资本，享有相应的所有者权益，不适用本准则。**	**第四条** 下列各项适用其他相关会计准则： **（一）债务豁免，适用《企业会计准则第 12 号——债务重组》。** （二）所得税减免，适用《企业会计准则第 18 号——所得税》。	明确向政府收取对价的适用收入准则，不再提债务豁免的事项。
第二章 确认和计量		
第六条 政府补助同时满足下列条件的，才能予以确认： （一）企业能够满足政府补助所附条件； （二）企业能够收到政府补助。	**第五条** 政府补助同时满足下列条件的，才能予以确认： （一）企业能够满足政府补助所附条件； （二）企业能够收到政府补助。	
第七条 政府补助为货币性资产的，应当按照收到或应收的金额计量。 政府补助为非货币性资产的，应当按照公允价值计量；公允价值不能可靠取得的，按照名义金额计量。	**第六条** 政府补助为货币性资产的，应当按照收到或应收的金额计量。 政府补助为非货币性资产的，应当按照公允价值计量；公允价值不能可靠取得的，按照名义金额计量。	

续表

2017 年版准则	2006 年版准则	**修订内容及说明**
第八条 与资产相关的政府补助，**应当冲减相关资产的账面价值或**确认为递延收益。与资产相关的政府补助确认为递延收益的，应当在相关资产使用寿命内按照合理、系统的方法分期计入损益。按照名义金额计量的政府补助，直接计入当期损益。 相关资产在使用寿命结束前被出售、转让、报废或发生毁损的，应当将尚未分配的相关递延收益余额转入资产处置当期的损益。	**第七条** 与资产相关的政府补助，应当确认为递延收益，并在相关资产使用寿命内平均分配，计入当期损益。但是，按照名义金额计量的政府补助，直接计入当期损益。	与资产相关的政府补助，增加了新的方式，即形成资产的补助，这也考虑了后补助的情形。同时考虑了转让等情形，这样就更完整了。
第九条 与收益相关的政府补助，应当分情况按照以下规定进行会计处理： （一）用于补偿企业以后期间的相关成本费用或损失的，确认为递延收益，并在确认相关成本费用或损失的期间，计入当期损益**或冲减相关成本**； （二）用于补偿企业已发生的相关成本费用或损失的，直接计入当期损益**或冲减相关成本**。	**第八条** 与收益相关的政府补助，应当分别下列情况处理： （一）用于补偿企业以后期间的相关费用或损失的，确认为递延收益，并在确认相关费用的期间，计入当期损益。 （二）用于补偿企业已发生的相关费用或损失的，直接计入当期损益。	允许与收益相关的政府补助按净额法冲减相关成本。
第十条 对于同时包含与资产相关部分和与收益相关部分的政府补助，应当区分不同部分分别进行会计处理；难以区分的，应当整体归类为与收益相关的政府补助。		考虑了多重政府补助的情形。
第十一条 与企业日常活动相关的政府补助，应当按照经济业务实质，计入其他收益或冲减相关成本费用。与企业日常活动无关的政府补助，应当计入营业外收支。		新增情形特别适用。
第十二条 企业取得政策性优惠贷款贴息的，应当区分财政将贴息资金拨付给贷款银行和财政将贴息资金直接拨付给企业两种情况，分别按照本准则第十三条和第十四条进行会计处理。		财政贴息需按拨付对象分别进行会计处理。
第十三条 财政将贴息资金拨付给贷款银行，由贷款银行以政策性优惠利率向企业提供贷款的，企业可以选择下列方法之一进行会计处理： （一）以实际收到的借款金额作为借款的入账价值，按照借款本金和该政策性优惠利率计算相关借款费用。 （二）以借款的公允价值作为借款的入账价值并按照实际利率法计算借款费用，实际收到的金额与借款公允价值之间的差额确认为递延收益。递延收益在借款存续期内采用实际利率法摊销，冲减相关借款费用。 企业选择了上述两种方法之一后，应当一致地运用，不得随意变更。		明确从银行取得财政贴息贷款的，可选择两种处理方式：简化处理或公允价值计量并调整实际利率。

续表

2017年版准则	2006年版准则	修订内容及说明
第十四条　财政将贴息资金直接拨付给企业，企业应当将对应的贴息冲减相关借款费用。		直接取得财政贴息的，冲减借款费用。
第十五条　已确认的政府补助需要**退回**的，应当在需要退回的当期分情况按照以下规定进行会计处理： **(一)初始确认时冲减相关资产账面价值的，调整资产账面价值；** (二)存在相关递延收益的，冲减相关递延收益账面余额，超出部分计入当期损益； (三)属于其他情况的，直接计入当期损益。	第九条　已确认的政府补助需要**返还**的，应当分别下列情况处理： (一)存在相关递延收益的，冲减相关递延收益账面余额，超出部分计入当期损益。 (二)不存在相关递延收益的，直接计入当期损益。	增加了原来冲减资产账面价值的方法。
第十六条　企业应当在利润表中的"营业利润"项目之上单独列报"其他收益"项目，计入其他收益的政府补助在该项目中反映。		关于政府补助相关会计科目的使用，允许企业从经济业务的实质出发，判断政府补助如何计入损益。与企业日常活动相关的政府补助，应当计入"其他收益"，并在利润表中的"营业利润"项目之上单独列报；与企业日常经营活动无关的政府补助，应当计入营业外收入。
第三章　披　露		
第十七条　企业应当在附注中单独披露与政府补助有关的下列信息： (一)政府补助的种类、金额和**列报项目**； (二)计入当期损益的政府补助金额； (三)本期退回的政府补助金额及原因。	第十条　企业应当在附注中披露与政府补助有关的下列信息： (一)政府补助的种类及金额。 (二)计入当期损益的政府补助金额。 (三)本期返还的政府补助金额及原因。	新政府补助准则要求披露政府补助的"列报项目"。
第四章　衔接规定		
第十八条　企业对2017年1月1日存在的政府补助采用未来适用法处理，对2017年1月1日至本准则施行日之间新增的政府补助根据本准则进行调整。		2017年1月1日已经存在的政府补助，适用未来适用法，不追溯调整。 2017年1月1日至2017年6月12日（实施日期）之间新增的政府补助，按照本准则执行。
第五章　附　则		
第十九条　本准则自2017年6月12日起施行。		2017年6月12日为实施日期。

续表

2017 年版准则	2006 年版准则	修订内容及说明
第二十条　2006 年 2 月 15 日财政部印发的《财政部关于印发〈企业会计准则第 1 号——存货〉等 38 项具体准则的通知》(财会〔2006〕3 号)中的《企业会计准则第 16 号——政府补助》同时废止。 财政部此前发布的有关政府补助会计处理规定与本准则不一致的，以本准则为准。		新旧准则不一致的地方，以新政府补助准则为准实施。

四、关于持有待售的非流动资产、处置组和终止经营准则

在我国企业会计准则中，有关持有待售的非流动资产、处置组和终止经营会计处理的要求分散在《企业会计准则第 2 号——长期股权投资》《企业会计准则第 4 号——固定资产》《企业会计准则第 30 号——财务报表列报》及相关应用指南、解释和讲解中，这些规定为规范相关业务的会计处理发挥了一定作用，但缺少对持有待售类别的后续计量、持有待售资产减值准备计提等问题的统一细化规定或指引，不利于实务操作。近年来，随着企业经济业务的不断发展和创新，特别是今年以来国务院化解过剩产能、推动“三去一降一补”工作积极推进，对持有待售的非流动资产和处置组及终止经营的会计处理规定亟待补充细化，有必要制定单独的会计准则进行系统性规范，以满足财务报表使用者对财务信息相关性、及时性需求的增加，不断完善我国企业会计准则体系体例，服务于国家供给侧结构性改革需要。为进一步规范持有待售的非流动资产和处置组的分类、计量和列报，以及终止经营的列报，提高会计信息质量，保持我国企业会计准则与国际财务报告准则的持续趋同，财政部借鉴《国际财务报告准则第 5 号——持有以备出售的非流动资产和终止经营》和为保持与国际财务报告准则第 5 号持续趋同，结合我国企业实际情况，制定发布《企业会计准则第 42 号——持有待售的非流动资产、处置组和终止经营》，并自 2017 年 5 月 28 日起施行。

（一）定义和范围

《企业会计准则第 42 号——持有待售的非流动资产、处置组和终止经营》给出了处置组的定义及终止经营的条件，并明确了该准则涉及的非流动资产范围。

《企业会计准则第 42 号——持有待售的非流动资产、处置组和终止经营》的分类和列报规定适用于所有非流动资产和处置组。该准则的计量规定适用于所有非流动资产，但下列各项的计量适用其他相关会计准则：采用公允价值模式进行后续计量的投资性房地产，适用《企业会计准则第 3 号——投资性房地产》；采用公允价值减去出售费用后的净额计量的生物资产，适用《企业会计准则第 5

号——生物资产》；职工薪酬形成的资产，适用《企业会计准则第 9 号——职工薪酬》；递延所得税资产，适用《企业会计准则第 18 号——所得税》；由金融工具相关会计准则规范的金融资产，适用金融工具相关会计准则；由保险合同相关会计准则规范的保险合同所产生的权利，适用保险合同相关会计准则。

处置组包含适用该准则计量规定的非流动资产的，该准则的计量规定适用于整个处置组。处置组中负债的计量适用相关会计准则。处置组是指在一项交易中作为整体通过出售或其他方式一并处置的一组资产，以及在该交易中转让的与这些资产直接相关的负债。处置组所属的资产组或资产组组合按照《企业会计准则第 8 号——资产减值》分摊了企业合并中取得的商誉的，该处置组应当包含分摊至处置组的商誉。

（二）条款与结构

《企业会计准则第 42 号——持有待售的非流动资产、处置组和终止经营》由总则、持有待售的非流动资产或处置组的分类、持有待售的非流动资产或处置组的计量、列报和附则五章，共三十三条内容组成。

第一章“总则”，包括第一条至第四条，说明了制定该准则的目的、准则的适用范围，处置组的定义及终止经营应满足的条件。第二章“持有待售的非流动资产或处置组的分类”，包括第五条至第十一条，规范了持有待售的非流动资产和处置组的分类。第三章“持有待售的非流动资产或处置组的计量”，包括第十二条至第二十二条，规范了持有待售的非流动资产和处置组的计量。第四章“列报”，包括第二十三条至第三十二条，规范了持有待售的非流动资产和处置组的列报，以及终止经营的列报。第五章“附则”，第三十三条，规定准则开始施行的时间。明确对于该准则施行日存在的持有待售的非流动资产、处置组和终止经营，应当采用未来适用法处理。

（三）变化与分析

《企业会计准则第 42 号——持有待售的非流动资产、处置组和终止经营》发布以前，在我国企业会计准则中，有关持有待售的非流动资产、处置组和终止经营的会计处理要求分散在《企业会计准则第 2 号——长期股权投资》《企业会计准则第 4 号——固定资产》《企业会计准则第 30 号——财务报表列报》及相关应用指南、解释和讲解中（以下简称现行准则的有关规定）。《企业会计准则第 42 号——持有待售的非流动资产、处置组和终止经营》沿用现行准则的有关规定，细化了计量和列报要求。首先明确非流动资产或处置组划分为持有待售类别，应当同时满足两个条件。关于计量方面，对于取得日划分为持有待售类别的非流动资产或处置组的计量、持有待售类别的初始计量和后续计量等进行了细化规范。关于终止经营的列报，在利润表中应分别列示持续经营损益和终止经营损益，并在附注中披露有关信息。

（四）重点条款解读

《企业会计准则第 42 号——持有待售的非流动资产、处置组和终止经营》规范了持有待售的非流动资产和处置组的分类、计量和列报，以及终止经营的列报。重点条款可以归结为如下几个方面：

1. 持有待售类别的划分条件。《企业会计准则第 42 号——持有待售的非流动资产、处置组和终止经营》明确了持有待售类别的定义，企业主要通过出售（包括具有商业实质的非货币性资产交换，下同）而非持续使用一项非流动资产或处置组收回其账面价值的，应当将其划分为持有待售类别。该准则沿用了现行准则规定对持有待售类别的划分条件，非流动资产或处置组划分为持有待售类别，应当同时满足两个条件，一是在当前状况下，仅根据出售此类资产或处置组的惯常条款，即可立即出售；二是出售极可能发生，即企业已经就一项出售计划作出决议且获得确定的购买承诺，预计出售将在一年内完成。如果该出售计划需要得到股东或者监管部门批准，应当已经取得批准。

需要注意的是，除满足其他条件外，企业必须在获得确定的购买承诺后才能将相关的非流动资产或处置组划分为持有待售类别。这一要求比国际财务报告准则更为严格，便于实务中严格执行，并防范利润操纵的情况。

因企业无法控制的下列原因之一，导致非关联方之间的交易未能在一年内完成，且有充分证据表明企业仍然承诺出售非流动资产或处置组的，企业应当继续将非流动资产或处置组划分为持有待售类别：（1）买方或其他方意外设定导致出售延期的条件，企业针对这些条件已经及时采取行动，且预计能够自设定导致出售延期的条件起一年内顺利化解延期因素；（2）因发生罕见情况，导致持有待售的非流动资产或处置组未能在一年内完成出售，企业在最初一年内已经针对这些新情况采取必要措施，且重新满足了持有待售类别的划分条件。上述允许在特殊情况下，放松“出售将在一年内完成”的要求，更符合实务中经济业务的实际情况。

2. 持有待售类别的计量。《企业会计准则第 42 号——持有待售的非流动资产、处置组和终止经营》对于取得日划分为持有待售类别的非流动资产或处置组的计量、持有待售类别的初始计量和后续计量等进行了细化规范。

（1）取得日划分为持有待售类别的非流动资产或处置组的计量。对于取得日划分为持有待售类别的非流动资产或处置组，企业应当在初始计量时比较假定其不划分为持有待售类别情况下的初始计量金额和公允价值减去出售费用后的净额，以两者孰低计量。除企业合并中取得的非流动资产或处置组外，由非流动资产或处置组以公允价值减去出售费用后的净额作为初始计量金额而产生的差额，应当计入当期损益。

（2）持有待售类别的初始计量和后续计量。准则规定企业将非流动资产或处置组首次划分为持有待售类别前，应当按照相关会计准则规定计量非流动资产或处置组中各项资产和负债的账面价值。

企业初始计量或在资产负债表日重新计量持有待售的非流动资产或处置组时，其账面价值高于公允价值减去出售费用后的净额的，应当将账面价值减记至公允价值减去出售费用后的净额，减记的金额确认为资产减值损失，计入当期损益，同时计提持有待售资产减值准备。对于持有待售的处置组确认的资产减值损失金额，如果该处置组包含商誉，应当先抵减处置组中商誉的账面价值，再根据处置组中适用该准则计量规定的各项非流动资产账面价值所占比重，按比例抵减其账面价值。

准则规定，后续资产负债表日持有待售的非流动资产公允价值减去出售费用后的净额增加的，以前减记的金额应当予以恢复，并在划分为持有待售类别后确认的资产减值损失金额内转回，转回金额计入当期损益。划分为持有待售类别前确认的资产减值损失不得转回。后续资产负债表日持有待售的处置组公允价值减去出售费用后的净额增加的，以前减记的金额应当予以恢复，并在划分为持有待售类别后适用该准则计量规定的非流动资产确认的资产减值损失金额内转回，转回金额计入当期损益。已抵减的商誉账面价值和划分为持有待售类别前确认的资产减值损失不得转回。这与《企业会计准则第 8 号——资产减值》的规定相一致，由于相关资产的性质在划分为持有待售类别后已经由非流动资产转化为流动资产，所以只允许将划分为持有待售类别后确认的持有待售资产减值损失转回，不允许将划分为持有待售类别前确认的长期资产减值损失转回。

持有待售的非流动资产或处置组中的非流动资产不应计提折旧或摊销，持有待售的处置组中负债的利息和其他费用应当继续予以确认。非流动资产或处置组因不再满足持有待售类别的划分条件而不再继续划分为持有待售类别或非流动资产从持有待售的处置组中移除时，应当按照以下两者孰低计量：划分为持有待售类别前的账面价值，按照假定不划分为持有待售类别情况下本应确认的折旧、摊销或减值等进行调整后的金额；可收回金额。企业终止确认持有待售的非流动资产或处置组时，应当将尚未确认的利得或损失计入当期损益。

3. 持有待售的非流动资产和处置组的列报。《企业会计准则第 42 号——持有待售的非流动资产、处理组和终止经营》规定，企业应当在资产负债表中区别于其他资产单独列示持有待售的非流动资产或持有待售的处置组中的资产，区别于其他负债单独列示持有待售的处置组中的负债。持有待售的非流动资产或持有待售的处置组中的资产与持有待售的处置组中的负债不应当相互抵销，应当分别作为流动资产和流动负债列示。

4. 终止经营的列报。《企业会计准则第 42 号——持有待售的非流动资产、处理组和终止经营》规定，在利润表中分别列示持续经营损益和终止经营损益，在附注中进一步披露详细信息。

在利润表主表中列示有关终止经营损益的信息，有利于报表使用者了解哪些经营将无法为企业创造现金流量，使得财务报表更真实地反映企业经营成果，但也不能提供过多有关终止经营的信息。因此，准则要求在利润表中单独反映终止经营损益，其他细化信息在附注中披露即可。

五、关于公允价值计量、合营安排、在其他主体中权益的披露准则

（一）公允价值计量

2014 年 1 月 26 日财政部印发了《企业会计准则第 39 号——公允价值计量》（财会〔2014〕6 号文件发布，以下简称公允价值计量准则），这个准则是在原有 38 个会计准则的基础上增加的全新准则，原有的会计准则虽然在存货、资产减值、股份支付等内容多有涉及公允价值方法和原则，但并未就公允价值计量单独进行规定。2011 年 5 月，国际两大会计准则制定机构——美国财务会计准则委员会（FASB）与国际会计准则理事会（IASB）印发公允价值计量与披露新规范，国内的会计准则和国际准则趋同，制定印发专门的公允价值计量准则非常必要。公允价值计量准则从相关资产或负债、有序交易和市场、市场参与者、公允价值初始计量、估值技术、公允价值层次、非金融资产的公允价值计量、负债和企业自身权益工具的公允价值计量、市场风险或信用风险可抵销的金融资产和金融负债的公允价值计量、公允价值披露等多个角度、全方位地就公允价值计量进行了规定。根据公允价值计量准则，公允价值被定义为市场参与者在计量日发生的有序交易中，出售一项资产所能收到或者转移一项负债所需支付的价格。根据该定义，衡量公允价值的关键在于以市场为基础的计量，而不是特定主体的计量。因此，在计量公允价值时，企业应当采用当前市场条件下，市场参与者在对资产或负债进行定价时可能采用的假设。公允价值是基于市场的计量，对于某些资产和负债而言，存在可供利用的市场交易或市场信息，但也有一些资产和负债，没有可以利用的市场交易或市场信息。在此情况下，企业计量公允价值应当采用其他估价技术，并尽可能多地使用相关可观察输入值，尽可能少地使用不可观察输入值。在公允价值计量准则中，就估值技术等问题均有详细表述。

（二）合营安排

2014 年 2 月 17 日财政部印发了《企业会计准则第 40 号——合营安排》（财会〔2014〕11 号文件发布，以下简称合营安排准则），合营安排准则规范了合营安排的认定、分类以及各参与方在合营安排中权益等的会计处理。合营方应当确认其与共同经营中利益份额相关的项目，并按照相关企业会计准则的规定进行会计处理：确认单独所持有的资产，以及按其份额确认共同持有的资产；确认单独所承担的负债，以及按其份额确认共同承担的负债；确认出售其享有的共同经营产出份额所产生的收入；按其份额确认共同经营因出售产出所产生的收入；确认单独所发生的费用，以及按其份额确认共同经营发生的费用。首

次采用合营安排准则的企业应当根据准则的规定对其合营安排进行重新评估，确定其分类。合营企业重新分类为共同经营的，合营方应当在比较财务报表最早期间期初终止确认以前采用权益法核算的长期股权投资，以及其他实质上构成对合营企业净投资的长期权益；同时根据比较财务报表最早期间期初采用权益法核算时使用的相关信息，确认本企业在共同经营中的利益份额所产生的各项资产（包括商誉）和负债，所确认资产和负债的账面价值与其计税基础之间存在暂时性差异的，应当按照《企业会计准则第 18 号——所得税》的规定进行会计处理。确认的各项资产和负债的净额与终止确认的长期股权投资以及其他实质上构成对合营企业净投资的长期权益的账面金额存在差额的，应当按照下列规定处理：前者大于后者的，其差额应当首先抵减与该投资相关的商誉，仍有余额的，再调增比较财务报表最早期间的期初留存收益；前者小于后者的，其差额应当冲减比较财务报表最早期间的期初留存收益。

（三）在其他主体中权益的披露

2014 年 3 月 14 日财政部印发《企业会计准则第 41 号——在其他主体中权益的披露》（财会〔2014〕16 号文件发布，以下简称在其他主体中权益的披露准则），是为了适应社会主义市场经济发展需要，规范企业在其他主体中权益的披露。有关企业在其他主体中权益的披露散见于《企业会计准则第 2 号——长期股权投资》和《企业会计准则第 33 号——合并财务报表》之中，不仅披露范围有限，而且披露内容不全面，不利于财务报表使用者全面了解并评估企业在其他主体中权益的风险及其对本企业财务状况和经营业绩的影响。在其他主体中权益的披露准则是在现有准则披露基础上，对在其他主体中权益的披露进行了整合、补充和完善。一是明确披露在其他主体中权益的目的。与现行有关准则的披露要求不同，在其他主体中权益的披露准则首先明确规定，披露在其他主体中权益的目的是有助于其财务报表的使用者评估企业在其他主体中权益的性质及相关的风险，以及这些权益对企业财务状况、经营业绩和现金流量的影响。二是整合并优化在子公司、联营企业、合营企业中权益的披露。统一在其他主体中权益的披露，要求拥有重要少数股东权益的子公司、合营企业和联营企业均需要披露主要财务信息，并优化有关披露的内容。三是增加在结构化主体中权益的披露。对于未纳入合并范围的结构化主体要求披露结构化主体的性质、目的、规模、活动及其融资方式等。

2017 年对企业会计准则的大修和补充，是 2014 年企业会计准则大修后的又一次大修和补充。2014 年修订的 5 个具体会计准则和 2017 年修订的 6 个具体会计准则均不再保留应用指南，而是将原来应用指南的内容写入具体准则中，2014 年新增的 3 个具体准则和 2017 年新增的 1 个具体准则也不再制定应用指南，敬请读者学习和查阅时注意。

会计准则

企业会计准则——基本准则

（2006 年 2 月 15 日财政部令第 33 号公布，自 2007 年 1 月 1 日起施行。2014 年 7 月 23 日根据财政部令第 76 号《财政部关于修改〈企业会计准则——基本准则〉的决定》修改）

第一章 总 则

第一条 为了规范企业会计确认、计量和报告行为，保证会计信息质量，根据《中华人民共和国会计法》和其他有关法律、行政法规，制定本准则。

第二条 本准则适用于在中华人民共和国境内设立的企业（包括公司，下同）。

第三条 企业会计准则包括基本准则和具体准则，具体准则的制定应当遵循本准则。

第四条 企业应当编制财务会计报告（又称财务报告，下同）。财务会计报告的目标是向财务会计报告使用者提供与企业财务状况、经营成果和现金流量等有关的会计信息，反映企业管理层受托责任履行情况，有助于财务会计报告使用者作出经济决策。

财务会计报告使用者包括投资者、债权人、政府及其有关部门和社会公众等。

第五条 企业应当对其本身发生的交易或者事项进行会计确认、计量和报告。

第六条 企业会计确认、计量和报告应当以持续经营为前提。

第七条 企业应当划分会计期间，分期结算账目和编制财务会计报告。

会计期间分为年度和中期。中期是指短于一个完整的会计年度的报告期间。

第八条 企业会计应当以货币计量。

第九条 企业应当以权责发生制为基础进行会计确认、计量和报告。

第十条 企业应当按照交易或者事项的经济特征确定会计要素。会计要素包括资产、负债、所有者权益、收入、费用和利润。

第十一条 企业应当采用借贷记账法记账。

第二章 会计信息质量要求

第十二条 企业应当以实际发生的交易或者事项为依据进行会计确认、计量和报告，如实反映符合确认和计量要求的各项会计要素及其他相关信息，保证会计信息真实可靠、内容完整。

第十三条 企业提供的会计信息应当与财务会计报告使用者的经济决策需要相关，有助于财务会计报告使用者对企业过去、现在或者未来的情况作出评价或者预测。

第十四条 企业提供的会计信息应当清晰明了，便于财务会计报告使用者理解和使用。

第十五条 企业提供的会计信息应当具有可比性。

同一企业不同时期发生的相同或者相似的交易或者事项，应当采用一致的会计政策，不得随意变更。确需变更的，应当在附注中说明。

不同企业发生的相同或者相似的交易或者事项，应当采用规定的会计政策，确保会计信息口径一致、相互可比。

第十六条 企业应当按照交易或者事项的经济实质进行会计确认、计量和报告，不应仅以交易或者事项的法律形式为依据。

第十七条 企业提供的会计信息应当反映与企业财务状况、经营成果和现金流量等有关的所有重要交易或者事项。

第十八条 企业对交易或者事项进行会计确认、计量和报告应当保持应有的谨慎，不应高估资产或者收益、低估负债或者费用。

第十九条 企业对于已经发生的交易或者事项，应当及时进行会计确认、计量和报告，不得提前或者延后。

第三章 资 产

第二十条 资产是指企业过去的交易或者事项形成的、由企业拥有或者控制的、预期会给企业带来经济利益的资源。

前款所指的企业过去的交易或者事项包括购买、生产、建造行为或其他交易或者事项。预期在未来发生的交易或者事项不形成资产。

由企业拥有或者控制，是指企业享有某项资源的所有权，或者虽然不享有某项资源的所有权，但该资源能被企业所控制。

预期会给企业带来经济利益，是指直接或者间接导致现金和现金等价物流入企业的潜力。

第二十一条 符合本准则第二十条规定的资产定义的资源，在同时满足以下条件时，确认为资产：

（一）与该资源有关的经济利益很可能流入企业；

（二）该资源的成本或者价值能够可靠地计量。

第二十二条 符合资产定义和资产确认条件的项目，应当列入资产负债表；符合资产定义、但不符合资产确认条件的项目，不应当列入资产负债表。

第四章 负 债

第二十三条 负债是指企业过去的交易或者事项形成的、预期会导致经济利益流出企业的现时义务。

现时义务是指企业在现行条件下已承担的义务。未来发生的交易或者事项形成的义务，不属于现时义务，不应当确认为负债。

第二十四条 符合本准则第二十三条规定的负债定义的义务，在同时满足以下条件时，确认为负债：

（一）与该义务有关的经济利益很可能流出企业；

（二）未来流出的经济利益的金额能够可靠地计量。

第二十五条 符合负债定义和负债确认条件的项目，应当列入资产负债表；符合负债定义、但不符合负债确认条件的项目，不应当列入资产负债表。

第五章 所有者权益

第二十六条 所有者权益是指企业资产扣除负债后由所有者享有的剩余权益。

公司的所有者权益又称为股东权益。

第二十七条 所有者权益的来源包括所有者投入的资本、直接计入所有者权益的利得和损失、留存收益等。

直接计入所有者权益的利得和损失，是指不应计入当期损益、会导致所有者权益发生增减变动的、与所有者投入资本或者向所有者分配利润无关的利得或者损失。

利得是指由企业非日常活动所形成的、会导致所有者权益增加的、与所有者投入资本无关的经济利益的流入。

损失是指由企业非日常活动所发生的、会导致所有者权益减少的、与向所有者分配利润无关的经济利益的流出。

第二十八条 所有者权益金额取决于资产和负债的计量。

第二十九条 所有者权益项目应当列入资产负债表。

第六章 收 入

第三十条 收入是指企业在日常活动中形成的、会导致所有者权益增加的、与所有者投入资本无关的经济利益的总流入。

第三十一条 收入只有在经济利益很可能流入从而导致企业资产增加或者负债减少、且经济利益的流入额能够可靠计量时才能予以确认。

第三十二条 符合收入定义和收入确认条件的项目，应当列入利润表。

第七章 费 用

第三十三条 费用是指企业在日常活动中发生的、会导致所有者权益减少的、与向所有者分配利润无关的经济利益的总流出。

第三十四条 费用只有在经济利益很可能流出从而导致企业资产减少或者负债增加、且经济利益的流出额能够可靠计量时才能予以确认。

第三十五条 企业为生产产品、提供劳务等发生的可归属于产品成本、劳务成本等的费用，应当在确认产品销售收入、劳务收入等时，将已销售产品、已提供劳务的成本等计入当期损益。

企业发生的支出不产生经济利益的，或者即使能够产生经济利益但不符合或者不再符合资产确认条件的，应当在发生时确认为费用，计入当期损益。

企业发生的交易或者事项导致其承担了一项负债而又不确认为一项资产的，应当在发生时确认为费用，计入当期损益。

第三十六条 符合费用定义和费用确认条件的项目，应当列入利润表。

第八章 利 润

第三十七条 利润是指企业在一定会计期间的经营成果。利润包括收入减去费用后的净额、直接计入当期利润的利得和损失等。

第三十八条 直接计入当期利润的利得和损失，是指应当计入当期损益、会导致所有者权益发生增减变动的、与所有者投入资本或者向所有者分配利润无关的利得或者损失。

第三十九条 利润金额取决于收入和费用、直接计入当期利润的利得和损失金额的计量。

第四十条 利润项目应当列入利润表。

第九章 会计计量

第四十一条 企业在将符合确认条件的会计要素登记入账并列报于会计报表及其附注（又称财务报表，下同）时，应当按照规定的会计计量属性进行计量，确定其金额。

第四十二条 会计计量属性主要包括：

（一）历史成本。在历史成本计量下，资产按照购置时支付的现金或者现金等价物的金额，或者按照购置资产时所付出的对价的公允价值计量。负债按照因承担现时义务而实际收到的款项或者资产的金额，或者承担现时义务的合同金额，或者按照日常活动中为偿还负债预期需要支付的现金或者现金等价物的金额计量。

（二）重置成本。在重置成本计量下，资产按照现在购买相同或者相似资产所需支付的现金或者现金等价物的金额计量。负债按照现在偿付该项债务所需支付的现金或者现金等价物的金额计量。

（三）可变现净值。在可变现净值计量下，资产按照其正常对外销售所能收到现金或者现金等价物的金额扣减该资产至完工时估计将要发生的成本、估计的销售费用以及相关税费后的金额计量。

（四）现值。在现值计量下，资产按照预计从其持续使用和最终处置中所产生的未来净现金流入量的折现金额计量。负债按照预计期限内需要偿还的未来净现金流出量的折现金额计量。

（五）公允价值。在公允价值计量下，资产和负债按照市场参与者在计量日发生的有序交易中，出售资产所能收到或者转移负债所需支付的价格计量。

第四十三条 企业在对会计要素进行计量时，一般应当采用历史成本，采用重置成本、可变现净值、现值、公允价值计量的，应当保证所确定的会计要素金额能够取得并可靠计量。

第十章 财务会计报告

第四十四条 财务会计报告是指企业对外提供的反映企业某一特定日期的财务状况和某一会计期间的经营成果、现金流量等会计信息的文件。

财务会计报告包括会计报表及其附注和其他应当在财务会计报告中披露的相关信息和资料。会计报表至少应当包括资产负债表、利润表、现金流量表等报表。

小企业编制的会计报表可以不包括现金流量表。

第四十五条 资产负债表是指反映企业在某一特定日期的财务状况的会计报表。

第四十六条 利润表是指反映企业在一定会计期间的经营成果的会计报表。

第四十七条 现金流量表是指反映企业在一定会计期间的现金和现金等价物流入和流出的会计报表。

第四十八条 附注是指对在会计报表中列示项目所作的进一步说明，以及对未能在这些报表中列示项目的说明等。

第十一章 附 则

第四十九条 本准则由财政部负责解释。

第五十条 本准则自 2007 年 1 月 1 日起施行。

企业会计准则第 1 号——存货

第一章 总 则

第一条 为了规范存货的确认、计量和相关信息的披露，根据《企业会计准则——基本准则》，制定本准则。

第二条 下列各项适用其他相关会计准则：

（一）消耗性生物资产，适用《企业会计准则第 5 号——生物资产》。

（二）通过建造合同归集的存货成本，适用《企业会计准则第 15 号——建造合同》。

第二章 确 认

第三条 存货，是指企业在日常活动中持有以备出售的产成品或商品、处在生产过程中的在产品、在生产过程或提供劳务过程中耗用的材料和物料等。

第四条 存货同时满足下列条件的，才能予以确认：

（一）与该存货有关的经济利益很可能流入企业；

（二）该存货的成本能够可靠地计量。

第三章 计 量

第五条 存货应当按照成本进行初始计量。存货成本包括采购成本、加工成本和其他成本。

第六条 存货的采购成本，包括购买价款、相关税费、运输费、装卸费、保险费以及其他可归属于存货采购成本的费用。

第七条 存货的加工成本，包括直接人工以及按照一定方法分配的制造费用。

制造费用，是指企业为生产产品和提供劳务而发生的各项间接费用。企业应当根据制造费用的性质，合理地选择制造费用分配方法。

在同一生产过程中，同时生产两种或两种以上的产品，并且每种产品的加工成本不能直接区分的，其加工成本应当按照合理的方法在各种产品之间进行分配。

第八条 存货的其他成本，是指除采购成本、加工成本以外的，使存货达到目前场所和状态所发生的其他支出。

第九条 下列费用应当在发生时确认为当期损益，不计入存货成本：

（一）非正常消耗的直接材料、直接人工和制造费用。

（二）仓储费用（不包括在生产过程中为达到下一个生产阶段所必需的费用）。

（三）不能归属于使存货达到目前场所和状态的其他支出。

第十条 应计入存货成本的借款费用，按照《企业会计准则第 17 号——借款费用》处理。

第十一条 投资者投入存货的成本，应当按照投资合同或协议约定的价值确定，但合同或协议约定价值不公允的除外。

第十二条 收获时农产品的成本、非货币性资产交换、债务重组和企业合并取得的存货的成本，应当分别按照《企业会计准则第 5 号——生物资产》、《企业会计准则第 7 号——非货币性资产交换》、《企业会计准则第 12 号——债务重组》和《企业会计准则第 20 号——企业合并》确定。

第十三条 企业提供劳务的，所发生的从事劳务提供人员的直接人工和其他直接费用以及可归属的间接费用，计入存货成本。

第十四条 企业应当采用先进先出法、加权平均法或者个别计价法确定发出存货的实际成本。

对于性质和用途相似的存货，应当采用相同的成本计算方法确定发出存货的成本。

对于不能替代使用的存货、为特定项目专门购入或制造的存货以及提供的劳务，通常采用个别计价法确定发出存货的成本。

对于已售存货，应当将其成本结转为当期损益，相应的存货跌价准备也应当予以结转。

第十五条 资产负债表日，存货应当按照成本与可变现净值孰低计量。

存货成本高于其可变现净值的，应当计提存货跌价准备，计入当期损益。

可变现净值，是指在日常活动中，存货的估计售价减去至完工时估计将要发生的成本、估计的销售费用以及相关税费后的金额。

第十六条 企业确定存货的可变现净值，应当以取得的确凿证据为基础，并且考虑持有存货的目的、资产负债表日后事项的影响等因素。

为生产而持有的材料等，用其生产的产成品的可变现净值高于成本的，该材料仍然应当按照成本计量；材料价格的下降表明产成品的可变现净值低于成本的，该材料应当按照可变现净值计量。

第十七条 为执行销售合同或者劳务合同而持有的存货，其可变现净值应当以合同价格为基础计算。

企业持有存货的数量多于销售合同订购数量的，超出部分的存货的可变现净值应当以一般销售价格为基础计算。

第十八条 企业通常应当按照单个存货项目计提存货跌价准备。

对于数量繁多、单价较低的存货，可以按照存货类别计提存货跌价准备。

与在同一地区生产和销售的产品系列相关、具有相同或类似最终用途或目的，且难以与其他项目分开计量的存货，可以合并计提存货跌价准备。

第十九条 资产负债表日，企业应当确定存货的可变现净值。以前减记存货价值的影响因素已经消失的，减记的金额应当予以恢复，并在原已计提的存货跌价准备金额内转回，转回的金额计入当期损益。

第二十条 企业应当采用一次转销法或者五五摊销法对低值易耗品和包装物进行摊销，计入相关资产的成本或者当期损益。

第二十一条 企业发生的存货毁损，应当将处置收入扣除账面价值和相关税费后的金额计入当期损益。存货的账面价值是存货成本扣减累计跌价准备后的金额。

存货盘亏造成的损失，应当计入当期损益。

第四章 披 露

第二十二条 企业应当在附注中披露与存货有关的下列信息：

（一）各类存货的期初和期末账面价值。

（二）确定发出存货成本所采用的方法。

（三）存货可变现净值的确定依据，存货跌价准备的计提方法，当期计提的存货跌价准备的金额，当期转回的存货跌价准备的金额，以及计提和转回的有关情况。

（四）用于担保的存货账面价值。

《企业会计准则第 1 号——存货》应用指南

一、商品存货的成本

本准则第六条规定，存货的采购成本，包括购买价款、相关税费、运输费、装卸费、保险费以及其他可归属于存货采购成本的费用。

企业（商品流通）在采购商品过程中发生的运输费、装卸费、保险费以及其他可归属于存货采购成本的费用等进货费用，应当计入存货采购成本，也可以先进行归集，期末根据所购商品的存销情况进行分摊。对于已售商品的进货费用，计入当期损益；对于未售商品的进货费用，计入期末存货成本。企业采购商品的进货费用金额较小的，可以在发生时直接计入当期损益。

二、周转材料的处理

周转材料，是指企业能够多次使用、逐渐转移其价值但仍保持原有形态不确认为固定资产的材料，如包装物和低值易耗品，应当采用一次转销法或者五五摊销法进行摊销；企业（建造承包商）的钢模板、木模板、脚手架和其他周转材料等，可以采用一次转销法、五五摊销法或者分次摊销法进行摊销。

三、存货的可变现净值

（一）可变现净值的特征可变现净值的特征表现为存货的预计未来净现金流量，而不是存货的售价或合同价。

企业预计的销售存货现金流量，并不完全等于存货的可变现净值。存货在销售过程中可能发生的销售费用和相关税费，以及为达到预定可销售状态还可能发生的加工成本等相关支出，构成现金流入的抵减项目。企业预计的销售存货现金流量，扣除这些抵减项目后，才能确定存货的可变现净值。

（二）以确凿证据为基础计算确定存货的可变现净值

存货可变现净值的确凿证据，是指对确定存货的可变现净值有直接影响的客观证明，如产成品或商品的市场销售价格、与产成品或商品相同或类似商品的市场销售价格、销货方提供的有关资料和生产成本资料等。

（三）不同存货可变现净值的确定

1. 产成品、商品和用于出售的材料等直接用于出售的商品存货，在正常生产经营过程中，应当以该存货的估计售价减去估计的销售费用和相关税费后的金额，确定其可变现净值。

2. 需要经过加工的材料存货，在正常生产经营过程中，应当以所生产的产成品的估计售价减去至完工时估计将要发生的成本、估计的销售费用和相关税费后的金额，确定其可变现净值。

3. 资产负债表日，同一项存货中一部分有合同价格约定、其他部分不存在合同价格的，应当分别确定其可变现净值，并与其相对应的成本进行比较，分别确定存货跌价准备的计提或转回的金额。

企业会计准则第 2 号——长期股权投资

（2014 年修订）

第一章 总 则

第一条 为了规范长期股权投资的确认、计量，根据《企业会计准则——基本准则》，制定本准则。

第二条 本准则所称长期股权投资，是指投资方对被投资单位实施控制、重大影响的权益性投资，以及对其合营企业的权益性投资。

在确定能否对被投资单位实施控制时，投资方应当按照《企业会计准则第 33 号——合并财务报表》的有关规定进行判断。投资方能够对被投资单位实施控制的，被投资单位为其子公司。投资方属于《企业会计准则第 33 号——合并财务报表》规定的投资性主体且子公司不纳入合并财务报表的情况除外。

重大影响，是指投资方对被投资单位的财务和经营政策有参与决策的权力，但并不能够控制或者与其他方一起共同控制这些政策的制定。在确定能否对被投资单位施加重大影响时，应当考虑投资方和其他方持有的被投资单位当期可转换公司债券、当期可执行认股权证等潜在表决权因素。投资方能够对被投资单位施加重大影响的，被投资单位为其联营企业。

在确定被投资单位是否为合营企业时，应当按照《企业会计准则第 40 号——合营安排》的有关规定进行判断。

第三条 下列各项适用其他相关会计准则：

（一）外币长期股权投资的折算，适用《企业会计准则第 19 号——外币折算》。

（二）风险投资机构、共同基金以及类似主体持有的、在初始确认时按照《企业会计准则第 22 号——金融工具确认和计量》的规定以公允价值计量且其变动计入当期损益的金融资产，投资性主体对不纳入合并财务报表的子公司的权益性投资，以及本准则未予规范的其他权益性投资，适用《企业会计准则第 22 号——金融工具确认和计量》。

第四条 长期股权投资的披露，适用《企业会计准则第 41 号——在其他主体中权益的披露》。

第二章 初始计量

第五条 企业合并形成的长期股权投资，应当按照下列规定确定其初始投资成本：

（一）同一控制下的企业合并，合并方以支付现金、转让非现金资产或承担债务方式作为合并对价的，应当在合并日按照被合并方所有者权益在最终控制方合并财务报表中的账面价值的份额作为长期股权投资的初始投资成本。长期股权投资初始投资成本与支付的现金、转让的非现金资产以及所承担债务账面价值之间的差额，应当调整资本公积；资本公积不足冲减的，调整留存收益。

合并方以发行权益性证券作为合并对价的，应当在合并日按照被合并方所有者权益在最终控制方合并财务报表中的账面价值的份额作为长期股权投资的初始投资成本。按照发行股份的面值总额作为股本，长期股权投资初始投资成本与所发行股份面值总额之间的差额，应当调整资本公积；资本公积不足冲减的，调整留存收益。

（二）非同一控制下的企业合并，购买方在购买日应当按照《企业会计准则第 20 号——企业合并》的有关规定确定的合并成本作为长期股权投资的初始投资成本。

合并方或购买方为企业合并发生的审计、法律服务、评估咨询等中介费用以及其他相关管理费用，应当于发生时计入当期损益。

第六条 除企业合并形成的长期股权投资以外，其他方式取得的长期股权投资，应当按照下列规定确定其初始投资成本：

（一）以支付现金取得的长期股权投资，应当按照实际支付的购买价款作为初始投资成本。初始投资成本包括与取得长期股权投资直接相关的费用、税金及其他必要支出。

（二）以发行权益性证券取得的长期股权投资，应当按照发行权益性证券的公允价值作为初始投资成本。与发行权益行证券直接相关的费用，应当按照《企业会计准则第 37 号——金融工具列报》的有关规定确定。

（三）通过非货币性资产交换取得的长期股权投资，其初始投资成本应当按照《企业会计准则第 7 号——非货币性资产交换》的有关规定确定。

（四）通过债务重组取得的长期股权投资，其初始投资成本应当按照《企业会计准则第 12 号——债务重组》的有关规定确定。

第三章 后续计量

第七条 投资方能够对被投资单位实施控制的长期股权投资应当采用成本法核算。

第八条 采用成本法核算的长期股权投资应当按照初始投资成本计价。追加或收回投资应当调整长期股权投资的成本。被投资单位宣告分派的现金股利或利润，应当确认为当期投资收益。

第九条 投资方对联营企业和合营企业的长期股权投资，应当按照本准则第十条至第十三条规定，采用权益法核算。

投资方对联营企业的权益性投资，其中一部分通过风险投资机构、共同基金、信托公司或包括投连险基金在内的类似主体间接持有的，无论以上主体是否对这部分投资具有重大影响，投资方都可以按照《企业会计准则第 22 号——金融工具确认和计量》的有关规定，对间接持有的该部分投资选择以公允价值计量且其变动计入损益，并对其余部分采用权益法核算。

第十条 长期股权投资的初始投资成本大于投资时应享有被投资单位可辨认净资产公允价值份额的，不调整长期股权投资的初始投资成本；长期股权投资的初始投资成本小于投资时应享有被投资单位可辨认净资产公允价值份额的，其差额应当计入当期损益，同时调整长期股权投资的成本。

被投资单位可辨认净资产的公允价值，应当比照《企业会计准则第 20 号——企业合并》的有关规定确定。

第十一条 投资方取得长期股权投资后，应当按照应享有或应分担的被投资单位实现的净损益和其他综合收益的份额，分别确认投资收益和其他综合收益，同时调整长期股权投资的账面价值；投资方按照被投资单位宣告分派的利润或现金股利计算应享有的部分，相应减少长期股权投资的账面价值；投资方对于被投资单位除净损益、其他综合收益和利润分配以外所有者权益的其他变动，应当调整长期股权投资的账面价值并计入所有者权益。

投资方在确认应享有被投资单位净损益的份额时，应当以取得投资时被投资单位可辨认净资产的公允价值为基础，对被投资单位的净利润进行调整后确认。

被投资单位采用的会计政策及会计期间与投资方不一致的，应当按照投资方的会计政策及会计期间对被投资单位的财务报表进行调整，并据以确认投资收益和其他综合收益等。

第十二条 投资方确认被投资单位发生的净亏损，应当以长期股权投资的账面价值以及其他实质上构成对被投资单位净投资的长期权益减记至零为限，投资方负有承担额外损失义务的除外。

被投资单位以后实现净利润的，投资方在其收益分享额弥补未确认的亏损分担额后，恢复确认收益分享额。

第十三条 投资方计算确认应享有或应分担被投资单位的净损益时，与联营企业、合营企业之间发生的未实现内部交易损益按照应享有的比例计算归属于投资方的部分，应当予以抵销，在此基础上确认投资收益。

投资方与被投资单位发生的未实现内部交易损失，按照《企业会计准则第 8 号——资产减值》等的有关规定属于资产减值损失的，应当全额确认。

第十四条 投资方因追加投资等原因能够对被投资单位施加重大影响或实施共同控制但不构成控制的，应当按照《企业会计准则第 22 号——金融工具确认和计量》确定的原持有的股权投资的公允价值加上新增投资成本之和，作为改按权益法核算的初始投资成本。原持有的股权投资分类为可供出售金融资产的，其公允价值与账面价值之间的差额，以及原计入其他综合收益的累计公允价值变动应当转入改按权益法核算的当期损益。

投资方因追加投资等原因能够对非同一控制下的被投资单位实施控制的，在编制个别财务报表时，应当按照原持有的股权投资账面价值加上新增投资成本之和，作为改按成本法核算的初始投资成本。购买日之前持有的股权投资因采用权益法核算而确认的其他综合收益，应当在处置该项投资时采用与被投资单位直接处置相关资产或负债相同的基础进行会计处理。购买日之前持有的股权投资按照《企业会计准则第 22 号——金融工具确认和计量》的有关规定进行会计处理的，原计入其他综合收益的累计公允价值变动应当在改按成本法核算时转入当期损益。在编制合并财务报表时，应当按照《企业会计准则第 33 号——合并财务报表》的有关规定进行会计处理。

第十五条 投资方因处置部分股权投资等原因丧失了对被投资单位的共同控制或重大影响的，处置后的剩余股权应当改按《企业会计准则第 22 号——金融工具确认和计量》核算，其在丧失共同控制或重大影响之日的公允价值与账面价值之间的差额计入当期损益。原股权投资因采用权益法核算而确认的其他综合收益，应当在终止采用权益法核算时采用与被投资单位直接处置相关资产或负债相同的基础进行会计处理。

投资方因处置部分权益性投资等原因丧失了对被投资单位的控制的，在编制个别财务报表时，处置后的剩余股权能够对被投资单位实施共同控制或施加重大影响的，应当改按权益法核算，并对该剩余股权视同自取得时即采用权益法核算进行调整；处置后的剩余股权不能对被投资单位实施共同控制或施加重大影响的，应当改按《企业会计准则第 22 号——金融工具确认和计量》的有关规定进行会计处理，其在丧失控制之日的公允价值与账面价值间的差额计入当期损益。在编制合并财务报表时，应当按照《企业会计准则第 33 号——合并财务报表》的有关规定进行会计处理。

第十六条 对联营企业或合营企业的权益性投资全部或部分分类为持有待售资产的，投资方应当按照《企业会计准则第 4 号——固定资产》的有关规定处理，对于未划分为持有待售资产的剩余权益性投资，应当采用权益法进行会计处理。

已划分为持有待售的对联营企业或合营企业的权益性投资，不再符合持有待售资产分类条件的，应当从被分类为持有待售资产之日起采用权益法进行追溯调整。分类为持有待售期间的财务报表应当作相应调整。

第十七条 处置长期股权投资，其账面价值与实际取得价款之间的差额，应当计入当期损益。采用权益法核算的长期股权投资，在处置该项投资时，采用与被投资单位直接处置相关资产或负债相同的基础，按相应比例对原计入其他综合收益的部分进行会计处理。

第十八条 投资方应当关注长期股权投资的账面价值是否大于享有被投资单位所有者权益账面价值的份额等类似情况。出现类似情况时，投资方应当按照《企业会计准则第 8 号——资产减值》对长期股权投资进行减值测试，可收回金额低于长期股权投资账面价值的，应当计提减值准备。

第四章　衔接规定

第十九条　在本准则施行日之前已经执行企业会计准则的企业，应当按照本准则进行追溯调整，追溯调整不切实可行的除外。

第五章　附　则

第二十条　本准则自 2014 年 7 月 1 日起施行。

企业会计准则第3号——投资性房地产

第一章 总 则

第一条 为了规范投资性房地产的确认、计量和相关信息的披露，根据《企业会计准则——基本准则》，制定本准则。

第二条 投资性房地产，是指为赚取租金或资本增值，或两者兼有而持有的房地产。

投资性房地产应当能够单独计量和出售。

第三条 本准则规范下列投资性房地产：

（一）已出租的土地使用权。

（二）持有并准备增值后转让的土地使用权。

（三）已出租的建筑物。

第四条 下列各项不属于投资性房地产：

（一）自用房地产，即为生产商品、提供劳务或者经营管理而持有的房地产。

（二）作为存货的房地产。

第五条 下列各项适用其他相关会计准则：

（一）企业代建的房地产，适用《企业会计准则第 15 号——建造合同》。

（二）投资性房地产的租金收入和售后租回，适用《企业会计准则第 21 号——租赁》。

第二章 确认和初始计量

第六条 投资性房地产同时满足下列条件的，才能予以确认：

（一）与该投资性房地产有关的经济利益很可能流入企业；

（二）该投资性房地产的成本能够可靠地计量。

第七条 投资性房地产应当按照成本进行初始计量。

（一）外购投资性房地产的成本，包括购买价款、相关税费和可直接归属于该资产的其他支出。

（二）自行建造投资性房地产的成本，由建造该项资产达到预定可使用状态前所发生的必要支出构成。

（三）以其他方式取得的投资性房地产的成本，按照相关会计准则的规定确定。

第八条 与投资性房地产有关的后续支出，满足本准则第六条规定的确认条件的，应当计入投资性房地产成本；不满足本准则第六条规定的确认条件的，应当在发生时计入当期损益。

第三章 后续计量

第九条 企业应当在资产负债表日采用成本模式对投资性房地产进行后续计量，但本准则第十条规定的除外。

采用成本模式计量的建筑物的后续计量，适用《企业会计准则第 4 号——固定资产》。

采用成本模式计量的土地使用权的后续计量，适用《企业会计准则第 6 号——无形资产》。

第十条 有确凿证据表明投资性房地产的公允价值能够持续可靠取得的，可以对投资性房地产采用公允价值模式进行后续计量。采用公允价值模式计量的，应当同时满足下列条件：

（一）投资性房地产所在地有活跃的房地产交易市场；

（二）企业能够从房地产交易市场上取得同类或类似房地产的市场价格及其他相关信息，从而对投资性房地产的公允价值作出合理的估计。

第十一条 采用公允价值模式计量的，不对投资性房地产计提折旧或进行摊销，应当以资产负债表日投资性房地产的公允价值为基础调整其账面价值，公允价值与原账面价值之间的差额计入当期损益。

第十二条 企业对投资性房地产的计量模式一经确定，不得随意变更。成本模式转为公允价值模式的，应当作为会计政策变更，按照《企业会计准则第 28 号——会计政策、会计估计变更和差错更正》处理。

已采用公允价值模式计量的投资性房地产，不得从公允价值模式转为成本模式。

第四章 转 换

第十三条 企业有确凿证据表明房地产用途发生改变，满足下列条件之一的，应当将投资性房地产转换为其他资产或者将其他资产转换为投资性房地产：

（一）投资性房地产开始自用。

（二）作为存货的房地产，改为出租。

（三）自用土地使用权停止自用，用于赚取租金或资本增值。

（四）自用建筑物停止自用，改为出租。

第十四条 在成本模式下，应当将房地产转换前的账面价值作为转换后的入账价值。

第十五条 采用公允价值模式计量的投资性房地产转换为自用房地产时，应当以其转换当日的公允价值作为自用房地产的账面价值，公允价值与原账面价值的差额计入当期损益。

第十六条 自用房地产或存货转换为采用公允价值模式计量的投资性房地产时，投资性房地产按照转换当日的公允价值计价，转换当日的公允价值小于原账面价值的，其差额计入当期损益；转换当日的公允价值大于原账面价值的，其差额计入所有者权益。

第五章 处 置

第十七条 当投资性房地产被处置，或者永久退出使用且预计不能从其处置中取得经济利益时，应当终止确认该项投资性房地产。

第十八条 企业出售、转让、报废投资性房地产或者发生投资性房地产毁损，应当将处置收入扣除其账面价值和相关税费后的金额计入当期损益。

第六章 披 露

第十九条 企业应当在附注中披露与投资性房地产有关的下列信息：

（一）投资性房地产的种类、金额和计量模式。

（二）采用成本模式的，投资性房地产的折旧或摊销，以及减值准备的计提情况。

（三）采用公允价值模式的，公允价值的确定依据和方法，以及公允价值变动对损益的影响。

（四）房地产转换情况、理由，以及对损益或所有者权益的影响。

（五）当期处置的投资性房地产及其对损益的影响。

《企业会计准则第3号——投资性房地产》应用指南

一、投资性房地产的范围

根据本准则第二条和第三条规定，投资性房地产是指为赚取租金或资本增值，或两者兼有而持有的房地产，包括已出租的土地使用权、持有并准备增值后转让的土地使用权、已出租的建筑物。

（一）已出租的土地使用权和已出租的建筑物，是指以经营租赁方式出租的土地使用权和建筑物。其中，用于出租的土地使用权是指企业通过出让或转让方式取得的土地使用权；用于出租的建筑物是指企业拥有产权的建筑物。

（二）持有并准备增值后转让的土地使用权，是指企业取得的、准备增值后转让的土地使用权。按照国家有关规定认定的闲置土地，不属于持有并准备增值后转让的土地使用权。

（三）某项房地产，部分用于赚取租金或资本增值、部分用于生产商品、提供劳务或经营管理，能够单独计量和出售的、用于赚取租金或资本增值的部分，应当确认为投资性房地产；不能够单独计量和出售的、用于赚取租金或资本增值的部分，不确认为投资性房地产。

（四）企业将建筑物出租，按租赁协议向承租人提供的相关辅助服务在整个协议中不重大的，如企业将办公楼出租并向承租人提供保安、维修等辅助服务，应当将该建筑物确认为投资性房地产。

企业拥有并自行经营的旅馆饭店，其经营目的主要是通过提供客房服务赚取服务收入，该旅馆饭店不确认为投资性房地产。

二、投资性房地产的后续计量

企业通常应当采用成本模式对投资性房地产进行后续计量，也可采用公允价值模式对投资性房地产进行后续计量。但同一企业只能采用一种模式对所有投资性房地产进行后续计量，不得同时采用两种计量模式。

（一）采用成本模式对投资性房地产进行后续计量

在成本模式下，应当按照《企业会计准则第4号——固定资产》和《企业会计准则第6号——无形资产》的规定，对投资性房地产进行计量，计提折旧或摊销；存在减值迹象的，应当按照《企业会计准则第8号——资产减值》的规定进行处理。

（二）采用公允价值模式对投资性房地产进行后续计量

根据本准则第十条规定，只有存在确凿证据表明投资性房地产的公允价值能够持续可靠取得的，才可以采用公允价值模式计量。

采用公允价值模式计量的投资性房地产，应当同时满足下列条件：

1. 投资性房地产所在地有活跃的房地产交易市场。

所在地，通常是指投资性房地产所在的城市。对于大中型城市，应当为投资性房地产所在的城区。

2. 企业能够从活跃的房地产交易市场上取得同类或类似房地产的市场价格及其他相关信息，从而对投资性房地产的公允价值作出合理的估计。

同类或类似的房地产，对建筑物而言，是指所处地理位置和地理环境相同、性质相同、结构类型相同或相近、新旧程度相同或相近、可使用状况相同或相近的建筑物；对土地使用权而言，是指同一城区、同一位置区域、所处地理环境相同或相近、可使用状况相同或相近的土地。

三、投资性房地产的转换

（一）转换日的确定。

1. 投资性房地产开始自用，是指投资性房地产转为自用房地产。其转换日为房地产达到自用状态，企业开始将房地产用于生产商品、提供劳务或者经营管理的日期。

2. 作为存货的房地产改为出租，或者自用建筑物、自用土地使用权停止自用改为出租，其转换日为租赁期开始日。

（二）自用房地产或存货转换为采用公允价值模式计量的投资性房地产。

自用房地产或存货转换为采用公允价值模式计量的投资性房地产，该项投资性房地产应当按照转换日的公允价值计量。

转换日的公允价值小于原账面价值的，其差额计入当期损益。

转换日的公允价值大于原账面价值的，其差额作为资本公积（其他资本公积），计入所有者权益。处置该项投资性房地产时，原计入所有者权益的部分应当转入处置当期损益。

企业会计准则第4号——固定资产

第一章 总 则

第一条 为了规范固定资产的确认、计量和相关信息的披露，根据《企业会计准则——基本准则》，制定本准则。

第二条 下列各项适用其他相关会计准则：

（一）作为投资性房地产的建筑物，适用《企业会计准则第3号——投资性房地产》。

（二）生产性生物资产，适用《企业会计准则第5号——生物资产》。

第二章 确 认

第三条 固定资产，是指同时具有下列特征的有形资产：

（一）为生产商品、提供劳务、出租或经营管理而持有的；

（二）使用寿命超过一个会计年度。

使用寿命，是指企业使用固定资产的预计期间，或者该固定资产所能生产产品或提供劳务的数量。

第四条 固定资产同时满足下列条件的，才能予以确认：

（一）与该固定资产有关的经济利益很可能流入企业；

（二）该固定资产的成本能够可靠地计量。

第五条 固定资产的各组成部分具有不同使用寿命或者以不同方式为企业提供经济利益，适用不同折旧率或折旧方法的，应当分别将各组成部分确认为单项固定资产。

第六条 与固定资产有关的后续支出，符合本准则第四条规定的确认条件的，应当计入固定资产成本；不符合本准则第四条规定的确认条件的，应当在发生时计入当期损益。

第三章 初始计量

第七条 固定资产应当按照成本进行初始计量。

第八条 外购固定资产的成本，包括购买价款、相关税费、使固定资产达到预定可使用状态前所发生的可归属于该项资产的运输费、装卸费、安装费和专业人员服务费等。

以一笔款项购入多项没有单独标价的固定资产，应当按照各项固定资产公允价值比例对总成本进行分配，分别确定各项固定资产的成本。

购买固定资产的价款超过正常信用条件延期支付，实质上具有融资性质的，固定资产的成本以购买价款的现值为基础确定。实际支付的价款与购买价款的现值之间的差额，除按照《企业会计准则第17号——借款费用》应予资本化的以外，应当在信用期间内计入当期损益。

第九条 自行建造固定资产的成本，由建造该项资产达到预定可使用状态前所发生的必要支出构成。

第十条 应计入固定资产成本的借款费用，按照《企业会计准则第17号——借款费用》处理。

第十一条 投资者投入固定资产的成本，应当按照投资合同或协议约定的价值确定，但合同或协议约定价值不公允的除外。

第十二条 非货币性资产交换、债务重组、企业合并和融资租赁取得的固定资产的成本，应当分别按照《企业会计准则第 7 号——非货币性资产交换》、《企业会计准则第 12 号——债务重组》、《企业会计准则第 20 号——企业合并》和《企业会计准则第 21 号——租赁》确定。

第十三条 确定固定资产成本时，应当考虑预计弃置费用因素。

第四章 后续计量

第十四条 企业应当对所有固定资产计提折旧。但是，已提足折旧仍继续使用的固定资产和单独计价入账的土地除外。

折旧，是指在固定资产使用寿命内，按照确定的方法对应计折旧额进行系统分摊。

应计折旧额，是指应当计提折旧的固定资产的原价扣除其预计净残值后的金额。已计提减值准备的固定资产，还应当扣除已计提的固定资产减值准备累计金额。

预计净残值，是指假定固定资产预计使用寿命已满并处于使用寿命终了时的预期状态，企业目前从该项资产处置中获得的扣除预计处置费用后的金额。

第十五条 企业应当根据固定资产的性质和使用情况，合理确定固定资产的使用寿命和预计净残值。

固定资产的使用寿命、预计净残值一经确定，不得随意变更。但是，符合本准则第十九条规定的除外。

第十六条 企业确定固定资产使用寿命，应当考虑下列因素：

（一）预计生产能力或实物产量；

（二）预计有形损耗和无形损耗；

（三）法律或者类似规定对资产使用的限制。

第十七条 企业应当根据与固定资产有关的经济利益的预期实现方式，合理选择固定资产折旧方法。

可选用的折旧方法包括年限平均法、工作量法、双倍余额递减法和年数总和法等。

固定资产的折旧方法一经确定，不得随意变更。但是，符合本准则第十九条规定的除外。

第十八条 固定资产应当按月计提折旧，并根据用途计入相关资产的成本或者当期损益。

第十九条 企业至少应当于每年年度终了，对固定资产的使用寿命、预计净残值和折旧方法进行复核。

使用寿命预计数与原先估计数有差异的，应当调整固定资产使用寿命。

预计净残值预计数与原先估计数有差异的，应当调整预计净残值。

与固定资产有关的经济利益预期实现方式有重大改变的，应当改变固定资产折旧方法。

固定资产使用寿命、预计净残值和折旧方法的改变应当作为会计估计变更。

第二十条 固定资产的减值，应当按照《企业会计准则第 8 号——资产减值》处理。

第五章 处 置

第二十一条 固定资产满足下列条件之一的，应当予以终止确认：

（一）该固定资产处于处置状态。

（二）该固定资产预期通过使用或处置不能产生经济利益。

第二十二条 企业持有待售的固定资产，应当对其预计净残值进行调整。

第二十三条 企业出售、转让、报废固定资产或发生固定资产毁损，应当将处置收入扣除账面价值和相关税费后的金额计入当期损益。固定资产的账面价值是固定资产成本扣减累计折旧和累计减值准备后的金额。

固定资产盘亏造成的损失，应当计入当期损益。

第二十四条 企业根据本准则第六条的规定，将发生的固定资产后续支出计入固定资产成本的，应当终止确认被替换部分的账面价值。

第六章 披 露

第二十五条 企业应当在附注中披露与固定资产有关的下列信息：

（一）固定资产的确认条件、分类、计量基础和折旧方法。

（二）各类固定资产的使用寿命、预计净残值和折旧率。

（三）各类固定资产的期初和期末原价、累计折旧额及固定资产减值准备累计金额。

（四）当期确认的折旧费用。

（五）对固定资产所有权的限制及其金额和用于担保的固定资产账面价值。

（六）准备处置的固定资产名称、账面价值、公允价值、预计处置费用和预计处置时间等。

《企业会计准则第4号——固定资产》应用指南

一、固定资产的折旧

（一）固定资产应当按月计提折旧，当月增加的固定资产，当月不计提折旧，从下月起计提折旧；当月减少的固定资产，当月仍计提折旧，从下月起不计提折旧。

固定资产提足折旧后，不论能否继续使用，均不再计提折旧；提前报废的固定资产，也不再补提折旧。提足折旧，是指已经提足该项固定资产的应计折旧额。应计折旧额，是指应当计提折旧的固定资产的原价扣除其预计净残值后的金额。已计提减值准备的固定资产，还应当扣除已计提的固定资产减值准备累计金额。

（二）已达到预定可使用状态但尚未办理竣工决算的固定资产，应当按照估计价值确定其成本，并计提折旧；待办理竣工决算后，再按实际成本调整原来的暂估价值，但不需要调整原已计提的折旧额。

二、固定资产的后续支出

固定资产的后续支出是指固定资产在使用过程中发生的更新改造支出、修理费用等。

固定资产的更新改造等后续支出，满足本准则第四条规定确认条件的，应当计入固定资产成本，如有被替换的部分，应扣除其账面价值；不满足本准则第四条规定确认条件的固定资产修理费用等，应当在发生时计入当期损益。

三、固定资产的弃置费用

弃置费用通常是指根据国家法律和行政法规、国际公约等规定，企业承担的环境保护和生态恢复等义务所确定的支出，如核电站核设施等的弃置和恢复环境义务等。企业应当根据《企业会计准则第13号——或有事项》的规定，按照现值计算确定应计入固定资产成本的金额和相应的预计负债。油气资产的弃置费用，应当按照《企业会计准则第27号——石油天然气开采》及其应用指南的规定处理。

不属于弃置义务的固定资产报废清理费，应当在发生时作为固定资产处置费用处理。

四、备品备件和维修设备

备品备件和维修设备通常确认为存货，但符合固定资产定义和确认条件的，如企业（民用航空运输）的高价周转件等，应当确认为固定资产。

五、经营租入固定资产改良

企业以经营租赁方式租入的固定资产发生的改良支出，应予资本化，作为长期待摊费用，合理进行摊销。

企业会计准则第 5 号——生物资产

第一章 总 则

第一条 为了规范与农业生产相关的生物资产的确认、计量和相关信息的披露，根据《企业会计准则——基本准则》，制定本准则。

第二条 生物资产，是指有生命的动物和植物。

第三条 生物资产分为消耗性生物资产、生产性生物资产和公益性生物资产。

消耗性生物资产，是指为出售而持有的、或在将来收获为农产品的生物资产，包括生长中的大田作物、蔬菜、用材林以及存栏待售的牲畜等。

生产性生物资产，是指为产出农产品、提供劳务或出租等目的而持有的生物资产，包括经济林、薪炭林、产畜和役畜等。

公益性生物资产，是指以防护、环境保护为主要目的的生物资产，包括防风固沙林、水土保持林和水源涵养林等。

第四条 下列各项适用其他相关会计准则：

（一）收获后的农产品，适用《企业会计准则第 1 号——存货》。

（二）与生物资产相关的政府补助，适用《企业会计准则第 16 号——政府补助》。

第二章 确认和初始计量

第五条 生物资产同时满足下列条件的，才能予以确认：

（一）企业因过去的交易或者事项而拥有或者控制该生物资产；

（二）与该生物资产有关的经济利益或服务潜能很可能流入企业；

（三）该生物资产的成本能够可靠地计量。

第六条 生物资产应当按照成本进行初始计量。

第七条 外购生物资产的成本，包括购买价款、相关税费、运输费、保险费以及可直接归属于购买该资产的其他支出。

第八条 自行栽培、营造、繁殖或养殖的消耗性生物资产的成本，应当按照下列规定确定：

（一）自行栽培的大田作物和蔬菜的成本，包括在收获前耗用的种子、肥料、农药等材料费、人工费和应分摊的间接费用等必要支出。

（二）自行营造的林木类消耗性生物资产的成本，包括郁闭前发生的造林费、抚育费、营林设施费、良种试验费、调查设计费和应分摊的间接费用等必要支出。

（三）自行繁殖的育肥畜的成本，包括出售前发生的饲料费、人工费和应分摊的间接费用等必要支出。

（四）水产养殖的动物和植物的成本，包括在出售或入库前耗用的苗种、饲料、肥料等材料费、人工费和应分摊的间接费用等必要支出。

第九条 自行营造或繁殖的生产性生物资产的成本，应当按照下列规定确定：

（一）自行营造的林木类生产性生物资产的成本，包括达到预定生产经营目的前发生的造林费、抚育费、营林设施费、良种试验费、调查设计费和应分摊的间接费用等必要支出。

（二）自行繁殖的产畜和役畜的成本，包括达到预定生产经营目的（成龄）前发生的饲料费、人工费和应分摊的间接费用等必要支出。

达到预定生产经营目的，是指生产性生物资产进入正常生产期，可以多年连续稳定产出农产品、提供劳务或出租。

第十条 自行营造的公益性生物资产的成本，应当按照郁闭前发生的造林费、抚育费、森林保护费、营林设施费、良种试验费、调查设计费和应分摊的间接费用等必要支出确定。

第十一条 应计入生物资产成本的借款费用，按照《企业会计准则第 17 号——借款费用》处理。消耗性林木类生物资产发生的借款费用，应当在郁闭时停止资本化。

第十二条 投资者投入生物资产的成本，应当按照投资合同或协议约定的价值确定，但合同或协议约定价值不公允的除外。

第十三条 天然起源的生物资产的成本，应当按照名义金额确定。

第十四条 非货币性资产交换、债务重组和企业合并取得的生物资产的成本，应当分别按照《企业会计准则第 7 号——非货币性资产交换》、《企业会计准则第 12 号——债务重组》和《企业会计准则第 20 号——企业合并》确定。

第十五条 因择伐、间伐或抚育更新性质采伐而补植林木类生物资产发生的后续支出，应当计入林木类生物资产的成本。

生物资产在郁闭或达到预定生产经营目的后发生的管护、饲养费用等后续支出，应当计入当期损益。

第三章 后续计量

第十六条 企业应当按照本准则第十七条至第二十一条的规定对生物资产进行后续计量，但本准则第二十二条规定的除外。

第十七条 企业对达到预定生产经营目的的生产性生物资产，应当按期计提折旧，并根据用途分别计入相关资产的成本或当期损益。

第十八条 企业应当根据生产性生物资产的性质、使用情况和有关经济利益的预期实现方式，合理确定其使用寿命、预计净残值和折旧方法。可选用的折旧方法包括年限平均法、工作量法、产量法等。

生产性生物资产的使用寿命、预计净残值和折旧方法一经确定，不得随意变更。但是，符合本准则第二十条规定的除外。

第十九条 企业确定生产性生物资产的使用寿命，应当考虑下列因素：

（一）该资产的预计产出能力或实物产量；

（二）该资产的预计有形损耗，如产畜和役畜衰老、经济林老化等；

（三）该资产的预计无形损耗，如因新品种的出现而使现有的生产性生物资产的产出能力和产出农产品的质量等方面相对下降、市场需求的变化使生产性生物资产产出的农产品相对过时等。

第二十条 企业至少应当于每年年度终了对生产性生物资产的使用寿命、预计净残值和折旧方法进行复核。

使用寿命或预计净残值的预期数与原先估计数有差异的，或者有关经济利益预期实现方式有重大改变的，应当作为会计估计变更，按照《企业会计准则第 28 号——会计政策、会计估计变更和差错更正》处理，调整生产性生物资产的使用寿命或预计净残值或者改变折旧方法。

第二十一条 企业至少应当于每年年度终了对消耗性生物资产和生产性生物资产进行检查，有确凿证据表明由于遭受自然灾害、病虫害、动物疫病侵袭或市场需求变化等原因，使消耗性生物资产的可变现净值或生产性生物资产的可收回金额低于其账面价值的，应当按照可变现净值或可收回金额低于账面价值的差额，计提生物资产跌价准备或减值准备，并计入当期损益。上述可变现净值和可收回金额，应当分别按照《企业会计准则第 1 号——存货》和《企业会计准则第 8 号——资产减值》确定。

消耗性生物资产减值的影响因素已经消失的，减记金额应当予以恢复，并在原已计提的跌价准备金额内转回，转回的金额计入当期损益。

生产性生物资产减值准备一经计提，不得转回。

公益性生物资产不计提减值准备。

第二十二条 有确凿证据表明生物资产的公允价值能够持续可靠取得的，应当对生物资产采用公允价值计量。

采用公允价值计量的，应当同时满足下列条件：

（一）生物资产有活跃的交易市场；

（二）能够从交易市场上取得同类或类似生物资产的市场价格及其他相关信息，从而对生物资产的公允价值作出合理估计。

第四章 收获与处置

第二十三条 对于消耗性生物资产，应当在收获或出售时，按照其账面价值结转成本。结转成本的方法包括加权平均法、个别计价法、蓄积量比例法、轮伐期年限法等。

第二十四条 生产性生物资产收获的农产品成本，按照产出或采收过程中发生的材料费、人工费和应分摊的间接费用等必要支出计算确定，并采用加权平均法、个别计价法、蓄积量比例法、轮伐期年限法等方法，将其账面价值结转为农产品成本。

收获之后的农产品，应当按照《企业会计准则第 1 号——存货》处理。

第二十五条 生物资产改变用途后的成本，应当按照改变用途时的账面价值确定。

第二十六条 生物资产出售、盘亏或死亡、毁损时，应当将处置收入扣除其账面价值和相关税费后的余额计入当期损益。

第五章 披 露

第二十七条 企业应当在附注中披露与生物资产有关的下列信息：

（一）生物资产的类别以及各类生物资产的实物数量和账面价值。

（二）各类消耗性生物资产的跌价准备累计金额，以及各类生产性生物资产的使用寿命、预计净残值、折旧方法、累计折旧和减值准备累计金额。

（三）天然起源生物资产的类别、取得方式和实物数量。

（四）用于担保的生物资产的账面价值。

（五）与生物资产相关的风险情况与管理措施。

第二十八条 企业应当在附注中披露与生物资产增减变动有关的下列信息：

（一）因购买而增加的生物资产；

（二）因自行培育而增加的生物资产；

（三）因出售而减少的生物资产；

（四）因盘亏或死亡、毁损而减少的生物资产；

（五）计提的折旧及计提的跌价准备或减值准备；

（六）其他变动。

《企业会计准则第 5 号——生物资产》应用指南

一、生物资产与农产品

本准则规范的农业，包括种植业、畜牧养殖业、林业和水产业等。

有生命的动物和植物具有生物转化的能力，这种能力导致生物资产质量或数量发生变化，通常表现为生长、蜕化、生产和繁殖等。生物资产的形态、价值以及产生经济利益的方式，随其出生、成长、衰老、死亡等自然规律和生产经营活动的变化而变化。企业从事农业生产的目的，主要是增强生物资产的生物转化能力，最终获得更多的符合市场需要的农产品。

农产品与生物资产密不可分，当其附在生物资产上时，构成生物资产的一部分。收获的农产品从生物资产这一母体分离开始，不再具有生命和生物转化能力、或者其生命和生物转化能力受到限制，应当作为存货处理，比如，从用材林中采伐的木材、奶牛产出的牛奶、绵羊产出的羊毛、肉猪宰杀后的猪肉、收获后的蔬菜、从果树上采摘的水果等。

二、林木类消耗性生物资产

（一）郁闭通常指林木类消耗性生物资产的郁闭度达 0.20 以上（含 0.20）。郁闭度是指森林中乔木树冠遮蔽地面的程度，是反映林分密度的指标，以林地树冠垂直投影面积与林地面积之比表示，完全覆盖地面为 1。

不同林种、不同林分等对郁闭度指标的要求有所不同，比如，生产纤维原料的工业原材料林一般要求郁闭度相对较高；以培育珍贵大径材为主要目标的林木一般要求郁闭度相对较低。企业应当结合历史经验数据和自身实际情况，确定林木类消耗性生物资产的郁闭度及是否达到郁闭。各类林木类消耗性生物资产的郁闭度一经确定，不得随意变更。

（二）郁闭之前的林木类消耗性生物资产处在培植阶段，需要发生较多的造林费、抚育费、营林设施费、良种试验费、调查设计费等相关支出，这些支出应当予以资本化计入林木成本；郁闭之后的林木类消耗性生物资产基本上可以比较稳定地成活，一般只需要发生较少的管护费用，应当计入当期费用。因择伐、间伐或抚育更新等生产性采伐而进行补植所发生的支出，应当予以资本化。

三、消耗性和生产性生物资产的减值迹象

根据本准则第二十一条规定，企业至少应当于每年年度终了对消耗性和生产性生物资产进行检查，有确凿证据表明生物资产发生减值的，应当计提消耗性生物资产跌价准备或生产性生物资产减值准备。

生物资产存在下列情形之一的，通常表明该生物资产发生了减值：

（一）因遭受火灾、旱灾、水灾、冻灾、台风、冰雹等自然灾害，造成消耗性或生产性生物资产发生实体损坏，影响该资产的进一步生长或生产，从而降低其产生经济利益的能力。

（二）因遭受病虫害或动物疫病侵袭，造成消耗性或生产性生物资产的市场价格大幅度持续下跌，并且在可预见的未来无回升的希望。

（三）因消费者偏好改变而使企业消耗性或生产性生物资产收获的农产品的市场需求发生变化，导致市场价格逐渐下跌。

（四）因企业所处经营环境，如动植物检验检疫标准等发生重大变化，从而对企业产生不利影响，导致消耗性或生产性生物资产的市场价格逐渐下跌。

（五）其他足以证明消耗性或生产性生物资产实质上已经发生减值的情形。

四、天然起源的生物资产

天然林等天然起源的生物资产，有确凿证据表明企业能够拥有或者控制时，才能予以确认。企业拥有或控制的天然起源的生物资产，通常并未进行相关的农业生产，如企业从土地、河流湖泊中取得的天然生长的天然林、水生动植物等。根据本准则第十三条规定，企业应当按照名义金额确定天然起源的生物资产的成本，同时计入当期损益，名义金额为1元。

五、生物资产的后续计量

根据本准则规定，生物资产通常按照成本计量，但有确凿证据表明其公允价值能够持续可靠取得的除外。采用公允价值计量的生物资产，应当同时满足下列两个条件：

一是生物资产有活跃的交易市场。活跃的交易市场，是指同时具有下列特征的市场：

（1）市场内交易的对象具有同质性；

（2）可以随时找到自愿交易的买方和卖方；

（3）市场价格的信息是公开的。

二是能够从交易市场上取得同类或类似生物资产的市场价格及其他相关信息，从而对生物资产的公允价值作出合理估计。同类或类似，是指生物资产的品种相同或类似、质量等级相同或类似、生长时间相同或类似、所处气候和地理环境相同或类似。

企业会计准则第 6 号——无形资产

第一章 总 则

第一条 为了规范无形资产的确认、计量和相关信息的披露，根据《企业会计准则——基本准则》，制定本准则。

第二条 下列各项适用其他相关会计准则：

（一）作为投资性房地产的土地使用权，适用《企业会计准则第 3 号——投资性房地产》。

（二）企业合并中形成的商誉，适用《企业会计准则第 8 号——资产减值》和《企业会计准则第 20 号——企业合并》。

（三）石油天然气矿区权益，适用《企业会计准则第 27 号——石油天然气开采》。

第二章 确 认

第三条 无形资产，是指企业拥有或者控制的没有实物形态的可辨认非货币性资产。

资产满足下列条件之一的，符合无形资产定义中的可辨认性标准：

（一）能够从企业中分离或者划分出来，并能单独或者与相关合同、资产或负债一起，用于出售、转移、授予许可、租赁或者交换。

（二）源自合同性权利或其他法定权利，无论这些权利是否可以从企业或其他权利和义务中转移或者分离。

第四条 无形资产同时满足下列条件的，才能予以确认：

（一）与该无形资产有关的经济利益很可能流入企业；

（二）该无形资产的成本能够可靠地计量。

第五条 企业在判断无形资产产生的经济利益是否很可能流入时，应当对无形资产在预计使用寿命内可能存在的各种经济因素作出合理估计，并且应当有明确证据支持。

第六条 企业无形项目的支出，除下列情形外，均应于发生时计入当期损益：

（一）符合本准则规定的确认条件、构成无形资产成本的部分；

（二）非同一控制下企业合并中取得的、不能单独确认为无形资产、构成购买日确认的商誉的部分。

第七条 企业内部研究开发项目的支出，应当区分研究阶段支出与开发阶段支出。

研究是指为获取并理解新的科学或技术知识而进行的独创性的有计划调查。

开发是指在进行商业性生产或使用前，将研究成果或其他知识应用于某项计划或设计，以生产出新的或具有实质性改进的材料、装置、产品等。

第八条 企业内部研究开发项目研究阶段的支出，应当于发生时计入当期损益。

第九条 企业内部研究开发项目开发阶段的支出，同时满足下列条件的，才能确认为无形资产：

（一）完成该无形资产以使其能够使用或出售在技术上具有可行性；

（二）具有完成该无形资产并使用或出售的意图；

（三）无形资产产生经济利益的方式，包括能够证明运用该无形资产生产的产品存在市场或无形资产自身存在市场，无形资产将在内部使用的，应当证明其有用性；

（四）有足够的技术、财务资源和其他资源支持，以完成该无形资产的开发，并有能力使用或出售该无形资产；

（五）归属于该无形资产开发阶段的支出能够可靠地计量。

第十条 企业取得的已作为无形资产确认的正在进行中的研究开发项目，在取得后发生的支出应当按照本准则第七条至第九条的规定处理。

第十一条 企业自创商誉以及内部产生的品牌、报刊名等，不应确认为无形资产。

第三章 初始计量

第十二条 无形资产应当按照成本进行初始计量。

外购无形资产的成本，包括购买价款、相关税费以及直接归属于使该项资产达到预定用途所发生的其他支出。

购买无形资产的价款超过正常信用条件延期支付，实质上具有融资性质的，无形资产的成本以购买价款的现值为基础确定。实际支付的价款与购买价款的现值之间的差额，除按照《企业会计准则第 17 号——借款费用》应予资本化的以外，应当在信用期间内计入当期损益。

第十三条 自行开发的无形资产，其成本包括自满足本准则第四条和第九条规定后至达到预定用途前所发生的支出总额，但是对于以前期间已经费用化的支出不再调整。

第十四条 投资者投入无形资产的成本，应当按照投资合同或协议约定的价值确定，但合同或协议约定价值不公允的除外。

第十五条 非货币性资产交换、债务重组、政府补助和企业合并取得的无形资产的成本，应当分别按照《企业会计准则第 7 号——非货币性资产交换》、《企业会计准则第 12 号——债务重组》、《企业会计准则第 16 号——政府补助》和《企业会计准则第 20 号——企业合并》确定。

第四章 后续计量

第十六条 企业应当于取得无形资产时分析判断其使用寿命。

无形资产的使用寿命为有限的，应当估计该使用寿命的年限或者构成使用寿命的产量等类似计量单位数量；无法预见无形资产为企业带来经济利益期限的，应当视为使用寿命不确定的无形资产。

第十七条 使用寿命有限的无形资产，其应摊销金额应当在使用寿命内系统合理摊销。

企业摊销无形资产，应当自无形资产可供使用时起，至不再作为无形资产确认时止。

企业选择的无形资产摊销方法，应当反映与该项无形资产有关的经济利益的预期实现方式。无法可靠确定预期实现方式的，应当采用直线法摊销。

无形资产的摊销金额一般应当计入当期损益，其他会计准则另有规定的除外。

第十八条 无形资产的应摊销金额为其成本扣除预计残值后的金额。已计提减值准备的无形资产，还应扣除已计提的无形资产减值准备累计金额。使用寿命有限的无形资产，其残值应当视为零，但下列情况除外：

（一）有第三方承诺在无形资产使用寿命结束时购买该无形资产。

（二）可以根据活跃市场得到预计残值信息，并且该市场在无形资产使用寿命结束时很可能存在。

第十九条 使用寿命不确定的无形资产不应摊销。

第二十条 无形资产的减值，应当按照《企业会计准则第 8 号——资产减值》处理。

第二十一条 企业至少应当于每年年度终了，对使用寿命有限的无形资产的使用寿命及摊销方法进行复核。无形资产的使用寿命及摊销方法与以前估计不同的，应当改变摊销期限和摊销方法。

企业应当在每个会计期间对使用寿命不确定的无形资产的使用寿命进行复核。如果有证据表明无形资产的使用寿命是有限的，应当估计其使用寿命，并按本准则规定处理。

第五章　处置和报废

第二十二条　企业出售无形资产，应当将取得的价款与该无形资产账面价值的差额计入当期损益。

第二十三条　无形资产预期不能为企业带来经济利益的，应当将该无形资产的账面价值予以转销。

第六章　披　露

第二十四条　企业应当按照无形资产的类别在附注中披露与无形资产有关的下列信息：

（一）无形资产的期初和期末账面余额、累计摊销额及减值准备累计金额。

（二）使用寿命有限的无形资产，其使用寿命的估计情况；使用寿命不确定的无形资产，其使用寿命不确定的判断依据。

（三）无形资产的摊销方法。

（四）用于担保的无形资产账面价值、当期摊销额等情况。

（五）计入当期损益和确认为无形资产的研究开发支出金额。

第二十五条　企业应当披露当期确认为费用的研究开发支出总额。

《企业会计准则第 6 号——无形资产》应用指南

一、本准则不规范商誉的处理

本准则第三条规定，无形资产是指企业拥有或控制的没有实物形态的可辨认非货币性资产。

无形资产主要包括专利权、非专利技术、商标权、著作权、土地使用权、特许权等。

商誉的存在无法与企业自身分离，不具有可辨认性，不在本准则规范。

二、研究阶段与开发阶段

本准则将研究开发项目区分为研究阶段与开发阶段。企业应当根据研究与开发的实际情况加以判断。

（一）研究阶段研究阶段是探索性的，为进一步开发活动进行资料及相关方面的准备，已进行的研究活动将来是否会转入开发、开发后是否会形成无形资产等均具有较大的不确定性。

比如，意在获取知识而进行的活动，研究成果或其他知识的应用研究、评价和最终选择，材料、设备、产品、工序、系统或服务替代品的研究，新的或经改进的材料、设备、产品、工序、系统或服务的可能替代品的配制、设计、评价和最终选择等，均属于研究活动。

（二）开发阶段。

相对于研究阶段而言，开发阶段应当是已完成研究阶段的工作，在很大程度上具备了形成一项新产品或新技术的基本条件。

比如，生产前或使用前的原型和模型的设计、建造和测试，不具有商业性生产经济规模的试生产设施的设计、建造和运营等，均属于开发活动。

三、开发支出的资本化

根据本准则第八条和第九条规定，企业内部研究开发项目研究阶段的支出，应当于发生时计入当期损益；开发阶段的支出，同时满足下列条件的，才能确认为无形资产：

（一）完成该无形资产以使其能够使用或出售在技术上具有可行性。

判断无形资产的开发在技术上是否具有可行性，应当以目前阶段的成果为基础，并提供相关证据和材料，证明企业进行开发所需的技术条件等已经具备，不存在技术上的障碍或其他不确定性。比如，企业已经完成了全部计划、设计和测试活动，这些活动是使资产能够达到设计规划书中的功能、特征和技术所必需的活动，或经过专家鉴定等。

（二）具有完成该无形资产并使用或出售的意图。企业能够说明其开发无形资产的目的。

（三）无形资产产生经济利益的方式。

无形资产是否能够为企业带来经济利益，应当对运用该无形资产生产产品的市场情况进行可靠预计，以证明所生产的产品存在市场并能够带来经济利益，或能够证明市场上存在对该无形资产的需求。

（四）有足够的技术、财务资源和其他资源支持，以完成该无形资产的开发，并有能力使用或出售该无形资产。

企业能够证明可以取得无形资产开发所需的技术、财务和其他资源，以及获得这些资源的相关计划。企业自有资金不足以提供支持的，应能够证明存在外部其他方面的资金支持，如银行等金融机构声明愿意为该无形资产的开发提供所需资金等。

（五）归属于该无形资产开发阶段的支出能够可靠地计量。

企业对研究开发的支出应当单独核算，比如，直接发生的研发人员工资、材料费，以及相关设备折旧费等。同时从事多项研究开发活动的，所发生的支出应当按照合理的标准在各项研究开发活动之间进行分配；无法合理分配的，应当计入当期损益。

四、估计无形资产使用寿命应当考虑的相关因素

根据本准则第十七条和第十九条规定，使用寿命有限的无形资产应当摊销，使用寿命不确定的无形资产不予摊销。

（一）企业持有的无形资产，通常来源于合同性权利或其他法定权利，且合同规定或法律规定有明确的使用年限。

来源于合同性权利或其他法定权利的无形资产，其使用寿命不应超过合同性权利或其他法定权利的期限；合同性权利或其他法定权利在到期时因续约等延续、且有证据表明企业续约不需要付出大额成本的，续约期应当计入使用寿命。合同或法律没有规定使用寿命的，企业应当综合各方面因素判断，以确定无形资产能为企业带来经济利益的期限。比如，与同行业的情况进行比较、参考历史经验，或聘请相关专家进行论证等。按照上述方法仍无法合理确定无形资产为企业带来经济利益期限的，该项无形资产应作为使用寿命不确定的无形资产。

（二）企业确定无形资产使用寿命通常应当考虑的因素。

1. 运用该资产生产的产品通常的寿命周期、可获得的类似资产使用寿命的信息；

2. 技术、工艺等方面的现阶段情况及对未来发展趋势的估计；

3. 以该资产生产的产品或提供服务的市场需求情况；

4. 现在或潜在的竞争者预期采取的行动；

5. 为维持该资产带来经济利益能力的预期维护支出，以及企业预计支付有关支出的能力；

6. 对该资产控制期限的相关法律规定或类似限制，如特许使用期、租赁期等；

7. 与企业持有其他资产使用寿命的关联性等。

五、无形资产的摊销

根据本准则第十七条规定，无形资产的摊销金额一般应当计入当期损益。某项无形资产包含的经济利益通过所生产的产品或其他资产实现的，其摊销金额应当计入相关资产的成本。

六、土地使用权的处理

企业取得的土地使用权通常应确认为无形资产，但改变土地使用权用途，用于赚取租金或资本增值的，应当将其转为投资性房地产。

自行开发建造厂房等建筑物，相关的土地使用权与建筑物应当分别进行处理。外购土地及建筑物支付的价款应当在建筑物与土地使用权之间进行分配；难以合理分配的，应当全部作为固定资产。

企业（房地产开发）取得土地用于建造对外出售的房屋建筑物，相关的土地使用权账面价值应当计入所建造的房屋建筑物成本。

企业会计准则第 7 号——非货币性资产交换

第一章 总 则

第一条 为了规范非货币性资产交换的确认、计量和相关信息的披露，根据《企业会计准则——基本准则》，制定本准则。

第二条 非货币性资产交换，是指交易双方主要以存货、固定资产、无形资产和长期股权投资等非货币性资产进行的交换。该交换不涉及或只涉及少量的货币性资产（即补价）。

货币性资产，是指企业持有的货币资金和将以固定或可确定的金额收取的资产，包括现金、银行存款、应收账款和应收票据以及准备持有至到期的债券投资等。

非货币性资产，是指货币性资产以外的资产。

第二章 确认和计量

第三条 非货币性资产交换同时满足下列条件的，应当以公允价值和应支付的相关税费作为换入资产的成本，公允价值与换出资产账面价值的差额计入当期损益：

（一）该项交换具有商业实质；

（二）换入资产或换出资产的公允价值能够可靠地计量。

换入资产和换出资产公允价值均能够可靠计量的，应当以换出资产的公允价值作为确定换入资产成本的基础，但有确凿证据表明换入资产的公允价值更加可靠的除外。

第四条 满足下列条件之一的非货币性资产交换具有商业实质：

（一）换入资产的未来现金流量在风险、时间和金额方面与换出资产显著不同。

（二）换入资产与换出资产的预计未来现金流量现值不同，且其差额与换入资产和换出资产的公允价值相比是重大的。

第五条 在确定非货币性资产交换是否具有商业实质时，企业应当关注交易各方之间是否存在关联方关系。关联方关系的存在可能导致发生的非货币性资产交换不具有商业实质。

第六条 未同时满足本准则第三条规定条件的非货币性资产交换，应当以换出资产的账面价值和应支付的相关税费作为换入资产的成本，不确认损益。

第七条 企业在按照公允价值和应支付的相关税费作为换入资产成本的情况下，发生补价的，应当分别下列情况处理：

（一）支付补价的，换入资产成本与换出资产账面价值加支付的补价、应支付的相关税费之和的差额，应当计入当期损益。

（二）收到补价的，换入资产成本加收到的补价之和与换出资产账面价值加应支付的相关税费之和的差额，应当计入当期损益。

第八条 企业在按照换出资产的账面价值和应支付的相关税费作为换入资产成本的情况下，发生补价的，应当分别下列情况处理：

（一）支付补价的，应当以换出资产的账面价值，加上支付的补价和应支付的相关税费，作为换入资产的成本，不确认损益。

（二）收到补价的，应当以换出资产的账面价值，减去收到的补价并加上应支付的相关税费，作为换入资产的成本，不确认损益。

第九条 非货币性资产交换同时换入多项资产的，在确定各项换入资产的成本时，应当分别下列情况处理：

（一）非货币性资产交换具有商业实质，且换入资产的公允价值能够可靠计量的，应当按照换入各项资产的公允价值占换入资产公允价值总额的比例，对换入资产的成本总额进行分配，确定各项换入资产的成本。

（二）非货币性资产交换不具有商业实质，或者虽具有商业实质但换入资产的公允价值不能可靠计量的，应当按照换入各项资产的原账面价值占换入资产原账面价值总额的比例，对换入资产的成本总额进行分配，确定各项换入资产的成本。

第三章 披 露

第十条 企业应当在附注中披露与非货币性资产交换有关的下列信息：

（一）换入资产、换出资产的类别。

（二）换入资产成本的确定方式。

（三）换入资产、换出资产的公允价值以及换出资产的账面价值。

（四）非货币性资产交换确认的损益。

《企业会计准则第7号——非货币性资产交换》应用指南

一、非货币性资产交换的认定

非货币性资产交换是指交易双方通过存货、固定资产、无形资产和长期股权投资等非货币性资产进行的交换，有时也涉及少量货币性资产（即补价）。认定涉及少量货币性资产的交换为非货币性资产交换，通常以补价占整个资产交换金额的比例低于25%作为参考。

支付的货币性资产占换入资产公允价值（或占换出资产公允价值与支付的货币性资产之和）的比例，或者收到的货币性资产占换出资产公允价值（或占换入资产公允价值和收到的货币性资产之和）的比例低于25%的，视为非货币性资产交换，适用本准则；高于25%（含25%）的，视为以货币性资产取得非货币性资产，适用其他相关准则。

二、商业实质的判断

企业应当遵循实质重于形式的要求判断非货币性资产交换是否具有商业实质。根据换入资产的性质和换入企业经营活动的特征等，换入资产与换入企业其他现有资产相结合能够产生更大的效用，从而导致换入企业受该换入资产影响产生的现金流量与换出资产明显不同，表明该项资产交换具有商业实质。

根据本准则第四条规定，满足下列条件之一的非货币性资产交换具有商业实质：

（一）换入资产的未来现金流量在风险、时间和金额方面与换出资产显著不同。这种情况通常包括下列情形：

1. 未来现金流量的风险、金额相同，时间不同。此种情形是指换入资产和换出资产产生的未来现金流量总额相同，获得这些现金流量的风险相同，但现金流量流入企业的时间明显不同。

2. 未来现金流量的时间、金额相同，风险不同。此种情形是指换入资产和换出资产产生的未来现金流量时间和金额相同，但企业获得现金流量的不确定性程度存在明显差异。

3. 未来现金流量的风险、时间相同，金额不同。此种情形是指换入资产和换出资产产生的未来现金流量总额相同，预计为企业带来现金流量的时间跨度相同，风险也相同，但各年产生的现金流量金额存在明显差异。

（二）换入资产与换出资产的预计未来现金流量现值不同，且其差额与换入资产和换出资产的公允价值相比是重大的。

这种情况是指换入资产对换入企业的特定价值（即预计未来现金流量现值）与换出资产存在明显差异。本准则所指资产的预计未来现金流量现值，应当按照资产在持续使用过程中和最终处置时所产生的预计税后未来现金流量，根据企业自身而不是市场参与者对资产特定风险的评价，选择恰当的折现率对其进行折现后的金额加以确定。

三、换入资产或换出资产公允价值的可靠计量

符合下列情形之一的，表明换入资产或换出资产的公允价值能够可靠地计量。

（一）换入资产或换出资产存在活跃市场。对于存在活跃市场的存货、长期股权投资、固定资产、无形资产等非货币性资产，应当以该资产的市场价格为基础确定其公允价值。

（二）换入资产或换出资产不存在活跃市场、但同类或类似资产存在活跃市场。对于同类或类似资产存在活跃市场的存货、长期股权投资、固定资产、无形资产等非货币性资产，应当以同类或类似资产市场价格为基础确定其公允价值。

（三）换入资产或换出资产不存在同类或类似资产的可比市场交易，应当采用估值技术确定其公允价值。该公允价值估计数的变动区间很小，或者在公允价值估计数变动区间内，各种用于确定公允价值估计数的概率能够合理确定的，视为公允价值能够可靠计量。

四、非货币性资产交换的会计处理

非货币性资产交换具有商业实质且公允价值能够可靠计量的，在发生补价的情况下，支付补价方，应当以换出资产的公允价值加上支付的补价（或换入资产的公允价值）和应支付的相关税费，作为换入资产的成本；收到补价方，应当以换出资产的公允价值减去补价（或换入资产的公允价值）加上应支付的相关税费，作为换入资产的成本。

换出资产公允价值与其账面价值的差额，应当分别不同情况处理：

换出资产为存货的，应当作为销售处理，按照《企业会计准则第 14 号——收入》以其公允价值确认收入，同时结转相应的成本。

换出资产为固定资产、无形资产的，换出资产公允价值与其账面价值的差额，计入营业外收入或营业外支出。

换出资产为长期股权投资的，换出资产公允价值与其账面价值的差额，计入投资损益。

企业会计准则第8号——资产减值

第一章 总 则

第一条 为了规范资产减值的确认、计量和相关信息的披露，根据《企业会计准则——基本准则》，制定本准则。

第二条 资产减值，是指资产的可收回金额低于其账面价值。

本准则中的资产，除了特别规定外，包括单项资产和资产组。

资产组，是指企业可以认定的最小资产组合，其产生的现金流入应当基本上独立于其他资产或者资产组产生的现金流入。

第三条 下列各项适用其他相关会计准则：

（一）存货的减值，适用《企业会计准则第1号——存货》。

（二）采用公允价值模式计量的投资性房地产的减值，适用《企业会计准则第3号——投资性房地产》。

（三）消耗性生物资产的减值，适用《企业会计准则第5号——生物资产》。

（四）建造合同形成的资产的减值，适用《企业会计准则第15号——建造合同》。

（五）递延所得税资产的减值，适用《企业会计准则第18号——所得税》。

（六）融资租赁中出租人未担保余值的减值，适用《企业会计准则第21号——租赁》。

（七）《企业会计准则第22号——金融工具确认和计量》规范的金融资产的减值，适用《企业会计准则第22号——金融工具确认和计量》。

（八）未探明石油天然气矿区权益的减值，适用《企业会计准则第27号——石油天然气开采》。

第二章 可能发生减值资产的认定

第四条 企业应当在资产负债表日判断资产是否存在可能发生减值的迹象。

因企业合并所形成的商誉和使用寿命不确定的无形资产，无论是否存在减值迹象，每年都应当进行减值测试。

第五条 存在下列迹象的，表明资产可能发生了减值：

（一）资产的市价当期大幅度下跌，其跌幅明显高于因时间的推移或者正常使用而预计的下跌。

（二）企业经营所处的经济、技术或者法律等环境以及资产所处的市场在当期或者将在近期发生重大变化，从而对企业产生不利影响。

（三）市场利率或者其他市场投资报酬率在当期已经提高，从而影响企业计算资产预计未来现金流量现值的折现率，导致资产可收回金额大幅度降低。

（四）有证据表明资产已经陈旧过时或者其实体已经损坏。

（五）资产已经或者将被闲置、终止使用或者计划提前处置。

（六）企业内部报告的证据表明资产的经济绩效已经低于或者将低于预期，如资产所创造的净现金流量或者实现的营业利润（或者亏损）远远低于（或者高于）预计金额等。

（七）其他表明资产可能已经发生减值的迹象。

第三章 资产可收回金额的计量

第六条 资产存在减值迹象的，应当估计其可收回金额。

可收回金额应当根据资产的公允价值减去处置费用后的净额与资产预计未来现金流量的现值两者之间较高者确定。

处置费用包括与资产处置有关的法律费用、相关税费、搬运费以及为使资产达到可销售状态所发生的直接费用等。

第七条 资产的公允价值减去处置费用后的净额与资产预计未来现金流量的现值，只要有一项超过了资产的账面价值，就表明资产没有发生减值，不需再估计另一项金额。

第八条 资产的公允价值减去处置费用后的净额，应当根据公平交易中销售协议价格减去可直接归属于该资产处置费用的金额确定。

不存在销售协议但存在资产活跃市场的，应当按照该资产的市场价格减去处置费用后的金额确定。资产的市场价格通常应当根据资产的买方出价确定。

在不存在销售协议和资产活跃市场的情况下，应当以可获取的最佳信息为基础，估计资产的公允价值减去处置费用后的净额，该净额可以参考同行业类似资产的最近交易价格或者结果进行估计。

企业按照上述规定仍然无法可靠估计资产的公允价值减去处置费用后的净额的，应当以该资产预计未来现金流量的现值作为其可收回金额。

第九条 资产预计未来现金流量的现值，应当按照资产在持续使用过程中和最终处置时所产生的预计未来现金流量，选择恰当的折现率对其进行折现后的金额加以确定。

预计资产未来现金流量的现值，应当综合考虑资产的预计未来现金流量、使用寿命和折现率等因素。

第十条 预计的资产未来现金流量应当包括下列各项：

（一）资产持续使用过程中预计产生的现金流入。

（二）为实现资产持续使用过程中产生的现金流入所必需的预计现金流出（包括为使资产达到预定可使用状态所发生的现金流出）。

该现金流出应当是可直接归属于或者可通过合理和一致的基础分配到资产中的现金流出。

（三）资产使用寿命结束时，处置资产所收到或者支付的净现金流量。该现金流量应当是在公平交易中，熟悉情况的交易双方自愿进行交易时，企业预期可从资产的处置中获取或者支付的、减去预计处置费用后的金额。

第十一条 预计资产未来现金流量时，企业管理层应当在合理和有依据的基础上对资产剩余使用寿命内整个经济状况进行最佳估计。

预计资产的未来现金流量，应当以经企业管理层批准的最近财务预算或者预测数据，以及该预算或者预测期之后年份稳定的或者递减的增长率为基础。企业管理层如能证明递增的增长率是合理的，可以以递增的增长率为基础。

建立在预算或者预测基础上的预计现金流量最多涵盖 5 年，企业管理层如能证明更长的期间是合理的，可以涵盖更长的期间。

在对预算或者预测期之后年份的现金流量进行预计时，所使用的增长率除了企业能够证明更高的增长率是合理的之外，不应当超过企业经营的产品、市场、所处的行业或者所在国家或者地区的长期平均增长率，或者该资产所处市场的长期平均增长率。

第十二条 预计资产的未来现金流量，应当以资产的当前状况为基础，不应当包括与将来可能会发生的、尚未作出承诺的重组事项或者与资产改良有关的预计未来现金流量。

预计资产的未来现金流量也不应当包括筹资活动产生的现金流入或者流出以及与所得税收付有关的现金流量。

企业已经承诺重组的，在确定资产的未来现金流量的现值时，预计的未来现金流入和流出数，应当反映重组所能节约的费用和由重组所带来的其他利益，以及因重组所导致的估计未来现金流出数。其中重组所能节约的费用和由重组所带来的其他利益，通常应当根

据企业管理层批准的最近财务预算或者预测数据进行估计；因重组所导致的

估计未来现金流出数应当根据《企业会计准则第 13 号——或有事项》所确认的因重组所发生的预计负债金额进行估计。

第十三条 折现率是反映当前市场货币时间价值和资产特定风险的税前利率。该折现率是企业在购置或者投资资产时所要求的必要报酬率。

在预计资产的未来现金流量时已经对资产特定风险的影响作了调整的，估计折现率不需要考虑这些特定风险。如果用于估计折现率的基础是税后的，应当将其调整为税前的折现率。

第十四条 预计资产的未来现金流量涉及外币的，应当以该资产所产生的未来现金流量的结算货币为基础，按照该货币适用的折现率计算资产的现值；然后将该外币现值按照计算资产未来现金流量现值当日的即期汇率进行折算。

第四章 资产减值损失的确定

第十五条 可收回金额的计量结果表明，资产的可收回金额低于其账面价值的，应当将资产的账面价值减记至可收回金额，减记的金额确认为资产减值损失，计入当期损益，同时计提相应的资产减值准备。

第十六条 资产减值损失确认后，减值资产的折旧或者摊销费用应当在未来期间作相应调整，以使该资产在剩余使用寿命内，系统地分摊调整后的资产账面价值（扣除预计净残值）。

第十七条 资产减值损失一经确认，在以后会计期间不得转回。

第五章 资产组的认定及减值处理

第十八条 有迹象表明一项资产可能发生减值的，企业应当以单项资产为基础估计其可收回金额。企业难以对单项资产的可收回金额进行估计的，应当以该资产所属的资产组为基础确定资产组的可收回金额。

资产组的认定，应当以资产组产生的主要现金流入是否独立于其他资产或者资产组的现金流入为依据。同时，在认定资产组时，应当考虑企业管理层管理生产经营活动的方式（如是按照生产线、业务种类还是按照地区或者区域等）和对资产的持续使用或者处置的决策方式等。

几项资产的组合生产的产品（或者其他产出）存在活跃市场的，即使部分或者所有这些产品（或者其他产出）均供内部使用，也应当在符合前款规定的情况下，将这几项资产的组合认定为一个资产组。

如果该资产组的现金流入受内部转移价格的影响，应当按照企业管理层在公平交易中对未来价格的最佳估计数来确定资产组的未来现金流量。

资产组一经确定，各个会计期间应当保持一致，不得随意变更。

如需变更，企业管理层应当证明该变更是合理的，并根据本准则第二十七条的规定在附注中作相应说明。

第十九条 资产组账面价值的确定基础应当与其可收回金额的确定方式相一致。

资产组的账面价值包括可直接归属于资产组与可以合理和一致地分摊至资产组的资产账面价值，通常不应当包括已确认负债的账面价值，但如不考虑该负债金额就无法确定资产组可收回金额的除外。

资产组的可收回金额应当按照该资产组的公允价值减去处置费用后的净额与其预计未来现金流量的现值两者之间较高者确定。

资产组在处置时如要求购买者承担一项负债（如环境恢复负债等）、该负债金额已经确认并计入相关资产账面价值，而且企业只能取得包括上述资产和负债在内的单一公允价值减去处置费用后的净额的，为了比较资产组的账面价值和可收回金额，在确定资产组的账面价值及其预计未来现金流量的现值时，应当将已确认的负债金额从中扣除。

第二十条 企业总部资产包括企业集团或其事业部的办公楼、电子数据处理设备等资产。总部资产的显著特征是难以脱离其他资产或者资产组产生独立的现金流入，而且其账面价值难以完全归属于某一资产组。

有迹象表明某项总部资产可能发生减值的，企业应当计算确定该总部资产所归属的资产组或者资产组组合的可收回金额，然后将其与相应的账面价值相比较，据以判断是否需要确认减值损失。

资产组组合，是指由若干个资产组组成的最小资产组组合，包括资产组或者资产组组合，以及按合理方法分摊的总部资产部分。

第二十一条 企业对某一资产组进行减值测试，应当先认定所有与该资产组相关的总部资产，再根据相关总部资产能否按照合理和一致的基础分摊至该资产组分别下列情况处理。

（一）对于相关总部资产能够按照合理和一致的基础分摊至该资产组的部分，应当将该部分总部资产的账面价值分摊至该资产组，再据以比较该资产组的账面价值（包括已分摊的总部资产的账面价值部分）和可收回金额，并按照本准则第二十二条的规定处理。

（二）对于相关总部资产中有部分资产难以按照合理和一致的基础分摊至该资产组的，应当按照下列步骤处理：

首先，在不考虑相关总部资产的情况下，估计和比较资产组的账面价值和可收回金额，并按照本准则第二十二条的规定处理。

其次，认定由若干个资产组组成的最小的资产组组合，该资产组组合应当包括所测试的资产组与可以按照合理和一致的基础将该部分总部资产的账面价值分摊其上的部分。

最后，比较所认定的资产组组合的账面价值（包括已分摊的总部资产的账面价值部分）和可收回金额，并按照本准则第二十二条的规定处理。

第二十二条 资产组或者资产组组合的可收回金额低于其账面价值的（总部资产和商誉分摊至某资产组或者资产组组合的，该资产组或者资产组组合的账面价值应当包括相关总部资产和商誉的分摊额），应当确认相应的减值损失。减值损失金额应当先抵减分摊至资产组或者资产组组合中商誉的账面价值，再根据资产组或者资产组组

合中除商誉之外的其他各项资产的账面价值所占比重，按比例抵减其他各项资产的账面价值。

以上资产账面价值的抵减，应当作为各单项资产（包括商誉）的减值损失处理，计入当期损益。抵减后的各资产的账面价值不得低于以下三者之中最高者：该资产的公允价值减去处置费用后的净额（如可确定的）、该资产预计未来现金流量的现值（如可确定的）和零。

因此而导致的未能分摊的减值损失金额，应当按照相关资产组或者资产组组合中其他各项资产的账面价值所占比重进行分摊。

第六章 商誉减值的处理

第二十三条 企业合并所形成的商誉，至少应当在每年年度终了进行减值测试。商誉应当结合与其相关的资产组或者资产组组合进行减值测试。

相关的资产组或者资产组组合应当是能够从企业合并的协同效应中受益的资产组或者资产组组合，不应当大于按照《企业会计准则第 35 号——分部报告》所确定的报告分部。

第二十四条 企业进行资产减值测试，对于因企业合并形成的商誉的账面价值，应当自购买日起按照合理的方法分摊至相关的资产组；难以分摊至相关的资产组的，应当将其分摊至相关的资产组组合。

在将商誉的账面价值分摊至相关的资产组或者资产组组合时，应当按照各资产组或者资产组组合的公允价值占相关资产组或者资产

组组合公允价值总额的比例进行分摊。公允价值难以可靠计量的，按照各资产组或者资产组组合的账面价值占相关资产组或者资产组组合账面价值总额的比例进行分摊。

企业因重组等原因改变了其报告结构，从而影响到已分摊商誉的一个或者若干个资产组或者资产组组合构成的，应当按照与本条前款规定相似的分摊方法，将商誉重新分摊至受影响的资产组或者资产组组合。

第二十五条 在对包含商誉的相关资产组或者资产组组合进行减值测试时，如与商誉相关的资产组或者资产组组合存在减值迹象的，应当先对不包含商誉的资产组或者资产组合进行减值测试，计算可收回金额，并与相关账面价值相比较，确认相应的减值损失。再对包含商誉的资产组或者资产组组合进行减值测试，比较这些相关资产组或者资产组组合的账面价值（包括所分摊的商誉的账面价值部分）与其可收回金额，如相关资产组或者资产组组合的可收回金额低于其账面价值的，应当确认商誉的减值损失，按照本准则第二十二条的规定处理。

第七章 披 露

第二十六条 企业应当在附注中披露与资产减值有关的下列信息：

（一）当期确认的各项资产减值损失金额。

（二）计提的各项资产减值准备累计金额。

（三）提供分部报告信息的，应当披露每个报告分部当期确认的减值损失金额。

第二十七条 发生重大资产减值损失的，应当在附注中披露导致每项重大资产减值损失的原因和当期确认的重大资产减值损失的金额。

（一）发生重大减值损失的资产是单项资产的，应当披露该单项资产的性质。提供分部报告信息的，还应披露该项资产所属的主要报告分部。

（二）发生重大减值损失的资产是资产组（或者资产组组合，下同）的，应当披露：

1. 资产组的基本情况。

2. 资产组中所包括的各项资产于当期确认的减值损失金额。

3. 资产组的组成与前期相比发生变化的，应当披露变化的原因以及前期和当期资产组组成情况。

第二十八条 对于重大资产减值，应当在附注中披露资产（或者资产组，下同）可收回金额的确定方法。

（一）可收回金额按资产的公允价值减去处置费用后的净额确定的，还应当披露公允价值减去处置费用后的净额的估计基础。

（二）可收回金额按资产预计未来现金流量的现值确定的，还应当披露估计其现值时所采用的折现率，以及该资产前期可收回金额也按照其预计未来现金流量的现值确定的情况下，前期所采用的折现率。

第二十九条 第二十六条（一）、（二）和第二十七条（二）第 2 项信息应当按照资产类别予以披露。资产类别应当以资产在企业生产经营活动中的性质或者功能是否相同或者相似为基础确定。

第三十条 分摊到某资产组的商誉（或者使用寿命不确定的无形资产，下同）的账面价值占商誉账面价值总额的比例重大的，应当在附注中披露下列信息：

（一）分摊到该资产组的商誉的账面价值。

（二）该资产组可收回金额的确定方法。

1. 可收回金额按照资产组公允价值减去处置费用后的净额确定的，还应当披露确定公允价值减去处置费用后的净额的方法。资产组的公允价值减去处置费用后的净额不是按照市场价格确定的，应当披露：

（1）企业管理层在确定公允价值减去处置费用后的净额时所采用的各关键假设及其依据。

（2）企业管理层在确定各关键假设相关的价值时，是否与企业历史经验或者外部信息来源相一致；如不一致，应当说明理由。

2. 可收回金额按照资产组预计未来现金流量的现值确定的，应当披露：

（1）企业管理层预计未来现金流量的各关键假设及其依据。

（2）企业管理层在确定各关键假设相关的价值时，是否与企业历史经验或者外部信息来源相一致；如不一致，应当说明理由。

（3）估计现值时所采用的折现率。

第三十一条 商誉的全部或者部分账面价值分摊到多个资产组、且分摊到每个资产组的商誉的账面价值占商誉账面价值总额的比例不重大的，企业应当在附注中说明这一情况以及分摊到上述资产组的商誉合计金额。

商誉账面价值按照相同的关键假设分摊到上述多个资产组、且分摊的商誉合计金额占商誉账面价值总额的比例重大的，企业应当在附注中说明这一情况，并披露下列信息：

（一）分摊到上述资产组的商誉的账面价值合计。

（二）采用的关键假设及其依据。

（三）企业管理层在确定各关键假设相关的价值时，是否与企业历史经验或者外部信息来源相一致；如不一致，应当说明理由。

《企业会计准则第 8 号——资产减值》应用指南

一、估计资产可收回金额应当遵循重要性要求

企业应当在资产负债表日判断资产是否存在可能发生减值的迹象。资产存在减值迹象的，应当进行减值测试，估计资产的可收回金额。在估计资产可收回金额时，应当遵循重要性要求。

（一）以前报告期间的计算结果表明，资产可收回金额显著高于其账面价值，之后又没有发生消除这一差异的交易或者事项的，资产负债表日可以不重新估计该资产的可收回金额。

（二）以前报告期间的计算与分析表明，资产可收回金额相对于某种减值迹象反应不敏感，在本报告期间又发生了该减值迹象的，可以不因该减值迹象的出现而重新估计该资产的可收回金额。比如，当期市场利率或市场投资报酬率上升，对计算资产未来现金流量现值采用的折现率影响不大的，可以不重新估计资产的可收回金额。

二、预计资产未来现金流量应当考虑的因素和采用的方法

（一）预计资产未来现金流量应当考虑的主要因素

1. 预计资产未来现金流量和折现率，应当在一致的基础上考虑因一般通货膨胀而导致物价上涨等因素的影响。如果折现率考虑了这一影响因素，资产预计未来现金流量也应当考虑；折现率没有考虑这一影响因素的，预计未来现金流量则不予考虑。

2. 预计资产未来现金流量，应当分析以前期间现金流量预计数与实际数的差异情况，以评判预计当期现金流量所依据的假设的合理性。通常应当确保当期预计现金流量所依据假设与前期实际结果相一致。

3. 预计资产未来现金流量应当以资产的当前状况为基础，不应包括与将来可能会发生的、尚未作出承诺的重组事项有关或者与资产改良有关的预计未来现金流量。未来发生的现金流出是为了维持资产正常运转或者原定正常产出水平所必需的，预计资产未来现金流量时应当将其考虑在内。

4. 预计在建工程、开发过程中的无形资产等的未来现金流量，应当包括预期为使该资产达到预定可使用或可销售状态而发生的全部现金流出。

5. 资产的未来现金流量受内部转移价格影响的，应当采用在公平交易前提下企业管理层能够达成的最佳价格估计数进行预计。

（二）预计资产未来现金流量的方法预计资产未来现金流量，通常应当根据资产未来期间最有可能产生的现金流量进行预测。采用期望现金流量法更为合理的，应当采用期望现金流量法预计资产未来现金流量。

采用期望现金流量法，资产未来现金流量应当根据每期现金流量期望值进行预计，每期现金流量期望值按照各种可能情况下的现金流量乘以相应的发生概率加总计算。

三、折现率的确定方法

折现率的确定通常应当以该资产的市场利率为依据。无法从市场获得的，可以使用替代利率估计折现率。

替代利率可以根据加权平均资金成本、增量借款利率或者其他相关市场借款利率作适当调整后确定。调整时，应当考虑与资产预计未来现金流量有关的特定风险以及其他有关货币风险和价格风险等。

估计资产未来现金流量现值时，通常应当使用单一的折现率；资产未来现金流量的现值对未来不同期间的风险差异或者利率的期限结构反应敏感的，应当使用不同的折现率。

四、资产组的认定

资产组是企业可以认定的最小资产组合，其产生的现金流入应当基本上独立于其他资产或者资产组。资产组应当由创造现金流入相关的资产组成。

（一）认定资产组最关键的因素是该资产组能否独立产生现金流入。企业的某一生产线、营业网点、业务部门等，如果能够独立于其他部门或者单位等形成收入、产生现金流入，或者其形成的收入和现金流入绝大部分独立于其他部门或者单位、且属于可认定的最小资产组合的，通常应将该生产线、营业网点、业务部门等认定为一个资产组。

几项资产的组合生产的产品（或者其他产出）存在活跃市场的，无论这些产品（或者其他产出）是用于对外出售还是仅供企业内部使用，均表明这几项资产的组合能够独立产生现金流入，应当将这些资产的组合认定为资产组。

（二）企业对生产经营活动的管理或者监控方式、以及对资产使用或者处置的决策方式等，也是认定资产组应考虑的重要因素。

比如，某服装企业有童装、西装、衬衫三个工厂，每个工厂在核算、考核和管理等方面都相对独立，在这种情况下，每个工厂通常为一个资产组。

再如，某家具制造商有 A 车间和 B 车间，A 车间专门生产家具部件（该家具部件不存在活跃市场），生产完后由 B 车间负责组装，该企业对 A 车间和 B 车间资产的使用和处置等决策是一体的，在这种情况下，A 车间和 B 车间通常应当认定为一个资产组。

五、存在少数股东权益情况下的商誉减值测试

根据《企业会计准则第 20 号——企业合并》的规定，在合并财务报表中反映的商誉，不包括子公司归属于少数股东权益的商誉。但对相关的资产组（或者资产组组合，下同）进行减值测试时，应当将归属于少数股东权益的商誉包括在内，调整资产组的账面价值，然后根据调整后的资产组账面价值与其可收回金额进行比较，以确定资产组（包括商誉）是否发生了减值。

上述资产组发生减值的，应当按照本准则第二十二条规定进行处理，但由于根据上述步骤计算的商誉减值损失包括了应由少数股东权益承担的部分，应当将该损失在可归属于母公司和少数股东权益之间按比例进行分摊，以确认归属于母公司的商誉减值损失。

企业会计准则第9号——职工薪酬

（2014年修订）

第一章 总 则

第一条 为了规范职工薪酬的确认、计量和相关信息的披露，根据《企业会计准则——基本准则》，制定本准则。

第二条 职工薪酬，是指企业为获得职工提供的服务或解除劳动关系而给予的各种形式的报酬或补偿。职工薪酬包括短期薪酬、离职后福利、辞退福利和其他长期职工福利。企业提供给职工配偶、子女、受赡养人、已故员工遗属及其他受益人等的福利，也属于职工薪酬。

短期薪酬，是指企业在职工提供相关服务的年度报告期间结束后十二个月内需要全部予以支付的职工薪酬，因解除与职工的劳动关系给予的补偿除外。短期薪酬具体包括：职工工资、奖金、津贴和补贴，职工福利费，医疗保险费、工伤保险费和生育保险费等社会保险费，住房公积金，工会经费和职工教育经费，短期带薪缺勤，短期利润分享计划，非货币性福利以及其他短期薪酬。

带薪缺勤，是指企业支付工资或提供补偿的职工缺勤，包括年休假、病假、短期伤残、婚假、产假、丧假、探亲假等。利润分享计划，是指因职工提供服务而与职工达成的基于利润或其他经营成果提供薪酬的协议。

离职后福利，是指企业为获得职工提供的服务而在职工退休或与企业解除劳动关系后，提供的各种形式的报酬和福利，短期薪酬和辞退福利除外。

辞退福利，是指企业在职工劳动合同到期之前解除与职工的劳动关系，或者为鼓励职工自愿接受裁减而给予职工的补偿。

其他长期职工福利，是指除短期薪酬、离职后福利、辞退福利之外所有的职工薪酬，包括长期带薪缺勤、长期残疾福利、长期利润分享计划等。

第三条 本准则所称职工，是指与企业订立劳动合同的所有人员，含全职、兼职和临时职工，也包括虽未与企业订立劳动合同但由企业正式任命的人员。

未与企业订立劳动合同或未由其正式任命，但向企业所提供服务与职工所提供服务类似的人员，也属于职工的范畴，包括通过企业与劳务中介公司签订用工合同而向企业提供服务的人员。

第四条 下列各项适用其他相关会计准则：

（一）企业年金基金，适用《企业会计准则第10号——企业年金基金》。

（二）以股份为基础的薪酬，适用《企业会计准则第11号——股份支付》。

第二章 短期薪酬

第五条 企业应当在职工为其提供服务的会计期间，将实际发生的短期薪酬确认为负债，并计入当期损益，其他会计准则要求或允许计入资产成本的除外。

第六条 企业发生的职工福利费，应当在实际发生时根据实际发生额计入当期损益或相关资产成本。职工福利费为非货币性福利的，应当按照公允价值计量。

第七条 企业为职工缴纳的医疗保险费、工伤保险费、生育保险费等社会保险费和住房公积金，以及按规定提取的工会经费和职工教育经费，应当在职工为其提供服务的会计期间，根据规定的计提基础和计提比例计算确定相应的职工薪酬金额，并确认相应负债，计入当期损益或相关资产成本。

第八条 带薪缺勤分为累积带薪缺勤和非累积带薪缺勤。企业应当在职工提供服务从而增加了其未来享有的带薪缺勤权利时，确认与累积带薪缺勤相关的职工薪酬，并以累积未行使权利而增加的预期支付金额计量。企业应当在职工实际发生缺勤的会计期间确认与非累积带薪缺勤相关的职工薪酬。

累积带薪缺勤，是指带薪缺勤权利可以结转下期的带薪缺勤，本期尚未用完的带薪缺勤权利可以在未来期间使用。

非累积带薪缺勤，是指带薪缺勤权利不能结转下期的带薪缺勤，本期尚未用完的带薪缺勤权利将予以取消，并且职工离开企业时也无权获得现金支付。

第九条 利润分享计划同时满足下列条件的，企业应当确认相关的应付职工薪酬：

（一）企业因过去事项导致现在具有支付职工薪酬的法定义务或推定义务；

（二）因利润分享计划所产生的应付职工薪酬义务金额能够可靠估计。属于下列三种情形之一的，视为义务金额能够可靠估计：

1. 在财务报告批准报出之前企业已确定应支付的薪酬金额。

2. 该短期利润分享计划的正式条款中包括确定薪酬金额的方式。

3. 过去的惯例为企业确定推定义务金额提供了明显证据。

第十条 职工只有在企业工作一段特定期间才能分享利润的，企业在计量利润分享计划产生的应付职工薪酬时，应当反映职工因离职而无法享受利润分享计划福利的可能性。

如果企业在职工为其提供相关服务的年度报告期间结束后十二个月内，不需要全部支付利润分享计划产生的应付职工薪酬，该利润分享计划应当适用本准则其他长期职工福利的有关规定。

第三章 离职后福利

第十一条 企业应当将离职后福利计划分类为设定提存计划和设定受益计划。

离职后福利计划，是指企业与职工就离职后福利达成的协议，或者企业为向职工提供离职后福利制定的规章或办法等。其中，设定提存计划，是指向独立的基金缴存固定费用后，企业不再承担进一步支付义务的离职后福利计划；设定受益计划，是指除设定提存计划以外的离职后福利计划。

第十二条 企业应当在职工为其提供服务的会计期间，将根据设定提存计划计算的应缴存金额确认为负债，并计入当期损益或相关资产成本。

根据设定提存计划，预期不会在职工提供相关服务的年度报告期结束后十二个月内支付全部应缴存金额的，企业应当参照本准则第十五条规定的折现率，将全部应缴存金额以折现后的金额计量应付职工薪酬。

第十三条 企业对设定受益计划的会计处理通常包括下列四个步骤：

（一）根据预期累计福利单位法，采用无偏且相互一致的精算假设对有关人口统计变量和财务变量等做出估计，计量设定受益计划所产生的义务，并确定相关义务的归属期间。企业应当按照本准则第十五条规定的折现率将设定受益计划所产生的义务予以折现，以确定设定受益计划义务的现值和当期服务成本。

（二）设定受益计划存在资产的，企业应当将设定受益计划义务现值减去设定受益计划资产公允价值所形成的赤字或盈余确认为一项设定受益计划净负债或净资产。

设定受益计划存在盈余的，企业应当以设定受益计划的盈余和资产上限两项的孰低者计量设定受益计划净资产。其中，资产上限，是指企业可从设定受益计划退款或减少未来对设定受益计划缴存资金而获得的经济利益的现值。

（三）根据本准则第十六条的有关规定，确定应当计入当期损益的金额。

（四）根据本准则第十六条和第十七条的有关规定，确定应当计入其他综合收益的金额。

在预期累计福利单位法下，每一服务期间会增加一个单位的福利权利，并且需对每一个单位单独计量，以形成最终义务。企业应当将福利归属于提供设定受益计划的义务发生的期间。这一期间是指从职工提供服务以获取企业在未来报告期间预计支付的设定受益计划福利开始，至职工的继续服务不会导致这一福利金额显著增加之日为止。

第十四条 企业应当根据预期累计福利单位法确定的公式将设定受益计划产生的福利义务归属于职工提供服务的期间，并计入当期损益或相关资产成本。

当职工后续年度的服务将导致其享有的设定受益计划福利水平显著高于以前年度时，企业应当按照直线法将累计设定受益计划义务分摊确认于职工提供服务而导致企业第一次产生设定受益计划福利义务至职工提供服务不再导致该福利义务显著增加的期间。在确定该归属期间时，不应考虑仅因未来工资水平提高而导致设定受益计划义务显著增加的情况。

第十五条 企业应当对所有设定受益计划义务予以折现，包括预期在职工提供服务的年度报告期间结束后的十二个月内支付的义务。折现时所采用的折现率应当根据资产负债表日与设定受益计划义务期限和币种相匹配的国债或活跃市场上的高质量公司债券的市场收益率确定。

第十六条 报告期末，企业应当将设定受益计划产生的职工薪酬成本确认为下列组成部分：

（一）服务成本，包括当期服务成本、过去服务成本和结算利得或损失。其中，当期服务成本，是指职工当期提供服务所导致的设定受益计划义务现值的增加额；过去服务成本，是指设定受益计划修改所导致的与以前期间职工服务相关的设定受益计划义务现值的增加或减少。

（二）设定受益计划净负债或净资产的利息净额，包括计划资产的利息收益、设定受益计划义务的利息费用以及资产上限影响的利息。

（三）重新计量设定受益计划净负债或净资产所产生的变动。

除非其他会计准则要求或允许职工福利成本计入资产成本，上述第（一）项和第（二）项应计入当期损益；第（三）项应计入其他综合收益，并且在后续会计期间不允许转回至损益，但企业可以在权益范围内转移这些在其他综合收益中确认的金额。

第十七条 重新计量设定受益计划净负债或净资产所产生的变动包括下列部分：

（一）精算利得或损失，即由于精算假设和经验调整导致之前所计量的设定受益计划义务现值的增加或减少。

（二）计划资产回报，扣除包括在设定受益计划净负债或净资产的利息净额中的金额。

（三）资产上限影响的变动，扣除包括在设定受益计划净负债或净资产的利息净额中的金额。

第十八条 在设定受益计划下，企业应当在下列日期孰早日将过去服务成本确认为当期费用：

（一）修改设定受益计划时。

（二）企业确认相关重组费用或辞退福利时。

第十九条 企业应当在设定受益计划结算时，确认一项结算利得或损失。

设定受益计划结算，是指企业为了消除设定受益计划所产生的部分或所有未来义务进行的交易，而不是根据计划条款和所包含的精算假设向职工支付福利。设定受益计划结算利得或损失是下列两项的差额：

（一）在结算日确定的设定受益计划义务现值。

（二）结算价格，包括转移的计划资产的公允价值和企业直接发生的与结算相关的支付。

第四章　辞退福利

第二十条　企业向职工提供辞退福利的，应当在下列两者孰早日确认辞退福利产生的职工薪酬负债，并计入当期损益：

（一）企业不能单方面撤回因解除劳动关系计划或裁减建议所提供的辞退福利时。

（二）企业确认与涉及支付辞退福利的重组相关的成本或费用时。

第二十一条　企业应当按照辞退计划条款的规定，合理预计并确认辞退福利产生的应付职工薪酬。辞退福利预期在其确认的年度报告期结束后十二个月内完全支付的，应当适用短期薪酬的相关规定；辞退福利预期在年度报告期结束后十二个月内不能完全支付的，应当适用本准则关于其他长期职工福利的有关规定。

第五章　其他长期职工福利

第二十二条　企业向职工提供的其他长期职工福利，符合设定提存计划条件的，应当适用本准则第十二条关于设定提存计划的有关规定进行处理。

第二十三条　除上述第二十二条规定的情形外，企业应当适用本准则关于设定受益计划的有关规定，确认和计量其他长期职工福利净负债或净资产。在报告期末，企业应当将其他长期职工福利产生的职工薪酬成本确认为下列组成部分：

（一）服务成本。

（二）其他长期职工福利净负债或净资产的利息净额。

（三）重新计量其他长期职工福利净负债或净资产所产生的变动。

为简化相关会计处理，上述项目的总净额应计入当期损益或相关资产成本。

第二十四条　长期残疾福利水平取决于职工提供服务期间长短的，企业应当在职工提供服务的期间确认应付长期残疾福利义务，计量时应当考虑长期残疾福利支付的可能性和预期支付的期限；长期残疾福利与职工提供服务期间长短无关的，企业应当在导致职工长期残疾的事件发生的当期确认应付长期残疾福利义务。

第六章　披　露

第二十五条　企业应当在附注中披露与短期职工薪酬有关的下列信息：

（一）应当支付给职工的工资、奖金、津贴和补贴及其期末应付未付金额。

（二）应当为职工缴纳的医疗保险费、工伤保险费和生育保险费等社会保险费及其期末应付未付金额。

（三）应当为职工缴存的住房公积金及其期末应付未付金额。

（四）为职工提供的非货币性福利及其计算依据。

（五）依据短期利润分享计划提供的职工薪酬金额及其计算依据。

（六）其他短期薪酬。

第二十六条　企业应当披露所设立或参与的设定提存计划的性质、计算缴费金额的公式或依据，当期缴费金额以及期末应付未付金额。

第二十七条　企业应当披露与设定受益计划有关的下列信息：

（一）设定受益计划的特征及与之相关的风险。

（二）设定受益计划在财务报表中确认的金额及其变动。

（三）设定受益计划对企业未来现金流量金额、时间和不确定性的影响。

（四）设定受益计划义务现值所依赖的重大精算假设及有关敏感性分析的结果。

第二十八条 企业应当披露支付的因解除劳动关系所提供辞退福利及其期末应付未付金额。

第二十九条 企业应当披露提供的其他长期职工福利的性质、金额及其计算依据。

第七章 衔接规定

第三十条 对于本准则施行日存在的离职后福利计划、辞退福利、其他长期职工福利，除本准则三十一条规定外，应当按照《企业会计准则第 28 号——会计政策、会计估计变更和差错更正》的规定采用追溯调整法处理。

第三十一条 企业比较财务报表中披露的本准则施行之前的信息与本准则要求不一致的，不需要按照本准则的规定进行调整。

第八章 附 则

第三十二条 本准则自 2014 年 7 月 1 日起施行。

企业会计准则第 10 号——企业年金基金

第一章 总 则

第一条 为了规范企业年金基金的确认、计量和财务报表列报，根据《企业会计准则——基本准则》，制定本准则。

第二条 企业年金基金，是指根据依法制定的企业年金计划筹集的资金及其投资运营收益形成的企业补充养老保险基金。

第三条 企业年金基金应当作为独立的会计主体进行确认、计量和列报。

委托人、受托人、托管人、账户管理人、投资管理人和其他为企业年金基金管理提供服务的主体，应当将企业年金基金与其固有资产和其他资产严格区分，确保企业年金基金的安全。

第二章 确认和计量

第四条 企业年金基金应当分别资产、负债、收入、费用和净资产进行确认和计量。

第五条 企业年金基金缴费及其运营形成的各项资产包括：货币资金、应收证券清算款、应收利息、买入返售证券、其他应收款、债券投资、基金投资、股票投资、其他投资等。

第六条 企业年金基金在运营中根据国家规定的投资范围取得的国债、信用等级在投资级以上的金融债和企业债、可转换债、投资性保险产品、证券投资基金、股票等具有良好流动性的金融产品，其初始取得和后续估值应当以公允价值计量：

（一）初始取得投资时，应当以交易日支付的成交价款作为其公允价值。发生的交易费用直接计入当期损益。

（二）估值日对投资进行估值时，应当以其公允价值调整原账面价值，公允价值与原账面价值的差额计入当期损益。

投资公允价值的确定，适用《企业会计准则第 22 号——金融工具确认和计量》。

第七条 企业年金基金运营形成的各项负债包括：应付证券清算款、应付受益人待遇、应付受托人管理费、应付托管人管理费、应付投资管理人管理费、应交税金、卖出回购证券款、应付利息、应付佣金和其他应付款等。

第八条 企业年金基金运营形成的各项收入包括：存款利息收入、买入返售证券收入、公允价值变动收益、投资处置收益和其他收入。

第九条 收入应当按照下列规定确认和计量：

（一）存款利息收入，按照本金和适用的利率确定。

（二）买入返售证券收入，在融券期限内按照买入返售证券价款和协议约定的利率确定。

（三）公允价值变动收益，在估值日按照当日投资公允价值与原账面价值（即上一估值日投资公允价值）的差额确定。

（四）投资处置收益，在交易日按照卖出投资所取得的价款与其账面价值的差额确定。

（五）风险准备金补亏等其他收入，按照实际发生的金额确定。

第十条 企业年金基金运营发生的各项费用包括：交易费用、受托人管理费、托管人管理费、投资管理人管理费、卖出回购证券支出和其他费用。

第十一条 费用应当按照下列规定确认和计量：

（一）交易费用，包括支付给代理机构、咨询机构、券商的手续费和佣金及其他必要支出，按照实际发生的金额确定。

（二）受托人管理费、托管人管理费和投资管理人管理费，根据相关规定按实际计提的金额确定。

（三）卖出回购证券支出，在融资期限内按照卖出回购证券价款和协议约定的利率确定。

（四）其他费用，按照实际发生的金额确定。

第十二条 企业年金基金的净资产，是指企业年金基金的资产减去负债后的余额。资产负债表日，应当将当期各项收入和费用结转至净资产。

净资产应当分别企业和职工个人设置账户，根据企业年金计划按期将运营收益分配计入各账户。

第十三条 净资产应当按照下列规定确认和计量：

（一）向企业和职工个人收取的缴费，按照收到的金额增加净资产。

（二）向受益人支付的待遇，按照应付的金额减少净资产。

（三）因职工调入企业而发生的个人账户转入金额，增加净资产。

（四）因职工调离企业而发生的个人账户转出金额，减少净资产。

第三章 列 报

第十四条 企业年金基金的财务报表包括资产负债表、净资产变动表和附注。

第十五条 资产负债表反映企业年金基金在某一特定日期的财务状况，应当按照资产、负债和净资产分类列示。

第十六条 资产类项目至少应当列示下列信息：

（一）货币资金；

（二）应收证券清算款；

（三）应收利息；

（四）买入返售证券；

（五）其他应收款；

（六）债券投资；

（七）基金投资；

（八）股票投资；

（九）其他投资；

（十）其他资产。

第十七条 负债类项目至少应当列示下列信息：

（一）应付证券清算款；

（二）应付受益人待遇；

（三）应付受托人管理费；

（四）应付托管人管理费；

（五）应付投资管理人管理费；

（六）应交税金；

（七）卖出回购证券款；

（八）应付利息；

（九）应付佣金；

（十）其他应付款。

第十八条 净资产类项目列示企业年金基金净值。

第十九条 净资产变动表反映企业年金基金在一定会计期间的净资产增减变动情况，

应当列示下列信息：

（一）期初净资产。

（二）本期净资产增加数，包括本期收入、收取企业缴费、收取职工个人缴费、个人账户转入。

（三）本期净资产减少数，包括本期费用、支付受益人待遇、个人账户转出。

（四）期末净资产。

第二十条 附注应当披露下列信息：

（一）企业年金计划的主要内容及重大变化。

（二）投资种类、金额及公允价值的确定方法。

（三）各类投资占投资总额的比例。

（四）可能使投资价值受到重大影响的其他事项。

附录：

资产负债表

会年金 01 表

编制单位： 年 月 日 单位：元

资产	行次	年初数	期末数	负债和净资产	行次	年初数	期末数
资产：				负债：			
货币资金				应付证券清算款			
应收证券清算款				应付受益人待遇			
应收利息				应付受托人管理费			
买入返售证券				应付托管人管理费			
其他应收款				应付投资管理人管理费			
债券投资				应交税金			
基金投资				卖出回购证券款			
股票投资				应付利息			
其他投资				应付佣金			
其他资产				其他应付款			
				负债合计			
				净资产：			
				企业年金基金净值			
资产总计				负债和净资产总计			

净资产变动表

会年金 02 表

编制单位： 年 月 单位：元

项目	行次	本月数	本年累计数
一、期初净资产			
二、本期净资产增加数			
（一）本期收入			
1. 存款利息收入			
2. 买入返售证券收入			
3. 公允价值变动收益			

续表

项目	行次	本月数	本年累计数
4. 投资处置收益			
5. 其他收入			
（二）收取企业缴费			
（三）收取职工个人缴费			
（四）个人账户转入			
三、本期净资产减少数			
（一）本期费用			
1. 交易费用			
2. 受托人管理费			
3. 托管人管理费			
4. 投资管理人管理费			
5. 卖出回购证券支出			
6. 其他费用			
（二）支付受益人待遇			
（三）个人账户转出			
四、期末净资产			

《企业会计准则第 10 号——企业年金基金》应用指南

一、企业年金基金是独立的会计主体

本准则第二条规定，企业年金基金是指根据依法制定的企业年金计划筹集的资金及其投资运营收益形成的企业补充养老保险基金。

企业年金是指企业及其职工在依法参加基本养老保险的基础上，自愿建立的补充养老保险制度。企业年金基金由企业缴费、职工个人缴费和企业年金基金投资运营收益组成，实行完全积累，采用个人账户方式进行管理。企业缴费属于职工薪酬的范围，适用《企业会计准则第 9 号——职工薪酬》。

企业年金基金作为一种信托财产，独立于委托人、受托人、账户管理人、托管人、投资管理人等的固有资产及其他资产，应当存入企业年金基金专户，作为独立的会计主体进行确认、计量和列报。

二、企业年金基金管理各方当事人

企业年金基金管理各方当事人包括：委托人、受托人、账户管理人、托管人、投资管理人和中介服务机构等。

（一）委托人，是指设立企业年金基金的企业及其职工。委托人应当与受托人签订书面合同。

（二）受托人，是指受托管理企业年金基金的企业年金理事会或符合国家规定的养老金管理公司等法人受托机构。受托人根据信托合同，负责编报企业年金基金财务报表等。受托人是编报企业年金基金财务报表的法定责任人。

（三）账户管理人，是指受托管理企业年金基金账户的专业机构。账户管理人根据账户管理合同负责建立企业年金基金的企业账户和个人账户，记录企业缴费、职工个人缴费以及企业年金基金投资运营收益情况，计算企业年金待遇，提供账户查询和报告活动等。

（四）托管人，是指受托保管企业年金基金财产的商业银行或专业机构。托管人根据托管合同负责企业年金基金会计处理和估值，复核、审查投资管理人计算的基金财产净值，定期向受托人提交企业年金基金财务报表等。

（五）投资管理人，是指受托管理企业年金基金投资的专业机构。投资管理人根据投资管理合同负责对企业年金基金财产进行投资，及时与托管人核对企业年金基金会计处理和估值结果等。

（六）中介服务机构，是指为企业年金基金管理提供服务的投资顾问公司、信用评估公司、精算咨询公司、会计师事务所、律师事务所等。

三、企业年金基金的投资

企业年金基金投资运营应当遵循谨慎、分散风险的原则，充分考虑企业年金基金财产的安全性和流动性。企业年金基金应当严格按照国家相关规定进行投资。

根据本准则第六条规定，企业年金基金投资公允价值的确定，适用《企业会计准则第 22 号——金融工具确认和计量》。

初始取得投资时，应当以交易日支付的价款（不含支付的价款中所包含的、已到付息期但尚未领取的利息或已宣告但尚未发放的现金股利）计入投资的成本。发生的交易费用及相关税费直接计入当期损益。支付的价款中所包含的、已到付息期但尚未领取的利息或已宣告但尚未发放的现金股利，分别计入应收利息或应收股利。

投资持有期间被投资单位宣告发放的现金股利，或资产负债表日按债券票面利率计算的利息收入，应确认为投资收益。

企业年金基金的投资应当按日估值，或至少按周进行估值。估值日对投资进行估值时，应当以估值日的公允价值计量，公允价值与上一估值日公允价值的差额，计入当期损益（公允价值变动损益）。

投资处置时，应在交易日按照卖出投资所取得的价款与其账面价值（买入价）的差额，确定为投资损益。

四、企业年金基金投资管理风险准备金补亏

企业年金基金按规定向投资管理人支付的管理费，应当按照应付的金额计入当期损益（投资管理人管理费），同时确认为负债（应付投资管理人管理费）。

企业年金基金取得投资管理人风险准备金补亏时，应当按照收到或应收的金额计入其他收入。

五、企业年金基金的账务处理和财务报表的编报

（一）受托人、托管人、投资管理人应当参照《企业会计准则——应用指南》（会计科目和主要账务处理）设置相应会计科目和账簿，对企业年金基金发生的交易或者事项进行会计处理。

（二）企业年金基金财务报表包括资产负债表、净资产变动表和附注。

受托人应当按照本准则的规定，定期向委托人、受益人等提交企业年金基金财务报表。

托管人应当按照本准则的规定，定期向受托人提交企业年金基金财务报表。

（三）企业年金基金财务报表附注，除按本准则第二十条的规定进行披露外，还应当披露以下内容：

（1）财务报表的编制基础。

（2）重要会计政策和会计估计变更及差错更正的说明。

（3）报表重要项目的说明，包括：货币资金、买入返售证券、债券投资、基金投资、股票投资、其他投资、卖出回购证券款、收取企业缴费、收取职工个人缴费、个人账户转入、支付受益人待遇、个人账户转出等。

（4）企业年金基金净收入，包括本期收入、本期费用的构成。

（5）资产负债表日后事项、关联方关系及其交易的说明等。

（6）企业年金基金投资组合情况、风险管理政策等。

企业会计准则第 11 号——股份支付

第一章 总 则

第一条 为了规范股份支付的确认、计量和相关信息的披露，根据《企业会计准则——基本准则》，制定本准则。

第二条 股份支付，是指企业为获取职工和其他方提供服务而授予权益工具或者承担以权益工具为基础确定的负债的交易。

股份支付分为以权益结算的股份支付和以现金结算的股份支付。

以权益结算的股份支付，是指企业为获取服务以股份或其他权益工具作为对价进行结算的交易。

以现金结算的股份支付，是指企业为获取服务承担以股份或其他权益工具为基础计算确定的交付现金或其他资产义务的交易。

本准则所指的权益工具是企业自身权益工具。

第三条 下列各项适用其他相关会计准则：

（一）企业合并中发行权益工具取得其他企业净资产的交易，适用《企业会计准则第 20 号——企业合并》。

（二）以权益工具作为对价取得其他金融工具等交易，适用《企业会计准则第 22 号——金融工具确认和计量》。

第二章 以权益结算的股份支付

第四条 以权益结算的股份支付换取职工提供服务的，应当以授予职工权益工具的公允价值计量。

权益工具的公允价值，应当按照《企业会计准则第 22 号——金融工具确认和计量》确定。

第五条 授予后立即可行权的换取职工服务的以权益结算的股份支付，应当在授予日按照权益工具的公允价值计入相关成本或费用，相应增加资本公积。

授予日，是指股份支付协议获得批准的日期。

第六条 完成等待期内的服务或达到规定业绩条件才可行权的换取职工服务的以权益结算的股份支付，在等待期内的每个资产负债表日，应当以对可行权权益工具数量的最佳估计为基础，按照权益工具授予日的公允价值，将当期取得的服务计入相关成本或费用和资本公积。

在资产负债表日，后续信息表明可行权权益工具的数量与以前估计不同的，应当进行调整，并在可行权日调整至实际可行权的权益工具数量。

等待期，是指可行权条件得到满足的期间。

对于可行权条件为规定服务期间的股份支付，等待期为授予日至可行权日的期间；对于可行权条件为规定业绩的股份支付，应当在授予日根据最可能的业绩结果预计等待期的长度。

可行权日，是指可行权条件得到满足、职工和其他方具有从企业取得权益工具或现金的权利的日期。

第七条 企业在可行权日之后不再对已确认的相关成本或费用和所有者权益总额进行调整。

第八条 以权益结算的股份支付换取其他方服务的，应当分别下列情况处理：

（一）其他方服务的公允价值能够可靠计量的，应当按照其他方服务在取得日的公允价值，计入相关成本或费用，相应增加所有者权益。

（二）其他方服务的公允价值不能可靠计量但权益工具公允价值能够可靠计量的，应当按照权益工具在服务取得日的公允价值，计入相关成本或费用，相应增加所有者权益。

第九条 在行权日，企业根据实际行权的权益工具数量，计算确定应转入实收资本或股本的金额，将其转入实收资本或股本。

行权日，是指职工和其他方行使权利、获取现金或权益工具的日期。

第三章 以现金结算的股份支付

第十条 以现金结算的股份支付，应当按照企业承担的以股份或其他权益工具为基础计算确定的负债的公允价值计量。

第十一条 授予后立即可行权的以现金结算的股份支付，应当在授予日以企业承担负债的公允价值计入相关成本或费用，相应增加负债。

第十二条 完成等待期内的服务或达到规定业绩条件以后才可行权的以现金结算的股份支付，在等待期内的每个资产负债表日，应当以对可行权情况的最佳估计为基础，按照企业承担负债的公允价值金额，将当期取得的服务计入成本或费用和相应的负债。

在资产负债表日，后续信息表明企业当期承担债务的公允价值与以前估计不同的，应当进行调整，并在可行权日调整至实际可行权水平。

第十三条 企业应当在相关负债结算前的每个资产负债表日以及结算日，对负债的公允价值重新计量，其变动计入当期损益。

第四章 披 露

第十四条 企业应当在附注中披露与股份支付有关的下列信息：

（一）当期授予、行权和失效的各项权益工具总额。

（二）期末发行在外的股份期权或其他权益工具行权价格的范围和合同剩余期限。

（三）当期行权的股份期权或其他权益工具以其行权日价格计算的加权平均价格。

（四）权益工具公允价值的确定方法。

企业对性质相似的股份支付信息可以合并披露。

第十五条 企业应当在附注中披露股份支付交易对当期财务状况和经营成果的影响，至少包括下列信息：

（一）当期因以权益结算的股份支付而确认的费用总额。

（二）当期因以现金结算的股份支付而确认的费用总额。

（三）当期以股份支付换取的职工服务总额及其他方服务总额。

《企业会计准则第 11 号——股份支付》应用指南

一、股份支付的含义

本准则第二条规定，股份支付是指企业为获取职工和其他方提供服务而授予权益工具或者承担以权益工具为基础确定的负债的交易。

企业授予职工期权、认股权证等衍生工具或其他权益工具，对职工进行激励或补偿，以换取职工提供的服务，实质上属于职工薪酬的组成部分，但由于股份支付是以权益工具的公允价值为计量基础，因此由本准则进行规范。

二、股份支付的处理

股份支付的确认和计量，应当以真实、完整、有效的股份支付协议为基础。

（一）授予日

除了立即可行权的股份支付外，无论权益结算的股份支付或者现金结算的股份支付，企业在授予日都不进行会计处理。

授予日是指股份支付协议获得批准的日期。其中“获得批准”，是指企业与职工或其他方就股份支付的协议条款和条件已达成一致，该协议获得股东大会或类似机构的批准。

（二）等待期内的每个资产负债表日

股份支付在授予后通常不可立即行权，一般需要在职工或其他方履行一定期限的服务或在企业达到一定业绩条件之后才可行权。

业绩条件分为市场条件和非市场条件。市场条件是指行权价格、可行权条件以及行权可能性与权益工具的市场价格相关的业绩条件，如股份支付协议中关于股价至少上升至何种水平才可行权的规定。非市场条件是指除市场条件之外的其他业绩条件，如股份支付协议中关于达到最低盈利目标或销售目标才可行权的规定。

等待期长度确定后，业绩条件为非市场条件的，如果后续信息表明需要调整等待期长度，应对前期确定的等待期长度进行修改；业绩条件为市场条件的，不应因此改变等待期长度。对于可行权条件为业绩条件的股份支付，在确定权益工具的公允价值时，应考虑市场条件的影响，只要职工满足了其他所有非市场条件，企业就应当确认已取得的服务。

1. 等待期内每个资产负债表日，企业应将取得的职工提供的服务计入成本费用，计入成本费用的金额应当按照权益工具的公允价值计量。

对于权益结算的涉及职工的股份支付，应当按照授予日权益工具的公允价值计入成本费用和资本公积（其他资本公积），不确认其后续公允价值变动；对于现金结算的涉及职工的股份支付，应当按照每个资产负债表日权益工具的公允价值重新计量，确定成本费用和应付职工薪酬。

对于授予的存在活跃市场的期权等权益工具，应当按照活跃市场中的报价确定其公允价值。对于授予的不存在活跃市场的期权等权益工具，应当采用期权定价模型等确定其公允价值，选用的期权定价模型至少应当考虑以下因素：

（1）期权的行权价格；

（2）期权的有效期；

（3）标的股份的现行价格；

（4）股价预计波动率；

（5）股份的预计股利；

（6）期权有效期内的无风险利率。

2. 等待期内每个资产负债表日，企业应当根据最新取得的可行权职工人数变动等后续信息作出最佳估计，修正预计可行权的权益工具数量。在可行权日，最终预计可行权权益工具的数量应当与实际可行权数量一致。

根据上述权益工具的公允价值和预计可行权的权益工具数量，计算截至当期累计应确认的成本费用金额，再减去前期累计已确认金额，作为当期应确认的成本费用金额。

（三）可行权日之后

1. 对于权益结算的股份支付，在可行权日之后不再对已确认的成本费用和所有者权益总额进行调整。企业应在行权日根据行权情况，确认股本和股本溢价，同时结转等待期内确认的资本公积（其他资本公积）。

2. 对于现金结算的股份支付，企业在可行权日之后不再确认成本费用，负债（应付职工薪酬）公允价值的变动应当计入当期损益（公允价值变动损益）。

三、回购股份进行职工期权激励

企业以回购股份形式奖励本企业职工的，属于权益结算的股份支付，应当进行以下处理：

（一）回购股份企业回购股份时，应当按照回购股份的全部支出作为库存股处理，同时进行备查登记。

（二）确认成本费用按照本准则对职工权益结算股份支付的规定，企业应当在等待期内每个资产负债表日按照权益工具在授予日的公允价值，将取得的职工服务计入成本费用，同时增加资本公积（其他资本公积）。

（三）职工行权企业应于职工行权购买本企业股份收到价款时，转销交付职工的库存股成本和等待期内资本公积（其他资本公积）累计金额，同时，按照其差额调整资本公积（股本溢价）。

企业会计准则第 12 号——债务重组

第一章　总　则

第一条　为了规范债务重组的确认、计量和相关信息的披露，根据《企业会计准则——基本准则》，制定本准则。

第二条　债务重组，是指在债务人发生财务困难的情况下，债权人按照其与债务人达成的协议或者法院的裁定作出让步的事项。

第三条　债务重组的方式主要包括：

（一）以资产清偿债务；

（二）将债务转为资本；

（三）修改其他债务条件，如减少债务本金、减少债务利息等，不包括上述（一）和（二）两种方式；

（四）以上三种方式的组合等。

第二章　债务人的会计处理

第四条　以现金清偿债务的，债务人应当将重组债务的账面价值与实际支付现金之间的差额，计入当期损益。

第五条　以非现金资产清偿债务的，债务人应当将重组债务的账面价值与转让的非现金资产公允价值之间的差额，计入当期损益。

转让的非现金资产公允价值与其账面价值之间的差额，计入当期损益。

第六条　将债务转为资本的，债务人应当将债权人放弃债权而享有股份的面值总额确认为股本（或者实收资本），股份的公允价值总额与股本（或者实收资本）之间的差额确认为资本公积。

重组债务的账面价值与股份的公允价值总额之间的差额，计入当期损益。

第七条　修改其他债务条件的，债务人应当将修改其他债务条件后债务的公允价值作为重组后债务的入账价值。重组债务的账面价值与重组后债务的入账价值之间的差额，计入当期损益。

修改后的债务条款如涉及或有应付金额，且该或有应付金额符合《企业会计准则第 13 号——或有事项》中有关预计负债确认条件的，债务人应当将该或有应付金额确认为预计负债。重组债务的账面价值，与重组后债务的入账价值和预计负债金额之和的差额，计入当期损益。

或有应付金额，是指需要根据未来某种事项出现而发生的应付金额，而且该未来事项的出现具有不确定性。

第八条　债务重组以现金清偿债务、非现金资产清偿债务、债务转为资本、修改其他债务条件等方式的组合进行的，债务人应当依次以支付的现金、转让的非现金资产公允价值、债权人享有股份的公允价值冲减重组债务的账面价值，再按照本准则第七条的规定处理。

第三章　债权人的会计处理

第九条　以现金清偿债务的，债权人应当将重组债权的账面余额与收到的现金之间的差额，计入当期损益。债权人已对债权计提减值准备的，应当先将该差额冲减减值准备，减值准备不足以冲减的部分，计入当期损益。

第十条 以非现金资产清偿债务的，债权人应当对受让的非现金资产按其公允价值入账，重组债权的账面余额与受让的非现金资产的公允价值之间的差额，比照本准则第九条的规定处理。

第十一条 将债务转为资本的，债权人应当将享有股份的公允价值确认为对债务人的投资，重组债权的账面余额与股份的公允价值之间的差额，比照本准则第九条的规定处理。

第十二条 修改其他债务条件的，债权人应当将修改其他债务条件后的债权的公允价值作为重组后债权的账面价值，重组债权的账面余额与重组后债权的账面价值之间的差额，比照本准则第九条的规定处理。

修改后的债务条款中涉及或有应收金额的，债权人不应当确认或有应收金额，不得将其计入重组后债权的账面价值。

或有应收金额，是指需要根据未来某种事项出现而发生的应收金额，而且该未来事项的出现具有不确定性。

第十三条 债务重组采用以现金清偿债务、非现金资产清偿债务、债务转为资本、修改其他债务条件等方式的组合进行的，债权人应当依次以收到的现金、接受的非现金资产公允价值、债权人享有股份的公允价值冲减重组债权的账面余额，再按照本准则第十二条的规定处理。

第四章 披 露

第十四条 债务人应当在附注中披露与债务重组有关的下列信息：

（一）债务重组方式。

（二）确认的债务重组利得总额。

（三）将债务转为资本所导致的股本（或者实收资本）增加额。

（四）或有应付金额。

（五）债务重组中转让的非现金资产的公允价值、由债务转成的股份的公允价值和修改其他债务条件后债务的公允价值的确定方法及依据。

第十五条 债权人应当在附注中披露与债务重组有关的下列信息：

（一）债务重组方式。

（二）确认的债务重组损失总额。

（三）债权转为股份所导致的投资增加额及该投资占债务人股份总额的比例。

（四）或有应收金额。

（五）债务重组中受让的非现金资产的公允价值、由债权转成的股份的公允价值和修改其他债务条件后债权的公允价值的确定方法及依据。

《企业会计准则第 12 号——债务重组》应用指南

一、债务重组的特征

本准则第二条规定，债务重组是指在债务人发生财务困难的情况下，债权人按照其与债务人达成的协议或者法院的裁定作出让步的事项。

债务人发生财务困难，是指因债务人出现资金周转困难、经营陷入困境或者其他原因，导致其无法或者没有能力按原定条件偿还债务。

债权人作出让步，是指债权人同意发生财务困难的债务人现在或者将来以低于重组债务账面价值的金额或者价值偿还债务。债权人作出让步的情形主要包括：债权人减免债务人部分债务本金或者利息，降低债务人应付债务的利率等。

二、用以清偿债务的非现金资产公允价值的计量

债务重组采用非现金资产清偿债务的，非现金资产的公允价值应当按照下列规定进行计量：

（一）非现金资产属于企业持有的股票、债券、基金等金融资产的，应当按照《企业会计准则第 22 号——金融工具确认和计量》的规定确定其公允价值。

（二）非现金资产属于存货、固定资产、无形资产等其他资产且存在活跃市场的，应当以其市场价格为基础确定其公允价值；

不存在活跃市场但与其类似资产存在活跃市场的，应当以类似资产的市场价格为基础确定其公允价值；

采用上述两种方法仍不能确定非现金资产公允价值的，应当采用估值技术等合理的方法确定其公允价值。

三、债务重组的会计处理

（一）债务人的处理

债务人应当将重组债务的账面价值超过清偿债务的现金、非现金资产的公允价值、所转股份的公允价值、或者重组后债务账面价值之间的差额，在满足《企业会计准则第 22 号——金融工具确认和计量》所规定的金融负债终止确认条件时，将其终止确认，计入营业外收入（债务重组利得）。

非现金资产公允价值与账面价值的差额，应当分别不同情况进行处理：

非现金资产为存货的，应当作为销售处理，按照《企业会计准则第 14 号——收入》的规定，以其公允价值确认收入，同时结转相应的成本。

非现金资产为固定资产、无形资产的，其公允价值和账面价值的差额，计入营业外收入或营业外支出。

非现金资产为长期股权投资的，其公允价值和账面价值的差额，计入投资损益。

（二）债权人的处理

债权人应当将重组债权的账面余额与受让资产的公允价值、所转股份的公允价值、或者重组后债权的账面价值之间的差额，在满足《企业会计准则第 22 号——金融工具确认和计量》所规定的金融资产终止确认条件时，将其终止确认，计入营业外支出（债务重组损失）等。重组债权已计提减值准备的，应当先将上述差额冲减已计提的减值准备，冲减后仍有损失的，计入营业外支出（债务重组损失）；冲减后减值准备仍有余额的，应予转回并抵减当期资产减值损失。

债权人收到存货、固定资产、无形资产、长期股权投资等非现金资产的，应当以其公允价值入账。

四、修改其他债务条件涉及或有应付金额

根据本准则第七条规定，以修改其他债务条件进行债务重组涉及或有应付金额，且该或有应付金额符合《企业会计准则第13号——或有事项》中有关预计负债确认条件的，债务人应将该或有应付金额确认为预计负债。比如，债务重组协议规定，债务人在债务重组后一定期间内，其业绩改善到一定程度或者符合一定要求（如扭亏为盈、摆脱财务困境等），应向债权人额外支付一定款项，当债务人承担的或有应付金额符合预计负债确认条件时，应当将该或有应付金额确认为预计负债。

上述或有应付金额在随后会计期间没有发生的，企业应当冲销已确认的预计负债，同时确认营业外收入。

企业会计准则第 13 号——或有事项

第一章 总 则

第一条 为了规范或有事项的确认、计量和相关信息的披露，根据《企业会计准则——基本准则》，制定本准则。

第二条 或有事项，是指过去的交易或者事项形成的，其结果须由某些未来事项的发生或不发生才能决定的不确定事项。

第三条 职工薪酬、建造合同、所得税、企业合并、租赁、原保险合同和再保险合同等形成的或有事项，适用其他相关会计准则。

第二章 确认和计量

第四条 与或有事项相关的义务同时满足下列条件的，应当确认为预计负债：

（一）该义务是企业承担的现时义务；

（二）履行该义务很可能导致经济利益流出企业；

（三）该义务的金额能够可靠地计量。

第五条 预计负债应当按照履行相关现时义务所需支出的最佳估计数进行初始计量。

所需支出存在一个连续范围，且该范围内各种结果发生的可能性相同的，最佳估计数应当按照该范围内的中间值确定。

在其他情况下，最佳估计数应当分别下列情况处理：

（一）或有事项涉及单个项目的，按照最可能发生金额确定。

（二）或有事项涉及多个项目的，按照各种可能结果及相关概率计算确定。

第六条 企业在确定最佳估计数时，应当综合考虑与或有事项有关的风险、不确定性和货币时间价值等因素。

货币时间价值影响重大的，应当通过对相关未来现金流出进行折现后确定最佳估计数。

第七条 企业清偿预计负债所需支出全部或部分预期由第三方补偿的，补偿金额只有在基本确定能够收到时才能作为资产单独确认。确认的补偿金额不应当超过预计负债的账面价值。

第八条 待执行合同变成亏损合同的，该亏损合同产生的义务满足本准则第四条规定的，应当确认为预计负债。

待执行合同，是指合同各方尚未履行任何合同义务，或部分地履行了同等义务的合同。

亏损合同，是指履行合同义务不可避免会发生的成本超过预期经济利益的合同。

第九条 企业不应当就未来经营亏损确认预计负债。

第十条 企业承担的重组义务满足本准则第四条规定的，应当确认预计负债。同时存在下列情况时，表明企业承担了重组义务：

（一）有详细、正式的重组计划，包括重组涉及的业务、主要地点、需要补偿的职工人数及其岗位性质、预计重组支出、计划实施时间等；

（二）该重组计划已对外公告。

重组，是指企业制定和控制的，将显著改变企业组织形式、经营范围或经营方式的计划实施行为。

第十一条 企业应当按照与重组有关的直接支出确定预计负债金额。

直接支出不包括留用职工岗前培训、市场推广、新系统和营销网络投入等支出。

第十二条 企业应当在资产负债表日对预计负债的账面价值进行复核。有确凿证据表明该账面价值不能真实反映当前最佳估计数的，应当按照当前最佳估计数对该账面价值进行调整。

第十三条 企业不应当确认或有负债和或有资产。

或有负债，是指过去的交易或者事项形成的潜在义务，其存在须通过未来不确定事项的发生或不发生予以证实；或过去的交易或者事项形成的现时义务，履行该义务不是很可能导致经济利益流出企业或该义务的金额不能可靠计量。

或有资产，是指过去的交易或者事项形成的潜在资产，其存在须通过未来不确定事项的发生或不发生予以证实。

第三章 披 露

第十四条 企业应当在附注中披露与或有事项有关的下列信息：

（一）预计负债。

1. 预计负债的种类、形成原因以及经济利益流出不确定性的说明。

2. 各类预计负债的期初、期末余额和本期变动情况。

3. 与预计负债有关的预期补偿金额和本期已确认的预期补偿金额。

（二）或有负债（不包括极小可能导致经济利益流出企业的或有负债）。

1. 或有负债的种类及其形成原因，包括已贴现商业承兑汇票、未决诉讼、未决仲裁、对外提供担保等形成的或有负债。

2. 经济利益流出不确定性的说明。

3. 或有负债预计产生的财务影响，以及获得补偿的可能性；无法预计的，应当说明原因。

（三）企业通常不应当披露或有资产。但或有资产很可能会给企业带来经济利益的，应当披露其形成的原因、预计产生的财务影响等。

第十五条 在涉及未决诉讼、未决仲裁的情况下，按照本准则第十四条披露全部或部分信息预期对企业造成重大不利影响的，企业无须披露这些信息，但应当披露该未决诉讼、未决仲裁的性质，以及没有披露这些信息的事实和原因。

《企业会计准则第 13 号——或有事项》应用指南

一、或有事项的特征

本准则第二条规定，或有事项是指过去的交易或者事项形成的，其结果须由某些未来事项的发生或不发生才能决定的不确定事项。

（一）由过去交易或事项形成，是指或有事项的现存状况是过去交易或事项引起的客观存在。

比如，未决诉讼虽然是正在进行中的诉讼，但该诉讼是企业因过去的经济行为导致起诉其他单位或被其他单位起诉。这是现存的一种状况而不是未来将要发生的事项。未来可能发生的自然灾害、交通事故、经营亏损等，不属于或有事项。

（二）结果具有不确定性，是指或有事项的结果是否发生具有不确定性，或者或有事项的结果预计将会发生，但发生的具体时间或金额具有不确定性。

比如，债务担保事项的担保方到期是否承担和履行连带责任，需要根据债务到期时被担保方能否按时还款加以确定。这一事项的结果在担保协议达成时具有不确定性。

（三）由未来事项决定，是指或有事项的结果只能由未来不确定事项的发生或不发生才能决定。

比如，债务担保事项只有在被担保方到期无力还款时企业（担保方）才履行连带责任。

常见的或有事项主要包括：未决诉讼或仲裁、债务担保、产品质量保证（含产品安全保证）、承诺、亏损合同、重组义务、环境污染整治等。

二、或有事项相关义务确认为预计负债的条件

本准则第四条规定了或有事项相关义务确认为预计负债应当同时满足的条件：

（一）该义务是企业承担的现时义务。企业没有其他现实的选择，只能履行该义务，如法律要求企业必须履行、有关各方合理预期企业应当履行等。

（二）履行该义务很可能导致经济利益流出企业，通常是指履行与或有事项相关的现时义务时，导致经济利益流出企业的可能性超过 50%. 履行或有事项相关义务导致经济利益流出的可能性，通常按照下列情况加以判断：

结果的可能性	对应的概率区间
基本确定	大于 95%但小于 100%
很可能	大于 50%但小于或等于 95%
可能	大于 5%但小于或等于 50%
极小可能	大于 0 但小于或等于 5%

（三）该义务的金额能够可靠地计量。企业计量预计负债金额时，通常应当考虑下列情况：

1. 充分考虑与或有事项有关的风险和不确定性，在此基础上按照最佳估计数确定预计负债的金额。

2. 预计负债的金额通常等于未来应支付的金额，但未来应支付金额与其现值相差较大的，如油气井及相关设施或核电站的弃置费用等，应当按照未来应支付金额的现值确定。

3. 有确凿证据表明相关未来事项将会发生的，如未来技术进步、相关法规出台等，确定预计负债金额时应考虑相关未来事项的影响。

4. 确定预计负债的金额不应考虑预期处置相关资产形成的利得。

三、亏损合同的相关义务确认为预计负债

根据本准则第八条规定，待执行合同变成亏损合同的，该亏损合同产生的义务满足预

计负债确认条件的，应当确认为预计负债。在履行合同义务过程中，发生的成本预期将超过与合同相关的未来流入经济利益的，待执行合同即变成了亏损合同。

企业与其他方签订的尚未履行或部分履行了同等义务的合同，如商品买卖合同、劳务合同、租赁合同等，均属于待执行合同。待执行合同不属于本准则规范的内容，但待执行合同变成亏损合同的，应当作为本准则规范的或有事项。

待执行合同变成亏损合同时，有合同标的资产的，应当先对标的资产进行减值测试并按规定确认减值损失，如预计亏损超过该减值损失，应将超过部分确认为预计负债；无合同标的资产的，亏损合同相关义务满足预计负债确认条件时，应当确认为预计负债。

四、重组事项

本准则第十条规定，重组是指企业制定和控制的，将显著改变企业组织形式、经营范围或经营方式的计划实施行为。属于重组的事项主要包括：

（一）出售或终止企业的部分经营业务。

（二）对企业的组织结构进行较大调整。

（三）关闭企业的部分营业场所，或将营业活动由一个国家或地区迁移到其他国家或地区。

企业会计准则第 14 号——收入

（2017 年修订）

第一章 总 则

第一条 为了规范收入的确认、计量和相关信息的披露，根据《企业会计准则——基本准则》，制定本准则。

第二条 收入，是指企业在日常活动中形成的、会导致所有者权益增加的、与所有者投入资本无关的经济利益的总流入。

第三条 本准则适用于所有与客户之间的合同，但下列各项除外：

（一）由《企业会计准则第 2 号——长期股权投资》、《企业会计准则第 22 号——金融工具确认和计量》、《企业会计准则第 23 号——金融资产转移》、《企业会计准则第 24 号——套期会计》、《企业会计准则第 33 号——合并财务报表》以及《企业会计准则第 40 号——合营安排》规范的金融工具及其他合同权利和义务，分别适用《企业会计准则第 2 号——长期股权投资》、《企业会计准则第 22 号——金融工具确认和计量》、《企业会计准则第 23 号——金融资产转移》、《企业会计准则第 24 号——套期会计》、《企业会计准则第 33 号——合并财务报表》以及《企业会计准则第 40 号——合营安排》。

（二）由《企业会计准则第 21 号——租赁》规范的租赁合同，适用《企业会计准则第 21 号——租赁》。

（三）由保险合同相关会计准则规范的保险合同，适用保险合同相关会计准则。

本准则所称客户，是指与企业订立合同以向该企业购买其日常活动产出的商品或服务（以下简称“商品”）并支付对价的一方。

本准则所称合同，是指双方或多方之间订立有法律约束力的权利义务的协议。合同有书面形式、口头形式以及其他形式。

第二章 确 认

第四条 企业应当在履行了合同中的履约义务，即在客户取得相关商品控制权时确认收入。

取得相关商品控制权，是指能够主导该商品的使用并从中获得几乎全部的经济利益。

第五条 当企业与客户之间的合同同时满足下列条件时，企业应当在客户取得相关商品控制权时确认收入：

（一）合同各方已批准该合同并承诺将履行各自义务；

（二）该合同明确了合同各方与所转让商品或提供劳务（以下简称“转让商品”）相关的权利和义务；

（三）该合同有明确的与所转让商品相关的支付条款；

（四）该合同具有商业实质，即履行该合同将改变企业未来现金流量的风险、时间分布或金额；

（五）企业因向客户转让商品而有权取得的对价很可能收回。

在合同开始日即满足前款条件的合同，企业在后续期间无需对其进行重新评估，除非有迹象表明相关事实和情况发生重大变化。合同开始日通常是指合同生效日。

第六条 在合同开始日不符合本准则第五条规定的合同，企业应当对其进行持续评估，并在其满足本准则第五条规定时按照该条的规定进行会计处理。

对于不符合本准则第五条规定的合同，企业只有在不再负有向客户转让商品的剩余义务，且已向客户收取的对价无需退回时，才能将已收取的对价确认为收入；否则，应当将已收取的对价作为负债进行会计处理。没有商业实质的非货币性资产交换，不确认收入。

第七条 企业与同一客户（或该客户的关联方）同时订立或在相近时间内先后订立的两份或多份合同，在满足下列条件之一时，应当合并为一份合同进行会计处理：

（一）该两份或多份合同基于同一商业目的而订立并构成一揽子交易。

（二）该两份或多份合同中的一份合同的对价金额取决于其他合同的定价或履行情况。

（三）该两份或多份合同中所承诺的商品（或每份合同中所承诺的部分商品）构成本准则第九条规定的单项履约义务。

第八条 企业应当区分下列三种情形对合同变更分别进行会计处理：

（一）合同变更增加了可明确区分的商品及合同价款，且新增合同价款反映了新增商品单独售价的，应当将该合同变更部分作为一份单独的合同进行会计处理。

（二）合同变更不属于本条（一）规定的情形，且在合同变更日已转让的商品或已提供的服务（以下简称"已转让的商品"）与未转让的商品或未提供的服务（以下简称"未转让的商品"）之间可明确区分的，应当视为原合同终止，同时，将原合同未履约部分与合同变更部分合并为新合同进行会计处理。

（三）合同变更不属于本条（一）规定的情形，且在合同变更日已转让的商品与未转让的商品之间不可明确区分的，应当将该合同变更部分作为原合同的组成部分进行会计处理，由此产生的对已确认收入的影响，应当在合同变更日调整当期收入。

本准则所称合同变更，是指经合同各方批准对原合同范围或价格作出的变更。

第九条 合同开始日，企业应当对合同进行评估，识别该合同所包含的各单项履约义务，并确定各单项履约义务是在某一时段内履行，还是在某一时点履行，然后，在履行了各单项履约义务时分别确认收入。

履约义务，是指合同中企业向客户转让可明确区分商品的承诺。履约义务既包括合同中明确的承诺，也包括由于企业已公开宣布的政策、特定声明或以往的习惯做法等导致合同订立时客户合理预期企业将履行的承诺。企业为履行合同而应开展的初始活动，通常不构成履约义务，除非该活动向客户转让了承诺的商品。

企业向客户转让一系列实质相同且转让模式相同的、可明确区分商品的承诺，也应当作为单项履约义务。

转让模式相同，是指每一项可明确区分商品均满足本准则第十一条规定的、在某一时段内履行履约义务的条件，且采用相同方法确定其履约进度。

第十条 企业向客户承诺的商品同时满足下列条件的，应当作为可明确区分商品：

（一）客户能够从该商品本身或从该商品与其他易于获得资源一起使用中受益；

（二）企业向客户转让该商品的承诺与合同中其他承诺可单独区分。

下列情形通常表明企业向客户转让该商品的承诺与合同中其他承诺不可单独区分：

1. 企业需提供重大的服务以将该商品与合同中承诺的其他商品整合成合同约定的组合产出转让给客户。

2. 该商品将对合同中承诺的其他商品予以重大修改或定制。

3. 该商品与合同中承诺的其他商品具有高度关联性。

第十一条 满足下列条件之一的，属于在某一时段内履行履约义务；否则，属于在某一时点履行履约义务：

（一）客户在企业履约的同时即取得并消耗企业履约所带来的经济利益。

（二）客户能够控制企业履约过程中在建的商品。

（三）企业履约过程中所产出的商品具有不可替代用途，且该企业在整个合同期间内有权就累计至今已完成的履约部分收取款项。

具有不可替代用途，是指因合同限制或实际可行性限制，企业不能轻易地将商品用于其他用途。

有权就累计至今已完成的履约部分收取款项，是指在由于客户或其他方原因终止合同的情况下，企业有权就累计至今已完成的履约部分收取能够补偿其已发生成本和合理利润的款项，并且该权利具有法律约束力。

第十二条 对于在某一时段内履行的履约义务，企业应当在该段时间内按照履约进度确认收入，但是，履约进度不能合理确定的除外。企业应当考虑商品的性质，采用产出法或投入法确定恰当的履约进度。其中，产出法是根据已转移给客户的商品对于客户的价值确定履约进度；投入法是根据企业为履行履约义务的投入确定履约进度。对于类似情况下的类似履约义务，企业应当采用相同的方法确定履约进度。

当履约进度不能合理确定时，企业已经发生的成本预计能够得到补偿的，应当按照已经发生的成本金额确认收入，直到履约进度能够合理确定为止。

第十三条 对于在某一时点履行的履约义务，企业应当在客户取得相关商品控制权时点确认收入。在判断客户是否已取得商品控制权时，企业应当考虑下列迹象：

（一）企业就该商品享有现时收款权利，即客户就该商品负

有现时付款义务。

（二）企业已将该商品的法定所有权转移给客户，即客户已拥有该商品的法定所有权。

（三）企业已将该商品实物转移给客户，即客户已实物占有该商品。

（四）企业已将该商品所有权上的主要风险和报酬转移给客户，即客户已取得该商品所有权上的主要风险和报酬。

（五）客户已接受该商品。

（六）其他表明客户已取得商品控制权的迹象。

第三章　计　量

第十四条 企业应当按照分摊至各单项履约义务的交易价格计量收入。

交易价格，是指企业因向客户转让商品而预期有权收取的对价金额。企业代第三方收取的款项以及企业预期将退还给客户的款项，应当作为负债进行会计处理，不计入交易价格。

第十五条 企业应当根据合同条款，并结合其以往的习惯做法确定交易价格。在确定交易价格时，企业应当考虑可变对价、合同中存在的重大融资成分、非现金对价、应付客户对价等因素的影响。

第十六条 合同中存在可变对价的，企业应当按照期望值或最可能发生金额确定可变对价的最佳估计数，但包含可变对价的

交易价格，应当不超过在相关不确定性消除时累计已确认收入极可能不会发生重大转回的金额。企业在评估累计已确认收入是否极可能不会发生重大转回时，应当同时考虑收入转回的可能性及其比重。

每一资产负债表日，企业应当重新估计应计入交易价格的可变对价金额。可变对价金额发生变动的，按照本准则第二十四条和第二十五条规定进行会计处理。

第十七条 合同中存在重大融资成分的，企业应当按照假定客户在取得商品控制权时即以现金支付的应付金额确定交易价格。该交易价格与合同对价之间的差额，应当在合同期间内采用实际利率法摊销。

合同开始日，企业预计客户取得商品控制权与客户支付价款间隔不超过一年的，可以不考虑合同中存在的重大融资成分。

第十八条 客户支付非现金对价的，企业应当按照非现金对价的公允价值确定交易价格。非现金对价的公允价值不能合理估计的，企业应当参照其承诺向客户转让商品的单独

售价间接确定交易价格。非现金对价的公允价值因对价形式以外的原因而发生变动的，应当作为可变对价，按照本准则第十六条规定进行会计处理。

单独售价，是指企业向客户单独销售商品的价格。

第十九条 企业应付客户（或向客户购买本企业商品的第三方，本条下同）对价的，应当将该应付对价冲减交易价格，并在确认相关收入与支付（或承诺支付）客户对价二者孰晚的时点冲减当期收入，但应付客户对价是为了向客户取得其他可明确区分商品的除外。

企业应付客户对价是为了向客户取得其他可明确区分商品的，应当采用与本企业其他采购相一致的方式确认所购买的商品。企业应付客户对价超过向客户取得可明确区分商品公允价值的，超过金额应当冲减交易价格。向客户取得的可明确区分商品公允价值不能合理估计的，企业应当将应付客户对价全额冲减交易价格。

第二十条 合同中包含两项或多项履约义务的，企业应当在合同开始日，按照各单项履约义务所承诺商品的单独售价的相对比例，将交易价格分摊至各单项履约义务。企业不得因合同开始日之后单独售价的变动而重新分摊交易价格。

第二十一条 企业在类似环境下向类似客户单独销售商品的价格，应作为确定该商品单独售价的最佳证据。单独售价无法直接观察的，企业应当综合考虑其能够合理取得的全部相关信息，采用市场调整法、成本加成法、余值法等方法合理估计单独售价。在估计单独售价时，企业应当最大限度地采用可观察的输入值，并对类似的情况采用一致的估计方法。

市场调整法，是指企业根据某商品或类似商品的市场售价考虑本企业的成本和毛利等进行适当调整后，确定其单独售价的方法。

成本加成法，是指企业根据某商品的预计成本加上其合理毛利后的价格，确定其单独售价的方法。

余值法，是指企业根据合同交易价格减去合同中其他商品可观察的单独售价后的余值，确定某商品单独售价的方法。

第二十二条 企业在商品近期售价波动幅度巨大，或者因未定价且未曾单独销售而使售价无法可靠确定时，可采用余值法估计其单独售价。

第二十三条 对于合同折扣，企业应当在各单项履约义务之间按比例分摊。

有确凿证据表明合同折扣仅与合同中一项或多项（而非全部）履约义务相关的，企业应当将该合同折扣分摊至相关一项或多项履约义务。

合同折扣仅与合同中一项或多项（而非全部）履约义务相关，且企业采用余值法估计单独售价的，应当首先按照前款规定在该一项或多项（而非全部）履约义务之间分摊合同折扣，然后采用余值法估计单独售价。

合同折扣，是指合同中各单项履约义务所承诺商品的单独售价之和高于合同交易价格的金额。

第二十四条 对于可变对价及可变对价的后续变动额，企业应当按照本准则第二十条至第二十三条规定，将其分摊至与之相关的一项或多项履约义务，或者分摊至构成单项履约义务的一系列可明确区分商品中的一项或多项商品。

对于已履行的履约义务，其分摊的可变对价后续变动额应当调整变动当期的收入。

第二十五条 合同变更之后发生可变对价后续变动的，企业应当区分下列三种情形分别进行会计处理：

（一）合同变更属于本准则第八条（一）规定情形的，企业应当判断可变对价后续变动与哪一项合同相关，并按照本准则第二十四条规定进行会计处理。

（二）合同变更属于本准则第八条（二）规定情形，且可变对价后续变动与合同变更前已承诺可变对价相关的，企业应当首先将该可变对价后续变动额以原合同开始日确定的基础进行分摊，然后再将分摊至合同变更日尚未履行履约义务的该可变对价后续变动额以新合同开始日确定的基础进行二次分摊。

（三）合同变更之后发生除本条（一）、（二）规定情形以外的可变对价后续变动的，企业应当将该可变对价后续变动额分摊至合同变更日尚未履行的履约义务。

第四章 合同成本

第二十六条 企业为履行合同发生的成本，不属于其他企业会计准则规范范围且同时满足下列条件的，应当作为合同履约成本确认为一项资产：

（一）该成本与一份当前或预期取得的合同直接相关，包括直接人工、直接材料、制造费用（或类似费用）、明确由客户承担的成本以及仅因该合同而发生的其他成本；

（二）该成本增加了企业未来用于履行履约义务的资源；

（三）该成本预期能够收回。

第二十七条 企业应当在下列支出发生时，将其计入当期损益：

（一）管理费用。

（二）非正常消耗的直接材料、直接人工和制造费用（或类似费用），这些支出为履行合同发生，但未反映在合同价格中。

（三）与履约义务中已履行部分相关的支出。

（四）无法在尚未履行的与已履行的履约义务之间区分的相关支出。

第二十八条 企业为取得合同发生的增量成本预期能够收回的，应当作为合同取得成本确认为一项资产；但是，该资产摊销期限不超过一年的，可以在发生时计入当期损益。

增量成本，是指企业不取得合同就不会发生的成本（如销售佣金等）。

企业为取得合同发生的、除预期能够收回的增量成本之外的其他支出（如无论是否取得合同均会发生的差旅费等），应当在发生时计入当期损益，但是，明确由客户承担的除外。

第二十九条 按照本准则第二十六条和第二十八条规定确认的资产（以下简称“与合同成本有关的资产”），应当采用与该资产相关的商品收入确认相同的基础进行摊销，计入当期损益。

第三十条 与合同成本有关的资产，其账面价值高于下列两项的差额的，超出部分应当计提减值准备，并确认为资产减值损失：

（一）企业因转让与该资产相关的商品预期能够取得的剩余对价；

（二）为转让该相关商品估计将要发生的成本。

以前期间减值的因素之后发生变化，使得前款（一）减（二）的差额高于该资产账面价值的，应当转回原已计提的资产减值准备，并计入当期损益，但转回后的资产账面价值不应超过假定不计提减值准备情况下该资产在转回日的账面价值。

第三十一条 在确定与合同成本有关的资产的减值损失时，企业应当首先对按照其他相关企业会计准则确认的、与合同有关的其他资产确定减值损失；然后，按照本准则第三十条规定确定与合同成本有关的资产的减值损失。

企业按照《企业会计准则第 8 号——资产减值》测试相关资产组的减值情况时，应当将按照前款规定确定与合同成本有关的资产减值后的新账面价值计入相关资产组的账面价值。

第五章 特定交易的会计处理

第三十二条 对于附有销售退回条款的销售，企业应当在客户取得相关商品控制权时，按照因向客户转让商品而预期有权收取的对价金额（即，不包含预期因销售退回将退还的金额）确认收入，按照预期因销售退回将退还的金额确认负债；同时，按照预期将退回商品转让时的账面价值，扣除收回该商品预计发生的成本（包括退回商品的价值减损）后的余额，确认为一项资产，按照所转让商品转让时的账面价值，扣除上述资产成本的净额结转成本。

每一资产负债表日，企业应当重新估计未来销售退回情况，如有变化，应当作为会计估计变更进行会计处理。

第三十三条 对于附有质量保证条款的销售，企业应当评估该质量保证是否在向客户保证所销售商品符合既定标准之外提供了一项单独的服务。企业提供额外服务的，应当作为单项履约义务，按照本准则规定进行会计处理；否则，质量保证责任应当按照《企业会计准则第 13 号——或有事项》规定进行会计处理。在评估质量保证是否在向客户保证所销售商品符合既定标准之外提供了一项单独的服务时，企业应当考虑该质量保证是否为法定要求、质量保证期限以及企业承诺履行任务的性质等因素。客户能够选择单独购买质量保证的，该质量保证构成单项履约义务。

第三十四条 企业应当根据其在向客户转让商品前是否拥有对该商品的控制权，来判断其从事交易时的身份是主要责任人还是代理人。企业在向客户转让商品前能够控制该商品的，该企业为主要责任人，应当按照已收或应收对价总额确认收入；否则，该企业为代理人，应当按照预期有权收取的佣金或手续费的金额确认收入，该金额应当按照已收或应收对价总额扣除应支付给其他相关方的价款后的净额，或者按照既定的佣金金额或比例等确定。

企业向客户转让商品前能够控制该商品的情形包括：

（一）企业自第三方取得商品或其他资产控制权后，再转让给客户。

（二）企业能够主导第三方代表本企业向客户提供服务。

（三）企业自第三方取得商品控制权后，通过提供重大的服务将该商品与其他商品整合成某组合产出转让给客户。

在具体判断向客户转让商品前是否拥有对该商品的控制权时，企业不应仅局限于合同的法律形式，而应当综合考虑所有相关事实和情况，这些事实和情况包括：

（一）企业承担向客户转让商品的主要责任。

（二）企业在转让商品之前或之后承担了该商品的存货风险。

（三）企业有权自主决定所交易商品的价格。

（四）其他相关事实和情况。

第三十五条 对于附有客户额外购买选择权的销售，企业应当评估该选择权是否向客户提供了一项重大权利。企业提供重大权利的，应当作为单项履约义务，按照本准则第二十条至第二十四条规定将交易价格分摊至该履约义务，在客户未来行使购买选择权取得相关商品控制权时，或者该选择权失效时，确认相应的收入。客户额外购买选择权的单独售价无法直接观察的，企业应当综合考虑客户行使和不行使该选择权所能获得的折扣的差异、客户行使该选择权的可能性等全部相关信息后，予以合理估计。

客户虽然有额外购买商品选择权，但客户行使该选择权购买商品时的价格反映了这些商品单独售价的，不应被视为企业向该客户提供了一项重大权利。

第三十六条 企业向客户授予知识产权许可的，应当按照本准则第九条和第十条规定评估该知识产权许可是否构成单项履约义务，构成单项履约义务的，应当进一步确定其是在某一时段内履行还是在某一时点履行。

企业向客户授予知识产权许可，同时满足下列条件时，应当作为在某一时段内履行的履约义务确认相关收入；否则，应当作为在某一时点履行的履约义务确认相关收入：

（一）合同要求或客户能够合理预期企业将从事对该项知识产权有重大影响的活动；

（二）该活动对客户将产生有利或不利影响；

（三）该活动不会导致向客户转让某项商品。

第三十七条 企业向客户授予知识产权许可，并约定按客户实际销售或使用情况收取特许权使用费的，应当在下列两项孰晚的时点确认收入：

（一）客户后续销售或使用行为实际发生；

（二）企业履行相关履约义务。

第三十八条 对于售后回购交易，企业应当区分下列两种情形分别进行会计处理：

（一）企业因存在与客户的远期安排而负有回购义务或企业享有回购权利的，表明客户在销售时点并未取得相关商品控制权，企业应当作为租赁交易或融资交易进行相应的会计处理。其中，回购价格低于原售价的，应当视为租赁交易，按照《企业会计准则第 21 号——租赁》的相关规定进行会计处理；回购价格不低于原售价的，应当视为融资交易，在收到客户款项时确认金融负债，并将该款项和回购价格的差额在回购期间内确认为利息费用等。企业到期未行使回购权利的，应当在该回购权利到期时终止确认金融负债，同时确认收入。

（二）企业负有应客户要求回购商品义务的，应当在合同开始日评估客户是否具有行使该要求权的重大经济动因。客户具有行使该要求权重大经济动因的，企业应当将售后回购作为租赁交易或融资交易，按照本条（一）规定进行会计处理；否则，企业应当将其作为附有销售退回条款的销售交易，按照本准则第三十二条规定进行会计处理。

售后回购，是指企业销售商品的同时承诺或有权选择日后再将该商品（包括相同或几乎相同的商品，或以该商品作为组成部分的商品）购回的销售方式。

第三十九条 企业向客户预收销售商品款项的，应当首先将该款项确认为负债，待履行了相关履约义务时再转为收入。当企业预收款项无需退回，且客户可能会放弃其全部或部分合同权利时，企业预期将有权获得与客户所放弃的合同权利相关的金额的，应当按照客户行使合同权利的模式按比例将上述金额确认为收入；否则，企业只有在客户要求其履行剩余履约义务的可能性极低时，才能将上述负债的相关余额转为收入。

第四十条 企业在合同开始（或接近合同开始）日向客户收取的无需退回的初始费（如俱乐部的入会费等）应当计入交易价格。企业应当评估该初始费是否与向客户转让已承诺的商品相关。该初始费与向客户转让已承诺的商品相关，并且该商品构成单项履约义务的，企业应当在转让该商品时，按照分摊至该商品的交易价格确认收入；该初始费与向客户转让已承诺的商品相关，但该商品不构成单项履约义务的，企业应当在包含该商品的单项履约义务履行时，按照分摊至该单项履约义务的交易价格确认收入；该初始费与向客户转让已承诺的商品不相关的，该初始费应当作为未来将转让商品的预收款，在未来转让该商品时确认为收入。

企业收取了无需退回的初始费且为履行合同应开展初始活动，但这些活动本身并没有向客户转让已承诺的商品的，该初始费与未来将转让的已承诺商品相关，应当在未来转让该商品时确认为收入，企业在确定履约进度时不应考虑这些初始活动；企业为该初始活动发生的支出应当按照本准则第二十六条和第二十七条规定确认为一项资产或计入当期损益。

第六章　列　报

第四十一条 企业应当根据本企业履行履约义务与客户付款之间的关系在资产负债表中列示合同资产或合同负债。企业拥有的、无条件（即，仅取决于时间流逝）向客户收取对价的权利应当作为应收款项单独列示。

合同资产，是指企业已向客户转让商品而有权收取对价的权利，且该权利取决于时间流逝之外的其他因素。如企业向客户销售两项可明确区分的商品，企业因已交付其中一项商品而有权收取款项，但收取该款项还取决于企业交付另一项商品的，企业应当将该收款权利作为合同资产。

合同负债，是指企业已收或应收客户对价而应向客户转让商品的义务。如企业在转让承诺的商品之前已收取的款项。

按照本准则确认的合同资产的减值的计量和列报应当按照《企业会计准则第 22 号——金融工具确认和计量》和《企业会计准则第 37 号——金融工具列报》的规定进行会计处理。

第四十二条 企业应当在附注中披露与收入有关的下列信息：

（一）收入确认和计量所采用的会计政策、对于确定收入确认的时点和金额具有重大影响的判断以及这些判断的变更，包括确定履约进度的方法及采用该方法的原因、评估客户取得所转让商品控制权时点的相关判断，在确定交易价格、估计计入交易价格的可变对价、分摊交易价格以及计量预期将退还给客户的款项等类似义务时所采用的方法、输入值和假设等。

（二）与合同相关的下列信息：

1. 与本期确认收入相关的信息，包括与客户之间的合同产生的收入、该收入按主要类别（如商品类型、经营地区、市场或客户类型、合同类型、商品转让的时间、合同期限、销售渠道等）分解的信息以及该分解信息与每一报告分部的收入之间的关系等。

2. 与应收款项、合同资产和合同负债的账面价值相关的信息，包括与客户之间的合同产生的应收款项、合同资产和合同负债的期初和期末账面价值、对上述应收款项和合同资产确认的减值损失、在本期确认的包括在合同负债期初账面价值中的收入、前期已经履行（或部分履行）的履约义务在本期调整的收入、履行履约义务的时间与通常的付款时间之间的关系以及此类因素对合同资产和合同负债账面价值的影响的定量或定性信息、合同资产和合同负债的账面价值在本期内发生的重大变动情况等。

3. 与履约义务相关的信息，包括履约义务通常的履行时间、重要的支付条款、企业承诺转让的商品的性质（包括说明企业是否作为代理人）、企业承担的预期将退还给客户的款项等类似义务、质量保证的类型及相关义务等。

4. 与分摊至剩余履约义务的交易价格相关的信息，包括分摊至本期末尚未履行（或部分未履行）履约义务的交易价格总额、上述金额确认为收入的预计时间的定量或定性信息、未包括在交易价格的对价金额（如可变对价）等。

（三）与合同成本有关的资产相关的信息，包括确定该资产金额所做的判断、该资产的摊销方法、按该资产主要类别（如为取得合同发生的成本、为履行合同开展的初始活动发生的成本等）披露的期末账面价值以及本期确认的摊销及减值损失金额等。

（四）企业根据本准则第十七条规定因预计客户取得商品控制权与客户支付价款间隔未超过一年而未考虑合同中存在的重大融资成分，或者根据本准则第二十八条规定因合同取得成本的摊销期限未超过一年而将其在发生时计入当期损益的，应当披露该事实。

第七章 衔接规定

第四十三条 首次执行本准则的企业，应当根据首次执行本准则的累积影响数，调整首次执行本准则当年年初留存收益及财务报表其他相关项目金额，对可比期间信息不予调整。企业可以仅对在首次执行日尚未完成的合同的累积影响数进行调整。同时，企业应当在附注中披露，与收入相关会计准则制度的原规定相比，执行本准则对当期财务报表相关项目的影响金额，如有重大影响的，还需披露其原因。

已完成的合同，是指企业按照与收入相关会计准则制度的原规定已完成合同中全部商品的转让的合同。尚未完成的合同，是指除已完成的合同之外的其他合同。

第四十四条 对于最早可比期间期初之前或首次执行本准则当年年初之前发生的合同

变更，企业可予以简化处理，即无需按照本准则第八条规定进行追溯调整，而是根据合同变更的最终安排，识别已履行的和尚未履行的履约义务、确定交易价格以及在已履行的和尚未履行的履约义务之间分摊交易价格。

企业采用该简化处理方法的，应当对所有合同一致采用，并且在附注中披露该事实以及在合理范围内对采用该简化处理方法的影响所作的定性分析。

第八章　附　则

第四十五条　本准则自 2018 年 1 月 1 日起施行。

企业会计准则第16号——政府补助

（2017年修订）

第一章 总 则

第一条 为了规范政府补助的确认、计量和列报，根据《企业会计准则——基本准则》，制定本准则。

第二条 本准则中的政府补助，是指企业从政府无偿取得货币性资产或非货币性资产。

第三条 政府补助具有下列特征：

（一）来源于政府的经济资源。对于企业收到的来源于其他方的补助，有确凿证据表明政府是补助的实际拨付者，其他方只起到代收代付作用的，该项补助也属于来源于政府的经济资源。

（二）无偿性。即企业取得来源于政府的经济资源，不需要向政府交付商品或服务等对价。

第四条 政府补助分为与资产相关的政府补助和与收益相关的政府补助。

与资产相关的政府补助，是指企业取得的、用于购建或以其他方式形成长期资产的政府补助。

与收益相关的政府补助，是指除与资产相关的政府补助之外的政府补助。

第五条 下列各项适用其他相关会计准则：

（一）企业从政府取得的经济资源，如果与企业销售商品或提供服务等活动密切相关，且是企业商品或服务的对价或者是对价的组成部分，适用《企业会计准则第14号——收入》等相关会计准则。

（二）所得税减免，适用《企业会计准则第18号——所得税》。

政府以投资者身份向企业投入资本，享有相应的所有者权益，不适用本准则。

第二章 确认和计量

第六条 政府补助同时满足下列条件的，才能予以确认：

（一）企业能够满足政府补助所附条件；

（二）企业能够收到政府补助。

第七条 政府补助为货币性资产的，应当按照收到或应收的金额计量。

政府补助为非货币性资产的，应当按照公允价值计量；公允价值不能可靠取得的，按照名义金额计量。

第八条 与资产相关的政府补助，应当冲减相关资产的账面价值或确认为递延收益。与资产相关的政府补助确认为递延收益的，应当在相关资产使用寿命内按照合理、系统的方法分期计入损益。按照名义金额计量的政府补助，直接计入当期损益。

相关资产在使用寿命结束前被出售、转让、报废或发生毁损的，应当将尚未分配的相关递延收益余额转入资产处置当期的损益。的，应当将尚未分配的相关递延收益余额转入资产处置当期的损益。

第九条 与收益相关的政府补助，应当分情况按照以下规定进行会计处理：

（一）用于补偿企业以后期间的相关成本费用或损失的，确认为递延收益，并在确认相关成本费用或损失的期间，计入当期损益或冲减相关成本；

（二）用于补偿企业已发生的相关成本费用或损失的，直接计入当期损益或冲减相关成本。

第十条 对于同时包含与资产相关部分和与收益相关部分的政府补助，应当区分不同部分分别进行会计处理；难以区分的，应当整体归类为与收益相关的政府补助。

第十一条 与企业日常活动相关的政府补助，应当按照经济业务实质，计入其他收益或冲减相关成本费用。与企业日常活动无关的政府补助，应当计入营业外收支。

第十二条 企业取得政策性优惠贷款贴息的，应当区分财政将贴息资金拨付给贷款银行和财政将贴息资金直接拨付给企业两种情况，分别按照本准则第十三条和第十四条进行会计处理。

第十三条 财政将贴息资金拨付给贷款银行，由贷款银行以政策性优惠利率向企业提供贷款的，企业可以选择下列方法之一进行会计处理：

（一）以实际收到的借款金额作为借款的入账价值，按照借款本金和该政策性优惠利率计算相关借款费用。款本金和该政策性优惠利率计算相关借款费用。

（二）以借款的公允价值作为借款的入账价值并按照实际利率法计算借款费用，实际收到的金额与借款公允价值之间的差额确认为递延收益。递延收益在借款存续期内采用实际利率法摊销，冲减相关借款费用。

企业选择了上述两种方法之一后，应当一致地运用，不得随意变更。

第十四条 财政将贴息资金直接拨付给企业，企业应当将对应的贴息冲减相关借款费用。

第十五条 已确认的政府补助需要退回的，应当在需要退回的当期分情况按照以下规定进行会计处理：

（一）初始确认时冲减相关资产账面价值的，调整资产账面价值；

（二）存在相关递延收益的，冲减相关递延收益账面余额，超出部分计入当期损益；

（三）属于其他情况的，直接计入当期损益。

第三章　列　报

第十六条 企业应当在利润表中的“营业利润”项目之上单独列报“其他收益”项目，计入其他收益的政府补助在该项目中反映。

第十七条 企业应当在附注中单独披露与政府补助有关的下列信息：下列信息：

（一）政府补助的种类、金额和列报项目；

（二）计入当期损益的政府补助金额；

（三）本期退回的政府补助金额及原因。

第四章　衔接规定

第十八条 企业对 2017 年 1 月 1 日存在的政府补助采用未来适用法处理，对 2017 年 1 月 1 日至本准则施行日之间新增的政府补助根据本准则进行调整。

第五章　附　则

第十九条 本准则自 2017 年 6 月 12 日起施行。

第二十条 2006 年 2 月 15 日财政部印发的《财政部关于印发〈企业会计准则第 1 号——存货〉等 38 项具体准则的通知》（财会〔2006〕3 号）中的《企业会计准则第 16 号——政府补助》同时废止。

财政部此前发布的有关政府补助会计处理规定与本准则不一致的，以本准则为准。

企业会计准则第 17 号——借款费用

第一章 总 则

第一条 为了规范借款费用的确认、计量和相关信息的披露，根据《企业会计准则——基本准则》，制定本准则。

第二条 借款费用，是指企业因借款而发生的利息及其他相关成本。

借款费用包括借款利息、折价或者溢价的摊销、辅助费用以及因外币借款而发生的汇兑差额等。

第三条 与融资租赁有关的融资费用，适用《企业会计准则第 21 号——租赁》。

第二章 确认和计量

第四条 企业发生的借款费用，可直接归属于符合资本化条件的资产的购建或者生产的，应当予以资本化，计入相关资产成本；其他借款费用，应当在发生时根据其发生额确认为费用，计入当期损益。符合资本化条件的资产，是指需要经过相当长时间的购建或者生产活动才能达到预定可使用或者可销售状态的固定资产、投资性房地产和存货等资产。

第五条 借款费用同时满足下列条件的，才能开始资本化：

（一）资产支出已经发生，资产支出包括为购建或者生产符合资本化条件的资产而以支付现金、转移非现金资产或者承担带息债务形式发生的支出；

（二）借款费用已经发生；

（三）为使资产达到预定可使用或者可销售状态所必要的购建或者生产活动已经开始。

第六条 在资本化期间内，每一会计期间的利息（包括折价或溢价的摊销）资本化金额，应当按照下列规定确定：

（一）为购建或者生产符合资本化条件的资产而借入专门借款的，应当以专门借款当期实际发生的利息费用，减去将尚未动用的借款资金存入银行取得的利息收入或进行暂时性投资取得的投资收益后的金额确定。

专门借款，是指为购建或者生产符合资本化条件的资产而专门借入的款项。

（二）为购建或者生产符合资本化条件的资产而占用了一般借款的，企业应当根据累计资产支出超过专门借款部分的资产支出加权平均数乘以所占用一般借款的资本化率，计算确定一般借款应予资本化的利息金额。资本化率应当根据一般借款加权平均利率计算确定。资本化期间，是指从借款费用开始资本化时点到停止资本化时点的期间，借款费用暂停资本化的期间不包括在内。

第七条 借款存在折价或者溢价的，应当按照实际利率法确定每一会计期间应摊销的折价或者溢价金额，调整每期利息金额。

第八条 在资本化期间内，每一会计期间的利息资本化金额不应当超过当期相关借款实际发生的利息金额。

第九条 在资本化期间内，外币专门借款本金及利息的汇兑差额，应当予以资本化，计入符合资本化条件的资产的成本。

第十条 专门借款发生的辅助费用，在所购建或者生产的符合资本化条件的资产达到预定可使用或者可销售状态之前发生的，应当在发生时根据其发生额予以资本化，计入符合资本化条件的资产的成本；在所购建或者生产的符合资本化条件的资产达到预定可使用或者可销售状态之后发生的，应当在发生时根据其发生额确认为费用，计入当期损益。

一般借款发生的辅助费用，应当在发生时根据其发生额确认为费用，计入当期损益。

第十一条 符合资本化条件的资产在购建或者生产过程中发生非正常中断、且中断时间连续超过 3 个月的，应当暂停借款费用的资本化。在中断期间发生的借款费用应当确认为费用，计入当期损益，直至资产的购建或者生产活动重新开始。如果中断是所购建或者生产的符合资本化条件的资产达到预定可使用或者可销售状态必要的程序，借款费用的资本化应当继续进行。

第十二条 购建或者生产符合资本化条件的资产达到预定可使用或者可销售状态时，借款费用应当停止资本化。在符合资本化条件的资产达到预定可使用或者可销售状态之后所发生的借款费用，应当在发生时根据其发生额确认为费用，计入当期损益。

第十三条 购建或者生产符合资本化条件的资产达到预定可使用或者可销售状态，可从下列几个方面进行判断：

（一）符合资本化条件的资产的实体建造（包括安装）或者生产工作已经全部完成或者实质上已经完成。

（二）所购建或者生产的符合资本化条件的资产与设计要求、合同规定或者生产要求相符或者基本相符，即使有极个别与设计、合同或者生产要求不相符的地方，也不影响其正常使用或者销售。

（三）继续发生在所购建或生产的符合资本化条件的资产上的支出金额很少或者几乎不再发生。

购建或者生产符合资本化条件的资产需要试生产或者试运行的，在试生产结果表明资产能够正常生产出合格产品、或者试运行结果表明资产能够正常运转或者营业时，应当认为该资产已经达到预定可使用或者可销售状态。

第十四条 购建或者生产的符合资本化条件的资产的各部分分别完工，且每部分在其他部分继续建造过程中可供使用或者可对外销售，且为使该部分资产达到预定可使用或可销售状态所必要的购建或者生产活动实质上已经完成的，应当停止与该部分资产相关的借款费用的资本化。

购建或者生产的资产的各部分分别完工，但必须等到整体完工后才可使用或者可对外销售的，应当在该资产整体完工时停止借款费用的资本化。

第三章 披 露

第十五条 企业应当在附注中披露与借款费用有关的下列信息：

（一）当期资本化的借款费用金额。

（二）当期用于计算确定借款费用资本化金额的资本化率。

《企业会计准则第 17 号——借款费用》应用指南

一、符合借款费用资本化条件的存货

根据本准则规定，企业借款购建或者生产的存货中，符合借款费用资本化条件的，应当将符合资本化条件的借款费用予以资本化。

符合借款费用资本化条件的存货，主要包括企业（房地产开发）开发的用于对外出售的房地产开发产品、企业制造的用于对外出售的大型机械设备等。这类存货通常需要经过相当长时间的建造或者生产过程，才能达到预定可销售状态。其中“相当长时间”，是指为资产的购建或者生产所必需的时间，通常为 1 年以上（含 1 年）。

二、借款利息费用资本化金额的确定

（一）专门借款利息费用的资本化金额

本准则第六条（一）规定，为购建或者生产符合资本化条件的资产而借入专门借款的，应当以专门借款当期实际发生的利息费用，减去将尚未动用的借款资金存入银行取得的利息收入或者进行暂时性投资取得的投资收益后的金额，确定为专门借款利息费用的资本化金额，并应当在资本化期间内，将其计入符合资本化条件的资产成本。

专门借款应当有明确的专门用途，即为购建或者生产某项符合资本化条件的资产而专门借入的款项，通常应有标明专门用途的借款合同。

（二）一般借款利息费用的资本化金额

一般借款是指除专门借款以外的其他借款。

根据本准则第六条（二）规定，在借款费用资本化期间内，为购建或者生产符合资本化条件的资产占用了一般借款的，一般借款应予资本化的利息金额应当按照下列公式计算：

$$\text{一般借款利息费用资本化金额}=\text{累计资产支出超过专门借款部分的资产支出加权平均数}\times\text{所占用一般借款的资本化率}$$

$$\begin{aligned}\text{所占用一般借款的资本化率}&=\text{所占用一般借款加权平均利率}\\&=\text{所占用一般借款当期实际发生的利息之和}\div\text{所占用一般借款本金加权平均数}\end{aligned}$$

$$\text{所占用一般借款本金加权平均数}=\sum\left(\text{所占用每笔一般借款本金}\times\frac{\text{每笔一般借款在当期所占用的天数}}{\text{当期天数}}\right)$$

三、借款辅助费用的处理

本准则第十条规定，专门借款发生的辅助费用，在所购建或者生产的符合资本化条件的资产达到预定可使用或者可销售状态之前，应当在发生时根据其发生额予以资本化，计入符合资本化条件的资产的成本；在所购建或者生产的符合资本化条件的资产达到预定可使用或者可销售状态之后，应当在发生时根据其发生额确认为费用，计入当期损益。

上述资本化或计入当期损益的辅助费用的发生额，是指根据《企业会计准则第 22 号——金融工具确认和计量》，按照实际利率法所确定的金融负债交易费用对每期利息费用的调整额。借款实际利率与合同利率差异较小的，也可以采用合同利率计算确定利息费用。

一般借款发生的辅助费用，也应当按照上述原则确定其发生额并进行处理。

四、借款费用资本化的暂停

根据本准则第十一条规定，符合资本化条件的资产在购建或者生产过程中发生非正常中断、且中断时间连续超过 3 个月的，应当暂停借款费用的资本化。正常中断期间的借款费用应当继续资本化。

非正常中断，通常是由于企业管理决策上的原因或者其他不可预见的原因等所导致的中断。比如，企业因与施工方发生了质量纠纷，或者工程、生产用料没有及时供应，或者资金周转发生了困难，或者施工、生产发生了安全事故，或者发生了与资产购建、生产有关的劳动纠纷等原因，导致资产购建或者生产活动发生中断，均属于非正常中断。

非正常中断与正常中断显著不同。正常中断通常仅限于因购建或者生产符合资本化条件的资产达到预定可使用或者可销售状态所必要的程序，或者事先可预见的不可抗力因素导致的中断。比如，某些工程建造到一定阶段必须暂停下来进行质量或者安全检查，检查通过后才可继续下一阶段的建造工作，这类中断是在施工前可以预见的，而且是工程建造必须经过的程序，属于正常中断。

某些地区的工程在建造过程中，由于可预见的不可抗力因素（如雨季或冰冻季节等原因）导致施工出现停顿，也属于正常中断。比如，某企业在北方某地建造某工程期间，正遇冰冻季节，工程施工因此中断，待冰冻季节过后方能继续施工。由于该地区在施工期间出现较长时间的冰冻为正常情况，由此导致的施工中断是可预见的不可抗力因素导致的中断，属于正常中断。

企业会计准则第18号——所得税

第一章 总 则

第一条 为了规范企业所得税的确认、计量和相关信息的列报，根据《企业会计准则——基本准则》，制定本准则。

第二条 本准则所称所得税包括企业以应纳税所得额为基础的各种境内和境外税额。

第三条 本准则不涉及政府补助的确认和计量，但因政府补助产生暂时性差异的所得税影响，应当按照本准则进行确认和计量。

第二章 计税基础

第四条 企业在取得资产、负债时，应当确定其计税基础。资产、负债的账面价值与其计税基础存在差异的，应当按照本准则规定确认所产生的递延所得税资产或递延所得税负债。

第五条 资产的计税基础，是指企业收回资产账面价值过程中，计算应纳税所得额时按照税法规定可以自应税经济利益中抵扣的金额。

第六条 负债的计税基础，是指负债的账面价值减去未来期间计算应纳税所得额时按照税法规定可予抵扣的金额。

第三章 暂时性差异

第七条 暂时性差异，是指资产或负债的账面价值与其计税基础之间的差额；未作为资产和负债确认的项目，按照税法规定可以确定其计税基础的，该计税基础与其账面价值之间的差额也属于暂时性差异。

按照暂时性差异对未来期间应税金额的影响，分为应纳税暂时性差异和可抵扣暂时性差异。

第八条 应纳税暂时性差异，是指在确定未来收回资产或清偿负债期间的应纳税所得额时，将导致产生应税金额的暂时性差异。

第九条 可抵扣暂时性差异，是指在确定未来收回资产或清偿负债期间的应纳税所得额时，将导致产生可抵扣金额的暂时性差异。

第四章 确 认

第十条 企业应当将当期和以前期间应交未交的所得税确认为负债，将已支付的所得税超过应支付的部分确认为资产。

存在应纳税暂时性差异或可抵扣暂时性差异的，应当按照本准则规定确认递延所得税负债或递延所得税资产。

第十一条 除下列交易中产生的递延所得税负债以外，企业应当确认所有应纳税暂时性差异产生的递延所得税负债：

（一）商誉的初始确认。

（二）同时具有下列特征的交易中产生的资产或负债的初始确认：

1. 该项交易不是企业合并；

2. 交易发生时既不影响会计利润也不影响应纳税所得额（或可抵扣亏损）。

与子公司、联营企业及合营企业的投资相关的应纳税暂时性差异产生的递延所得税负债，应当按照本准则第十二条的规定确认。

第十二条 企业对与子公司、联营企业及合营企业投资相关的应纳税暂时性差异，应当确认相应的递延所得税负债。但是，同时满足下列条件的除外：

（一）投资企业能够控制暂时性差异转回的时间；

（二）该暂时性差异在可预见的未来很可能不会转回。

第十三条 企业应当以很可能取得用来抵扣可抵扣暂时性差异的应纳税所得额为限，确认由可抵扣暂时性差异产生的递延所得税资产。但是，同时具有下列特征的交易中因资产或负债的初始确认所产生的递延所得税资产不予确认：

（一）该项交易不是企业合并；

（二）交易发生时既不影响会计利润也不影响应纳税所得额（或可抵扣亏损）。

资产负债表日，有确凿证据表明未来期间很可能获得足够的应纳税所得额用来抵扣可抵扣暂时性差异的，应当确认以前期间未确认的递延所得税资产。

第十四条 企业对与子公司、联营企业及合营企业投资相关的可抵扣暂时性差异，同时满足下列条件的，应当确认相应的递延所得税资产：

（一）暂时性差异在可预见的未来很可能转回；

（二）未来很可能获得用来抵扣可抵扣暂时性差异的应纳税所得额。

第十五条 企业对于能够结转以后年度的可抵扣亏损和税款抵减，应当以很可能获得用来抵扣可抵扣亏损和税款抵减的未来应纳税所得额为限，确认相应的递延所得税资产。

第五章 计 量

第十六条 资产负债表日，对于当期和以前期间形成的当期所得税负债（或资产），应当按照税法规定计算的预期应交纳（或返还）的所得税金额计量。

第十七条 资产负债表日，对于递延所得税资产和递延所得税负债，应当根据税法规定，按照预期收回该资产或清偿该负债期间的适用税率计量。

适用税率发生变化的，应对已确认的递延所得税资产和递延所得税负债进行重新计量，除直接在所有者权益中确认的交易或者事项产生的递延所得税资产和递延所得税负债以外，应当将其影响数计入变化当期的所得税费用。

第十八条 递延所得税资产和递延所得税负债的计量，应当反映资产负债表日企业预期收回资产或清偿负债方式的所得税影响，即在计量递延所得税资产和递延所得税负债时，应当采用与收回资产或清偿债务的预期方式相一致的税率和计税基础。

第十九条 企业不应当对递延所得税资产和递延所得税负债进行折现。

第二十条 资产负债表日，企业应当对递延所得税资产的账面价值进行复核。如果未来期间很可能无法获得足够的应纳税所得额用以抵扣递延所得税资产的利益，应当减记递延所得税资产的账面价值。

在很可能获得足够的应纳税所得额时，减记的金额应当转回。

第二十一条 企业当期所得税和递延所得税应当作为所得税费用或收益计入当期损益，但不包括下列情况产生的所得税：

（一）企业合并。

（二）直接在所有者权益中确认的交易或者事项。

第二十二条 与直接计入所有者权益的交易或者事项相关的当期所得税和递延所得税，应当计入所有者权益。

第六章　列　报

第二十三条　递延所得税资产和递延所得税负债应当分别作为非流动资产和非流动负债在资产负债表中列示。

第二十四条　所得税费用应当在利润表中单独列示。

第二十五条　企业应当在附注中披露与所得税有关的下列信息：

（一）所得税费用（收益）的主要组成部分。

（二）所得税费用（收益）与会计利润关系的说明。

（三）未确认递延所得税资产的可抵扣暂时性差异、可抵扣亏损的金额（如果存在到期日，还应披露到期日）。

（四）对每一类暂时性差异和可抵扣亏损，在列报期间确认的递延所得税资产或递延所得税负债的金额，确认递延所得税资产的依据。

（五）未确认递延所得税负债的，与对子公司、联营企业及合营企业投资相关的暂时性差异金额。

《企业会计准则第 18 号——所得税》应用指南

一、资产、负债的计税基础

资产的账面价值大于其计税基础或者负债的账面价值小于其计税基础的，产生应纳税暂时性差异；资产的账面价值小于其计税基础或者负债的账面价值大于其计税基础的，产生可抵扣暂时性差异。

（一）资产的计税基础

本准则第五条规定，资产的计税基础是指企业收回资产账面价值过程中，计算应纳税所得额时按照税法规定可以自应税经济利益中抵扣的金额。

通常情况下，资产在取得时其入账价值与计税基础是相同的，后续计量过程中因企业会计准则规定与税法规定不同，可能产生资产的账面价值与其计税基础的差异。

比如，交易性金融资产的公允价值变动。按照企业会计准则规定，交易性金融资产期末应以公允价值计量，公允价值的变动计入当期损益。如果按照税法规定，交易性金融资产在持有期间公允价值变动不计入应纳税所得额，即其计税基础保持不变，则产生了交易性金融资产的账面价值与计税基础之间的差异。假定某企业持有一项交易性金融资产，成本为 1 000 万元，期末公允价值为 1 500 万元，如计税基础仍维持 1 000 万元不变，该计税基础与其账面价值之间的差额 500 万元即为应纳税暂时性差异。

（二）负债的计税基础

本准则第六条规定，负债的计税基础是指负债的账面价值减去未来期间计算应纳税所得额时按照税法规定可予抵扣的金额。

短期借款、应付票据、应付账款等负债的确认和偿还，通常不会对当期损益和应纳税所得额产生影响，其计税基础即为账面价值。但在某些情况下，负债的确认可能会影响损益，并影响不同期间的应纳税所得额，使其计税基础与账面价值之间产生差额。比如，上述企业因某事项在当期确认了 100 万元负债，计入当期损益。假定按照税法规定，与确认该负债相关的费用，在实际发生时准予税前扣除，该负债的计税基础为零，其账面价值与计税基础之间形成可抵扣暂时性差异。

企业应于资产负债表日，分析比较资产、负债的账面价值与其计税基础，两者之间存在差异的，确认递延所得税资产、递延所得税负债及相应的递延所得税费用（或收益）。企业合并等特殊交易或事项中取得的资产和负债，应于购买日比较其入账价值与计税基础，按照本准则规定计算确认相关的递延所得税资产或递延所得税负债。

二、递延所得税资产和递延所得税负债

资产负债表日，企业应当按照暂时性差异与适用所得税税率计算的结果，确认递延所得税负债、递延所得税资产以及相应的递延所得税费用（或收益），本准则第十一条至第十三条规定不确认递延所得税负债或递延所得税资产的情况除外。沿用上述举例，假定该企业适用的所得税税率为 33%，递延所得税资产和递延所得税负债不存在期初余额，对于交易性金融资产产生的 500 万元应纳税暂时性差异，应确认 165 万元递延所得税负债；对于负债产生的 100 万元可抵扣暂时性差异，应确认 33 万元递延所得税资产。

确认由可抵扣暂时性差异产生的递延所得税资产，应当以未来期间很可能取得用以抵扣可抵扣暂时性差异的应纳税所得额为限。企业在确定未来期间很可能取得的应纳税所得额时，应当包括未来期间正常生产经营活动实现的应纳税所得额，以及在可抵扣暂时性差异转回期间因应纳税暂时性差异的转回而增加的应纳税所得额，并应提供相关的证据。

三、所得税费用的确认和计量

企业在计算确定当期所得税（即当期应交所得税）以及递延所得税费用（或收益）的基础上，应将两者之和确认为利润表中的所得税费用（或收益），但不包括直接计入所有者权益的交易或事项的所得税影响。即：

所得税费用(或收益)＝当期所得税＋递延所得税费用(－递延所得税收益)

仍沿用上述举例，该企业 12 月 31 日资产负债表中有关项目账面价值及其计税基础如下：

××企业　　　　单位：万元

	项目	账面价值	计税基础	暂时性差异	
				应纳税暂时性差异	可抵扣暂时性差异
1	交易性金融资产	1 500	1 000	500	
2	负债	100	0		100
	合计			500	100

假定除上述项目外，该企业其他资产、负债的账面价值与其计税基础不存在差异，也不存在可抵扣亏损和税款抵减；该企业当期按照税法规定计算确定的应交所得税为 600 万元；该企业预计在未来期间能够产生足够的应纳税所得额用以抵扣可抵扣暂时性差异。

该企业计算确认的递延所得税负债、递延所得税资产、递延所得税费用以及所得税费用如下：

递延所得税负债＝500×33%＝165(万元)

递延所得税资产＝100×33%＝33(万元)

递延所得税费用＝165－33＝132(万元)

当期所得税费用＝600 万元　所得税费用＝600＋132＝732(万元)

四、递延所得税的特殊处理

（一）直接计入所有者权益的交易或事项产生的递延所得税根据本准则第二十二条规定，直接计入所有者权益的交易或事项，如可供出售金融资产公允价值的变动，相关资产、负债的账面价值与计税基础之间形成暂时性差异的，应当按照本准则规定确认递延所得税资产或递延所得税负债，计入资本公积（其他资本公积）。

（二）企业合并中产生的递延所得税由于企业会计准则规定与税法规定对企业合并的处理不同，可能会造成企业合并中取得资产、负债的入账价值与其计税基础的差异。比如非同一控制下企业合并产生的应纳税暂时性差异或可抵扣暂时性差异，在确认递延所得税负债或递延所得税资产的同时，相关的递延所得税费用（或收益），通常应调整企业合并中所确认的商誉。

（三）按照税法规定允许用以后年度所得弥补的可抵扣亏损以及可结转以后年度的税款抵减，比照可抵扣暂时性差异的原则处理。

企业会计准则第 19 号——外币折算

第一章 总 则

第一条 为了规范外币交易的会计处理、外币财务报表的折算和相关信息的披露，根据《企业会计准则——基本准则》，制定本准则。

第二条 外币交易，是指以外币计价或者结算的交易。外币是企业记账本位币以外的货币。外币交易包括：

（一）买入或者卖出以外币计价的商品或者劳务；

（二）借入或者借出外币资金；

（三）其他以外币计价或者结算的交易。

第三条 下列各项适用其他相关会计准则：

（一）与购建或生产符合资本化条件的资产相关的外币借款产生的汇兑差额，适用《企业会计准则第 17 号——借款费用》。

（二）外币项目的套期，适用《企业会计准则第 24 号——套期保值》。

（三）现金流量表中的外币折算，适用《企业会计准则第 31 号——现金流量表》。

第二章 记账本位币的确定

第四条 记账本位币，是指企业经营所处的主要经济环境中的货币。

企业通常应选择人民币作为记账本位币。业务收支以人民币以外的货币为主的企业，可以按照本准则第五条规定选定其中一种货币作为记账本位币。但是，编报的财务报表应当折算为人民币。

第五条 企业选定记账本位币，应当考虑下列因素：

（一）该货币主要影响商品和劳务的销售价格，通常以该货币进行商品和劳务的计价和结算；

（二）该货币主要影响商品和劳务所需人工、材料和其他费用，通常以该货币进行上述费用的计价和结算；

（三）融资活动获得的货币以及保存从经营活动中收取款项所使用的货币。

第六条 企业选定境外经营的记账本位币，还应当考虑下列因素：

（一）境外经营对其所从事的活动是否拥有很强的自主性；

（二）境外经营活动中与企业的交易是否在境外经营活动中占有较大比重；

（三）境外经营活动产生的现金流量是否直接影响企业的现金流量、是否可以随时汇回；

（四）境外经营活动产生的现金流量是否足以偿还其现有债务和可预期的债务。

第七条 境外经营，是指企业在境外的子公司、合营企业、联营企业、分支机构。在境内的子公司、合营企业、联营企业、分支机构，采用不同于企业记账本位币的，也视同境外经营。

第八条 企业记账本位币一经确定，不得随意变更，除非企业经营所处的主要经济环境发生重大变化。

企业因经营所处的主要经济环境发生重大变化，确需变更记账本位币的，应当采用变更当日的即期汇率将所有项目折算为变更后的记账本位币。

第三章 外币交易的会计处理

第九条 企业对于发生的外币交易，应当将外币金额折算为记账本位币金额。

第十条 外币交易应当在初始确认时，采用交易发生日的即期汇率将外币金额折算为记账本位币金额；也可以采用按照系统合理的方法确定的、与交易发生日即期汇率近似的汇率折算。

第十一条 企业在资产负债表日，应当按照下列规定对外币货币性项目和外币非货币性项目进行处理：

（一）外币货币性项目，采用资产负债表日即期汇率折算。因资产负债表日即期汇率与初始确认时或者前一资产负债表日即期汇率不同而产生的汇兑差额，计入当期损益。

（二）以历史成本计量的外币非货币性项目，仍采用交易发生日的即期汇率折算，不改变其记账本位币金额。

货币性项目，是指企业持有的货币资金和将以固定或可确定的金额收取的资产或者偿付的负债。

非货币性项目，是指货币性项目以外的项目。

第四章 外币财务报表的折算

第十二条 企业对境外经营的财务报表进行折算时，应当遵循下列规定：

（一）资产负债表中的资产和负债项目，采用资产负债表日的即期汇率折算，所有者权益项目除“未分配利润”项目外，其他项目采用发生时的即期汇率折算。

（二）利润表中的收入和费用项目，采用交易发生日的即期汇率折算；也可以采用按照系统合理的方法确定的、与交易发生日即期汇率近似的汇率折算。

按照上述（一）、（二）折算产生的外币财务报表折算差额，在资产负债表中所有者权益项目下单独列示。比较财务报表的折算比照上述规定处理。

第十三条 企业对处于恶性通货膨胀经济中的境外经营的财务报表，应当按照下列规定进行折算：

对资产负债表项目运用一般物价指数予以重述，对利润表项目运用一般物价指数变动予以重述，再按照最近资产负债表日的即期汇率进行折算。

在境外经营不再处于恶性通货膨胀经济中时，应当停止重述，按照停止之日的价格水平重述的财务报表进行折算。

第十四条 企业在处置境外经营时，应当将资产负债表中所有者权益项目下列示的、与该境外经营相关的外币财务报表折算差额，自所有者权益项目转入处置当期损益；部分处置境外经营的，应当按处置的比例计算处置部分的外币财务报表折算差额，转入处置当期损益。

第十五条 企业选定的记账本位币不是人民币的，应当按照本准则第十二条规定将其财务报表折算为人民币财务报表。

第五章 披 露

第十六条 企业应当在附注中披露与外币折算有关的下列信息：

（一）企业及其境外经营选定的记账本位币及选定的原因，记账本位币发生变更的，说明变更理由。

（二）采用近似汇率的，近似汇率的确定方法。

（三）计入当期损益的汇兑差额。

（四）处置境外经营对外币财务报表折算差额的影响。

《企业会计准则第 19 号——外币折算》应用指南

一、即期汇率和即期汇率的近似汇率

根据本准则规定，企业在处理外币交易和对外币财务报表进行折算时，应当采用交易发生日的即期汇率将外币金额折算为记账本位币金额反映；也可以采用按照系统合理的方法确定的、与交易发生日即期汇率近似的汇率折算。

即期汇率，通常是指中国人民银行公布的当日人民币外汇牌价的中间价。企业发生的外币兑换业务或涉及外币兑换的交易事项，应当按照交易实际采用的汇率（即银行买入价或卖出价）折算。

即期汇率的近似汇率，是指按照系统合理的方法确定的、与交易发生日即期汇率近似的汇率，通常采用当期平均汇率或加权平均汇率等。

企业通常应当采用即期汇率进行折算。汇率变动不大的，也可以采用即期汇率的近似汇率进行折算。

二、汇兑差额的处理

根据本准则第十一条规定，在资产负债表日，企业应当分别外币货币性项目和外币非货币性项目进行会计处理。

（一）外币货币性项目

货币性项目，是指企业持有的货币资金和将以固定或可确定的金额收取的资产或者偿付的负债。货币性项目分为货币性资产和货币性负债。货币性资产包括库存现金、银行存款、应收账款、其他应收款、长期应收款等；货币性负债包括短期借款、应付账款、其他应付款、长期借款、应付债券、长期应付款等。

对于外币货币性项目，因结算或采用资产负债表日的即期汇率折算而产生的汇兑差额，计入当期损益，同时调增或调减外币货币性项目的记账本位币金额。

（二）外币非货币性项目

非货币性项目，是指货币性项目以外的项目，包括存货、长期股权投资、固定资产、无形资产等。

1. 以历史成本计量的外币非货币性项目，由于已在交易发生日按当日即期汇率折算，资产负债表日不应改变其原记账本位币金额，不产生汇兑差额。

2. 以公允价值计量的外币非货币性项目，如交易性金融资产（股票、基金等），采用公允价值确定日的即期汇率折算，折算后的记账本位币金额与原记账本位币金额的差额，作为公允价值变动（含汇率变动）处理，计入当期损益。

（三）外币投入资本

企业收到投资者以外币投入的资本，应当采用交易发生日即期汇率折算，不得采用合同约定汇率和即期汇率的近似汇率折算，外币投入资本与相应的货币性项目的记账本位币金额之间不产生外币资本折算差额。

（四）实质上构成对境外经营净投资的外币货币性项目

企业编制合并财务报表涉及境外经营的，如有实质上构成对境外经营净投资的外币货币性项目，因汇率变动而产生的汇兑差额，应列入所有者权益"外币报表折算差额"项目；处置境外经营时，计入处置当期损益。

三、分账制记账方法

对于外币交易频繁、外币币种较多的金融企业，也可以采用分账制记账方法进行日常核算。资产负债表日，应当按照本准则第十一条的规定对相应的外币账户余额分别货币性项目和非货币性项目进行调整。

采用分账制记账方法，其产生的汇兑差额的处理结果，应当与统账制一致。

四、境外经营处于恶性通货膨胀经济的判断

本准则第十三条规定了处于恶性通货膨胀经济中的境外经营的财务报表的折算。恶性通货膨胀经济通常按照以下特征进行判断：

（一）最近3年累计通货膨胀率接近或超过100%；

（二）利率、工资和物价与物价指数挂钩；

（三）公众不是以当地货币、而是以相对稳定的外币为单位作为衡量货币金额的基础；

（四）公众倾向于以非货币性资产或相对稳定的外币来保存自己的财富，持有的当地货币立即用于投资以保持购买力；

（五）即使信用期限很短，赊销、赊购交易仍按补偿信用期预计购买力损失的价格成交。

企业会计准则第 20 号——企业合并

第一章 总 则

第一条 为了规范企业合并的确认、计量和相关信息的披露，根据《企业会计准则——基本准则》，制定本准则。

第二条 企业合并，是指将两个或者两个以上单独的企业合并形成一个报告主体的交易或事项。企业合并分为同一控制下的企业合并和非同一控制下的企业合并。

第三条 涉及业务的合并比照本准则规定处理。

第四条 本准则不涉及下列企业合并：

（一）两方或者两方以上形成合营企业的企业合并。

（二）仅通过合同而不是所有权份额将两个或者两个以上单独的企业合并形成一个报告主体的企业合并。

第二章 同一控制下的企业合并

第五条 参与合并的企业在合并前后均受同一方或相同的多方最终控制且该控制并非暂时性的，为同一控制下的企业合并。

同一控制下的企业合并，在合并日取得对其他参与合并企业控制权的一方为合并方，参与合并的其他企业为被合并方。合并日，是指合并方实际取得对被合并方控制权的日期。

第六条 合并方在企业合并中取得的资产和负债，应当按照合并日在被合并方的账面价值计量。合并方取得的净资产账面价值与支付的合并对价账面价值（或发行股份面值总额）的差额，应当调整资本公积；资本公积不足冲减的，调整留存收益。

第七条 同一控制下的企业合并中，被合并方采用的会计政策与合并方不一致的，合并方在合并日应当按照本企业会计政策对被合并方的财务报表相关项目进行调整，在此基础上按照本准则规定确认。

第八条 合并方为进行企业合并发生的各项直接相关费用，包括为进行企业合并而支付的审计费用、评估费用、法律服务费用等，应当于发生时计入当期损益。

为企业合并发行的债券或承担其他债务支付的手续费、佣金等，应当计入所发行债券及其他债务的初始计量金额。企业合并中发行权益性证券发生的手续费、佣金等费用，应当抵减权益性证券溢价收入，溢价收入不足冲减的，冲减留存收益。

第九条 企业合并形成母子公司关系的，母公司应当编制合并日的合并资产负债表、合并利润表和合并现金流量表。

合并资产负债表中被合并方的各项资产、负债，应当按其账面价值计量。因被合并方采用的会计政策与合并方不一致，按照本准则规定进行调整的，应当以调整后的账面价值计量。

合并利润表应当包括参与合并各方自合并当期期初至合并日所发生的收入、费用和利润。被合并方在合并前实现的净利润，应当在合并利润表中单列项目反映。

合并现金流量表应当包括参与合并各方自合并当期期初至合并日的现金流量。

编制合并财务报表时，参与合并各方的内部交易等，应当按照《企业会计准则第 33 号——合并财务报表》处理。

第三章 非同一控制下的企业合并

第十条 参与合并的各方在合并前后不受同一方或相同的多方最终控制的，为非同一控制下的企业合并。

非同一控制下的企业合并，在购买日取得对其他参与合并企业控制权的一方为购买方，参与合并的其他企业为被购买方。购买日，是指购买方实际取得对被购买方控制权的日期。

第十一条 购买方应当区别下列情况确定合并成本：

（一）一次交换交易实现的企业合并，合并成本为购买方在购买日为取得对被购买方的控制权而付出的资产、发生或承担的负债以及发行的权益性证券的公允价值。

（二）通过多次交换交易分步实现的企业合并，合并成本为每一单项交易成本之和。

（三）购买方为进行企业合并发生的各项直接相关费用也应当计入企业合并成本。

（四）在合并合同或协议中对可能影响合并成本的未来事项作出约定的，购买日如果估计未来事项很可能发生并且对合并成本的影响金额能够可靠计量的，购买方应当将其计入合并成本。

第十二条 购买方在购买日对作为企业合并对价付出的资产、发生或承担的负债应当按照公允价值计量，公允价值与其账面价值的差额，计入当期损益。

第十三条 购买方在购买日应当对合并成本进行分配，按照本准则第十四条的规定确认所取得的被购买方各项可辨认资产、负债及或有负债。

（一）购买方对合并成本大于合并中取得的被购买方可辨认净资产公允价值份额的差额，应当确认为商誉。

初始确认后的商誉，应当以其成本扣除累计减值准备后的金额计量。商誉的减值应当按照《企业会计准则第 8 号——资产减值》处理。

（二）购买方对合并成本小于合并中取得的被购买方可辨认净资产公允价值份额的差额，应当按照下列规定处理：

1. 对取得的被购买方各项可辨认资产、负债及或有负债的公允价值以及合并成本的计量进行复核；

2. 经复核后合并成本仍小于合并中取得的被购买方可辨认净资产公允价值份额的，其差额应当计入当期损益。

第十四条 被购买方可辨认净资产公允价值，是指合并中取得的被购买方可辨认资产的公允价值减去负债及或有负债公允价值后的余额。被购买方各项可辨认资产、负债及或有负债，符合下列条件的，应当单独予以确认：

（一）合并中取得的被购买方除无形资产以外的其他各项资产（不仅限于被购买方原已确认的资产），其所带来的经济利益很可能流入企业且公允价值能够可靠地计量的，应当单独予以确认并按照公允价值计量。

合并中取得的无形资产，其公允价值能够可靠地计量的，应当单独确认为无形资产并按照公允价值计量。

（二）合并中取得的被购买方除或有负债以外的其他各项负债，履行有关的义务很可能导致经济利益流出企业且公允价值能够可靠地计量的，应当单独予以确认并按照公允价值计量。

（三）合并中取得的被购买方或有负债，其公允价值能够可靠地计量的，应当单独确认为负债并按照公允价值计量。或有负债在初始确认后，应当按照下列两者孰高进行后续计量：

1. 按照《企业会计准则第 13 号——或有事项》应予确认的金额；

2. 初始确认金额减去按照《企业会计准则第 14 号——收入》的原则确认的累计摊销额后的余额。

第十五条 企业合并形成母子公司关系的，母公司应当设置备查簿，记录企业合并中取得的子公司各项可辨认资产、负债及或有负债等在购买日的公允价值。编制合并财务报表时，应当以购买日确定的各项可辨认资产、负债及或有负债的公允价值为基础对子公司的财务报表进行调整。

第十六条 企业合并发生当期的期末，因合并中取得的各项可辨认资产、负债及或有负债的公允价值或企业合并成本只能暂时确定的，购买方应当以所确定的暂时价值为基础对企业合并进行确认和计量。

购买日后 12 个月内对确认的暂时价值进行调整的，视为在购买日确认和计量。

第十七条 企业合并形成母子公司关系的，母公司应当编制购买日的合并资产负债表，因企业合并取得的被购买方各项可辨认资产、负债及或有负债应当以公允价值列示。母公司的合并成本与取得的子公司可辨认净资产公允价值份额的差额，以按照本准则规定处理的结果列示。

第四章 披 露

第十八条 企业合并发生当期的期末，合并方应当在附注中披露与同一控制下企业合并有关的下列信息：

（一）参与合并企业的基本情况。

（二）属于同一控制下企业合并的判断依据。

（三）合并日的确定依据。

（四）以支付现金、转让非现金资产以及承担债务作为合并对价的，所支付对价在合并日的账面价值；以发行权益性证券作为合并对价的，合并中发行权益性证券的数量及定价原则，以及参与合并各方交换有表决权股份的比例。

（五）被合并方的资产、负债在上一会计期间资产负债表日及合并日的账面价值；被合并方自合并当期期初至合并日的收入、净利润、现金流量等情况。

（六）合并合同或协议约定将承担被合并方或有负债的情况。

（七）被合并方采用的会计政策与合并方不一致所作调整情况的说明。

（八）合并后已处置或准备处置被合并方资产、负债的账面价值、处置价格等。

第十九条 企业合并发生当期的期末，购买方应当在附注中披露与非同一控制下企业合并有关的下列信息：

（一）参与合并企业的基本情况。

（二）购买日的确定依据。

（三）合并成本的构成及其账面价值、公允价值及公允价值的确定方法。

（四）被购买方各项可辨认资产、负债在上一会计期间资产负债表日及购买日的账面价值和公允价值。

（五）合并合同或协议约定将承担被购买方或有负债的情况。

（六）被购买方自购买日起至报告期期末的收入、净利润和现金流量等情况。

（七）商誉的金额及其确定方法。

（八）因合并成本小于合并中取得的被购买方可辨认净资产公允价值的份额计入当期损益的金额。

（九）合并后已处置或准备处置被购买方资产、负债的账面价值、处置价格等。

《企业会计准则第20号——企业合并》应用指南

一、企业合并的方式

（一）控股合并。

合并方（或购买方）在企业合并中取得对被合并方（或被购买方）的控制权，被合并方（或被购买方）在合并后仍保持其独立的法人资格并继续经营，合并方（或购买方）确认企业合并形成的对被合并方（或被购买方）的投资。

（二）吸收合并。

合并方（或购买方）通过企业合并取得被合并方（或被购买方）的全部净资产，合并后注销被合并方（或被购买方）的法人资格，被合并方（或被购买方）原持有的资产、负债，在合并后成为合并方（或购买方）的资产、负债。

（三）新设合并。

参与合并的各方在合并后法人资格均被注销，重新注册成立一家新的企业。

二、合并日或购买日的确定

企业应当在合并日或购买日确认因企业合并取得的资产、负债。按照本准则第五条和第十条规定，合并日或购买日是指合并方或购买方实际取得对被合并方或被购买方控制权的日期，即被合并方或被购买方的净资产或生产经营决策的控制权转移给合并方或购买方的日期。同时满足下列条件的，通常可认为实现了控制权的转移：

（一）企业合并合同或协议已获股东大会等通过。

（二）企业合并事项需要经过国家有关主管部门审批的，已获得批准。

（三）参与合并各方已办理了必要的财产权转移手续。

（四）合并方或购买方已支付了合并价款的大部分（一般应超过50%），并且有能力、有计划支付剩余款项。

（五）合并方或购买方实际上已经控制了被合并方或被购买方的财务和经营政策，并享有相应的利益、承担相应的风险。

三、同一控制下的企业合并

根据本准则第五条规定，参与合并的企业在合并前后均受同一方或相同的多方最终控制且该控制并非暂时性的，为同一控制下的企业合并。

同一方，是指对参与合并的企业在合并前后均实施最终控制的投资者。

相同的多方，通常是指根据投资者之间的协议约定，在对被投资单位的生产经营决策行使表决权时发表一致意见的两个或两个以上的投资者。

控制并非暂时性，是指参与合并的各方在合并前后较长的时间内受同一方或相同的多方最终控制。较长的时间通常指1年以上（含1年）。

同一控制下企业合并的判断，应当遵循实质重于形式要求。

四、非同一控制下的企业合并

（一）非同一控制下的吸收合并，购买方在购买日应当按照合并中取得的被购买方各项可辨认资产、负债的公允价值确定其入账价值，确定的企业合并成本与取得被购买方可辨认净资产公允价值的差额，应确认为商誉或计入当期损益。

（二）非同一控制下的控股合并，母公司在购买日编制合并资产负债表时，对于被购买方可辨认资产、负债应当按照合并中确定的公允价值列示，企业合并成本大于合并中取得的被购买方可辨认净资产公允价值份额的差额，确认为合并资产负债表中的商誉。企业合并成本小于合并中取得的被购买方可辨认净资产公允价值份额的差额，在购买日合并资产负债表中调整盈余公积和未分配利润。

非同一控制下的企业合并形成母子公司关系的，母公司应自购买日起设置备查簿，登记其在购买日取得的被购买方可辨认资产、负债的公允价值，为以后期间编制合并财务报表提供基础资料。

（三）分步实现的企业合并。根据本准则第十一条（二）规定，通过多次交换交易分步实现的企业合并，合并成本为每一单项交易成本之和。购买方在购买日，应当按照以下步骤进行处理：

1. 将原持有的对被购买方的投资账面价值调整恢复至最初取得成本，相应调整留存收益等所有者权益项目。

2. 比较每一单项交易的成本与交易时应享有被投资单位可辨认净资产公允价值的份额，确定每一单项交易中应予确认的商誉金额（或应予确认损益的金额）。

3. 购买方在购买日确认的商誉（或计入损益的金额）应为每一单项交易产生的商誉（或应予确认损益的金额）之和。

4. 被购买方在购买日与原交易日之间可辨认净资产公允价值的变动相对于原持股比例的部分，属于被购买方在交易日至购买日之间实现留存收益的，相应调整留存收益，差额调整资本公积。

（四）购买方应当按照以下规定确定合并中取得的被购买方各项可辨认资产、负债及或有负债的公允价值：

1. 货币资金，按照购买日被购买方的账面余额确定。

2. 有活跃市场的股票、债券、基金等金融工具，按照购买日活跃市场中的市场价格确定。

3. 应收款项，其中的短期应收款项，一般按照应收取的金额作为其公允价值；长期应收款项，应按适当的利率折现后的现值确定其公允价值。在确定应收款项的公允价值时，应考虑发生坏账的可能性及相关收款费用。

4. 存货，对其中的产成品和商品按其估计售价减去估计的销售费用、相关税费以及购买方出售类似产成品或商品估计可能实现的利润确定；在产品按完工产品的估计售价减去至完工仍将发生的成本、估计的销售费用、相关税费以及基于同类或类似产成品的基础上估计出售可能实现的利润确定；原材料按现行重置成本确定。

5. 不存在活跃市场的金融工具如权益性投资等，应当参照《企业会计准则第 22 号——金融工具确认和计量》的规定，采用估值技术确定其公允价值。

6. 房屋建筑物、机器设备、无形资产，存在活跃市场的，应以购买日的市场价格为基础确定其公允价值；不存在活跃市场，但同类或类似资产存在活跃市场的，应参照同类或类似资产的市场价格确定其公允价值；同类或类似资产也不存在活跃市场的，应采用估值技术确定其公允价值。

7. 应付账款、应付票据、应付职工薪酬、应付债券、长期应付款，其中的短期负债，一般按照应支付的金额确定其公允价值；长期负债，应按适当的折现率折现后的现值作为其公允价值。

8. 取得的被购买方的或有负债，其公允价值在购买日能够可靠计量的，应确认为预计负债。此项负债应当按照假定第三方愿意代购买方承担，就其所承担义务需要购买方支付的金额作为其公允价值。

9. 递延所得税资产和递延所得税负债，取得的被购买方各项可辨认资产、负债及或有负债的公允价值与其计税基础之间存在差额的，应当按照《企业会计准则第 18 号——所得税》的规定确认相应的递延所得税资产或递延所得税负债，所确认的递延所得税资产或递延所得税负债的金额不应折现。

五、业务合并

本准则第三条规定，涉及业务的合并比照本准则规定处理。

业务是指企业内部某些生产经营活动或资产的组合，该组合一般具有投入、加工处理过程和产出能力，能够独立计算其成本费用或所产生的收入，但不构成独立法人资格的部分。比如，企业的分公司、不具有独立法人资格的分部等。

企业会计准则第 21 号——租赁

第一章 总 则

第一条 为了规范租赁的确认、计量和相关信息的列报，根据《企业会计准则——基本准则》，制定本准则。

第二条 租赁，是指在约定的期间内，出租人将资产使用权让与承租人，以获取租金的协议。

第三条 下列各项适用其他相关会计准则：

（一）出租人以经营租赁方式租出的土地使用权和建筑物，适用《企业会计准则第 3 号——投资性房地产》。

（二）电影、录像、剧本、文稿、专利和版权等项目的许可使用协议，适用《企业会计准则第 6 号——无形资产》。

（三）出租人因融资租赁形成的长期债权的减值，适用《企业会计准则第 22 号——金融工具确认和计量》。

第二章 租赁的分类

第四条 承租人和出租人应当在租赁开始日将租赁分为融资租赁和经营租赁。

租赁开始日，是指租赁协议日与租赁各方就主要租赁条款作出承诺日中的较早者。

第五条 融资租赁，是指实质上转移了与资产所有权有关的全部风险和报酬的租赁。其所有权最终可能转移，也可能不转移。

第六条 符合下列一项或数项标准的，应当认定为融资租赁：

（一）在租赁期届满时，租赁资产的所有权转移给承租人。

（二）承租人有购买租赁资产的选择权，所订立的购买价款预计将远低于行使选择权时租赁资产的公允价值，因而在租赁开始日就可以合理确定承租人将会行使这种选择权。

（三）即使资产的所有权不转移，但租赁期占租赁资产使用寿命的大部分。

（四）承租人在租赁开始日的最低租赁付款额现值，几乎相当于租赁开始日租赁资产公允价值；出租人在租赁开始日的最低租赁收款额现值，几乎相当于租赁开始日租赁资产公允价值。

（五）租赁资产性质特殊，如果不作较大改造，只有承租人才能使用。

第七条 租赁期，是指租赁合同规定的不可撤销的租赁期间。租赁合同签订后一般不可撤销，但下列情况除外：

（一）经出租人同意。

（二）承租人与原出租人就同一资产或同类资产签订了新的租赁合同。

（三）承租人支付一笔足够大的额外款项。

（四）发生某些很少会出现的或有事项。

承租人有权选择续租该资产，并且在租赁开始日就可以合理确定承租人将会行使这种选择权，不论是否再支付租金，续租期也包括在租赁期之内。

第八条 最低租赁付款额，是指在租赁期内，承租人应支付或可能被要求支付的款项（不包括或有租金和履约成本），加上由承租人或与其有关的第三方担保的资产余值。

承租人有购买租赁资产选择权，所订立的购买价款预计将远低于行使选择权时租赁资产的公允价值，因而在租赁开始日就可以合理确定承租人将会行使这种选择权的，购买价款应当计入最低租赁付款额。

或有租金，是指金额不固定、以时间长短以外的其他因素（如销售量、使用量、物价指数等）为依据计算的租金。

履约成本，是指租赁期内为租赁资产支付的各种使用费用，如技术咨询和服务费、人员培训费、维修费、保险费等。

第九条 最低租赁收款额，是指最低租赁付款额加上独立于承租人和出租人的第三方对出租人担保的资产余值。

第十条 经营租赁是指除融资租赁以外的其他租赁。

第三章 融资租赁中承租人的会计处理

第十一条 在租赁期开始日，承租人应当将租赁开始日租赁资产公允价值与最低租赁付款额现值两者中较低者作为租入资产的入账价值，将最低租赁付款额作为长期应付款的入账价值，其差额作为未确认融资费用。

承租人在租赁谈判和签订租赁合同过程中发生的，可归属于租赁项目的手续费、律师费、差旅费、印花税等初始直接费用，应当计入租入资产价值。

租赁期开始日，是指承租人有权行使其使用租赁资产权利的开始日。

第十二条 承租人在计算最低租赁付款额的现值时，能够取得出租人租赁内含利率的，应当采用租赁内含利率作为折现率；否则，应当采用租赁合同规定的利率作为折现率。承租人无法取得出租人的租赁内含利率且租赁合同没有规定利率的，应当采用同期银行贷款利率作为折现率。

第十三条 租赁内含利率，是指在租赁开始日，使最低租赁收款额的现值与未担保余值的现值之和等于租赁资产公允价值与出租人的初始直接费用之和的折现率。

第十四条 担保余值，就承租人而言，是指由承租人或与其有关的第三方担保的资产余值；就出租人而言，是指就承租人而言的担保余值加上独立于承租人和出租人的第三方担保的资产余值。

资产余值，是指在租赁开始日估计的租赁期届满时租赁资产的公允价值。

未担保余值，是指租赁资产余值中扣除就出租人而言的担保余值以后的资产余值。

第十五条 未确认融资费用应当在租赁期内各个期间进行分摊。

承租人应当采用实际利率法计算确认当期的融资费用。

第十六条 承租人应当采用与自有固定资产相一致的折旧政策计提租赁资产折旧。

能够合理确定租赁期届满时取得租赁资产所有权的，应当在租赁资产使用寿命内计提折旧。

无法合理确定租赁期届满时能够取得租赁资产所有权的，应当在租赁期与租赁资产使用寿命两者中较短的期间内计提折旧。

第十七条 或有租金应当在实际发生时计入当期损益。

第四章 融资租赁中出租人的会计处理

第十八条 在租赁期开始日，出租人应当将租赁开始日最低租赁收款额与初始直接费用之和作为应收融资租赁款的入账价值，同时记录未担保余值；将最低租赁收款额、初始直接费用及未担保余值之和与其现值之和的差额确认为未实现融资收益。

第十九条 未实现融资收益应当在租赁期内各个期间进行分配。

出租人应当采用实际利率法计算确认当期的融资收入。

第二十条 出租人至少应当于每年年度终了，对未担保余值进行复核。

未担保余值增加的，不作调整。

有证据表明未担保余值已经减少的，应当重新计算租赁内含利率，将由此引起的租赁投资净额的减少，计入当期损益；以后各期根据修正后的租赁投资净额和重新计算的租赁内含利率确认融资收入。

租赁投资净额是融资租赁中最低租赁收款额及未担保余值之和与未实现融资收益之间的差额。

已确认损失的未担保余值得以恢复的，应当在原已确认的损失金额内转回，并重新计算租赁内含利率，以后各期根据修正后的租赁投资净额和重新计算的租赁内含利率确认融资收入。

第二十一条 或有租金应当在实际发生时计入当期损益。

第五章 经营租赁中承租人的会计处理

第二十二条 对于经营租赁的租金，承租人应当在租赁期内各个期间按照直线法计入相关资产成本或当期损益；其他方法更为系统合理的，也可以采用其他方法。

第二十三条 承租人发生的初始直接费用，应当计入当期损益。

第二十四条 或有租金应当在实际发生时计入当期损益。

第六章 经营租赁中出租人的会计处理

第二十五条 出租人应当按资产的性质，将用作经营租赁的资产包括在资产负债表中的相关项目内。

第二十六条 对于经营租赁的租金，出租人应当在租赁期内各个期间按照直线法确认为当期损益；其他方法更为系统合理的，也可以采用其他方法。

第二十七条 出租人发生的初始直接费用，应当计入当期损益。

第二十八条 对于经营租赁资产中的固定资产，出租人应当采用类似资产的折旧政策计提折旧；对于其他经营租赁资产，应当采用系统合理的方法进行摊销。

第二十九条 或有租金应当在实际发生时计入当期损益。

第七章 售后租回交易

第三十条 承租人和出租人应当根据本准则第二章的规定，将售后租回交易认定为融资租赁或经营租赁。

第三十一条 售后租回交易认定为融资租赁的，售价与资产账面价值之间的差额应当予以递延，并按照该项租赁资产的折旧进度进行分摊，作为折旧费用的调整。

第三十二条 售后租回交易认定为经营租赁的，售价与资产账面价值之间的差额应当予以递延，并在租赁期内按照与确认租金费用相一致的方法进行分摊，作为租金费用的调整。但是，有确凿证据表明售后租回交易是按照公允价值达成的，售价与资产账面价值之间的差额应当计入当期损益。

第八章 列 报

第三十三条 承租人应当在资产负债表中，将与融资租赁相关的长期应付款减去未确认融资费用的差额，分别长期负债和一年内到期的长期负债列示。

第三十四条 承租人应当在附注中披露与融资租赁有关的下列信息：

（一）各类租入固定资产的期初和期末原价、累计折旧额。

（二）资产负债表日后连续三个会计年度每年将支付的最低租赁付款额，以及以后年度将支付的最低租赁付款额总额。

（三）未确认融资费用的余额，以及分摊未确认融资费用所采用的方法。

第三十五条 出租人应当在资产负债表中，将应收融资租赁款减去未实现融资收益的差额，作为长期债权列示。

第三十六条 出租人应当在附注中披露与融资租赁有关的下列信息：

（一）资产负债表日后连续三个会计年度每年将收到的最低租赁收款额，以及以后年度将收到的最低租赁收款额总额。

（二）未实现融资收益的余额，以及分配未实现融资收益所采用的方法。

第三十七条 承租人对于重大的经营租赁，应当在附注中披露下列信息：

（一）资产负债表日后连续三个会计年度每年将支付的不可撤销经营租赁的最低租赁付款额。

（二）以后年度将支付的不可撤销经营租赁的最低租赁付款额总额。

第三十八条 出租人对经营租赁，应当披露各类租出资产的账面价值。

第三十九条 承租人和出租人应当披露各售后租回交易以及售后租回合同中的重要条款。

《企业会计准则第 21 号——租赁》应用指南

一、租赁开始日与租赁期开始日

本准则第四条和第十一条规定了租赁开始日和租赁期开始日。

租赁开始日，是指租赁协议日与租赁各方就主要租赁条款作出承诺日中的较早者。在租赁开始日，承租人和出租人应当将租赁认定为融资租赁或经营租赁。

租赁期开始日，是指承租人有权行使其使用租赁资产权利的日期，表明租赁行为的开始。在租赁期开始日，承租人应当对租入资产、最低租赁付款额和未确认融资费用进行初始确认；出租人应当对应收融资租赁款、未担保余值和未实现融资收益进行初始确认。

二、融资租赁与经营租赁

（一）融资租赁的认定标准

本准则第六条（一）规定，在租赁期届满时，租赁资产的所有权转移给承租人。此种情况通常是指在租赁合同中已经约定、或者在租赁开始日根据相关条件作出合理判断，租赁期届满时出租人能够将资产的所有权转移给承租人。

本准则第六条（三）规定，即使资产的所有权不转移，但租赁期占租赁资产使用寿命的大部分。其中“大部分”，通常掌握在租赁期占租赁资产使用寿命的 75%以上（含 75%）。

本准则第六条（四）规定，承租人在租赁开始日的最低租赁付款额现值，几乎相当于租赁开始日租赁资产公允价值；出租人在租赁开始日的最低租赁收款额现值，几乎相当于租赁开始日租赁资产公允价值。其中“几乎相当于”，通常掌握在 90%以上（含 90%）。

（二）经营租赁的认定标准

根据本准则第十条规定，经营租赁是指除融资租赁以外的其他租赁。经营租赁资产的所有权不转移，租赁期届满后，承租人有退租或续租的选择权，而不存在优惠购买选择权。

三、融资租赁中出租人的初始确认

根据本准则第十八条规定，在租赁期开始日，出租人应当将租赁开始日最低租赁收款额与初始直接费用之和作为应收融资租赁款的入账价值，同时记录未担保余值；将最低租赁收款额、初始直接费用及未担保余值之和与其现值之和的差额确认为未实现融资收益。出租人在租赁期开始日按照上述规定转出租赁资产，租赁资产公允价值与其账面价值如有差额，应当计入当期损益。

四、融资租赁中实际利率法的应用

（一）未确认融资费用的分摊

根据本准则第十五条规定，未确认融资费用应当在租赁期内各个期间进行分摊。承租人应当采用实际利率法计算确认当期的融资费用。

承租人采用实际利率法分摊未确认融资费用时，应当根据租赁期开始日租入资产入账价值的不同情况，对未确认融资费用采用不同的分摊率：

1. 以出租人的租赁内含利率为折现率将最低租赁付款额折现、且以该现值作为租入资产入账价值的，应当将租赁内含利率作为未确认融资费用的分摊率。

2. 以合同规定利率为折现率将最低租赁付款额折现、且以该现值作为租入资产入账价值的，应当将合同规定利率作为未确认融资费用的分摊率。

3. 以银行同期贷款利率为折现率将最低租赁付款额折现、且以该现值作为租入资产入账价值的，应当将银行同期贷款利率作为未确认融资费用的分摊率。

4. 以租赁资产公允价值作为入账价值的，应当重新计算分摊率。该分摊率是使最低租赁付款额的现值与租赁资产公允价值相等的折现率。

（二）未实现融资收益的分配

根据本准则第十九条规定，未实现融资收益应当在租赁期内各个期间进行分配。出租人应当采用实际利率法计算确认当期的融资收入。

出租人采用实际利率法分配未实现融资收益时，应当将租赁内含利率作为未实现融资收益的分配率。

企业会计准则第 22 号——金融工具确认和计量

（2017 年修订）

第一章 总 则

第一条 为了规范金融工具的确认和计量，根据《企业会计准则——基本准则》，制定本准则。

第二条 金融工具，是指形成一方的金融资产并形成其他方的金融负债或权益工具的合同。

第三条 金融资产，是指企业持有的现金、其他方的权益工具以及符合下列条件之一的资产：

（一）从其他方收取现金或其他金融资产的合同权利。

（二）在潜在有利条件下，与其他方交换金融资产或金融负债的合同权利。

（三）将来须用或可用企业自身权益工具进行结算的非衍生工具合同，且企业根据该合同将收到可变数量的自身权益工具。

（四）将来须用或可用企业自身权益工具进行结算的衍生工具合同，但以固定数量的自身权益工具交换固定金额的现金或其他金融资产的衍生工具合同除外。其中，企业自身权益工具不包括应当按照《企业会计准则第 37 号——金融工具列报》分类为权益工具的可回售工具或发行方仅在清算时才有义务向另一方按比例交付其净资产的金融工具，也不包括本身就要求在未来收取或交付企业自身权益工具的合同。

第四条 金融负债，是指企业符合下列条件之一的负债：

（一）向其他方交付现金或其他金融资产的合同义务。

（二）在潜在不利条件下，与其他方交换金融资产或金融负债的合同义务。

（三）将来须用或可用企业自身权益工具进行结算的非衍生工具合同，且企业根据该合同将交付可变数量的自身权益工具。

（四）将来须用或可用企业自身权益工具进行结算的衍生工具合同，但以固定数量的自身权益工具交换固定金额的现金或其他金融资产的衍生工具合同除外。企业对全部现有同类别非衍生自身权益工具的持有方同比例发行配股权、期权或认股权证，使之有权按比例以固定金额的任何货币换取固定数量的该企业自身权益工具的，该类配股权、期权或认股权证应当分类为权益工具。其中，企业自身权益工具不包括应当按照《企业会计准则第 37 号——金融工具列报》分类为权益工具的可回售工具或发行方仅在清算时才有义务向另一方按比例交付其净资产的金融工具，也不包括本身就要求在未来收取或交付企业自身权益工具的合同。

第五条 衍生工具，是指属于本准则范围并同时具备下列特征的金融工具或其他合同：

（一）其价值随特定利率、金融工具价格、商品价格、汇率、价格指数、费率指数、信用等级、信用指数或其他变量的变动而变动，变量为非金融变量的，该变量不应与合同的任何一方存在特定关系。

（二）不要求初始净投资，或者与对市场因素变化预期有类似反应的其他合同相比，要求较少的初始净投资。

（三）在未来某一日期结算。

常见的衍生工具包括远期合同、期货合同、互换合同和期权合同等。

第六条 除下列各项外，本准则适用于所有企业各种类型的金融工具：

（一）由《企业会计准则第 2 号——长期股权投资》规范的对子公司、合营企业和联营企业的投资，适用《企业会计准则第 2 号——长期股权投资》，但是企业根据《企业会计准则第 2 号——长期股权投资》对上述投资按照本准则相关规定进行会计处理的，适用本准则。企业持有的与在子公司、合营企业或联营企业中的权益相联系的衍生工具，适用本准则；该衍生工具符合《企业会计准则第 37 号——金融工具列报》规定的权益工具定义的，适用《企业会计准则第 37 号——金融工具列报》。

（二）由《企业会计准则第 9 号——职工薪酬》规范的职工薪酬计划形成的企业的权利和义务，适用《企业会计准则第 9 号——职工薪酬》。

（三）由《企业会计准则第 11 号——股份支付》规范的股份支付，适用《企业会计准则第 11 号——股份支付》。但是，股份支付中属于本准则第八条范围的买入或卖出非金融项目的合同，适用本准则。

（四）由《企业会计准则第 12 号——债务重组》规范的债务重组，适用《企业会计准则第 12 号——债务重组》。

（五）因清偿按照《企业会计准则第 13 号——或有事项》所确认的预计负债而获得补偿的权利，适用《企业会计准则第 13 号——或有事项》。

（六）由《企业会计准则第 14 号——收入》规范的属于金融工具的合同权利和义务，适用《企业会计准则第 14 号——收入》，但该准则要求在确认和计量相关合同权利的减值损失和利得时应当按照本准则规定进行会计处理的，适用本准则有关减值的规定。

（七）购买方（或合并方）与出售方之间签订的，将在未来购买日（或合并日）形成《企业会计准则第 20 号——企业合并》规范的企业合并且其期限不超过企业合并获得批准并完成交易所必须的合理期限的远期合同，不适用本准则。

（八）由《企业会计准则第 21 号——租赁》规范的租赁的权利和义务，适用《企业会计准则第 21 号——租赁》。但是，租赁应收款的减值、终止确认，租赁应付款的终止确认，以及租赁中嵌入的衍生工具，适用本准则。

（九）金融资产转移，适用《企业会计准则第 23 号——金融资产转移》。

（十）套期会计，适用《企业会计准则第 24 号——套期会计》。

（十一）由保险合同相关会计准则规范的保险合同所产生的权利和义务，适用保险合同相关会计准则。因具有相机分红特征而由保险合同相关会计准则规范的合同所产生的权利和义务，适用保险合同相关会计准则。但对于嵌入保险合同的衍生工具，该嵌入衍生工具本身不是保险合同的，适用本准则。

对于财务担保合同，发行方之前明确表明将此类合同视作保险合同，并且已按照保险合同相关会计准则进行会计处理的，可以选择适用本准则或保险合同相关会计准则。该选择可以基于单项合同，但选择一经做出，不得撤销。否则，相关财务担保合同适用本准则。

财务担保合同，是指当特定债务人到期不能按照最初或修改后的债务工具条款偿付债务时，要求发行方向蒙受损失的合同持有人赔付特定金额的合同。

（十二）企业发行的按照《企业会计准则第 37 号——金融工具列报》规定应当分类为权益工具的金融工具，适用《企业会计准则第 37 号——金融工具列报》。

第七条 本准则适用于下列贷款承诺：

（一）企业指定为以公允价值计量且其变动计入当期损益的金融负债的贷款承诺。如果按照以往惯例，企业在贷款承诺产生后不久即出售其所产生资产，则同一类别的所有贷款承诺均应当适用本准则。

（二）能够以现金或者通过交付或发行其他金融工具净额结算的贷款承诺。此类贷款承诺属于衍生工具。企业不得仅仅因为相关贷款将分期拨付（如按工程进度分期拨付的按揭建造贷款）而将该贷款承诺视为以净额结算。

（三）以低于市场利率贷款的贷款承诺。

所有贷款承诺均适用本准则关于终止确认的规定。企业作为贷款承诺发行方的，还适用本准则关于减值的规定。

贷款承诺，是指按照预先规定的条款和条件提供信用的确定性承诺。

第八条 对于能够以现金或其他金融工具净额结算，或者通过交换金融工具结算的买入或卖出非金融项目的合同，除了企业按照预定的购买、销售或使用要求签订并持有旨在收取或交付非金融项目的合同适用其他相关会计准则外，企业应当将该合同视同金融工具，适用本准则。

对于能够以现金或其他金融工具净额结算，或者通过交换金融工具结算的买入或卖出非金融项目的合同，即使企业按照预定的购买、销售或使用要求签订并持有旨在收取或交付非金融项目的合同的，企业也可以将该合同指定为以公允价值计量且其变动计入当期损益的金融资产或金融负债。企业只能在合同开始时做出该指定，并且必须能够通过该指定消除或显著减少会计错配。该指定一经做出，不得撤销。

会计错配，是指当企业以不同的会计确认方法和计量属性，对在经济上相关的资产和负债进行确认或计量而产生利得或损失时，可能导致的会计确认和计量上的不一致。

第二章　金融工具的确认和终止确认

第九条 企业成为金融工具合同的一方时，应当确认一项金融资产或金融负债。

第十条 对于以常规方式购买或出售金融资产的，企业应当在交易日确认将收到的资产和为此将承担的负债，或者在交易日终止确认已出售的资产，同时确认处置利得或损失以及应向买方收取的应收款项。

以常规方式购买或出售金融资产，是指企业按照合同规定购买或出售金融资产，并且该合同条款规定，企业应当根据通常由法规或市场惯例所确定的时间安排来交付金融资产。

第十一条 金融资产满足下列条件之一的，应当终止确认：

（一）收取该金融资产现金流量的合同权利终止。

（二）该金融资产已转移，且该转移满足《企业会计准则第 23 号——金融资产转移》关于金融资产终止确认的规定。

本准则所称金融资产或金融负债终止确认，是指企业将之前确认的金融资产或金融负债从其资产负债表中予以转出。

第十二条 金融负债（或其一部分）的现时义务已经解除的，企业应当终止确认该金融负债（或该部分金融负债）。

第十三条 企业（借入方）与借出方之间签订协议，以承担新金融负债方式替换原金融负债，且新金融负债与原金融负债的合同条款实质上不同的，企业应当终止确认原金融负债，同时确认一项新金融负债。

企业对原金融负债（或其一部分）的合同条款做出实质性修改的，应当终止确认原金融负债，同时按照修改后的条款确认一项新金融负债。

第十四条 金融负债（或其一部分）终止确认的，企业应当将其账面价值与支付的对价（包括转出的非现金资产或承担的负债）之间的差额，计入当期损益。

第十五条 企业回购金融负债一部分的，应当按照继续确认部分和终止确认部分在回购日各自的公允价值占整体公允价值的比例，对该金融负债整体的账面价值进行分配。分配给终止确认部分的账面价值与支付的对价（包括转出的非现金资产或承担的负债）之间的差额，应当计入当期损益。

第三章　金融资产的分类

第十六条 企业应当根据其管理金融资产的业务模式和金融资产的合同现金流量特征，

将金融资产划分为以下三类：

（一）以摊余成本计量的金融资产。

（二）以公允价值计量且其变动计入其他综合收益的金融资产。

（三）以公允价值计量且其变动计入当期损益的金融资产。

企业管理金融资产的业务模式，是指企业如何管理其金融资产以产生现金流量。业务模式决定企业所管理金融资产现金流量的来源是收取合同现金流量、出售金融资产还是两者兼有。企业管理金融资产的业务模式，应当以企业关键管理人员决定的对金融资产进行管理的特定业务目标为基础确定。企业确定管理金融资产的业务模式，应当以客观事实为依据，不得以按照合理预期不会发生的情形为基础确定。

金融资产的合同现金流量特征，是指金融工具合同约定的、反映相关金融资产经济特征的现金流量属性。企业分类为本准则第十七条和第十八条规范的金融资产，其合同现金流量特征，应当与基本借贷安排相一致。即相关金融资产在特定日期产生的合同现金流量仅为对本金和以未偿付本金金额为基础的利息的支付，其中，本金是指金融资产在初始确认时的公允价值，本金金额可能因提前还款等原因在金融资产的存续期内发生变动；利息包括对货币时间价值、与特定时期未偿付本金金额相关的信用风险、以及其他基本借贷风险、成本和利润的对价。其中，货币时间价值是利息要素中仅因为时间流逝而提供对价的部分，不包括为所持有金融资产的其他风险或成本提供的对价，但货币时间价值要素有时可能存在修正。在货币时间价值要素存在修正的情况下，企业应当对相关修正进行评估，以确定其是否满足上述合同现金流量特征的要求。此外，金融资产包含可能导致其合同现金流量的时间分布或金额发生变更的合同条款（如包含提前还款特征）的，企业应当对相关条款进行评估（如评估提前还款特征的公允价值是否非常小），以确定其是否满足上述合同现金流量特征的要求。

第十七条 金融资产同时符合下列条件的，应当分类为以摊余成本计量的金融资产：

（一）企业管理该金融资产的业务模式是以收取合同现金流量为目标。

（二）该金融资产的合同条款规定，在特定日期产生的现金流量，仅为对本金和以未偿付本金金额为基础的利息的支付。

第十八条 金融资产同时符合下列条件的，应当分类为以公允价值计量且其变动计入其他综合收益的金融资产：

（一）企业管理该金融资产的业务模式既以收取合同现金流量为目标又以出售该金融资产为目标。

（二）该金融资产的合同条款规定，在特定日期产生的现金流量，仅为对本金和以未偿付本金金额为基础的利息的支付。

第十九条 按照本准则第十七条分类为以摊余成本计量的金融资产和按照本准则第十八条分类为以公允价值计量且其变动计入其他综合收益的金融资产之外的金融资产，企业应当将其分类为以公允价值计量且其变动计入当期损益的金融资产。

在初始确认时，企业可以将非交易性权益工具投资指定为以公允价值计量且其变动计入其他综合收益的金融资产，并按照本准则第六十五条规定确认股利收入。该指定一经做出，不得撤销。企业在非同一控制下的企业合并中确认的或有对价构成金融资产的，该金融资产应当分类为以公允价值计量且其变动计入当期损益的金融资产，不得指定为以公允价值计量且其变动计入其他综合收益的金融资产。

金融资产或金融负债满足下列条件之一的，表明企业持有该金融资产或承担该金融负债的目的是交易性的：

（一）取得相关金融资产或承担相关金融负债的目的，主要是为了近期出售或回购。

（二）相关金融资产或金融负债在初始确认时属于集中管理的可辨认金融工具组合的一部分，且有客观证据表明近期实际存在短期获利模式。

（三）相关金融资产或金融负债属于衍生工具。但符合财务担保合同定义的衍生工具以及被指定为有效套期工具的衍生工具除外。

第二十条 在初始确认时，如果能够消除或显著减少会计错配，企业可以将金融资产指定为以公允价值计量且其变动计入当期损益的金融资产。该指定一经做出，不得撤销。

第四章 金融负债的分类

第二十一条 除下列各项外，企业应当将金融负债分类为以摊余成本计量的金融负债：

（一）以公允价值计量且其变动计入当期损益的金融负债，包括交易性金融负债（含属于金融负债的衍生工具）和指定为以公允价值计量且其变动计入当期损益的金融负债。

（二）金融资产转移不符合终止确认条件或继续涉入被转移金融资产所形成的金融负债。对此类金融负债，企业应当按照《企业会计准则第 23 号——金融资产转移》相关规定进行计量。

（三）不属于本条（一）或（二）情形的财务担保合同，以及不属于本条（一）情形的以低于市场利率贷款的贷款承诺。企业作为此类金融负债发行方的，应当在初始确认后按照依据本准则第八章所确定的损失准备金额以及初始确认金额扣除依据《企业会计准则第 14 号——收入》相关规定所确定的累计摊销额后的余额孰高进行计量。

在非同一控制下的企业合并中，企业作为购买方确认的或有对价形成金融负债的，该金融负债应当按照以公允价值计量且其变动计入当期损益进行会计处理。

第二十二条 在初始确认时，为了提供更相关的会计信息，企业可以将金融负债指定为以公允价值计量且其变动计入当期损益的金融负债，但该指定应当满足下列条件之一：

（一）能够消除或显著减少会计错配。

（二）根据正式书面文件载明的企业风险管理或投资策略，以公允价值为基础对金融负债组合或金融资产和金融负债组合进行管理和业绩评价，并在企业内部以此为基础向关键管理人员报告。

该指定一经做出，不得撤销。

第五章 嵌入衍生工具

第二十三条 嵌入衍生工具，是指嵌入到非衍生工具（即主合同）中的衍生工具。嵌入衍生工具与主合同构成混合合同。该嵌入衍生工具对混合合同的现金流量产生影响的方式，应当与单独存在的衍生工具类似，且该混合合同的全部或部分现金流量随特定利率、金融工具价格、商品价格、汇率、价格指数、费率指数、信用等级、信用指数或其他变量变动而变动，变量为非金融变量的，该变量不应与合同的任何一方存在特定关系。

衍生工具如果附属于一项金融工具但根据合同规定可以独立于该金融工具进行转让，或者具有与该金融工具不同的交易对手方，则该衍生工具不是嵌入衍生工具，应当作为一项单独存在的衍生工具处理。

第二十四条 混合合同包含的主合同属于本准则规范的资产的，企业不应从该混合合同中分拆嵌入衍生工具，而应当将该混合合同作为一个整体适用本准则关于金融资产分类的相关规定。

第二十五条 混合合同包含的主合同不属于本准则规范的资产，且同时符合下列条件的，企业应当从混合合同中分拆嵌入衍生工具，将其作为单独存在的衍生工具处理：

（一）嵌入衍生工具的经济特征和风险与主合同的经济特征和风险不紧密相关。

（二）与嵌入衍生工具具有相同条款的单独工具符合衍生工具的定义。

（三）该混合合同不是以公允价值计量且其变动计入当期损益进行会计处理。

嵌入衍生工具从混合合同中分拆的，企业应当按照适用的会计准则规定，对混合合同的主合同进行会计处理。企业无法根据嵌入衍生工具的条款和条件对嵌入衍生工具的公允价值进行可靠计量的，该嵌入衍生工具的公允价值应当根据混合合同公允价值和主合同公允价值之间的差额确定。使用了上述方法后，该嵌入衍生工具在取得日或后续资产负债表日的公允价值仍然无法单独计量的，企业应当将该混合合同整体指定为以公允价值计量且其变动计入当期损益的金融工具。

第二十六条 混合合同包含一项或多项嵌入衍生工具，且其主合同不属于本准则规范的资产的，企业可以将其整体指定为以公允价值计量且其变动计入当期损益的金融工具。但下列情况除外：

（一）嵌入衍生工具不会对混合合同的现金流量产生重大改变。

（二）在初次确定类似的混合合同是否需要分拆时，几乎不需分析就能明确其包含的嵌入衍生工具不应分拆。如嵌入贷款的提前还款权，允许持有人以接近摊余成本的金额提前偿还贷款，该提前还款权不需要分拆。

第六章 金融工具的重分类

第二十七条 企业改变其管理金融资产的业务模式时，应当按照本准则的规定对所有受影响的相关金融资产进行重分类。

企业对所有金融负债均不得进行重分类。

第二十八条 企业发生下列情况的，不属于金融资产或金融负债的重分类：

（一）按照《企业会计准则第 24 号——套期会计》相关规定，某金融工具以前被指定并成为现金流量套期或境外经营净投资套期中的有效套期工具，但目前已不再满足运用该套期会计方法的条件。

（二）按照《企业会计准则第 24 号——套期会计》相关规定，某金融工具被指定并成为现金流量套期或境外经营净投资套期中的有效套期工具。

（三）按照《企业会计准则第 24 号——套期会计》相关规定，运用信用风险敞口公允价值选择权所引起的计量变动。

第二十九条 企业对金融资产进行重分类，应当自重分类日起采用未来适用法进行相关会计处理，不得对以前已经确认的利得、损失（包括减值损失或利得）或利息进行追溯调整。

重分类日，是指导致企业对金融资产进行重分类的业务模式发生变更后的首个报告期间的第一天。

第三十条 企业将一项以摊余成本计量的金融资产重分类为以公允价值计量且其变动计入当期损益的金融资产的，应当按照该资产在重分类日的公允价值进行计量。原账面价值与公允价值之间的差额计入当期损益。

企业将一项以摊余成本计量的金融资产重分类为以公允价值计量且其变动计入其他综合收益的金融资产的，应当按照该金融资产在重分类日的公允价值进行计量。原账面价值与公允价值之间的差额计入其他综合收益。该金融资产重分类不影响其实际利率和预期信用损失的计量。

第三十一条 企业将一项以公允价值计量且其变动计入其他综合收益的金融资产重分类为以摊余成本计量的金融资产的，应当将之前计入其他综合收益的累计利得或损失转出，调整该金融资产在重分类日的公允价值，并以调整后的金额作为新的账面价值，即视同该金融资产一直以摊余成本计量。该金融资产重分类不影响其实际利率和预期信用损失的计量。

企业将一项以公允价值计量且其变动计入其他综合收益的金融资产重分类为以公允价

值计量且其变动计入当期损益的金融资产的，应当继续以公允价值计量该金融资产。同时，企业应当将之前计入其他综合收益的累计利得或损失从其他综合收益转入当期损益。

第三十二条 企业将一项以公允价值计量且其变动计入当期损益的金融资产重分类为以摊余成本计量的金融资产的，应当以其在重分类日的公允价值作为新的账面余额。

企业将一项以公允价值计量且其变动计入当期损益的金融资产重分类为以公允价值计量且其变动计入其他综合收益的金融资产的，应当继续以公允价值计量该金融资产。

按照本条规定对金融资产重分类进行处理的，企业应当根据该金融资产在重分类日的公允价值确定其实际利率。同时，企业应当自重分类日起对该金融资产适用本准则关于金融资产减值的相关规定，并将重分类日视为初始确认日。

第七章 金融工具的计量

第三十三条 企业初始确认金融资产或金融负债，应当按照公允价值计量。对于以公允价值计量且其变动计入当期损益的金融资产和金融负债，相关交易费用应当直接计入当期损益；对于其他类别的金融资产或金融负债，相关交易费用应当计入初始确认金额。但是，企业初始确认的应收账款未包含《企业会计准则第 14 号——收入》所定义的重大融资成分或根据《企业会计准则第 14 号——收入》规定不考虑不超过一年的合同中的融资成分的，应当按照该准则定义的交易价格进行初始计量。

交易费用，是指可直接归属于购买、发行或处置金融工具的增量费用。增量费用是指企业没有发生购买、发行或处置相关金融工具的情形就不会发生的费用，包括支付给代理机构、咨询公司、券商、证券交易所、政府有关部门等的手续费、佣金、相关税费以及其他必要支出，不包括债券溢价、折价、融资费用、内部管理成本和持有成本等与交易不直接相关的费用。

第三十四条 企业应当根据《企业会计准则第 39 号——公允价值计量》的规定，确定金融资产和金融负债在初始确认时的公允价值。公允价值通常为相关金融资产或金融负债的交易价格。金融资产或金融负债公允价值与交易价格存在差异的，企业应当区别下列情况进行处理：

（一）在初始确认时，金融资产或金融负债的公允价值依据相同资产或负债在活跃市场上的报价或者以仅使用可观察市场数据的估值技术确定的，企业应当将该公允价值与交易价格之间的差额确认为一项利得或损失。

（二）在初始确认时，金融资产或金融负债的公允价值以其他方式确定的，企业应当将该公允价值与交易价格之间的差额递延。初始确认后，企业应当根据某一因素在相应会计期间的变动程度将该递延差额确认为相应会计期间的利得或损失。该因素应当仅限于市场参与者对该金融工具定价时将予考虑的因素，包括时间等。

第三十五条 初始确认后，企业应当对不同类别的金融资产，分别以摊余成本、以公允价值计量且其变动计入其他综合收益或以公允价值计量且其变动计入当期损益进行后续计量。

第三十六条 初始确认后，企业应当对不同类别的金融负债，分别以摊余成本、以公允价值计量且其变动计入当期损益或以本准则第二十一条规定的其他适当方法进行后续计量。

第三十七条 金融资产或金融负债被指定为被套期项目的，企业应当根据《企业会计准则第 24 号——套期会计》规定进行后续计量。

第三十八条 金融资产或金融负债的摊余成本，应当以该金融资产或金融负债的初始确认金额经下列调整后的结果确定：

（一）扣除已偿还的本金。

（二）加上或减去采用实际利率法将该初始确认金额与到期日金额之间的差额进行摊销形成的累计摊销额。

（三）扣除累计计提的损失准备（仅适用于金融资产）。

实际利率法，是指计算金融资产或金融负债的摊余成本以及将利息收入或利息费用分摊计入各会计期间的方法。

实际利率，是指将金融资产或金融负债在预计存续期的估计未来现金流量，折现为该金融资产账面余额或该金融负债摊余成本所使用的利率。在确定实际利率时，应当在考虑金融资产或金融负债所有合同条款（如提前还款、展期、看涨期权或其他类似期权等）的基础上估计预期现金流量，但不应当考虑预期信用损失。

第三十九条 企业应当按照实际利率法确认利息收入。利息收入应当根据金融资产账面余额乘以实际利率计算确定，但下列情况除外：

（一）对于购入或源生的已发生信用减值的金融资产，企业应当自初始确认起，按照该金融资产的摊余成本和经信用调整的实际利率计算确定其利息收入。

（二）对于购入或源生的未发生信用减值、但在后续期间成为已发生信用减值的金融资产，企业应当在后续期间，按照该金融资产的摊余成本和实际利率计算确定其利息收入。企业按照上述规定对金融资产的摊余成本运用实际利率法计算利息收入的，若该金融工具在后续期间因其信用风险有所改善而不再存在信用减值，并且这一改善在客观上可与应用上述规定之后发生的某一事件相联系（如债务人的信用评级被上调），企业应当转按实际利率乘以该金融资产账面余额来计算确定利息收入。

经信用调整的实际利率，是指将购入或源生的已发生信用减值的金融资产在预计存续期的估计未来现金流量，折现为该金融资产摊余成本的利率。在确定经信用调整的实际利率时，应当在考虑金融资产的所有合同条款（例如提前还款、展期、看涨期权或其他类似期权等）以及初始预期信用损失的基础上估计预期现金流量。

第四十条 当对金融资产预期未来现金流量具有不利影响的一项或多项事件发生时，该金融资产成为已发生信用减值的金融资产。金融资产已发生信用减值的证据包括下列可观察信息：

（一）发行方或债务人发生重大财务困难；

（二）债务人违反合同，如偿付利息或本金违约或逾期等；

（三）债权人出于与债务人财务困难有关的经济或合同考虑，给予债务人在任何其他情况下都不会做出的让步；

（四）债务人很可能破产或进行其他财务重组；

（五）发行方或债务人财务困难导致该金融资产的活跃市场消失；

（六）以大幅折扣购买或源生一项金融资产，该折扣反映了发生信用损失的事实。

金融资产发生信用减值，有可能是多个事件的共同作用所致，未必是可单独识别的事件所致。

第四十一条 合同各方之间支付或收取的、属于实际利率或经信用调整的实际利率组成部分的各项费用、交易费用及溢价或折价等，应当在确定实际利率或经信用调整的实际利率时予以考虑。

企业通常能够可靠估计金融工具（或一组类似金融工具）的现金流量和预计存续期。在极少数情况下，金融工具（或一组金融工具）的估计未来现金流量或预计存续期无法可靠估计的，企业在计算确定其实际利率（或经信用调整的实际利率）时，应当基于该金融工具在整个合同期内的合同现金流量。

第四十二条 企业与交易对手方修改或重新议定合同，未导致金融资产终止确认，但导致合同现金流量发生变化的，应当重新计算该金融资产的账面余额，并将相关利得或损失计入当期损益。重新计算的该金融资产的账面余额，应当根据将重新议定或修改的合同现金流量按金融资产的原实际利率（或者购买或源生的已发生信用减值的金融资产的经信用调整的实际利率）或按《企业会计准则第 24 号——套期会计》第二十三条规定的重新计算的实际利率（如适用）折现的现值确定。对于修改或重新议定合同所产生的所有成本或费用，企业应当调整修改后的金融资产账面价值，并在修改后金融资产的剩余期限内进行摊销。

第四十三条 企业不再合理预期金融资产合同现金流量能够全部或部分收回的，应当直接减记该金融资产的账面余额。这种减记构成相关金融资产的终止确认。

第四十四条 企业对权益工具的投资和与此类投资相联系的合同应当以公允价值计量。但在有限情况下，如果用以确定公允价值的近期信息不足，或者公允价值的可能估计金额分布范围很广，而成本代表了该范围内对公允价值的最佳估计的，该成本可代表其在该分布范围内对公允价值的恰当估计。

企业应当利用初始确认日后可获得的关于被投资方业绩和经营的所有信息，判断成本能否代表公允价值。存在下列情形（包含但不限于）之一的，可能表明成本不代表相关金融资产的公允价值，企业应当对其公允价值进行估值：

（一）与预算、计划或阶段性目标相比，被投资方业绩发生重大变化。

（二）对被投资方技术产品实现阶段性目标的预期发生变化。

（三）被投资方的权益、产品或潜在产品的市场发生重大变化。

（四）全球经济或被投资方经营所处的经济环境发生重大变化。

（五）被投资方可比企业的业绩或整体市场所显示的估值结果发生重大变化。

（六）被投资方的内部问题，如欺诈、商业纠纷、诉讼、管理或战略变化。

（七）被投资方权益发生了外部交易并有客观证据，包括发行新股等被投资方发生的交易和第三方之间转让被投资方权益工具的交易等。

第四十五条 权益工具投资或合同存在报价的，企业不应当将成本作为对其公允价值的最佳估计。

第八章 金融工具的减值

第四十六条 企业应当按照本准则规定，以预期信用损失为基础，对下列项目进行减值会计处理并确认损失准备：

（一）按照本准则第十七条分类为以摊余成本计量的金融资产和按照本准则第十八条分类为以公允价值计量且其变动计入其他综合收益的金融资产。

（二）租赁应收款。

（三）合同资产。合同资产是指《企业会计准则第 14 号——收入》定义的合同资产。

（四）企业发行的分类为以公允价值计量且其变动计入当期损益的金融负债以外的贷款承诺和适用本准则第二十一条（三）规定的财务担保合同。

损失准备，是指针对按照本准则第十七条计量的金融资产、租赁应收款和合同资产的预期信用损失计提的准备，按照本准则第十八条计量的金融资产的累计减值金额以及针对贷款承诺和财务担保合同的预期信用损失计提的准备。

第四十七条 预期信用损失，是指以发生违约的风险为权重的金融工具信用损失的加权平均值。

信用损失，是指企业按照原实际利率折现的、根据合同应收的所有合同现金流量与预期收取的所有现金流量之间的差额，即全部现金短缺的现值。其中，对于企业购买或源生的已发生信用减值的金融资产，应按照该金融资产经信用调整的实际利率折现。由于预期信用损失考虑付款的金额和时间分布，因此即使企业预计可以全额收款但收款时间晚于合同规定的到期期限，也会产生信用损失。

在估计现金流量时，企业应当考虑金融工具在整个预计存续期的所有合同条款（如提前还款、展期、看涨期权或其他类似期权等）。企业所考虑的现金流量应当包括出售所持担保品获得的现金流量，以及属于合同条款组成部分的其他信用增级所产生的现金流量。

企业通常能够可靠估计金融工具的预计存续期。在极少数情况下，金融工具预计存续期无法可靠估计的，企业在计算确定预期信用损失时，应当基于该金融工具的剩余合同期间。

第四十八条 除了按照本准则第五十七条和第六十三条的相关规定计量金融工具损失准备的情形以外，企业应当在每个资产负债表日评估相关金融工具的信用风险自初始确认后是否已显著增加，并按照下列情形分别计量其损失准备、确认预期信用损失及其变动：

（一）如果该金融工具的信用风险自初始确认后已显著增加，企业应当按照相当于该金融工具整个存续期内预期信用损失的金额计量其损失准备。无论企业评估信用损失的基础是单项金融工具还是金融工具组合，由此形成的损失准备的增加或转回金额，应当作为减值损失或利得计入当期损益。

（二）如果该金融工具的信用风险自初始确认后并未显著增加，企业应当按照相当于该金融工具未来 12 个月内预期信用损失的金额计量其损失准备，无论企业评估信用损失的基础是单项金融工具还是金融工具组合，由此形成的损失准备的增加或转回金额，应当作为减值损失或利得计入当期损益。

未来 12 个月内预期信用损失，是指因资产负债表日后 12 个月内（若金融工具的预计存续期少于 12 个月，则为预计存续期）可能发生的金融工具违约事件而导致的预期信用损失，是整个存续期预期信用损失的一部分。

企业在进行相关评估时，应当考虑所有合理且有依据的信息，包括前瞻性信息。为确保自金融工具初始确认后信用风险显著增加即确认整个存续期预期信用损失，企业在一些情况下应当以组合为基础考虑评估信用风险是否显著增加。整个存续期预期信用损失，是指因金融工具整个预计存续期内所有可能发生的违约事件而导致的预期信用损失。

第四十九条 对于按照本准则第十八条分类为以公允价值计量且其变动计入其他综合收益的金融资产，企业应当在其他综合收益中确认其损失准备，并将减值损失或利得计入当期损益，且不应减少该金融资产在资产负债表中列示的账面价值。

第五十条 企业在前一会计期间已经按照相当于金融工具整个存续期内预期信用损失的金额计量了损失准备，但在当期资产负债表日，该金融工具已不再属于自初始确认后信用风险显著增加的情形的，企业应当在当期资产负债表日按照相当于未来 12 个月内预期信用损失的金额计量该金融工具的损失准备，由此形成的损失准备的转回金额应当作为减值利得计入当期损益。

第五十一条 对于贷款承诺和财务担保合同，企业在应用金融工具减值规定时，应当将本企业成为做出不可撤销承诺的一方之日作为初始确认日。

第五十二条 企业在评估金融工具的信用风险自初始确认后是否已显著增加时，应当考虑金融工具预计存续期内发生违约风险的变化，而不是预期信用损失金额的变化。企业应当通过比较金融工具在资产负债表日发生违约的风险与在初始确认日发生违约的风险，以确定金融工具预计存续期内发生违约风险的变化情况。

在为确定是否发生违约风险而对违约进行界定时，企业所采用的界定标准，应当与其内部针对相关金融工具的信用风险管理目标保持一致，并考虑财务限制条款等其他定性指标。

第五十三条 企业通常应当在金融工具逾期前确认该工具整个存续期预期信用损失。企业在确定信用风险自初始确认后是否显著增加时，企业无须付出不必要的额外成本或努力即可获得合理且有依据的前瞻性信息的，不得仅依赖逾期信息来确定信用风险自初始确认后是否显著增加；企业必须付出不必要的额外成本或努力才可获得合理且有依据的逾期信息以外的单独或汇总的前瞻性信息的，可以采用逾期信息来确定信用风险自初始确认后是否显著增加。

无论企业采用何种方式评估信用风险是否显著增加，通常情况下，如果逾期超过 30 日，则表明金融工具的信用风险已经显著增加。除非企业在无须付出不必要的额外成本或努力的情况下即可获得合理且有依据的信息，证明即使逾期超过 30 日，信用风险自初始确认后仍未显著增加。如果企业在合同付款逾期超过 30 日前已确定信用风险显著增加，则应当按照整个存续期的预期信用损失确认损失准备。

如果交易对手方未按合同规定时间支付约定的款项，则表明该金融资产发生逾期。

第五十四条　企业在评估金融工具的信用风险自初始确认后是否已显著增加时，应当考虑违约风险的相对变化，而非违约风险变动的绝对值。在同一后续资产负债表日，对于违约风险变动的绝对值相同的两项金融资产，初始确认时违约风险较低的金融工具比初始确认时违约风险较高的金融工具的信用风险变化更为显著。

第五十五条　企业确定金融工具在资产负债表日只具有较低的信用风险的，可以假设该金融工具的信用风险自初始确认后并未显著增加。

如果金融工具的违约风险较低，借款人在短期内履行其合同现金流量义务的能力很强，并且即便较长时期内经济形势和经营环境存在不利变化但未必一定降低借款人履行其合同现金流量义务的能力，该金融工具被视为具有较低的信用风险。

第五十六条　企业与交易对手方修改或重新议定合同，未导致金融资产终止确认，但导致合同现金流量发生变化的，企业在评估相关金融工具的信用风险是否已经显著增加时，应当将基于变更后的合同条款在资产负债表日发生违约的风险与基于原合同条款在初始确认时发生违约的风险进行比较。

第五十七条　对于购买或源生的已发生信用减值的金融资产，企业应当在资产负债表日仅将自初始确认后整个存续期内预期信用损失的累计变动确认为损失准备。在每个资产负债表日，企业应当将整个存续期内预期信用损失的变动金额作为减值损失或利得计入当期损益。即使该资产负债表日确定的整个存续期内预期信用损失小于初始确认时估计现金流量所反映的预期信用损失的金额，企业也应当将预期信用损失的有利变动确认为减值利得。

第五十八条　企业计量金融工具预期信用损失的方法应当反映下列各项要素：

（一）通过评价一系列可能的结果而确定的无偏概率加权平均金额。

（二）货币时间价值。

（三）在资产负债表日无须付出不必要的额外成本或努力即可获得的有关过去事项、当前状况以及未来经济状况预测的合理且有依据的信息。

第五十九条　对于适用本准则有关金融工具减值规定的各类金融工具，企业应当按照下列方法确定其信用损失：

（一）对于金融资产，信用损失应为企业应收取的合同现金流量与预期收取的现金流量之间差额的现值。

（二）对于租赁应收款项，信用损失应为企业应收取的合同现金流量与预期收取的现金流量之间差额的现值。其中，用于确定预期信用损失的现金流量，应与按照《企业会计准则第 21 号——租赁》用于计量租赁应收款项的现金流量保持一致。

（三）对于未提用的贷款承诺，信用损失应为在贷款承诺持有人提用相应贷款的情况下，企业应收取的合同现金流量与预期收取的现金流量之间差额的现值。企业对贷款承诺预期信用损失的估计，应当与其对该贷款承诺提用情况的预期保持一致。

（四）对于财务担保合同，信用损失应为企业就该合同持有人发生的信用损失向其做出赔付的预计付款额，减去企业预期向该合同持有人、债务人或任何其他方收取的金额之间差额的现值。

（五）对于资产负债表日已发生信用减值但并非购买或源生已发生信用减值的金融资产，信用损失应为该金融资产账面余额与按原实际利率折现的估计未来现金流量的现值之间的差额。

第六十条 企业应当以概率加权平均为基础对预期信用损失进行计量。企业对预期信用损失的计量应当反映发生信用损失的各种可能性，但不必识别所有可能的情形。

第六十一条 在计量预期信用损失时，企业需考虑的最长期限为企业面临信用风险的最长合同期限（包括考虑续约选择权），而不是更长期间，即使该期间与业务实践相一致。

第六十二条 如果金融工具同时包含贷款和未提用的承诺，且企业根据合同规定要求还款或取消未提用承诺的能力并未将企业面临信用损失的期间限定在合同通知期内的，企业对于此类金融工具（仅限于此类金融工具）确认预期信用损失的期间，应当为其面临信用风险且无法用信用风险管理措施予以缓释的期间，即使该期间超过了最长合同期限。

第六十三条 对于下列各项目，企业应当始终按照相当于整个存续期内预期信用损失的金额计量其损失准备：

（一）由《企业会计准则第 14 号——收入》规范的交易形成的应收款项或合同资产，且符合下列条件之一：

1. 该项目未包含《企业会计准则第 14 号——收入》所定义的重大融资成分，或企业根据《企业会计准则第 14 号——收入》规定不考虑不超过一年的合同中的融资成分。

2. 该项目包含《企业会计准则第 14 号——收入》所定义的重大融资成分，同时企业做出会计政策选择，按照相当于整个存续期内预期信用损失的金额计量损失准备。企业应当将该会计政策选择适用于所有此类应收款项和合同资产，但可对应收款项类和合同资产类分别做出会计政策选择。

（二）由《企业会计准则第 21 号——租赁》规范的交易形成的租赁应收款，同时企业做出会计政策选择，按照相当于整个存续期内预期信用损失的金额计量损失准备。企业应当将该会计政策选择适用于所有租赁应收款，但可对应收融资租赁款和应收经营租赁款分别做出会计政策选择。

在适用本条规定时，企业可对应收款项、合同资产和租赁应收款分别选择减值会计政策。

第九章 利得和损失

第六十四条 企业应当将以公允价值计量的金融资产或金融负债的利得或损失计入当期损益，除非该金融资产或金融负债属于下列情形之一：

（一）属于《企业会计准则第 24 号——套期会计》规定的套期关系的一部分。

（二）是一项对非交易性权益工具的投资，且企业已按照本准则第十九条规定将其指定为以公允价值计量且其变动计入其他综合收益的金融资产。

（三）是一项被指定为以公允价值计量且其变动计入当期损益的金融负债，且按照本准则第六十八条规定，该负债由企业自身信用风险变动引起的其公允价值变动应当计入其他综合收益。

（四）是一项按照本准则第十八条分类为以公允价值计量且其变动计入其他综合收益的金融资产，且企业根据本准则第七十一条规定，其减值损失或利得和汇兑损益之外的公允价值变动计入其他综合收益。

第六十五条 企业只有在同时符合下列条件时，才能确认股利收入并计入当期损益：

（一）企业收取股利的权利已经确立；

（二）与股利相关的经济利益很可能流入企业；

（三）股利的金额能够可靠计量。

第六十六条 以摊余成本计量且不属于任何套期关系的一部分的金融资产所产生的利得或损失，应当在终止确认、按照本准则规定重分类、按照实际利率法摊销或按照本准则规定确认减值时，计入当期损益。如果企业将以摊余成本计量的金融资产重分类为其他类别，应当根据本准则第三十条规定处理其利得或损失。

以摊余成本计量且不属于任何套期关系的一部分的金融负债所产生的利得或损失，应当在终止确认时计入当期损益或在按照实际利率法摊销时计入相关期间损益。

第六十七条 属于套期关系中被套期项目的金融资产或金融负债所产生的利得或损失，应当按照《企业会计准则第 24 号——套期会计》相关规定进行处理。

第六十八条 企业根据本准则第二十二条和第二十六条规定将金融负债指定为以公允价值计量且其变动计入当期损益的金融负债的，该金融负债所产生的利得或损失应当按照下列规定进行处理：

（一）由企业自身信用风险变动引起的该金融负债公允价值的变动金额，应当计入其他综合收益；

（二）该金融负债的其他公允价值变动计入当期损益。

按照本条（一）规定对该金融负债的自身信用风险变动的影响进行处理会造成或扩大损益中的会计错配的，企业应当将该金融负债的

全部利得或损失（包括企业自身信用风险变动的影响金额）计入当期损益。

该金融负债终止确认时，之前计入其他综合收益的累计利得或损失应当从其他综合收益中转出，计入留存收益。

第六十九条 企业根据本准则第十九条规定将非交易性权益工具投资指定为以公允价值计量且其变动计入其他综合收益的金融资产的，当该金融资产终止确认时，之前计入其他综合收益的累计利得或损失应当从其他综合收益中转出，计入留存收益。

第七十条 指定为以公允价值计量且其变动计入当期损益的金融负债的财务担保合同和不可撤销贷款承诺所产生的全部利得或损失，应当计入当期损益。

第七十一条 按照本准则第十八条分类为以公允价值计量且其变动计入其他综合收益的金融资产所产生的所有利得或损失，除减值损失或利得和汇兑损益之外，均应当计入其他综合收益，直至该金融资产终止确认或被重分类。但是，采用实际利率法计算的该金融资产的利息应当计入当期损益。该金融资产计入各期损益的金额应当与视同其一直按摊余成本计量而计入各期损益的金额相等。

该金融资产终止确认时，之前计入其他综合收益的累计利得或损失应当从其他综合收益中转出，计入当期损益。

企业将该金融资产重分类为其他类别金融资产的，应当根据本准则第三十一条规定，对之前计入其他综合收益的累计利得或损失进行相应处理。

第十章 衔接规定

第七十二条 本准则施行日之前的金融工具确认和计量与本准则要求不一致的，企业应当追溯调整，但本准则第七十三条至八十三条另有规定的除外。在本准则施行日已经终止确认的项目不适用本准则。

第七十三条 在本准则施行日，企业应当按照本准则的规定对金融工具进行分类和计量（含减值），涉及前期比较财务报表数据与本准则要求不一致的，无需调整。金融工具原账面价值和在本准则施行日的新账面价值之间的差额，应当计入本准则施行日所在年度报告期间的期初留存收益或其他综合收益。同时，企业应当按照《企业会计准则第 37 号——金融工具列报》的相关规定在附注中进行披露。

企业如果调整前期比较财务报表数据，应当能够以前期的事实和情况为依据，且比较

数据应当反映本准则的所有要求。

第七十四条 在本准则施行日，企业应当以该日的既有事实和情况为基础，根据本准则第十七条（一）或第十八条（一）的相关规定评估其管理金融资产的业务模式是以收取合同现金流量为目标，还是以既收取合同现金流量又出售金融资产为目标，并据此确定金融资产的分类，进行追溯调整，无须考虑企业之前的业务模式。

第七十五条 在本准则施行日，企业在考虑具有本准则第十六条所述修正的货币时间价值要素的金融资产的合同现金流量特征时，需要对特定货币时间价值要素修正进行评估的，该评估应当以该金融资产初始确认时存在的事实和情况为基础。该评估不切实可行的，企业不应考虑本准则关于货币时间价值要素修正的规定。

第七十六条 在本准则施行日，企业在考虑具有本准则第十六条所述提前还款特征的金融资产的合同现金流量特征时，需要对该提前还款特征的公允价值是否非常小进行评估的，该评估应当以该金融资产初始确认时存在的事实和情况为基础。该评估不切实可行的，企业不应考虑本准则关于提前还款特征例外情形的规定。

第七十七条 在本准则施行日，企业存在根据本准则相关规定应当以公允价值计量的混合合同但之前未以公允价值计量的，该混合合同在前期比较财务报表期末的公允价值应当等于其各组成部分在前期比较财务报表期末公允价值之和。在本准则施行日，企业应当将整个混合合同在该日的公允价值与该混合合同各组成部分在该日的公允价值之和之间的差额，计入本准则施行日所在报告期间的期初留存收益或其他综合收益。

第七十八条 在本准则施行日，企业应当以该日的既有事实和情况为基础，根据本准则的相关规定，对相关金融资产进行指定或撤销指定，并追溯调整：

（一）在本准则施行日，企业可以根据本准则第二十条规定，将满足条件的金融资产指定为以公允价值计量且其变动计入当期损益的金融资产。但企业之前指定为以公允价值计量且其变动计入当期损益的金融资产，不满足本准则第二十条规定的指定条件的，应当解除之前做出的指定；之前指定为以公允价值计量且其变动计入当期损益的金融资产继续满足本准则第二十条规定的指定条件的，企业可以选择继续指定或撤销之前的指定。

（二）在本准则施行日，企业可以根据本准则第十九条规定，将非交易性权益工具投资指定为以公允价值计量且其变动计入其他综合收益的金融资产。

第七十九条 在本准则施行日，企业应当以该日的既有事实和情况为基础，根据本准则的相关规定，对相关金融负债进行指定或撤销指定，并追溯调整：

（一）在本准则施行日，为了消除或显著减少会计错配，企业可以根据本准则第二十二条（一）的规定，将金融负债指定为以公允价值计量且其变动计入当期损益的金融负债。

（二）企业之前初始确认金融负债时，为了消除或显著减少会计错配，已将该金融负债指定为以公允价值计量且其变动计入当期损益的金融负债，但在本准则施行日不再满足本准则规定的指定条件的，企业应当撤销之前的指定；该金融负债在本准则施行日仍然满足本准则规定的指定条件的，企业可以选择继续指定或撤销之前的指定。

第八十条 在本准则施行日，企业按照本准则规定对相关金融资产或金融负债以摊余成本进行计量、应用实际利率法追溯调整不切实可行的，应当按照以下原则进行处理：

（一）以金融资产或金融负债在前期比较财务报表期末的公允价值，作为企业调整前期比较财务报表数据时该金融资产的账面余额或该金融负债的摊余成本；

（二）以金融资产或金融负债在本准则施行日的公允价值，作为该金融资产在本准则施行日的新账面余额或该金融负债的新摊余成本。

第八十一条 在本准则施行日，对于之前以成本计量的、在活跃市场中没有报价且其公允价值不能可靠计量的权益工具投资或与该权益工具挂钩并须通过交付该工具进行结算的衍生金融资产，企业应当以其在本准则施行日的公允价值计量。原账面价值与公允价值之间的差额，应当计入本准则施行日所在报告期间的期初留存收益或其他综合收益。

在本准则施行日，对于之前以成本计量的、与在活跃市场中没有报价的权益工具挂钩并须通过交付该权益工具进行结算的衍生金融负债，企业应当以其在本准则施行日的公允价值计量。原账面价值与公允价值之间的差额，应当计入本准则施行日所在报告期间的期初留存收益。

第八十二条 在本准则施行日，企业存在根据本准则第二十二条规定将金融负债指定为以公允价值计量且其变动计入当期损益的金融负债，并且按照本准则第六十八条（一）规定将由企业自身信用风险变动引起的该金融负债公允价值的变动金额计入其他综合收益的，企业应当以该日的既有事实和情况为基础，判断按照上述规定处理是否会造成或扩大损益的会计错配，进而确定是否应当将该金融负债的全部利得或损失（包括企业自身信用风险变动的影响金额）计入当期损益，并按照上述结果追溯调整。

第八十三条 在本准则施行日，企业按照本准则计量金融工具减值的，应当使用无须付出不必要的额外成本或努力即可获得的合理且有依据的信息，确定金融工具在初始确认日的信用风险，并将该信用风险与本准则施行日的信用风险进行比较。

在确定自初始确认后信用风险是否显著增加时，企业可以应用本准则第五十五条的规定根据其是否具有较低的信用风险进行判断，或者应用本准则第五十三条第二段的规定根据相关金融资产逾期是否超过 30 日进行判断。企业在本准则施行日必须付出不必要的额外成本或努力才可获得合理且有依据的信息的，企业在该金融工具终止确认前的所有资产负债表日的损失准备应当等于其整个存续期的预期信用损失。

第十一章　附　则

第八十四条 本准则自 2018 年 1 月 1 日起施行。

企业会计准则第 23 号——金融资产转移

（2017 年修订）

第一章 总 则

第一条 为了规范金融资产（包括单项或一组类似金融资产）转移和终止确认的会计处理，根据《企业会计准则——基本准则》，制定本准则。

第二条 金融资产转移，是指企业（转出方）将金融资产（或其现金流量）让与或交付给该金融资产发行方之外的另一方（转入方）。

金融资产终止确认，是指企业将之前确认的金融资产从其资产负债表中予以转出。

第三条 企业对金融资产转入方具有控制权的，除在该企业个别财务报表基础上应用本准则外，在编制合并财务报表时，还应当按照《企业会计准则第 33 号——合并财务报表》的规定合并所有纳入合并范围的子公司（含结构化主体），并在合并财务报表层面应用本准则。

第二章 金融资产终止确认的一般原则

第四条 金融资产的一部分满足下列条件之一的，企业应当将终止确认的规定适用于该金融资产部分，除此之外，企业应当将终止确认的规定适用于该金融资产整体：

（一）该金融资产部分仅包括金融资产所产生的特定可辨认现金流量。如企业就某债务工具与转入方签订一项利息剥离合同，合同规定转入方有权获得该债务工具利息现金流量，但无权获得该债务工具本金现金流量，终止确认的规定适用于该债务工具的利息现金流量。

（二）该金融资产部分仅包括与该金融资产所产生的全部现金流量完全成比例的现金流量部分。如企业就某债务工具与转入方签订转让合同，合同规定转入方拥有获得该债务工具全部现金流量一定比例的权利，终止确认的规定适用于该债务工具全部现金流量一定比例的部分。

（三）该金融资产部分仅包括与该金融资产所产生的特定可辨认现金流量完全成比例的现金流量部分。如企业就某债务工具与转入方签订转让合同，合同规定转入方拥有获得该债务工具利息现金流量一定比例的权利，终止确认的规定适用于该债务工具利息现金流量一定比例的部分。

企业发生满足本条（二）或（三）条件的金融资产转移，且存在一个以上转入方的，只要企业转移的份额与金融资产全部现金流量或特定可辨认现金流量完全成比例即可，不要求每个转入方均持有成比例的份额。

第五条 金融资产满足下列条件之一的，应当终止确认：

（一）收取该金融资产现金流量的合同权利终止。

（二）该金融资产已转移，且该转移满足本准则关于终止确认的规定。

第三章 金融资产转移的情形及其终止确认

第六条 金融资产转移，包括下列两种情形：

（一）企业将收取金融资产现金流量的合同权利转移给其他方。

（二）企业保留了收取金融资产现金流量的合同权利，但承担了将收取的该现金流量支付给一个或多个最终收款方的合同义务，且同时满足下列条件：

1. 企业只有从该金融资产收到对等的现金流量时，才有义务将其支付给最终收款方。

企业提供短期垫付款，但有权全额收回该垫付款并按照市场利率计收利息的，视同满足本条件。

2. 转让合同规定禁止企业出售或抵押该金融资产，但企业可以将其作为向最终收款方支付现金流量义务的保证。

3. 企业有义务将代表最终收款方收取的所有现金流量及时划转给最终收款方，且无重大延误。企业无权将该现金流量进行再投资，但在收款日和最终收款方要求的划转日之间的短暂结算期内，将所收到的现金流量进行现金或现金等价物投资，并且按照合同约定将此类投资的收益支付给最终收款方的，视同满足本条件。

第七条 企业在发生金融资产转移时，应当评估其保留金融资产所有权上的风险和报酬的程度，并分别下列情形处理：

（一）企业转移了金融资产所有权上几乎所有风险和报酬的，应当终止确认该金融资产，并将转移中产生或保留的权利和义务单独确认为资产或负债。

（二）企业保留了金融资产所有权上几乎所有风险和报酬的，应当继续确认该金融资产。

（三）企业既没有转移也没有保留金融资产所有权上几乎所有风险和报酬的（即除本条（一）、（二）之外的其他情形），应当根据其是否保留了对金融资产的控制，分别下列情形处理：

1. 企业未保留对该金融资产控制的，应当终止确认该金融资产，并将转移中产生或保留的权利和义务单独确认为资产或负债。

2. 企业保留了对该金融资产控制的，应当按照其继续涉入被转移金融资产的程度继续确认有关金融资产，并相应确认相关负债。

继续涉入被转移金融资产的程度，是指企业承担的被转移金融资产价值变动风险或报酬的程度。

第八条 企业在评估金融资产所有权上风险和报酬的转移程度时，应当比较转移前后其所承担的该金融资产未来净现金流量金额及其时间分布变动的风险。

企业承担的金融资产未来净现金流量现值变动的风险没有因转移而发生显著变化的，表明该企业仍保留了金融资产所有权上几乎所有风险和报酬。如将贷款整体转移并对该贷款可能发生的所有损失进行全额补偿，或者出售一项金融资产但约定以固定价格或者售价加上出借人回报的价格回购。

企业承担的金融资产未来净现金流量现值变动的风险相对于金融资产的未来净现金流量现值的全部变动风险不再显著的，表明该企业已经转移了金融资产所有权上几乎所有风险和报酬。如无条件出售金融资产，或者出售金融资产且仅保留以其在回购时的公允价值进行回购的选择权。

企业通常不需要通过计算即可判断其是否转移或保留了金融资产所有权上几乎所有风险和报酬。在其他情况下，企业需要通过计算评估是否已经转移了金融资产所有权上几乎所有风险和报酬的，在计算和比较金融资产未来现金流量净现值的变动时，应当考虑所有合理、可能的现金流量变动，对于更可能发生的结果赋予更高的权重，并采用适当的市场利率作为折现率。

第九条 企业在判断是否保留了对被转移金融资产的控制时，应当根据转入方是否具有出售被转移金融资产的实际能力而确定。转入方能够单方面将被转移金融资产整体出售给不相关的第三方，且没有额外条件对此项出售加以限制的，表明转入方有出售被转移金融资产的实际能力，从而表明企业未保留对被转移金融资产的控制；在其他情形下，表明企业保留了对被转移金融资产的控制。

在判断转入方是否具有出售被转移金融资产的实际能力时，企业考虑的关键应当是转入方实际上能够采取的行动。被转移金融资产不存在市场或转入方不能单方面自由地处置被转移金融资产的，通常表明转入方不具有出售被转移金融资产的实际能力。

转入方不大可能出售被转移金融资产并不意味着企业（转出方）保留了对被转移金融资产的控制。但存在看跌期权或担保而限制转入方出售被转移金融资产的，转出方实际上保留了对被转移金融资产的控制。如存在看跌期权或担保且很有价值，导致转入方实际上不能在不附加类似期权或其他限制条件的情形下将该被转移金融资产出售给第三方，从而限制了转入方出售被转移金融资产的能力，转入方将持有被转移金融资产以获取看跌期权或担保下相应付款的，企业保留了对被转移金融资产的控制。

第十条 企业认定金融资产所有权上几乎所有风险和报酬已经转移的，除企业在新的交易中重新获得被转移金融资产外，不应当在未来期间再次确认该金融资产。

第十一条 在金融资产转移不满足终止确认条件的情况下，如果同时确认衍生工具和被转移金融资产或转移产生的负债会导致对同一权利或义务的重复确认，则企业（转出方）与转移有关的合同权利或义务不应当作为衍生工具进行单独会计处理。

第十二条 在金融资产转移不满足终止确认条件的情况下，转入方不应当将被转移金融资产全部或部分确认为自己的资产。转入方应当终止确认所支付的现金或其他对价，同时确认一项应收转出方的款项。企业（转出方）同时拥有以固定金额重新控制整个被转移金融资产的权利和义务的（如以固定金额回购被转移金融资产），在满足《企业会计准则第22号——金融工具确认和计量》关于摊余成本计量规定的情况下，转入方可以将其应收款项以摊余成本计量。

第十三条 企业在判断金融资产转移是否满足本准则规定的金融资产终止确认条件时，应当注重金融资产转移的实质。

（一）企业转移了金融资产所有权上几乎所有风险和报酬，应当终止确认被转移金融资产的常见情形有：

1. 企业无条件出售金融资产。

2. 企业出售金融资产，同时约定按回购日该金融资产的公允价值回购。

3. 企业出售金融资产，同时与转入方签订看跌期权合同（即转入方有权将该金融资产返售给企业）或看涨期权合同（即转出方有权回购该金融资产），且根据合同条款判断，该看跌期权或看涨期权为一项重大价外期权（即期权合约的条款设计，使得金融资产的转入方或转出方极小可能会行权）。

（二）企业保留了金融资产所有权上几乎所有风险和报酬，应当继续确认被转移金融资产的常见情形有：

1. 企业出售金融资产并与转入方签订回购协议，协议规定企业将回购原被转移金融资产，或者将予回购的金融资产与售出的金融资产相同或实质上相同、回购价格固定或原售价加上回报。

2. 企业融出证券或进行证券出借。

3. 企业出售金融资产并附有将市场风险敞口转回给企业的总回报互换。

4. 企业出售短期应收款项或信贷资产，并且全额补偿转入方可能因被转移金融资产发生的信用损失。

5. 企业出售金融资产，同时与转入方签订看跌期权合同或看涨期权合同，且根据合同条款判断，该看跌期权或看涨期权为一项重大价内期权（即期权合约的条款设计，使得金融资产的转入方或转出方很可能会行权）。

（三）企业应当按照其继续涉入被转移金融资产的程度继续确认被转移金融资产的常见情形有：

1. 企业转移金融资产，并采用保留次级权益或提供信用担保等方式进行信用增级，企业只转移了被转移金融资产所有权上的部分（非几乎所有）风险和报酬，且保留了对被转移金融资产的控制。

2. 企业转移金融资产，并附有既非重大价内也非重大价外的看涨期权或看跌期权，导致企业既没有转移也没有保留所有权上几乎所有风险和报酬，且保留了对被转移金融资产的控制。

第四章 满足终止确认条件的金融资产转移的会计处理

第十四条 金融资产转移整体满足终止确认条件的，应当将下列两项金额的差额计入当期损益：

（一）被转移金融资产在终止确认日的账面价值。

（二）因转移金融资产而收到的对价，与原直接计入其他综合收益的公允价值变动累计额中对应终止确认部分的金额（涉及转移的金融资产为根据《企业会计准则第 22 号——金融工具确认和计量》第十八条分类为以公允价值计量且其变动计入其他综合收益的金融资产的情形）之和。企业保留了向该金融资产提供相关收费服务的权利（包括收取该金融资产的现金流量，并将所收取的现金流量划转给指定的资金保管机构等），应当就该服务合同确认一项服务资产或服务负债。如果企业将收取的费用预计超过对服务的充分补偿的，应当将该服务权利作为继续确认部分确认为一项服务资产，并按照本准则第十五条的规定确定该服务资产的金额。如果将收取的费用预计不能充分补偿企业所提供服务的，则应当将由此形成的服务义务确认一项服务负债，并以公允价值进行初始计量。

企业因金融资产转移导致整体终止确认金融资产，同时获得了新金融资产或承担了新金融负债或服务负债的，应当在转移日确认该金融资产、金融负债（包括看涨期权、看跌期权、担保负债、远期合同、互换等）或服务负债，并以公允价值进行初始计量。该金融资产扣除金融负债和服务负债后的净额应当作为上述对价的组成部分。

第十五条 企业转移了金融资产的一部分，且该被转移部分整体满足终止确认条件的，应当将转移前金融资产整体的账面价值，在终止确认部分和继续确认部分（在此种情形下，所保留的服务资产应当视同继续确认金融资产的一部分）之间，按照转移日各自的相对公允价值进行分摊，并将下列两项金额的差额计入当期损益：

（一）终止确认部分在终止确认日的账面价值。

（二）终止确认部分收到的对价，与原计入其他综合收益的公允价值变动累计额中对应终止确认部分的金额（涉及转移的金融资产为根据《企业会计准则第 22 号——金融工具确认和计量》第十八条分类为以公允价值计量且其变动计入其他综合收益的金融资产的情形）之和。对价包括获得的所有新资产减去承担的所有新负债后的金额。

原计入其他综合收益的公允价值变动累计额中对应终止确认部分的金额，应当按照金融资产终止确认部分和继续确认部分的相对公允价值，对该累计额进行分摊后确定。

第十六条 根据本准则第十五条的规定，企业将转移前金融资产整体的账面价值按相对公允价值在终止确认部分和继续确认部分之间进行分摊时，应当按照下列规定确定继续确认部分的公允价值：

（一）企业出售过与继续确认部分类似的金融资产，或继续确认部分存在其他市场交易的，近期实际交易价格可作为其公允价值的最佳估计。

（二）继续确认部分没有报价或近期没有市场交易的，其公允价值的最佳估计为转移前金融资产整体的公允价值扣除终止确认部分的对价后的差额。

第五章 继续确认被转移金融资产的会计处理

第十七条 企业保留了被转移金融资产所有权上几乎所有风险和报酬而不满足终止确认条件的，应当继续确认被转移金融资产整体，并将收到的对价确认为一项金融负债。

第十八条 在继续确认被转移金融资产的情形下，金融资产转移所涉及的金融资产与所确认的相关金融负债不得相互抵销。在后续会计期间，企业应当继续确认该金融资产产生的收入（或利得）和该金融负债产生的费用（或损失），不得相互抵销。

第六章 继续涉入被转移金融资产的会计处理

第十九条 企业既没有转移也没有保留金融资产所有权上几乎所有风险和报酬，且保留了对该金融资产控制的，应当按照其继续涉入被转移金融资产的程度继续确认该被转移金融资产，并相应确认相关负债。被转移金融资产和相关负债应当在充分反映企业因金融资产转移所保留的权利和承担的义务的基础上进行计量。企业应当按照下列规定对相关负债进行计量：

（一）被转移金融资产以摊余成本计量的，相关负债的账面价值等于继续涉入被转移金融资产的账面价值减去企业保留的权利（如果企业因金融资产转移保留了相关权利）的摊余成本并加上企业承担的义务（如果企业因金融资产转移承担了相关义务）的摊余成本；相关负债不得指定为以公允价值计量且其变动计入当期损益的金融负债。

（二）被转移金融资产以公允价值计量的，相关负债的账面价值等于继续涉入被转移金融资产的账面价值减去企业保留的权利（如果企业因金融资产转移保留了相关权利）的公允价值并加上企业承担的义务（如果企业因金融资产转移承担了相关义务）的公允价值，该权利和义务的公允价值应为按独立基础计量时的公允价值。

第二十条 企业通过对被转移金融资产提供担保方式继续涉入的，应当在转移日按照金融资产的账面价值和担保金额两者的较低者，继续确认被转移金融资产，同时按照担保金额和担保合同的公允价值（通常是提供担保收到的对价）之和确认相关负债。担保金额，是指企业所收到的对价中，可被要求偿还的最高金额。

在后续会计期间，担保合同的初始确认金额应当随担保义务的履行进行摊销，计入当期损益。被转移金融资产发生减值的，计提的损失准备应从被转移金融资产的账面价值中抵减。

第二十一条 企业因持有看涨期权或签出看跌期权而继续涉入被转移金融资产，且该金融资产以摊余成本计量的，应当按照其可能回购的被转移金融资产的金额继续确认被转移金融资产，在转移日按照收到的对价确认相关负债。

被转移金融资产在期权到期日的摊余成本和相关负债初始确认金额之间的差额，应当采用实际利率法摊销，计入当期损益，同时调整相关负债的账面价值。相关期权行权的，应当在行权时，将相关负债的账面价值与行权价格之间的差额计入当期损益。

第二十二条 企业因持有看涨期权或签出看跌期权（或两者兼有，即上下限期权）而继续涉入被转移金融资产，且以公允价值计量该金融资产的，应当分别以下情形进行处理：

（一）企业因持有看涨期权而继续涉入被转移金融资产的，应当继续按照公允价值计量被转移金融资产，同时按照下列规定计量相关负债：

1. 该期权是价内或平价期权的，应当按照期权的行权价格扣除期权的时间价值后的金额，计量相关负债。

2. 该期权是价外期权的，应当按照被转移金融资产的公允价值扣除期权的时间价值后的金额，计量相关负债。

（二）企业因签出看跌期权形成的义务而继续涉入被转移金融资产的，应当按照该金融资产的公允价值和该期权行权价格两者的较低者，计量继续涉入形成的资产；同时，按照该期权的行权价格与时间价值之和，计量相关负债。

（三）企业因持有看涨期权和签出看跌期权（即上下限期权）而继续涉入被转移金融资产的，应当继续按照公允价值计量被转移金融资产，同时按照下列规定计量相关负债：

1. 该看涨期权是价内或平价期权的，应当按照看涨期权的行权价格和看跌期权的公允价值之和，扣除看涨期权的时间价值后的金额，计量相关负债。

2. 该看涨期权是价外期权的，应当按照被转移金融资产的公允价值和看跌期权的公允价值之和，扣除看涨期权的时间价值后的金额，计量相关负债。

第二十三条 企业采用基于被转移金融资产的现金结算期权或类似条款的形式继续涉入的，其会计处理方法与本准则第二十一条和第二十二条中规定的以非现金结算期权形式继续涉入的会计处理方法相同。

第二十四条 企业按继续涉入程度继续确认的被转移金融资产以及确认的相关负债不应当相互抵销。企业应当对继续确认的被转移金融资产确认所产生的收入（或利得），对相关负债确认所产生的费用（或损失），两者不得相互抵销。继续确认的被转移金融资产以公允价值计量的，在后续计量时对其公允价值变动应根据《企业会计准则第 22 号——金融工具确认和计量》第六十四条的规定进行确认，同时相关负债公允价值变动的确认应当与之保持一致，且两者不得相互抵销。

第二十五条 企业对金融资产的继续涉入仅限于金融资产一部分的，企业应当根据本准则第十六条的规定，按照转移日因继续涉入而继续确认部分和不再确认部分的相对公允价值，在两者之间分配金融资产的账面价值，并将下列两项金额的差额计入当期损益：

（一）分配至不再确认部分的账面金额（以转移日计量的为准）；

（二）不再确认部分所收到的对价。

如果涉及转移的金融资产为根据《企业会计准则第 22 号——金融工具确认和计量》第十八条分类为以公允价值计量且其变动计入其他综合收益的金融资产的，不再确认部分的金额对应的原计入其他综合收益的公允价值变动累计额计入当期损益。

第七章 向转入方提供非现金担保物的会计处理

第二十六条 企业向金融资产转入方提供了非现金担保物（如债务工具或权益工具投资等）的，企业（转出方）和转入方应当按照下列规定进行处理：

（一）转入方按照合同或惯例有权出售该担保物或将其再作为担保物的，企业应当将该非现金担保物在财务报表中单独列报。

（二）转入方已将该担保物出售的，转入方应当就归还担保物的义务，按照公允价值确认一项负债。

（三）除因违约丧失赎回担保物权利外，企业应当继续将担保物确认为一项资产。

企业因违约丧失赎回担保物权利的，应当终止确认该担保物；转入方应当将该担保物确认为一项资产，并以公允价值计量。转入方已出售该担保物的，应当终止确认归还担保物的义务。

第八章 衔接规定

第二十七条 在本准则施行日，企业仍继续涉入被转移金融资产的，应当按照《企业会计准则第 22 号——金融工具确认和计量》及本准则关于被转移金融资产确认和计量的相关规定进行追溯调整，再按照本准则的规定对其所确认的相关负债进行重新计量，并将相关影响按照与被转移金融资产一致的方式在本准则施行日进行调整。追溯调整不切实可行的除外。

第九章 附 则

第二十八条 本准则自 2018 年 1 月 1 日起施行。

企业会计准则第24号——套期会计

（2017年修订）

第一章 总 则

第一条 为了规范套期会计处理，根据《企业会计准则——基本准则》，制定本准则。

第二条 套期，是指企业为管理外汇风险、利率风险、价格风险、信用风险等特定风险引起的风险敞口，指定金融工具为套期工具，以使套期工具的公允价值或现金流量变动，预期抵销被套期项目全部或部分公允价值或现金流量变动的风险管理活动。

第三条 套期分为公允价值套期、现金流量套期和境外经营净投资套期。

公允价值套期，是指对已确认资产或负债、尚未确认的确定承诺，或上述项目组成部分的公允价值变动风险敞口进行的套期。该公允价值变动源于特定风险，且将影响企业的损益或其他综合收益。其中，影响其他综合收益的情形，仅限于企业对指定为以公允价值计量且其变动计入其他综合收益的非交易性权益工具投资的公允价值变动风险敞口进行的套期。

现金流量套期，是指对现金流量变动风险敞口进行的套期。该现金流量变动源于与已确认资产或负债、极可能发生的预期交易，或与上述项目组成部分有关的特定风险，且将影响企业的损益。

境外经营净投资套期，是指对境外经营净投资外汇风险敞口进行的套期。境外经营净投资，是指企业在境外经营净资产中的权益份额。

对确定承诺的外汇风险进行的套期，企业可以将其作为公允价值套期或现金流量套期处理。

第四条 对于满足本准则第二章和第三章规定条件的套期，企业可以运用套期会计方法进行处理。

套期会计方法，是指企业将套期工具和被套期项目产生的利得或损失在相同会计期间计入当期损益（或其他综合收益）以反映风险管理活动影响的方法。

第二章 套期工具和被套期项目

第五条 套期工具，是指企业为进行套期而指定的、其公允价值或现金流量变动预期可抵销被套期项目的公允价值或现金流量变动的金融工具，包括：

（一）以公允价值计量且其变动计入当期损益的衍生工具，但签出期权除外。企业只有在对购入期权（包括嵌入在混合合同中的购入期权）进行套期时，签出期权才可以作为套期工具。嵌入在混合合同中但未分拆的衍生工具不能作为单独的套期工具。

（二）以公允价值计量且其变动计入当期损益的非衍生金融资产或非衍生金融负债，但指定为以公允价值计量且其变动计入当期损益、且其自身信用风险变动引起的公允价值变动计入其他综合收益的金融负债除外。

企业自身权益工具不属于企业的金融资产或金融负债，不能作为套期工具。

第六条 对于外汇风险套期，企业可以将非衍生金融资产（选择以公允价值计量且其变动计入其他综合收益的非交易性权益工具投资除外）或非衍生金融负债的外汇风险成分指定为套期工具。

第七条 在确立套期关系时，企业应当将符合条件的金融工具整体指定为套期工具，但下列情形除外：

（一）对于期权，企业可以将期权的内在价值和时间价值分开，只将期权的内在价值变动指定为套期工具。

（二）对于远期合同，企业可以将远期合同的远期要素和即期要素分开，只将即期要素的价值变动指定为套期工具。

（三）对于金融工具，企业可以将金融工具的外汇基差单独分拆，只将排除外汇基差后的金融工具指定为套期工具。

（四）企业可以将套期工具的一定比例指定为套期工具，但不可以将套期工具剩余期限内某一时段的公允价值变动部分指定为套期工具。

第八条 企业可以将两项或两项以上金融工具（或其一定比例）的组合指定为套期工具（包括组合内的金融工具形成风险头寸相互抵销的情形）。

对于一项由签出期权和购入期权组成的期权（如利率上下限期权），或对于两项或两项以上金融工具（或其一定比例）的组合，其在指定日实质上相当于一项净签出期权的，不能将其指定为套期工具。只有在对购入期权（包括嵌入在混合合同中的购入期权）进行套期时，净签出期权才可以作为套期工具。

第九条 被套期项目，是指使企业面临公允价值或现金流量变动风险，且被指定为被套期对象的、能够可靠计量的项目。企业可以将下列单个项目、项目组合或其组成部分指定为被套期项目：

（一）已确认资产或负债。

（二）尚未确认的确定承诺。确定承诺，是指在未来某特定日期或期间，以约定价格交换特定数量资源、具有法律约束力的协议。

（三）极可能发生的预期交易。预期交易，是指尚未承诺但预期会发生的交易。

（四）境外经营净投资。

上述项目组成部分是指小于项目整体公允价值或现金流量变动的部分，企业只能将下列项目组成部分或其组合指定为被套期项目：

（一）项目整体公允价值或现金流量变动中仅由某一个或多个特定风险引起的公允价值或现金流量变动部分（风险成分）。根据在特定市场环境下的评估，该风险成分应当能够单独识别并可靠计量。风险成分也包括被套期项目公允价值或现金流量的变动仅高于或仅低于特定价格或其他变量的部分。

（二）一项或多项选定的合同现金流量。

（三）项目名义金额的组成部分，即项目整体金额或数量的特定部分，其可以是项目整体的一定比例部分，也可以是项目整体的某一层级部分。若某一层级部分包含提前还款权，且该提前还款权的公允价值受被套期风险变化影响的，企业不得将该层级指定为公允价值套期的被套期项目，但企业在计量被套期项目的公允价值时已包含该提前还款权影响的情况除外。

第十条 企业可以将符合被套期项目条件的风险敞口与衍生工具组合形成的汇总风险敞口指定为被套期项目。

第十一条 当企业出于风险管理目的对一组项目进行组合管理、且组合中的每一个项目（包括其组成部分）单独都属于符合条件的被套期项目时，可以将该项目组合指定为被套期项目。

在现金流量套期中，企业对一组项目的风险净敞口（存在风险头寸相互抵销的项目）进行套期时，仅可以将外汇风险净敞口指定为被套期项目，并且应当在套期指定中明确预期交易预计影响损益的报告期间，以及预期交易的性质和数量。

第十二条 企业将一组项目名义金额的组成部分指定为被套期项目时，应当分别满足下列条件：

（一）企业将一组项目的一定比例指定为被套期项目时，该指定应当与该企业的风险管理目标相一致。

（二）企业将一组项目的某一层级部分指定为被套期项目时，应当同时满足下列条件：

1. 该层级能够单独识别并可靠计量。

2. 企业的风险管理目标是对该层级进行套期。

3. 该层级所在的整体项目组合中的所有项目均面临相同的被套期风险。

4. 对于已经存在的项目（如已确认资产或负债、尚未确认的确定承诺）进行的套期，被套期层级所在的整体项目组合可识别并可追踪。

5. 该层级包含提前还款权的，应当符合本准则第九条项目名义金额的组成部分中的相关要求。

本准则所称风险管理目标，是指企业在某一特定套期关系层面上，确定如何指定套期工具和被套期项目，以及如何运用指定的套期工具对指定为被套期项目的特定风险敞口进行套期。

第十三条 如果被套期项目是净敞口为零的项目组合（即各项目之间的风险完全相互抵销），同时满足下列条件时，企业可以将该组项目指定在不含套期工具的套期关系中：

（一）该套期是风险净敞口滚动套期策略的一部分，在该策略下，企业定期对同类型的新的净敞口进行套期；

（二）在风险净敞口滚动套期策略整个过程中，被套期净敞口的规模会发生变化，当其不为零时，企业使用符合条件的套期工具对净敞口进行套期，并通常采用套期会计方法；

（三）如果企业不对净敞口为零的项目组合运用套期会计，将导致不一致的会计结果，因为不运用套期会计方法将不会确认在净敞口套期下确认的相互抵销的风险敞口。

第十四条 运用套期会计时，在合并财务报表层面，只有与企业集团之外的对手方之间交易形成的资产、负债、尚未确认的确定承诺或极可能发生的预期交易才能被指定为被套期项目；在合并财务报表层面，只有与企业集团之外的对手方签订的合同才能被指定为套期工具。对于同一企业集团内的主体之间的交易，在企业个别财务报表层面可以运用套期会计，在企业集团合并财务报表层面不得运用套期会计，但下列情形除外：

（一）在合并财务报表层面，符合《企业会计准则第 33 号——合并财务报表》规定的投资性主体与其以公允价值计量且其变动计入当期损益的子公司之间的交易，可以运用套期会计。

（二）企业集团内部交易形成的货币性项目的汇兑收益或损失，不能在合并财务报表中全额抵销的，企业可以在合并财务报表层面将该货币性项目的外汇风险指定为被套期项目。

（三）企业集团内部极可能发生的预期交易，按照进行此项交易的主体的记账本位币以外的货币标价，且相关的外汇风险将影响合并损益的，企业可以在合并财务报表层面将该外汇风险指定为被套期项目。

第三章 套期关系评估

第十五条 公允价值套期、现金流量套期或境外经营净投资套期同时满足下列条件的，才能运用本准则规定的套期会计方法进行处理：

（一）套期关系仅由符合条件的套期工具和被套期项目组成。

（二）在套期开始时，企业正式指定了套期工具和被套期项目，并准备了关于套期关系和企业从事套期的风险管理策略和风险管理目标的书面文件。该文件至少载明了套期工具、被套期项目、被套期风险的性质以及套期有效性评估方法（包括套期无效部分产生的原因分析以及套期比率确定方法）等内容。

（三）套期关系符合套期有效性要求。

套期有效性，是指套期工具的公允价值或现金流量变动能够抵销被套期风险引起的被套期项目公允价值或现金流量变动的程度。套期工具的公允价值或现金流量变动大于或小于被套期项目的公允价值或现金流量变动的部分为套期无效部分。

第十六条 套期同时满足下列条件的，企业应当认定套期关系符合套期有效性要求：

（一）被套期项目和套期工具之间存在经济关系。该经济关系使得套期工具和被套期项目的价值因面临相同的被套期风险而发生方向相反的变动。

（二）被套期项目和套期工具经济关系产生的价值变动中，信用风险的影响不占主导地位。

（三）套期关系的套期比率，应当等于企业实际套期的被套期项目数量与对其进行套期的套期工具实际数量之比，但不应当反映被套期项目和套期工具相对权重的失衡，这种失衡会导致套期无效，并可能产生与套期会计目标不一致的会计结果。例如，企业确定拟采用的套期比率是为了避免确认现金流量套期的套期无效部分，或是为了创造更多的被套期项目进行公允价值调整以达到增加使用公允价值会计的目的，可能会产生与套期会计目标不一致的会计结果。

第十七条 企业应当在套期开始日及以后期间持续地对套期关系是否符合套期有效性要求进行评估，尤其应当分析在套期剩余期限内预期将影响套期关系的套期无效部分产生的原因。企业至少应当在资产负债表日及相关情形发生重大变化将影响套期有效性要求时对套期关系进行评估。

第十八条 套期关系由于套期比率的原因而不再符合套期有效性要求，但指定该套期关系的风险管理目标没有改变的，企业应当进行套期关系再平衡。

本准则所称套期关系再平衡，是指对已经存在的套期关系中被套期项目或套期工具的数量进行调整，以使套期比率重新符合套期有效性要求。基于其他目的对被套期项目或套期工具所指定的数量进行变动，不构成本准则所称的套期关系再平衡。

企业在套期关系再平衡时，应当首先确认套期关系调整前的套期无效部分，并更新在套期剩余期限内预期将影响套期关系的套期无效部分产生原因的分析，同时相应更新套期关系的书面文件。

第十九条 企业发生下列情形之一的，应当终止运用套期会计：

（一）因风险管理目标发生变化，导致套期关系不再满足风险管理目标。

（二）套期工具已到期、被出售、合同终止或已行使。

（三）被套期项目与套期工具之间不再存在经济关系，或者被套期项目和套期工具经济关系产生的价值变动中，信用风险的影响开始占主导地位。

（四）套期关系不再满足本准则所规定的运用套期会计方法的其他条件。在适用套期关系再平衡的情况下，企业应当首先考虑套期关系再平衡，然后评估套期关系是否满足本准则所规定的运用套期会计方法的条件。

终止套期会计可能会影响套期关系的整体或其中一部分，在仅影响其中一部分时，剩余未受影响的部分仍适用套期会计。

第二十条 套期关系同时满足下列条件的，企业不得撤销套期关系的指定并由此终止套期关系：

（一）套期关系仍然满足风险管理目标；

（二）套期关系仍然满足本准则运用套期会计方法的其他条件。在适用套期关系再平衡的情况下，企业应当首先考虑套期关系再平衡，然后评估套期关系是否满足本准则所规定的运用套期会计方法的条件。

第二十一条 企业发生下列情形之一的，不作为套期工具已到期或合同终止处理：

（一）套期工具展期或被另一项套期工具替换，而且该展期或替换是企业书面文件所载明的风险管理目标的组成部分。

（二）由于法律法规或其他相关规定的要求，套期工具的原交易对手方变更为一个或多个清算交易对手方（例如清算机构或其他主体），以最终达成由同一中央交易对手方进行清算的目的。如果存在套期工具其他变更的，该变更应当仅限于达成此类替换交易对手方所必须的变更。

第四章 确认和计量

第二十二条 公允价值套期满足运用套期会计方法条件的，应当按照下列规定处理：

（一）套期工具产生的利得或损失应当计入当期损益。如果套期工具是对选择以公允价值计量且其变动计入其他综合收益的非交易性权益工具投资（或其组成部分）进行套期的，套期工具产生的利得或损失应当计入其他综合收益。

（二）被套期项目因被套期风险敞口形成的利得或损失应当计入当期损益，同时调整未以公允价值计量的已确认被套期项目的账面价值。被套期项目为按照《企业会计准则第 22 号——金融工具确认和计量》第十八条分类为以公允价值计量且其变动计入其他综合收益的金融资产（或其组成部分）的，其因被套期风险敞口形成的利得或损失应当计入当期损益，其账面价值已经按公允价值计量，不需要调整；被套期项目为企业选择以公允价值计量且其变动计入其他综合收益的非交易性权益工具投资（或其组成部分）的，其因被套期风险敞口形成的利得或损失应当计入其他综合收益，其账面价值已经按公允价值计量，不需要调整。

被套期项目为尚未确认的确定承诺（或其组成部分）的，其在套期关系指定后因被套期风险引起的公允价值累计变动额应当确认为一项资产或负债，相关的利得或损失应当计入各相关期间损益。当履行确定承诺而取得资产或承担负债时，应当调整该资产或负债的初始确认金额，以包括已确认的被套期项目的公允价值累计变动额。

第二十三条 公允价值套期中，被套期项目为以摊余成本计量的金融工具（或其组成部分）的，企业对被套期项目账面价值所作的调整应当按照开始摊销日重新计算的实际利率进行摊销，并计入当期损益。该摊销可以自调整日开始，但不应当晚于对被套期项目终止进行套期利得和损失调整的时点。被套期项目为按照《企业会计准则第 22 号——金融工具确认和计量》第十八条分类为以公允价值计量且其变动计入其他综合收益的金融资产（或其组成部分）的，企业应当按照相同的方式对累计已确认的套期利得或损失进行摊销，并计入当期损益，但不调整金融资产（或其组成部分）的账面价值。

第二十四条 现金流量套期满足运用套期会计方法条件的，应当按照下列规定处理：

（一）套期工具产生的利得或损失中属于套期有效的部分，作为现金流量套期储备，应当计入其他综合收益。现金流量套期储备的金额，应当按照下列两项的绝对额中较低者确定：

1. 套期工具自套期开始的累计利得或损失；

2. 被套期项目自套期开始的预计未来现金流量现值的累计变动额。

每期计入其他综合收益的现金流量套期储备的金额应当为当期现金流量套期储备的变动额。

（二）套期工具产生的利得或损失中属于套期无效的部分（即扣除计入其他综合收益后的其他利得或损失），应当计入当期损益。

第二十五条 现金流量套期储备的金额，应当按照下列规定处理：

（一）被套期项目为预期交易，且该预期交易使企业随后确认一项非金融资产或非金融负债的，或者非金融资产或非金融负债的预期交易形成一项适用于公允价值套期会计的确定承诺时，企业应当将原在其他综合收益中确认的现金流量套期储备金额转出，计入该资产或负债的初始确认金额。

（二）对于不属于本条（一）涉及的现金流量套期，企业应当在被套期的预期现金流量影响损益的相同期间，将原在其他综合收益中确认的现金流量套期储备金额转出，计入当期损益。

（三）如果在其他综合收益中确认的现金流量套期储备金额是一项损失，且该损失全部或部分预计在未来会计期间不能弥补的，企业应当在预计不能弥补时，将预计不能弥补的部分从其他综合收益中转出，计入当期损益。

第二十六条 当企业对现金流量套期终止运用套期会计时，在其他综合收益中确认的累计现金流量套期储备金额，应当按照下列规定进行处理：

（一）被套期的未来现金流量预期仍然会发生的，累计现金流量套期储备的金额应当予以保留，并按照本准则第二十五条的规定进行会计处理。

（二）被套期的未来现金流量预期不再发生的，累计现金流量套期储备的金额应当从其他综合收益中转出，计入当期损益。被套期的未来现金流量预期不再极可能发生但可能预期仍然会发生，在预期仍然会发生的情况下，累计现金流量套期储备的金额应当予以保留，并按照本准则第二十五条的规定进行会计处理。

第二十七条 对境外经营净投资的套期，包括对作为净投资的一部分进行会计处理的货币性项目的套期，应当按照类似于现金流量套期会计的规定处理：

（一）套期工具形成的利得或损失中属于套期有效的部分，应当计入其他综合收益。

全部或部分处置境外经营时，上述计入其他综合收益的套期工具利得或损失应当相应转出，计入当期损益。

（二）套期工具形成的利得或损失中属于套期无效的部分，应当计入当期损益。

第二十八条 企业根据本准则第十八条规定对套期关系作出再平衡的，应当在调整套期关系之前确定套期关系的套期无效部分，并将相关利得或损失计入当期损益。

套期关系再平衡可能会导致企业增加或减少指定套期关系中被套期项目或套期工具的数量。企业增加了指定的被套期项目或套期工具的，增加部分自指定增加之日起作为套期关系的一部分进行处理；企业减少了指定的被套期项目或套期工具的，减少部分自指定减少之日起不再作为套期关系的一部分，作为套期关系终止处理。

第二十九条 对于被套期项目为风险净敞口的套期，被套期风险影响利润表不同列报项目的，企业应当将相关套期利得或损失单独列报，不应当影响利润表中与被套期项目相关的损益列报项目金额（如营业收入或营业成本）。

对于被套期项目为风险净敞口的公允价值套期，涉及调整被套期各组成项目账面价值的，企业应当对各项资产和负债的账面价值做相应调整。

第三十条 除本准则第二十九条规定外，对于被套期项目为一组项目的公允价值套期，企业在套期关系存续期间，应当针对被套期项目组合中各组成项目，分别确认公允价值变动所引起的相关利得或损失，按照本准则第二十二条的规定进行相应处理，计入当期损益或其他综合收益。涉及调整被套期各组成项目账面价值的，企业应当对各项资产和负债的账面价值做相应调整。

除本准则第二十九条规定外，对于被套期项目为一组项目的现金流量套期，企业在将其他综合收益中确认的相关现金流量套期储备转出时，应当按照系统、合理的方法将转出金额在被套期各组成项目中分摊，并按照本准则第二十五条的规定进行相应处理。

第三十一条 企业根据本准则第七条规定将期权的内在价值和时间价值分开，只将期权的内在价值变动指定为套期工具时，应当区分被套期项目的性质是与交易相关还是与时间段相关。被套期项目与交易相关的，对其进行套期的期权时间价值具备交易成本的特征；被套期项目与时间段相关的，对其进行套期的期权时间价值具备为保护企业在特定时间段内规避风险所需支付成本的特征。企业应当根据被套期项目的性质分别进行以下会计处理：

（一）对于与交易相关的被套期项目，企业应当按照本准则第三十二条的规定，将期权时间价值的公允价值变动中与被套期项目相关的部分计入其他综合收益。对于在其他综合收益中确认的期权时间价值的公允价值累计变动额，应当按照本准则第二十五条规定的与现金流量套期储备金额相同的会计处理方法进行处理。

（二）对于与时间段相关的被套期项目，企业应当按照本准则第三十二条的规定，将期权时间价值的公允价值变动中与被套期项目相关的部分计入其他综合收益。同时，企业应当按照系统、合理的方法，将期权被指定为套期工具当日的时间价值中与被套期项目相关的部分，在套期关系影响损益或其他综合收益（仅限于企业对指定为以公允价值计量且其变动计入其他综合收益的非交易性权益工具投资的公允价值变动风险敞口进行的套期）的期间内摊销，摊销金额从其他综合收益中转出，计入当期损益。若企业终止运用套期会计，则其他综合收益中剩余的相关金额应当转出，计入当期损益。

期权的主要条款（如名义金额、期限和标的）与被套期项目相一致的，期权的实际时间价值与被套期项目相关；期权的主要条款与被套期项目不完全一致的，企业应当通过对主要条款与被套期项目完全一致的期权进行估值确定校准时间价值，并确认期权的实际时间价值中与被套期项目相关的部分。

第三十二条 在套期关系开始时，期权的实际时间价值高于校准时间价值的，企业应当以校准时间价值为基础，将其累计公允价值变动计入其他综合收益，并将这两个时间价值的公允价值变动差额计入当期损益；在套期关系开始时，期权的实际时间价值低于校准时间价值的，企业应当将两个时间价值中累计公允价值变动的较低者计入其他综合收益，如果实际时间价值的累计公允价值变动扣减累计计入其他综合收益金额后尚有剩余的，应当计入当期损益。

第三十三条 企业根据本准则第七条规定将远期合同的远期要素和即期要素分开、只将即期要素的价值变动指定为套期工具的，或者将金融工具的外汇基差单独分拆、只将排除外汇基差后的金融工具指定为套期工具的，可以按照与前述期权时间价值相同的处理方式对远期合同的远期要素或金融工具的外汇基差进行会计处理。

第五章　信用风险敞口的公允价值选择权

第三十四条 企业使用以公允价值计量且其变动计入当期损益的信用衍生工具管理金融工具（或其组成部分）的信用风险敞口时，可以在该金融工具（或其组成部分）初始确认时、后续计量中或尚未确认时，将其指定为以公允价值计量且其变动计入当期损益的金融工具，并同时作出书面记录，但应当同时满足下列条件：

（一）金融工具信用风险敞口的主体（如借款人或贷款承诺持有人）与信用衍生工具涉及的主体相一致；

（二）金融工具的偿付级次与根据信用衍生工具条款须交付的工具的偿付级次相一致。

上述金融工具（或其组成部分）被指定为以公允价值计量且其变动计入当期损益的金融工具的，企业应当在指定时将其账面价值（如有）与其公允价值之间的差额计入当期损益。如该金融工具是按照《企业会计准则第 22 号——金融工具确认和计量》第十八条分类为以公允价值计量且其变动计入其他综合收益的金融资产的，企业应当将之前计入其他综合收益的累计利得或损失转出，计入当期损益。

第三十五条 同时满足下列条件的，企业应当对按照本准则第三十四条规定的金融工具（或其一定比例）终止以公允价值计量且其变动计入当期损益：

（一）本准则第三十四条规定的条件不再适用，例如信用衍生工具或金融工具（或其一定比例）已到期、被出售、合同终止或已行使，或企业的风险管理目标发生变化，不再通过信用衍生工具进行风险管理。

（二）金融工具（或其一定比例）按照《企业会计准则第 22 号——金融工具确认和计量》的规定，仍然不满足以公允价值计量且其变动计入当期损益的金融工具的条件。

当企业对金融工具（或其一定比例）终止以公允价值计量且其变动计入当期损益时，

该金融工具（或其一定比例）在终止时的公允价值应当作为其新的账面价值。同时，企业应当采用与该金融工具被指定为以公允价值计量且其变动计入当期损益之前相同的方法进行计量。

第六章　衔接规定

第三十六条　本准则施行日之前套期会计处理与本准则要求不一致的，企业不作追溯调整，但本准则第三十七条所规定的情况除外。

在本准则施行日，企业应当按照本准则的规定对所存在的套期关系进行评估。在符合本准则规定的情况下可以进行再平衡，再平衡后仍然符合本准则规定的运用套期会计方法条件的，将其视为持续的套期关系，并将再平衡所产生的相关利得或损失计入当期损益。

第三十七条　下列情况下，企业应当按照本准则的规定，对在比较财务报表期间最早的期初已经存在的、以及在此之后被指定的套期关系进行追溯调整：

（一）企业将期权的内在价值和时间价值分开，只将期权的内在价值变动指定为套期工具。

（二）本准则第二十一条（二）规定的情形。

此外，企业将远期合同的远期要素和即期要素分开、只将即期要素的价值变动指定为套期工具的，或者将金融工具的外汇基差单独分拆、只将排除外汇基差后的金融工具指定为套期工具的，可以按照与本准则关于期权时间价值相同的处理方式对远期合同的远期要素和金融工具的外汇基差的会计处理进行追溯调整。如果选择追溯调整，企业应当对所有满足该选择条件的套期关系进行追溯调整。

第七章　附　则

第三十八条　本准则自 2018 年 1 月 1 日起施行。

企业会计准则第 25 号——原保险合同

第一章 总 则

第一条 为了规范保险人签发的原保险合同的确认、计量和相关信息的列报，根据《企业会计准则——基本准则》，制定本准则。

第二条 保险合同，是指保险人与投保人约定保险权利义务关系，并承担源于被保险人保险风险的协议。保险合同分为原保险合同和再保险合同。

原保险合同，是指保险人向投保人收取保费，对约定的可能发生的事故因其发生所造成的财产损失承担赔偿保险金责任，或者当被保险人死亡、伤残、疾病或者达到约定的年龄、期限时承担给付保险金责任的保险合同。

第三条 下列各项适用其他相关会计准则：

（一）保险人签发的原保险合同产生的损余物资等资产的减值，适用《企业会计准则第 1 号——存货》。

（二）保险人向投保人签发的承担保险风险以外的其他风险的合同，适用《企业会计准则第 22 号——金融工具确认和计量》和《企业会计准则第 37 号——金融工具列报》。

（三）保险人签发、持有的再保险合同，适用《企业会计准则第 26 号——再保险合同》。

第二章 原保险合同的确定

第四条 保险人与投保人签订的合同是否属于原保险合同，应当在单项合同的基础上，根据合同条款判断保险人是否承担了保险风险。发生保险事故可能导致保险人承担赔付保险金责任的，应当确定保险人承担了保险风险。保险事故，是指保险合同约定的保险责任范围内的事故。

第五条 保险人与投保人签订的合同，使保险人既承担保险风险又承担其他风险的，应当分别下列情况进行处理：

（一）保险风险部分和其他风险部分能够区分，并且能够单独计量的，可以将保险风险部分和其他风险部分进行分拆。保险风险部分，确定为原保险合同；其他风险部分，不确定为原保险合同。

（二）保险风险部分和其他风险部分不能够区分，或者虽能够区分但不能够单独计量的，应当将整个合同确定为原保险合同。

第六条 保险人应当根据在原保险合同延长期内是否承担赔付保险金责任，将原保险合同分为寿险原保险合同和非寿险原保险合同。

在原保险合同延长期内承担赔付保险金责任的，应当确定为寿险原保险合同；在原保险合同延长期内不承担赔付保险金责任的，应当确定为非寿险原保险合同。

原保险合同延长期，是指投保人自上一期保费到期日未交纳保费，保险人仍承担赔付保险金责任的期间。

第三章 原保险合同收入

第七条 保费收入同时满足下列条件的，才能予以确认：

（一）原保险合同成立并承担相应保险责任；

（二）与原保险合同相关的经济利益很可能流入；

（三）与原保险合同相关的收入能够可靠地计量。

第八条 保险人应当按照下列规定计算确定保费收入金额：

（一）对于非寿险原保险合同，应当根据原保险合同约定的保费总额确定。

（二）对于寿险原保险合同，分期收取保费的，应当根据当期应收取的保费确定；一次性收取保费的，应当根据一次性应收取的保费确定。

第九条 原保险合同提前解除的，保险人应当按照原保险合同约定计算确定应退还投保人的金额，作为退保费，计入当期损益。

第四章 原保险合同准备金

第十条 原保险合同准备金包括未到期责任准备金、未决赔款准备金、寿险责任准备金和长期健康险责任准备金。

未到期责任准备金，是指保险人为尚未终止的非寿险保险责任提取的准备金。

未决赔款准备金，是指保险人为非寿险保险事故已发生尚未结案的赔案提取的准备金。

寿险责任准备金，是指保险人为尚未终止的人寿保险责任提取的准备金。

长期健康险责任准备金，是指保险人为尚未终止的长期健康保险责任提取的准备金。

第十一条 保险人应当在确认非寿险保费收入的当期，按照保险精算确定的金额，提取未到期责任准备金，作为当期保费收入的调整，并确认未到期责任准备金负债。

保险人应当在资产负债表日，按照保险精算重新计算确定的未到期责任准备金金额与已提取的未到期责任准备金余额的差额，调整未到期责任准备金余额。

第十二条 保险人应当在非寿险保险事故发生的当期，按照保险精算确定的金额，提取未决赔款准备金，并确认未决赔款准备金负债。未决赔款准备金包括已发生已报案未决赔款准备金、已发生未报案未决赔款准备金和理赔费用准备金。

已发生已报案未决赔款准备金，是指保险人为非寿险保险事故已发生并已向保险人提出索赔、尚未结案的赔案提取的准备金。

已发生未报案未决赔款准备金，是指保险人为非寿险保险事故已发生、尚未向保险人提出索赔的赔案提取的准备金。

理赔费用准备金，是指保险人为非寿险保险事故已发生尚未结案的赔案可能发生的律师费、诉讼费、损失检验费、相关理赔人员薪酬等费用提取的准备金。

第十三条 保险人应当在确认寿险保费收入的当期，按照保险精算确定的金额，提取寿险责任准备金、长期健康险责任准备金，并确认寿险责任准备金、长期健康险责任准备金负债。

第十四条 保险人至少应当于每年年度终了，对未决赔款准备金、寿险责任准备金、长期健康险责任准备金进行充足性测试。

保险人按照保险精算重新计算确定的相关准备金金额超过充足性测试日已提取的相关准备金余额的，应当按照其差额补提相关准备金；保险人按照保险精算重新计算确定的相关准备金金额小于充足性测试日已提取的相关准备金余额的，不调整相关准备金。

第十五条 原保险合同提前解除的，保险人应当转销相关未到期责任准备金、寿险责任准备金、长期健康险责任准备金余额，计入当期损益。

第五章 原保险合同成本

第十六条 原保险合同成本，是指原保险合同发生的、会导致所有者权益减少的、与向所有者分配利润无关的经济利益的总流出。原保险合同成本主要包括发生的手续费或佣金支出、赔付成本，以及提取的未决赔款准备金、寿险责任准备金、长期健康险责任准备金等。

赔付成本包括保险人支付的赔款、给付，以及在理赔过程中发生的律师费、诉讼费、损失检验费、相关理赔人员薪酬等理赔费用。

第十七条 保险人在取得原保险合同过程中发生的手续费、佣金，应当在发生时计入当期损益。

第十八条 保险人按照保险精算确定提取的未决赔款准备金、寿险责任准备金、长期健康险责任准备金，计入当期损益。

保险人应当在确定支付赔付款项金额的当期，按照确定支付的赔付款项金额，计入当期损益；同时，冲减相应的未决赔款准备金、寿险责任准备金、长期健康险责任准备金余额。

保险人应当在实际发生理赔费用的当期，按照实际发生的理赔费用金额，计入当期损益；同时，冲减相应的未决赔款准备金、寿险责任准备金、长期健康险责任准备金余额。

第十九条 保险人按照充足性测试补提的未决赔款准备金、寿险责任准备金、长期健康险责任准备金，计入当期损益。

第二十条 保险人承担赔偿保险金责任取得的损余物资，应当按照同类或类似资产的市场价格计算确定的金额确认为资产，并冲减当期赔付成本。

处置损余物资时，保险人应当按照收到的金额与相关损余物资账面价值的差额，调整当期赔付成本。

第二十一条 保险人承担赔付保险金责任应收取的代位追偿款，同时满足下列条件的，应当确认为应收代位追偿款，并冲减当期赔付成本：

（一）与该代位追偿款有关的经济利益很可能流入；

（二）该代位追偿款的金额能够可靠地计量。

收到应收代位追偿款时，保险人应当按照收到的金额与相关应收代位追偿款账面价值的差额，调整当期赔付成本。

第六章 列 报

第二十二条 保险人应当在资产负债表中单独列示与原保险合同有关的下列项目：

（一）未到期责任准备金；

（二）未决赔款准备金；

（三）寿险责任准备金；

（四）长期健康险责任准备金。

第二十三条 保险人应当在利润表中单独列示与原保险合同有关的下列项目：

（一）保费收入；

（二）退保费；

（三）提取未到期责任准备金；

（四）已赚保费；

（五）手续费支出；

（六）赔付成本；

（七）提取未决赔款准备金；

（八）提取寿险责任准备金；

（九）提取长期健康险责任准备金。

第二十四条 保险人应当在附注中披露与原保险合同有关的下列信息：

（一）代位追偿款的有关情况。
（二）损余物资的有关情况。
（三）各项准备金的增减变动情况。
（四）提取各项准备金及进行准备金充足性测试的主要精算假设和方法。

企业会计准则第 26 号——再保险合同

第一章 总 则

第一条 为了规范再保险合同的确认、计量和相关信息的列报，根据《企业会计准则——基本准则》，制定本准则。

第二条 再保险合同，是指一个保险人（再保险分出人）分出一定的保费给另一个保险人（再保险接受人），再保险接受人对再保险分出人由原保险合同所引起的赔付成本及其他相关费用进行补偿的保险合同。

第三条 本准则适用于保险人签发、持有的再保险合同。

保险人将分入的再保险业务转分给其他保险人而签订的转分保合同，比照本准则处理。

第四条 保险人签发的原保险合同，适用《企业会计准则第 25 号——原保险合同》。

第二章 分出业务的会计处理

第五条 再保险分出人不应当将再保险合同形成的资产与有关原保险合同形成的负债相互抵销。

再保险分出人不应当将再保险合同形成的收入或费用与有关原保险合同形成的费用或收入相互抵销。

第六条 再保险分出人应当在确认原保险合同保费收入的当期，按照相关再保险合同的约定，计算确定分出保费，计入当期损益；同时，原保险合同为非寿险原保险合同的，再保险分出人还应当按照相关再保险合同的约定，计算确认相关的应收分保未到期责任准备金资产，并冲减提取未到期责任准备金。

再保险分出人应当在资产负债表日调整原保险合同未到期责任准备金余额时，相应调整应收分保未到期责任准备金余额。

第七条 再保险分出人应当在确认原保险合同保费收入的当期，按照相关再保险合同的约定，计算确定应向再保险接受人摊回的分保费用，计入当期损益。

第八条 再保险分出人应当在提取原保险合同未决赔款准备金、寿险责任准备金、长期健康险责任准备金的当期，按照相关再保险合同的约定，计算确定应向再保险接受人摊回的相应准备金，确认为相应的应收分保准备金资产。

第九条 再保险分出人应当在确定支付赔付款项金额或实际发生理赔费用而冲减原保险合同相应准备金余额的当期，冲减相应的应收分保准备金余额；同时，按照相关再保险合同的约定，计算确定应向再保险接受人摊回的赔付成本，计入当期损益。

第十条 再保险分出人应当在原保险合同提前解除的当期，按照相关再保险合同的约定，计算确定分出保费、摊回分保费用的调整金额，计入当期损益；同时，转销相关应收分保准备金余额。

第十一条 再保险分出人应当在因取得和处置损余物资、确认和收到应收代位追偿款等而调整原保险合同赔付成本的当期，按照相关再保险合同的约定，计算确定摊回赔付成本的调整金额，计入当期损益。

第十二条 再保险分出人应当在发出分保业务账单时，将账单标明的扣存本期分保保证金确认为存入分保保证金；同时，按照账单标明的返还上期扣存分保保证金转销相关存入分保保证金。

再保险分出人应当根据相关再保险合同的约定，按期计算存入分保保证金利息，计入当期损益。

第十三条 再保险分出人应当根据相关再保险合同的约定，在能够计算确定应向再保险接受人收取的纯益手续费时，将该项纯益手续费作为摊回分保费用，计入当期损益。

第十四条 对于超额赔款再保险等非比例再保险合同，再保险分出人应当根据再保险合同的约定，计算确定分出保费，计入当期损益。

再保险分出人调整分出保费时，应当将调整金额计入当期损益。

再保险分出人应当在能够计算确定应向再保险接受人摊回的赔付成本时，将该项应摊回的赔付成本计入当期损益。

第三章 分入业务的会计处理

第十五条 分保费收入同时满足下列条件的，才能予以确认：

（一）再保险合同成立并承担相应保险责任；

（二）与再保险合同相关的经济利益很可能流入；

（三）与再保险合同相关的收入能够可靠地计量。

再保险接受人应当根据相关再保险合同的约定，计算确定分保费收入金额。

第十六条 再保险接受人应当在确认分保费收入的当期，根据相关再保险合同的约定，计算确定分保费用，计入当期损益。

第十七条 再保险接受人应当根据相关再保险合同的约定，在能够计算确定应向再保险分出人支付的纯益手续费时，将该项纯益手续费作为分保费用，计入当期损益。

第十八条 再保险接受人应当在收到分保业务账单时，按照账单标明的金额对相关分保费收入、分保费用进行调整，调整金额计入当期损益。

第十九条 再保险接受人提取分保未到期责任准备金、分保未决赔款准备金、分保寿险责任准备金、分保长期健康险责任准备金，以及进行相关分保准备金充足性测试，比照《企业会计准则第 25 号——原保险合同》的相关规定处理。

第二十条 再保险接受人应当在收到分保业务账单的当期，按照账单标明的分保赔付款项金额，作为分保赔付成本，计入当期损益；

同时，冲减相应的分保准备金余额。

第二十一条 再保险接受人应当在收到分保业务账单时，将账单标明的扣存本期分保保证金确认为存出分保保证金；同时，按照账单标明的返还上期扣存分保保证金转销相关存出分保保证金。

再保险接受人应当根据相关再保险合同的约定，按期计算存出分保保证金利息，计入当期损益。

第四章 列 报

第二十二条 保险人应当在资产负债表中单独列示与再保险合同有关的下列项目：

（一）应收分保账款；

（二）应收分保未到期责任准备金；

（三）应收分保未决赔款准备金；

（四）应收分保寿险责任准备金；

（五）应收分保长期健康险责任准备金；

（六）应付分保账款。

第二十三条 保险人应当在利润表中单独列示与再保险合同有关的下列项目：

（一）分保费收入；

（二）分出保费；

（三）摊回分保费用；
（四）分保费用；
（五）摊回赔付成本；
（六）分保赔付成本；
（七）摊回未决赔款准备金；
（八）摊回寿险责任准备金；
（九）摊回长期健康险责任准备金。

第二十四条 保险人应当在附注中披露与再保险合同有关的下列信息：

（一）分入业务各项分保准备金的增减变动情况。

（二）分入业务提取各项分保准备金及进行分保准备金充足性测试的主要精算假设和方法。

企业会计准则第 27 号——石油天然气开采

第一章　总　则

第一条　为了规范石油天然气（以下简称油气）开采活动的会计处理和相关信息的披露，根据《企业会计准则——基本准则》，制定本准则。

第二条　油气开采活动包括矿区权益的取得以及油气的勘探、开发和生产等阶段。

第三条　油气开采活动以外的油气储存、集输、加工和销售等业务的会计处理，适用其他相关会计准则。

第二章　矿区权益的会计处理

第四条　矿区权益，是指企业取得的在矿区内勘探、开发和生产油气的权利。

矿区权益分为探明矿区权益和未探明矿区权益。探明矿区，是指已发现探明经济可采储量的矿区；未探明矿区，是指未发现探明经济可采储量的矿区。

探明经济可采储量，是指在现有技术和经济条件下，根据地质和工程分析，可合理确定的能够从已知油气藏中开采的油气数量。

第五条　为取得矿区权益而发生的成本应当在发生时予以资本化。企业取得的矿区权益，应当按照取得时的成本进行初始计量：

（一）申请取得矿区权益的成本包括探矿权使用费、采矿权使用费、土地或海域使用权支出、中介费以及可直接归属于矿区权益的其他申请取得支出。

（二）购买取得矿区权益的成本包括购买价款、中介费以及可直接归属于矿区权益的其他购买取得支出。

矿区权益取得后发生的探矿权使用费、采矿权使用费和租金等维持矿区权益的支出，应当计入当期损益。

第六条　企业应当采用产量法或年限平均法对探明矿区权益计提折耗。采用产量法计提折耗的，折耗额可按照单个矿区计算，也可按照若干具有相同或类似地质构造特征或储层条件的相邻矿区所组成的矿区组计算。计算公式如下：

$$\text{探明矿区权益折耗额}=\text{探明矿区权益账面价值}\times\text{探明矿区权益折耗率}$$

$$\text{探明矿区权益折耗率}=\text{探明矿区当期产量}/(\text{探明矿区期末探明经济可采储量}+\text{探明矿区当期产量})$$

第七条　企业对于矿区权益的减值，应当分别不同情况确认减值损失：

（一）探明矿区权益的减值，按照《企业会计准则第 8 号——资产减值》处理。

（二）对于未探明矿区权益，应当至少每年进行一次减值测试。

单个矿区取得成本较大的，应当以单个矿区为基础进行减值测试，并确定未探明矿区权益减值金额。单个矿区取得成本较小且与其他相邻矿区具有相同或类似地质构造特征或储层条件的，可按照若干具有相同或类似地质构造特征或储层条件的相邻矿区所组成的矿区组进行减值测试。

未探明矿区权益公允价值低于账面价值的差额，应当确认为减值损失，计入当期损益。未探明矿区权益减值损失一经确认，不得转回。

第八条　企业转让矿区权益的，应当按照下列规定进行处理：

（一）转让全部探明矿区权益的，将转让所得与矿区权益账面价值的差额计入当期损益。

转让部分探明矿区权益的，按照转让权益和保留权益的公允价值比例，计算确定已转让部分矿区权益账面价值，转让所得与已转让矿区权益账面价值的差额计入当期损益。

（二）转让单独计提减值准备的全部未探明矿区权益的，转让所得与未探明矿区权益账面价值的差额，计入当期损益。

转让单独计提减值准备的部分未探明矿区权益的，如果转让所得大于矿区权益账面价值，将其差额计入当期损益；如果转让所得小于矿区权益账面价值，以转让所得冲减矿区权益账面价值，不确认损益。

（三）转让以矿区组为基础计提减值准备的未探明矿区权益的，如果转让所得大于矿区权益账面原值，将其差额计入当期损益；如果转让所得小于矿区权益账面原值，以转让所得冲减矿区权益账面原值，不确认损益。

转让该矿区组最后一个未探明矿区的剩余矿区权益时，转让所得与未探明矿区权益账面价值的差额，计入当期损益。

第九条 未探明矿区（组）内发现探明经济可采储量而将未探明矿区（组）转为探明矿区（组）的，应当按照其账面价值转为探明矿区权益。

第十条 未探明矿区因最终未能发现探明经济可采储量而放弃的，应当按照放弃时的账面价值转销未探明矿区权益并计入当期损益。因未完成义务工作量等因素导致发生的放弃成本，计入当期损益。

第三章 油气勘探的会计处理

第十一条 油气勘探，是指为了识别勘探区域或探明油气储量而进行的地质调查、地球物理勘探、钻探活动以及其他相关活动。

第十二条 油气勘探支出包括钻井勘探支出和非钻井勘探支出。

钻井勘探支出主要包括钻探区域探井、勘探型详探井、评价井和资料井等活动发生的支出；非钻井勘探支出主要包括进行地质调查、地球物理勘探等活动发生的支出。

第十三条 钻井勘探支出在完井后，确定该井发现了探明经济可采储量的，应当将钻探该井的支出结转为井及相关设施成本。

确定该井未发现探明经济可采储量的，应当将钻探该井的支出扣除净残值后计入当期损益。

确定部分井段发现了探明经济可采储量的，应当将发现探明经济可采储量的有效井段的钻井勘探支出结转为井及相关设施成本，无效井段钻井勘探累计支出转入当期损益。

未能确定该探井是否发现探明经济可采储量的，应当在完井后一年内将钻探该井的支出予以暂时资本化。

第十四条 在完井一年时仍未能确定该探井是否发现探明经济可采储量，同时满足下列条件的，应当将钻探该井的资本化支出继续暂时资本化，否则应当计入当期损益：

（一）该井已发现足够数量的储量，但要确定其是否属于探明经济可采储量，还需要实施进一步的勘探活动；

（二）进一步的勘探活动已在实施中或已有明确计划并即将实施。

钻井勘探支出已费用化的探井又发现了探明经济可采储量的，已费用化的钻井勘探支出不作调整，重新钻探和完井发生的支出应当予以资本化。

第十五条 非钻井勘探支出于发生时计入当期损益。

第四章 油气开发的会计处理

第十六条 油气开发，是指为了取得探明矿区中的油气而建造或更新井及相关设施的活动。

第十七条 油气开发活动所发生的支出，应当根据其用途分别予以资本化，作为油气开发形成的井及相关设施的成本。

油气开发形成的井及相关设施的成本主要包括：

（一）钻前准备支出，包括前期研究、工程地质调查、工程设计、确定井位、清理井场、修建道路等活动发生的支出；

（二）井的设备购置和建造支出，井的设备包括套管、油管、抽油设备和井口装置等，井的建造包括钻井和完井；

（三）购建提高采收率系统发生的支出；

（四）购建矿区内集输设施、分离处理设施、计量设备、储存设施、各种海上平台、海底及陆上电缆等发生的支出。

第十八条 在探明矿区内，钻井至现有已探明层位的支出，作为油气开发支出；为获取新增探明经济可采储量而继续钻至未探明层位的支出，作为钻井勘探支出，按照本准则第十三条和第十四条处理。

第五章 油气生产的会计处理

第十九条 油气生产，是指将油气从油气藏提取到地表以及在矿区内收集、拉运、处理、现场储存和矿区管理等活动。

第二十条 油气的生产成本包括相关矿区权益折耗、井及相关设施折耗、辅助设备及设施折旧以及操作费用等。操作费用包括油气生产和矿区管理过程中发生的直接和间接费用。

第二十一条 企业应当采用产量法或年限平均法对井及相关设施计提折耗。井及相关设施包括确定发现了探明经济可采储量的探井和开采活动中形成的井，以及与开采活动直接相关的各种设施。采用产量法计提折耗的，折耗额可按照单个矿区计算，也可按照若干具有相同或类似地质构造特征或储层条件的相邻矿区所组成的矿区组计算。计算公式如下：

$$\text{矿区井及相关设施折耗额}=\frac{\text{期末矿区井及相关设施账面价值}}{}\times\text{矿区井及相关设施折耗率}$$

$$\text{矿区井及相关设施折耗率}=\text{矿区当期产量}/(\text{矿区期末探明已开发经济可采储量}+\text{矿区当期产量})$$

探明已开发经济可采储量，包括矿区的开发井网钻探和配套设施建设完成后已全面投入开采的探明经济可采储量，以及在提高采收率技术所需的设施已建成并已投产后相应增加的可采储量。

第二十二条 地震设备、建造设备、车辆、修理车间、仓库、供应站、通讯设备、办公设施等辅助设备及设施，应当按照《企业会计准则第 4 号——固定资产》处理。

第二十三条 企业承担的矿区废弃处置义务，满足《企业会计准则第 13 号——或有事项》中预计负债确认条件的，应当将该义务确认为预计负债，并相应增加井及相关设施的账面价值。

不符合预计负债确认条件的，在废弃时发生的拆卸、搬移、场地清理等支出，应当计入当期损益。

矿区废弃，是指矿区内的最后一口井停产。

第二十四条 井及相关设施、辅助设备及设施的减值，应当按照《企业会计准则第 8 号——资产减值》处理。

第六章 披 露

第二十五条 企业应当在附注中披露与石油天然气开采活动有关的下列信息：

（一）拥有国内和国外的油气储量年初、年末数据。

（二）当期在国内和国外发生的矿区权益的取得、油气勘探和油气开发各项支出的总额。

（三）探明矿区权益、井及相关设施的账面原值，累计折耗和减值准备累计金额及其计提方法；与油气开采活动相关的辅助设备及设施的账面原价，累计折旧和减值准备累计金额及其计提方法。

《企业会计准则第 27 号——石油天然气开采》应用指南

一、矿区的划分

矿区，是指企业进行油气开采活动所划分的区域或独立的开发单元。矿区的划分是计提油气资产折耗、进行减值测试等的基础。矿区的划分应当遵循以下原则：

（一）一个油气藏可作为一个矿区；

（二）若干相临且地质构造或储层条件相同或相近的油气藏可作为一个矿区；

（三）一个独立集输计量系统为一个矿区；

（四）一个大的油气藏分为几个独立集输系统并分别进行计量的，可分为几个矿区；

（五）采用重大新型采油技术并实行工业化推广的区域可作为一个矿区；

（六）在同一地理区域内不得将分属不同国家的作业区划分在同一个矿区或矿区组内。

二、钻井勘探支出的处理采用成果法

根据本准则第十三、十四和十五条规定，对于钻井勘探支出的资本化应当采用成果法，即只有发现了探明经济可采储量的钻井勘探支出才能资本化，结转为井及相关设施成本，否则计入当期损益。

三、油气资产及其折耗

（一）油气资产，是指油气开采企业所拥有或控制的井及相关设施和矿区权益。油气资产属于递耗资产。递耗资产是指通过开采、采伐、利用而逐渐耗竭，以致无法恢复或难以恢复、更新或按原样重置的自然资源，如矿藏等。开采油气所必需的辅助设备和设施（如房屋、机器等），作为一般固定资产管理，适用《企业会计准则第 4 号——固定资产》。

（二）油气资产的折耗，是指油气资产随着当期开发进展而逐渐转移到所开采产品（油气）成本中的价值。本准则第六条和第二十一条规定，企业应当采用产量法或年限平均法对油气资产计提折耗。

1. 产量法，又称单位产量法。该方法是以单位产量为基础对探明矿区权益的取得成本和井及相关设施成本计提折耗。采用该方法对油气资产计提折耗时，矿区权益应以探明经济可采储量为基础，井及相关设施以探明已开发经济可采储量为基础。

2. 年限平均法，又称直线法。该方法将油气资产成本均衡地分摊到各会计期间。采用该方法计算的每期油气资产折耗金额相等。企业采用的油气资产折耗方法，一经确定，不得随意变更。

未探明矿区权益不计提折耗。

四、弃置义务

根据本准则第二十三条规定，在确认井及相关设施成本时，弃置义务应当以矿区为基础进行预计，主要涉及井及相关设施的弃置、拆移、填埋、清理和恢复生态环境等所发生的支出。

五、未探明矿区权益的减值

根据本准则第七条（二）规定，未探明矿区权益应当至少每年进行一次减值测试。按照单个矿区进行减值测试的，其公允价值低于账面价值的，应当将其账面价值减记至公允价值，减记的金额确认为油气资产减值损失；按照矿区组进行减值测试并计提减值准备的，确认的减值损失不分摊至单个矿区权益的账面价值。

企业会计准则第 28 号——会计政策、会计估计变更和差错更正

第一章 总 则

第一条 为了规范企业会计政策的应用，会计政策、会计估计变更和前期差错更正的确认、计量和相关信息的披露，根据《企业会计准则——基本准则》，制定本准则。

第二条 会计政策变更和前期差错更正的所得税影响，适用《企业会计准则第 18 号——所得税》。

第二章 会计政策

第三条 企业应当对相同或者相似的交易或者事项采用相同的会计政策进行处理。但是，其他会计准则另有规定的除外。

会计政策，是指企业在会计确认、计量和报告中所采用的原则、基础和会计处理方法。

第四条 企业采用的会计政策，在每一会计期间和前后各期应当保持一致，不得随意变更。但是，满足下列条件之一的，可以变更会计政策：

（一）法律、行政法规或者国家统一的会计制度等要求变更。

（二）会计政策变更能够提供更可靠、更相关的会计信息。

第五条 下列各项不属于会计政策变更：

（一）本期发生的交易或者事项与以前相比具有本质差别而采用新的会计政策。

（二）对初次发生的或不重要的交易或者事项采用新的会计政策。

第六条 企业根据法律、行政法规或者国家统一的会计制度等要求变更会计政策的，应当按照国家相关会计规定执行。

会计政策变更能够提供更可靠、更相关的会计信息的，应当采用追溯调整法处理，将会计政策变更累积影响数调整列报前期最早期初留存收益，其他相关项目的期初余额和列报前期披露的其他比较数据也应当一并调整，但确定该项会计政策变更累积影响数不切实可行的除外。

追溯调整法，是指对某项交易或事项变更会计政策，视同该项交易或事项初次发生时即采用变更后的会计政策，并以此对财务报表相关项目进行调整的方法。

会计政策变更累积影响数，是指按照变更后的会计政策对以前各期追溯计算的列报前期最早期初留存收益应有金额与现有金额之间的差额。

第七条 确定会计政策变更对列报前期影响数不切实可行的，应当从可追溯调整的最早期间期初开始应用变更后的会计政策。

在当期期初确定会计政策变更对以前各期累积影响数不切实可行的，应当采用未来适用法处理。

未来适用法，是指将变更后的会计政策应用于变更日及以后发生的交易或者事项，或者在会计估计变更当期和未来期间确认会计估计变更影响数的方法。

第三章 会计估计变更

第八条 企业据以进行估计的基础发生了变化，或者由于取得新信息、积累更多经验以及后来的发展变化，可能需要对会计估计进行修订。会计估计变更的依据应当真实、可靠。

会计估计变更，是指由于资产和负债的当前状况及预期经济利益和义务发生了变化，

从而对资产或负债的账面价值或者资产的定期消耗金额进行调整。

第九条 企业对会计估计变更应当采用未来适用法处理。

会计估计变更仅影响变更当期的，其影响数应当在变更当期予以确认；既影响变更当期又影响未来期间的，其影响数应当在变更当期和未来期间予以确认。

第十条 企业难以对某项变更区分为会计政策变更或会计估计变更的，应当将其作为会计估计变更处理。

第四章 前期差错更正

第十一条 前期差错，是指由于没有运用或错误运用下列两种信息，而对前期财务报表造成省略漏或错报。

（一）编报前期财务报表时预期能够取得并加以考虑的可靠信息。

（二）前期财务报告批准报出时能够取得的可靠信息。

前期差错通常包括计算错误、应用会计政策错误、疏忽或曲解事实以及舞弊产生的影响以及存货、固定资产盘盈等。

第十二条 企业应当采用追溯重述法更正重要的前期差错，但确定前期差错累积影响数不切实可行的除外。

追溯重述法，是指在发现前期差错时，视同该项前期差错从未发生过，从而对财务报表相关项目进行更正的方法。

第十三条 确定前期差错影响数不切实可行的，可以从可追溯重述的最早期间开始调整留存收益的期初余额，财务报表其他相关项目的期初余额也应当一并调整，也可以采用未来适用法。

第十四条 企业应当在重要的前期差错发现当期的财务报表中，调整前期比较数据。

第五章 披　露

第十五条 企业应当在附注中披露与会计政策变更有关的下列信息：

（一）会计政策变更的性质、内容和原因。

（二）当期和各个列报前期财务报表中受影响的项目名称和调整金额。

（三）无法进行追溯调整的，说明该事实和原因以及开始应用变更后的会计政策的时点、具体应用情况。

第十六条 企业应当在附注中披露与会计估计变更有关的下列信息：

（一）会计估计变更的内容和原因。

（二）会计估计变更对当期和未来期间的影响数。

（三）会计估计变更的影响数不能确定的，披露这一事实和原因。

第十七条 企业应当在附注中披露与前期差错更正有关的下列信息：

（一）前期差错的性质。

（二）各个列报前期财务报表中受影响的项目名称和更正金额。

（三）无法进行追溯重述的，说明该事实和原因以及对前期差错开始进行更正的时点、具体更正情况。

第十八条 在以后期间的财务报表中，不需要重复披露在以前期间的附注中已披露的会计政策变更和前期差错更正的信息。

《企业会计准则第 28 号——会计政策、会计估计变更和差错更正》应用指南

一、会计政策和会计估计的确定

企业应当根据本准则的规定，结合本企业的实际情况，确定会计政策和会计估计，经股东大会或董事会、经理（厂长）会议或类似机构批准，按照法律、行政法规等的规定报送有关各方备案。

企业的会计政策和会计估计一经确定，不得随意变更。如需变更，应重新履行上述程序，并按本准则的规定处理。

二、会计政策及其变更

根据本准则第三条规定，会计政策是指企业在会计确认、计量和报告中所采用的原则、基础和会计处理方法。企业采用的会计计量基础也属于会计政策。

（一）实务中某项交易或者事项的会计处理，具体会计准则或应用指南未作规范的，应当根据《企业会计准则——基本准则》规定的原则、基础和方法进行处理；待作出具体规定时，从其规定。

（二）会计政策变更采用追溯调整法的，应当将会计政策变更的累积影响数调整期初留存收益。留存收益包括当年和以前年度的未分配利润和按照相关法律规定提取并累积的盈余公积。调整期初留存收益是指对期初未分配利润和盈余公积两个项目的调整。

三、前期差错及其更正

前期差错应当采用追溯重述法进行更正，视同该项前期差错从未发生过，从而对财务报表相关项目进行重新列示和披露。追溯重述法的会计处理与追溯调整法相同。

企业会计准则第 29 号——资产负债表日后事项

第一章 总 则

第一条 为了规范资产负债表日后事项的确认、计量和相关信息的披露，根据《企业会计准则——基本准则》，制定本准则。

第二条 资产负债表日后事项，是指资产负债表日至财务报告批准报出日之间发生的有利或不利事项。财务报告批准报出日，是指董事会或类似机构批准财务报告报出的日期。

资产负债表日后事项包括资产负债表日后调整事项和资产负债表日后非调整事项。

资产负债表日后调整事项，是指对资产负债表日已经存在的情况提供了新的或进一步证据的事项。

资产负债表日后非调整事项，是指表明资产负债表日后发生的情况的事项。

第三条 资产负债表日后事项表明持续经营假设不再适用的，企业不应当在持续经营基础上编制财务报表。

第二章 资产负债表日后调整事项

第四条 企业发生的资产负债表日后调整事项，应当调整资产负债表日的财务报表。

第五条 企业发生的资产负债表日后调整事项，通常包括下列各项：

（一）资产负债表日后诉讼案件结案，法院判决证实了企业在资产负债表日已经存在现时义务，需要调整原先确认的与该诉讼案件相关的预计负债，或确认一项新负债。

（二）资产负债表日后取得确凿证据，表明某项资产在资产负债表日发生了减值或者需要调整该项资产原先确认的减值金额。

（三）资产负债表日后进一步确定了资产负债表日前购入资产的成本或售出资产的收入。

（四）资产负债表日后发现了财务报表舞弊或差错。

第三章 资产负债表日后非调整事项

第六条 企业发生的资产负债表日后非调整事项，不应当调整资产负债表日的财务报表。

第七条 企业发生的资产负债表日后非调整事项，通常包括下列各项：

（一）资产负债表日后发生重大诉讼、仲裁、承诺。

（二）资产负债表日后资产价格、税收政策、外汇汇率发生重大变化。

（三）资产负债表日后因自然灾害导致资产发生重大损失。

（四）资产负债表日后发行股票和债券以及其他巨额举债。

（五）资产负债表日后资本公积转增资本。

（六）资产负债表日后发生巨额亏损。

（七）资产负债表日后发生企业合并或处置子公司。

第八条 资产负债表日后，企业利润分配方案中拟分配的以及经审议批准宣告发放的股利或利润，不确认为资产负债表日的负债，但应当在附注中单独披露。

第四章 披 露

第九条 企业应当在附注中披露与资产负债表日后事项有关的下列信息：

（一）财务报告的批准报出者和财务报告批准报出日。

按照有关法律、行政法规等规定，企业所有者或其他方面有权对报出的财务报告进行修改的，应当披露这一情况。

（二）每项重要的资产负债表日后非调整事项的性质、内容，及其对财务状况和经营成果的影响。无法做出估计的，应当说明原因。

第十条 企业在资产负债表日后取得了影响资产负债表日存在情况的新的或进一步的证据，应当调整与之相关的披露信息。

企业会计准则第 30 号——财务报表列报

（2014 年修订）

第一章 总 则

第一条 为了规范财务报表的列报，保证同一企业不同期间和同一期间不同企业的财务报表相互可比，根据《企业会计准则——基本准则》，制定本准则。

第二条 财务报表是对企业财务状况、经营成果和现金流量的结构性表述。财务报表至少应当包括下列组成部分：

（一）资产负债表；

（二）利润表；

（三）现金流量表；

（四）所有者权益（或股东权益，下同）变动表；

（五）附注。

财务报表上述组成部分具有同等的重要程度。

第三条 本准则适用于个别财务报表和合并财务报表，以及年度财务报表和中期财务报表，《企业会计准则第 32 号——中期财务报告》另有规定的除外。合并财务报表的编制和列报，还应遵循《企业会计准则第 33 号——合并财务报表》；现金流量表的编制和列报，还应遵循《企业会计准则第 31 号——现金流量表》；其他会计准则的特殊列报要求，适用其他相关会计准则。

第二章 基本要求

第四条 企业应当以持续经营为基础，根据实际发生的交易和事项，按照《企业会计准则——基本准则》和其他各项会计准则的规定进行确认和计量，在此基础上编制财务报表。企业不应以附注披露代替确认和计量，不恰当的确认和计量也不能通过充分披露相关会计政策而纠正。

如果按照各项会计准则规定披露的信息不足以让报表使用者了解特定交易或事项对企业财务状况和经营成果的影响时，企业还应当披露其他的必要信息。

第五条 在编制财务报表的过程中，企业管理层应当利用所有可获得信息来评价企业自报告期末起至少 12 个月的持续经营能力。

评价时需要考虑宏观政策风险、市场经营风险、企业目前或长期的盈利能力、偿债能力、财务弹性以及企业管理层改变经营政策的意向等因素。

评价结果表明对持续经营能力产生重大怀疑的，企业应当在附注中披露导致对持续经营能力产生重大怀疑的因素以及企业拟采取的改善措施。

第六条 企业如有近期获利经营的历史且有财务资源支持，则通常表明以持续经营为基础编制财务报表是合理的。

企业正式决定或被迫在当期或将在下一个会计期间进行清算或停止营业的，则表明以持续经营为基础编制财务报表不再合理。在这种情况下，企业应当采用其他基础编制财务报表，并在附注中声明财务报表未以持续经营为基础编制的事实、披露未以持续经营为基础编制的原因和财务报表的编制基础。

第七条 除现金流量表按照收付实现制原则编制外，企业应当按照权责发生制原则编制财务报表。

第八条 财务报表项目的列报应当在各个会计期间保持一致，不得随意变更，但下列情况除外：

（一）会计准则要求改变财务报表项目的列报。

（二）企业经营业务的性质发生重大变化或对企业经营影响较大的交易或事项发生后，变更财务报表项目的列报能够提供更可靠、更相关的会计信息。

第九条 性质或功能不同的项目，应当在财务报表中单独列报，但不具有重要性的项目除外。

性质或功能类似的项目，其所属类别具有重要性的，应当按其类别在财务报表中单独列报。

某些项目的重要性程度不足以在资产负债表、利润表、现金流量表或所有者权益变动表中单独列示，但对附注却具有重要性，则应当在附注中单独披露。

第十条 重要性，是指在合理预期下，财务报表某项目的省略或错报会影响使用者据此作出经济决策的，该项目具有重要性。

重要性应当根据企业所处的具体环境，从项目的性质和金额两方面予以判断，且对各项目重要性的判断标准一经确定，不得随意变更。判断项目性质的重要性，应当考虑该项目在性质上是否属于企业日常活动、是否显著影响企业的财务状况、经营成果和现金流量等因素；判断项目金额大小的重要性，应当考虑该项目金额占资产总额、负债总额、所有者权益总额、营业收入总额、营业成本总额、净利润、综合收益总额等直接相关项目金额的比重或所属报表单列项目金额的比重。

第十一条 财务报表中的资产项目和负债项目的金额、收入项目和费用项目的金额、直接计入当期利润的利得项目和损失项目的金额不得相互抵销，但其他会计准则另有规定的除外。

一组类似交易形成的利得和损失应当以净额列示，但具有重要性的除外。

资产或负债项目按扣除备抵项目后的净额列示，不属于抵销。

非日常活动产生的利得和损失，以同一交易形成的收益扣减相关费用后的净额列示更能反映交易实质的，不属于抵销。

第十二条 当期财务报表的列报，至少应当提供所有列报项目上一个可比会计期间的比较数据，以及与理解当期财务报表相关的说明，但其他会计准则另有规定的除外。

根据本准则第八条的规定，财务报表的列报项目发生变更的，应当至少对可比期间的数据按照当期的列报要求进行调整，并在附注中披露调整的原因和性质，以及调整的各项目金额。对可比数据进行调整不切实可行的，应当在附注中披露不能调整的原因。

不切实可行，是指企业在作出所有合理努力后仍然无法采用某项会计准则规定。

第十三条 企业应当在财务报表的显著位置至少披露下列各项：

（一）编报企业的名称。

（二）资产负债表日或财务报表涵盖的会计期间。

（三）人民币金额单位。

（四）财务报表是合并财务报表的，应当予以标明。

第十四条 企业至少应当按年编制财务报表。年度财务报表涵盖的期间短于一年的，应当披露年度财务报表的涵盖期间、短于一年的原因以及报表数据不具可比性的事实。

第十五条 本准则规定在财务报表中单独列报的项目，应当单独列报。其他会计准则规定单独列报的项目，应当增加单独列报项目。

第三章 资产负债表

第十六条 资产和负债应当分别流动资产和非流动资产、流动负债和非流动负债列示。

金融企业等销售产品或提供服务不具有明显可识别营业周期的企业，其各项资产或负债按照流动性列示能够提供可靠且更相关信息的，可以按照其流动性顺序列示。从事多种经营的企业，其部分资产或负债按照流动和非流动列报、其他部分资产或负债按照流动性列示能够提供可靠且更相关信息的，可以采用混合的列报方式。

对于同时包含资产负债表日后一年内（含一年，下同）和一年之后预期将收回或清偿金额的资产和负债单列项目，企业应当披露超过一年后预期收回或清偿的金额。

第十七条 资产满足下列条件之一的，应当归类为流动资产：

（一）预计在一个正常营业周期中变现、出售或耗用。

（二）主要为交易目的而持有。

（三）预计在资产负债表日起一年内变现。

（四）自资产负债表日起一年内，交换其他资产或清偿负债的能力不受限制的现金或现金等价物。

正常营业周期，是指企业从购买用于加工的资产起至实现现金或现金等价物的期间。正常营业周期通常短于一年。因生产周期较长等导致正常营业周期长于一年的，尽管相关资产往往超过一年才变现、出售或耗用，仍应当划分为流动资产。正常营业周期不能确定的，应当以一年（12 个月）作为正常营业周期。

第十八条 流动资产以外的资产应当归类为非流动资产，并应按其性质分类列示。被划分为持有待售的非流动资产应当归类为流动资产。

第十九条 负债满足下列条件之一的，应当归类为流动负债：

（一）预计在一个正常营业周期中清偿。

（二）主要为交易目的而持有。

（三）自资产负债表日起一年内到期应予以清偿。

（四）企业无权自主地将清偿推迟至资产负债表日后一年以上。负债在其对手方选择的情况下可通过发行权益进行清偿的条款与负债的流动性划分无关。

企业对资产和负债进行流动性分类时，应当采用相同的正常营业周期。企业正常营业周期中的经营性负债项目即使在资产负债表日后超过一年才予清偿的，仍应当划分为流动负债。经营性负债项目包括应付账款、应付职工薪酬等，这些项目属于企业正常营业周期中使用的营运资金的一部分。

第二十条 流动负债以外的负债应当归类为非流动负债，并应当按其性质分类列示。被划分为持有待售的非流动负债应当归类为流动负债。

第二十一条 对于在资产负债表日起一年内到期的负债，企业有意图且有能力自主地将清偿义务展期至资产负债表日后一年以上的，应当归类为非流动负债；不能自主地将清偿义务展期的，即使在资产负债表日后、财务报告批准报出日前签订了重新安排清偿计划协议，该项负债仍应当归类为流动负债。

第二十二条 企业在资产负债表日或之前违反了长期借款协议，导致贷款人可随时要求清偿的负债，应当归类为流动负债。

贷款人在资产负债表日或之前同意提供在资产负债表日后一年以上的宽限期，在此期限内企业能够改正违约行为，且贷款人不能要求随时清偿的，该项负债应当归类为非流动负债。

其他长期负债存在类似情况的，比照上述第一款和第二款处理。

第二十三条 资产负债表中的资产类至少应当单独列示反映下列信息的项目：

（一）货币资金；

（二）以公允价值计量且其变动计入当期损益的金融资产；

（三）应收款项；

（四）预付款项；

（五）存货；

（六）被划分为持有待售的非流动资产及被划分为持有待售的处置组中的资产；

（七）可供出售金融资产；
（八）持有至到期投资；
（九）长期股权投资；
（十）投资性房地产；
（十一）固定资产；
（十二）生物资产；
（十三）无形资产；
（十四）递延所得税资产。

第二十四条 资产负债表中的资产类至少应当包括流动资产和非流动资产的合计项目，按照企业的经营性质不切实可行的除外。

第二十五条 资产负债表中的负债类至少应当单独列示反映下列信息的项目：
（一）短期借款；
（二）以公允价值计量且其变动计入当期损益的金融负债；
（三）应付款项；
（四）预收款项；
（五）应付职工薪酬；
（六）应交税费；
（七）被划分为持有待售的处置组中的负债；
（八）长期借款；
（九）应付债券；
（十）长期应付款；
（十一）预计负债；
（十二）递延所得税负债。

第二十六条 资产负债表中的负债类至少应当包括流动负债、非流动负债和负债的合计项目，按照企业的经营性质不切实可行的除外。

第二十七条 资产负债表中的所有者权益类至少应当单独列示反映下列信息的项目：
（一）实收资本（或股本，下同）；
（二）资本公积；
（三）盈余公积；
（四）未分配利润。

在合并资产负债表中，应当在所有者权益类单独列示少数股东权益。

第二十八条 资产负债表中的所有者权益类应当包括所有者权益的合计项目。

第二十九条 资产负债表应当列示资产总计项目，负债和所有者权益总计项目。

第四章 利润表

第三十条 企业在利润表中应当对费用按照功能分类，分为从事经营业务发生的成本、管理费用、销售费用和财务费用等。

第三十一条 利润表至少应当单独列示反映下列信息的项目，但其他会计准则另有规定的除外：
（一）营业收入；
（二）营业成本；
（三）营业税金及附加；
（四）管理费用；
（五）销售费用；

（六）财务费用；

（七）投资收益；

（八）公允价值变动损益；

（九）资产减值损失；

（十）非流动资产处置损益；

（十一）所得税费用；

（十二）净利润；

（十三）其他综合收益各项目分别扣除所得税影响后的净额；

（十四）综合收益总额。

金融企业可以根据其特殊性列示利润表项目。

第三十二条 综合收益，是指企业在某一期间除与所有者以其所有者身份进行的交易之外的其他交易或事项所引起的所有者权益变动。综合收益总额项目反映净利润和其他综合收益扣除所得税影响后的净额相加后的合计金额。

第三十三条 其他综合收益，是指企业根据其他会计准则规定未在当期损益中确认的各项利得和损失。

其他综合收益项目应当根据其他相关会计准则的规定分为下列两类列报：

（一）以后会计期间不能重分类进损益的其他综合收益项目，主要包括重新计量设定受益计划净负债或净资产导致的变动、按照权益法核算的在被投资单位以后会计期间不能重分类进损益的其他综合收益中所享有的份额等；

（二）以后会计期间在满足规定条件时将重分类进损益的其他综合收益项目，主要包括按照权益法核算的在被投资单位以后会计期间在满足规定条件时将重分类进损益的其他综合收益中所享有的份额、可供出售金融资产公允价值变动形成的利得或损失、持有至到期投资重分类为可供出售金融资产形成的利得或损失、现金流量套期工具产生的利得或损失中属于有效套期的部分、外币财务报表折算差额等。

第三十四条 在合并利润表中，企业应当在净利润项目之下单独列示归属于母公司所有者的损益和归属于少数股东的损益，在综合收益总额项目之下单独列示归属于母公司所有者的综合收益总额和归属于少数股东的综合收益总额。

第五章 所有者权益变动表

第三十五条 所有者权益变动表应当反映构成所有者权益的各组成部分当期的增减变动情况。综合收益和与所有者（或股东，下同）的资本交易导致的所有者权益的变动，应当分别列示。

与所有者的资本交易，是指企业与所有者以其所有者身份进行的、导致企业所有者权益变动的交易。

第三十六条 所有者权益变动表至少应当单独列示反映下列信息的项目：

（一）综合收益总额，在合并所有者权益变动表中还应单独列示归属于母公司所有者的综合收益总额和归属于少数股东的综合收益总额；

（二）会计政策变更和前期差错更正的累积影响金额；

（三）所有者投入资本和向所有者分配利润等；

（四）按照规定提取的盈余公积；

（五）所有者权益各组成部分的期初和期末余额及其调节情况。

第六章 附 注

第三十七条 附注是对在资产负债表、利润表、现金流量表和所有者权益变动表等报表中列示项目的文字描述或明细资料，以及对未能在这些报表中列示项目的说明等。

第三十八条 附注应当披露财务报表的编制基础，相关信息应当与资产负债表、利润表、现金流量表和所有者权益变动表等报表中列示的项目相互参照。

第三十九条 附注一般应当按照下列顺序至少披露：

（一）企业的基本情况。

1. 企业注册地、组织形式和总部地址。

2. 企业的业务性质和主要经营活动。

3. 母公司以及集团最终母公司的名称。

4. 财务报告的批准报出者和财务报告批准报出日，或者以签字人及其签字日期为准。

5. 营业期限有限的企业，还应当披露有关其营业期限的信息。

（二）财务报表的编制基础。

（三）遵循企业会计准则的声明。

企业应当声明编制的财务报表符合企业会计准则的要求，真实、完整地反映了企业的财务状况、经营成果和现金流量等有关信息。

（四）重要会计政策和会计估计。

重要会计政策的说明，包括财务报表项目的计量基础和在运用会计政策过程中所做的重要判断等。重要会计估计的说明，包括可能导致下一个会计期间内资产、负债账面价值重大调整的会计估计的确定依据等。

企业应当披露采用的重要会计政策和会计估计，并结合企业的具体实际披露其重要会计政策的确定依据和财务报表项目的计量基础，及其会计估计所采用的关键假设和不确定因素。

（五）会计政策和会计估计变更以及差错更正的说明。

企业应当按照《企业会计准则第 28 号——会计政策、会计估计变更和差错更正》的规定，披露会计政策和会计估计变更以及差错更正的情况。

（六）报表重要项目的说明。

企业应当按照资产负债表、利润表、现金流量表、所有者权益变动表及其项目列示的顺序，对报表重要项目的说明采用文字和数字描述相结合的方式进行披露。报表重要项目的明细金额合计，应当与报表项目金额相衔接。

企业应当在附注中披露费用按照性质分类的利润表补充资料，可将费用分为耗用的原材料、职工薪酬费用、折旧费用、摊销费用等。

（七）或有和承诺事项、资产负债表日后非调整事项、关联方关系及其交易等需要说明的事项。

（八）有助于财务报表使用者评价企业管理资本的目标、政策及程序的信息。

第四十条 企业应当在附注中披露下列关于其他综合收益各项目的信息：

（一）其他综合收益各项目及其所得税影响；

（二）其他综合收益各项目原计入其他综合收益、当期转出计入当期损益的金额；

（三）其他综合收益各项目的期初和期末余额及其调节情况。

第四十一条 企业应当在附注中披露终止经营的收入、费用、利润总额、所得税费用和净利润，以及归属于母公司所有者的终止经营利润。

第四十二条 终止经营，是指满足下列条件之一的已被企业处置或被企业划归为持有待售的、在经营和编制财务报表时能够单独区分的组成部分：

（一）该组成部分代表一项独立的主要业务或一个主要经营地区。

（二）该组成部分是拟对一项独立的主要业务或一个主要经营地区进行处置计划的一部分。

（三）该组成部分是仅仅为了再出售而取得的子公司。

同时满足下列条件的企业组成部分（或非流动资产，下同）应当确认为持有待售：该组成部分必须在其当前状况下仅根据出售此类组成部分的惯常条款即可立即出售；企业已经就处置该组成部分作出决议，如按规定需得到股东批准的，应当已经取得股东大会或相应权力机构的批准；企业已经与受让方签订了不可撤销的转让协议；该项转让将在一年内完成。

第四十三条 企业应当在附注中披露在资产负债表日后、财务报告批准报出日前提议或宣布发放的股利总额和每股股利金额（或向投资者分配的利润总额）。

第七章 衔接规定

第四十四条 在本准则施行日之前已经执行企业会计准则的企业，应当按照本准则调整财务报表的列报项目；涉及有关报表和附注比较数据的，也应当做相应调整，调整不切实可行的除外。

第八章 附 则

第四十五条 本准则自 2014 年 7 月 1 日起施行。

企业会计准则第31号——现金流量表

第一章 总 则

第一条 为了规范现金流量表的编制和列报，根据《企业会计准则——基本准则》，制定本准则。

第二条 现金流量表，是指反映企业在一定会计期间现金和现金等价物流入和流出的报表。

现金，是指企业库存现金以及可以随时用于支付的存款。

现金等价物，是指企业持有的期限短、流动性强、易于转换为已知金额现金、价值变动风险很小的投资。

本准则提及现金时，除非同时提及现金等价物，均包括现金和现金等价物。

第三条 合并现金流量表的编制和列报，适用《企业会计准则第33号——合并财务报表》。

第二章 基本要求

第四条 现金流量表应当分别经营活动、投资活动和筹资活动列报现金流量。

第五条 现金流量应当分别按照现金流入和现金流出总额列报。

但是，下列各项可以按照净额列报：

（一）代客户收取或支付的现金。

（二）周转快、金额大、期限短项目的现金流入和现金流出。

（三）金融企业的有关项目，包括短期贷款发放与收回的贷款本金、活期存款的吸收与支付、同业存款和存放同业款项的存取、向其他金融企业拆借资金、以及证券的买入与卖出等。

第六条 自然灾害损失、保险索赔等特殊项目，应当根据其性质，分别归并到经营活动、投资活动和筹资活动现金流量类别中单独列报。

第七条 外币现金流量以及境外子公司的现金流量，应当采用现金流量发生日的即期汇率或按照系统合理的方法确定的、与现金流量发生日即期汇率近似的汇率折算。汇率变动对现金的影响额应当作为调节项目，在现金流量表中单独列报。

第三章 经营活动现金流量

第八条 企业应当采用直接法列示经营活动产生的现金流量。

经营活动，是指企业投资活动和筹资活动以外的所有交易和事项。

直接法，是指通过现金收入和现金支出的主要类别列示经营活动的现金流量。

第九条 有关经营活动现金流量的信息，可以通过下列途径之一取得：

（一）企业的会计记录。

（二）根据下列项目对利润表中的营业收入、营业成本以及其他项目进行调整：

1. 当期存货及经营性应收和应付项目的变动；

2. 固定资产折旧、无形资产摊销、计提资产减值准备等其他非现金项目；

3. 属于投资活动或筹资活动现金流量的其他非现金项目。

第十条 经营活动产生的现金流量至少应当单独列示反映下列信息的项目：

（一）销售商品、提供劳务收到的现金；

（二）收到的税费返还；
（三）收到其他与经营活动有关的现金；
（四）购买商品、接受劳务支付的现金；
（五）支付给职工以及为职工支付的现金；
（六）支付的各项税费；
（七）支付其他与经营活动有关的现金。

第十一条　金融企业可以根据行业特点和现金流量实际情况，合理确定经营活动现金流量项目的类别。

第四章　投资活动现金流量

第十二条　投资活动，是指企业长期资产的购建和不包括在现金等价物范围的投资及其处置活动。

第十三条　投资活动产生的现金流量至少应当单独列示反映下列信息的项目：
（一）收回投资收到的现金；
（二）取得投资收益收到的现金；
（三）处置固定资产、无形资产和其他长期资产收回的现金净额；
（四）处置子公司及其他营业单位收到的现金净额；
（五）收到其他与投资活动有关的现金；
（六）购建固定资产、无形资产和其他长期资产支付的现金；
（七）投资支付的现金；
（八）取得子公司及其他营业单位支付的现金净额；
（九）支付其他与投资活动有关的现金。

第五章　筹资活动现金流量

第十四条　筹资活动，是指导致企业资本及债务规模和构成发生变化的活动。

第十五条　筹资活动产生的现金流量至少应当单独列示反映下列信息的项目：
（一）吸收投资收到的现金；
（二）取得借款收到的现金；
（三）收到其他与筹资活动有关的现金；
（四）偿还债务支付的现金；
（五）分配股利、利润或偿付利息支付的现金；
（六）支付其他与筹资活动有关的现金。

第六章　披　露

第十六条　企业应当在附注中披露将净利润调节为经营活动现金流量的信息。至少应当单独披露对净利润进行调节的下列项目：
（一）资产减值准备；
（二）固定资产折旧；
（三）无形资产摊销；
（四）长期待摊费用摊销；
（五）待摊费用；
（六）预提费用；

（七）处置固定资产、无形资产和其他长期资产的损益；

（八）固定资产报废损失；

（九）公允价值变动损益；

（十）财务费用；

（十一）投资损益；

（十二）递延所得税资产和递延所得税负债；

（十三）存货；

（十四）经营性应收项目；

（十五）经营性应付项目。

第十七条 企业应当在附注中以总额披露当期取得或处置子公司及其他营业单位的下列信息：

（一）取得或处置价格；

（二）取得或处置价格中以现金支付的部分；

（三）取得或处置子公司及其他营业单位收到的现金；

（四）取得或处置子公司及其他营业单位按照主要类别分类的非现金资产和负债。

第十八条 企业应当在附注中披露不涉及当期现金收支、但影响企业财务状况或在未来可能影响企业现金流量的重大投资和筹资活动。

第十九条 企业应当在附注中披露与现金和现金等价物有关的下列信息：

（一）现金和现金等价物的构成及其在资产负债表中的相应金额。

（二）企业持有但不能由母公司或集团内其他子公司使用的大额现金和现金等价物金额。

《企业会计准则第 31 号——现金流量表》应用指南

一、现金及现金等价物

现金，是指企业库存现金以及可以随时用于支付的存款。不能随时用于支付的存款不属于现金。

现金等价物，是指企业持有的期限短、流动性强、易于转换为已知金额现金、价值变动风险很小的投资。期限短，一般是指从购买日起三个月内到期。现金等价物通常包括三个月内到期的债券投资等。权益性投资变现的金额通常不确定，因而不属于现金等价物。企业应当根据具体情况，确定现金等价物的范围，一经确定不得随意变更。

现金流量，是指现金和现金等价物的流入和流出。

二、现金流量表格式

现金流量表格式分别一般企业、商业银行、保险公司、证券公司等企业类型予以规定。企业应当根据其经营活动的性质，确定本企业适用的现金流量表格式。

政策性银行、信托投资公司、租赁公司、财务公司、典当公司应当执行商业银行现金流量表格式规定，如有特别需要，可以结合本企业的实际情况，进行必要调整和补充。

担保公司应当执行保险公司现金流量表格式规定，如有特别需要，可以结合本企业的实际情况，进行必要调整和补充。

资产管理公司、基金公司、期货公司应当执行证券公司现金流量表格式规定，如有特别需要，可以结合本企业的实际情况，进行必要调整和补充。

（一）一般企业现金流量表格式

现金流量表

会企 03 表

编制单位：　　　　____年____月　　　　单位：元

项　　目	本期金额	上期金额
一、经营活动产生的现金流量：		
销售商品、提供劳务收到的现金		
收到的税费返还		
收到其他与经营活动有关的现金		
经营活动现金流入小计		
购买商品、接受劳务支付的现金		
支付给职工以及为职工支付的现金		
支付的各项税费		
支付其他与经营活动有关的现金		
经营活动现金流出小计		
经营活动产生的现金流量净额		
二、投资活动产生的现金流量：		
收回投资收到的现金		
取得投资收益收到的现金		
处置固定资产、无形资产和其他长期资产收回的现金净额		
处置子公司及其他营业单位收到的现金净额		
收到其他与投资活动有关的现金		
投资活动现金流入小计		

续表

项　目	本期金额	上期金额
购建固定资产、无形资产和基他长期资产支付的现金		
投资支付的现金		
取得子公司及其他营业单位支付的现金净额		
支付其他与投资活动有关的现金		
投资活动现金流出小计		
投资活动产生的现金流量净额		
三、筹资活动产生的现金流量：		
吸收投资收到的现金		
取得借款收到的现金		
收到其他与筹资活动有关的现金		
筹资活动现金流入小计		
偿还债务支付的现金		
分配股利、利润或尝付利息支付的现金		
支付其他与筹资活动有关的现金		
筹资活动现金流出小计		
筹资活动产生的现金流量净额		
四、汇率变动对现金及现金等价物的影响		
五、现金及现金等价物净增加额		
加：期初现金及现金等价物余额		
六、期末现金及现金等价物余额		

（二）商业银行现金流量表格式

现金流量表

会商银 03 表

编制单位：　　　　＿＿年＿＿月　　　　单位：元

项　目	本期金额	上期金额
一、经营活动产生的现金流量：		
客户存款和同业存放款项净增加额		
向中央银行借款净增加额		
向其他金融机构拆入资金净增加额		
收取利息、手续费及佣金的现金		
收到其他与经营活动有关的现金		
经营活动现金流入小计		
客户贷款及垫款净增加额		
存放中央银行和同业款项净增加额		
支付手续费及佣金的现金		
支付给职工以及为职工支付的现金		
支付的各项税费		
支付其他与经营活动有关的现金		
经营活动现金流出小计		
经营活动产生的现金流量净额		
二、投资活动产生的现金流量：		
收回投资收到的现金		
取得投资收益收到的现金		

续表

项　　目	本期金额	上期金额
收到其他与投资活动有关的现金		
投资活动现金流入小计		
投资支付的现金		
购建固定资产、无形资产和其他长期资产支付的现金		
支付其他与投资活动有关的现金		
投资活动现金流出小计		
投资活动产生的现金流量净额		
三、筹资活动产生的现金流量：		
吸收投资收到的现金		
发行债券收到的现金		
收到其他与筹资活动有关的现金		
筹资活动现金流入小计		
偿还债务支付的现金		
分配股利、利润或偿付利息支付的现金		
支付其他与筹资活动有关的现金		
筹资活动现金流出小计		
筹资活动产生的现金流量净额		
四、汇率变动对现金及现金等价物的影响		
五、现金及现金等价物净增加额		
加：期初现金及现金等价物余额		
六、期末现金及现金等价物余额		

（三）保险公司现金流量表格式

现金流量表

会保 03 表

编制单位：　　　　____年____月　　　　单位：元

项　　目	本期金额	上期金额
一、经营活动产生的现金流量：		
收到原保险合同保费取得的现金		
收到再保业务现金净额		
保户储金及投资款净增加额		
收到其他与经营活动有关的现金		
经营活动现金流入小计		
支付原保险合同赔付款项的现金		
支付手续费及佣金的现金		
支付保单红利的现金		
支付给职工以及为职工支付的现金		
支付的各项税费		
支付其他与经营活动有关的现金		
经营活动现金流出小计		
经营活动产生的现金流量净额		
二、投资活动产生的现金流量：		
收回投资收到的现金		
取得投资收益收到的现金		

续表

项　　目	本期金额	上期金额
收到其他与投资活动有关的现金		
投资活动现金流入小计		
投资支付的现金		
质押贷款净增加额		
购建固定资产、无形资产和其他长期资产支付的现金		
支付其他与投资活动有关的现金		
投资活动现金流出小计		
投资活动产生的现金流量净额		
三、筹资活动产生的现金流量：		
吸收投资收到的现金		
发行债券收到的现金		
收到其他与筹资活动有关的现金		
筹资活动现金流入小计		
偿还债务支付的现金		
分配股利、利润或偿付利息支付的现金		
支付其他与筹资活动有关的现金		
筹资活动现金流出小计		
筹资活动产生的现金流量净额		
四、汇率变动对现金及现金等价物的影响		
五、现金及现金等价物净增加额		
加：期初现金及现金等价物余额		
六、期末现金及现金等价物余额		

（四）证券公司现金流量表格式

现金流量表

会证 03 表

编制单位：　　　　____年____月　　　　单位：元

项　　目	本期金额	上期金额
一、经营活动产生的现金流量：		
处置交易性金融资产净增加额		
收取利息、手续费及佣金的现金		
拆入资金净增加额		
回购业务资金净增加额		
收到其他与经营活动有关的现金		
经营活动现金流入小计		
支付利息、手续费及佣金的现金		
支付给职工以及为职工支付的现金		
支付的各项税费		
支付其他与经营活动有关的现金		
经营活动现金流出小计		
经营活动产生的现金流量净额		
二、投资活动产生的现金流量：		
收回投资收到的现金		
取得投资收益收到的现金		

续表

项　　目	本期金额	上期金额
收到其他与投资活动有关的现金		
投资活动现金流入小计		
投资支付的现金		
购建固定资产、无形资产和其他长期资产支付的现金		
支付其他与投资活动有关的现金		
投资活动现金流出小计		
投资活动产生的现金流量净额		
三、筹资活动产生的现金流量：		
吸收投资收到的现金		
发行债券收到的现金		
收到其他与筹资活动有关的现金		
筹资活动现金流入小计		
偿还债务支付的现金		
分配股利、利润或偿付利息支付的现金		
支付其他与筹资活动有关的现金		
筹资活动现金流出小计		
筹资活动产生的现金流量净额		
四、汇率变动对现金及现金等价物的影响		
五、现金及现金等价物净增加额		
加：期初现金及现金等价物余额		
六、期末现金及现金等价物余额		

三、现金流量表附注

现金流量表附注适用于一般企业、商业银行、保险公司、证券公司等各类企业。

（一）现金流量表补充资料披露格式

企业应当采用间接法在现金流量表附注中披露将净利润调节为经营活动现金流量的信息。

补充资料	本期金额	上期金额
1. 将净利润调节为经营活动现金流量：		
净利润		
加：资产减值准备		
固定资产折旧、油气资产折耗、生产性生物资产折旧		
无形资产摊销		
长期待摊费用摊销		
处置固定资产、无形资产和其他长期资产的损失（收益以“－”号填列）		
固定资产报废损失（收益以“－”号填列）		
公允价值变动损失（收益以“－”号填列）		
财务费用（收益以“－”号填列）		
投资损失（收益以“－”号填列）		
递延所得税资产减少（增加以“－”号填列）		
递延所得税负债增加（减少以“－”号填列）		

续表

补充资料	本期金额	上期金额
存货的减少（增加以“－”号填列）		
经营性应收项目的减少（增加以“－”号填列）		
经营性应付项目的增加（减少以“－”号填列）		
其他		
经营活动产生的现金流量净额		
2. 不涉及现金收支的重大投资和筹资活动：		
债务转为资本		
一年内到期的可转换公司债券		
融资租入固定资产		
3. 现金及现金等价物净变动情况：		
现金的期末余额		
减：现金的期初余额		
加：现金等价物的期末余额		
减：现金等价物的期初余额		
现金及现金等价物净增加额		

（二）企业应当按下列格式披露当期取得或处置子公司及其他营业单位的有关信息：

项　目	金　额
一、取得子公司及其他营业单位的有关信息：	
1. 取得子公司及其他营业单位的价格	
2. 取得子公司及其他营业单位支付的现金和现金等价物	
减：子公司及其他营业单位持有的现金和现金等价物	
3. 取得子公司及其他营业单位支付的现金净额	
4. 取得子公司的净资产	
流动资产	
非流动资产	
流动负债	
非流动负债	
二、处置子公司及其他营业单位的有关信息：	
1. 处置子公司及其他营业单位的价格	
2. 处置子公司及其他营业单位收到的现金和现金等价物	
减：子公司及其他营业单位持有的现金和现金等价物	
3. 处置子公司及其他营业单位收到的现金净额	
4. 处置子公司的净资产	
流动资产	
非流动资产	
流动负债	
非流动负债	

（三）现金和现金等价物的披露格式如下：

项　　目	本期金额	上期金额
一、现金		
其中：库存现金		
可随时用于支付的银行存款		
可随时用于支付的其他货币资金		
可用于支付的存放中央银行款项		
存放同业款项		
拆放同业款项		
二、现金等价物		
其中：三个月内到期的债券投资		
三、期末现金及现金等价物余额		
其中：母公司或集团内子公司使用受限制的现金和现金等价物		

企业会计准则第32号——中期财务报告

第一章 总 则

第一条 为了规范中期财务报告的内容和编制中期财务报告应当遵循的确认与计量原则，根据《企业会计准则——基本准则》，制定本准则。

第二条 中期财务报告，是指以中期为基础编制的财务报告。

中期，是指短于一个完整的会计年度的报告期间。

第二章 中期财务报告的内容

第三条 中期财务报告至少应当包括资产负债表、利润表、现金流量表和附注。

中期资产负债表、利润表和现金流量表应当是完整报表，其格式和内容应当与上年度财务报表相一致。

当年新施行的会计准则对财务报表格式和内容作了修改的，中期财务报表应当按照修改后的报表格式和内容编制，上年度比较财务报表的格式和内容，也应当作相应调整。

基本每股收益和稀释每股收益应当在中期利润表中单独列示。

第四条 上年度编制合并财务报表的，中期期末应当编制合并财务报表。

上年度财务报告除了包括合并财务报表，还包括母公司财务报表的，中期财务报告也应当包括母公司财务报表。

上年度财务报告包括了合并财务报表，但报告中期内处置了所有应当纳入合并范围的子公司的，中期财务报告只需提供母公司财务报表，但上年度比较财务报表仍应当包括合并财务报表，上年度可比中期没有子公司的除外。

第五条 中期财务报告应当按照下列规定提供比较财务报表：

（一）本中期末的资产负债表和上年度末的资产负债表。

（二）本中期的利润表、年初至本中期末的利润表以及上年度可比期间的利润表。

（三）年初至本中期末的现金流量表和上年度年初至可比本中期末的现金流量表。

第六条 财务报表项目在报告中期作了调整或者修订的，上年度比较财务报表项目有关金额应当按照本年度中期财务报表的要求重新分类，并在附注中说明重新分类的原因及其内容，无法重新分类的，应当在附注中说明不能重新分类的原因。

第七条 中期财务报告中的附注应当以年初至本中期末为基础编制，披露自上年度资产负债表日之后发生的，有助于理解企业财务状况、经营成果和现金流量变化情况的重要交易或者事项。

对于理解本中期财务状况、经营成果和现金流量有关的重要交易或者事项，也应当在附注中作相应披露。

第八条 中期财务报告中的附注至少应当包括下列信息：

（一）中期财务报表所采用的会计政策与上年度财务报表相一致的声明。

会计政策发生变更的，应当说明会计政策变更的性质、内容、原因及其影响数；无法进行追溯调整的，应当说明原因。

（二）会计估计变更的内容、原因及其影响数；影响数不能确定的，应当说明原因。

（三）前期差错的性质及其更正金额；无法进行追溯重述的，应当说明原因。

（四）企业经营的季节性或者周期性特征。

（五）存在控制关系的关联方发生变化的情况；关联方之间发生交易的，应当披露关联方关系的性质、交易类型和交易要素。

（六）合并财务报表的合并范围发生变化的情况。

（七）对性质特别或者金额异常的财务报表项目的说明。

（八）证券发行、回购和偿还情况。

（九）向所有者分配利润的情况，包括在中期内实施的利润分配和已提出或者已批准但尚未实施的利润分配情况。

（十）根据《企业会计准则第 35 号——分部报告》规定披露分部报告信息的，应当披露主要报告形式的分部收入与分部利润（亏损）。

（十一）中期资产负债表日至中期财务报告批准报出日之间发生的非调整事项。

（十二）上年度资产负债表日以后所发生的或有负债和或有资产的变化情况。

（十三）企业结构变化情况，包括企业合并，对被投资单位具有重大影响、共同控制或者控制关系的长期股权投资的购买或者处置，终止经营等。

（十四）其他重大交易或者事项，包括重大的长期资产转让及其出售情况、重大的固定资产和无形资产取得情况、重大的研究和开发支出、重大的资产减值损失情况等。

企业在提供上述（五）和（十）有关关联方交易、分部收入与分部利润（亏损）信息时，应当同时提供本中期（或者本中期末）和本年度年初至本中期末的数据，以及上年度可比本中期（或者可比期末）和可比年初至本中期末的比较数据。

第九条 企业在确认、计量和报告各中期财务报表项目时，对项目重要性程度的判断，应当以中期财务数据为基础，不应以年度财务数据为基础。中期会计计量与年度财务数据相比，可在更大程度上依赖于估计，但是，企业应当确保所提供的中期财务报告包括了相关的重要信息。

第十条 在同一会计年度内，以前中期财务报告中报告的某项估计金额在最后一个中期发生了重大变更、企业又不单独编制该中期财务报告的，应当在年度财务报告的附注中披露该项估计变更的内容、原因及其影响金额。

第三章 确认和计量

第十一条 企业在中期财务报表中应当采用与年度财务报表相一致的会计政策。

上年度资产负债表日之后发生了会计政策变更，且变更后的会计政策将在年度财务报表中采用的，中期财务报表应当采用变更后的会计政策，并按照本准则第十四条的规定处理。

第十二条 中期会计计量应当以年初至本中期末为基础，财务报告的频率不应当影响年度结果的计量。

在同一会计年度内，以前中期财务报表项目在以后中期发生了会计估计变更的，以后中期财务报表应当反映该会计估计变更后的金额，但对以前中期财务报表项目金额不作调整。同时，该会计估计变更应当按照本准则第八条（二）或者第十条的规定在附注中作相应披露。

第十三条 企业取得的季节性、周期性或者偶然性收入，应当在发生时予以确认和计量，不应在中期财务报表中预计或者递延，但会计年度末允许预计或者递延的除外。

企业在会计年度中不均匀发生的费用，应当在发生时予以确认和计量，不应在中期财务报表中预提或者待摊，但会计年度末允许预提或者待摊的除外。

第十四条 企业在中期发生了会计政策变更的，应当按照《企业会计准则第 28 号——会计政策、会计估计变更和差错更正》处理，并按照本准则第八条（一）的规定在附注中作相应披露。

会计政策变更的累积影响数能够合理确定、且涉及本会计年度以前中期财务报表相关项目数字的，应当予以追溯调整，视同该会计政策在整个会计年度一贯采用；同时，上年度可比财务报表也应当作相应调整。

企业会计准则第33号——合并财务报表

（2014年修订）

第一章 总 则

第一条 为了规范合并财务报表的编制和列报，根据《企业会计准则——基本准则》，制定本准则。

第二条 合并财务报表，是指反映母公司和其全部子公司形成的企业集团整体财务状况、经营成果和现金流量的财务报表。

母公司，是指控制一个或一个以上主体（含企业、被投资单位中可分割的部分，以及企业所控制的结构化主体等，下同）的主体。

子公司，是指被母公司控制的主体。

第三条 合并财务报表至少应当包括下列组成部分：

（一）合并资产负债表；

（二）合并利润表；

（三）合并现金流量表；

（四）合并所有者权益（或股东权益，下同）变动表；

（五）附注。

企业集团中期期末编制合并财务报表的，至少应当包括合并资产负债表、合并利润表、合并现金流量表和附注。

第四条 母公司应当编制合并财务报表。

如果母公司是投资性主体，且不存在为其投资活动提供相关服务的子公司，则不应当编制合并财务报表，该母公司按照本准则第二十一条规定以公允价值计量其对所有子公司的投资，且公允价值变动计入当期损益。

第五条 外币财务报表折算，适用《企业会计准则第19号——外币折算》和《企业会计准则第31号——现金流量表》。

第六条 关于在子公司权益的披露，适用《企业会计准则第41号——在其他主体中权益的披露》。

第二章 合并范围

第七条 合并财务报表的合并范围应当以控制为基础予以确定。

控制，是指投资方拥有对被投资方的权力，通过参与被投资方的相关活动而享有可变回报，并且有能力运用对被投资方的权力影响其回报金额。

本准则所称相关活动，是指对被投资方的回报产生重大影响的活动。被投资方的相关活动应当根据具体情况进行判断，通常包括商品或劳务的销售和购买、金融资产的管理、资产的购买和处置、研究与开发活动以及融资活动等。

第八条 投资方应当在综合考虑所有相关事实和情况的基础上对是否控制被投资方进行判断。一旦相关事实和情况的变化导致对控制定义所涉及的相关要素发生变化的，投资方应当进行重新评估。相关事实和情况主要包括：

（一）被投资方的设立目的。

（二）被投资方的相关活动以及如何对相关活动作出决策。

（三）投资方享有的权利是否使其目前有能力主导被投资方的相关活动。

（四）投资方是否通过参与被投资方的相关活动而享有可变回报。

（五）投资方是否有能力运用对被投资方的权力影响其回报金额。

（六）投资方与其他方的关系。

第九条 投资方享有现时权利使其目前有能力主导被投资方的相关活动，而不论其是否实际行使该权利，视为投资方拥有对被投资方的权力。

第十条 两个或两个以上投资方分别享有能够单方面主导被投资方不同相关活动的现时权利的，能够主导对被投资方回报产生最重大影响的活动的一方拥有对被投资方的权力。

第十一条 投资方在判断是否拥有对被投资方的权力时，应当仅考虑与被投资方相关的实质性权利，包括自身所享有的实质性权利以及其他方所享有的实质性权利。

实质性权利，是指持有人在对相关活动进行决策时有实际能力行使的可执行权利。判断一项权利是否为实质性权利，应当综合考虑所有相关因素，包括权利持有人行使该项权利是否存在财务、价格、条款、机制、信息、运营、法律法规等方面的障碍；当权利由多方持有或者行权需要多方同意时，是否存在实际可行的机制使得这些权利持有人在其愿意的情况下能够一致行权；权利持有人能否从行权中获利等。

某些情况下，其他方享有的实质性权利有可能会阻止投资方对被投资方的控制。这种实质性权利既包括提出议案以供决策的主动性权利，也包括对已提出议案作出决策的被动性权利。

第十二条 仅享有保护性权利的投资方不拥有对被投资方的权力。

保护性权利，是指仅为了保护权利持有人利益却没有赋予持有人对相关活动决策权的一项权利。保护性权利通常只能在被投资方发生根本性改变或某些例外情况发生时才能够行使，它既没有赋予其持有人对被投资方拥有权力，也不能阻止其他方对被投资方拥有权力。

第十三条 除非有确凿证据表明其不能主导被投资方相关活动，下列情况，表明投资方对被投资方拥有权力：

（一）投资方持有被投资方半数以上的表决权的。

（二）投资方持有被投资方半数或以下的表决权，但通过与其他表决权持有人之间的协议能够控制半数以上表决权的。

第十四条 投资方持有被投资方半数或以下的表决权，但综合考虑下列事实和情况后，判断投资方持有的表决权足以使其目前有能力主导被投资方相关活动的，视为投资方对被投资方拥有权力：

（一）投资方持有的表决权相对于其他投资方持有的表决权份额的大小，以及其他投资方持有表决权的分散程度。

（二）投资方和其他投资方持有的被投资方的潜在表决权，如可转换公司债券、可执行认股权证等。

（三）其他合同安排产生的权利。

（四）被投资方以往的表决权行使情况等其他相关事实和情况。

第十五条 当表决权不能对被投资方的回报产生重大影响时，如仅与被投资方的日常行政管理活动有关，并且被投资方的相关活动由合同安排所决定，投资方需要评估这些合同安排，以评价其享有的权利是否足够使其拥有对被投资方的权力。

第十六条 某些情况下，投资方可能难以判断其享有的权利是否足以使其拥有对被投资方的权力。在这种情况下，投资方应当考虑其具有实际能力以单方面主导被投资方相关活动的证据，从而判断其是否拥有对被投资方的权力。投资方应考虑的因素包括但不限于下列事项：

（一）投资方能否任命或批准被投资方的关键管理人员。

（二）投资方能否出于其自身利益决定或否决被投资方的重大交易。

（三）投资方能否掌控被投资方董事会等类似权力机构成员的任命程序，或者从其他表决权持有人手中获得代理权。

（四）投资方与被投资方的关键管理人员或董事会等类似权力机构中的多数成员是否存在关联方关系。

投资方与被投资方之间存在某种特殊关系的，在评价投资方是否拥有对被投资方的权力时，应当适当考虑这种特殊关系的影响。特殊关系通常包括：被投资方的关键管理人员是投资方的现任或前任职工、被投资方的经营依赖于投资方、被投资方活动的重大部分有投资方参与其中或者是以投资方的名义进行、投资方自被投资方承担可变回报的风险或享有可变回报的收益远超过其持有的表决权或其他类似权利的比例等。

第十七条 投资方自被投资方取得的回报可能会随着被投资方业绩而变动的，视为享有可变回报。投资方应当基于合同安排的实质而非回报的法律形式对回报的可变性进行评价。

第十八条 投资方在判断是否控制被投资方时，应当确定其自身是以主要责任人还是代理人的身份行使决策权，在其他方拥有决策权的情况下，还需要确定其他方是否以其代理人的身份代为行使决策权。

代理人仅代表主要责任人行使决策权，不控制被投资方。投资方将被投资方相关活动的决策权委托给代理人的，应当将该决策权视为自身直接持有。

第十九条 在确定决策者是否为代理人时，应当综合考虑该决策者与被投资方以及其他投资方之间的关系。

（一）存在单独一方拥有实质性权利可以无条件罢免决策者的，该决策者为代理人。

（二）除（一）以外的情况下，应当综合考虑决策者对被投资方的决策权范围、其他方享有的实质性权利、决策者的薪酬水平、决策者因持有被投资方中的其他权益所承担可变回报的风险等相关因素进行判断。

第二十条 投资方通常应当对是否控制被投资方整体进行判断。但极个别情况下，有确凿证据表明同时满足下列条件并且符合相关法律法规规定的，投资方应当将被投资方的一部分（以下简称"该部分"）视为被投资方可分割的部分（单独主体），进而判断是否控制该部分（单独主体）。

（一）该部分的资产是偿付该部分负债或该部分其他权益的唯一来源，不能用于偿还该部分以外的被投资方的其他负债；

（二）除与该部分相关的各方外，其他方不享有与该部分资产相关的权利，也不享有与该部分资产剩余现金流量相关的权利。

第二十一条 母公司应当将其全部子公司（包括母公司所控制的单独主体）纳入合并财务报表的合并范围。

如果母公司是投资性主体，则母公司应当仅将为其投资活动提供相关服务的子公司（如有）纳入合并范围并编制合并财务报表；其他子公司不应当予以合并，母公司对其他子公司的投资应当按照公允价值计量且其变动计入当期损益。

第二十二条 当母公司同时满足下列条件时，该母公司属于投资性主体：

（一）该公司是以向投资者提供投资管理服务为目的，从一个或多个投资者处获取资金；

（二）该公司的唯一经营目的，是通过资本增值、投资收益或两者兼有而让投资者获得回报；

（三）该公司按照公允价值对几乎所有投资的业绩进行考量和评价。

第二十三条 母公司属于投资性主体的，通常情况下应当符合下列所有特征：

（一）拥有一个以上投资；

（二）拥有一个以上投资者；

（三）投资者不是该主体的关联方；

（四）其所有者权益以股权或类似权益方式存在。

第二十四条 投资性主体的母公司本身不是投资性主体，则应当将其控制的全部主体，包括那些通过投资性主体所间接控制的主体，纳入合并财务报表范围。

第二十五条 当母公司由非投资性主体转变为投资性主体时，除仅将为其投资活动提供相关服务的子公司纳入合并财务报表范围编制合并财务报表外，企业自转变日起对其他子公司不再予以合并，并参照本准则第四十九条的规定，按照视同在转变日处置子公司但保留剩余股权的原则进行会计处理。

当母公司由投资性主体转变为非投资性主体时，应将原未纳入合并财务报表范围的子公司于转变日纳入合并财务报表范围，原未纳入合并财务报表范围的子公司在转变日的公允价值视同为购买的交易对价。

第三章 合并程序

第二十六条 母公司应当以自身和其子公司的财务报表为基础，根据其他有关资料，编制合并财务报表。

母公司编制合并财务报表，应当将整个企业集团视为一个会计主体，依据相关企业会计准则的确认、计量和列报要求，按照统一的会计政策，反映企业集团整体财务状况、经营成果和现金流量。

（一）合并母公司与子公司的资产、负债、所有者权益、收入、费用和现金流等项目。

（二）抵销母公司对子公司的长期股权投资与母公司在子公司所有者权益中所享有的份额。

（三）抵销母公司与子公司、子公司相互之间发生的内部交易的影响。内部交易表明相关资产发生减值损失的，应当全额确认该部分损失。

（四）站在企业集团角度对特殊交易事项予以调整。

第二十七条 母公司应当统一子公司所采用的会计政策，使子公司采用的会计政策与母公司保持一致。

子公司所采用的会计政策与母公司不一致的，应当按照母公司的会计政策对子公司财务报表进行必要的调整；或者要求子公司按照母公司的会计政策另行编报财务报表。

第二十八条 母公司应当统一子公司的会计期间，使子公司的会计期间与母公司保持一致。

子公司的会计期间与母公司不一致的，应当按照母公司的会计期间对子公司财务报表进行调整；或者要求子公司按照母公司的会计期间另行编报财务报表。

第二十九条 在编制合并财务报表时，子公司除了应当向母公司提供财务报表外，还应当向母公司提供下列有关资料：

（一）采用的与母公司不一致的会计政策及其影响金额；

（二）与母公司不一致的会计期间的说明；

（三）与母公司、其他子公司之间发生的所有内部交易的相关资料；

（四）所有者权益变动的有关资料；

（五）编制合并财务报表所需要的其他资料。

第一节 合并资产负债表

第三十条 合并资产负债表应当以母公司和子公司的资产负债表为基础，在抵销母公司与子公司、子公司相互之间发生的内部交易对合并资产负债表的影响后，由母公司合并编制。

（一）母公司对子公司的长期股权投资与母公司在子公司所有者权益中所享有的份额应

当相互抵销，同时抵销相应的长期股权投资减值准备。

子公司持有母公司的长期股权投资，应当视为企业集团的库存股，作为所有者权益的减项，在合并资产负债表中所有者权益项目下以“减：库存股”项目列示。

子公司相互之间持有的长期股权投资，应当比照母公司对子公司的股权投资的抵销方法，将长期股权投资与其对应的子公司所有者权益中所享有的份额相互抵销。

（二）母公司与子公司、子公司相互之间的债权与债务项目应当相互抵销，同时抵销相应的减值准备。

（三）母公司与子公司、子公司相互之间销售商品（或提供劳务，下同）或其他方式形成的存货、固定资产、工程物资、在建工程、无形资产等所包含的未实现内部销售损益应当抵销。

对存货、固定资产、工程物资、在建工程和无形资产等计提的跌价准备或减值准备与未实现内部销售损益相关的部分应当抵销。

（四）母公司与子公司、子公司相互之间发生的其他内部交易对合并资产负债表的影响应当抵销。

（五）因抵销未实现内部销售损益导致合并资产负债表中资产、负债的账面价值与其在所属纳税主体的计税基础之间产生暂时性差异的，在合并资产负债表中应当确认递延所得税资产或递延所得税负债，同时调整合并利润表中的所得税费用，但与直接计入所有者权益的交易或事项及企业合并相关的递延所得税除外。

第三十一条 子公司所有者权益中不属于母公司的份额，应当作为少数股东权益，在合并资产负债表中所有者权益项目下以“少数股东权益”项目列示。

第三十二条 母公司在报告期内因同一控制下企业合并增加的子公司以及业务，编制合并资产负债表时，应当调整合并资产负债表的期初数，同时应当对比较报表的相关项目进行调整，视同合并后的报告主体自最终控制方开始控制时点起一直存在。

因非同一控制下企业合并或其他方式增加的子公司以及业务，编制合并资产负债表时，不应当调整合并资产负债表的期初数。

第三十三条 母公司在报告期内处置子公司以及业务，编制合并资产负债表时，不应当调整合并资产负债表的期初数。

第二节 合并利润表

第三十四条 合并利润表应当以母公司和子公司的利润表为基础，在抵销母公司与子公司、子公司相互之间发生的内部交易对合并利润表的影响后，由母公司合并编制。

（一）母公司与子公司、子公司相互之间销售商品所产生的营业收入和营业成本应当抵销。

母公司与子公司、子公司相互之间销售商品，期末全部实现对外销售的，应当将购买方的营业成本与销售方的营业收入相互抵销。

母公司与子公司、子公司相互之间销售商品，期末未实现对外销售而形成存货、固定资产、工程物资、在建工程、无形资产等资产的，在抵销销售商品的营业成本和营业收入的同时，应当将各项资产所包含的未实现内部销售损益予以抵销。

（二）在对母公司与子公司、子公司相互之间销售商品形成的固定资产或无形资产所包含的未实现内部销售损益进行抵销的同时，也应当对固定资产的折旧额或无形资产的摊销额与未实现内部销售损益相关的部分进行抵销。

（三）母公司与子公司、子公司相互之间持有对方债券所产生的投资收益、利息收入及其他综合收益等，应当与其相对应的发行方利息费用相互抵销。

（四）母公司对子公司、子公司相互之间持有对方长期股权投资的投资收益应当抵销。

（五）母公司与子公司、子公司相互之间发生的其他内部交易对合并利润表的影响应当抵销。

第三十五条 子公司当期净损益中属于少数股东权益的份额，应当在合并利润表中净利润项目下以“少数股东损益”项目列示。

子公司当期综合收益中属于少数股东权益的份额，应当在合并利润表中综合收益总额项目下以“归属于少数股东的综合收益总额”项目列示。

第三十六条 母公司向子公司出售资产所发生的未实现内部交易损益，应当全额抵销“归属于母公司所有者的净利润”。

子公司向母公司出售资产所发生的未实现内部交易损益，应当按照母公司对该子公司的分配比例在“归属于母公司所有者的净利润”和“少数股东损益”之间分配抵销。

子公司之间出售资产所发生的未实现内部交易损益，应当按照母公司对出售方子公司的分配比例在“归属于母公司所有者的净利润”和“少数股东损益”之间分配抵销。

第三十七条 子公司少数股东分担的当期亏损超过了少数股东在该子公司期初所有者权益中所享有的份额的，其余额仍应当冲减少数股东权益。

第三十八条 母公司在报告期内因同一控制下企业合并增加的子公司以及业务，应当将该子公司以及业务合并当期期初至报告期末的收入、费用、利润纳入合并利润表，同时应当对比较报表的相关项目进行调整，视同合并后的报告主体自最终控制方开始控制时点起一直存在。

因非同一控制下企业合并或其他方式增加的子公司以及业务，应当将该子公司以及业务购买日至报告期末的收入、费用、利润纳入合并利润表。

第三十九条 母公司在报告期内处置子公司以及业务，应当将该子公司以及业务期初至处置日的收入、费用、利润纳入合并利润表。

第三节　合并现金流量表

第四十条 合并现金流量表应当以母公司和子公司的现金流量表为基础，在抵销母公司与子公司、子公司相互之间发生的内部交易对合并现金流量表的影响后，由母公司合并编制。

本准则提及现金时，除非同时提及现金等价物，均包括现金和现金等价物。

第四十一条 编制合并现金流量表应当符合下列要求：

（一）母公司与子公司、子公司相互之间当期以现金投资或收购股权增加的投资所产生的现金流量应当抵销。

（二）母公司与子公司、子公司相互之间当期取得投资收益、利息收入收到的现金，应当与分配股利、利润或偿付利息支付的现金相互抵销。

（三）母公司与子公司、子公司相互之间以现金结算债权与债务所产生的现金流量应当抵销。

（四）母公司与子公司、子公司相互之间当期销售商品所产生的现金流量应当抵销。

（五）母公司与子公司、子公司相互之间处置固定资产、无形资产和其他长期资产收回的现金净额，应当与购建固定资产、无形资产和其他长期资产支付的现金相互抵销。

（六）母公司与子公司、子公司相互之间当期发生的其他内部交易所产生的现金流量应当抵销。

第四十二条 合并现金流量表及其补充资料也可以根据合并资产负债表和合并利润表进行编制。

第四十三条 母公司在报告期内因同一控制下企业合并增加的子公司以及业务，应当将该子公司以及业务合并当期期初至报告期末的现金流量纳入合并现金流量表，同时应当对比较报表的相关项目进行调整，视同合并后的报告主体自最终控制方开始控制时点起一直存在。

因非同一控制下企业合并增加的子公司以及业务，应当将该子公司购买日至报告期末的现金流量纳入合并现金流量表。

第四十四条 母公司在报告期内处置子公司以及业务，应当将该子公司以及业务期初至处置日的现金流量纳入合并现金流量表。

第四节 合并所有者权益变动表

第四十五条 合并所有者权益变动表应当以母公司和子公司的所有者权益变动表为基础，在抵销母公司与子公司、子公司相互之间发生的内部交易对合并所有者权益变动表的影响后，由母公司合并编制。

（一）母公司对子公司的长期股权投资应当与母公司在子公司所有者权益中所享有的份额相互抵销。

子公司持有母公司的长期股权投资以及子公司相互之间持有的长期股权投资，应当按照本准则第三十条规定处理。

（二）母公司对子公司、子公司相互之间持有对方长期股权投资的投资收益应当抵销。

（三）母公司与子公司、子公司相互之间发生的其他内部交易对所有者权益变动的影响应当抵销。

合并所有者权益变动表也可以根据合并资产负债表和合并利润表进行编制。

第四十六条 有少数股东的，应当在合并所有者权益变动表中增加“少数股东权益”栏目，反映少数股东权益变动的情况。

第四章 特殊交易的会计处理

第四十七条 母公司购买子公司少数股东拥有的子公司股权，在合并财务报表中，因购买少数股权新取得的长期股权投资与按照新增持股比例计算应享有子公司自购买日或合并日开始持续计算的净资产份额之间的差额，应当调整资本公积（资本溢价或股本溢价），资本公积不足冲减的，调整留存收益。

第四十八条 企业因追加投资等原因能够对非同一控制下的被投资方实施控制的，在合并财务报表中，对于购买日之前持有的被购买方的股权，应当按照该股权在购买日的公允价值进行重新计量，公允价值与其账面价值的差额计入当期投资收益；购买日之前持有的被购买方的股权涉及权益法核算下的其他综合收益等的，与其相关的其他综合收益等应当转为购买日所属当期收益。购买方应当在附注中披露其在购买日之前持有的被购买方的股权在购买日的公允价值、按照公允价值重新计量产生的相关利得或损失的金额。

第四十九条 母公司在不丧失控制权的情况下部分处置对子公司的长期股权投资，在合并财务报表中，处置价款与处置长期股权投资相对应享有子公司自购买日或合并日开始持续计算的净资产份额之间的差额，应当调整资本公积（资本溢价或股本溢价），资本公积不足冲减的，调整留存收益。

第五十条 企业因处置部分股权投资等原因丧失了对被投资方的控制权的，在编制合并财务报表时，对于剩余股权，应当按照其在丧失控制权日的公允价值进行重新计量。处置股权取得的对价与剩余股权公允价值之和，减去按原持股比例计算应享有原有子公司自购买日或合并日开始持续计算的净资产的份额之间的差额，计入丧失控制权当期的投资收益，同时冲减商誉。与原有子公司股权投资相关的其他综合收益等，应当在丧失控制权时转为当期投资收益。

第五十一条 企业通过多次交易分步处置对子公司股权投资直至丧失控制权的，如果处置对子公司股权投资直至丧失控制权的各项交易属于一揽子交易的，应当将各项交易作为一项处置子公司并丧失控制权的交易进行会计处理；但是，在丧失控制权之前每一次处置价款与处置投资对应的享有该子公司净资产份额的差额，在合并财务报表中应当确认为其他综合收益，在丧失控制权时一并转入丧失控制权当期的损益。

处置对子公司股权投资的各项交易的条款、条件以及经济影响符合下列一种或多种情况，通常表明应将多次交易事项作为一揽子交易进行会计处理：

（一）这些交易是同时或者在考虑了彼此影响的情况下订立的。

（二）这些交易整体才能达成一项完整的商业结果。

（三）一项交易的发生取决于其他至少一项交易的发生。

（四）一项交易单独考虑时是不经济的，但是和其他交易一并考虑时是经济的。

第五十二条 对于本章未列举的交易或者事项，如果站在企业集团合并财务报表角度的确认和计量结果与其所属的母公司或子公司的个别财务报表层面的确认和计量结果不一致的，则在编制合并财务报表时，也应当按照本准则第二十六条第二款第（四）项的规定，对其确认和计量结果予以相应调整。

第五章 衔接规定

第五十三条 首次采用本准则的企业应当根据本准则的规定对被投资方进行重新评估，确定其是否应纳入合并财务报表范围。因首次采用本准则导致合并范围发生变化的，应当进行追溯调整，追溯调整不切实可行的除外。比较期间已丧失控制权的原子公司，不再追溯调整。

第六章 附 则

第五十四条 本准则自 2014 年 7 月 1 日起施行。

企业会计准则第 34 号——每股收益

第一章 总 则

第一条 为了规范每股收益的计算方法及其列报，根据《企业会计准则——基本准则》，制定本准则。

第二条 本准则适用于普通股或潜在普通股已公开交易的企业，以及正处于公开发行普通股或潜在普通股过程中的企业。

潜在普通股，是指赋予其持有者在报告期或以后期间享有取得普通股权利的一种金融工具或其他合同，包括可转换公司债券、认股权证、股份期权等。

第三条 合并财务报表中，企业应当以合并财务报表为基础计算和列报每股收益。

第二章 基本每股收益

第四条 企业应当按照归属于普通股股东的当期净利润，除以发行在外普通股的加权平均数计算基本每股收益。

第五条 发行在外普通股加权平均数按下列公式计算：

$$\begin{array}{c}\text{发行在外普通股}\\\text{加权平均数}\end{array}=\begin{array}{c}\text{期初发行在外}\\\text{普通股股数}\end{array}+\begin{array}{c}\text{当期新发行}\\\text{普通股股数}\end{array}\times\begin{array}{c}\text{已发行}\\\text{时间}\end{array}\div\begin{array}{c}\text{报告期}\\\text{时间}\end{array}-\begin{array}{c}\text{当期回购}\\\text{普通股股数}\end{array}\times\begin{array}{c}\text{已回购}\\\text{时间}\end{array}\div\begin{array}{c}\text{报告期}\\\text{时间}\end{array}$$

已发行时间、报告期时间和已回购时间一般按照天数计算；在不影响计算结果合理性的前提下，也可以采用简化的计算方法。

第六条 新发行普通股股数，应当根据发行合同的具体条款，从应收对价之日（一般为股票发行日）起计算确定。通常包括下列情况：

（一）为收取现金而发行的普通股股数，从应收现金之日起计算。

（二）因债务转资本而发行的普通股股数，从停计债务利息之日或结算日起计算。

（三）非同一控制下的企业合并，作为对价发行的普通股股数，从购买日起计算；同一控制下的企业合并，作为对价发行的普通股股数，应当计入各列报期间普通股的加权平均数。

（四）为收购非现金资产而发行的普通股股数，从确认收购之日起计算。

第三章 稀释每股收益

第七条 企业存在稀释性潜在普通股的，应当分别调整归属于普通股股东的当期净利润和发行在外普通股的加权平均数，并据以计算稀释每股收益。

稀释性潜在普通股，是指假设当期转换为普通股会减少每股收益的潜在普通股。

第八条 计算稀释每股收益，应当根据下列事项对归属于普通股股东的当期净利润进行调整：

（一）当期已确认为费用的稀释性潜在普通股的利息；

（二）稀释性潜在普通股转换时将产生的收益或费用。

上述调整应当考虑相关的所得税影响。

第九条 计算稀释每股收益时，当期发行在外普通股的加权平均数应当为计算基本每股收益时普通股的加权平均数与假定稀释性潜在普通股转换为已发行普通股而增加的普通股股数的加权平均数之和。

计算稀释性潜在普通股转换为已发行普通股而增加的普通股股数的加权平均数时，以前期间发行的稀释性潜在普通股，应当假设在当期期初转换；当期发行的稀释性潜在普通股，应当假设在发行日转换。

第十条 认股权证和股份期权等的行权价格低于当期普通股平均市场价格时，应当考虑其稀释性。计算稀释每股收益时，增加的普通股股数按下列公式计算：

$$\frac{\text{增加的}}{\text{普通股股数}}=\frac{\text{拟行权时转换的}}{\text{普通股股数}}-\frac{\text{行权}}{\text{价格}}\times\frac{\text{拟行权时转换的}}{\text{普通股股数}}\div\frac{\text{当期普通股}}{\text{平均市场价格}}$$

第十一条 企业承诺将回购其股份的合同中规定的回购价格高于当期普通股平均市场价格时，应当考虑其稀释性。计算稀释每股收益时，增加的普通股股数按下列公式计算：

$$\frac{\text{增加的}}{\text{普通股股数}}=\frac{\text{回购}}{\text{价格}}\times\frac{\text{承诺回购的}}{\text{普通股股数}}\div\frac{\text{当期普通股}}{\text{平均市场价格}}-\frac{\text{承诺回购的}}{\text{普通股股数}}$$

第十二条 稀释性潜在普通股应当按照其稀释程度从大到小的顺序计入稀释每股收益，直至稀释每股收益达到最小值。

第四章 列 报

第十三条 发行在外普通股或潜在普通股的数量因派发股票股利、公积金转增资本、拆股而增加或因并股而减少，但不影响所有者权益金额的，应当按调整后的股数重新计算各列报期间的每股收益。

上述变化发生于资产负债表日至财务报告批准报出日之间的，应当以调整后的股数重新计算各列报期间的每股收益。

按照《企业会计准则第 28 号——会计政策、会计估计变更和差错更正》的规定对以前年度损益进行追溯调整或追溯重述的，应当重新计算各列报期间的每股收益。

第十四条 企业应当在利润表中单独列示基本每股收益和稀释每股收益。

第十五条 企业应当在附注中披露与每股收益有关的下列信息：

（一）基本每股收益和稀释每股收益分子、分母的计算过程。

（二）列报期间不具有稀释性但以后期间很可能具有稀释性的潜在普通股。

（三）在资产负债表日至财务报告批准报出日之间，企业发行在外普通股或潜在普通股股数发生重大变化的情况。

企业会计准则第35号——分部报告

第一章 总 则

第一条 为了规范分部报告的编制和相关信息的披露，根据《企业会计准则——基本准则》，制定本准则。

第二条 企业存在多种经营或跨地区经营的，应当按照本准则规定披露分部信息。但是，法律、行政法规另有规定的除外。

第三条 企业应当以对外提供的财务报表为基础披露分部信息。

对外提供合并财务报表的企业，应当以合并财务报表为基础披露分部信息。

第二章 报告分部的确定

第四条 企业披露分部信息，应当区分业务分部和地区分部。

第五条 业务分部，是指企业内可区分的、能够提供单项或一组相关产品或劳务的组成部分。该组成部分承担了不同于其他组成部分的风险和报酬。

企业在确定业务分部时，应当结合企业内部管理要求，并考虑下列因素：

（一）各单项产品或劳务的性质，包括产品或劳务的规格、型号、最终用途等；

（二）生产过程的性质，包括采用劳动密集或资本密集方式组织生产、使用相同或者相似设备和原材料、采用委托生产或加工方式等；

（三）产品或劳务的客户类型，包括大宗客户、零散客户等；

（四）销售产品或提供劳务的方式，包括批发、零售、自产自销、委托销售、承包等；

（五）生产产品或提供劳务受法律、行政法规的影响，包括经营范围或交易定价限制等。

第六条 地区分部，是指企业内可区分的、能够在一个特定的经济环境内提供产品或劳务的组成部分。该组成部分承担了不同于在其他经济环境内提供产品或劳务的组成部分的风险和报酬。

企业在确定地区分部时，应当结合企业内部管理要求，并考虑下列因素：

（一）所处经济、政治环境的相似性，包括境外经营所在地区经济和政治的稳定程度等；

（二）在不同地区经营之间的关系，包括在某地区进行产品生产，而在其他地区进行销售等；

（三）经营的接近程度大小，包括在某地区生产的产品是否需在其他地区进一步加工生产等；

（四）与某一特定地区经营相关的特别风险，包括气候异常变化等；

（五）外汇管理规定，即境外经营所在地区是否实行外汇管制；

（六）外汇风险。

第七条 两个或两个以上的业务分部或地区分部同时满足下列条件的，可以予以合并：

（一）具有相近的长期财务业绩，包括具有相近的长期平均毛利率、资金回报率、未来现金流量等；

（二）确定业务分部或地区分部所考虑的因素类似。

第八条 企业应当以业务分部或地区分部为基础确定报告分部。

业务分部或地区分部的大部分收入是对外交易收入，且满足下列条件之一的，应当将其确定为报告分部：

（一）该分部的分部收入占所有分部收入合计的 10%或者以上。

（二）该分部的分部利润（亏损）的绝对额，占所有盈利分部利润合计额或者所有亏损分部亏损合计额的绝对额两者中较大者的 10%或者以上。

（三）该分部的分部资产占所有分部资产合计额的 10%或者以上。

第九条 业务分部或地区分部未满足本准则第八条规定条件的，可以按照下列规定处理：

（一）不考虑该分部的规模，直接将其指定为报告分部；

（二）不将该分部直接指定为报告分部的，可将该分部与一个或一个以上类似的、未满足本准则第八条规定条件的其他分部合并为一个报告分部；

（三）不将该分部指定为报告分部且不与其他分部合并的，应当在披露分部信息时，将其作为其他项目单独披露。

第十条 报告分部的对外交易收入合计额占合并总收入或企业总收入的比重未达到75%的，应当将其他的分部确定为报告分部（即使它们未满足本准则第八条规定的条件），直到该比重达到 75%。

第十一条 企业的内部管理按照垂直一体化经营的不同层次来划分的，即使其大部分收入不通过对外交易取得，仍可将垂直一体化经营的不同层次确定为独立的报告业务分部。

第十二条 对于上期确定为报告分部的，企业本期认为其依然重要，即使本期未满足本准则第八条规定条件的，仍应将其确定为本期的报告分部。

第三章 分部信息的披露

第十三条 企业应当区分主要报告形式和次要报告形式披露分部信息。

（一）风险和报酬主要受企业的产品和劳务差异影响的，披露分部信息的主要形式应当是业务分部，次要形式是地区分部。

（二）风险和报酬主要受企业在不同的国家或地区经营活动影响的，披露分部信息的主要形式应当是地区分部，次要形式是业务分部。

（三）风险和报酬同时较大地受企业产品和劳务的差异以及经营活动所在国家或地区差异影响的，披露分部信息的主要形式应当是业务分部，次要形式是地区分部。

第十四条 对于主要报告形式，企业应当在附注中披露分部收入、分部费用、分部利润（亏损）、分部资产总额和分部负债总额等。

（一）分部收入，是指可归属于分部的对外交易收入和对其他分部交易收入。分部的对外交易收入和对其他分部交易收入，应当分别披露。

（二）分部费用，是指可归属于分部的对外交易费用和对其他分部交易费用。分部的折旧费用、摊销费用以及其他重大的非现金费用，应当分别披露。

（三）分部利润（亏损），是指分部收入减去分部费用后的余额。

在合并利润表中，分部利润（亏损）应当在调整少数股东损益前确定。

（四）分部资产，是指分部经营活动使用的可归属于该分部的资产，不包括递延所得税资产。

分部资产的披露金额应当按照扣除相关累计折旧或摊销额以及累计减值准备后的金额确定。

披露分部资产总额时，当期发生的在建工程成本总额、购置的固定资产和无形资产的成本总额，应当单独披露。

（五）分部负债，是指分部经营活动形成的可归属于该分部的负债，不包括递延所得税负债。

第十五条 分部的日常活动是金融性质的，利息收入和利息费用应当作为分部收入和分部费用进行披露。

第十六条 企业披露的分部信息，应当与合并财务报表或企业财务报表中的总额信息相衔接。

分部收入应当与企业的对外交易收入（包括企业对外交易取得的、未包括在任何分部收入中的收入）相衔接；分部利润（亏损）应当与企业营业利润（亏损）和企业净利润（净亏损）相衔接；分部资产总额应当与企业资产总额相衔接；分部负债总额应当与企业负债总额相衔接。

第十七条 分部信息的主要报告形式是业务分部的，应当就次要报告形式披露下列信息：

（一）对外交易收入占企业对外交易收入总额10％或者以上的地区分部，以外部客户所在地为基础披露对外交易收入。

（二）分部资产占所有地区分部资产总额10％或者以上的地区分部，以资产所在地为基础披露分部资产总额。

第十八条 分部信息的主要报告形式是地区分部的，应当就次要报告形式披露下列信息：

（一）对外交易收入占企业对外交易收入总额10％或者以上的业务分部，应当披露对外交易收入。

（二）分部资产占所有业务分部资产总额10％或者以上的业务分部，应当披露分部资产总额。

第十九条 分部间转移交易应当以实际交易价格为基础计量。转移价格的确定基础及其变更情况，应当予以披露。

第二十条 企业应当披露分部会计政策，但分部会计政策与合并财务报表或企业财务报表一致的除外。

分部会计政策变更影响重大的，应当按照《企业会计准则第28号——会计政策、会计估计变更和差错更正》进行披露，并提供相关比较数据。提供比较数据不切实可行的，应当说明原因。

企业改变分部的分类且提供比较数据不切实可行的，应当在改变分部分类的年度，分别披露改变前和改变后的报告分部信息。

分部会计政策，是指编制合并财务报表或企业财务报表时采用的会计政策，以及与分部报告特别相关的会计政策。与分部报告特别相关的会计政策包括分部的确定、分部间转移价格的确定方法，以及将收入和费用分配给分部的基础等。

第二十一条 企业在披露分部信息时，应当提供前期比较数据。

但是，提供比较数据不切实可行的除外。

《企业会计准则第 35 号——分部报告》应用指南

一、主要报告形式和次要报告形式

根据本准则第十三条规定，企业应当区分主要报告形式和次要报告形式披露分部信息。在确定分部信息的主要报告形式和次要报告形式时，应当以企业的风险和报酬的主要来源和性质为依据，同时结合企业的内部组织结构、管理结构以及向董事会或类似机构的内部报告制度。

企业的风险和报酬的主要来源和性质，主要与其提供的产品或劳务，或者经营所在国家或地区密切相关。企业在分析其所承担的风险和报酬时，应当注意以下相关因素：

（1）所生产产品或提供劳务的性质、过程、客户类型、销售方式等；

（2）所生产产品或提供劳务受法律、行政法规的影响等；

（3）所处经济、政治环境等。企业的内部组织结构、管理结构以及向董事会或类似机构内部报告制度的安排，通常会考虑或结合企业风险和报酬的主要来源和性质等相关因素。

二、分部收入

根据本准则第十四条规定，分部收入是指可归属于分部的对外交易收入和对其他分部交易收入。分部收入主要由可归属于分部的对外交易收入构成，通常为营业收入，下列项目不包括在内：

（一）利息收入和股利收入，如采用成本法核算的长期股权投资的股利收入（投资收益）、债券投资的利息收入、对其他分部贷款的利息收入等。但是，分部的日常活动是金融性质的除外。

（二）采用权益法核算的长期股权投资在被投资单位实现的净利润中应享有的份额以及处置投资产生的净收益。但是，分部的日常活动是金融性质的除外。

（三）营业外收入，如处置固定资产、无形资产等产生的净收益。

三、分部费用

根据本准则第十四条规定，分部费用是指可归属于分部的对外交易费用和对其他分部交易费用。分部费用主要由可归属于分部的对外交易费用构成，通常包括营业成本、营业税金及附加、销售费用等，下列项目不包括在内：

（一）利息费用，如发行债券、向其他分部借款的利息费用等。但是，分部的日常活动是金融性质的除外。

（二）采用权益法核算的长期股权投资在被投资单位发生的净损失中应承担的份额以及处置投资发生的净损失。但是，分部的日常活动是金融性质的除外。

（三）与企业整体相关的管理费用和其他费用。但是，企业代所属分部支付的、与分部经营活动相关的、且能直接归属于或按合理的基础分配给该分部的费用，属于分部费用。

（四）营业外支出，如处置固定资产、无形资产等发生的净损失。

（五）所得税费用。

企业会计准则第36号——关联方披露

第一章 总 则

第一条 为了规范关联方及其交易的信息披露，根据《企业会计准则——基本准则》，制定本准则。

第二条 企业财务报表中应当披露所有关联方关系及其交易的相关信息。对外提供合并财务报表的，对于已经包括在合并范围内各企业之间的交易不予披露，但应当披露与合并范围外各关联方的关系及其交易。

第二章 关联方

第三条 一方控制、共同控制另一方或对另一方施加重大影响，以及两方或两方以上同受一方控制、共同控制或重大影响的，构成关联方。

控制，是指有权决定一个企业的财务和经营政策，并能据以从该企业的经营活动中获取利益。

共同控制，是指按照合同约定对某项经济活动所共有的控制，仅在与该项经济活动相关的重要财务和经营决策需要分享控制权的投资方一致同意时存在。

重大影响，是指对一个企业的财务和经营政策有参与决策的权力，但并不能够控制或者与其他方一起共同控制这些政策的制定。

第四条 下列各方构成企业的关联方：

（一）该企业的母公司。

（二）该企业的子公司。

（三）与该企业受同一母公司控制的其他企业。

（四）对该企业实施共同控制的投资方。

（五）对该企业施加重大影响的投资方。

（六）该企业的合营企业。

（七）该企业的联营企业。

（八）该企业的主要投资者个人及与其关系密切的家庭成员。主要投资者个人，是指能够控制、共同控制一个企业或者对一个企业施加重大影响的个人投资者。

（九）该企业或其母公司的关键管理人员及与其关系密切的家庭成员。关键管理人员，是指有权力并负责计划、指挥和控制企业活动的人员。与主要投资者个人或关键管理人员关系密切的家庭成员，是指在处理与企业的交易时可能影响该个人或受该个人影响的家庭成员。

（十）该企业主要投资者个人、关键管理人员或与其关系密切的家庭成员控制、共同控制或施加重大影响的其他企业。

第五条 仅与企业存在下列关系的各方，不构成企业的关联方：

（一）与该企业发生日常往来的资金提供者、公用事业部门、政府部门和机构。

（二）与该企业发生大量交易而存在经济依存关系的单个客户、供应商、特许商、经销商或代理商。

（三）与该企业共同控制合营企业的合营者。

第六条 仅仅同受国家控制而不存在其他关联方关系的企业，不构成关联方。

第三章 关联方交易

第七条 关联方交易，是指关联方之间转移资源、劳务或义务的行为，而不论是否收取价款。

第八条 关联方交易的类型通常包括下列各项：

（一）购买或销售商品。

（二）购买或销售商品以外的其他资产。

（三）提供或接受劳务。

（四）担保。

（五）提供资金（贷款或股权投资）。

（六）租赁。

（七）代理。

（八）研究与开发项目的转移。

（九）许可协议。

（十）代表企业或由企业代表另一方进行债务结算。

（十一）关键管理人员薪酬。

第四章 披 露

第九条 企业无论是否发生关联方交易，均应当在附注中披露与母公司和子公司有关的下列信息：

（一）母公司和子公司的名称。

母公司不是该企业最终控制方的，还应当披露最终控制方名称。

母公司和最终控制方均不对外提供财务报表的，还应当披露母公司之上与其最相近的对外提供财务报表的母公司名称。

（二）母公司和子公司的业务性质、注册地、注册资本（或实收资本、股本）及其变化。

（三）母公司对该企业或者该企业对子公司的持股比例和表决权比例。

第十条 企业与关联方发生关联方交易的，应当在附注中披露该关联方关系的性质、交易类型及交易要素。交易要素至少应当包括：

（一）交易的金额。

（二）未结算项目的金额、条款和条件，以及有关提供或取得担保的信息。

（三）未结算应收项目的坏账准备金额。

（四）定价政策。

第十一条 关联方交易应当分别关联方以及交易类型予以披露。

类型相似的关联方交易，在不影响财务报表阅读者正确理解关联方交易对财务报表影响的情况下，可以合并披露。

第十二条 企业只有在提供确凿证据的情况下，才能披露关联方交易是公平交易。

企业会计准则第 37 号——金融工具列报

（2017 年修订）

第一章 总 则

第一条 为了规范金融工具的列报，根据《企业会计准则——基本准则》，制定本准则。

金融工具列报，包括金融工具列示和金融工具披露。

第二条 金融工具列报的信息，应当有助于财务报表使用者了解企业所发行金融工具的分类、计量和列报的情况，以及企业所持有的金融资产和承担的金融负债的情况，并就金融工具对企业财务状况和经营成果影响的重要程度、金融工具使企业在报告期间和期末所面临风险的性质和程度，以及企业如何管理这些风险作出合理评价。

第三条 本准则适用于所有企业各种类型的金融工具，但下列各项适用其他会计准则：

（一）由《企业会计准则第 2 号——长期股权投资》、《企业会计准则第 33 号——合并财务报表》和《企业会计准则第 40 号——合营安排》规范的对子公司、合营企业和联营企业的投资，其披露适用《企业会计准则第 41 号——在其他主体中权益的披露》。但企业持有的与在子公司、合营企业或联营企业中的权益相联系的衍生工具，适用本准则。

企业按照《企业会计准则第 22 号——金融工具确认和计量》相关规定对联营企业或合营企业的投资进行会计处理的，以及企业符合《企业会计准则第 33 号——合并财务报表》有关投资性主体定义，且根据该准则规定对子公司的投资以公允价值计量且其变动计入当期损益的，对上述合营企业、联营企业或子公司的相关投资适用本准则。

（二）由《企业会计准则第 9 号——职工薪酬》规范的职工薪酬相关计划形成的企业的权利和义务，适用《企业会计准则第 9 号——职工薪酬》。

（三）由《企业会计准则第 11 号——股份支付》规范的股份支付中涉及的金融工具以及其他合同和义务，适用《企业会计准则第 11 号——股份支付》。但是，股份支付中属于本准则范围的买入或卖出非金融项目的合同，以及与股份支付相关的企业发行、回购、出售或注销的库存股，适用本准则。

（四）由《企业会计准则第 12 号——债务重组》规范的债务重组，适用《企业会计准则第 12 号——债务重组》。但债务重组中涉及金融资产转移披露的，适用本准则。

（五）由《企业会计准则第 14 号——收入》规范的属于金融工具的合同权利和义务，适用《企业会计准则第 14 号——收入》。由《企业会计准则第 14 号——收入》要求在确认和计量相关合同权利的减值损失和利得时，应当按照《企业会计准则第 22 号——金融工具确认和计量》进行会计处理的合同权利，适用本准则有关信用风险披露的规定。

（六）由保险合同相关会计准则规范的保险合同所产生的权利和义务，适用保险合同相关会计准则。

因具有相机分红特征而由保险合同相关会计准则规范的合同所产生的权利和义务，适用保险合同相关会计准则。但对于嵌入保险合同的衍生工具，该嵌入衍生工具本身不是保险合同的，适用本准则；该嵌入衍生工具本身为保险合同的，适用保险合同相关会计准则。

企业选择按照《企业会计准则第 22 号——金融工具确认和计量》进行会计处理的财务担保合同，适用本准则；企业选择按照保险合同相关会计准则进行会计处理的财务担保合同，适用保险合同相关会计准则。

第四条 本准则适用于能够以现金或其他金融工具净额结算，或通过交换金融工具结算的买入或卖出非金融项目的合同。但企业按照预定的购买、销售或使用要求签订并持有，旨在收取或交付非金融项目的合同，适用其他相关会计准则，但是企业根据《企业会计准则第 22 号——金融工具确认和计量》第八条的规定将该合同指定为以公允价值计量且其变动计入当期损益的金融资产或金融负债的，适用本准则。

第五条 本准则第六章至第八章的规定，除适用于企业已按照《企业会计准则第 22 号——金融工具确认和计量》确认的金融工具外，还适用于未确认的金融工具。

第六条 本准则规定的交易或事项涉及所得税的，应当按照《企业会计准则第 18 号——所得税》进行处理。

第二章 金融负债和权益工具的区分

第七条 企业应当根据所发行金融工具的合同条款及其所反映的经济实质而非仅以法律形式，结合金融资产、金融负债和权益工具的定义，在初始确认时将该金融工具或其组成部分分类为金融资产、金融负债或权益工具。

第八条 金融负债，是指企业符合下列条件之一的负债：

（一）向其他方交付现金或其他金融资产的合同义务。

（二）在潜在不利条件下，与其他方交换金融资产或金融负债的合同义务。

（三）将来须用或可用企业自身权益工具进行结算的非衍生工具合同，且企业根据该合同将交付可变数量的自身权益工具。

（四）将来须用或可用企业自身权益工具进行结算的衍生工具合同，但以固定数量的自身权益工具交换固定金额的现金或其他金融资产的衍生工具合同除外。企业对全部现有同类别非衍生自身权益工具的持有方同比例发行配股权、期权或认股权证，使之有权按比例以固定金额的任何货币换取固定数量的该企业自身权益工具的，该类配股权、期权或认股权证应当分类为权益工具。其中，企业自身权益工具不包括应按照本准则第三章分类为权益工具的金融工具，也不包括本身就要求在未来收取或交付企业自身权益工具的合同。

第九条 权益工具，是指能证明拥有某个企业在扣除所有负债后的资产中的剩余权益的合同。企业发行的金融工具同时满足下列条件的，符合权益工具的定义，应当将该金融工具分类为权益工具：

（一）该金融工具应当不包括交付现金或其他金融资产给其他方，或在潜在不利条件下与其他方交换金融资产或金融负债的合同义务；

（二）将来须用或可用企业自身权益工具结算该金融工具。如为非衍生工具，该金融工具应当不包括交付可变数量的自身权益工具进行结算的合同义务；如为衍生工具，企业只能通过以固定数量的自身权益工具交换固定金额的现金或其他金融资产结算该金融工具。企业自身权益工具不包括应按照本准则第三章分类为权益工具的金融工具，也不包括本身就要求在未来收取或交付企业自身权益工具的合同。

第十条 企业不能无条件地避免以交付现金或其他金融资产来履行一项合同义务的，该合同义务符合金融负债的定义。有些金融工具虽然没有明确地包含交付现金或其他金融资产义务的条款和条件，但有可能通过其他条款和条件间接地形成合同义务。

如果一项金融工具须用或可用企业自身权益工具进行结算，需要考虑用于结算该工具的企业自身权益工具，是作为现金或其他金融资产的替代品，还是为了使该工具持有方享有在发行方扣除所有负债后的资产中的剩余权益。如果是前者，该工具是发行方的金融负债；如果是后者，该工具是发行方的权益工具。在某些情况下，一项金融工具合同规定企业须用或可用自身权益工具结算该金融工具，其中合同权利或合同义务的金额等于可获取或需交付的自身权益工具的数量乘以其结算时的公允价值，则无论该合同权利或合同义务的金额是固定的，还是完全或部分地基于除企业自身权益工具的市场价格以外变量（例如利率、某种商品的价格或某项金融工具的价格）的变动而变动的，该合同应当分类为金融负债。

第十一条 除根据本准则第三章分类为权益工具的金融工具外，如果一项合同使发行方承担了以现金或其他金融资产回购自身权益工具的义务，即使发行方的回购义务取决于合同对手方是否行使回售权，发行方应当在初始确认时将该义务确认为一项金融负债，其金额等于回购所需支付金额的现值（如远期回购价格的现值、期权行权价格的现值或其他回售金额的现值）。如果最终发行方无需以现金或其他金融资产回购自身权益工具，应当在合同到期时将该项金融负债按照账面价值重分类为权益工具。

第十二条 对于附有或有结算条款的金融工具，发行方不能无条件地避免交付现金、其他金融资产或以其他导致该工具成为金融负债的方式进行结算的，应当分类为金融负债。但是，满足下列条件之一的，发行方应当将其分类为权益工具：

（一）要求以现金、其他金融资产或以其他导致该工具成为金融负债的方式进行结算的或有结算条款几乎不具有可能性，即相关情形极端罕见、显著异常且几乎不可能发生。

（二）只有在发行方清算时，才需以现金、其他金融资产或以其他导致该工具成为金融负债的方式进行结算。

（三）按照本准则第三章分类为权益工具的可回售工具。

附有或有结算条款的金融工具，指是否通过交付现金或其他金融资产进行结算，或者是否以其他导致该金融工具成为金融负债的方式进行结算，需要由发行方和持有方均不能控制的未来不确定事项（如股价指数、消费价格指数变动、利率或税法变动、发行方未来收入、净收益或债务权益比率等）的发生或不发生（或发行方和持有方均不能控制的未来不确定事项的结果）来确定的金融工具。

第十三条 对于存在结算选择权的衍生工具（例如合同规定发行方或持有方能选择以现金净额或以发行股份交换现金等方式进行结算的衍生工具），发行方应当将其确认为金融资产或金融负债，但所有可供选择的结算方式均表明该衍生工具应当确认为权益工具的除外。

第十四条 企业应对发行的非衍生工具进行评估，以确定所发行的工具是否为复合金融工具。企业所发行的非衍生工具可能同时包含金融负债成分和权益工具成分。对于复合金融工具，发行方应于初始确认时将各组成部分分别分类为金融负债、金融资产或权益工具。

企业发行的一项非衍生工具同时包含金融负债成分和权益工具成分的，应于初始计量时先确定金融负债成分的公允价值（包括其中可能包含的非权益性嵌入衍生工具的公允价值），再从复合金融工具公允价值中扣除负债成分的公允价值，作为权益工具成分的价值。复合金融工具中包含非权益性嵌入衍生工具的，非权益性嵌入衍生工具的公允价值应当包含在金融负债成分的公允价值中，并且按照《企业会计准则第 22 号——金融工具确认和计量》的规定对该金融负债成分进行会计处理。

第十五条 在合并财务报表中对金融工具（或其组成部分）进行分类时，企业应当考虑企业集团成员和金融工具的持有方之间达成的所有条款和条件。企业集团作为一个整体，因该工具承担了交付现金、其他金融资产或以其他导致该工具成为金融负债的方式进行结算的义务的，该工具在企业集团合并财务报表中应当分类为金融负债。

第三章 特殊金融工具的区分

第十六条 符合金融负债定义，但同时具有下列特征的可回售工具，应当分类为权益工具：

（一）赋予持有方在企业清算时按比例份额获得该企业净资产的权利。这里所指企业净资产是扣除所有优先于该工具对企业资产要求权之后的剩余资产；这里所指按比例份额是清算时将企业的净资产分拆为金额相等的单位，并且将单位金额乘以持有方所持有的单位数量。

（二）该工具所属的类别次于其他所有工具类别，即该工具在归属于该类别前无须转换为另一种工具，且在清算时对企业资产没有优先于其他工具的要求权。

（三）该工具所属的类别中（该类别次于其他所有工具类别），所有工具具有相同的特征（例如它们必须都具有可回售特征，并且用于计算回购或赎回价格的公式或其他方法都相同）。

（四）除了发行方应当以现金或其他金融资产回购或赎回该工具的合同义务外，该工具不满足本准则规定的金融负债定义中的任何其他特征。

（五）该工具在存续期内的预计现金流量总额，应当实质上基于该工具存续期内企业的损益、已确认净资产的变动、已确认和未确认净资产的公允价值变动（不包括该工具的任何影响）。

可回售工具，是指根据合同约定，持有方有权将该工具回售给发行方以获取现金或其他金融资产的权利，或者在未来某一不确定事项发生或者持有方死亡或退休时，自动回售给发行方的金融工具。

第十七条 符合金融负债定义，但同时具有下列特征的发行方仅在清算时才有义务向另一方按比例交付其净资产的金融工具，应当分类为权益工具：

（一）赋予持有方在企业清算时按比例份额获得该企业净资产的权利；

（二）该工具所属的类别次于其他所有工具类别；

（三）该工具所属的类别中（该类别次于其他所有工具类别），发行方对该类别中所有工具都应当在清算时承担按比例份额交付其净资产的同等合同义务。

产生上述合同义务的清算确定将会发生并且不受发行方的控制（如发行方本身是有限寿命主体），或者发生与否取决于该工具的持有方。

第十八条 分类为权益工具的可回售工具，或发行方仅在清算时才有义务向另一方按比例交付其净资产的金融工具，除应当具有本准则第十六条或第十七条所述特征外，其发行方应当没有同时具备下列特征的其他金融工具或合同：

（一）现金流量总额实质上基于企业的损益、已确认净资产的变动、已确认和未确认净资产的公允价值变动（不包括该工具或合同的任何影响）；

（二）实质上限制或固定了本准则第十六条或第十七条所述工具持有方所获得的剩余回报。

在运用上述条件时，对于发行方与本准则第十六条或第十七条所述工具持有方签订的非金融合同，如果其条款和条件与发行方和其他方之间可能订立的同等合同类似，不应考虑该非金融合同的影响。但如果不能做出此判断，则不得将该工具分类为权益工具。

第十九条 按照本章规定分类为权益工具的金融工具，自不再具有本准则第十六条或第十七条所述特征，或发行方不再满足本准则第十八条规定条件之日起，发行方应当将其重分类为金融负债，以重分类日该工具的公允价值计量，并将重分类日权益工具的账面价值和金融负债的公允价值之间的差额确认为权益。

按照本章规定分类为金融负债的金融工具，自具有本准则第十六条或第十七条所述特征，且发行方满足本准则第十八条规定条件之日起，发行方应当将其重分类为权益工具，以重分类日金融负债的账面价值计量。

第二十条 企业发行的满足本章规定分类为权益工具的金融工具，在企业集团合并财务报表中对应的少数股东权益部分，应当分类为金融负债。

第四章 收益和库存股

第二十一条 金融工具或其组成部分属于金融负债的，相关利息、股利（或股息）、利得或损失，以及赎回或再融资产生的利得或损失等，应当计入当期损益。

第二十二条 金融工具或其组成部分属于权益工具的，其发行（含再融资）、回购、出售或注销时，发行方应当作为权益的变动处理。发行方不应当确认权益工具的公允价值变动。

发行方向权益工具持有方的分配应当作为其利润分配处理，发放的股票股利不影响发行方的所有者权益总额。

第二十三条 与权益性交易相关的交易费用应当从权益中扣减。

企业发行或取得自身权益工具时发生的交易费用（例如登记费，承销费，法律、会计、评估及其他专业服务费用，印刷成本和印花税等），可直接归属于权益性交易的，应当从权益中扣减。终止的未完成权益性交易所发生的交易费用应当计入当期损益。

第二十四条 发行复合金融工具发生的交易费用，应当在金融负债成分和权益工具成分之间按照各自占总发行价款的比例进行分摊。与多项交易相关的共同交易费用，应当在合理的基础上，采用与其他类似交易一致的方法，在各项交易间进行分摊。

第二十五条 发行方分类为金融负债的金融工具支付的股利，在利润表中应当确认为费用，与其他负债的利息费用合并列示，并在财务报表附注中单独披露。

作为权益扣减项的交易费用，应当在财务报表附注中单独披露。

第二十六条 回购自身权益工具（库存股）支付的对价和交易费用，应当减少所有者权益，不得确认金融资产。库存股可由企业自身购回和持有，也可由企业集团合并财务报表范围内的其他成员购回和持有。

第二十七条 企业应当按照《企业会计准则第 30 号——财务报表列报》的规定在资产负债表中单独列示所持有的库存股金额。

企业从关联方回购自身权益工具的，还应当按照《企业会计准则第 36 号——关联方披露》的相关规定进行披露。

第五章 金融资产和金融负债的抵销

第二十八条 金融资产和金融负债应当在资产负债表内分别列示，不得相互抵销。但同时满足下列条件的，应当以相互抵销后的净额在资产负债表内列示：

（一）企业具有抵销已确认金额的法定权利，且该种法定权利是当前可执行的；

（二）企业计划以净额结算，或同时变现该金融资产和清偿该金融负债。

不满足终止确认条件的金融资产转移，转出方不得将已转移的金融资产和相关负债进行抵销。

第二十九条 抵销权是债务人根据合同或其他协议，以应收债权人的金额全部或部分抵销应付债权人的金额的法定权利。在某些情况下，如果债务人、债权人和第三方三者之间签署的协议明确表示债务人拥有该抵销权，并且不违反法律法规或其他相关规定，债务人可能拥有以应收第三方的金额抵销应付债权人的金额的法定权利。

第三十条 抵销权应当不取决于未来事项，而且在企业和所有交易对手方的正常经营过程中，或在出现违约、无力偿债或破产等各种情形下，企业均可执行该法定权利。

在确定抵销权是否可执行时，企业应当充分考虑法律法规或其他相关规定以及合同约定等各方面因素。

第三十一条 当前可执行的抵销权不构成相互抵销的充分条件，企业既不打算行使抵销权（即净额结算），又无计划同时结算金融资产和金融负债的，该金融资产和金融负债不得抵销。

在没有法定权利的情况下，一方或双方即使有意向以净额为基础进行结算或同时结算相关金融资产和金融负债的，该金融资产和金融负债也不得抵销。

第三十二条 企业同时结算金融资产和金融负债的，如果该结算方式相当于净额结算，则满足本准则第二十八条（二）以净额结算的标准。这种结算方式必须在同一结算过程或周期内处理了相关应收和应付款项，最终消除或几乎消除了信用风险和流动性风险。如果某结算方式同时具备如下特征，可视为满足净额结算标准：

（一）符合抵销条件的金融资产和金融负债在同一时点提交处理；

（二）金融资产和金融负债一经提交处理，各方即承诺履行结算义务；

（三）金融资产和金融负债一经提交处理，除非处理失败，这些资产和负债产生的现金流量不可能发生变动；

（四）以证券作为担保物的金融资产和金融负债，通过证券结算系统或其他类似机制进行结算（例如券款对付），即如果证券交付失败，则以证券作为抵押的应收款项或应付款项的处理也将失败，反之亦然；

（五）若发生本条（四）所述的失败交易，将重新进入处理程序，直至结算完成；

（六）由同一结算机构执行；

（七）有足够的日间信用额度，并且能够确保该日间信用额度一经申请提取即可履行，以支持各方能够在结算日进行支付处理。

第三十三条 在下列情况下，通常认为不满足本准则第二十八条所列条件，不得抵销相关金融资产和金融负债：

（一）使用多项不同金融工具来仿效单项金融工具的特征（即合成工具）。例如利用浮动利率长期债券与收取浮动利息且支付固定利息的利率互换，合成一项固定利率长期负债。

（二）金融资产和金融负债虽然具有相同的主要风险敞口（例如远期合同或其他衍生工具组合中的资产和负债），但涉及不同的交易对手方。

（三）无追索权金融负债与作为其担保物的金融资产或其他资产。

（四）债务人为解除某项负债而将一定的金融资产进行托管（例如偿债基金或类似安排），但债权人尚未接受以这些资产清偿负债。

（五）因某些导致损失的事项而产生的义务预计可以通过保险合同向第三方索赔而得以补偿。

第三十四条 企业与同一交易对手方进行多项金融工具交易时，可能与对手方签订总互抵协议。只有满足本准则第二十八条所列条件时，总互抵协议下的相关金融资产和金融负债才能抵销。

总互抵协议，是指协议所涵盖的所有金融工具中的任何一项合同在发生违约或终止时，就协议所涵盖的所有金融工具按单一净额进行结算。

第三十五条 企业应当区分金融资产和金融负债的抵销与终止确认。抵销金融资产和金融负债并在资产负债表中以净额列示，不应当产生利得或损失；终止确认是从资产负债表列示的项目中移除相关金融资产或金融负债，有可能产生利得或损失。

第六章 金融工具对财务状况和经营成果影响的列报

第一节 一般性规定

第三十六条 企业在对金融工具各项目进行列报时，应当根据金融工具的特点及相关信息的性质对金融工具进行归类，并充分披露与金融工具相关的信息，使得财务报表附注中的披露与财务报表列示的各项目相互对应。

第三十七条 在确定金融工具的列报类型时，企业至少应当将本准则范围内的金融工具区分为以摊余成本计量和以公允价值计量的类型。

第三十八条 企业应当披露编制财务报表时对金融工具所采用的重要会计政策、计量基础和与理解财务报表相关的其他会计政策等信息，主要包括：

（一）对于指定为以公允价值计量且其变动计入当期损益的金融资产，企业应当披露下列信息：

1. 指定的金融资产的性质；

2. 企业如何满足运用指定的标准。企业应当披露该指定所针对的确认或计量不一致的描述性说明。

（二）对于指定为以公允价值计量且其变动计入当期损益的金融负债，企业应当披露下列信息：

1. 指定的金融负债的性质；

2. 初始确认时对上述金融负债做出指定的标准；

3. 企业如何满足运用指定的标准。对于以消除或显著减少会计错配为目的的指定，企业应当披露该指定所针对的确认或计量不一致的描述性说明。对于以更好地反映组合的管理实质为目的的指定，企业应当披露该指定符合企业正式书面文件载明的风险管理或投资策略的描述性说明。对于整体指定为以公允价值计量且其变动计入当期损益的混合工具，企业应当披露运用指定标准的描述性说明。

（三）如何确定每类金融工具的利得或损失。

第二节 资产负债表中的列示及相关披露

第三十九条 企业应当在资产负债表或相关附注中列报下列金融资产或金融负债的账面价值：

（一）以摊余成本计量的金融资产。

（二）以摊余成本计量的金融负债。

（三）以公允价值计量且其变动计入其他综合收益的金融资产，并分别反映：（1）根据《企业会计准则第 22 号——金融工具确认和计量》第十八条的规定分类为以公允价值计量且其变动计入其他综合收益的金融资产；（2）根据《企业会计准则第 22 号——金融工具确认和计量》第十九条的规定在初始确认时被指定为以公允价值计量且其变动计入其他综合收益的非交易性权益工具投资。

（四）以公允价值计量且其变动计入当期损益的金融资产，并分别反映：（1）根据《企业会计准则第 22 号——金融工具确认和计量》第十九条的规定分类为以公允价值计量且其变动计入当期损益的金融资产；（2）根据《企业会计准则第 22 号——金融工具确认和计量》第二十条的规定指定为以公允价值计量且其变动计入当期损益的金融资产；（3）根据《企业会计准则第 24 号——套期会计》第三十四条的规定在初始确认或后续计量时指定为以公允价值计量且其变动计入当期损益的金融资产。

（五）以公允价值计量且其变动计入当期损益的金融负债，并分别反映：（1）根据《企业会计准则第 22 号——金融工具确认和计量》第二十一条的规定分类为以公允价值计量且其变动计入当期损益的金融负债；（2）根据《企业会计准则第 22 号——金融工具确认和计量》第二十二条的规定在初始确认时指定为以公允价值计量且其变动计入当期损益的金融负债；（3）根据《企业会计准则第 24 号——套期会计》第三十四条的规定在初始确认和后续计量时指定为以公允价值计量且其变动计入当期损益的金融负债。

第四十条 企业将本应按摊余成本或以公允价值计量且其变动计入其他综合收益计量的一项或一组金融资产指定为以公允价值计量且其变动计入当期损益的金融资产的，应当披露下列信息：

（一）该金融资产在资产负债表日使企业面临的最大信用风险敞口；

（二）企业通过任何相关信用衍生工具或类似工具使得该最大信用风险敞口降低的金额；

（三）该金融资产因信用风险变动引起的公允价值本期变动额和累计变动额；

（四）相关信用衍生工具或类似工具自该金融资产被指定以来的的公允价值本期变动额和累计变动额。

信用风险，是指金融工具的一方不履行义务，造成另一方发生财务损失的风险。

金融资产在资产负债表日的最大信用风险敞口，通常是金融工具账面余额减去减值损失准备后的金额（已减去根据本准则规定已抵销的金额）。

第四十一条 企业将一项金融负债指定为以公允价值计量且其变动计入当期损益的金融负债，且企业自身信用风险变动引起的该金融负债公允价值的变动金额计入其他综合收益的，应当披露下列信息：

（一）该金融负债因自身信用风险变动引起的公允价值本期变动额和累计变动额；

（二）该金融负债的账面价值与按合同约定到期应支付债权人金额之间的差额；

（三）该金融负债的累计利得或损失本期从其他综合收益转入留存收益的金额和原因。

第四十二条 企业将一项金融负债指定为以公允价值计量且其变动计入当期损益的金融负债，且该金融负债（包括企业自身信用风险变动的影响）的全部利得或损失计入当期损益的，应当披露下列信息：

（一）该金融负债因自身信用风险变动引起的公允价值本期变动额和累计变动额；

（二）该金融负债的账面价值与按合同约定到期应支付债权人金额之间的差额。

第四十三条 企业应当披露用于确定本准则第四十条（三）所要求披露的金融资产因信用风险变动引起的公允价值变动额的估值方法，以及用于确定本准则第四十一条（一）和第四十二条（一）所要求披露的金融负债因自身信用风险变动引起的公允价值变动额的估值方法，并说明选用该方法的原因。如果企业认为披露的信息未能如实反映相关金融工具公允价值变动中由信用风险引起的部分，则应当披露企业得出此结论的原因及其他需要考虑的因素。

企业应当披露其用于确定金融负债自身信用风险变动引起的公允价值的变动计入其他综合收益是否会造成或扩大损益中的会计错配的方法。企业根据《企业会计准则第 22 号——金融工具确认和计量》第六十八条的规定将金融负债因企业自身信用风险变动引起的公允价值变动计入当期损益的，企业应当披露该金融负债与预期能够抵销其自身信用风险变动引起的公允价值变动的金融工具之间的经济关系。

第四十四条 企业将非交易性权益工具投资指定为以公允价值计量且其变动计入其他综合收益的，应当披露下列信息：

（一）企业每一项指定为以公允价值计量且其变动计入其他综合收益的权益工具投资；

（二）企业做出该指定的原因；

（三）企业每一项指定为以公允价值计量且其变动计入其他综合收益的权益工具投资的期末公允价值；

（四）本期确认的股利收入，其中对本期终止确认的权益工具投资相关的股利收入和资产负债表日仍持有的权益工具投资相关的股利收入应当分别单独披露；

（五）该权益工具投资的累计利得和损失本期从其他综合收益转入留存收益的金额及其原因。

第四十五条 企业本期终止确认了指定为以公允价值计量且其变动计入其他综合收益的非交易性权益工具投资的，应当披露下列信息：

（一）企业处置该权益工具投资的原因；

（二）该权益工具投资在终止确认时的公允价值；

（三）该权益工具投资在终止确认时的累计利得或损失。

第四十六条 企业在当期或以前报告期间将金融资产进行重分类的，对于每一项重分类，应当披露重分类日、对业务模式变更的具体说明及其对财务报表影响的定性描述，以及该金融资产重分类前后的金额。

企业自上一年度报告日起将以公允价值计量且其变动计入其他综合收益的金融资产重分类为以摊余成本计量的金融资产的，或者将以公允价值计量且其变动计入当期损益的金融资产重分类为其他类别的，应当披露下列信息：

（一）该金融资产在资产负债表日的公允价值；

（二）如果未被重分类，该金融资产原来应在当期损益或其他综合收益中确认的公允价值利得或损失。

企业将以公允价值计量且其变动计入当期损益的金融资产重分类为其他类别的，自重分类日起到终止确认的每一个报告期间内，都应当披露该金融资产在重分类日确定的实际利率和当期已确认的利息收入。

第四十七条 对于所有可执行的总互抵协议或类似协议下的已确认金融工具，以及符合本准则第二十八条抵销条件的已确认金融工具，企业应当在报告期末以表格形式（除非企业有更恰当的披露形式）分别按金融资产和金融负债披露下列定量信息：

（一）已确认金融资产和金融负债的总额。

（二）按本准则规定抵销的金额。

（三）在资产负债表中列示的净额。

（四）可执行的总互抵协议或类似协议确定的，未包含在本条（二）中的金额，包括：

1. 不满足本准则抵销条件的已确认金融工具的金额；

2. 与财务担保物（包括现金担保）相关的金额，以在资产负债表中列示的净额扣除本条（四）1 后的余额为限。

（五）资产负债表中列示的净额扣除本条（四）后的余额。

企业应当披露本条（四）所述协议中抵销权的条款及其性质等信息，以及不同计量基础的金融工具适用本条时产生的计量差异。

上述信息未在财务报表同一附注中披露的，企业应当提供不同附注之间的交叉索引。

第四十八条 按照本准则第三章分类为权益工具的可回售工具，企业应当披露下列信息：

（一）可回售工具的汇总定量信息；

（二）对于按持有方要求承担的回购或赎回义务，企业的管理目标、政策和程序及其变化；

（三）回购或赎回可回售工具的预期现金流出金额以及确定方法。

第四十九条 企业将本准则第三章规定的特殊金融工具在金融负债和权益工具之间重分类的，应当分别披露重分类前后的公允价值或账面价值，以及重分类的时间和原因。

第五十条 企业应当披露作为负债或或有负债担保物的金融资产的账面价值，以及与该项担保有关的条款和条件。根据《企业会计准则第 23 号——金融资产转移》第二十六条的规定，企业（转出方）向金融资产转入方提供了非现金担保物（如债务工具或权益工具投资等），转入方按照合同或惯例有权出售该担保物或将其再作为担保物的，企业应当将该非现金担保物在财务报表中单独列报。

第五十一条 企业取得担保物（担保物为金融资产或非金融资产），在担保物所有人未违约时可将该担保物出售或再抵押的，应当披露该担保物的公允价值、企业已出售或再抵押担保物的公允价值，以及承担的返还义务和使用担保物的条款和条件。

第五十二条 对于按照《企业会计准则第 22 号——金融工具确认和计量》第十八条的规定分类为以公允价值计量且其变动计入其他综合收益的金融资产，企业应当在财务报表附注中披露其确认的损失准备，但不应在资产负债表中将损失准备作为金融资产账面金额的扣减项目单独列示。

第五十三条 对于企业发行的包含金融负债成分和权益工具成分的复合金融工具，嵌入了价值相互关联的多项衍生工具（如可赎回的可转换债务工具）的，应当披露相关特征。

第五十四条 对于除基于正常信用条款的短期贸易应付款项之外的金融负债，企业应当披露下列信息：

（一）本期发生违约的金融负债的本金、利息、偿债基金、赎回条款的详细情况；

（二）发生违约的金融负债的期末账面价值；

（三）在财务报告批准对外报出前，就违约事项已采取的补救措施、对债务条款的重新议定等情况。

企业本期发生其他违反合同的情况，且债权人有权在发生违约或其他违反合同情况时要求企业提前偿还的，企业应当按上述要求披露。如果在期末前违约或其他违反合同情况已得到补救或已重新议定债务条款，则无需披露。

第三节 利润表中的列示及相关披露

第五十五条 企业应当披露与金融工具有关的下列收入、费用、利得或损失：

（一）以公允价值计量且其变动计入当期损益的金融资产和金融负债所产生的利得或损失。其中，指定为以公允价值计量且其变动计入当期损益的金融资产和金融负债，以及根据《企业会计准则第 22 号——金融工具确认和计量》第十九条的规定必须分类为以公允价值计量且其变动计入当期损益的金融资产和根据《企业会计准则第 22 号——金融工具确认和计量》第二十一条的规定必须分类为以公允价值计量且其变动计入当期损益的金融负债的净利得或净损失，应当分别披露。

（二）对于指定为以公允价值计量且其变动计入当期损益的金融负债，企业应当分别披露本期在其他综合收益中确认的和在当期损益中确认的利得或损失。

（三）对于根据《企业会计准则第 22 号——金融工具确认和计量》第十八条的规定分类为以公允价值计量且其变动计入其他综合收益的金融资产，企业应当分别披露当期在其他综合收益中确认的以及当期终止确认时从其他综合收益转入当期损益的利得或损失。

（四）对于根据《企业会计准则第 22 号——金融工具确认和计量》第十九条的规定指定为以公允价值计量且其变动计入其他综合收益的非交易性权益工具投资，企业应当分别披露在其他综合收益中确认的利得和损失以及在当期损益中确认的股利收入。

（五）除以公允价值计量且其变动计入当期损益的金融资产或金融负债外，按实际利率法计算的金融资产或金融负债产生的利息收入或利息费用总额，以及在确定实际利率时未予包括并直接计入当期损益的手续费收入或支出。

（六）企业通过信托和其他托管活动代他人持有资产或进行投资而形成的，直接计入当期损益的手续费收入或支出。

第五十六条 企业应当分别披露以摊余成本计量的金融资产终止确认时在利润表中确认的利得和损失金额及其相关分析，包括终止确认金融资产的原因。

第四节 套期会计相关披露

第五十七条 企业应当披露与套期会计有关的下列信息：

（一）企业的风险管理策略以及如何应用该策略来管理风险；

（二）企业的套期活动可能对其未来现金流量金额、时间和不确定性的影响；

（三）套期会计对企业的资产负债表、利润表及所有者权益变动表的影响。

企业在披露套期会计相关信息时，应当合理确定披露的详细程度、披露的重点、恰当的汇总或分解水平，以及财务报表使用者是否需要额外的说明以评估企业披露的定量信息。企业按照本准则要求所确定的信息披露汇总或分解水平应当和《企业会计准则第 39 号——公允价值计量》的披露要求所使用的汇总或分解水平相同。

第五十八条 企业应当披露其进行套期和运用套期会计的各类风险的风险敞口的风险管理策略相关信息，从而有助于财务报表使用者评价：每类风险是如何产生的、企业是如何管理各类风险的（包括企业是对某一项目整体的所有风险进行套期还是对某一项目的单个或多个风险成分进行套期及其理由），以及企业管理风险敞口的程度。与风险管理策略相关的信息应当包括：

（一）企业指定的套期工具；

（二）企业如何运用套期工具对被套期项目的特定风险敞口进行套期；

（三）企业如何确定被套期项目与套期工具的经济关系以评估套期有效性；

（四）套期比率的确定方法；

（五）套期无效部分的来源。

第五十九条 企业将某一特定的风险成分指定为被套期项目的，除应当披露本准则第五十八条规定的相关信息外，还应当披露下列定性或定量信息：

（一）企业如何确定该风险成分，包括风险成分与项目整体之间关系性质的说明；

（二）风险成分与项目整体的关联程度（例如被指定的风险成分以往平均涵盖项目整体公允价值变动的百分比）。

第六十条 企业应当按照风险类型披露相关定量信息，从而有助于财务报表使用者评价套期工具的条款和条件及这些条款和条件如何影响企业未来现金流量的金额、时间和不确定性。这些要求披露的明细信息应当包括：

（一）套期工具名义金额的时间分布；

（二）套期工具的平均价格或利率（如适用）。

第六十一条 在因套期工具和被套期项目频繁变更而导致企业频繁地重设（即终止及重新开始）套期关系的情况下，企业无需披露本准则第六十条规定的信息，但应当披露下列信息：

（一）企业基本风险管理策略与该套期关系相关的信息；

（二）企业如何通过运用套期会计以及指定特定的套期关系来反映其风险管理策略；

（三）企业重设套期关系的频率。

在因套期工具和被套期项目频繁变更而导致企业频繁地重设套期关系的情况下，如果资产负债表日的套期关系数量并不代表本期内的正常数量，企业应当披露这一情况以及该数量不具代表性的原因。

第六十二条 企业应当按照风险类型披露在套期关系存续期内预期将影响套期关系的套期无效部分的来源，如果在套期关系中出现导致套期无效部分的其他来源，也应当按照风险类型披露相关来源及导致套期无效的原因。

第六十三条 企业应当披露已运用套期会计但预计不再发生的预期交易的现金流量套期。

第六十四条 对于公允价值套期，企业应当以表格形式、按风险类型分别披露与被套期项目相关的下列金额：

（一）在资产负债表中确认的被套期项目的账面价值，其中资产和负债应当分别单独列示；

（二）资产负债表中已确认的被套期项目的账面价值、针对被套期项目的公允价值套期调整的累计金额，其中资产和负债应当分别单独列示；

（三）包含被套期项目的资产负债表列示项目；

（四）本期用作确认套期无效部分基础的被套期项目价值变动；

（五）被套期项目为以摊余成本计量的金融工具的，若已终止针对套期利得和损失进行调整，则应披露在资产负债表中保留的公允价值套期调整的累计金额。

第六十五条 对于现金流量套期和境外经营净投资套期，企业应当以表格形式、按风险类型分别披露与被套期项目相关的下列金额：

（一）本期用作确认套期无效部分基础的被套期项目价值变动；

（二）根据《企业会计准则第 24 号——套期会计》第二十四条的规定继续按照套期会计处理的现金流量套期储备的余额；

（三）根据《企业会计准则第 24 号——套期会计》第二十七条的规定继续按照套期会计处理的境外经营净投资套期计入其他综合收益的余额；

（四）套期会计不再适用的套期关系所导致的现金流量套期储备和境外经营净投资套期中计入其他综合收益的利得和损失的余额。

第六十六条 对于每类套期类型，企业应当以表格形式、按风险类型分别披露与套期工具相关的下列金额：

（一）套期工具的账面价值，其中金融资产和金融负债应当分别单独列示；

（二）包含套期工具的资产负债表列示项目；

（三）本期用作确认套期无效部分基础的套期工具的公允价值变动；

（四）套期工具的名义金额或数量。

第六十七条 对于公允价值套期，企业应当以表格形式、按风险类型分别披露与套期工具相关的下列金额：

（一）计入当期损益的套期无效部分；

（二）计入其他综合收益的套期无效部分；

（三）包含已确认的套期无效部分的利润表列示项目。

第六十八条 对于现金流量套期和境外经营净投资套期，企业应当以表格形式、按风险类型分别披露与套期工具相关的下列金额：

（一）当期计入其他综合收益的套期利得或损失；

（二）计入当期损益的套期无效部分；

（三）包含已确认的套期无效部分的利润表列示项目；

（四）从现金流量套期储备或境外经营净投资套期计入其他综合收益的利得和损失重分类至当期损益的金额，并应区分之前已运用套期会计但因被套期项目的未来现金流量预计不再发生而转出的金额和因被套期项目影响当期损益而转出的金额；

（五）包含重分类调整的利润表列示项目；

（六）对于风险净敞口套期，计入利润表中单列项目的套期利得或损失。

第六十九条 企业按照《企业会计准则第 30 号——财务报表列报》的规定在提供所有者权益各组成部分的调节情况以及其他综合收益的分析时，应当按照风险类型披露下列信息：

（一）分别披露按照本准则第六十八条（一）和（四）的规定披露的金额；

（二）分别披露按照《企业会计准则第 24 号——套期会计》第二十五条（一）和（三）的规定处理的现金流量套期储备的金额；

（三）分别披露对与交易相关的被套期项目进行套期的期权时间价值所涉及的金额、以及对与时间段相关的被套期项目进行套期的期权时间价值所涉及的金额；

（四）分别披露对与交易相关的被套期项目进行套期的远期合同的远期要素和金融工具的外汇基差所涉及的金额、以及对与时间段相关的被套期项目进行套期的远期合同的远期要素和金融工具的外汇基差所涉及的金额。

第七十条 企业因使用信用衍生工具管理金融工具的信用风险敞口而将金融工具（或其一定比例）指定为以公允价值计量且其变动计入当期损益的，应当披露下列信息：

（一）对于用于管理根据《企业会计准则第 24 号——套期会计》第三十四条的规定被指定为以公允价值计量且其变动计入当期损益的金融工具信用风险敞口的信用衍生工具，每一项名义金额与当期期初和期末公允价值的调节表；

（二）根据《企业会计准则第 24 号——套期会计》第三十四条的规定将金融工具（或其一定比例）指定为以公允价值计量且其变动计入当期损益时，在损益中确认的利得或损失；

（三）当企业根据《企业会计准则第 24 号——套期会计》第三十五条的规定对该金融工具（或其一定比例）终止以公允价值计量且其变动计入当期损益时，作为其新账面价值的该金融工具的公允价值和相关的名义金额或本金金额，企业在后续期间无须继续披露这一信息，除非根据《企业会计准则第 30 号——财务报表列报》的规定需要提供比较信息。

第五节 公允价值披露

第七十一条 除了本准则第七十三条规定情况外，企业应当披露每一类金融资产和金融负债的公允价值，并与账面价值进行比较。对于在资产负债表中相互抵销的金融资产和金融负债，其公允价值应当以抵销后的金额披露。

第七十二条 金融资产或金融负债初始确认的公允价值与交易价格存在差异时，如果其公允价值并非基于相同资产或负债在活跃市场中的报价确定的，也非基于仅使用可观察市场数据的估值技术确定的，企业在初始确认金融资产或金融负债时不应确认利得或损失。在此情况下，企业应当按金融资产或金融负债的类型披露下列信息：

（一）企业在损益中确认交易价格与初始确认的公允价值之间差额时所采用的会计政策，以反映市场参与者对资产或负债进行定价时所考虑的因素（包括时间因素）的变动；

（二）该项差异期初和期末尚未在损益中确认的总额和本期变动额的调节表；

（三）企业如何认定交易价格并非公允价值的最佳证据，以及确定公允价值的证据。

第七十三条 企业可以不披露下列金融资产或金融负债的公允价值信息：

（一）账面价值与公允价值差异很小的金融资产或金融负债（如短期应收账款或应付账款）；

（二）包含相机分红特征且其公允价值无法可靠计量的合同；

（三）租赁负债。

第七十四条 在本准则第七十三条（二）所述的情况下，企业应当披露下列信息：

（一）对金融工具的描述及其账面价值，以及因公允价值无法可靠计量而未披露其公允价值的事实和说明；

（二）金融工具的相关市场信息；

（三）企业是否有意图处置以及如何处置这些金融工具；

（四）之前公允价值无法可靠计量的金融工具终止确认的，应当披露终止确认的事实，终止确认时该金融工具的账面价值和所确认的利得或损失金额。

第七章 与金融工具相关的风险披露

第一节 定性和定量信息

第七十五条 企业应当披露与各类金融工具风险相关的定性和定量信息，以便财务报表使用者评估报告期末金融工具产生的风险的性质和程度，更好地评价企业所面临的风险敞口。相关风险包括信用风险、流动性风险、市场风险等。

第七十六条 对金融工具产生的各类风险，企业应当披露下列定性信息：

（一）风险敞口及其形成原因，以及在本期发生的变化；

（二）风险管理目标、政策和程序以及计量风险的方法及其在本期发生的变化。

第七十七条 对金融工具产生的各类风险，企业应当按类别披露下列定量信息：

（一）期末风险敞口的汇总数据。该数据应当以向内部关键管理人员提供的相关信息为基础。企业运用多种方法管理风险的，披露的信息应当以最相关和可靠的方法为基础。

（二）按照本准则第七十八条至第九十七条披露的信息。

（三）期末风险集中度信息，包括管理层确定风险集中度的说明和参考因素（包括交易对手方、地理区域、货币种类、市场类型等），以及各风险集中度相关的风险敞口金额。

上述期末定量信息不能代表企业本期风险敞口情况的，应当进一步提供相关信息。

第二节 信用风险披露

第七十八条 对于适用《企业会计准则第 22 号——金融工具确认和计量》金融工具减值规定的各类金融工具和相关合同权利，企业应当按照本准则第八十条至第八十七条的规定披露。

对于始终按照相当于整个存续期内预期信用损失的金额计量其减值损失准备的应收款项、合同资产和租赁应收款，在逾期超过 30 日后对合同现金流量作出修改的，适用本准则第八十五条（一）的规定。

租赁应收款不适用本准则第八十六条（二）的规定。

第七十九条 为使财务报表使用者了解信用风险对未来现金流量的金额、时间和不确定性的影响，企业应当披露与信用风险有关的下列信息：

（一）企业信用风险管理实务的相关信息及其与预期信用损失的确认和计量的关系，包括计量金融工具预期信用损失的方法、假设和信息；

（二）有助于财务报表使用者评价在财务报表中确认的预期信用损失金额的定量和定性信息，包括预期信用损失金额的变动及其原因；

（三）企业的信用风险敞口，包括重大信用风险集中度；

（四）其他有助于财务报表使用者了解信用风险对未来现金流量金额、时间和不确定性的影响的信息。

第八十条 信用风险信息已经在其他报告（例如管理层讨论与分析）中予以披露并与财务报告交叉索引，且财务报告和其他报告可以同时同条件获得的，则信用风险信息无需重复列报。企业应当根据自身实际情况，合理确定相关披露的详细程度、汇总或分解水平以及是否需对所披露的定量信息作补充说明。

第八十一条 企业应当披露与信用风险管理实务有关的下列信息：

（一）企业评估信用风险自初始确认后是否已显著增加的方法，并披露下列信息：

1. 根据《企业会计准则第 22 号——金融资产确认和计量》第五十五条的规定，在资产负债表日只具有较低的信用风险的金融工具及其确定依据（包括适用该情况的金融工具类别）；

2. 逾期超过 30 日，而信用风险自初始确认后未被认定为显著增加的金融资产及其确定依据。

（二）企业对违约的界定及其原因。

（三）以组合为基础评估预期信用风险的金融工具的组合方法。

（四）确定金融资产已发生信用减值的依据。

（五）企业直接减记金融工具的政策，包括没有合理预期金融资产可以收回的迹象和已经直接减记但仍受执行活动影响的金融资产相关政策的信息。

（六）根据《企业会计准则第 22 号——金融工具确认和计量》第五十六条的规定评估合同现金流量修改后金融资产的信用风险的，企业应当披露其信用风险的评估方法以及下列信息：

1. 对于损失准备相当于整个存续期预期信用损失的金融资产，在发生合同现金流修改时，评估信用风险是否已下降，从而企业可以按照相当于该金融资产未来 12 个月内预期信用损失的金额确认计量其损失准备；

2. 对于符合本条（六）1 中所述的金融资产，企业应当披露其如何监控后续该金融资产的信用风险是否显著增加，从而按照相当于整个存续期预期信用损失的金额重新计量损失准备。

第八十二条 企业应当披露《企业会计准则第 22 号——金融工具确认和计量》第八章有关金融工具减值所采用的输入值、假设和估值技术等相关信息，具体包括：

（一）用于确定下列各事项或数据的输入值、假设和估计技术：

1. 未来 12 个月内预期信用损失和整个存续期的预期信用损失的计量；

2. 金融工具的信用风险自初始确认后是否已显著增加；

3. 金融资产是否已发生信用减值。

（二）确定预期信用损失时如何考虑前瞻性信息，包括宏观经济信息的使用。

（三）报告期估计技术或重大假设的变更及其原因。

第八十三条 企业应当以表格形式按金融工具的类别编制损失准备期初余额与期末余额的调节表，分别说明下列项目的变动情况：

（一）按相当于未来 12 个月预期信用损失的金额计量的损失准备。

（二）按相当于整个存续期预期信用损失的金额计量的下列各项的损失准备：

1. 自初始确认后信用风险已显著增加但并未发生信用减值的金融工具；

2. 对于资产负债表日已发生信用减值但并非购买或源生的已发生信用减值的金融资产；

3. 根据《企业会计准则第 22 号——金融工具确认和计量》第六十三条的规定计量减值损失准备的应收账款、合同资产和租赁应收款。

（三）购买或源生的已发生信用减值的金融资产的变动。除调节表外，企业还应当披露本期初始确认的该类金融资产在初始确认时未折现的预期信用损失总额。

第八十四条 为有助于财务报表使用者了解企业按照本准则第八十三条规定披露的损失准备变动信息，企业应当对本期发生损失准备变动的金融工具账面余额显著变动情况作出说明，这些说明信息应当包括定性和定量信息，并应当对按照本准则第八十三条规定披露损失准备的各项目分别单独披露，具体可包括下列情况下发生损失准备变动的金融工具账面余额显著变动信息：

（一）本期因购买或源生的金融工具所导致的变动。

（二）未导致终止确认的金融资产的合同现金流量修改所导致的变动。

（三）本期终止确认的金融工具（包括直接减记的金融工具）所导致的变动。

对于当期已直接减记但仍受执行活动影响的金融资产，还应当披露尚未结算的合同金额。

（四）因按照相当于未来 12 个月预期信用损失或整个存续期内预期信用损失金额计量损失准备而导致的金融工具账面余额变动信息。

第八十五条 为有助于财务报表使用者了解未导致终止确认的金融资产合同现金流量修改的性质和影响，及其对预期信用损失计量的影响，企业应当披露下列信息：

（一）企业在本期修改了金融资产合同现金流量，且修改前损失准备是按相当于整个存续期预期信用损失金额计量的，应当披露修改或重新议定合同前的摊余成本及修改合同现金流量的净利得或净损失；

（二）对于之前按照相当于整个存续期内预期信用损失的金额计量了损失准备的金融资产，而当期按照相当于未来 12 个月内预期信用损失的金额计量该金融资产的损失准备的，应当披露该金融资产在资产负债表日的账面余额。

第八十六条 为有助于财务报表使用者了解担保物或其他信用增级对源自预期信用损失的金额的影响，企业应当按照金融工具的类别披露下列信息：

（一）在不考虑可利用的担保物或其他信用增级的情况下，企业在资产负债表日的最大信用风险敞口。

（二）作为抵押持有的担保物和其他信用增级的描述，包括：

1. 所持有担保物的性质和质量的描述；

2. 本期由于信用恶化或企业担保政策变更，导致担保物或信用增级的质量发生显著变化的说明；

3. 由于存在担保物而未确认损失准备的金融工具的信息。

（三）企业在资产负债表日持有的担保物和其他信用增级为已发生信用减值的金融资产作抵押的定量信息（例如对担保物和其他信用增级降低信用风险程度的量化信息）。

第八十七条 为有助于财务报表使用者评估企业的信用风险敞口并了解其重大信用风险集中度，企业应当按照信用风险等级披露相关金融资产的账面余额以及贷款承诺和财务担保合同的信用风险敞口。这些信息应当按照下列各类金融工具分别披露：

（一）按相当于未来 12 个月预期信用损失的金额计量损失准备的金融工具。

（二）按相当于整个存续期预期信用损失的金额计量损失准备的下列金融工具：

1. 自初始确认后信用风险已显著增加的金融工具（但并非已发生信用减值的金融资产）；

2. 在资产负债表日已发生信用减值但并非所购买或源生的已发生信用减值的金融资产；

3. 根据《企业会计准则第 22 号——金融工具确认和计量》第六十三条规定计量减值损失准备的应收账款、合同资产或者租赁应收款。

（三）购买或源生的已发生信用减值的金融资产。

信用风险等级是指基于金融工具发生违约的风险对信用风险划分的等级。

第八十八条 对于属于本准则范围，但不适用《企业会计准则第 22 号——金融工具确认和计量》金融工具减值规定的各类金融工具，企业应当披露与每类金融工具信用风险有关的下列信息：

（一）在不考虑可利用的担保物或其他信用增级的情况下，企业在资产负债表日的最大信用风险敞口。金融工具的账面价值能代表最大信用风险敞口的，不再要求披露此项信息。

（二）无论是否适用本条（一）中的披露要求，企业都应当披露可利用担保物或其他信用增级的信息及其对最大信用风险敞口的财务影响。

第八十九条 企业本期通过取得担保物或其他信用增级所确认的金融资产或非金融资产，应当披露下列信息：

（一）所确认资产的性质和账面价值；

（二）对于不易变现的资产，应当披露处置或拟将其用于日常经营的政策等。

第三节 流动性风险披露

第九十条 企业应当披露金融负债按剩余到期期限进行的到期期限分析，以及管理这些金融负债流动性风险的方法：

（一）对于非衍生金融负债（包括财务担保合同），到期期限分析应当基于合同剩余到期期限。对于包含嵌入衍生工具的混合金融工具，应当将其整体视为非衍生金融负债进行披露。

（二）对于衍生金融负债，如果合同到期期限是理解现金流量时间分布的关键因素，到期期限分析应当基于合同剩余到期期限。

当企业将所持有的金融资产作为流动性风险管理的一部分，且披露金融资产的到期期限分析使财务报表使用者能够恰当地评估企业流动性风险的性质和范围时，企业应当披露金融资产的到期期限分析。

流动性风险，是指企业在履行以交付现金或其他金融资产的方式结算的义务时发生资金短缺的风险。

第九十一条 企业在披露到期期限分析时，应当运用职业判断确定适当的时间段。列入各时间段内按照本准则第九十条的规定披露的金额，应当是未经折现的合同现金流量。

企业可以但不限于按下列时间段进行到期期限分析：

（一）一个月以内（含一个月，下同）；

（二）一个月至三个月以内；

（三）三个月至一年以内；

（四）一年至五年以内；

（五）五年以上。

第九十二条 债权人可以选择收回债权时间的，债务人应当将相应的金融负债列入债权人可以要求收回债权的最早时间段内。

债务人应付债务金额不固定的，应当根据资产负债表日的情况确定到期期限分析所披露的金额。如分期付款的，债务人应当把每期将支付的款项列入相应的最早时间段内。

财务担保合同形成的金融负债，担保人应当将最大担保金额列入相关方可以要求支付的最早时间段内。

第九十三条 企业应当披露流动性风险敞口汇总定量信息的确定方法。此类汇总定量信息中的现金（或另一项金融资产）流出符合下列条件之一的，应当说明相关事实，并提供有助于评价该风险程度的额外定量信息：

（一）该现金的流出可能显著早于汇总定量信息中所列示的时间。

（二）该现金的流出可能与汇总定量信息中所列示的金额存在重大差异。

如果以上信息已包括在本准则第九十条规定的到期期限分析中，则无需披露上述额外定量信息。

第四节 市场风险披露

第九十四条 金融工具的市场风险，是指金融工具的公允价值或未来现金流量因市场价格变动而发生波动的风险，包括汇率风险、利率风险和其他价格风险。

汇率风险，是指金融工具的公允价值或未来现金流量因外汇汇率变动而发生波动的风险。汇率风险可源于以记账本位币之外的外币进行计价的金融工具。

利率风险，是指金融工具的公允价值或未来现金流量因市场利率变动而发生波动的风险。利率风险可源于已确认的计息金融工具和未确认的金融工具（如某些贷款承诺）。

其他价格风险，是指金融工具的公允价值或未来现金流量因汇率风险和利率风险以外的市场价格变动而发生波动的风险，无论这些变动是由于与单项金融工具或其发行方有关的因素而引起的，还是由于与市场内交易的所有类似金融工具有关的因素而引起的。其他价格风险可源于商品价格或权益工具价格等的变化。

第九十五条 在对市场风险进行敏感性分析时，应当以整个企业为基础，披露下列信息：

（一）资产负债表日所面临的各类市场风险的敏感性分析。该项披露应当反映资产负债表日相关风险变量发生合理、可能的变动时，将对企业损益和所有者权益产生的影响。

对具有重大汇率风险敞口的每一种货币，应当分币种进行敏感性分析。

（二）本期敏感性分析所使用的方法和假设，以及本期发生的变化和原因。

第九十六条 企业采用风险价值法或类似方法进行敏感性分析能够反映金融风险变量之间（如利率和汇率之间等）的关联性，且企业已采用该种方法管理金融风险的，可不按照本准则第九十五条的规定进行披露，但应当披露下列信息：

（一）用于该种敏感性分析的方法、选用的主要参数和假设；

（二）所用方法的目的，以及该方法提供的信息在反映相关资产和负债公允价值方面的局限性。

第九十七条 按照本准则第九十五条或第九十六条对敏感性分析的披露不能反映金融工具市场风险的（例如期末的风险敞口不能反映当期的风险状况），企业应当披露这一事实及其原因。

第八章 金融资产转移的披露

第九十八条 企业应当就资产负债表日存在的所有未终止确认的已转移金融资产，以及对已转移金融资产的继续涉入，按本准则要求单独披露。

本章所述的金融资产转移，包括下列两种情形：

（一）企业将收取金融资产现金流量的合同权利转移给另一方。

（二）企业保留了收取金融资产现金流量的合同权利，但承担了将收取的现金流量支付给一个或多个最终收款方的合同义务。

第九十九条 企业对于金融资产转移所披露的信息，应当有助于财务报表使用者了解未整体终止确认的已转移金融资产与相关负债之间的关系，评价企业继续涉入已终止确认金融资产的性质和相关风险。

企业按照本准则第一百零一条和第一百零二条所披露信息不能满足本条前款要求的，应当披露其他补充信息。

第一百条 本章所述的继续涉入，是指企业保留了已转移金融资产中内在的合同权利或义务，或者取得了与已转移金融资产相关的新合同权利或义务。转出方与转入方签订的转让协议或与第三方单独签订的与转让相关的协议，都有可能形成对已转移金融资产的继续涉入。如果企业对已转移金融资产的未来业绩不享有任何利益，也不承担与已转移金融资产相关的任何未来支付义务，则不形成继续涉入。下列情形不形成继续涉入：

（一）与转移的真实性以及合理、诚信和公平交易等原则有关的常规声明和保证，这些声明和保证可能因法律行为导致转移无效。

（二）以公允价值回购已转移金融资产的远期、期权和其他合同。

（三）使企业保留了收取金融资产现金流量的合同权利但承担了将收取的现金流量支付给一个或多个最终收款方的合同义务的安排，且这类安排满足《企业会计准则第 23 号——金融资产转移》第六条（二）中的三个条件。

第一百零一条 对于已转移但未整体终止确认的金融资产，企业应当按照类别披露下列信息：

（一）已转移金融资产的性质；

（二）仍保留的与所有权有关的风险和报酬的性质；

（三）已转移金融资产与相关负债之间关系的性质，包括因转移引起的对企业使用已转移金融资产的限制；

（四）在转移金融资产形成的相关负债的交易对手方仅对已转移金融资产有追索权的情况下，应当以表格形式披露所转移金融资产和相关负债的公允价值以及净头寸，即已转移金融资产和相关负债公允价值之间的差额；

（五）继续确认已转移金融资产整体的，披露已转移金融资产和相关负债的账面价值；

（六）按继续涉入程度确认所转移金融资产的，披露转移前该金融资产整体的账面价值、按继续涉入程度确认的资产和相关负债的账面价值。

第一百零二条 对于已整体终止确认但转出方继续涉入已转移金融资产的，企业应当至少按照类别披露下列信息：

（一）因继续涉入确认的资产和负债的账面价值和公允价值，以及在资产负债表中对应的项目。

（二）因继续涉入导致企业发生损失的最大风险敞口及确定方法。

（三）应当或可能回购已终止确认的金融资产需要支付的未折现现金流量（如期权协议中的行权价格）或其他应向转入方支付的款项，以及对这些现金流量或款项的到期期限分析。如果到期期限可能为一个区间，应当以企业必须或可能支付的最早日期为依据归入相应的时间段。到期期限分析应当分别反映企业应当支付的现金流量（如远期合同）、企业可能支付的现金流量（如签出看跌期权）以及企业可选择支付的现金流量（如购入看涨期权）。在现金流量不固定的情形下，上述金额应当基于每个资产负债表日的情况披露。

（四）对本条（一）至（三）定量信息的解释性说明，包括对已转移金融资产、继续涉入的性质和目的，以及企业所面临风险的描述等。其中，对企业所面临风险的描述包括下列各项：

1. 企业对继续涉入已终止确认金融资产的风险进行管理的方法；

2. 企业是否应先于其他方承担有关损失，以及先于本企业承担损失的其他方应承担损失的顺序及金额；

3. 企业向已转移金融资产提供财务支持或回购该金融资产的义务的触发条件。

（五）金融资产转移日确认的利得或损失，以及因继续涉入已终止确认金融资产当期和累计确认的收益或费用（如衍生工具的公允价值变动）。

（六）终止确认产生的收款总额在本期分布不均衡的（例如大部分转移金额在临近报告期末发生），企业应当披露本期最大转移活动发生的时间段、该段期间所确认的金额（如相关利得或损失）和收款总额。

企业在披露本条所规定的信息时，应当按照其继续涉入面临的风险敞口类型分类汇总披露。例如，可按金融工具类别（如附担保或看涨期权继续涉入方式）或转让类型（如应收账款保理、证券化和融券）分类汇总披露。企业对某项终止确认的金融资产存在多种继续涉入方式的，可按其中一类汇总披露。

第一百零三条 企业按照本准则第一百条的规定确定是否继续涉入已转移金融资产时，应当以自身财务报告为基础进行考虑。

第九章 衔接规定

第一百零四条 自本准则施行日起，企业应当按照本准则的要求列报金融工具相关信息。企业比较财务报表列报的信息与本准则要求不一致的，不需要按照本准则的要求进行调整。

第十章 附 则

第一百零五条 本准则自2018年1月1日起施行。

企业会计准则第38号——首次执行企业会计准则

第一章 总 则

第一条 为了规范首次执行企业会计准则对会计要素的确认、计量和财务报表列报，根据《企业会计准则——基本准则》，制定本准则。

第二条 首次执行企业会计准则，是指企业第一次执行企业会计准则体系，包括基本准则、具体准则和会计准则应用指南。

第三条 首次执行企业会计准则后发生的会计政策变更，适用《企业会计准则第28号——会计政策、会计估计变更和差错更正》。

第二章 确认和计量

第四条 在首次执行日，企业应当对所有资产、负债和所有者权益按照企业会计准则的规定进行重新分类、确认和计量，并编制期初资产负债表。

编制期初资产负债表时，除按照本准则第五条至第十九条规定要求追溯调整的项目外，其他项目不应追溯调整。

第五条 对于首次执行日的长期股权投资，应当分别下列情况处理：

（一）根据《企业会计准则第20号——企业合并》属于同一控制下企业合并产生的长期股权投资，尚未摊销完毕的股权投资差额应全额冲销，并调整留存收益，以冲销股权投资差额后的长期股权投资账面余额作为首次执行日的认定成本。

（二）除上述（一）以外的其他采用权益法核算的长期股权投资，存在股权投资贷方差额的，应冲销贷方差额，调整留存收益，并以冲销贷方差额后的长期股权投资账面余额作为首次执行日的认定成本；

存在股权投资借方差额的，应当将长期股权投资的账面余额作为首次执行日的认定成本。

第六条 对于有确凿证据表明可以采用公允价值模式计量的投资性房地产，在首次执行日可以按照公允价值进行计量，并将账面价值与公允价值的差额调整留存收益。

第七条 在首次执行日，对于满足预计负债确认条件且该日之前尚未计入资产成本的弃置费用，应当增加该项资产成本，并确认相应的负债；同时，将应补提的折旧（折耗）调整留存收益。

第八条 对于首次执行日存在的解除与职工的劳动关系计划，满足《企业会计准则第9号——职工薪酬》预计负债确认条件的，应当确认因解除与职工的劳动关系给予补偿而产生的负债，并调整留存收益。

第九条 对于企业年金基金在运营中所形成的投资，应当在首次执行日按照公允价值进行计量，并将账面价值与公允价值的差额调整留存收益。

第十条 对于可行权日在首次执行日或之后的股份支付，应当根据《企业会计准则第11号——股份支付》的规定，按照权益工具、其他方服务或承担的以权益工具为基础计算确定的负债的公允价值，将应计入首次执行日之前等待期的成本费用金额调整留存收益，相应增加所有者权益或负债。

首次执行日之前可行权的股份支付，不应追溯调整。

第十一条 在首次执行日，企业应当按照《企业会计准则第13号——或有事项》的规定，将满足预计负债确认条件的重组义务，确认为负债，并调整留存收益。

第十二条 企业应当按照《企业会计准则第18号——所得税》的规定，在首次执行日对资产、负债的账面价值与计税基础不同形成的暂时性差异的所得税影响进行追溯调整，并将影响金额调整留存收益。

第十三条 除下列项目外，对于首次执行日之前发生的企业合并不应追溯调整：

（一）按照《企业会计准则第 20 号——企业合并》属于同一控制下企业合并，原已确认商誉的摊余价值应当全额冲销，并调整留存收益。

按照该准则的规定属于非同一控制下企业合并的，应当将商誉在首次执行日的摊余价值作为认定成本，不再进行摊销。

（二）首次执行日之前发生的企业合并，合并合同或协议中约定根据未来事项的发生对合并成本进行调整的，如果首次执行日预计未来事项很可能发生并对合并成本的影响金额能够可靠计量的，应当按照该影响金额调整已确认商誉的账面价值。

（三）企业应当按照《企业会计准则第 8 号——资产减值》的规定，在首次执行日对商誉进行减值测试，发生减值的，应当以计提减值准备后的金额确认，并调整留存收益。

第十四条 在首次执行日，企业应当将所持有的金融资产（不含《企业会计准则第 2 号——长期股权投资》规范的投资），划分为以公允价值计量且其变动计入当期损益的金融资产、持有至到期投资、贷款和应收款项、可供出售金融资产。

（一）划分为以公允价值计量且其变动计入当期损益或可供出售金融资产的，应当在首次执行日按照公允价值计量，并将账面价值与公允价值的差额调整留存收益。

（二）划分为持有至到期投资、贷款和应收款项的，应当自首次执行日起改按实际利率法，在随后的会计期间采用摊余成本计量。

第十五条 对于在首次执行日指定为以公允价值计量且其变动计入当期损益的金融负债，应当在首次执行日按照公允价值计量，并将账面价值与公允价值的差额调整留存收益。

第十六条 对于未在资产负债表内确认、或已按成本计量的衍生金融工具（不包括套期工具），应当在首次执行日按照公允价值计量，同时调整留存收益。

第十七条 对于嵌入衍生金融工具，按照《企业会计准则第 22 号——金融工具确认和计量》规定应从混合工具分拆的，应当在首次执行日将其从混合工具分拆并单独处理，但嵌入衍生金融工具的公允价值难以合理确定的除外。

对于企业发行的包含负债和权益成份的非衍生金融工具，应当按照《企业会计准则第 37 号——金融工具列报》的规定，在首次执行日将负债和权益成份分拆，但负债成份的公允价值难以合理确定的除外。

第十八条 在首次执行日，对于不符合《企业会计准则第 24 号——套期保值》规定的套期会计方法运用条件的套期保值，应当终止采用原套期会计方法，并按照《企业会计准则第 24 号——套期保值》处理。

第十九条 发生再保险分出业务的企业，应当在首次执行日按照《企业会计准则第 26 号——再保险合同》的规定，将应向再保险接受人摊回的相应准备金确认为资产，并调整各项准备金的账面价值。

第三章 列 报

第二十条 在首次执行日后按照企业会计准则编制的首份年度财务报表（以下简称首份年度财务报表）期间，企业应当按照《企业会计准则第 30 号——财务报表列报》和《企业会计准则第 31 号——现金流量表》的规定，编报资产负债表、利润表、现金流量表和所有者权益变动表及附注。

对外提供合并财务报表的，应当遵循《企业会计准则第 33 号——合并财务报表》的规定。

在首份年度财务报表涵盖的期间内对外提供中期财务报告的，应当遵循《企业会计准则第 32 号——中期财务报告》的规定。

企业应当在附注中披露首次执行企业会计准则财务报表项目金额的变动情况。

第二十一条 首份年度财务报表至少应当包括上年度按照企业会计准则列报的比较信息。财务报表项目的列报发生变更的，应当对上年度比较数据按照企业会计准则的列报要求进行调整，但不切实可行的除外。

对于原未纳入合并范围但按照《企业会计准则第 33 号——合并财务报表》规定应纳入合并范围的子公司，在上年度的比较合并财务报表中，企业应当将该子公司纳入合并范围。对于原已纳入合并范围但按照该准则规定不应纳入合并范围的子公司，在上年度的比较合并财务报表中，企业不应将该子公司纳入合并范围。上年度比较合并财务报表中列示的少数股东权益，应当按照该准则的规定，在所有者权益类列示。

应当列示每股收益的企业，比较财务报表中上年度的每股收益按照《企业会计准则第 34 号——每股收益》的规定计算和列示。

应当披露分部信息的企业，比较财务报表中上年度关于分部的信息按照《企业会计准则第 35 号——分部报告》的规定披露。

《企业会计准则第38号——首次执行企业会计准则》应用指南

一、首次执行日采用追溯调整法有关项目的处理

（一）预计的资产弃置费用根据本准则第七条规定，企业在预计首次执行日前尚未计入资产成本的弃置费用时，应当满足预计负债的确认条件，选择该项资产初始确认时适用的折现率，以该项预计负债折现后的金额增加资产成本，据此计算确认应补提的固定资产折旧（或油气资产折耗），同时调整期初留存收益。

折现率的选择应当考虑货币时间价值和相关期间通货膨胀等因素的影响。预计弃置费用的范围，适用《企业会计准则第 4 号——固定资产》、《企业会计准则第 27 号——石油天然气开采》等限定的资产范围。

（二）可行权日在首次执行日或之后的股份支付根据本准则第十条规定，授予职工以权益结算的股份支付，应当按照权益工具在授予日的公允价值调整期初留存收益，相应增加资本公积；授予日的公允价值不能可靠计量的，应当按照权益工具在首次执行日的公允价值计量。

授予职工以现金结算的股份支付，应当按照权益工具在等待期内首次执行日之前各资产负债表日的公允价值调整期初留存收益，相应增加应付职工薪酬。上述各资产负债表日的公允价值不能可靠计量的，应当按照权益工具在首次执行日的公允价值计量。

授予其他方的股份支付，在首次执行日比照授予职工的股份支付处理。

（三）所得税根据本准则第十二条规定，在首次执行日，企业应当停止采用应付税款法或原纳税影响会计法，改按《企业会计准则第 18 号——所得税》规定的资产负债表债务法对所得税进行处理。

原采用应付税款法核算所得税费用的，应当按照企业会计准则相关规定调整后的资产、负债账面价值与其计税基础进行比较，确定应纳税暂时性差异和可抵扣暂时性差异，采用适用的税率计算递延所得税负债和递延所得税资产的金额，相应调整期初留存收益。

原采用纳税影响会计法核算所得税费用的，应当根据《企业会计准则第 18 号——所得税》的相关规定，计算递延所得税负债和递延所得税资产的金额，同时冲销递延税款余额，根据上述两项金额之间的差额调整期初留存收益。

在首次执行日，企业对于能够结转以后年度的可抵扣亏损和税款抵减，应以很可能获得用来抵扣可抵扣亏损和税款抵减的未来应纳税所得额为限，确认相应的递延所得税资产，同时调整期初留存收益。

（四）金融工具的分拆

根据本准则第十七条规定，对于嵌入衍生金融工具，按照《企业会计准则第 22 号——金融工具确认和计量》规定应从混合工具中分拆的，应当在首次执行日按其在该日的公允价值，将其从混合工具中分拆并单独处理。首次执行日嵌入衍生金融工具的公允价值难以合理确定的，应当将该混合工具整体指定为以公允价值计量且其变动计入当期损益的金融资产或金融负债。

企业发行的包含负债和权益成份的非衍生金融工具，在首次执行日按照《企业会计准则第 37 号——金融工具列报》进行分拆时，先按该项负债在首次执行日的公允价值作为其初始确认金额，再按该项金融工具的账面价值扣除负债公允价值后的金额，作为权益成份的初始确认金额。首次执行日负债成份的公允价值难以合理确定的，不应对该项金融工具进行分拆，仍然作为负债处理。

二、首次执行日采用未来适用法有关项目的处理

根据本准则第四条规定，除本准则第五条至第十九条规定要求追溯调整的项目外，其

他项目不应追溯调整，应当自首次执行日起采用未来适用法。

（一）借款费用

对于处于开发阶段的内部开发项目、处于生产过程中的需要经过相当长时间才能达到预定可销售状态的存货（如飞机和船舶），以及营造、繁殖需要经过相当长时间才能达到预定可使用或可销售状态的生物资产，首次执行日之前未予资本化的借款费用，不应追溯调整。上述尚未完成开发或尚未完工的各项资产，首次执行日及以后发生的借款费用，符合《企业会计准则第 17 号——借款费用》规定的资本化条件的部分，应当予以资本化。

（二）超过正常信用条件延期付款（或收款）、实质上具有融资性质的购销业务

对于首次执行日处于收款过程中的采用递延收款方式、实质上具有融资性质的销售商品或提供劳务收入，比如采用分期收款方式的销售，首次执行日之前已确认的收入和结转的成本不再追溯调整。首次执行日后的第一个会计期间，企业应当将尚未确认但符合收入确认条件的合同或协议剩余价款部分确认为长期应收款，按其公允价值确认为营业收入，两者的差额作为未实现融资收益，在剩余收款期限内采用实际利率法进行摊销。在确认收入的同时，应当相应地结转成本。

首次执行日之前购买的固定资产、无形资产在超过正常信用条件的期限内延期付款、实质上具有融资性质的，首次执行日之前已计提的折旧和摊销额，不再追溯调整。在首次执行日，企业应当以尚未支付的款项与其现值之间的差额，减少资产的账面价值，同时确认为未确认融资费用。首次执行日后，企业应当以调整后的资产账面价值作为认定成本并以此为基础计提折旧，未确认融资费用应当在剩余付款期限内采用实际利率法进行摊销。

（三）无形资产

首次执行日处于开发阶段的内部开发项目，首次执行日之前已经费用化的开发支出，不应追溯调整；根据《企业会计准则第 6 号——无形资产》规定，首次执行日及以后发生的开发支出，符合无形资产确认条件的，应当予以资本化。

企业持有的无形资产，应当以首次执行日的摊余价值作为认定成本，对于使用寿命有限的无形资产，应当在剩余使用寿命内根据《企业会计准则第 6 号——无形资产》的规定进行摊销。对于使用寿命不确定的无形资产，在首次执行日后应当停止摊销，按照《企业会计准则第 6 号——无形资产》的规定处理。

首次执行日之前已计入在建工程和固定资产的土地使用权，符合《企业会计准则第 6 号——无形资产》的规定应当单独确认为无形资产的，首次执行日应当进行重分类，将归属于土地使用权的部分从原资产账面价值中分离，作为土地使用权的认定成本，按照《企业会计准则第 6 号——无形资产》的规定处理。

（四）开办费首次执行日企业的开办费余额，应当在首次执行日后第一个会计期间内全部确认为管理费用。

（五）职工福利费首次执行日企业的职工福利费余额，应当全部转入应付职工薪酬（职工福利）。首次执行日后第一个会计期间，按照《企业会计准则第 9 号——职工薪酬》规定，根据企业实际情况和职工福利计划确认应付职工薪酬（职工福利），该项金额与原转入的应付职工薪酬（职工福利）之间的差额调整管理费用。

三、首份中期财务报告和首份年度财务报表的列报

根据本准则第二十条和第二十一条规定，企业应当按照《企业会计准则第 30 号——财务报表列报》、《企业会计准则第 31 号——现金流量表》、《企业会计准则第 32 号——中期财务报告》和《企业会计准则第 33 号——合并财务报表》等列报准则及其应用指南的规定，编制首份中期财务报告和首份年度财务报表。

（一）首份中期财务报告和首份年度财务报表

1. 首份中期财务报告至少应当包括资产负债表、利润表、现金流量表和附注，上年度

可比中期的财务报表也应当按照企业会计准则列报。

2. 首份年度财务报表应当是一套完整的财务报表，至少包括资产负债表、利润表、现金流量表、所有者权益变动表和附注。在首份年度财务报表中，至少应当按照企业会计准则列报上年度全部比较信息。

按照企业会计准则列报全部比较信息的，首次执行日是在首份年度财务报表中按照企业会计准则列报全部比较信息最早期间的期初。

3. 母公司执行企业会计准则、但子公司尚未执行企业会计准则的，母公司在编制合并财务报表时，应当按照企业会计准则的规定调整子公司的财务报表。

母公司尚未执行企业会计准则的，而子公司已执行企业会计准则的，母公司在编制合并财务报表时，可以将子公司的财务报表按照母公司的会计政策进行调整后合并，也可以将子公司按照企业会计准则编制的财务报表直接合并。

（二）首份中期财务报告和首份年度财务报表附注

企业在首份中期财务报告和首份年度财务报表附注中，应当以列表形式详细披露下列数据的调节过程：

1. 按原会计制度或准则列报的比较报表最早期间的期初所有者权益，调整为按企业会计准则列报的所有者权益。

2. 按原会计制度或准则列报的最近年度年末所有者权益，调整为按照企业会计准则列报的所有者权益。

3. 按原会计制度或准则列报的最近年度损益，调整为按照企业会计准则列报的损益。

4. 比较中期期末按原会计制度或准则列报的所有者权益，调整为按企业会计准则列报的所有者权益。

5. 比较中期按原会计制度或准则列报的损益（可比中期和上年初至可比中期末累计数），调整为同一期间按企业会计准则列报的损益。

执行企业会计准则后首份季报（或首份半年报），需要披露上述 1 至 5 项数据的调节过程，其他季度季报（或半年报）只需提供上述 4、5 项数据的调节过程。首份年度财务报表中只需提供上述 1 至 3 项数据的调节过程。

企业会计准则第 39 号——公允价值计量

（2014 年印发）

第一章 总 则

第一条 为了规范公允价值的计量和披露，根据《企业会计准则——基本准则》，制定本准则。

第二条 公允价值，是指市场参与者在计量日发生的有序交易中，出售一项资产所能收到或者转移一项负债所需支付的价格。

第三条 本准则适用于其他相关会计准则要求或者允许采用公允价值进行计量或披露的情形，本准则第四条和第五条所列情形除外。

第四条 下列各项的计量和披露适用其他相关会计准则：

（一）与公允价值类似的其他计量属性的计量和披露，如《企业会计准则第 1 号——存货》规范的可变现净值、《企业会计准则第 8 号——资产减值》规范的预计未来现金流量现值，分别适用《企业会计准则第 1 号——存货》和《企业会计准则第 8 号——资产减值》。

（二）股份支付业务相关的计量和披露，适用《企业会计准则第 11 号——股份支付》。

（三）租赁业务相关的计量和披露，适用《企业会计准则第 21 号——租赁》。

第五条 下列各项的披露适用其他相关会计准则：

（一）以公允价值减去处置费用后的净额确定可收回金额的资产的披露，适用《企业会计准则第 8 号——资产减值》。

（二）以公允价值计量的职工离职后福利计划资产的披露，适用《企业会计准则第 9 号——职工薪酬》。

（三）以公允价值计量的企业年金基金投资的披露，适用《企业会计准则第 10 号——企业年金基金》。

第二章 相关资产或负债

第六条 企业以公允价值计量相关资产或负债，应当考虑该资产或负债的特征。

相关资产或负债的特征，是指市场参与者在计量日对该资产或负债进行定价时考虑的特征，包括资产状况及所在位置、对资产出售或者使用的限制等。

第七条 以公允价值计量的相关资产或负债可以是单项资产或负债（如一项金融工具、一项非金融资产等），也可以是资产组合、负债组合或者资产和负债的组合（如《企业会计准则第 8 号——资产减值》规范的资产组、《企业会计准则第 20 号——企业合并》规范的业务等）。企业是以单项还是以组合的方式对相关资产或负债进行公允价值计量，取决于该资产或负债的计量单元。

计量单元，是指相关资产或负债以单独或者组合方式进行计量的最小单位。相关资产或负债的计量单元应当由要求或者允许以公允价值计量的其他相关会计准则规定，但本准则第十章规范的市场风险或信用风险可抵销的金融资产和金融负债的公允价值计量除外。

第三章 有序交易和市场

第八条 企业以公允价值计量相关资产或负债，应当假定市场参与者在计量日出售资产或者转移负债的交易，是在当前市场条件下的有序交易。

有序交易，是指在计量日前一段时期内相关资产或负债具有惯常市场活动的交易。清算等被迫交易不属于有序交易。

第九条 企业以公允价值计量相关资产或负债，应当假定出售资产或者转移负债的有序交易在相关资产或负债的主要市场进行。不存在主要市场的，企业应当假定该交易在相关资产或负债的最有利市场进行。

主要市场，是指相关资产或负债交易量最大和交易活跃程度最高的市场。

最有利市场，是指在考虑交易费用和运输费用后，能够以最高金额出售相关资产或者以最低金额转移相关负债的市场。

交易费用，是指在相关资产或负债的主要市场（或最有利市场）中，发生的可直接归属于资产出售或者负债转移的费用。交易费用是直接由交易引起的、交易所必需的、而且不出售资产或者不转移负债就不会发生的费用。

运输费用，是指将资产从当前位置运抵主要市场（或最有利市场）发生的费用。

第十条 企业在识别主要市场（或最有利市场）时，应当考虑所有可合理取得的信息，但没有必要考察所有市场。

通常情况下，企业正常进行资产出售或者负债转移的市场可以视为主要市场（或最有利市场）。

第十一条 主要市场（或最有利市场）应当是企业在计量日能够进入的交易市场，但不要求企业于计量日在该市场上实际出售资产或者转移负债。

由于不同企业可以进入的市场不同，对于不同企业，相同资产或负债可能具有不同的主要市场（或最有利市场）。

第十二条 企业应当以主要市场的价格计量相关资产或负债的公允价值。不存在主要市场的，企业应当以最有利市场的价格计量相关资产或负债的公允价值。

企业不应当因交易费用对该价格进行调整。交易费用不属于相关资产或负债的特征，只与特定交易有关。交易费用不包括运输费用。

相关资产所在的位置是该资产的特征，发生的运输费用能够使该资产从当前位置转移到主要市场（或最有利市场）的，企业应当根据使该资产从当前位置转移到主要市场（或最有利市场）的运输费用调整主要市场（或最有利市场）的价格。

第十三条 当计量日不存在能够提供出售资产或者转移负债的相关价格信息的可观察市场时，企业应当从持有资产或者承担负债的市场参与者角度，假定计量日发生了出售资产或者转移负债的交易，并以该假定交易的价格为基础计量相关资产或负债的公允价值。

第四章 市场参与者

第十四条 企业以公允价值计量相关资产或负债，应当采用市场参与者在对该资产或负债定价时为实现其经济利益最大化所使用的假设。

市场参与者，是指在相关资产或负债的主要市场（或最有利市场）中，同时具备下列特征的买方和卖方：

（一）市场参与者应当相互独立，不存在《企业会计准则第 36 号——关联方披露》所述的关联方关系；

（二）市场参与者应当熟悉情况，能够根据可取得的信息对相关资产或负债以及交易具备合理认知；

（三）市场参与者应当有能力并自愿进行相关资产或负债的交易。

第十五条 企业在确定市场参与者时，应当考虑所计量的相关资产或负债、该资产或负债的主要市场（或最有利市场）以及在该市场上与企业进行交易的市场参与者等因素，从总体上识别市场参与者。

第五章　公允价值初始计量

第十六条　企业应当根据交易性质和相关资产或负债的特征等，判断初始确认时的公允价值是否与其交易价格相等。

在企业取得资产或者承担负债的交易中，交易价格是取得该项资产所支付或者承担该项负债所收到的价格（即进入价格）。公允价值是出售该项资产所能收到或者转移该项负债所需支付的价格（即脱手价格）。相关资产或负债在初始确认时的公允价值通常与其交易价格相等，但在下列情况中两者可能不相等：

（一）交易发生在关联方之间。但企业有证据表明该关联方交易是在市场条件下进行的除外。

（二）交易是被迫的。

（三）交易价格所代表的计量单元与按照本准则第七条确定的计量单元不同。

（四）交易市场不是相关资产或负债的主要市场（或最有利市场）。

第十七条　其他相关会计准则要求或者允许企业以公允价值对相关资产或负债进行初始计量，且其交易价格与公允价值不相等的，企业应当将相关利得或损失计入当期损益，但其他相关会计准则另有规定的除外。

第六章　估值技术

第十八条　企业以公允价值计量相关资产或负债，应当采用在当前情况下适用并且有足够可利用数据和其他信息支持的估值技术。企业使用估值技术的目的，是为了估计在计量日当前市场条件下，市场参与者在有序交易中出售一项资产或者转移一项负债的价格。

企业以公允价值计量相关资产或负债，使用的估值技术主要包括市场法、收益法和成本法。企业应当使用与其中一种或多种估值技术相一致的方法计量公允价值。企业使用多种估值技术计量公允价值的，应当考虑各估值结果的合理性，选取在当前情况下最能代表公允价值的金额作为公允价值。

市场法，是利用相同或类似的资产、负债或资产和负债组合的价格以及其他相关市场交易信息进行估值的技术。

收益法，是将未来金额转换成单一现值的估值技术。

成本法，是反映当前要求重置相关资产服务能力所需金额（通常指现行重置成本）的估值技术。

第十九条　企业在估值技术的应用中，应当优先使用相关可观察输入值，只有在相关可观察输入值无法取得或取得不切实可行的情况下，才可以使用不可观察输入值。

输入值，是指市场参与者在给相关资产或负债定价时所使用的假设，包括可观察输入值和不可观察输入值。

可观察输入值，是指能够从市场数据中取得的输入值。该输入值反映了市场参与者在对相关资产或负债定价时所使用的假设。

不可观察输入值，是指不能从市场数据中取得的输入值。该输入值应当根据可获得的市场参与者在对相关资产或负债定价时所使用假设的最佳信息确定。

第二十条　企业以交易价格作为初始确认时的公允价值，且在公允价值后续计量中使用了涉及不可观察输入值的估值技术的，应当在估值过程中校正该估值技术，以使估值技术确定的初始确认结果与交易价格相等。

企业在公允价值后续计量中使用估值技术的，尤其是涉及不可观察输入值的，应当确保该估值技术反映了计量日可观察的市场数据，如类似资产或负债的价格等。

第二十一条 公允价值计量使用的估值技术一经确定，不得随意变更，但变更估值技术或其应用能使计量结果在当前情况下同样或者更能代表公允价值的情况除外，包括但不限于下列情况：

（一）出现新的市场。

（二）可以取得新的信息。

（三）无法再取得以前使用的信息。

（四）改进了估值技术。

（五）市场状况发生变化。

企业变更估值技术或其应用的，应当按照《企业会计准则第 28 号——会计政策、会计估计变更和差错更正》的规定作为会计估计变更，并根据本准则的披露要求对估值技术及其应用的变更进行披露，而不需要按照《企业会计准则第 28 号——会计政策、会计估计变更和差错更正》的规定对相关会计估计变更进行披露。

第二十二条 企业采用估值技术计量公允价值时，应当选择与市场参与者在相关资产或负债的交易中所考虑的资产或负债特征相一致的输入值，包括流动性折溢价、控制权溢价或少数股东权益折价等，但不包括与本准则第七条规定的计量单元不一致的折溢价。

企业不应当考虑因其大量持有相关资产或负债所产生的折价或溢价。该折价或溢价反映了市场正常日交易量低于企业在当前市场出售或转让其持有的相关资产或负债数量时，市场参与者对该资产或负债报价的调整。

第二十三条 以公允价值计量的相关资产或负债存在出价和要价的，企业应当以在出价和要价之间最能代表当前情况下公允价值的价格确定该资产或负债的公允价值。企业可以使用出价计量资产头寸、使用要价计量负债头寸。

本准则不限制企业使用市场参与者在实务中使用的在出价和要价之间的中间价或其他定价惯例计量相关资产或负债。

第七章 公允价值层次

第二十四条 企业应当将公允价值计量所使用的输入值划分为三个层次，并首先使用第一层次输入值，其次使用第二层次输入值，最后使用第三层次输入值。

第一层次输入值是在计量日能够取得的相同资产或负债在活跃市场上未经调整的报价。活跃市场，是指相关资产或负债的交易量和交易频率足以持续提供定价信息的市场。

第二层次输入值是除第一层次输入值外相关资产或负债直接或间接可观察的输入值。

第三层次输入值是相关资产或负债的不可观察输入值。

公允价值计量结果所属的层次，由对公允价值计量整体而言具有重要意义的输入值所属的最低层次决定。企业应当在考虑相关资产或负债特征的基础上判断所使用的输入值是否重要。公允价值计量结果所属的层次，取决于估值技术的输入值，而不是估值技术本身。

第二十五条 第一层次输入值为公允价值提供了最可靠的证据。在所有情况下，企业只要能够获得相同资产或负债在活跃市场上的报价，就应当将该报价不加调整地应用于该资产或负债的公允价值计量，但下列情况除外：

（一）企业持有大量类似但不相同的以公允价值计量的资产或负债，这些资产或负债存在活跃市场报价，但难以获得每项资产或负债在计量日单独的定价信息。在这种情况下，企业可以采用不单纯依赖报价的其他估值模型。

（二）活跃市场报价未能代表计量日的公允价值，如因发生影响公允价值计量的重大事件等导致活跃市场的报价未能代表计量日的公允价值。

（三）本准则第三十四条（二）所述情况。

企业因上述情况对相同资产或负债在活跃市场上的报价进行调整的，公允价值计量结果应当划分为较低层次。

第二十六条 企业在使用第二层次输入值对相关资产或负债进行公允价值计量时，应当根据该资产或负债的特征，对第二层次输入值进行调整。这些特征包括资产状况或所在位置、输入值与类似资产或负债的相关程度（包括本准则第三十四条（二）规定的因素）、可观察输入值所在市场的交易量和活跃程度等。

对于具有合同期限等具体期限的相关资产或负债，第二层次输入值应当在几乎整个期限内是可观察的。

第二层次输入值包括：

（一）活跃市场中类似资产或负债的报价；

（二）非活跃市场中相同或类似资产或负债的报价；

（三）除报价以外的其他可观察输入值，包括在正常报价间隔期间可观察的利率和收益率曲线、隐含波动率和信用利差等；

（四）市场验证的输入值等。市场验证的输入值，是指通过相关性分析或其他手段获得的主要来源于可观察市场数据或者经过可观察市场数据验证的输入值。

企业使用重要的不可观察输入值对第二层次输入值进行调整，且该调整对公允价值计量整体而言是重要的，公允价值计量结果应当划分为第三层次。

第二十七条 企业只有在相关资产或负债不存在市场活动或者市场活动很少导致相关可观察输入值无法取得或取得不切实可行的情况下，才能使用第三层次输入值，即不可观察输入值。

不可观察输入值应当反映市场参与者对相关资产或负债定价时所使用的假设，包括有关风险的假设，如特定估值技术的固有风险和估值技术输入值的固有风险等。

第二十八条 企业在确定不可观察输入值时，应当使用在当前情况下可合理取得的最佳信息，包括所有可合理取得的市场参与者假设。

企业可以使用内部数据作为不可观察输入值，但如果有证据表明其他市场参与者将使用不同于企业内部数据的其他数据，或者这些企业内部数据是企业特定数据、其他市场参与者不具备企业相关特征时，企业应当对其内部数据做出相应调整。

第八章 非金融资产的公允价值计量

第二十九条 企业以公允价值计量非金融资产，应当考虑市场参与者将该资产用于最佳用途产生经济利益的能力，或者将该资产出售给能够用于最佳用途的其他市场参与者产生经济利益的能力。

最佳用途，是指市场参与者实现一项非金融资产或其所属的资产和负债组合的价值最大化时该非金融资产的用途。

第三十条 企业确定非金融资产的最佳用途，应当考虑法律上是否允许、实物上是否可能以及财务上是否可行等因素。

（一）企业判断非金融资产的用途在法律上是否允许，应当考虑市场参与者在对该资产定价时考虑的资产使用在法律上的限制。

（二）企业判断非金融资产的用途在实物上是否可能，应当考虑市场参与者在对该资产定价时考虑的资产实物特征。

（三）企业判断非金融资产的用途在财务上是否可行，应当考虑在法律上允许且实物上可能的情况下，使用该资产能否产生足够的收益或现金流量，从而在补偿使资产用于该用途所发生的成本后，仍然能够满足市场参与者所要求的投资回报。

第三十一条 企业应当从市场参与者的角度确定非金融资产的最佳用途。

通常情况下，企业对非金融资产的现行用途可以视为最佳用途，除非市场因素或者其他因素表明市场参与者按照其他用途使用该资产可以实现价值最大化。

第三十二条 企业以公允价值计量非金融资产，应当基于最佳用途确定下列估值前提：

（一）市场参与者单独使用一项非金融资产产生最大价值的，该非金融资产的公允价值应当是将其出售给同样单独使用该资产的市场参与者的当前交易价格。

（二）市场参与者将一项非金融资产与其他资产（或者其他资产或负债的组合）组合使用产生最大价值的，该非金融资产的公允价值应当是将其出售给以同样组合方式使用该资产的市场参与者的当前交易价格，并且该市场参与者可以取得组合中的其他资产和负债。其中，负债包括企业为筹集营运资金产生的负债，但不包括企业为组合之外的资产筹集资金所产生的负债。最佳用途的假定应当一致地应用于组合中所有与最佳用途相关的资产。

企业应当从市场参与者的角度判断该资产的最佳用途是单独使用、与其他资产组合使用、还是与其他资产和负债组合使用，但在计量非金融资产的公允价值时，应当假定按照本准则第七条确定的计量单元出售该资产。

第九章 负债和企业自身权益工具的公允价值计量

第三十三条 企业以公允价值计量负债，应当假定在计量日将该负债转移给其他市场参与者，而且该负债在转移后继续存在，并由作为受让方的市场参与者履行义务。

企业以公允价值计量自身权益工具，应当假定在计量日将该自身权益工具转移给其他市场参与者，而且该自身权益工具在转移后继续存在，并由作为受让方的市场参与者取得与该工具相关的权利、承担相应的义务。

第三十四条 企业以公允价值计量负债或自身权益工具，应当遵循下列原则：

（一）存在相同或类似负债或企业自身权益工具可观察市场报价的，应当以该报价为基础确定该负债或企业自身权益工具的公允价值。

（二）不存在相同或类似负债或企业自身权益工具可观察市场报价，但其他方将其作为资产持有的，企业应当在计量日从持有该资产的市场参与者角度，以该资产的公允价值为基础确定该负债或自身权益工具的公允价值。

当该资产的某些特征不适用于所计量的负债或企业自身权益工具时，企业应当根据该资产的公允价值进行调整，以调整后的价值确定负债或企业自身权益工具的公允价值。这些特征包括资产出售受到限制、资产与所计量负债或企业自身权益工具类似但不相同、资产的计量单元与负债或企业自身权益工具的计量单元不完全相同等。

（三）不存在相同或类似负债或企业自身权益工具可观察市场报价，并且其他方未将其作为资产持有的，企业应当从承担负债或者发行权益工具的市场参与者角度，采用估值技术确定该负债或企业自身权益工具的公允价值。

第三十五条 企业以公允价值计量负债，应当考虑不履约风险，并假定不履约风险在负债转移前后保持不变。

不履约风险，是指企业不履行义务的风险，包括但不限于企业自身信用风险。

第三十六条 企业以公允价值计量负债或自身权益工具，并且该负债或自身权益工具存在限制转移因素的，如果公允价值计量的输入值中已经考虑了该因素，企业不应当再单独设置相关输入值，也不应当对其他输入值进行相关调整。

第三十七条 企业以公允价值计量活期存款等具有可随时要求偿还特征的金融负债的，该金融负债的公允价值不应当低于债权人随时要求偿还时的应付金额，即从债权人可要求偿还的第一天起折现的现值。

第十章 市场风险或信用风险可抵销的金融资产和金融负债的公允价值计量

第三十八条 企业以市场风险和信用风险的净敞口为基础管理金融资产和金融负债的，

可以以计量日市场参与者在当前市场条件下有序交易中出售净多头（即资产）或者转移净空头（即负债）的价格为基础，计量该金融资产和金融负债组合的公允价值。

市场风险或信用风险可抵销的金融资产或金融负债，应当是由《企业会计准则第 22 号——金融工具确认和计量》规范的金融资产和金融负债，也包括不符合金融资产或金融负债定义但按照《企业会计准则第 22 号——金融工具确认和计量》进行会计处理的其他合同。

与市场风险或信用风险可抵销的金融资产和金融负债相关的财务报表列报，应当适用其他相关会计准则。

第三十九条 企业按照本准则第三十八条规定计量金融资产和金融负债组合的公允价值的，应当同时满足下列条件：

（一）企业风险管理或投资策略的正式书面文件已载明，企业以特定市场风险或特定对手信用风险的净敞口为基础，管理金融资产和金融负债的组合；

（二）企业以特定市场风险或特定对手信用风险的净敞口为基础，向企业关键管理人员报告金融资产和金融负债组合的信息；

（三）企业在每个资产负债表日以公允价值计量组合中的金融资产和金融负债。

第四十条 企业按照本准则第三十八条规定计量金融资产和金融负债组合的公允价值的，该金融资产和金融负债面临的特定市场风险及其期限实质上应当相同。

企业按照本准则第三十八条规定计量金融资产和金融负债组合的公允价值的，如果市场参与者将会考虑假定出现违约情况下能够减小信用风险敞口的所有现行安排，企业应当考虑特定对手的信用风险净敞口的影响或特定对手对企业的信用风险净敞口的影响，并预计市场参与者依法强制执行这些安排的可能性。

第四十一条 企业采用本准则第三十八条规定的，应当按照《企业会计准则第 28 号——会计政策、会计估计变更和差错更正》的规定确定相关会计政策，并且一经确定，不得随意变更。

第十一章 公允价值披露

第四十二条 企业应当根据相关资产或负债的性质、特征、风险以及公允价值计量的层次对该资产或负债进行恰当分组，并按照组别披露公允价值计量的相关信息。

为确定资产和负债的组别，企业通常应当对资产负债表列报项目做进一步分解。企业应当披露各组别与报表列报项目之间的调节信息。

其他相关会计准则明确规定了相关资产或负债组别且其分组原则符合本条规定的，企业可以直接使用该组别提供相关信息。

第四十三条 企业应当区分持续的公允价值计量和非持续的公允价值计量。

持续的公允价值计量，是指其他相关会计准则要求或者允许企业在每个资产负债表日持续以公允价值进行的计量。

非持续的公允价值计量，是指其他相关会计准则要求或者允许企业在特定情况下的资产负债表中以公允价值进行的计量。

第四十四条 在相关资产或负债初始确认后的每个资产负债表日，企业至少应当在附注中披露持续以公允价值计量的每组资产和负债的下列信息：

（一）其他相关会计准则要求或者允许企业在资产负债表日持续以公允价值计量的项目和金额。

（二）公允价值计量的层次。

（三）在各层次之间转换的金额和原因，以及确定各层次之间转换时点的政策。每一层次的转入与转出应当分别披露。

（四）对于第二层次的公允价值计量，企业应当披露使用的估值技术和输入值的描述性信息。当变更估值技术时，企业还应当披露这一变更以及变更的原因。

（五）对于第三层次的公允价值计量，企业应当披露使用的估值技术、输入值和估值流程的描述性信息。当变更估值技术时，企业还应当披露这一变更以及变更的原因。企业应当披露公允价值计量中使用的重要的、可合理取得的不可观察输入值的量化信息。

（六）对于第三层次的公允价值计量，企业应当披露期初余额与期末余额之间的调节信息，包括计入当期损益的已实现利得或损失总额，以及确认这些利得或损失时的损益项目；计入当期损益的未实现利得或损失总额，以及确认这些未实现利得或损失时的损益项目（如相关资产或负债的公允价值变动损益等）；计入当期其他综合收益的利得或损失总额，以及确认这些利得或损失时的其他综合收益项目；分别披露相关资产或负债购买、出售、发行及结算情况。

（七）对于第三层次的公允价值计量，当改变不可观察输入值的金额可能导致公允价值显著变化时，企业应当披露有关敏感性分析的描述性信息。

这些输入值和使用的其他不可观察输入值之间具有相关关系的，企业应当描述这种相关关系及其影响，其中不可观察输入值至少包括本条（五）要求披露的不可观察输入值。

对于金融资产和金融负债，如果为反映合理、可能的其他假设而变更一个或多个不可观察输入值将导致公允价值的重大改变，企业还应当披露这一事实、变更的影响金额及其计算方法。

（八）当非金融资产的最佳用途与其当前用途不同时，企业应当披露这一事实及其原因。

第四十五条 在相关资产或负债初始确认后的资产负债表中，企业至少应当在附注中披露非持续以公允价值计量的每组资产和负债的下列信息：

（一）其他相关会计准则要求或者允许企业在特定情况下非持续以公允价值计量的项目和金额，以及以公允价值计量的原因。

（二）公允价值计量的层次。

（三）对于第二层次的公允价值计量，企业应当披露使用的估值技术和输入值的描述性信息。当变更估值技术时，企业还应当披露这一变更以及变更的原因。

（四）对于第三层次的公允价值计量，企业应当披露使用的估值技术、输入值和估值流程的描述性信息，当变更估值技术时，企业还应当披露这一变更以及变更的原因。企业应当披露公允价值计量中使用的重要不可观察输入值的量化信息。

（五）当非金融资产的最佳用途与其当前用途不同时，企业应当披露这一事实及其原因。

第四十六条 企业调整公允价值计量层次转换时点的相关会计政策应当在前后各会计期间保持一致，并按照本准则第四十四条（三）的规定进行披露。企业调整公允价值计量层次转换时点的相关会计政策应当一致地应用于转出的公允价值计量层次和转入的公允价值计量层次。

第四十七条 企业采用本准则第三十八条规定的会计政策的，应当披露该事实。

第四十八条 对于在资产负债表中不以公允价值计量但以公允价值披露的各组资产和负债，企业应当按照本准则第四十四条（二）、（四）、（五）和（八）披露信息，但不需要按照本准则第四十四条（五）披露第三层次公允价值计量的估值流程和使用的重要不可观察输入值的量化信息。

第四十九条 对于以公允价值计量且在发行时附有不可分割的第三方信用增级的负债，发行人应当披露这一事实，并说明该信用增级是否已反映在该负债的公允价值计量中。

第五十条 企业应当以表格形式披露本准则要求的量化信息，除非其他形式更适当。

第十二章　衔接规定

第五十一条　本准则施行日之前的公允价值计量与本准则要求不一致的，企业不作追溯调整。

第五十二条　比较财务报表中披露的本准则施行日之前的信息与本准则要求不一致的，企业不需要按照本准则的规定进行调整。

第十三章　附　则

第五十三条　本准则自 2014 年 7 月 1 日起施行。

企业会计准则第40号——合营安排

（2014年印发）

第一章 总 则

第一条 为了规范合营安排的认定、分类以及各参与方在合营安排中权益等的会计处理，根据《企业会计准则——基本准则》，制定本准则。

第二条 合营安排，是指一项由两个或两个以上的参与方共同控制的安排。合营安排具有下列特征：

（一）各参与方均受到该安排的约束；

（二）两个或两个以上的参与方对该安排实施共同控制。任何一个参与方都不能够单独控制该安排，对该安排具有共同控制的任何一个参与方均能够阻止其他参与方或参与方组合单独控制该安排。

第三条 合营安排不要求所有参与方都对该安排实施共同控制。合营安排参与方既包括对合营安排享有共同控制的参与方（即合营方），也包括对合营安排不享有共同控制的参与方。

第四条 合营方在合营安排中权益的披露，适用《企业会计准则第41号——在其他主体中权益的披露》。

第二章 合营安排的认定和分类

第五条 共同控制，是指按照相关约定对某项安排所共有的控制，并且该安排的相关活动必须经过分享控制权的参与方一致同意后才能决策。

本准则所称相关活动，是指对某项安排的回报产生重大影响的活动。某项安排的相关活动应当根据具体情况进行判断，通常包括商品或劳务的销售和购买、金融资产的管理、资产的购买和处置、研究与开发活动以及融资活动等。

第六条 如果所有参与方或一组参与方必须一致行动才能决定某项安排的相关活动，则称所有参与方或一组参与方集体控制该安排。

在判断是否存在共同控制时，应当首先判断所有参与方或参与方组合是否集体控制该安排，其次再判断该安排相关活动的决策是否必须经过这些集体控制该安排的参与方一致同意。

第七条 如果存在两个或两个以上的参与方组合能够集体控制某项安排的，不构成共同控制。

第八条 仅享有保护性权利的参与方不享有共同控制。

第九条 合营安排分为共同经营和合营企业。

共同经营，是指合营方享有该安排相关资产且承担该安排相关负债的合营安排。

合营企业，是指合营方仅对该安排的净资产享有权利的合营安排。

第十条 合营方应当根据其在合营安排中享有的权利和承担的义务确定合营安排的分类。对权利和义务进行评价时应当考虑该安排的结构、法律形式以及合同条款等因素。

第十一条 未通过单独主体达成的合营安排，应当划分为共同经营。

单独主体，是指具有单独可辨认的财务架构的主体，包括单独的法人主体和不具备法人主体资格但法律认可的主体。

第十二条 通过单独主体达成的合营安排，通常应当划分为合营企业。但有确凿证据表明满足下列任一条件并且符合相关法律法规规定的合营安排应当划分为共同经营：

（一）合营安排的法律形式表明，合营方对该安排中的相关资产和负债分别享有权利和承担义务。

（二）合营安排的合同条款约定，合营方对该安排中的相关资产和负债分别享有权利和承担义务。

（三）其他相关事实和情况表明，合营方对该安排中的相关资产和负债分别享有权利和承担义务，如合营方享有与合营安排相关的几乎所有产出，并且该安排中负债的清偿持续依赖于合营方的支持。

不能仅凭合营方对合营安排提供债务担保即将其视为合营方承担该安排相关负债。合营方承担向合营安排支付认缴出资义务的，不视为合营方承担该安排相关负债。

第十三条 相关事实和情况变化导致合营方在合营安排中享有的权利和承担的义务发生变化的，合营方应当对合营安排的分类进行重新评估。

第十四条 对于为完成不同活动而设立多项合营安排的一个框架性协议，企业应当分别确定各项合营安排的分类。

第三章 共同经营参与方的会计处理

第十五条 合营方应当确认其与共同经营中利益份额相关的下列项目，并按照相关企业会计准则的规定进行会计处理：

（一）确认单独所持有的资产，以及按其份额确认共同持有的资产；

（二）确认单独所承担的负债，以及按其份额确认共同承担的负债；

（三）确认出售其享有的共同经营产出份额所产生的收入；

（四）按其份额确认共同经营因出售产出所产生的收入；

（五）确认单独所发生的费用，以及按其份额确认共同经营发生的费用。

第十六条 合营方向共同经营投出或出售资产等（该资产构成业务的除外），在该资产等由共同经营出售给第三方之前，应当仅确认因该交易产生的损益中归属于共同经营其他参与方的部分。投出或出售的资产发生符合《企业会计准则第 8 号——资产减值》等规定的资产减值损失的，合营方应当全额确认该损失。

第十七条 合营方自共同经营购买资产等（该资产构成业务的除外），在将该资产等出售给第三方之前，应当仅确认因该交易产生的损益中归属于共同经营其他参与方的部分。购入的资产发生符合《企业会计准则第 8 号——资产减值》等规定的资产减值损失的，合营方应当按其承担的份额确认该部分损失。

第十八条 对共同经营不享有共同控制的参与方，如果享有该共同经营相关资产且承担该共同经营相关负债的，应当按照本准则第十五条至第十七条的规定进行会计处理；否则，应当按照相关企业会计准则的规定进行会计处理。

第四章 合营企业参与方的会计处理

第十九条 合营方应当按照《企业会计准则第 2 号——长期股权投资》的规定对合营企业的投资进行会计处理。

第二十条 对合营企业不享有共同控制的参与方应当根据其对该合营企业的影响程度进行会计处理：

（一）对该合营企业具有重大影响的，应当按照《企业会计准则第 2 号——长期股权投资》的规定进行会计处理。

（二）对该合营企业不具有重大影响的，应当按照《企业会计准则第 22 号——金融工具确认和计量》的规定进行会计处理。

第五章 衔接规定

第二十一条 首次采用本准则的企业应当根据本准则的规定对其合营安排进行重新评估，确定其分类。

第二十二条 合营企业重新分类为共同经营的，合营方应当在比较财务报表最早期间期初终止确认以前采用权益法核算的长期股权投资，以及其他实质上构成对合营企业净投资的长期权益；同时根据比较财务报表最早期间期初采用权益法核算时使用的相关信息，确认本企业在共同经营中的利益份额所产生的各项资产（包括商誉）和负债，所确认资产和负债的账面价值与其计税基础之间存在暂时性差异的，应当按照《企业会计准则第 18 号——所得税》的规定进行会计处理。

确认的各项资产和负债的净额与终止确认的长期股权投资以及其他实质上构成对合营企业净投资的长期权益的账面金额存在差额的，应当按照下列规定处理：

（一）前者大于后者的，其差额应当首先抵减与该投资相关的商誉，仍有余额的，再调增比较财务报表最早期间的期初留存收益；

（二）前者小于后者的，其差额应当冲减比较财务报表最早期间的期初留存收益。

第六章 附 则

第二十三条 本准则自 2014 年 7 月 1 日起施行。

企业会计准则第 41 号——在其他主体中权益的披露

（2014 年印发）

第一章 总 则

第一条 为了规范在其他主体中权益的披露，根据《企业会计准则——基本准则》，制定本准则。

第二条 企业披露的在其他主体中权益的信息，应当有助于财务报表使用者评估企业在其他主体中权益的性质和相关风险，以及该权益对企业财务状况、经营成果和现金流量的影响。

第三条 本准则所指的在其他主体中的权益，是指通过合同或其他形式能够使企业参与其他主体的相关活动并因此享有可变回报的权益。参与方式包括持有其他主体的股权、债权，或向其他主体提供资金、流动性支持、信用增级和担保等。企业通过这些参与方式实现对其他主体的控制、共同控制或重大影响。其他主体包括企业的子公司、合营安排（包括共同经营和合营企业）、联营企业以及未纳入合并财务报表范围的结构化主体等。

结构化主体，是指在确定其控制方时没有将表决权或类似权利作为决定因素而设计的主体。

第四条 本准则适用于企业在子公司、合营安排、联营企业和未纳入合并财务报表范围的结构化主体中权益的披露。

企业同时提供合并财务报表和母公司个别财务报表的，应当在合并财务报表附注中披露本准则要求的信息，不需要在母公司个别财务报表附注中重复披露相关信息。

第五条 下列各项的披露适用其他相关会计准则：

（一）离职后福利计划或其他长期职工福利计划，适用《企业会计准则第 9 号——职工薪酬》。

（二）企业在其参与的但不享有共同控制的合营安排中的权益，适用《企业会计准则第 37 号——金融工具列报》。但是，企业对该合营安排具有重大影响或该合营安排是结构化主体的，适用本准则。

（三）企业持有的由《企业会计准则第 22 号——金融工具确认和计量》规范的在其他主体中的权益，适用《企业会计准则第 37 号——金融工具列报》。但是，企业在未纳入合并财务报表范围的结构化主体中的权益，以及根据其他相关会计准则以公允价值计量且其变动计入当期损益的在联营企业或合营企业中的权益，适用本准则。

第二章 重大判断和假设的披露

第六条 企业应当披露对其他主体实施控制、共同控制或重大影响的重大判断和假设，以及这些判断和假设变更的情况，包括但不限于下列各项：

（一）企业持有其他主体半数或以下的表决权但仍控制该主体的判断和假设，或者持有其他主体半数以上的表决权但并不控制该主体的判断和假设。

（二）企业持有其他主体 20%以下的表决权但对该主体具有重大影响的判断和假设，或者持有其他主体 20%或以上的表决权但对该主体不具有重大影响的判断和假设。

（三）企业通过单独主体达成合营安排的，确定该合营安排是共同经营还是合营企业的判断和假设。

（四）确定企业是代理人还是委托人的判断和假设。

第七条 企业应当披露按照《企业会计准则第 33 号——合并财务报表》被确定为投资

性主体的重大判断和假设，以及虽然不符合《企业会计准则第 33 号——合并财务报表》有关投资性主体的一项或多项特征但仍被确定为投资性主体的原因。企业（母公司）由非投资性主体转变为投资性主体的，应当披露该变化及其原因，并披露该变化对财务报表的影响，包括对变化当日不再纳入合并财务报表范围子公司的投资的公允价值、按照公允价值重新计量产生的利得或损失以及相应的列报项目。企业（母公司）由投资性主体转变为非投资性主体的，应当披露该变化及其原因。

第三章 在子公司中权益的披露

第八条 企业应当在合并财务报表附注中披露企业集团的构成，包括子公司的名称、主要经营地及注册地、业务性质、企业的持股比例（或类似权益比例，下同）等。

子公司少数股东持有的权益对企业集团重要的，企业还应当在合并财务报表附注中披露下列信息：

（一）子公司少数股东的持股比例。子公司少数股东的持股比例不同于其持有的表决权比例的，企业还应当披露该表决权比例。

（二）当期归属于子公司少数股东的损益以及向少数股东支付的股利。

（三）子公司在当期期末累计的少数股东权益余额。

（四）子公司的主要财务信息。

第九条 使用企业集团资产和清偿企业集团债务存在重大限制的，企业应当在合并财务报表附注中披露下列信息：

（一）该限制的内容，包括对母公司或其子公司与企业集团内其他主体相互转移现金或其他资产的限制，以及对企业集团内主体之间发放股利或进行利润分配、发放或收回贷款或垫款等的限制。

（二）子公司少数股东享有保护性权利、并且该保护性权利对企业使用企业集团资产或清偿企业集团负债的能力存在重大限制的，该限制的性质和程度。

（三）该限制涉及的资产和负债在合并财务报表中的金额。

第十条 企业存在纳入合并财务报表范围的结构化主体的，应当在合并财务报表附注中披露下列信息：

（一）合同约定企业或其子公司向该结构化主体提供财务支持的，应当披露提供财务支持的合同条款，包括可能导致企业承担损失的事项或情况。

（二）在没有合同约定的情况下，企业或其子公司当期向该结构化主体提供了财务支持或其他支持，应当披露所提供支持的类型、金额及原因，包括帮助该结构化主体获得财务支持的情况。其中，企业或其子公司当期对以前未纳入合并财务报表范围的结构化主体提供了财务支持或其他支持并且该支持导致企业控制了该结构化主体的，还应当披露决定提供支持的相关因素。

（三）企业存在向该结构化主体提供财务支持或其他支持的意图的，应当披露该意图，包括帮助该结构化主体获得财务支持的意图。

第十一条 企业在其子公司所有者权益份额发生变化且该变化未导致企业丧失对子公司控制权的，应当在合并财务报表附注中披露该变化对本企业所有者权益的影响。

企业丧失对子公司控制权的，应当在合并财务报表附注中披露按照《企业会计准则第 33 号——合并财务报表》计算的下列信息：

（一）由于丧失控制权而产生的利得或损失以及相应的列报项目。

（二）剩余股权在丧失控制权日按照公允价值重新计量而产生的利得或损失。

第十二条 企业是投资性主体且存在未纳入合并财务报表范围的子公司、并对该子公司权益按照公允价值计量且其变动计入当期损益的，应当在财务报表附注中对该情况予以说明。同时，对于未纳入合并财务报表范围的子公司，企业应当披露下列信息：

（一）子公司的名称、主要经营地及注册地。

（二）企业对子公司的持股比例。持股比例不同于企业持有的表决权比例的，企业还应当披露该表决权比例。企业的子公司也是投资性主体且该子公司存在未纳入合并财务报表范围的下属子公司的，企业应当按照上述要求披露该下属子公司的相关信息。

第十三条 企业是投资性主体的，对其在未纳入合并财务报表范围的子公司中的权益，应当披露与该权益相关的风险信息：

（一）该未纳入合并财务报表范围的子公司以发放现金股利、归还贷款或垫款等形式向企业转移资金的能力存在重大限制的，企业应当披露该限制的性质和程度。

（二）企业存在向未纳入合并财务报表范围的子公司提供财务支持或其他支持的承诺或意图的，企业应当披露该承诺或意图，包括帮助该子公司获得财务支持的承诺或意图。

在没有合同约定的情况下，企业或其子公司当期向未纳入合并财务报表范围的子公司提供财务支持或其他支持的，企业应当披露提供支持的类型、金额及原因。

（三）合同约定企业或其未纳入合并财务报表范围的子公司向未纳入合并财务报表范围、但受企业控制的结构化主体提供财务支持的，企业应当披露相关合同条款，以及可能导致企业承担损失的事项或情况。在没有合同约定的情况下，企业或其未纳入合并财务报表范围的子公司当期向原先不受企业控制且未纳入合并财务报表范围的结构化主体提供财务支持或其他支持，并且所提供的支持导致企业控制该结构化主体的，企业应当披露决定提供上述支持的相关因素。

第四章 在合营安排或联营企业中权益的披露

第十四条 存在重要的合营安排或联营企业的，企业应当披露下列信息：

（一）合营安排或联营企业的名称、主要经营地及注册地。

（二）企业与合营安排或联营企业的关系的性质，包括合营安排或联营企业活动的性质，以及合营安排或联营企业对企业活动是否具有战略性等。

（三）企业的持股比例。持股比例不同于企业持有的表决权比例的，企业还应当披露该表决权比例。

第十五条 对于重要的合营企业或联营企业，企业除了应当按照本准则第十四条披露相关信息外，还应当披露对合营企业或联营企业投资的会计处理方法，从合营企业或联营企业收到的股利，以及合营企业或联营企业在其自身财务报表中的主要财务信息。

企业对上述合营企业或联营企业投资采用权益法进行会计处理的，上述主要财务信息应当是按照权益法对合营企业或联营企业相关财务信息调整后的金额；同时，企业应当披露将上述主要财务信息按照权益法调整至企业对合营企业或联营企业投资账面价值的调节过程。企业对上述合营企业或联营企业投资采用权益法进行会计处理但该投资存在公开报价的，还应当披露其公允价值。

第十六条 企业在单个合营企业或联营企业中的权益不重要的，应当分别就合营企业和联营企业两类披露下列信息：

（一）按照权益法进行会计处理的对合营企业或联营企业投资的账面价值合计数。

（二）对合营企业或联营企业的净利润、终止经营的净利润、其他综合收益、综合收益等项目，企业按照其持股比例计算的金额的合计数。

第十七条 合营企业或联营企业以发放现金股利、归还贷款或垫款等形式向企业转移资金的能力存在重大限制的，企业应当披露该限制的性质和程度。

第十八条 企业对合营企业或联营企业投资采用权益法进行会计处理，被投资方发生超额亏损且投资方不再确认其应分担合营企业或联营企业损失份额的，应当披露未确认的合营企业或联营企业损失份额，包括当期份额和累积份额。

第十九条 企业应当单独披露与其对合营企业投资相关的未确认承诺，以及与其对合营企业或联营企业投资相关的或有负债。

第二十条 企业是投资性主体的，不需要披露本准则第十五条和第十六条规定的信息。

第五章 在未纳入合并财务报表范围的结构化主体中权益的披露

第二十一条 对于未纳入合并财务报表范围的结构化主体，企业应当披露下列信息：

（一）未纳入合并财务报表范围的结构化主体的性质、目的、规模、活动及融资方式。

（二）在财务报表中确认的与企业在未纳入合并财务报表范围的结构化主体中权益相关的资产和负债的账面价值及其在资产负债表中的列报项目。

（三）在未纳入合并财务报表范围的结构化主体中权益的最大损失敞口及其确定方法。企业不能量化最大损失敞口的，应当披露这一事实及其原因。

（四）在财务报表中确认的与企业在未纳入合并财务报表范围的结构化主体中权益相关的资产和负债的账面价值与其最大损失敞口的比较。企业发起设立未纳入合并财务报表范围的结构化主体，但资产负债表日在该结构化主体中没有权益的，企业不需要披露上述（二）至（四）项要求的信息，但应当披露企业作为该结构化主体发起人的认定依据，并分类披露企业当期从该结构化主体获得的收益、收益类型，以及转移至该结构化主体的所有资产在转移时的账面价值。

第二十二条 企业应当披露其向未纳入合并财务报表范围的结构化主体提供财务支持或其他支持的意图，包括帮助该结构化主体获得财务支持的意图。在没有合同约定的情况下，企业当期向结构化主体（包括企业前期或当期持有权益的结构化主体）提供财务支持或其他支持的，还应当披露提供支持的类型、金额及原因，包括帮助该结构化主体获得财务支持的情况。

第二十三条 企业是投资性主体的，对受其控制但未纳入合并财务报表范围的结构化主体，应当按照本准则第十二条和第十三条的规定进行披露，不需要按照本章规定进行披露。

第六章 衔接规定

第二十四条 企业比较财务报表中披露的本准则施行日之前的信息与本准则要求不一致的，应当按照本准则的规定进行调整，但有关未纳入合并财务报表范围的结构化主体的披露要求除外。

第七章 附 则

第二十五条 本准则自 2014 年 7 月 1 日起施行。

企业会计准则第 42 号——持有待售的非流动资产、处置组和终止经营

（2017 年印发）

第一章 总 则

第一条 为了规范企业持有待售的非流动资产或处置组的分类、计量和列报，以及终止经营的列报，根据《企业会计准则——基本准则》，制定本准则。

第二条 本准则的分类和列报规定适用于所有非流动资产和处置组。

处置组，是指在一项交易中作为整体通过出售或其他方式一并处置的一组资产，以及在该交易中转让的与这些资产直接相关的负债。处置组所属的资产组或资产组组合按照《企业会计准则第 8 号——资产减值》分摊了企业合并中取得的商誉的，该处置组应当包含分摊至处置组的商誉。

第三条 本准则的计量规定适用于所有非流动资产，但下列各项的计量适用其他相关会计准则：

（一）采用公允价值模式进行后续计量的投资性房地产，适用《企业会计准则第 3 号——投资性房地产》；

（二）采用公允价值减去出售费用后的净额计量的生物资产，适用《企业会计准则第 5 号——生物资产》；

（三）职工薪酬形成的资产，适用《企业会计准则第 9 号——职工薪酬》；职工薪酬》；

（四）递延所得税资产，适用《企业会计准则第 18 号——所得税》；

（五）由金融工具相关会计准则规范的金融资产，适用金融工具相关会计准则；

（六）由保险合同相关会计准则规范的保险合同所产生的权利，适用保险合同相关会计准则。

处置组包含适用本准则计量规定的非流动资产的，本准则的计量规定适用于整个处置组。处置组中负债的计量适用相关会计准则。

第四条 终止经营，是指企业满足下列条件之一的、能够单独区分的组成部分，且该组成部分已经处置或划分为持有待售类别：

（一）该组成部分代表一项独立的主要业务或一个单独的主要经营地区；

（二）该组成部分是拟对一项独立的主要业务或一个单独的主要经营地区进行处置的一项相关联计划的一部分；

（三）该组成部分是专为转售而取得的子公司。

第二章 持有待售的非流动资产或处置组的分类

第五条 企业主要通过出售（包括具有商业实质的非货币性资产交换，下同）而非持续使用一项非流动资产或处置组收回其账面价值的，应当将其划分为持有待售类别。账面价值的，应当将其划分为持有待售类别。

第六条 非流动资产或处置组划分为持有待售类别，应当同时满足下列条件：

（一）根据类似交易中出售此类资产或处置组的惯例，在当前状况下即可立即出售；

（二）出售极可能发生，即企业已经就一项出售计划作出决议且获得确定的购买承诺，预计出售将在一年内完成。有关规定要求企业相关权力机构或者监管部门批准后方可出售的，应当已经获得批准。

确定的购买承诺，是指企业与其他方签订的具有法律约束力的购买协议，该协议包含交易价格、时间和足够严厉的违约惩罚等重要条款，使协议出现重大调整或者撤销的可能性极小。

第七条 企业专为转售而取得的非流动资产或处置组，在取得日满足“预计出售将在一年内完成”的规定条件，且短期（通常为3个月）内很可能满足持有待售类别的其他划分条件的，企业应当在取得日将其划分为持有待售类别。

第八条 因企业无法控制的下列原因之一，导致非关联方之间的交易未能在一年内完成，且有充分证据表明企业仍然承诺出售非流动资产或处置组的，企业应当继续将非流动资产或处置组划分为持有待售类别：

（一）买方或其他方意外设定导致出售延期的条件，企业针对这些条件已经及时采取行动，且预计能够自设定导致出售延期的条件起一年内顺利化解延期因素；的条件起一年内顺利化解延期因素；

（二）因发生罕见情况，导致持有待售的非流动资产或处置组未能在一年内完成出售，企业在最初一年内已经针对这些新情况采取必要措施且重新满足了持有待售类别的划分条件。

第九条 持有待售的非流动资产或处置组不再满足持有待售类别划分条件的，企业不应当继续将其划分为持有待售类别。

部分资产或负债从持有待售的处置组中移除后，处置组中剩余资产或负债新组成的处置组仍然满足持有待售类别划分条件的，企业应当将新组成的处置组划分为持有待售类别，否则应当将满足持有待售类别划分条件的非流动资产单独划分为持有待售类别。

第十条 企业因出售对子公司的投资等原因导致其丧失对子公司控制权的，无论出售后企业是否保留部分权益性投资，应当在拟出售的对子公司投资满足持有待售类别划分条件时，在母公司个别财务报表中将对子公司投资整体划分为持有待售类别，在合并财务报表中将子公司所有资产和负债划分为持有待售类别。

第十一条 企业不应当将拟结束使用而非出售的非流动资产或处置组划分为持有待售类别。

第三章 持有待售的非流动资产或处置组的计量

第十二条 企业将非流动资产或处置组首次划分为持有待售类别前，应当按照相关会计准则规定计量非流动资产或处置组中各项资产和负债的账面价值。中各项资产和负债的账面价值。

第十三条 企业初始计量或在资产负债表日重新计量持有待售的非流动资产或处置组时，其账面价值高于公允价值减去出售费用后的净额的，应当将账面价值减记至公允价值减去出售费用后的净额，减记的金额确认为资产减值损失，计入当期损益，同时计提持有待售资产减值准备。

第十四条 对于取得日划分为持有待售类别的非流动资产或处置组，企业应当在初始计量时比较假定其不划分为持有待售类别情况下的初始计量金额和公允价值减去出售费用后的净额，以两者孰低计量。除企业合并中取得的非流动资产或处置组外，由非流动资产或处置组以公允价值减去出售费用后的净额作为初始计量金额而产生的差额，应当计入当期损益。

第十五条 企业在资产负债表日重新计量持有待售的处置组时，应当首先按照相关会计准则规定计量处置组中不适用本准则计量规定的资产和负债的账面价值，然后按照本准则第十三条的规定进行会计处理。

第十六条 对于持有待售的处置组确认的资产减值损失金额，应当先抵减处置组中商誉的账面价值，再根据处置组中适用本准则计量规定的各项非流动资产账面价值所占比重，按比例抵减其账面价值。

第十七条 后续资产负债表日持有待售的非流动资产公允价值减去出售费用后的净额

增加的，以前减记的金额应当予以恢复，并在划分为持有待售类别后确认的资产减值损失金额内转回，转回金额计入当期损益。划分为持有待售类别前确认的资产减值损失不得转回。复，并在划分为持有待售类别后确认的资产减值损失金额内转回，转回金额计入当期损益。划分为持有待售类别前确认的资产减值损失不得转回。

第十八条 后续资产负债表日持有待售的处置组公允价值减去出售费用后的净额增加的，以前减记的金额应当予以恢复，并在划分为持有待售类别后适用本准则计量规定的非流动资产确认的资产减值损失金额内转回，转回金额计入当期损益。已抵减的商誉账面价值，以及适用本准则计量规定的非流动资产在划分为持有待售类别前确认的资产减值损失不得转回。

第十九条 持有待售的处置组确认的资产减值损失后续转回金额，应当根据处置组中除商誉外适用本准则计量规定的各项非流动资产账面价值所占比重，按比例增加其账面价值。

第二十条 持有待售的非流动资产或处置组中的非流动资产不应计提折旧或摊销，持有待售的处置组中负债的利息和其他费用应当继续予以确认。

第二十一条 非流动资产或处置组因不再满足持有待售类别的划分条件而不再继续划分为持有待售类别或非流动资产从持有待售的处置组中移除时，应当按照以下两者孰低计量：

（一）划分为持有待售类别前的账面价值，按照假定不划分为持有待售类别情况下本应确认的折旧、摊销或减值等进行调整后的金额；

（二）可收回金额。

第二十二条 企业终止确认持有待售的非流动资产或处置组时，应当将尚未确认的利得或损失计入当期损益。

第四章 列 报

第二十三条 企业应当在资产负债表中区别于其他资产单独列示持有待售的非流动资产或持有待售的处置组中的资产，区别于其他负债单独列示持有待售的处置组中的负债。持有待售的非流动资产或持有待售的处置组中的资产与持有待售的处置组中的负债不应当相互抵销，应当分别作为流动资产和流动负债列示。

第二十四条 企业应当在利润表中分别列示持续经营损益和终止经营损益。不符合终止经营定义的持有待售的非流动资产或处置组，其减值损失和转回金额及处置损益应当作为持续经营损益列报。终止经营的减值损失和转回金额等经营损益及处置损益应当作为终止经营损益列报。

第二十五条 企业应当在附注中披露下列信息：

（一）持有待售的非流动资产或处置组的出售费用和主要类别，以及每个类别的账面价值和公允价值；

（二）持有待售的非流动资产或处置组的出售原因、方式和时间安排；

（三）列报持有待售的非流动资产或处置组的分部；

（四）持有待售的非流动资产或持有待售的处置组中的资产确认的减值损失及其转回金额；

（五）与持有待售的非流动资产或处置组有关的其他综合收益累计金额；

（六）终止经营的收入、费用、利润总额、所得税费用（收益）和净利润；

（七）终止经营的资产或处置组确认的减值损失及其转回金额；

（八）终止经营的处置损益总额、所得税费用（收益）和处置净损益；

（九）终止经营的经营活动、投资活动和筹资活动现金流量净额；

（十）归属于母公司所有者的持续经营损益和终止经营损益。

非流动资产或处置组在资产负债表日至财务报告批准报出日之间满足持有待售类别划分条件的，应当作为资产负债表日后非调整事项进行会计处理，并按照本条（一）至（三）的规定进行披露。

企业专为转售而取得的持有待售的子公司，应当按照本条（二）至（五）和（十）的规定进行披露。

第二十六条 对于当期首次满足持有待售类别划分条件的非流动资产或处置组，不应当调整可比会计期间资产负债表。

第二十七条 对于当期列报的终止经营，企业应当在当期财务报表中，将原来作为持续经营损益列报的信息重新作为可比会计期间的终止经营损益列报，并按照本准则第二十五条（六）、（七）、（九）、（十）的规定披露可比会计期间的信息。（七）、（九）、（十）的规定披露可比会计期间的信息。

第二十八条 拟结束使用而非出售的处置组满足终止经营定义中有关组成部分的条件的，应当自停止使用日起作为终止经营列报。

第二十九条 企业因出售对子公司的投资等原因导致其丧失对子公司控制权，且该子公司符合终止经营定义的，应当在合并利润表中列报相关终止经营损益，并按照本准则第二十五条（六）至（十）的规定进行披露。

第三十条 企业应当在利润表中将终止经营处置损益的调整金额作为终止经营损益列报，并在附注中披露调整的性质和金额。可能引起调整的情形包括：

（一）最终确定处置条款，如与买方商定交易价格调整额和补偿金；

（二）消除与处置相关的不确定因素，如确定卖方保留的环保义务或产品质量保证义务；

（三）履行与处置相关的职工薪酬支付义务。

第三十一条 非流动资产或处置组不再继续划分为持有待售类别或非流动资产从持有待售的处置组中移除的，企业应当在当期利润表中将非流动资产或处置组的账面价值调整金额作为持续经营损益列报。企业的子公司、共同经营、合营企业、联营企业以及部分对合营企业或联营企业的投资不再继续划分为持有待售类别或从持有待售的处置组中移除的，企业应当在当期财务报表中相应调整各个划分为持有待售类别后可比会计期间的比较数据。企业应当在附注中披露下列信息：报表中相应调整各个划分为持有待售类别后可比会计期间的比较数据。企业应当在附注中披露下列信息：

（一）企业改变非流动资产或处置组出售计划的原因；

（二）可比会计期间财务报表中受影响的项目名称和影响金额。

第三十二条 终止经营不再满足持有待售类别划分条件的，企业应当在当期财务报表中，将原来作为终止经营损益列报的信息重新作为可比会计期间的持续经营损益列报，并在附注中说明这一事实。

第五章 附 则

第三十三条 本准则自 2017 年 5 月 28 日起施行。

对于本准则施行日存在的持有待售的非流动资产、处置组和终止经营，应当采用未来适用法处理。

附录

会计科目和主要账务处理

一、会计科目

会计科目和主要账务处理依据企业会计准则中确认和计量的规定制定，涵盖了各类企业的交易或者事项。企业在不违反会计准则中确认、计量和报告规定的前提下，可以根据本单位的实际情况自行增设、分拆、合并会计科目。企业不存在的交易或者事项，可不设置相关会计科目。对于明细科目，企业可以比照本附录中的规定自行设置。会计科目编号供企业填制会计凭证、登记会计账簿、查阅会计账目、采用会计软件系统参考，企业可结合实际情况自行确定会计科目编号。

顺序号	编号	会计科目名称
		一、资产类
1	1001	库存现金
2	1002	银行存款
3	1003	存放中央银行款项
4	1011	存放同业
5	1012	其他货币资金
6	1021	结算备付金
7	1031	存出保证金
8	1101	交易性金融资产
9	1111	买入返售金融资产
10	1121	应收票据
11	1122	应收账款
12	1123	预付账款
13	1131	应收股利
14	1132	应收利息
15	1201	应收代位追偿款
16	1211	应收分保账款
17	1212	应收分保合同准备金
18	1221	其他应收款
19	1231	坏账准备
20	1301	贴现资产
21	1302	拆出资金
22	1303	贷款
23	1304	贷款损失准备
24	1311	代理兑付证券
25	1321	代理业务资产
26	1401	材料采购

续表

顺序号	编号	会计科目名称
27	1402	在途物资
28	1403	原材料
29	1404	材料成本差异
30	1405	库存商品
31	1406	发出商品
32	1407	商品进销差价
33	1408	委托加工物资
34	1411	周转材料
35	1421	消耗性生物资产
36	1431	贵金属
37	1441	抵债资产
38	1451	损余物资
39	1461	融资租赁资产
40	1471	存货跌价准备
41	1501	持有至到期投资
42	1502	持有至到期投资减值准备
43	1503	可供出售金融资产
44	1511	长期股权投资
45	1512	长期股权投资减值准备
46	1521	投资性房地产
47	1531	长期应收款
48	1532	未实现融资收益
49	1541	存出资本保证金
50	1601	固定资产
51	1602	累计折旧
52	1603	固定资产减值准备
53	1604	在建工程
54	1605	工程物资
55	1606	固定资产清理
56	1611	未担保余值
57	1621	生产性生物资产
58	1622	生产性生物资产累计折旧
59	1623	公益性生物资产
60	1631	油气资产
61	1632	累计折耗
62	1701	无形资产
63	1702	累计摊销
64	1703	无形资产减值准备

续表

顺序号	编号	会计科目名称
65	1711	商誉
66	1801	长期待摊费用
67	1811	递延所得税资产
68	1821	独立账户资产
69	1901	待处理财产损溢
		二、负债类
70	2001	短期借款
71	2002	存入保证金
72	2003	拆入资金
73	2004	向中央银行借款
74	2011	吸收存款
75	2012	同业存放
76	2021	贴现负债
77	2101	交易性金融负债
78	2111	卖出回购金融资产款
79	2201	应付票据
80	2202	应付账款
81	2203	预收账款
82	2211	应付职工薪酬
83	2221	应交税费
84	2231	应付利息
85	2232	应付股利
86	2241	其他应付款
87	2251	应付保单红利
88	2261	应付分保账款
89	2311	代理买卖证券款
90	2312	代理承销证券款
91	2313	代理兑付证券款
92	2314	代理业务负债
93	2401	递延收益
94	2501	长期借款
95	2502	应付债券
96	2601	未到期责任准备金
97	2602	保险责任准备金
98	2611	保户储金
99	2621	独立账户负债
100	2701	长期应付款
101	2702	未确认融资费用

续表

顺序号	编号	会计科目名称
102	2711	专项应付款
103	2801	预计负债
104	2901	递延所得税负债
		三、共同类
105	3001	清算资金往来
106	3002	货币兑换
107	3101	衍生工具
108	3201	套期工具
109	3202	被套期项目
		四、所有者权益类
110	4001	实收资本
111	4002	资本公积
112	4101	盈余公积
113	4102	一般风险准备
114	4103	本年利润
115	4104	利润分配
116	4201	库存股
		五、成本类
117	5001	生产成本
118	5101	制造费用
119	5201	劳务成本
120	5301	研发支出
121	5401	工程施工
122	5402	工程结算
123	5403	机械作业
		六、损益类
124	6001	主营业务收入
125	6011	利息收入
126	6021	手续费及佣金收入
127	6031	保费收入
128	6041	租赁收入
129	6051	其他业务收入
130	6061	汇兑损益
131	6101	公允价值变动损益
132	6111	投资收益
133	6201	摊回保险责任准备金
134	6202	摊回赔付支出
135	6203	摊回分保费用

续表

顺序号	编号	会计科目名称
136	6301	营业外收入
137	6401	主营业务成本
138	6402	其他业务成本
139	6403	营业税金及附加
140	6411	利息支出
141	6421	手续费及佣金支出
142	6501	提取未到期责任准备金
143	6502	提取保险责任准备金
144	6511	赔付支出
145	6521	保单红利支出
146	6531	退保金
147	6541	分出保费
148	6542	分保费用
149	6601	销售费用
150	6602	管理费用
151	6603	财务费用
152	6604	勘探费用
153	6701	资产减值损失
154	6711	营业外支出
155	6801	所得税费用
156	6901	以前年度损益调整

二、主要账务处理

资产类

1001 库存现金

一、本科目核算企业的库存现金。

企业有内部周转使用备用金的，可以单独设置“备用金”科目。

二、企业增加库存现金，借记本科目，贷记“银行存款”等科目；减少库存现金做相反的会计分录。

三、企业应当设置“现金日记账”，根据收付款凭证，按照业务发生顺序逐笔登记。每日终了，应当计算当日的现金收入合计额、现金支出合计额和结余额，将结余额与实际库存额核对，做到账款相符。

四、本科目期末借方余额，反映企业持有的库存现金。

1002 银行存款

一、本科目核算企业存入银行或其他金融机构的各种款项。

银行汇票存款、银行本票存款、信用卡存款、信用证保证金存款、存出投资款、外埠存款等，在“其他货币资金”科目核算。

二、企业增加银行存款，借记本科目，贷记“库存现金”、“应收账款”等科目；减少银行存款做相反的会计分录。

三、企业可按开户银行和其他金融机构、存款种类等设置“银行存款日记账”，根据收付款凭证，按照业务的发生顺序逐笔登记。每日终了，应结出余额。“银行存款日记账”应定期与“银行对账单”核对，至少每月核对一次。企业银行存款账面余额与银行对账单余额之间如有差额，应编制“银行存款余额调节表”调节相符。

四、本科目期末借方余额，反映企业存在银行或其他金融机构的各种款项。

1003 存放中央银行款项

一、本科目核算企业（银行）存放于中国人民银行（以下简称“中央银行”）的各种款项，包括业务资金的调拨、办理同城票据交换和异地跨系统资金汇划、提取或缴存现金等。

企业（银行）按规定缴存的法定准备金和超额准备金存款，也通过本科目核算。

二、本科目可按存放款项的性质进行明细核算。

三、企业增加在中央银行的存款，借记本科目，贷记“吸收存款”、“清算资金往来”等科目；减少在中央银行的存款做相反的会计分录。

四、本科目期末借方余额，反映企业（银行）存放在中央银行的各种款项。

1011 存放同业

一、本科目核算企业（银行）存放于境内、境外银行和非银行金融机构的款项。

企业（银行）存放中央银行的款项，在“存放中央银行款项”科目核算。

二、本科目可按存放款项的性质和存放的金融机构进行明细核算。

三、企业增加在同业的存款，借记本科目，贷记“存放中央银行款项”等科目；减少在同业的存款做相反的会计分录。

四、本科目期末借方余额，反映企业（银行）存放在同业的各种款项。

1012 其他货币资金

一、本科目核算企业的银行汇票存款、银行本票存款、信用卡存款、信用证保证金存款、存出投资款、外埠存款等其他货币资金。

二、企业增加其他货币资金，借记本科目，贷记“银行存款”科目；减少其他货币资金，借记有关科目，贷记本科目。

三、本科目可按银行汇票或本票、信用证的收款单位，外埠存款的开户银行，分别“银行汇票”、“银行本票”、“信用卡”、“信用证保证金”、“存出投资款”、“外埠存款”等进行明细核算。

四、本科目期末借方余额，反映企业持有的其他货币资金。

1021 结算备付金

一、本科目核算企业（证券）为证券交易的资金清算与交收而存入指定清算代理机构的款项。

企业（证券）向客户收取的结算手续费、向证券交易所支付的结算手续费，也通过本科目核算。

企业（证券）因证券交易与清算代理机构办理资金清算的款项等，可以单独设置“证券清算款”科目。

二、本科目可按清算代理机构，分别“自有”、“客户”等进行明细核算。

三、结算备付金的主要账务处理。

（一）企业将款项存入清算代理机构，借记本科目，贷记“银行存款”等科目；从清算代理机构划回资金做相反的会计分录。

（二）接受客户委托，买入证券成交总额大于卖出证券成交总额的，应按买卖证券成交价的差额加上代扣代交的相关税费和应向客户收取的佣金等之和，借记“代理买卖证券款”等科目，贷记本科目（客户）、“银行存款”等科目。按企业应负担的交易费用，借记“手续费及佣金支出”科目，按应向客户收取的手续费及佣金，贷记“手续费及佣金收入”科目，按其差额，借记本科目（自有）、“银行存款”等科目。

接受客户委托，卖出证券成交总额大于买入证券成交总额的，应按买卖证券成交价的差额减去代扣代交的相关税费和应向客户收取的佣金等后的余额，借记本科目（客户）、“银行存款”等科目，贷记“代理买卖证券款”等科目。按企业应负担的交易费用，借记“手续费及佣金支出”科目，按应向客户收取的手续费及佣金，贷记“手续费及佣金收入”科目，按其差额，借记本科目（自有）、“银行存款”等科目。

（三）在证券交易所进行自营证券交易的，应在取得时根据持有证券的意图等对其进行分类，比照“交易性金融资产”、“持有至到期投资”、“可供出售金融资产”等科目的相关规定进行处理。

四、本科目期末借方余额，反映企业存在指定清算代理机构的款项。

1031　存出保证金

一、本科目核算企业（金融）因办理业务需要存出或交纳的各种保证金款项。

二、本科目可按保证金的类别以及存放单位或交易场所进行明细核算。

三、企业存出保证金，借记本科目，贷记“银行存款”、“存放中央银行款项”、“结算备付金”、“应收分保账款”等科目；减少或收回保证金时做相反的会计分录。

四、本科目期末借方余额，反映企业存出或交纳的各种保证金余额。

1101　交易性金融资产

一、本科目核算企业为交易目的所持有的债券投资、股票投资、基金投资等交易性金融资产的公允价值。

企业持有的直接指定为以公允价值计量且其变动计入当期损益的金融资产，也在本科目核算。

企业（金融）接受委托采用全额承购包销、余额承购包销方式承销的证券，应在收到证券时将其进行分类。划分为以公允价值计量且其变动计入当期损益的金融资产的，应在本科目核算；划分为可供出售金融资产的，应在“可供出售金融资产”科目核算。

衍生金融资产在“衍生工具”科目核算。

二、本科目可按交易性金融资产的类别和品种，分别“成本”、“公允价值变动”等进行明细核算。

三、交易性金融资产的主要账务处理。

（一）企业取得交易性金融资产，按其公允价值，借记本科目（成本），按发生的交易费用，借记“投资收益”科目，按已到付息期但尚未领取的利息或已宣告但尚未发放的现金股利，借记“应收利息”或“应收股利”科目，按实际支付的金额，贷记“银行存款”、

“存放中央银行款项”、“结算备付金”等科目。

（二）交易性金融资产持有期间被投资单位宣告发放的现金股利，或在资产负债表日按分期付息、一次还本债券投资的票面利率计算的利息，借记“应收股利”或“应收利息”科目，贷记“投资收益”科目。

（三）资产负债表日，交易性金融资产的公允价值高于其账面余额的差额，借记本科目（公允价值变动），贷记“公允价值变动损益”科目；公允价值低于其账面余额的差额做相反的会计分录。

（四）出售交易性金融资产，应按实际收到的金额，借记“银行存款”、“存放中央银行款项”、“结算备付金”等科目，按该金融资产的账面余额，贷记本科目，按其差额，贷记或借记“投资收益”科目。同时，将原计入该金融资产的公允价值变动转出，借记或贷记“公允价值变动损益”科目，贷记或借记“投资收益”科目。

四、本科目期末借方余额，反映企业持有的交易性金融资产的公允价值。

1111 买入返售金融资产

一、本科目核算企业（金融）按照返售协议约定先买入再按固定价格返售的票据、证券、贷款等金融资产所融出的资金。

二、本科目可按买入返售金融资产的类别和融资方进行明细核算。

三、买入返售金融资产的主要账务处理。

（一）企业根据返售协议买入金融资产，应按实际支付的金额，借记本科目，贷记“存放中央银行款项”、“结算备付金”、“银行存款”等科目。

（二）资产负债表日，按照计算确定的买入返售金融资产的利息收入，借记“应收利息”科目，贷记“利息收入”科目。

（三）返售日，应按实际收到的金额，借记“存放中央银行款项”、“结算备付金”、“银行存款”等科目，按其账面余额，贷记本科目、“应收利息”科目，按其差额，贷记“利息收入”科目。

四、本科目期末借方余额，反映企业买入的尚未到期返售金融资产摊余成本。

1121 应收票据

一、本科目核算企业因销售商品、提供劳务等而收到的商业汇票，包括银行承兑汇票和商业承兑汇票。

二、本科目可按开出、承兑商业汇票的单位进行明细核算。

三、应收票据的主要账务处理。

（一）企业因销售商品、提供劳务等而收到开出、承兑的商业汇票，按商业汇票的票面金额，借记本科目，按确认的营业收入，贷记“主营业务收入”等科目。涉及增值税销项税额的，还应进行相应的处理。

（二）持未到期的商业汇票向银行贴现，应按实际收到的金额（即减去贴现息后的净额），借记“银行存款”等科目，按贴现息部分，借记“财务费用”等科目，按商业汇票的票面金额，贷记本科目或“短期借款”科目。

（三）将持有的商业汇票背书转让以取得所需物资，按应计入取得物资成本的金额，借记“材料采购”或“原材料”、“库存商品”等科目，按商业汇票的票面金额，贷记本科目，如有差额，借记或贷记“银行存款”等科目。涉及增值税进项税额的，还应进行相应的处理。

（四）商业汇票到期，应按实际收到的金额，借记“银行存款”科目，按商业汇票的票面金额，贷记本科目。

四、企业应当设置“应收票据备查簿”，逐笔登记商业汇票的种类、号数和出票日、票面金额、交易合同号和付款人、承兑人、背书人的姓名或单位名称、到期日、背书转让日、贴现日、贴现率和贴现净额以及收款日和收回金额、退票情况等资料。商业汇票到期结清票款或退票后，在备查簿中应予注销。

五、本科目期末借方余额，反映企业持有的商业汇票的票面金额。

1122　应收账款

一、本科目核算企业因销售商品、提供劳务等经营活动应收取的款项。

企业（保险）按照原保险合同约定应向投保人收取的保费，可将本科目改为“1122　应收保费”科目，并按照投保人进行明细核算。

企业（金融）应收取的手续费和佣金，可将本科目改为“1124　应收手续费及佣金”科目，并按照债务人进行明细核算。

因销售商品、提供劳务等，采用递延方式收取合同或协议价款、实质上具有融资性质的，在“长期应收款”科目核算。

二、本科目可按债务人进行明细核算。

三、企业发生应收账款，按应收金额，借记本科目，按确认的营业收入，贷记“主营业务收入”、“手续费及佣金收入”、“保费收入”等科目。收回应收账款时，借记“银行存款”等科目，贷记本科目。涉及增值税销项税额的，还应进行相应的处理。

代购货单位垫付的包装费、运杂费，借记本科目，贷记“银行存款”等科目。收回代垫费用时，借记“银行存款”科目，贷记本科目。

四、企业与债务人进行债务重组，应当分别债务重组的不同方式进行处理。

（一）收到债务人清偿债务的款项小于该项应收账款账面价值的，应按实际收到的金额，借记“银行存款”等科目，按重组债权已计提的坏账准备，借记“坏账准备”科目，按重组债权的账面余额，贷记本科目，按其差额，借记“营业外支出”科目。

收到债务人清偿债务的款项大于该项应收账款账面价值的，应按实际收到的金额，借记“银行存款”等科目，按重组债权已计提的坏账准备，借记“坏账准备”科目，按重组债权的账面余额，贷记本科目，按其差额，贷记“资产减值损失”科目。

以下债务重组涉及重组债权减值准备的，应当比照此规定进行处理。

（二）接受债务人用于清偿债务的非现金资产，应按该项非现金资产的公允价值，借记“原材料”、“库存商品”、“固定资产”、“无形资产”等科目，按重组债权的账面余额，贷记本科目，按应支付的相关税费和其他费用，贷记“银行存款”、“应交税费”等科目，按其差额，借记“营业外支出”科目。涉及增值税进项税额的，还应进行相应的处理。

（三）将债权转为投资，应按享有股份的公允价值，借记“长期股权投资”科目，按重组债权的账面余额，贷记本科目，按应支付的相关税费和其他费用，贷记“银行存款”、“应交税费”等科目，按其差额，借记“营业外支出”科目。

（四）以修改其他债务条件进行清偿的，应按修改其他债务条件后债权的公允价值，借记本科目，按重组债权的账面余额，贷记本科目，按其差额，借记“营业外支出”科目。

五、本科目期末借方余额，反映企业尚未收回的应收账款；期末如为贷方余额，反映企业预收的账款。

1123　预付账款

一、本科目核算企业按照合同规定预付的款项。

预付款项情况不多的，也可以不设置本科目，将预付的款项直接记入“应付账款”

科目。

企业进行在建工程预付的工程价款，也在本科目核算。

企业（保险）从事保险业务预先支付的赔付款，可将本科目改为“1123 预付赔付款”科目，并按照保险人或受益人进行明细核算。

二、本科目可按供货单位进行明细核算。

三、预付账款的主要账务处理。

（一）企业因购货而预付的款项，借记本科目，贷记“银行存款”等科目。

收到所购物资，按应计入购入物资成本的金额，借记“材料采购”或“原材料”、“库存商品”等科目，按应支付的金额，贷记本科目。补付的款项，借记本科目，贷记“银行存款”等科目；退回多付的款项做相反的会计分录。涉及增值税进项税额的，还应进行相应的处理。

（二）企业进行在建工程预付的工程价款，借记本科目，贷记“银行存款”等科目。按工程进度结算工程价款，借记“在建工程”科目，贷记本科目、“银行存款”等科目。

（三）企业（保险）预付的赔付款，借记本科目，贷记“银行存款”等科目。转销预付的赔付款，借记“赔付支出”、“应付分保账款”等科目，贷记本科目。

四、本科目期末借方余额，反映企业预付的款项；期末如为贷方余额，反映企业尚未补付的款项。

1131 应收股利

一、本科目核算企业应收取的现金股利和应收取其他单位分配的利润。

二、本科目可按被投资单位进行明细核算。

三、应收股利的主要账务处理。

（一）企业取得交易性金融资产，按支付的价款中所包含的、已宣告但尚未发放的现金股利，借记本科目，按交易性金融资产的公允价值，借记“交易性金融资产——成本”科目，按发生的交易费用，借记“投资收益”科目，按实际支付的金额，贷记“银行存款”、“存放中央银行款项”、“结算备付金”等科目。

交易性金融资产持有期间被投资单位宣告发放的现金股利，按应享有的份额，借记本科目，贷记“投资收益”科目。

（二）取得长期股权投资，按支付的价款中所包含的、已宣告但尚未发放的现金股利，借记本科目，按确定的长期股权投资成本，借记“长期股权投资——成本”科目，按实际支付的金额，贷记“银行存款”等科目。

持有期间被投资单位宣告发放现金股利或利润的，按应享有的份额，借记本科目，贷记“投资收益”（成本法）或“长期股权投资——损益调整”科目（权益法）。

被投资单位宣告发放的现金股利或利润属于其在取得本企业投资前实现净利润的分配额，借记本科目，贷记“长期股权投资——成本”等科目。

（三）取得可供出售的金融资产，按支付的价款中所包含的、已宣告但尚未发放的现金股利，借记本科目，按可供出售金融资产的公允价值与交易费用之和，借记“可供出售金融资产——成本”科目，按实际支付的金额，贷记“银行存款”、“存放中央银行款项”、“结算备付金”等科目。

可供出售权益工具持有期间被投资单位宣告发放的现金股利，按应享有的份额，借记本科目，贷记“投资收益”科目。

（四）实际收到现金股利或利润，借记“银行存款”等科目，贷记本科目等。

四、本科目期末借方余额，反映企业尚未收回的现金股利或利润。

1132　应收利息

一、本科目核算企业交易性金融资产、持有至到期投资、可供出售金融资产、发放贷款、存放中央银行款项、拆出资金、买入返售金融资产等应收取的利息。

企业购入的一次还本付息的持有至到期投资持有期间取得的利息，在“持有至到期投资”科目核算。

二、本科目可按借款人或被投资单位进行明细核算。

三、应收利息的主要账务处理。

（一）企业取得的交易性金融资产，按支付的价款中所包含的、已到付息期但尚未领取的利息，借记本科目，按交易性金融资产的公允价值，借记“交易性金融资产——成本”科目，按发生的交易费用，借记“投资收益”科目，按实际支付的金额，贷记“银行存款”、“存放中央银行款项”、“结算备付金”等科目。

（二）取得的持有至到期投资，应按该投资的面值，借记“持有至到期投资——成本”科目，按支付的价款中包含的、已到付息期但尚未领取的利息，借记本科目，按实际支付的金额，贷记“银行存款”、“存放中央银行款项”、“结算备付金”等科目，按其差额，借记或贷记“持有至到期投资——利息调整”科目。

资产负债表日，持有至到期投资为分期付息、一次还本债券投资的，应按票面利率计算确定的应收未收利息，借记本科目，按持有至到期投资摊余成本和实际利率计算确定的利息收入，贷记“投资收益”科目，按其差额，借记或贷记“持有至到期投资——利息调整”科目。

持有至到期投资为一次还本付息债券投资的，应于资产负债表日按票面利率计算确定的应收未收利息，借记“持有至到期投资——应计利息”科目，按持有至到期投资摊余成本和实际利率计算确定的利息收入，贷记“投资收益”科目，按其差额，借记或贷记“持有至到期投资——利息调整”科目。

（三）取得的可供出售债券投资，比照（二）的相关规定进行处理。

（四）发生减值的持有至到期投资、可供出售债券投资的利息收入，应当比照“贷款”科目相关规定进行处理。

（五）企业发放的贷款，应于资产负债表日按贷款的合同本金和合同利率计算确定的应收未收利息，借记本科目，按贷款的摊余成本和实际利率计算确定的利息收入，贷记“利息收入”科目，按其差额，借记或贷记“贷款——利息调整”科目。

（六）应收利息实际收到时，借记“银行存款”、“存放中央银行款项”等科目，贷记本科目。

四、本科目期末借方余额，反映企业尚未收回的利息。

1201　应收代位追偿款

一、本科目核算企业（保险）按照原保险合同约定承担赔付保险金责任后确认的代位追偿款。

二、本科目可按被追偿单位（或个人）进行明细核算。

三、应收代位追偿款的主要账务处理。

（一）企业承担赔付保险金责任后确认的代位追偿款，借记本科目，贷记“赔付支出”科目。

（二）收回应收代位追偿款时，按实际收到的金额，借记“库存现金”、“银行存款”等科目，按其账面余额，贷记本科目，按其差额，借记或贷记“赔付支出”科目。已计提坏账准备的，还应同时结转坏账准备。

四、本科目期末借方余额，反映企业已确认尚未收回的代位追偿款。

1211 应收分保账款

一、本科目核算企业（保险）从事再保险业务应收取的款项。

二、本科目可按再保险分出人或再保险接受人和再保险合同进行明细核算。

三、再保险分出人应收分保账款的主要账务处理。

（一）企业在确认原保险合同保费收入的当期，按相关再保险合同约定计算确定的应向再保险接受人摊回的分保费用，借记本科目，贷记“摊回分保费用”科目。

（二）在确定支付赔付款项金额或实际发生理赔费用而冲减原保险合同相应未决赔款准备金、寿险责任准备金、长期健康险责任准备金余额的当期，按相关再保险合同约定计算确定的应向再保险接受人摊回的赔付成本金额，借记本科目，贷记“摊回赔付支出”科目。

（三）在因取得和处置损余物资、确认和收到应收代位追偿款等而调整原保险合同赔付成本的当期，按相关再保险合同约定计算确定的摊回赔付支出的调整金额，借记或贷记“摊回赔付支出”科目，贷记或借记本科目。

（四）计算确定应向再保险接受人收取纯益手续费的，按相关再保险合同约定计算确定的纯益手续费，借记本科目，贷记“摊回分保费用”科目。

（五）在原保险合同提前解除的当期，按相关再保险合同约定计算确定的摊回分保费用的调整金额，借记“摊回分保费用”科目，贷记本科目。

（六）对于超额赔款再保险等非比例再保险合同，在能够计算确定应向再保险接受人摊回的赔付成本时，按摊回的赔付成本金额，借记本科目，贷记“摊回赔付支出”科目。

四、再保险接受人应收分保账款的主要账务处理。

（一）企业确认再保险合同保费收入时，借记本科目，贷记“保费收入”科目。

（二）收到分保业务账单时，按账单标明的金额对分保费收入进行调整，按调整增加额，借记本科目，贷记“保费收入”科目；按调整减少额做相反的会计分录。

按照账单标明的再保险分出人扣存本期分保保证金，借记“存出保证金”科目，贷记本科目。按账单标明的再保险分出人返还上期扣存分保保证金，借记本科目，贷记“存出保证金”科目。

（三）计算存出分保保证金利息，借记本科目，贷记“利息收入”科目。

五、再保险分出人、再保险接受人结算分保账款时，按应付分保账款金额，借记“应付分保账款”科目，按应收分保账款金额，贷记本科目，按其差额，借记或贷记“银行存款”科目。

六、本科目期末借方余额，反映企业从事再保险业务应收取的款项。

1212 应收分保合同准备金

一、本科目核算企业（再保险分出人）从事再保险业务确认的应收分保未到期责任准备金，以及应向再保险接受人摊回的保险责任准备金。

企业（再保险分出人）可以单独设置“应收分保未到期责任准备金”、“应收分保未决赔款准备金”、“应收分保寿险责任准备金”、“应收分保长期健康险责任准备金”等科目。

二、本科目可按再保险接受人和再保险合同进行明细核算。

三、应收分保合同准备金的主要账务处理。

（一）企业在确认非寿险原保险合同保费收入的当期，按相关再保险合同约定计算确定的相关应收分保未到期责任准备金金额，借记本科目，贷记“提取未到期责任准备金”

科目。

资产负债表日，调整原保险合同未到期责任准备金余额，按相关再保险合同约定计算确定的应收分保未到期责任准备金的调整金额，借记“提取未到期责任准备金”科目，贷记本科目。

（二）在提取原保险合同未决赔款准备金、寿险责任准备金、长期健康险责任准备金的当期，按相关再保险合同约定计算确定的应向再保险接受人摊回的保险责任准备金金额，借记本科目，贷记“摊回保险责任准备金”科目。

（三）在确定支付赔付款项金额或实际发生理赔费用而冲减原保险合同相应未决赔款准备金、寿险责任准备金、长期健康险责任准备金余额的当期，按相关应收分保保险责任准备金的相应冲减金额，借记“摊回保险责任准备金”科目，贷记本科目。

（四）在对原保险合同未决赔款准备金、寿险责任准备金、长期健康险责任准备金进行充足性测试补提保险责任准备金时，按相关再保险合同约定计算确定的应收分保保险责任准备金的相应增加额，借记本科目，贷记“摊回保险责任准备金”科目。

（五）在原保险合同提前解除而转销相关未到期责任准备金余额的当期，借记“提取未到期责任准备金”科目，贷记本科目。

在原保险合同提前解除而转销相关寿险责任准备金、长期健康险责任准备金余额的当期，按相关应收分保保险责任准备金余额，借记“摊回保险责任准备金”科目，贷记本科目。

四、本科目期末借方余额，反映企业从事再保险业务确认的应收分保合同准备金余额。

1221　其他应收款

一、本科目核算企业除存出保证金、买入返售金融资产、应收票据、应收账款、预付账款、应收股利、应收利息、应收代位追偿款、应收分保账款、应收分保合同准备金、长期应收款等以外的其他各种应收及暂付款项。

二、本科目可按对方单位（或个人）进行明细核算。

三、采用售后回购方式融出资金的，应按实际支付的金额，借记本科目，贷记“银行存款”科目。销售价格与原购买价格之间的差额，应在售后回购期间内按期计提利息费用，借记本科目，贷记“财务费用”科目。按合同约定返售商品时，应按实际收到的金额，借记“银行存款”科目，贷记本科目。

四、企业发生其他各种应收、暂付款项时，借记本科目，贷记“银行存款”、“固定资产清理”等科目；收回或转销各种款项时，借记“库存现金”、“银行存款”等科目，贷记本科目。

五、本科目期末借方余额，反映企业尚未收回的其他应收款项。

1231　坏账准备

一、本科目核算企业应收款项的坏账准备。

二、本科目可按应收款项的类别进行明细核算。

三、坏账准备的主要账务处理。

（一）资产负债表日，应收款项发生减值的，按应减记的金额，借记“资产减值损失”科目，贷记本科目。本期应计提的坏账准备大于其账面余额的，应按其差额计提；应计提的坏账准备小于其账面余额的差额做相反的会计分录。

（二）对于确实无法收回的应收款项，按管理权限报经批准后作为坏账，转销应收款项，借记本科目，贷记“应收票据”、“应收账款”、“预付账款”、“应收分保账款”、“其他应收款”、“长期应收款”等科目。

（三）已确认并转销的应收款项以后又收回的，应按实际收回的金额，借记“应收票据”、“应收账款”、“预付账款”、“应收分保账款”、“其他应收款”、“长期应收款”等科目，贷记本科目；同时，借记“银行存款”科目，贷记“应收票据”、“应收账款”、“预付账款”、“应收分保账款”、“其他应收款”、“长期应收款”等科目。

对于已确认并转销的应收款项以后又收回的，也可以按照实际收回的金额，借记“银行存款”科目，贷记本科目。

四、本科目期末贷方余额，反映企业已计提但尚未转销的坏账准备。

1301 贴现资产

一、本科目核算企业（银行）办理商业票据的贴现、转贴现等业务所融出的资金。

企业（银行）买入的即期外币票据，也通过本科目核算。

二、本科目可按贴现类别和贴现申请人进行明细核算。

三、贴现资产的主要账务处理。

（一）企业办理贴现时，按贴现票面金额，借记本科目（面值），按实际支付的金额，贷记“存放中央银行款项”、“吸收存款”等科目，按其差额，贷记本科目（利息调整）。

（二）资产负债表日，按计算确定的贴现利息收入，借记本科目（利息调整），贷记“利息收入”科目。

（三）贴现票据到期，应按实际收到的金额，借记“存放中央银行款项”、“吸收存款”等科目，按贴现的票面金额，贷记本科目（面值），按其差额，贷记“利息收入”科目。存在利息调整金额的，也应同时结转。

四、本科目期末借方余额，反映企业办理的贴现、转贴现等业务融出的资金。

1302 拆出资金

一、本科目核算企业（金融）拆借给境内、境外其他金融机构的款项。

二、本科目可按拆放的金融机构进行明细核算。

三、企业拆出的资金，借记本科目，贷记“存放中央银行款项”、“银行存款”等科目；收回资金时做相反的会计分录。

四、本科目期末借方余额，反映企业按规定拆放给其他金融机构的款项。

1303 贷款

一、本科目核算企业（银行）按规定发放的各种客户贷款，包括质押贷款、抵押贷款、保证贷款、信用贷款等。

企业（银行）按规定发放的具有贷款性质的银团贷款、贸易融资、协议透支、信用卡透支、转贷款以及垫款等，在本科目核算；也可以单独设置“银团贷款”、“贸易融资”、“协议透支”、“信用卡透支”、“转贷款”、“垫款”等科目。

企业（保险）的保户质押贷款，可将本科目改为“1303 保户质押贷款”科目。

企业（典当）的质押贷款、抵押贷款，可将本科目改为“1303 质押贷款”、“1305 抵押贷款”科目。

企业委托银行或其他金融机构向其他单位贷出的款项，可将本科目改为“1303 委托贷款”科目。

二、本科目可按贷款类别、客户，分别“本金”、“利息调整”、“已减值”等进行明细核算。

三、贷款的主要账务处理。

（一）企业发放的贷款，应按贷款的合同本金，借记本科目（本金），按实际支付的金额，贷记“吸收存款”、“存放中央银行款项”等科目，有差额的，借记或贷记本科目（利息调整）。

资产负债表日，应按贷款的合同本金和合同利率计算确定的应收未收利息，借记“应收利息”科目，按贷款的摊余成本和实际利率计算确定的利息收入，贷记“利息收入”科目，按其差额，借记或贷记本科目（利息调整）。合同利率与实际利率差异较小的，也可以采用合同利率计算确定利息收入。

收回贷款时，应按客户归还的金额，借记“吸收存款”、“存放中央银行款项”等科目，按收回的应收利息金额，贷记“应收利息”科目，按归还的贷款本金，贷记本科目（本金），按其差额，贷记“利息收入”科目。存在利息调整余额的，还应同时结转。

（二）资产负债表日，确定贷款发生减值的，按应减记的金额，借记“资产减值损失”科目，贷记“贷款损失准备”科目。同时，应将本科目（本金、利息调整）余额转入本科目（已减值），借记本科目（已减值），贷记本科目（本金、利息调整）。

资产负债表日，应按贷款的摊余成本和实际利率计算确定的利息收入，借记“贷款损失准备”科目，贷记“利息收入”科目。同时，将按合同本金和合同利率计算确定的应收利息金额进行表外登记。

收回减值贷款时，应按实际收到的金额，借记“吸收存款”、“存放中央银行款项”等科目，按相关贷款损失准备余额，借记“贷款损失准备”科目，按相关贷款余额，贷记本科目（已减值），按其差额，贷记“资产减值损失”科目。

对于确实无法收回的贷款，按管理权限报经批准后作为呆账予以转销，借记“贷款损失准备”科目，贷记本科目（已减值）。按管理权限报经批准后转销表外应收未收利息，减少表外“应收未收利息”科目金额。

已确认并转销的贷款以后又收回的，按原转销的已减值贷款余额，借记本科目（已减值），贷记“贷款损失准备”科目。按实际收到的金额，借记“吸收存款”、“存放中央银行款项”等科目，按原转销的已减值贷款余额，贷记本科目（已减值），按其差额，贷记“资产减值损失”科目。

四、本科目期末借方余额，反映企业按规定发放尚未收回贷款的摊余成本。

1304 贷款损失准备

一、本科目核算企业（银行）贷款的减值准备。

计提贷款损失准备的资产包括贴现资产、拆出资金、客户贷款、银团贷款、贸易融资、协议透支、信用卡透支、转贷款和垫款等。

企业（保险）的保户质押贷款计提的减值准备，也在本科目核算。

企业（典当）的质押贷款、抵押贷款计提的减值准备，也在本科目核算。

企业委托银行或其他金融机构向其他单位贷出的款项计提的减值准备，可将本科目改为“1304 委托贷款损失准备”科目。

二、本科目可按计提贷款损失准备的资产类别进行明细核算。

三、贷款损失准备的主要账务处理。

（一）资产负债表日，贷款发生减值的，按应减记的金额，借记“资产减值损失”科目，贷记本科目。

（二）对于确实无法收回的各项贷款，按管理权限报经批准后转销各项贷款，借记本科目，贷记“贷款”、“贴现资产”、“拆出资金”等科目。

（三）已计提贷款损失准备的贷款价值以后又得以恢复，应在原已计提的贷款损失准备金额内，按恢复增加的金额，借记本科目，贷记“资产减值损失”科目。

四、本科目期末贷方余额，反映企业已计提但尚未转销的贷款损失准备。

1311　代理兑付证券

一、本科目核算企业（证券、银行等）接受委托代理兑付到期的证券。

二、本科目可按委托单位和证券种类进行明细核算。

三、代理兑付证券的主要账务处理。

（一）委托单位尚未拨付兑付资金而由企业垫付的，在收到客户交来的证券时，应按兑付金额，借记本科目，贷记“银行存款”等科目。向委托单位交回已兑付的证券并收回垫付的资金时，借记“银行存款”等科目，贷记本科目。

（二）收到客户交来的无记名证券时，应按兑付金额，借记本科目，贷记“库存现金”、“银行存款”等科目。向委托单位交回已兑付证券时，借记“代理兑付证券款”科目，贷记本科目。

四、本科目期末借方余额，反映企业已兑付但尚未收到委托单位兑付资金的证券金额。

1321　代理业务资产

一、本科目核算企业不承担风险的代理业务形成的资产，包括受托理财业务进行的证券投资和受托贷款等。

企业采用收取手续费方式受托代销的商品，可将本科目改为“1321 受托代销商品”科目。

二、本科目可按委托单位、资产管理类别（如定向、集合和专项资产管理业务）、贷款对象，分别“成本”、“已实现未结算损益”等进行明细核算。

三、代理业务资产的主要账务处理。

（一）企业收到委托人的资金，应按实际收到的金额，借记“存放中央银行款项”、“吸收存款”等科目，贷记“代理业务负债”科目。

（二）以代理业务资金购买证券等，借记本科目（成本），贷记“存放中央银行款项”、“结算备付金——客户”、“吸收存款”等科目。

将购买的证券售出，应按实际收到的金额，借记“存放中央银行款项”、“结算备付金——客户”、“吸收存款”等科目，按卖出证券应结转的成本，贷记本科目（成本），按其差额，借记或贷记本科目（已实现未结算损益）。

定期或在合同到期与委托客户进行结算，按合同约定比例计算代理业务资产收益，结转已实现未结算损益，借记本科目（已实现未结算损益），贷记“代理业务负债”（委托客户的收益）、“手续费及佣金收入”（本企业的收益）等科目。

（三）发放受托的贷款，应按实际发放的金额，借记本科目（本金），贷记“吸收存款”、“银行存款”等科目。

收回受托贷款，应按实际收到的金额，借记“吸收存款”、“银行存款”等科目，贷记本科目（本金），按其差额，贷记本科目（已实现未结算损益）等。

定期或在合同到期与委托单位结算，按合同规定比例计算受托贷款收益，结算已实现未结算的收益，借记本科目（已实现未结算损益），贷记“代理业务负债”（委托客户的收益）、“手续费及佣金收入”（本企业的收益）等科目。

（四）收到受托代销的商品，按约定的价格，借记“受托代销商品”科目，贷记“受托代销商品款”科目。

售出受托代销商品后，按实际收到或应收的金额，借记“银行存款”、“应收账款”等科目，贷记“受托代销商品”科目。计算代销手续费等收入，借记“受托代销商品款”科目，贷记“其他业务收入”科目。结清代销商品款时，借记“受托代销商品款”科目，贷记“银行存款”科目。

四、本科目期末借方余额，反映企业代理业务资产的价值。

1401 材料采购

一、本科目核算企业采用计划成本进行材料日常核算而购入材料的采购成本。

采用实际成本进行材料日常核算的，购入材料的采购成本，在“在途物资”科目核算。

委托外单位加工材料、商品的加工成本，在“委托加工物资”科目核算。

购入的工程用材料，在“工程物资”科目核算。

二、本科目可按供应单位和材料品种进行明细核算。

三、材料采购的主要账务处理。

（一）企业支付材料价款和运杂费等，按应计入材料采购成本的金额，借记本科目，按实际支付或应支付的金额，贷记“银行存款”、“库存现金”、“其他货币资金”、“应付账款”、“应付票据”、“预付账款”等科目。涉及增值税进项税额的，还应进行相应的处理。

（二）期末，企业应将仓库转来的外购收料凭证，分别下列不同情况进行处理：

1. 对于已经付款或已开出、承兑商业汇票的收料凭证，应按实际成本和计划成本分别汇总，按计划成本，借记“原材料”、“周转材料”等科目，贷记本科目；将实际成本大于计划成本的差异，借记“材料成本差异”科目，贷记本科目；实际成本小于计划成本的差异做相反的会计分录。

2. 对于尚未收到发票账单的收料凭证，应按计划成本暂估入账，借记“原材料”、“周转材料”等科目，贷记“应付账款——暂估应付账款”科目，下期初做相反分录予以冲回。下期收到发票账单的收料凭证，借记本科目，贷记“银行存款”、“应付账款”、“应付票据”等科目。涉及增值税进项税额的，还应进行相应的处理。

四、本科目期末借方余额，反映企业在途材料的采购成本。

1402 在途物资

一、本科目核算企业采用实际成本（或进价）进行材料、商品等物资的日常核算、货款已付尚未验收入库的在途物资的采购成本。

二、本科目可按供应单位和物资品种进行明细核算。

三、在途物资的主要账务处理。

（一）企业购入材料、商品，按应计入材料、商品采购成本的金额，借记本科目，按实际支付或应支付的金额，贷记“银行存款”、“应付账款”、“应付票据”等科目。涉及增值税进项税额的，还应进行相应的处理。

（二）所购材料、商品到达验收入库，借记“原材料”、“库存商品”等科目，贷记本科目。

库存商品采用售价核算的，按售价，借记“库存商品”科目，按进价，贷记本科目，进价与售价之间的差额，借记或贷记“商品进销差价”科目。

四、本科目期末借方余额，反映企业在途材料、商品等物资的采购成本。

1403 原材料

一、本科目核算企业库存的各种材料，包括原料及主要材料、辅助材料、外购半成品

（外购件）、修理用备件（备品备件）、包装材料、燃料等的计划成本或实际成本。

收到来料加工装配业务的原料、零件等，应当设置备查簿进行登记。

二、本科目可按材料的保管地点（仓库）、材料的类别、品种和规格等进行明细核算。

三、原材料的主要账务处理。

（一）企业购入并已验收入库的材料，按计划成本或实际成本，借记本科目，按实际成本，贷记“材料采购”或“在途物资”科目，按计划成本与实际成本的差异，借记或贷记“材料成本差异”科目。

（二）自制并已验收入库的材料，按计划成本或实际成本，借记本科目，按实际成本，贷记“生产成本”科目，按计划成本与实际成本的差异，借记或贷记“材料成本差异”科目。

委托外单位加工完成并已验收入库的材料，按计划成本或实际成本，借记本科目，按实际成本，贷记“委托加工物资”科目，按计划成本与实际成本的差异，借记或贷记“材料成本差异”科目。

（三）生产经营领用材料，借记“生产成本”、“制造费用”、“销售费用”、“管理费用”等科目，贷记本科目。

出售材料结转成本，借记“其他业务成本”科目，贷记本科目。

发出委托外单位加工的材料，借记“委托加工物资”科目，贷记本科目。

采用计划成本进行材料日常核算的，发出材料还应结转材料成本差异，将发出材料的计划成本调整为实际成本。

采用实际成本进行材料日常核算的，发出材料的实际成本，可以采用先进先出法、加权平均法或个别认定法计算确定。

四、本科目期末借方余额，反映企业库存材料的计划成本或实际成本。

1404 材料成本差异

一、本科目核算企业采用计划成本进行日常核算的材料计划成本与实际成本的差额。

企业也可以在“原材料”、“周转材料”等科目设置“成本差异”明细科目。

二、本科目可以分别“原材料”、“周转材料”等，按照类别或品种进行明细核算。

三、材料成本差异的主要账务处理。

（一）入库材料发生的材料成本差异，实际成本大于计划成本的差异，借记本科目，贷记“材料采购”科目；实际成本小于计划成本的差异做相反的会计分录。

入库材料的计划成本应当尽可能接近实际成本。除特殊情况外，计划成本在年度内不得随意变更。

（二）结转发出材料应负担的材料成本差异，按实际成本大于计划成本的差异，借记“生产成本”、“管理费用”、“销售费用”、“委托加工物资”、“其他业务成本”等科目，贷记本科目；实际成本小于计划成本的差异做相反的会计分录。

发出材料应负担的成本差异应当按期（月）分摊，不得在季末或年末一次计算。发出材料应负担的成本差异，除委托外部加工发出材料可按期初成本差异率计算外，应使用当期的实际差异率；期初成本差异率与本期成本差异率相差不大的，也可按期初成本差异率计算。计算方法一经确定，不得随意变更。材料成本差异率的计算公式如下：

$$\begin{matrix}\text{本期材料}\\\text{成本差异率}\end{matrix}=\left(\begin{matrix}\text{期初结存材料}\\\text{的成本差异}\end{matrix}+\begin{matrix}\text{本期验收入库}\\\text{材料的成本差异}\end{matrix}\right)\div\left(\begin{matrix}\text{期初结存材料}\\\text{的计划成本}\end{matrix}+\begin{matrix}\text{本期验收入库}\\\text{材料的计划成本}\end{matrix}\right)\times 100\%$$

$$\text{期初材料成本差异率}=\text{期初结存材料的成本差异}\div\text{期初结存材料的计划成本}\times 100\%$$

$$\text{发出材料应负担的成本差异}=\text{发出材料的计划成本}\times\text{材料成本差异率}$$

四、本科目期末借方余额，反映企业库存材料等的实际成本大于计划成本的差异；贷方余额反映企业库存材料等的实际成本小于计划成本的差异。

1405 库存商品

一、本科目核算企业库存的各种商品的实际成本（或进价）或计划成本（或售价），包括库存产成品、外购商品、存放在门市部准备出售的商品、发出展览的商品以及寄存在外的商品等。

接受来料加工制造的代制品和为外单位加工修理的代修品，在制造和修理完成验收入库后，视同企业的产成品，也通过本科目核算。

企业（房地产开发）的开发产品，可将本科目改为“1405 开发产品”科目。

企业（农业）收获的农产品，可将本科目改为“1405 农产品”科目。

二、本科目可按库存商品的种类、品种和规格等进行明细核算。

三、库存商品的主要账务处理。

（一）企业生产的产成品一般应按实际成本核算，产成品的入库和出库，平时只记数量不记金额，期（月）末计算入库产成品的实际成本。生产完成验收入库的产成品，按其实际成本，借记本科目、“农产品”等科目，贷记“生产成本”、“消耗性生物资产”、“农业生产成本”等科目。

产成品种类较多的，也可按计划成本进行日常核算，其实际成本与计划成本的差异，可以单独设置“产品成本差异”科目，比照“材料成本差异”科目核算。

采用实际成本进行产成品日常核算的，发出产成品的实际成本，可以采用先进先出法、加权平均法或个别认定法计算确定。

对外销售产成品（包括采用分期收款方式销售产成品），结转销售成本时，借记“主营业务成本”科目，贷记本科目。采用计划成本核算的，发出产成品还应结转产品成本差异，将发出产成品的计划成本调整为实际成本。

（二）购入商品采用进价核算的，在商品到达验收入库后，按商品进价，借记本科目，贷记“银行存款”、“在途物资”等科目。委托外单位加工收回的商品，按商品进价，借记本科目，贷记“委托加工物资”科目。

购入商品采用售价核算的，在商品到达验收入库后，按商品售价，借记本科目，按商品进价，贷记“银行存款”、“在途物资”等科目，按商品售价与进价的差额，贷记“商品进销差价”科目。委托外单位加工收回的商品，按商品售价，借记本科目，按委托加工商品的账面余额，贷记“委托加工物资”科目，按商品售价与进价的差额，贷记“商品进销差价”科目。

对外销售商品（包括采用分期收款方式销售商品），结转销售成本时，借记“主营业务成本”科目，贷记本科目。采用进价进行商品日常核算的，发出商品的实际成本，可以采用先进先出法、加权平均法或个别认定法计算确定。采用售价核算的，还应结转应分摊的商品进销差价。

（三）企业（房地产开发）开发的产品，达到预定可销售状态时，按实际成本，借记“开发产品”科目，贷记“开发成本”科目。

期末，企业结转对外转让、销售和结算开发产品的实际成本，借记“主营业务成本”科目，贷记“开发产品”科目。

企业将开发的营业性配套设施用于本企业从事第三产业经营用房，应视同自用固定资产进行处理，并按营业性配套设施的实际成本，借记“固定资产”科目，贷记“开发产品”科目。

四、本科目期末借方余额，反映企业库存商品的实际成本（或进价）或计划成本（或售价）。

1406 发出商品

一、本科目核算企业未满足收入确认条件但已发出商品的实际成本（或进价）或计划成本（或售价）。

采用支付手续费方式委托其他单位代销的商品，也可以单独设置“委托代销商品”科目。

二、本科目可按购货单位、商品类别和品种进行明细核算。

三、发出商品的主要账务处理。

（一）对于未满足收入确认条件的发出商品，应按发出商品的实际成本（或进价）或计划成本（或售价），借记本科目，贷记“库存商品”科目。

发出商品发生退回的，应按退回商品的实际成本（或进价）或计划成本（或售价），借记“库存商品”科目，贷记本科目。

（二）发出商品满足收入确认条件时，应结转销售成本，借记“主营业务成本”科目，贷记本科目。采用计划成本或售价核算的，还应结转应分摊的产品成本差异或商品进销差价。

四、本科目期末借方余额，反映企业发出商品的实际成本（或进价）或计划成本（或售价）。

1407 商品进销差价

一、本科目核算企业采用售价进行日常核算的商品售价与进价之间的差额。

二、本科目可按商品类别或实物管理负责人进行明细核算。

三、商品进销差价的主要账务处理。

（一）企业购入、加工收回以及销售退回等增加的库存商品，按商品售价，借记“库存商品”科目，按商品进价，贷记“银行存款”、“委托加工物资”等科目，按售价与进价之间的差额，贷记本科目。

（二）期（月）末分摊已销商品的进销差价，借记本科目，贷记“主营业务成本”科目。

销售商品应分摊的商品进销差价，按以下公式计算：

$$\text{商品进销差价率}=\frac{\text{期末分摊前本科目余额}}{\text{“库存商品”科目期末余额}+\text{“委托代销商品”科目期末余额}+\text{“发出商品”科目期末余额}+\text{本期“主营业务收入”科目贷方发生额}}\times 100\%$$

$$\text{本期销售商品应分摊的商品进销差价}=\text{本期“主营业务收入”科目贷方发生额}\times\text{商品进销差价率}$$

企业的商品进销差价率各期之间比较均衡的，也可以采用上期商品进销差价率计算分摊本期的商品进销差价。年度终了，应对商品进销差价进行核实调整。

四、本科日的期末贷方余额，反映企业库存商品的商品进销差价。

1408 委托加工物资

一、本科目核算企业委托外单位加工的各种材料、商品等物资的实际成本。

二、本科目可按加工合同、受托加工单位以及加工物资的品种等进行明细核算。

三、委托加工物资的主要账务处理。

（一）企业发给外单位加工的物资，按实际成本，借记本科目，贷记“原材料”、“库存商品”等科目；按计划成本或售价核算的，还应同时结转材料成本差异或商品进销差价。

（二）支付加工费、运杂费等，借记本科目，贷记“银行存款”等科目；需要交纳消费税的委托加工物资，由受托方代收代交的消费税，借记本科目（收回后用于直接销售的）或“应交税费——应交消费税”科目（收回后用于继续加工的），贷记“应付账款”、“银行存款”等科目。

（三）加工完成验收入库的物资和剩余的物资，按加工收回物资的实际成本和剩余物资的实际成本，借记“原材料”、“库存商品”等科目，贷记本科目。

采用计划成本或售价核算的，按计划成本或售价，借记“原材料”或“库存商品”科目，按实际成本，贷记本科目，按实际成本与计划成本或售价之间的差额，借记或贷记“材料成本差异”或贷记“商品进销差价”科目。

采用计划成本或售价核算的，也可以采用上期材料成本差异率或商品进销差价率计算分摊本期应分摊的材料成本差异或商品进销差价。

四、本科目期末借方余额，反映企业委托外单位加工尚未完成物资的实际成本。

1411　周转材料

一、本科目核算企业周转材料的计划成本或实际成本，包括包装物、低值易耗品，以及企业（建造承包商）的钢模板、木模板、脚手架等。

企业的包装物、低值易耗品，也可以单独设置“包装物”、“低值易耗品”科目。

二、本科目可按周转材料的种类，分别“在库”、“在用”和“摊销”进行明细核算。

三、周转材料的主要账务处理。

（一）企业购入、自制、委托外单位加工完成并已验收入库的周转材料等，比照“原材料”科目的相关规定进行处理。

（二）采用一次转销法的，领用时应按其账面价值，借记“管理费用”、“生产成本”、“销售费用”、“工程施工”等科目，贷记本科目。

周转材料报废时，应按报废周转材料的残料价值，借记“原材料”等科目，贷记“管理费用”、“生产成本”、“销售费用”、“工程施工”等科目。

（三）采用其他摊销法的，领用时应按其账面价值，借记本科目（在用），贷记本科目（在库）；摊销时应按摊销额，借记“管理费用”、“生产成本”、“销售费用”、“工程施工”等科目，贷记本科目（摊销）。

周转材料报废时应补提摊销额，借记“管理费用”、“生产成本”、“销售费用”、“工程施工”等科目，贷记本科目（摊销）；同时，按报废周转材料的残料价值，借记“原材料”等科目，贷记“管理费用”、“生产成本”、“销售费用”、“工程施工”等科目；并转销全部已提摊销额，借记本科目（摊销），贷记本科目（在用）。

（四）周转材料采用计划成本进行日常核算的，领用等发出周转材料时，还应同时结转应分摊的成本差异。

四、本科目期末借方余额，反映企业在库周转材料的计划成本或实际成本以及在用周转材料的摊余价值。

1421　消耗性生物资产

一、本科目核算企业（农业）持有的消耗性生物资产的实际成本。

消耗性生物资产发生减值的，可以单独设置“消耗性生物资产跌价准备”科目，比照“存货跌价准备”科目进行处理。

二、本科目可按消耗性生物资产的种类、群别等进行明细核算。

三、消耗性生物资产的主要账务处理。

（一）外购的消耗性生物资产，按应计入消耗性生物资产成本的金额，借记本科目，贷记“银行存款”、“应付账款”、“应付票据”等科目。

（二）自行栽培的大田作物和蔬菜，应按收获前发生的必要支出，借记本科目，贷记“银行存款”等科目。

自行营造的林木类消耗性生物资产，应按郁闭前发生的必要支出，借记本科目，贷记“银行存款”等科目。

自行繁殖的育肥畜、水产养殖的动植物，应按出售前发生的必要支出，借记本科目，贷记“银行存款”等科目。

（三）取得天然起源的消耗性生物资产，应按名义金额，借记本科目，贷记“营业外收入”科目。

（四）产畜或役畜淘汰转为育肥畜的，按转群时的账面价值，借记本科目，按已计提的累计折旧，借记“生产性生物资产累计折旧”科目，按其账面余额，贷记“生产性生物资产”科目。已计提减值准备的，还应同时结转减值准备。

育肥畜转为产畜或役畜的，应按其账面余额，借记“生产性生物资产”科目，贷记本科目。已计提跌价准备的，还应同时结转跌价准备。

（五）择伐、间伐或抚育更新性质采伐而补植林木类消耗性生物资产发生的后续支出，借记本科目，贷记“银行存款”等科目。

林木类消耗性生物资产达到郁闭后发生的管护费用等后续支出，借记“管理费用”科目，贷记“银行存款”等科目。

（六）农业生产过程中发生的应归属于消耗性生物资产的费用，按应分配的金额，借记本科目，贷记“农业生产成本”科目。

（七）消耗性生物资产收获为农产品时，应按其账面余额，借记“农产品”科目，贷记本科目。已计提跌价准备的，还应同时结转跌价准备。

（八）出售消耗性生物资产，应按实际收到的金额，借记“银行存款”等科目，贷记“主营业务收入”等科目。按其账面余额，借记“主营业务成本”等科目，贷记本科目。已计提跌价准备的，还应同时结转跌价准备。

四、本科目期末借方余额，反映企业消耗性生物资产的实际成本。

1431　贵金属

一、本科目核算企业（金融）持有的黄金、白银等贵金属存货的成本。

企业（金融）为上市交易而持有的贵金属，比照“交易性金融资产”科目进行处理。

二、本科目可按贵金属的类别进行明细核算。

三、贵金属的主要账务处理。

（一）企业购买的贵金属，借记本科目，贷记“存放中央银行款项”等科目。

（二）出售的贵金属，应按实际收到的金额，借记“存放中央银行款项”等科目，贷记“其他业务收入”科目。按其账面余额，借记“其他业务成本”科目，贷记本科目。

四、本科目期末借方余额，反映企业持有贵金属存货的成本。

1441　抵债资产

一、本科目核算企业（金融）依法取得并准备按有关规定进行处置的实物抵债资产的成本。

企业（金融）依法取得并准备按有关规定进行处置的非实物抵债资产（不含股权投

资），也通过本科目核算。

二、本科目可按抵债资产类别及借款人进行明细核算。

抵债资产发生减值的，可以单独设置“抵债资产跌价准备”科目，比照“存货跌价准备”科目进行处理。

三、抵债资产的主要账务处理。

（一）企业取得的抵债资产，按抵债资产的公允价值，借记本科目，按相关资产已计提的减值准备，借记“贷款损失准备”、“坏账准备”等科目，按相关资产的账面余额，贷记“贷款”、“应收手续费及佣金”等科目，按应支付的相关税费，贷记“应交税费”科目，按其差额，借记“营业外支出”科目。如为贷方差额，应贷记“资产减值损失”科目。

（二）抵债资产保管期间取得的收入，借记“库存现金”、“银行存款”、“存放中央银行款项”等科目，贷记“其他业务收入”等科目。保管期间发生的直接费用，借记“其他业务成本”等科目，贷记“库存现金”、“银行存款”、“存放中央银行款项”等科目。

（三）处置抵债资产时，应按实际收到的金额，借记“库存现金”、“银行存款”、“存放中央银行款项”等科目，按应支付的相关税费，贷记“应交税费”科目，按其账面余额，贷记本科目，按其差额，贷记“营业外收入”科目或借记“营业外支出”科目。已计提抵债资产跌价准备的，还应同时结转跌价准备。

（四）取得抵债资产后转为自用的，应在相关手续办妥时，按转换日抵债资产的账面余额，借记“固定资产”等科目，贷记本科目。已计提抵债资产跌价准备的，还应同时结转跌价准备。

四、本科目期末借方余额，反映企业取得的尚未处置的实物抵债资产的成本。

1451　损余物资

一、本科目核算企业（保险）按照原保险合同约定承担赔偿保险金责任后取得的损余物资成本。

二、本科目可按损余物资种类进行明细核算。

损余物资发生减值的，可以单独设置“损余物资跌价准备”科目，比照“存货跌价准备”科目进行处理。

三、损余物资的主要账务处理。

（一）企业承担赔偿保险金责任后取得的损余物资，按同类或类似资产的市场价格计算确定的金额，借记本科目，贷记“赔付支出”科目。

（二）处置损余物资时，按实际收到的金额，借记“库存现金”、“银行存款”等科目，按其账面余额，贷记本科目，按其差额，借记或贷记“赔付支出”科目。已计提跌价准备的，还应同时结转跌价准备。

四、本科目期末借方余额，反映企业承担赔偿保险金责任后取得的损余物资成本。

1461　融资租赁资产

一、本科目核算企业（租赁）为开展融资租赁业务取得资产的成本。

二、本科目可按承租人、租赁资产类别和项目进行明细核算。

三、融资租赁资产的主要账务处理。

（一）企业购入和以其他方式取得的融资租赁资产，借记本科目，贷记“银行存款”等科目。

（二）在租赁期开始日，按租赁开始日最低租赁收款额与初始直接费用之和，借记“长期应收款”科目，按未担保余值，借记“未担保余值”科目，按融资租赁资产的公允价值

（最低租赁收款额与未担保余值的现值之和），贷记本科目，按发生的初始直接费用，贷记“银行存款”等科目，按其差额，贷记“未实现融资收益”科目。融资租赁资产的公允价值与其账面价值有差额的，还应借记“营业外支出”科目或贷记“营业外收入”科目。

四、本科目期末借方余额，反映企业融资租赁资产的成本。

1471 存货跌价准备

一、本科目核算企业存货的跌价准备。

二、本科目可按存货项目或类别进行明细核算。

三、存货跌价准备的主要账务处理。

（一）资产负债表日，存货发生减值的，按存货可变现净值低于成本的差额，借记“资产减值损失”科目，贷记本科目。

已计提跌价准备的存货价值以后又得以恢复，应在原已计提的存货跌价准备金额内，按恢复增加的金额，借记本科目，贷记“资产减值损失”科目。

发出存货结转存货跌价准备的，借记本科目，贷记“主营业务成本”、“生产成本”等科目。

（二）企业（建造承包商）建造合同执行中预计总成本超过合同总收入的，应按其差额，借记“资产减值损失”科目，贷记本科目。合同完工时，借记本科目，贷记“主营业务成本”科目。

四、本科目期末贷方余额，反映企业已计提但尚未转销的存货跌价准备。

1501 持有至到期投资

一、本科目核算企业持有至到期投资的摊余成本。

二、本科目可按持有至到期投资的类别和品种，分别“成本”、“利息调整”、“应计利息”等进行明细核算。

三、持有至到期投资的主要账务处理。

（一）企业取得的持有至到期投资，应按该投资的面值，借记本科目（成本），按支付的价款中包含的已到付息期但尚未领取的利息，借记“应收利息”科目，按实际支付的金额，贷记“银行存款”、“存放中央银行款项”、“结算备付金”等科目，按其差额，借记或贷记本科目（利息调整）。

（二）资产负债表日，持有至到期投资为分期付息、一次还本债券投资的，应按票面利率计算确定的应收未收利息，借记“应收利息”科目，按持有至到期投资摊余成本和实际利率计算确定的利息收入，贷记“投资收益”科目，按其差额，借记或贷记本科目（利息调整）。

持有至到期投资为一次还本付息债券投资的，应于资产负债表日按票面利率计算确定的应收未收利息，借记本科目（应计利息），按持有至到期投资摊余成本和实际利率计算确定的利息收入，贷记“投资收益”科目，按其差额，借记或贷记本科目（利息调整）。

持有至到期投资发生减值后利息的处理，比照“贷款”科目相关规定。

（三）将持有至到期投资重分类为可供出售金融资产的，应在重分类日按其公允价值，借记“可供出售金融资产”科目，按其账面余额，贷记本科目（成本、利息调整、应计利息），按其差额，贷记或借记“资本公积——其他资本公积”科目。已计提减值准备的，还应同时结转减值准备。

（四）出售持有至到期投资，应按实际收到的金额，借记“银行存款”、“存放中央银行款项”、“结算备付金”等科目，按其账面余额，贷记本科目（成本、利息调整、应计利息），按其差额，贷记或借记“投资收益”科目。已计提减值准备的，还应同时结转减值准备。

四、本科目期末借方余额，反映企业持有至到期投资的摊余成本。

1502 持有至到期投资减值准备

一、本科目核算企业持有至到期投资的减值准备。

二、本科目可按持有至到期投资类别和品种进行明细核算。

三、资产负债表日，持有至到期投资发生减值的，按应减记的金额，借记“资产减值损失”科目，贷记本科目。

已计提减值准备的持有至到期投资价值以后又得以恢复，应在原已计提的减值准备金额内，按恢复增加的金额，借记本科目，贷记“资产减值损失”科目。

四、本科目期末贷方余额，反映企业已计提但尚未转销的持有至到期投资减值准备。

1503 可供出售金融资产

一、本科目核算企业持有的可供出售金融资产的公允价值，包括划分为可供出售的股票投资、债券投资等金融资产。

二、本科目按可供出售金融资产的类别和品种，分别“成本”、“利息调整”、“应计利息”、“公允价值变动”等进行明细核算。

可供出售金融资产发生减值的，可以单独设置“可供出售金融资产减值准备”科目。

三、可供出售金融资产的主要账务处理。

（一）企业取得可供出售的金融资产，应按其公允价值与交易费用之和，借记本科目（成本），按支付的价款中包含的已宣告但尚未发放的现金股利，借记“应收股利”科目，按实际支付的金额，贷记“银行存款”、“存放中央银行款项”、“结算备付金”等科目。

企业取得的可供出售金融资产为债券投资的，应按债券的面值，借记本科目（成本），按支付的价款中包含的已到付息期但尚未领取的利息，借记“应收利息”科目，按实际支付的金额，贷记“银行存款”、“存放中央银行款项”、“结算备付金”等科目，按差额，借记或贷记本科目（利息调整）。

（二）资产负债表日，可供出售债券为分期付息、一次还本债券投资的，应按票面利率计算确定的应收未收利息，借记“应收利息”科目，按可供出售债券的摊余成本和实际利率计算确定的利息收入，贷记“投资收益”科目，按其差额，借记或贷记本科目（利息调整）。

可供出售债券为一次还本付息债券投资的，应于资产负债表日按票面利率计算确定的应收未收利息，借记本科目（应计利息），按可供出售债券的摊余成本和实际利率计算确定的利息收入，贷记“投资收益”科目，按其差额，借记或贷记本科目（利息调整）。

可供出售债券投资发生减值后利息的处理，比照“贷款”科目相关规定。

（三）资产负债表日，可供出售金融资产的公允价值高于其账面余额的差额，借记本科目（公允价值变动），贷记“资本公积——其他资本公积”科目；公允价值低于其账面余额的差额做相反的会计分录。

确定可供出售金融资产发生减值的，按应减记的金额，借记“资产减值损失”科目，按应从所有者权益中转出原计入资本公积的累计损失金额，贷记“资本公积——其他资本公积”科目，按其差额，贷记本科目（公允价值变动）。

对于已确认减值损失的可供出售金融资产，在随后会计期间内公允价值已上升且客观上与确认原减值损失事项有关的，应按原确认的减值损失，借记本科目（公允价值变动），贷记“资产减值损失”科目；但可供出售金融资产为股票等权益工具投资的（不含在活跃市场上没有报价、公允价值不能可靠计量的权益工具投资），借记本科目（公允价值变动），贷记“资本公积——其他资本公积”科目。

（四）将持有至到期投资重分类为可供出售金融资产的，应在重分类日按其公允价值，借记本科目，按其账面余额，贷记“持有至到期投资”科目，按其差额，贷记或借记“资本公积——其他资本公积”科目。已计提减值准备的，还应同时结转减值准备。

（五）出售可供出售的金融资产，应按实际收到的金额，借记“银行存款”、“存放中央银行款项”等科目，按其账面余额，贷记本科目（成本、公允价值变动、利息调整、应计利息），按应从所有者权益中转出的公允价值累计变动额，借记或贷记“资本公积——其他资本公积”科目，按其差额，贷记或借记“投资收益”科目。

四、本科目期末借方余额，反映企业可供出售金融资产的公允价值。

1511 长期股权投资

一、本科目核算企业持有的采用成本法和权益法核算的长期股权投资。

二、本科目可按被投资单位进行明细核算。

长期股权投资采用权益法核算的，还应当分别“成本”、“损益调整”、“其他权益变动”进行明细核算。

三、长期股权投资的主要账务处理。

（一）初始取得长期股权投资

同一控制下企业合并形成的长期股权投资，应在合并日按取得被合并方所有者权益账面价值的份额，借记本科目，按享有被投资单位已宣告但尚未发放的现金股利或利润，借记“应收股利”科目，按支付的合并对价的账面价值，贷记有关资产或借记有关负债科目，按其差额，贷记“资本公积——资本溢价或股本溢价”科目；为借方差额的，借记“资本公积——资本溢价或股本溢价”科目，资本公积（资本溢价或股本溢价）不足冲减的，借记“盈余公积”、“利润分配——未分配利润”科目。

非同一控制下企业合并形成的长期股权投资，应在购买日按企业合并成本（不含应自被投资单位收取的现金股利或利润），借记本科目，按享有被投资单位已宣告但尚未发放的现金股利或利润，借记“应收股利”科目，按支付合并对价的账面价值，贷记有关资产或借记有关负债科目，按发生的直接相关费用，贷记“银行存款”等科目，按其差额，贷记“营业外收入”或借记“营业外支出”等科目。非同一控制下企业合并涉及以库存商品等作为合并对价的，应按库存商品的公允价值，贷记“主营业务收入”科目，并同时结转相关的成本。涉及增值税的，还应进行相应的处理。

以支付现金、非现金资产等其他方式（非企业合并）形成的长期股权投资，比照非同一控制下企业合并形成的长期股权投资的相关规定进行处理。

投资者投入的长期股权投资，应按确定的长期股权投资成本，借记本科目，贷记“实收资本”或“股本”科目。

（二）采用成本法核算的长期股权投资

长期股权投资采用成本法核算的，应按被投资单位宣告发放的现金股利或利润中属于本企业的部分，借记“应收股利”科目，贷记“投资收益”科目；属于被投资单位在取得本企业投资前实现净利润的分配额，应作为投资成本的收回，借记“应收股利”科目，贷记本科目。

（三）采用权益法核算的长期股权投资

1. 长期股权投资的初始投资成本大于投资时应享有被投资单位可辨认净资产公允价值份额的，不调整已确认的初始投资成本。长期股权投资的初始投资成本小于投资时应享有被投资单位可辨认净资产公允价值份额的，应按其差额，借记本科目（成本），贷记“营业外收入”科目。

2. 根据被投资单位实现的净利润或经调整的净利润计算应享有的份额，借记本科目（损益调整），贷记“投资收益”科目。被投资单位发生净亏损做相反的会计分录，但以本科目的账面价值减记至零为限；还需承担的投资损失，应将其他实质上构成对被投资单位净投资的“长期应收款”等的账面价值减记至零为限；除按照以上步骤已确认的损失外，按照投资合同或协议约定将承担的损失，确认为预计负债。发生亏损的被投资单位以后实现净利润的，应按与上述相反的顺序进行处理。

被投资单位以后宣告发放现金股利或利润时，企业计算应分得的部分，借记“应收股利”科目，贷记本科目（损益调整）。收到被投资单位宣告发放的股票股利，不进行账务处理，但应在备查簿中登记。

3. 在持股比例不变的情况下，被投资单位除净损益以外所有者权益的其他变动，企业按持股比例计算应享有的份额，借记或贷记本科目（其他权益变动），贷记或借记“资本公积——其他资本公积”科目。

（四）长期股权投资核算方法的转换

将长期股权投资自成本法转按权益法核算的，应按转换时该项长期股权投资的账面价值作为权益法核算的初始投资成本，初始投资成本小于转换时占被投资单位可辨认净资产公允价值份额的差额，借记本科目（成本），贷记“营业外收入”科目。

长期股权投资自权益法转按成本法核算的，除构成企业合并的以外，应按中止采用权益法时长期股权投资的账面价值作为成本法核算的初始投资成本。

（五）处置长期股权投资

处置长期股权投资时，应按实际收到的金额，借记“银行存款”等科目，按其账面余额，贷记本科目，按尚未领取的现金股利或利润，贷记“应收股利”科目，按其差额，贷记或借记“投资收益”科目。已计提减值准备的，还应同时结转减值准备。

采用权益法核算长期股权投资的处置，除上述规定外，还应结转原记入资本公积的相关金额，借记或贷记“资本公积——其他资本公积”科目，贷记或借记“投资收益”科目。

四、本科目期末借方余额，反映企业长期股权投资的价值。

1512 长期股权投资减值准备

一、本科目核算企业长期股权投资的减值准备。

二、本科目可按被投资单位进行明细核算。

三、资产负债表日，长期股权投资发生减值的，按应减记的金额，借记“资产减值损失”科目，贷记本科目。

处置长期股权投资时，应同时结转已计提的长期股权投资减值准备。

四、本科目期末贷方余额，反映企业已计提但尚未转销的长期股权投资减值准备。

1521 投资性房地产

一、本科目核算企业采用成本模式计量的投资性房地产的成本。企业采用公允价值模式计量投资性房地产的，也通过本科目核算。

采用成本模式计量的投资性房地产的累计折旧或累计摊销，可以单独设置“投资性房地产累计折旧（摊销）”科目，比照“累计折旧”等科目进行处理。

采用成本模式计量的投资性房地产发生减值的，可以单独设置“投资性房地产减值准备”科目，比照“固定资产减值准备”等科目进行处理。

二、本科目可按投资性房地产类别和项目进行明细核算。

采用公允价值模式计量的投资性房地产，还应当分别“成本”和“公允价值变动”进行明细核算。

三、采用成本模式计量投资性房地产的主要账务处理。

（一）企业外购、自行建造等取得的投资性房地产，按应计入投资性房地产成本的金额，借记本科目，贷记“银行存款”、“在建工程”等科目。

（二）将作为存货的房地产转换为投资性房地产的，应按其在转换日的账面余额，借记本科目，贷记“开发产品”等科目。已计提跌价准备的，还应同时结转跌价准备。

将自用的建筑物等转换为投资性房地产的，应按其在转换日的原价、累计折旧、减值准备等，分别转入本科目、“投资性房地产累计折旧（摊销）”、“投资性房地产减值准备”科目。

（三）按期（月）对投资性房地产计提折旧或进行摊销，借记“其他业务成本”科目，贷记“投资性房地产累计折旧（摊销）”科目。取得的租金收入，借记“银行存款”等科目，贷记“其他业务收入”科目。

（四）将投资性房地产转为自用时，应按其在转换日的账面余额、累计折旧、减值准备等，分别转入“固定资产”、“累计折旧”、“固定资产减值准备”等科目。

（五）处置投资性房地产时，应按实际收到的金额，借记“银行存款”等科目，贷记“其他业务收入”科目。按该项投资性房地产的累计折旧或累计摊销，借记“投资性房地产累计折旧（摊销）”科目，按该项投资性房地产的账面余额，贷记本科目，按其差额，借记“其他业务成本”科目。已计提减值准备的，还应同时结转减值准备。

四、采用公允价值模式计量投资性房地产的主要账务处理。

（一）企业外购、自行建造等取得的投资性房地产，按应计入投资性房地产成本的金额，借记本科目（成本），贷记“银行存款”、“在建工程”等科目。

（二）将作为存货的房地产转换为投资性房地产的，应按其在转换日的公允价值，借记本科目（成本），按其账面余额，贷记“开发产品”等科目，按其差额，贷记“资本公积——其他资本公积”科目或借记“公允价值变动损益”科目。已计提跌价准备的，还应同时结转跌价准备。

将自用的建筑物等转换为投资性房地产的，按其在转换日的公允价值，借记本科目（成本），按已计提的累计折旧等，借记“累计折旧”等科目，按其账面余额，贷记“固定资产”等科目，按其差额，贷记“资本公积——其他资本公积”科目或借记“公允价值变动损益”科目。已计提减值准备的，还应同时结转减值准备。

（三）资产负债表日，投资性房地产的公允价值高于其账面余额的差额，借记本科目（公允价值变动），贷记“公允价值变动损益”科目；公允价值低于其账面余额的差额做相反的会计分录。

取得的租金收入，借记“银行存款”等科目，贷记“其他业务收入”科目。

（四）将投资性房地产转为自用时，应按其在转换日的公允价值，借记“固定资产”等科目，按其账面余额，贷记本科目（成本、公允价值变动），按其差额，贷记或借记“公允价值变动损益”科目。

（五）处置投资性房地产时，应按实际收到的金额，借记“银行存款”等科目，贷记“其他业务收入”科目。按该项投资性房地产的账面余额，借记“其他业务成本”科目，贷记本科目（成本）、贷记或借记本科目（公允价值变动）；同时，按该项投资性房地产的公允价值变动，借记或贷记“公允价值变动损益”科目，贷记或借记“其他业务收入”科目。按该项投资性房地产在转换日记入资本公积的金额，借记“资本公积——其他资本公积”科目，贷记“其他业务收入”科目。

五、投资性房地产作为企业主营业务的，应通过“主营业务收入”和“主营业务成本”

科目核算相关的损益。

六、本科目期末借方余额，反映企业采用成本模式计量的投资性房地产成本。企业采用公允价值模式计量的投资性房地产，反映投资性房地产的公允价值。

1531 长期应收款

一、本科目核算企业的长期应收款项，包括融资租赁产生的应收款项、采用递延方式具有融资性质的销售商品和提供劳务等产生的应收款项等。

实质上构成对被投资单位净投资的长期权益，也通过本科目核算。

二、本科目可按债务人进行明细核算。

三、长期应收款的主要账务处理。

（一）出租人融资租赁产生的应收租赁款，在租赁期开始日，应按租赁开始日最低租赁收款额与初始直接费用之和，借记本科目，按未担保余值，借记“未担保余值”科目，按融资租赁资产的公允价值（最低租赁收款额和未担保余值的现值之和），贷记“融资租赁资产”科目，按融资租赁资产的公允价值与账面价值的差额，借记“营业外支出”科目或贷记“营业外收入”科目，按发生的初始直接费用，贷记“银行存款”等科目，按其差额，贷记“未实现融资收益”科目。

（二）采用递延方式分期收款销售商品或提供劳务等经营活动产生的长期应收款，满足收入确认条件的，按应收的合同或协议价款，借记本科目，按应收合同或协议价款的公允价值（折现值），贷记“主营业务收入”等科目，按其差额，贷记“未实现融资收益”科目。涉及增值税的，还应进行相应的处理。

（三）如有实质上构成对被投资单位净投资的长期权益，被投资单位发生的净亏损应由本企业承担的部分，在“长期股权投资”的账面价值减记至零以后，还需承担的投资损失，应以本科目中实质上构成了对被投资单位净投资的长期权益部分账面价值减记至零为限，继续确认投资损失，借记“投资收益”科目，贷记本科目。除上述已确认投资损失外，投资合同或协议中约定仍应承担的损失，确认为预计负债。

四、本科目的期末借方余额，反映企业尚未收回的长期应收款。

1532 未实现融资收益

一、本科目核算企业分期计入租赁收入或利息收入的未实现融资收益。

二、本科目可按未实现融资收益项目进行明细核算。

三、未实现融资收益的主要账务处理。

（一）出租人融资租赁产生的应收租赁款，在租赁期开始日，应按租赁开始日最低租赁收款额与初始直接费用之和，借记“长期应收款”科目，按未担保余值，借记“未担保余值”科目，按融资租赁资产的公允价值（最低租赁收款额的现值和未担保余值的现值之和），贷记“融资租赁资产”科目，按融资租赁资产的公允价值与账面价值的差额，借记“营业外支出”科目或贷记“营业外收入”科目，按发生的初始直接费用，贷记“银行存款”等科目，按其差额，贷记本科目。

采用实际利率法按期计算确定的融资收入，借记本科目，贷记“租赁收入”科目。

（二）采用递延方式分期收款、实质上具有融资性质的销售商品或提供劳务等经营活动产生的长期应收款，满足收入确认条件的，按应收的合同或协议价款，借记“长期应收款”科目，按应收的合同或协议价款的公允价值，贷记“主营业务收入”等科目，按其差额，贷记本科目。涉及增值税的，还应进行相应的处理。

采用实际利率法按期计算确定的利息收入，借记本科目，贷记“财务费用”科目。

四、本科目期末贷方余额，反映企业尚未转入当期收益的未实现融资收益。

1541　存出资本保证金

一、本科目核算企业（保险）按规定比例缴存的资本保证金。

二、企业存出的资本保证金，借记本科目，贷记“银行存款”等科目。

三、本科目期末借方余额，反映企业缴存的资本保证金。

1601　固定资产

一、本科目核算企业持有的固定资产原价。

建造承包商的临时设施，以及企业购置计算机硬件所附带的、未单独计价的软件，也通过本科目核算。

二、本科目可按固定资产类别和项目进行明细核算。

融资租入的固定资产，可在本科目设置“融资租入固定资产”明细科目。

三、固定资产的主要账务处理。

（一）企业购入不需要安装的固定资产，按应计入固定资产成本的金额，借记本科目，贷记“银行存款”等科目。

购入需要安装的固定资产，先记入“在建工程”科目，达到预定可使用状态时再转入本科目。

购入固定资产超过正常信用条件延期支付价款、实质上具有融资性质的，按应付购买价款的现值，借记本科目或“在建工程”科目，按应支付的金额，贷记“长期应付款”科目，按其差额，借记“未确认融资费用”科目。

（二）自行建造达到预定可使用状态的固定资产，借记本科目，贷记“在建工程”科目。

已达到预定可使用状态、但尚未办理竣工决算手续的固定资产，应按估计价值入账，待确定实际成本后再进行调整。

（三）融资租入的固定资产，在租赁期开始日，按应计入固定资产成本的金额（租赁开始日租赁资产公允价值与最低租赁付款额现值两者中较低者，加上初始直接费用），借记本科目或“在建工程”科目，按最低租赁付款额，贷记“长期应付款”科目，按发生的初始直接费用，贷记“银行存款”等科目，按其差额，借记“未确认融资费用”科目。

租赁期届满，企业取得该项固定资产所有权的，应将该项固定资产从“融资租入固定资产”明细科目转入有关明细科目。

（四）固定资产存在弃置义务的，应在取得固定资产时，按预计弃置费用的现值，借记本科目，贷记“预计负债”科目。在该项固定资产的使用寿命内，计算确定各期应负担的利息费用，借记“财务费用”科目，贷记“预计负债”科目。

（五）处置固定资产时，按该项固定资产账面价值，借记“固定资产清理”科目，按已提的累计折旧，借记“累计折旧”科目，按其账面原价，贷记本科目。已计提减值准备的，还应同时结转已计提的减值准备。

四、本科目期末借方余额，反映企业固定资产的原价。

1602　累计折旧

一、本科目核算企业固定资产的累计折旧。

二、本科目可按固定资产的类别或项目进行明细核算。

三、按期（月）计提固定资产的折旧，借记“制造费用”、“销售费用”、“管理费用”、“研发支出”、“其他业务成本”等科目，贷记本科目。处置固定资产还应同时结转累计折旧。

四、本科目期末贷方余额，反映企业固定资产的累计折旧额。

1603　固定资产减值准备

一、本科目核算企业固定资产的减值准备。

二、资产负债表日，固定资产发生减值的，按应减记的金额，借记“资产减值损失”科目，贷记本科目。处置固定资产还应同时结转减值准备。

三、本科目期末贷方余额，反映企业已计提但尚未转销的固定资产减值准备。

1604　在建工程

一、本科目核算企业基建、更新改造等在建工程发生的支出。

在建工程发生减值的，可以单独设置“在建工程减值准备”科目，比照“固定资产减值准备”科目进行处理。

企业（石油天然气开采）发生的油气勘探支出和油气开发支出，可以单独设置“油气勘探支出”、“油气开发支出”科目。

二、本科目可按“建筑工程”、“安装工程”、“在安装设备”、“待摊支出”以及单项工程等进行明细核算。

三、企业在建工程发生的管理费、征地费、可行性研究费、临时设施费、公证费、监理费及应负担的税费等，借记本科目（待摊支出），贷记“银行存款”等科目。

四、企业发包的在建工程，应按合理估计的发包工程进度和合同规定结算的进度款，借记本科目，贷记“银行存款”、“预付账款”等科目。将设备交付建造承包商建造安装时，借记本科目（在安装设备），贷记“工程物资”科目。

工程完成时，按合同规定补付的工程款，借记本科目，贷记“银行存款”科目。

五、企业自营在建工程的主要账务处理。

（一）自营的在建工程领用工程物资、原材料或库存商品的，借记本科目，贷记“工程物资”、“原材料”、“库存商品”等科目。采用计划成本核算的，应同时结转应分摊的成本差异。涉及增值税的，还应进行相应的处理。

在建工程应负担的职工薪酬，借记本科目，贷记“应付职工薪酬”科目。

辅助生产部门为工程提供的水、电、设备安装、修理、运输等劳务，借记本科目，贷记“生产成本——辅助生产成本”等科目。

在建工程发生的借款费用满足借款费用资本化条件的，借记本科目，贷记“长期借款”、“应付利息”等科目。

（二）在建工程进行负荷联合试车发生的费用，借记本科目（待摊支出），贷记“银行存款”、“原材料”等科目；试车形成的产品或副产品对外销售或转为库存商品的，借记“银行存款”、“库存商品”等科目，贷记本科目（待摊支出）。

（三）在建工程达到预定可使用状态时，应计算分配待摊支出，借记本科目（××工程），贷记本科目（待摊支出）；结转在建工程成本，借记“固定资产”等科目，贷记本科目（××工程）。

在建工程完工已领出的剩余物资应办理退库手续，借记“工程物资”科目，贷记本科目。

（四）建设期间发生的工程物资盘亏、报废及毁损净损失，借记本科目，贷记“工程物资”科目；盘盈的工程物资或处置净收益做相反的会计分录。

由于自然灾害等原因造成的在建工程报废或毁损，减去残料价值和过失人或保险公司等赔款后的净损失，借记“营业外支出——非常损失”科目，贷记本科目（建筑工程、安装工程等）。

六、企业（石油天然气开采）在油气勘探过程中发生的各项钻井勘探支出，借记“油气勘探支出”科目，贷记“银行存款”、“应付职工薪酬”等科目。属于发现探明经济可采储量的钻井勘探支出，借记“油气资产”科目，贷记“油气勘探支出”科目；属于未发现探明经济可采储量的钻井勘探支出，借记“勘探费用”科目，贷记“油气勘探支出”科目。

企业（石油天然气开采）在油气开发过程中发生的各项相关支出，借记“油气开发支出”科目，贷记“银行存款”、“应付职工薪酬”等科目。开发工程项目达到预定可使用状态时，借记“油气资产”科目，贷记“油气开发支出”科目。

七、本科目的期末借方余额，反映企业尚未达到预定可使用状态的在建工程的成本。

1605 工程物资

一、本科目核算企业为在建工程准备的各种物资的成本，包括工程用材料、尚未安装的设备以及为生产准备的工器具等。

二、本科目可按“专用材料”、“专用设备”、“工器具”等进行明细核算。

工程物资发生减值的，可以单独设置“工程物资减值准备”科目，比照“固定资产减值准备”科目进行处理。

三、工程物资的主要账务处理。

（一）购入为工程准备的物资，借记本科目，贷记“银行存款”、“其他应付款”等科目。

（二）领用工程物资，借记“在建工程”科目，贷记本科目。工程完工后将领出的剩余物资退库时做相反的会计分录。已计提减值准备的，还应同时结转减值准备。

（三）工程完工后剩余的工程物资转作本企业存货的，借记“原材料”等科目，贷记本科目。

四、本科目期末借方余额，反映企业为在建工程准备的各种物资的成本。

1606 固定资产清理

一、本科目核算企业因出售、报废、毁损、对外投资、非货币性资产交换、债务重组等原因转出的固定资产价值以及在清理过程中发生的费用等。

二、本科目可按被清理的固定资产项目进行明细核算。

三、固定资产清理的主要账务处理。

（一）企业因出售、报废、毁损、对外投资、非货币性资产交换、债务重组等转出的固定资产，按该项固定资产的账面价值，借记本科目，按已计提的累计折旧，借记“累计折旧”科目，按其账面原价，贷记“固定资产”科目。已计提减值准备的，还应同时结转减值准备。

（二）清理过程中应支付的相关税费及其他费用，借记本科目，贷记“银行存款”、“应交税费——应交营业税”等科目。收回出售固定资产的价款、残料价值和变价收入等，借记“银行存款”、“原材料”等科目，贷记本科目。应由保险公司或过失人赔偿的损失，借记“其他应收款”等科目，贷记本科目。

（三）固定资产清理完成后，属于生产经营期间正常的处理损失，借记“营业外支出——处置非流动资产损失”科目，贷记本科目；属于自然灾害等非正常原因造成的损失，借记“营业外支出——非常损失”科目，贷记本科目。如为贷方余额，借记本科目，贷记“营业外收入”科目。

四、本科目期末借方余额，反映企业尚未清理完毕的固定资产清理净损失。

1611 未担保余值

一、本科目核算企业（租赁）采用融资租赁方式租出资产的未担保余值。

二、本科目可按承租人、租赁资产类别和项目进行明细核算。

未担保余值发生减值的，可以单独设置“未担保余值减值准备”科目。

三、未担保余值的主要账务处理。

（一）出租人融资租赁产生的应收租赁款，在租赁期开始日，应按租赁开始日最低租赁收款额与初始直接费用之和，借记“长期应收款”科目，按未担保余值，借记本科目，按融资租赁资产的公允价值（最低租赁收款额和未担保余值的现值之和），贷记“融资租赁资产”科目，按发生的初始直接费用，贷记“银行存款”等科目，按其差额，贷记“未实现融资收益”科目。

（二）租赁期限届满，承租人行使了优惠购买选择权的，企业（租赁）按收到承租人支付的购买价款，借记“银行存款”等科目，贷记“长期应收款”科目。存在未担保余值的，按未担保余值，借记“租赁收入”科目，贷记本科目。

承租人未行使优惠购买选择权，企业（租赁）收到承租人交还租赁资产，存在未担保余值的，按未担保余值，借记“融资租赁资产”科目，贷记本科目；存在担保余值的，按担保余值，借记“融资租赁资产”科目，贷记“长期应收款”科目。

（三）资产负债表日，确定未担保余值发生减值的，按应减记的金额，借记“资产减值损失”科目，贷记“未担保余值减值准备”科目。未担保余值价值以后又得以恢复的，应在原已计提的未担保余值减值准备金额内，按恢复增加的金额，借记“未担保余值减值准备”科目，贷记“资产减值损失”科目。

四、本科目期末借方余额，反映企业融资租出资产的未担保余值。

1621 生产性生物资产

一、本科目核算企业（农业）持有的生产性生物资产原价。

二、本科目可按“未成熟生产性生物资产”和“成熟生产性生物资产”，分别生物资产的种类、群别、所属部门等进行明细核算。

生产性生物资产发生减值的，可以单独设置“生产性生物资产减值准备”科目，比照“固定资产减值准备”科目进行处理。

三、生产性生物资产的主要账务处理。

（一）企业外购的生产性生物资产，按应计入生产性生物资产成本的金额，借记本科目，贷记“银行存款”等科目。

（二）自行营造的林木类生产性生物资产、自行繁殖的产畜和役畜，应按达到预定生产经营目的前发生的必要支出，借记本科目（未成熟生产性生物资产），贷记“银行存款”等科目。

（三）天然起源的生产性生物资产，应按名义金额，借记本科目，贷记“营业外收入”科目。

（四）育肥畜转为产畜或役畜，应按其账面余额，借记本科目，贷记“消耗性生物资产”科目。已计提跌价准备的，还应同时结转跌价准备。

产畜或役畜淘汰转为育肥畜，按转群时的账面价值，借记“消耗性生物资产”科目，按已计提的累计折旧，借记“生产性生物资产累计折旧”科目，按其账面余额，贷记本科目。已计提减值准备的，还应同时结转减值准备。

（五）未成熟生产性生物资产达到预定生产经营目的时，按其账面余额，借记本科目（成熟生产性生物资产），贷记本科目（未成熟生产性生物资产）。已计提减值准备的，还应同时结转减值准备。

（六）择伐、间伐或抚育更新等生产性采伐而补植林木类生产性生物资产发生的后续支出，借记本科目，贷记“银行存款”等科目。

生产性生物资产达到预定生产经营目的后发生的管护、饲养费用等后续支出，借记“管理费用”科目，贷记“银行存款”等科目。

（七）处置生产性生物资产，应按实际收到的金额，借记“银行存款”等科目，按已计提的累计折旧，借记“生产性生物资产累计折旧”科目，按其账面余额，贷记本科目，按其差额，借记“营业外支出——处置非流动资产损失”科目或贷记“营业外收入——处置非流动资产利得”科目。已计提减值准备的，还应同时结转减值准备。

四、本科目期末借方余额，反映企业生产性生物资产的原价。

1622 生产性生物资产累计折旧

一、本科目核算企业（农业）成熟生产性生物资产的累计折旧。

二、本科目可按生产性生物资产的种类、群别、所属部门等进行明细核算。

三、企业按期（月）计提成熟生产性生物资产的折旧，借记“农业生产成本”、“管理费用”等科目，贷记本科目。处置生产性生物资产还应同时结转生产性生物资产累计折旧。

四、本科目期末贷方余额，反映企业成熟生产性生物资产的累计折旧额。

1623 公益性生物资产

一、本科目核算企业（农业）持有的公益性生物资产的实际成本。

二、本科目可按公益性生物资产的种类或项目进行明细核算。

三、公益性生物资产的主要账务处理。

（一）企业外购的公益性生物资产，按应计入公益性生物资产成本的金额，借记本科目，贷记“银行存款”等科目。

（二）自行营造的公益性生物资产，应按郁闭前发生的必要支出，借记本科目，贷记“银行存款”等科目。

（三）天然起源的公益性生物资产，应按名义金额，借记本科目，贷记“营业外收入”科目。

（四）消耗性生物资产、生产性生物资产转为公益性生物资产的，应按其账面余额或账面价值，借记本科目，按已计提的生产性生物资产累计折旧，借记“生产性生物资产累计折旧”科目，按其账面余额，贷记“消耗性生物资产”、“生产性生物资产”等科目。已计提跌价准备或减值准备的，还应同时结转跌价准备或减值准备。

（五）择伐、间伐或抚育更新等生产性采伐而补植林木类公益性生物资产发生的后续支出，借记本科目，贷记“银行存款”等科目。林木类公益性生物资产郁闭后发生的管护费用等其他后续支出，借记“管理费用”科目，贷记“银行存款”等科目。

四、本科目期末借方余额，反映企业公益性生物资产的原价。

1631 油气资产

一、本科目核算企业（石油天然气开采）持有的矿区权益和油气井及相关设施的原价。

企业（石油天然气开采）可以单独设置“油气资产清理”科目，比照“固定资产清理”科目进行处理。

企业（石油天然气开采）与油气开采活动相关的辅助设备及设施在“固定资产”科目核算。

二、本科目可按油气资产的类别、不同矿区或油田等进行明细核算。

三、油气资产的主要账务处理。

（一）企业购入油气资产（含申请取得矿区权益）的成本，借记本科目，贷记“银行存款”、“应付票据”、“其他应付款”等科目。

（二）自行建造的油气资产，在油气勘探、开发工程达到预定可使用状态时，借记本科目，贷记“油气勘探支出”、“油气开发支出”等科目。

（三）油气资产存在弃置义务的，应在取得油气资产时，按预计弃置费用的现值，借记本科目，贷记“预计负债”科目。在油气资产的使用寿命内，计算确定各期应负担的利息费用，借记“财务费用”科目，贷记“预计负债”科目。

（四）处置油气资产，应按该项油气资产的账面价值，借记“油气资产清理”科目，按已计提的累计折耗，借记“累计折耗”科目，按其账面原价，贷记本科目。已计提减值准备的，还应同时结转减值准备。

四、本科目期末借方余额，反映企业油气资产的原价。

1632 累计折耗

一、本科目核算企业（石油天然气开采）油气资产的累计折耗。

二、本科目可按油气资产的类别、不同矿区或油田进行明细核算。

三、企业按期（月）计提油气资产的折耗，借记“生产成本”等科目，贷记本科目。处置油气资产时，还应同时结转油气资产累计折耗。

四、本科目期末贷方余额，反映企业油气资产的累计折耗额。

1701 无形资产

一、本科目核算企业持有的无形资产成本，包括专利权、非专利技术、商标权、著作权、土地使用权等。

二、本科目可按无形资产项目进行明细核算。

三、无形资产的主要账务处理。

（一）企业外购的无形资产，按应计入无形资产成本的金额，借记本科目，贷记“银行存款”等科目。

自行开发的无形资产，按应予资本化的支出，借记本科目，贷记“研发支出”科目。

（二）无形资产预期不能为企业带来经济利益的，应按已计提的累计摊销，借记“累计摊销”科目，按其账面余额，贷记本科目，按其差额，借记“营业外支出”科目。已计提减值准备的，还应同时结转减值准备。

（三）处置无形资产，应按实际收到的金额等，借记“银行存款”等科目，按已计提的累计摊销，借记“累计摊销”科目，按应支付的相关税费及其他费用，贷记“应交税费”、“银行存款”等科目，按其账面余额，贷记本科目，按其差额，贷记“营业外收入——处置非流动资产利得”科目或借记“营业外支出——处置非流动资产损失”科目。已计提减值准备的，还应同时结转减值准备。

四、本科目期末借方余额，反映企业无形资产的成本。

1702 累计摊销

一、本科目核算企业对使用寿命有限的无形资产计提的累计摊销。

二、本科目可按无形资产项目进行明细核算。

三、企业按期（月）计提无形资产的摊销，借记“管理费用”、“其他业务成本”等科目，贷记本科目。处置无形资产还应同时结转累计摊销。

四、本科目期末贷方余额，反映企业无形资产的累计摊销额。

1703 无形资产减值准备

一、本科目核算企业无形资产的减值准备。

二、本科目可按无形资产项目进行明细核算。

三、资产负债表日，无形资产发生减值的，按应减记的金额，借记“资产减值损失”科目，贷记本科目。处置无形资产还应同时结转减值准备。

四、本科目期末贷方余额，反映企业已计提但尚未转销的无形资产减值准备。

1711 商誉

一、本科目核算企业合并中形成的商誉价值。

商誉发生减值的，可以单独设置“商誉减值准备”科目，比照“无形资产减值准备”科目进行处理。

二、非同一控制下企业合并中确定的商誉价值，借记本科目，贷记有关科目。

三、本科目期末借方余额，反映企业商誉的价值。

1801 长期待摊费用

一、本科目核算企业已经发生但应由本期和以后各期负担的分摊期限在 1 年以上的各项费用，如以经营租赁方式租入的固定资产发生的改良支出等。

二、本科目可按费用项目进行明细核算。

三、企业发生的长期待摊费用，借记本科目，贷记“银行存款”、“原材料”等科目。摊销长期待摊费用，借记“管理费用”、“销售费用”等科目，贷记本科目。

四、本科目期末借方余额，反映企业尚未摊销完毕的长期待摊费用。

1811 递延所得税资产

一、本科目核算企业确认的可抵扣暂时性差异产生的递延所得税资产。

二、本科目应按可抵扣暂时性差异等项目进行明细核算。

根据税法规定可用以后年度税前利润弥补的亏损及税款抵减产生的所得税资产，也在本科目核算。

三、递延所得税资产的主要账务处理。

（一）资产负债表日，企业确认的递延所得税资产，借记本科目，贷记“所得税费用——递延所得税费用”科目。资产负债表日递延所得税资产的应有余额大于其账面余额的，应按其差额确认，借记本科目，贷记“所得税费用——递延所得税费用”等科目；资产负债表日递延所得税资产的应有余额小于其账面余额的差额做相反的会计分录。

企业合并中取得资产、负债的入账价值与其计税基础不同形成可抵扣暂时性差异的，应于购买日确认递延所得税资产，借记本科目，贷记“商誉”等科目。

与直接计入所有者权益的交易或事项相关的递延所得税资产，借记本科目，贷记“资本公积——其他资本公积”科目。

（二）资产负债表日，预计未来期间很可能无法获得足够的应纳税所得额用以抵扣可抵扣暂时性差异的，按原已确认的递延所得税资产中应减记的金额，借记“所得税费用——递延所得税费用”、“资本公积——其他资本公积”等科目，贷记本科目。

四、本科目期末借方余额，反映企业确认的递延所得税资产。

1821　独立账户资产

一、本科目核算企业（保险）对分拆核算的投资连结产品不属于风险保障部分确认的独立账户资产价值。

二、本科目可按资产类别进行明细核算。

三、独立账户资产的主要账务处理。

（一）向独立账户划入资金，借记本科目（银行存款及现金），贷记“独立账户负债”科目。

（二）独立账户进行投资，借记本科目（债券、股票等），贷记本科目（银行存款及现金）。

对独立账户投资进行估值，按估值增值，借记本科目（估值），贷记“独立账户负债”科目；估值减值的做相反的会计分录。

（三）按照独立账户计提的保险费，借记“银行存款”科目，贷记“保费收入”科目。同时，借记“独立账户负债”科目，贷记本科目（银行存款及现金）。

对独立账户计提账户管理费，借记“银行存款”科目，贷记“手续费及佣金收入”科目。同时，借记“独立账户负债”科目，贷记本科目（银行存款及现金）。

（四）支付独立账户资产，借记“独立账户负债”科目，贷记本科目（银行存款及现金）。

四、本科目期末借方余额，反映企业确认的独立账户资产价值。

1901　待处理财产损溢

一、本科目核算企业在清查财产过程中查明的各种财产盘盈、盘亏和毁损的价值。

物资在运输途中发生的非正常短缺与损耗，也通过本科目核算。

企业如有盘盈固定资产的，应作为前期差错记入“以前年度损益调整”科目。

二、本科目可按盘盈、盘亏的资产种类和项目进行明细核算。

三、待处理财产损溢的主要账务处理。

（一）盘盈的各种材料、产成品、商品、生物资产等，借记“原材料”、“库存商品”、“消耗性生物资产”等科目，贷记本科目。

盘亏、毁损的各种材料、产成品、商品、生物资产等，盘亏的固定资产，借记本科目，贷记“原材料”、“库存商品”、“消耗性生物资产”、“固定资产”等科目。材料、产成品、商品采用计划成本（或售价）核算的，还应同时结转成本差异（或商品进销差价）。涉及增值税的，还应进行相应处理。

（二）盘亏、毁损的各项资产，按管理权限报经批准后处理时，按残料价值，借记“原材料”等科目，按可收回的保险赔偿或过失人赔偿，借记“其他应收款”科目，按本科目余额，贷记本科目，按其借方差额，借记“管理费用”、“营业外支出”等科目。

盘盈的除固定资产以外的其他财产，借记本科目，贷记“管理费用”、“营业外收入”等科目。

四、企业的财产损溢，应查明原因，在期末结账前处理完毕，处理后本科目应无余额。

负债类

2001 短期借款

一、本科目核算企业向银行或其他金融机构等借入的期限在1年以下（含1年）的各种借款。

二、本科目可按借款种类、贷款人和币种进行明细核算。

三、企业借入的各种短期借款，借记“银行存款”科目，贷记本科目；归还借款做相反的会计分录。

资产负债表日，应按计算确定的短期借款利息费用，借记“财务费用”、“利息支出”等科目，贷记“银行存款”、“应付利息”等科目。

四、本科目期末贷方余额，反映企业尚未偿还的短期借款。

2002 存入保证金

一、本科目核算企业（金融）收到客户存入的各种保证金，如信用证保证金、承兑汇票保证金、保函保证金、担保保证金等。

二、本科目可按客户进行明细核算。

三、企业收到客户存入的保证金，借记“银行存款”、“存放中央银行款项”、“应付分保账款”等科目，贷记本科目；向客户归还保证金做相反的会计分录。

资产负债表日，应按计算确定的存入保证金利息费用，借记“财务费用”、“利息支出”等科目，贷记“银行存款”、“存放中央银行款项”等科目。

四、本科目期末贷方余额，反映企业接受存入但尚未返还的保证金。

2003 拆入资金

一、本科目核算企业（金融）从境内、境外金融机构拆入的款项。

二、本科目可按拆入资金的金融机构进行明细核算。

三、企业应按实际收到的金额，借记“存放中央银行款项”、“银行存款”等科目，贷记本科目；归还拆入资金做相反的会计分录。

资产负债表日，应按计算确定的拆入资金的利息费用，借记“利息支出”科目，贷记“应付利息”科目。

四、本科目期末贷方余额，反映企业尚未归还的拆入资金余额。

2004 向中央银行借款

一、本科目核算企业（银行）向中央银行借入的款项。

二、本科目可按借款性质进行明细核算。

三、企业应按实际收到的金额，借记“存放中央银行款项”科目，贷记本科目；归还借款做相反的会计分录。

资产负债表日，应按计算确定的向中央银行借款的利息费用，借记“利息支出”科目，贷记“应付利息”科目。

四、本科目期末贷方余额，反映企业尚未归还中央银行借款的余额。

2011　吸收存款

一、本科目核算企业（银行）吸收的除同业存放款项以外的其他各种存款，包括单位存款（企业、事业单位、机关、社会团体等）、个人存款、信用卡存款、特种存款、转贷款资金和财政性存款等。

二、本科目可按存款类别及存款单位，分别“本金”、“利息调整”等进行明细核算。

三、吸收存款的主要账务处理。

（一）企业收到客户存入的款项，应按实际收到的金额，借记“存放中央银行款项”等科目，贷记本科目（本金），如存在差额，借记或贷记本科目（利息调整）。

（二）资产负债表日，应按摊余成本和实际利率计算确定的存入资金的利息费用，借记“利息支出”科目，按合同利率计算确定的应付未付利息，贷记“应付利息”科目，按其差额，借记或贷记本科目（利息调整）。实际利率与合同利率差异较小的，也可以采用合同利率计算确定利息费用。

（三）支付的存入资金利息，借记“应付利息”科目，贷记本科目。

支付的存款本金，借记本科目（本金），贷记“存放中央银行款项”、“库存现金”等科目，按应转销的利息调整金额，贷记本科目（利息调整），按其差额，借记“利息支出”科目。

四、本科目期末贷方余额，反映企业吸收的除同业存放款项以外的其他各项存款。

2012　同业存放

一、本科目核算企业（银行）吸收的境内、境外金融机构的存款。

二、本科目可按存放金融机构进行明细核算。

三、企业增加存款，应按实际收到的金额，借记“存放中央银行款项”等科目，贷记本科目。减少存款做相反的会计分录。

四、本科目期末贷方余额，反映企业吸收的同业存放款项。

2021　贴现负债

一、本科目核算企业（银行）办理商业票据的转贴现等业务所融入的资金。

二、本科目可按贴现类别和贴现金融机构，分别“面值”、“利息调整”进行明细核算。

三、贴现负债的主要账务处理。

（一）企业持贴现票据向其他金融机构转贴现，应按实际收到的金额，借记“存放中央银行款项”等科目，按贴现票据的票面金额，贷记本科目（面值），按其差额，借记本科目（利息调整）。

（二）资产负债表日，按计算确定的利息费用，借记“利息支出”科目，贷记本科目（利息调整）。

（三）贴现票据到期，应按贴现票据的票面金额，借记本科目（面值），按实际支付的金额，贷记“存放中央银行款项”等科目，按其差额，借记“利息支出”科目。存在利息调整的，也应同时结转。

四、本科目期末贷方余额，反映企业办理的转贴现等业务融入的资金。

2101 交易性金融负债

一、本科目核算企业承担的交易性金融负债的公允价值。

企业持有的直接指定为以公允价值计量且其变动计入当期损益的金融负债，也在本科目核算。

衍生金融负债在“衍生工具”科目核算。

二、本科目可按交易性金融负债类别，分别“本金”、“公允价值变动”等进行明细核算。

三、交易性金融负债的主要账务处理。

（一）企业承担的交易性金融负债，应按实际收到的金额，借记“银行存款”、“存放中央银行款项”、“结算备付金”等科目，按发生的交易费用，借记“投资收益”科目，按交易性金融负债的公允价值，贷记本科目（本金）。

（二）资产负债表日，按交易性金融负债票面利率计算的利息，借记“投资收益”科目，贷记“应付利息”科目。

资产负债表日，交易性金融负债的公允价值高于其账面余额的差额，借记“公允价值变动损益”科目，贷记本科目（公允价值变动）；公允价值低于其账面余额的差额做相反的会计分录。

（三）处置交易性金融负债，应按该金融负债的账面余额，借记本科目，按实际支付的金额，贷记“银行存款”、“存放中央银行款项”、“结算备付金”等科目，按其差额，贷记或借记“投资收益”科目。同时，按该金融负债的公允价值变动，借记或贷记“公允价值变动损益”科目，贷记或借记“投资收益”科目。

四、本科目期末贷方余额，反映企业承担的交易性金融负债的公允价值。

2111 卖出回购金融资产款

一、本科目核算企业（金融）按照回购协议先卖出再按固定价格买入的票据、证券、贷款等金融资产所融入的资金。

二、本科目可按卖出回购金融资产的类别和融资方进行明细核算。

三、卖出回购金融资产款的主要账务处理。

（一）企业根据回购协议卖出票据、证券、贷款等金融资产，应按实际收到的金额，借记“存放中央银行款项”、“结算备付金”、“银行存款”等科目，贷记本科目。

（二）资产负债表日，按照计算确定的卖出回购金融资产的利息费用，借记“利息支出”科目，贷记“应付利息”科目。

（三）回购日，按其账面余额，借记本科目、“应付利息”科目，按实际支付的金额，贷记“存放中央银行款项”、“结算备付金”、“银行存款”等科目，按其差额，借记“利息支出”科目。

四、本科目期末贷方余额，反映企业尚未到期的卖出回购金融资产款。

2201 应付票据

一、本科目核算企业购买材料、商品和接受劳务供应等开出、承兑的商业汇票，包括银行承兑汇票和商业承兑汇票。

二、本科目可按债权人进行明细核算。

三、应付票据的主要账务处理。

（一）企业开出、承兑商业汇票或以承兑商业汇票抵付货款、应付账款等，借记“材料采购”、“库存商品”等科目，贷记本科目。涉及增值税进项税额的，还应进行相应的处理。

（二）支付银行承兑汇票的手续费，借记“财务费用”科目，贷记“银行存款”科目。支付票款，借记本科目，贷记“银行存款”科目。

（三）银行承兑汇票到期，企业无力支付票款的，按应付票据的票面金额，借记本科目，贷记“短期借款”科目。

四、企业应当设置“应付票据备查簿”，详细登记商业汇票的种类、号数和出票日期、到期日、票面金额、交易合同号和收款人姓名或单位名称以及付款日期和金额等资料。应付票据到期结清时，在备查簿中应予注销。

五、本科目期末贷方余额，反映企业尚未到期的商业汇票的票面金额。

2202　应付账款

一、本科目核算企业因购买材料、商品和接受劳务等经营活动应支付的款项。

企业（金融）应支付但尚未支付的手续费和佣金，可将本科目改为“2202 应付手续费及佣金”科目，并按照对方单位（或个人）进行明细核算。

企业（保险）应支付但尚未支付的赔付款项，可以单独设置“应付赔付款”科目。

二、本科目可按债权人进行明细核算。

三、企业购入材料、商品等验收入库，但货款尚未支付，根据有关凭证（发票账单、随货同行发票上记载的实际价款或暂估价值），借记“材料采购”、“在途物资”等科目，按应付的款项，贷记本科目。

接受供应单位提供劳务而发生的应付未付款项，根据供应单位的发票账单，借记“生产成本”、“管理费用”等科目，贷记本科目。支付时，借记本科目，贷记“银行存款”等科目。

上述交易涉及增值税进项税额的，还应进行相应的处理。

四、企业与债权人进行债务重组，应当分别债务重组的不同方式进行处理。

（一）以低于重组债务账面价值的款项清偿债务的，应按应付账款的账面余额，借记本科目，按实际支付的金额，贷记“银行存款”科目，按其差额，贷记“营业外收入——债务重组利得”科目。

（二）以非现金资产清偿债务的，应按应付账款的账面余额，借记本科目，按用于清偿债务的非现金资产的公允价值，贷记“主营业务收入”、“其他业务收入”、“固定资产清理”、“无形资产”、“长期股权投资”等科目，按应支付的相关税费和其他费用，贷记“应交税费”、“银行存款”等科目，按其差额，贷记“营业外收入——债务重组利得”科目。

抵债资产为存货的，还应同时结转成本，记入“主营业务成本”、“其他业务成本”等科目；抵债资产为固定资产、无形资产的，其公允价值和账面价值的差额，记入“营业外收入——处置非流动资产利得”或“营业外支出——处置非流动资产损失”科目；抵债资产为可供出售金融资产、持有至到期投资、长期股权投资等的，其公允价值和账面价值的差额，记入“投资收益”科目。

（三）以债务转为资本，应按应付账款的账面余额，借记本科目，按债权人因放弃债权而享有股权的公允价值，贷记“实收资本”或“股本”、“资本公积——资本溢价或股本溢价”科目，按其差额，贷记“营业外收入——债务重组利得”科目。

（四）以修改其他债务条件进行清偿的，应将重组债务的账面余额与重组后债务的公允价值的差额，借记本科目，贷记“营业外收入——债务重组利得”科目。

五、本科目期末贷方余额，反映企业尚未支付的应付账款余额。

2203 预收账款

一、本科目核算企业按照合同规定预收的款项。预收账款情况不多的，也可以不设置本科目，将预收的款项直接记入“应收账款”科目。

企业（保险）收到未满足保费收入确认条件的保险费，可将本科目改为“2203 预收保费”科目，并按投保人进行明细核算；从事再保险分出业务预收的赔款，可以单独设置“预收赔付款”科目。

二、本科目可按购货单位进行明细核算。

三、预收账款的主要账务处理。

（一）企业向购货单位预收的款项，借记“银行存款”等科目，贷记本科目；销售实现时，按实现的收入，借记本科目，贷记“主营业务收入”科目。涉及增值税销项税额的，还应进行相应的处理。

（二）企业（保险）收到预收的保费，借记“银行存款”、“库存现金”等科目，贷记本科目。确认保费收入，借记本科目，贷记“保费收入”科目。

从事再保险业务转销预收的赔款，借记本科目，贷记“应收分保账款”科目。

四、本科目期末贷方余额，反映企业预收的款项；期末如为借方余额，反映企业尚未转销的款项。

2211 应付职工薪酬

一、本科目核算企业根据有关规定应付给职工的各种薪酬。

企业（外商）按规定从净利润中提取的职工奖励及福利基金，也在本科目核算。

二、本科目可按“工资”、“职工福利”、“社会保险费”、“住房公积金”、“工会经费”、“职工教育经费”、“非货币性福利”、“辞退福利”、“股份支付”等进行明细核算。

三、企业发生应付职工薪酬的主要账务处理。

（一）生产部门人员的职工薪酬，借记“生产成本”、“制造费用”、“劳务成本”等科目，贷记本科目。

应由在建工程、研发支出负担的职工薪酬，借记“在建工程”、“研发支出”等科目，贷记本科目。

管理部门人员、销售人员的职工薪酬，借记“管理费用”或“销售费用”科目，贷记本科目。

（二）企业以其自产产品发放给职工作为职工薪酬的，借记“管理费用”、“生产成本”、“制造费用”等科目，贷记本科目。

无偿向职工提供住房等固定资产使用的，按应计提的折旧额，借记“管理费用”、“生产成本”、“制造费用”等科目，贷记本科目；同时，借记本科目，贷记“累计折旧”科目。

租赁住房等资产供职工无偿使用的，按每期应支付的租金，借记“管理费用”、“生产成本”、“制造费用”等科目，贷记本科目。

（三）因解除与职工的劳动关系给予的补偿，借记“管理费用”科目，贷记本科目。

（四）企业以现金与职工结算的股份支付，在等待期内每个资产负债表日，按当期应确认的成本费用金额，借记“管理费用”、“生产成本”、“制造费用”等科目，贷记本科目。在可行权日之后，以现金结算的股份支付当期公允价值的变动金额，借记或贷记“公允价值变动损益”科目，贷记或借记本科目。

企业（外商）按规定从净利润中提取的职工奖励及福利基金，借记“利润分配——提取的职工奖励及福利基金”科目，贷记本科目。

四、企业发放职工薪酬的主要账务处理。

（一）向职工支付工资、奖金、津贴、福利费等，从应付职工薪酬中扣还的各种款项（代垫的家属药费、个人所得税等）等，借记本科目，贷记“银行存款”、“库存现金”、“其他应收款”、“应交税费——应交个人所得税”等科目。

（二）支付工会经费和职工教育经费用于工会活动和职工培训，借记本科目，贷记“银行存款”等科目。

（三）按照国家有关规定缴纳社会保险费和住房公积金，借记本科目，贷记“银行存款”科目。

（四）企业以其自产产品发放给职工的，借记本科目，贷记“主营业务收入”科目；同时，还应结转产成品的成本。涉及增值税销项税额的，还应进行相应的处理。

支付租赁住房等资产供职工无偿使用所发生的租金，借记本科目，贷记“银行存款”等科目。

（五）企业以现金与职工结算的股份支付，在行权日，借记本科目，贷记“银行存款”、“库存现金”等科目。

（六）企业因解除与职工的劳动关系给予职工的补偿，借记本科目，贷记“银行存款”、“库存现金”等科目。

五、本科目期末贷方余额，反映企业应付未付的职工薪酬。

2221　应交税费

一、本科目核算企业按照税法等规定计算应交纳的各种税费，包括增值税、消费税、营业税、所得税、资源税、土地增值税、城市维护建设税、房产税、土地使用税、车船使用税、教育费附加、矿产资源补偿费等。

企业代扣代交的个人所得税等，也通过本科目核算。

二、本科目可按应交的税费项目进行明细核算。

应交增值税还应分别“进项税额”、“销项税额”、“出口退税”、“进项税额转出”、“已交税金”等设置专栏。

三、应交增值税的主要账务处理。

（一）企业采购物资等，按应计入采购成本的金额，借记“材料采购”、“在途物资”或“原材料”、“库存商品”等科目，按可抵扣的增值税额，借记本科目（应交增值税——进项税额），按应付或实际支付的金额，贷记“应付账款”、“应付票据”、“银行存款”等科目。购入物资发生退货做相反的会计分录。

（二）销售物资或提供应税劳务，按营业收入和应收取的增值税额，借记“应收账款”、“应收票据”、“银行存款”等科目，按专用发票上注明的增值税额，贷记本科目（应交增值税——销项税额），按确认的营业收入，贷记“主营业务收入”、“其他业务收入”等科目。发生销售退回做相反的会计分录。

（三）出口产品按规定退税的，借记“其他应收款”科目，贷记本科目（应交增值税——出口退税）。

（四）交纳的增值税，借记本科目（应交增值税——已交税金），贷记“银行存款”科目。

企业（小规模纳税人）以及购入材料不能抵扣增值税的，发生的增值税计入材料成本，借记“材料采购”、“在途物资”等科目，贷记本科目。

四、企业按规定计算应交的消费税、营业税、资源税、城市维护建设税、教育费附加等，借记“营业税金及附加”科目，贷记本科目。实际交纳时，借记本科目，贷记“银行存款”等科目。

出售不动产计算应交的营业税，借记“固定资产清理”等科目，贷记本科目（应交营业税）。

五、企业转让土地使用权应交的土地增值税，土地使用权与地上建筑物及其附着物一并在“固定资产”等科目核算的，借记“固定资产清理”等科目，贷记本科目（应交土地增值税）。土地使用权在“无形资产”科目核算的，按实际收到的金额，借记“银行存款”科目，按应交的土地增值税，贷记本科目（应交土地增值税），同时冲销土地使用权的账面价值，贷记“无形资产”科目，按其差额，借记“营业外支出”科目或贷记“营业外收入”科目。实际交纳土地增值税时，借记本科目，贷记“银行存款”等科目。

企业按规定计算应交的房产税、土地使用税、车船使用税、矿产资源补偿费，借记“管理费用”科目，贷记本科目。实际交纳时，借记本科目，贷记“银行存款”等科目。

六、企业按照税法规定计算应交的所得税，借记“所得税费用”等科目，贷记本科目（应交所得税）。交纳的所得税，借记本科目，贷记“银行存款”等科目。

七、本科目期末贷方余额，反映企业尚未交纳的税费；期末如为借方余额，反映企业多交或尚未抵扣的税费。

2231 应付利息

一、本科目核算企业按照合同约定应支付的利息，包括吸收存款、分期付息到期还本的长期借款、企业债券等应支付的利息。

二、本科目可按存款人或债权人进行明细核算。

三、资产负债表日，应按摊余成本和实际利率计算确定的利息费用，借记“利息支出”、“在建工程”、“财务费用”、“研发支出”等科目，按合同利率计算确定的应付未付利息，贷记本科目，按其差额，借记或贷记“长期借款——利息调整”、“吸收存款——利息调整”等科目。

合同利率与实际利率差异较小的，也可以采用合同利率计算确定利息费用。

实际支付利息时，借记本科目，贷记“银行存款”等科目。

四、本科目期末贷方余额，反映企业应付未付的利息。

2232 应付股利

一、本科目核算企业分配的现金股利或利润。

二、本科目可按投资者进行明细核算。

三、企业根据股东大会或类似机构审议批准的利润分配方案，按应支付的现金股利或利润，借记“利润分配”科目，贷记本科目。实际支付现金股利或利润，借记本科目，贷记“银行存款”等科目。

董事会或类似机构通过的利润分配方案中拟分配的现金股利或利润，不做账务处理，但应在附注中披露。

四、本科目期末贷方余额，反映企业应付未付的现金股利或利润。

2241 其他应付款

一、本科目核算企业除应付票据、应付账款、预收账款、应付职工薪酬、应付利息、应付股利、应交税费、长期应付款等以外的其他各项应付、暂收的款项。

企业（保险）应交纳的保险保障基金，也通过本科目核算。

二、本科目可按其他应付款的项目和对方单位（或个人）进行明细核算。

三、企业采用售后回购方式融入资金的，应按实际收到的金额，借记“银行存款”科目，贷记本科目。回购价格与原销售价格之间的差额，应在售后回购期间内按期计提利息费用，借记“财务费用”科目，贷记本科目。按照合同约定购回该项商品等时，应按实际支付的金额，借记本科目，贷记“银行存款”科目。

四、企业发生的其他各种应付、暂收款项，借记“管理费用”等科目，贷记本科目；支付的其他各种应付、暂收款项，借记本科目，贷记“银行存款”等科目。

五、本科目期末贷方余额，反映企业应付未付的其他应付款项。

2251　应付保单红利

一、本科目核算企业（保险）按原保险合同约定应付未付投保人的红利。

二、本科目可按投保人进行明细核算。

三、企业按原保险合同约定计提应支付的保单红利，借记“保单红利支出”科目，贷记本科目。向投保人支付的保单红利，借记本科目，贷记“库存现金”、“银行存款”等科目。

四、本科目期末贷方余额，反映企业应付未付投保人的红利。

2261　应付分保账款

一、本科目核算企业（保险）从事再保险业务应付未付的款项。

二、本科目可按再保险分出人或再保险接受人和再保险合同进行明细核算。

三、再保险分出人应付分保账款的主要账务处理。

（一）企业在确认原保险合同保费收入的当期，按相关再保险合同约定计算确定的分出保费金额，借记“分出保费”科目，贷记本科目。

在原保险合同提前解除的当期，按相关再保险合同约定计算确定的分出保费的调整金额，借记本科目，贷记“分出保费”科目。

对于超额赔款再保险等非比例再保险合同，按相关再保险合同约定计算确定的分出保费金额，借记“分出保费”科目，贷记本科目。

（二）发出分保业务账单时，按账单标明的扣存本期分保保证金，借记本科目，贷记“存入保证金”科目。按账单标明的返还上期扣存分保保证金，借记“存入保证金”科目，贷记本科目。

按期计算的存入分保保证金利息，借记“利息支出”科目，贷记本科目。

四、再保险接受人应付分保账款的主要账务处理。

（一）企业在确认分保费收入的当期，按相关再保险合同约定计算确定的分保费用金额，借记“分保费用”科目，贷记本科目。

收到分保业务账单时，按账单标明的金额对分保费用进行调整，按调整增加额，借记“分保费用”科目，贷记本科目；按调整减少额做相反的会计分录。

（二）计算确定应向再保险分出人支付纯益手续费的，按相关再保险合同约定计算确定的纯益手续费金额，借记“分保费用”科目，贷记本科目。

（三）收到分保业务账单的当期，按账单标明的分保赔付款项金额，借记“赔付支出”科目，贷记本科目。

五、再保险分出人、再保险接受人结算分保账款时，按应付分保账款金额，借记本科目，按应收分保账款金额，贷记“应收分保账款”科目，按其差额，借记或贷记“银行存款”科目。

六、本科目期末贷方余额，反映企业从事再保险业务应付未付的款项。

2311 代理买卖证券款

一、本科目核算企业（证券）接受客户委托，代理客户买卖股票、债券和基金等有价证券而收到的款项。

企业（证券）代理客户认购新股的款项、代理客户领取的现金股利和债券利息、代理客户向证券交易所支付的配股款等，也在本科目核算。

二、本科目可按客户类别等进行明细核算。

三、代理买卖证券款的主要账务处理。

（一）企业收到客户交来的款项，借记“银行存款——客户”等科目，贷记本科目；客户提取存款做相反的会计分录。

（二）接受客户委托，买入证券成交总额大于卖出证券成交总额的，应按买卖证券成交价的差额加上代扣代交的相关税费和应向客户收取的佣金等之和，借记本科目等，贷记“结算备付金——客户”、“银行存款”等科目。

接受客户委托，卖出证券成交总额大于买入证券成交总额的，应按买卖证券成交价的差额减去代扣代交的相关税费和应向客户收取的佣金等后的余额，借记“结算备付金——客户”、“银行存款”等科目，贷记本科目等。

（三）代理客户认购新股，收到客户交来的认购款项，借记“银行存款——客户”等科目，贷记本科目。将款项划付证券交易所，借记“结算备付金——客户”科目，贷记“银行存款——客户”科目。客户办理申购手续，按实际支付的金额，借记本科目，贷记“结算备付金——客户”科目。证券交易所完成中签认定工作，将未中签资金退给客户时，借记“结算备付金——客户”科目，贷记本科目。企业将未中签的款项划回，借记“银行存款——客户”科目，贷记“结算备付金——客户”科目。企业将未中签的款项退给客户，借记本科目，贷记“银行存款——客户”科目。

（四）代理客户办理配股业务，采用当日向证券交易所交纳配股款的，当客户提出配股要求时，借记本科目，贷记“结算备付金——客户”科目。采用定期向证券交易所交纳配股款的，在客户提出配股要求时，借记本科目，贷记“其他应付款——应付客户配股款”科目。与证券交易所清算配股款，按配股金额，借记“其他应付款——应付客户配股款”科目，贷记“结算备付金——客户”科目。

四、本科目期末贷方余额，反映企业接受客户存放的代理买卖证券资金。

2312 代理承销证券款

一、本科目核算企业（金融）接受委托，采用承购包销方式或代销方式承销证券所形成的、应付证券发行人的承销资金。

二、本科目可按委托单位和证券种类进行明细核算。

三、企业承销记名证券的主要账务处理。

（一）通过证券交易所上网发行的，在证券上网发行日根据承销合同确认的证券发行总额，按承销价款，在备查簿中记录承销证券的情况。

（二）与证券交易所交割清算，按实际收到的金额，借记“结算备付金”等科目，贷记本科目。

（三）承销期结束，将承销证券款项交付委托单位并收取承销手续费，按承销价款，借记本科目，按应收取的承销手续费，贷记“手续费及佣金收入”科目，按实际支付给委托单位的金额，贷记“银行存款”等科目。

（四）承销期结束有未售出证券、采用余额承购包销方式承销证券的，按合同规定由企业认购，应按承销价款，借记“交易性金融资产”、“可供出售金融资产”等科目，贷记本科目。

承销期结束，应将未售出证券退还委托单位。

四、企业承销无记名证券，比照承销记名证券的相关规定进行处理。

五、本科目期末贷方余额，反映企业承销证券应付未付给委托单位的款项。

2313　代理兑付证券款

一、本科目核算企业（证券、银行等）接受委托代理兑付证券收到的兑付资金。

二、本科目可按委托单位和证券种类进行明细核算。

三、代理兑付证券款的主要账务处理。

（一）企业兑付记名证券，收到委托单位的兑付资金，借记“银行存款”等科目，贷记本科目。收到客户交来的证券，按兑付金额，借记本科目，贷记“库存现金”、“银行存款”等科目。

兑付无记名证券的，还应通过“代理兑付证券”科目核算。

（二）收取代理兑付证券手续费收入，向委托单位单独收取的，按应收或已收取的手续费，借记“应收手续费及佣金”等科目，贷记“手续费及佣金收入”科目。

手续费与兑付款一并汇入的，在收到款项时，应按实际收到的金额，借记“结算备付金”等科目，按应兑付的金额，贷记本科目，按事先取得的手续费，贷记“其他应付款——预收代理兑付证券手续费”科目。兑付证券业务完成后确认手续费收入，借记“其他应付款——预收代理兑付证券手续费”科目，贷记“手续费及佣金收入”科目。

四、本科目期末贷方余额，反映企业已收到但尚未兑付的代理兑付证券款项。

2314　代理业务负债

一、本科目核算企业不承担风险的代理业务收到的款项，包括受托投资资金、受托贷款资金等。

企业采用收取手续费方式收到的代销商品款，可将本科目改为“2314 受托代销商品款”科目。

二、本科目可按委托单位、资产管理类别（如定向、集合和专项资产管理业务）等进行明细核算。

三、代理业务负债的主要账务处理。

（一）企业收到的代理业务款项，借记“银行存款”、“存放中央银行款项”、“吸收存款”等科目，贷记本科目。

定期或在合同到期与委托客户进行结算，按合同约定比例计算代理业务资产收益，结转已实现未结算损益，借记“代理业务资产——已实现未结算损益”科目，按属于委托客户的收益，贷记本科目，按属于企业的收益，贷记“手续费及佣金收入”科目。

按规定划转、核销或退还代理业务资金，借记本科目，贷记“银行存款”、“存放中央银行款项”、“吸收存款”等科目。

（二）收到受托代销的商品，按约定的价格，借记“受托代销商品”科目，贷记“受托代销商品款”科目。

售出受托代销商品后，按实际收到或应收的金额，借记“银行存款”、“应收账款”等科目，贷记“受托代销商品”科目。计算代销手续费等收入，借记“受托代销商品款”科目，贷记“其他业务收入”科目。结清代销商品款时，借记“受托代销商品款”科目，贷记“银行存款”科目。

四、本科目期末贷方余额，反映企业收到的代理业务资金。

2401 递延收益

一、本科目核算企业确认的应在以后期间计入当期损益的政府补助。

二、本科目可按政府补助的项目进行明细核算。

三、递延收益的主要账务处理。

（一）企业收到或应收的与资产相关的政府补助，借记“银行存款”、“其他应收款”等科目，贷记本科目。在相关资产使用寿命内分配递延收益，借记本科目，贷记“营业外收入”科目。

（二）与收益相关的政府补助，用于补偿企业以后期间相关费用或损失的，按收到或应收的金额，借记“银行存款”、“其他应收款”等科目，贷记本科目。在发生相关费用或损失的未来期间，按应补偿的金额，借记本科目，贷记“营业外收入”科目。用于补偿企业已发生的相关费用或损失的，按收到或应收的金额，借记“银行存款”、“其他应收款”等科目，贷记“营业外收入”科目。

四、本科目期末贷方余额，反映企业应在以后期间计入当期损益的政府补助。

2501 长期借款

一、本科目核算企业向银行或其他金融机构借入的期限在 1 年以上（不含 1 年）的各项借款。

二、本科目可按贷款单位和贷款种类，分别“本金”、“利息调整”等进行明细核算。

三、长期借款的主要账务处理。

（一）企业借入长期借款，应按实际收到的金额，借记“银行存款”科目，贷记本科目（本金）。如存在差额，还应借记本科目（利息调整）。

（二）资产负债表日，应按摊余成本和实际利率计算确定的长期借款的利息费用，借记“在建工程”、“制造费用”、“财务费用”、“研发支出”等科目，按合同利率计算确定的应付未付利息，贷记“应付利息”科目，按其差额，贷记本科目（利息调整）。

实际利率与合同利率差异较小的，也可以采用合同利率计算确定利息费用。

（三）归还的长期借款本金，借记本科目（本金），贷记“银行存款”科目。同时，存在利息调整余额的，借记或贷记“在建工程”、“制造费用”、“财务费用”、“研发支出”等科目，贷记或借记本科目（利息调整）。

四、本科目期末贷方余额，反映企业尚未偿还的长期借款。

2502 应付债券

一、本科目核算企业为筹集（长期）资金而发行债券的本金和利息。

企业发行的可转换公司债券，应将负债和权益成份进行分拆，分拆后形成的负债成份在本科目核算。

二、本科目可按“面值”、“利息调整”、“应计利息”等进行明细核算。

三、应付债券的主要账务处理。

（一）企业发行债券，应按实际收到的金额，借记“银行存款”等科目，按债券票面金额，贷记本科目（面值）。存在差额的，还应借记或贷记本科目（利息调整）。

发行的可转换公司债券，应按实际收到的金额，借记“银行存款”等科目，按该项可转换公司债券包含的负债成份的面值，贷记本科目（可转换公司债券—面值），按权益成份的公允价值，贷记“资本公积——其他资本公积”科目，按其差额，借记或贷记本科目（利息调整）。

（二）资产负债表日，对于分期付息、一次还本的债券，应按摊余成本和实际利率计算确定的债券利息费用，借记“在建工程”、“制造费用”、“财务费用”、“研发支出”等科目，按票面利率计算确定的应付未付利息，贷记“应付利息”科目，按其差额，借记或贷记本科目（利息调整）。

对于一次还本付息的债券，应于资产负债表日按摊余成本和实际利率计算确定的债券利息费用，借记“在建工程”、“制造费用”、“财务费用”、“研发支出”等科目，按票面利率计算确定的应付未付利息，贷记本科目（应计利息），按其差额，借记或贷记本科目（利息调整）。

实际利率与票面利率差异较小的，也可以采用票面利率计算确定利息费用。

（三）长期债券到期，支付债券本息，借记本科目（面值、应计利息）、“应付利息”等科目，贷记“银行存款”等科目。同时，存在利息调整余额的，借记或贷记本科目（利息调整），贷记或借记“在建工程”、“制造费用”、“财务费用”、“研发支出”等科目。

（四）可转换公司债券持有人行使转换权利，将其持有的债券转换为股票，按可转换公司债券的余额，借记本科目（可转换公司债券—面值、利息调整），按其权益成份的金额，借记“资本公积——其他资本公积”科目，按股票面值和转换的股数计算的股票面值总额，贷记“股本”科目，按其差额，贷记“资本公积——股本溢价”科目。如用现金支付不可转换股票的部分，还应贷记“银行存款”等科目。

四、企业应当设置“企业债券备查簿”，详细登记企业债券的票面金额、债券票面利率、还本付息期限与方式、发行总额、发行日期和编号、委托代售单位、转换股份等资料。企业债券到期兑付，在备查簿中应予注销。

五、本科目期末贷方余额，反映企业尚未偿还的长期债券摊余成本。

2601　未到期责任准备金

一、本科目核算企业（保险）提取的非寿险原保险合同未到期责任准备金。

再保险接受人提取的再保险合同分保未到期责任准备金，也在本科目核算。

二、本科目可按保险合同进行明细核算。

三、未到期责任准备金的主要账务处理。

（一）企业确认原保费收入、分保费收入的当期，应按保险精算确定的未到期责任准备金，借记“提取未到期责任准备金”科目，贷记本科目。

（二）资产负债表日，按保险精算重新计算确定的未到期责任准备金与已确认的未到期责任准备金的差额，借记本科目，贷记“提取未到期责任准备金”科目。

（三）原保险合同提前解除的，按相关未到期责任准备金余额，借记本科目，贷记“提取未到期责任准备金”科目。

四、本科目期末贷方余额，反映企业的未到期责任准备金。

2602　保险责任准备金

一、本科目核算企业（保险）提取的原保险合同保险责任准备金，包括未决赔款准备金、寿险责任准备金、长期健康险责任准备金。

再保险接受人提取的再保险合同保险责任准备金，也在本科目核算。

企业（保险）也可以单独设置“未决赔款准备金”、“寿险责任准备金”、“长期健康险责任准备金”等科目。

二、本科目可按保险责任准备金类别、保险合同进行明细核算。

三、保险责任准备金的主要账务处理。

（一）企业确认寿险保费收入，应按保险精算确定的寿险责任准备金、长期健康险责任准备金，借记“提取保险责任准备金”科目，贷记本科目。

投保人发生非寿险保险合同约定的保险事故当期，企业应按保险精算确定的未决赔款准备金，借记“提取保险责任准备金”科目，贷记本科目。

对保险责任准备金进行充足性测试，应按补提的保险责任准备金，借记“提取保险责任准备金”科目，贷记本科目。

（二）原保险合同保险人确定支付赔付款项金额或实际发生理赔费用的当期，应按冲减的相应保险责任准备金余额，借记本科目，贷记“提取保险责任准备金”科目。

再保险接受人收到分保业务账单的当期，应按分保保险责任准备金的相应冲减金额，借记本科目，贷记“提取保险责任准备金”科目。

（三）寿险原保险合同提前解除的，应按相关寿险责任准备金、长期健康险责任准备金余额，借记本科目，贷记“提取保险责任准备金”科目。

四、本科目期末贷方余额，反映企业的保险责任准备金。

2611 保户储金

一、本科目核算企业（保险）收到投保人以储金本金增值作为保费收入的储金。

企业（保险）收到投保人投资型保险业务的投资款，可将本科目改为“2611 保户投资款”科目。

企业（保险）应向投保人支付的储金或投资款增值，也在本科目核算。

二、本科目可按投保人进行明细核算。

三、企业收到投保人交纳的储金，借记“银行存款”、“库存现金”等科目，贷记本科目。向投保人支付储金做相反的会计分录。

四、本科目期末贷方余额，反映企业应付未付投保人储金。

2621 独立账户负债

一、本科目核算企业（保险）对分拆核算的投资连结产品不属于风险保障部分确认的独立账户负债。

二、本科目可按负债类别进行明细核算。

三、独立账户负债的主要账务处理。

（一）向独立账户划入资金，借记“独立账户资产——银行存款及现金”科目，贷记本科目。

（二）对独立账户投资进行估值，按估值增值，借记“独立账户资产”科目，贷记本科目；估值减值的做相反的会计分录。

（三）按照独立账户计提的保险费，借记“银行存款”科目，贷记“保费收入”科目；同时，借记本科目，贷记“独立账户资产”科目。

对独立账户计提账户管理费，借记“银行存款”科目，贷记“手续费及佣金收入”科目；同时，借记本科目，贷记“独立账户资产”科目。

（四）支付独立账户资产，借记本科目，贷记“独立账户资产”科目。

四、本科目期末贷方余额，反映企业确认的独立账户负债。

2701 长期应付款

一、本科目核算企业除长期借款和应付债券以外的其他各种长期应付款项，包括应付融资租入固定资产的租赁费、以分期付款方式购入固定资产等发生的应付款项等。

二、本科目可按长期应付款的种类和债权人进行明细核算。

三、长期应付款的主要账务处理。

（一）企业融资租入的固定资产，在租赁期开始日，按应计入固定资产成本的金额（租赁开始日租赁资产公允价值与最低租赁付款额现值两者中较低者，加上初始直接费用），借记“在建工程”或“固定资产”科目，按最低租赁付款额，贷记本科目，按发生的初始直接费用，贷记“银行存款”等科目，按其差额，借记“未确认融资费用”科目。

按期支付的租金，借记本科目，贷记“银行存款”等科目。

（二）购入有关资产超过正常信用条件延期支付价款、实质上具有融资性质的，应按购买价款的现值，借记“固定资产”、“在建工程”等科目，按应支付的金额，贷记本科目，按其差额，借记“未确认融资费用”科目。

按期支付的价款，借记本科目，贷记“银行存款”科目。

四、本科目期末贷方余额，反映企业应付未付的长期应付款项。

2702 未确认融资费用

一、本科目核算企业应当分期计入利息费用的未确认融资费用。

二、本科目可按债权人和长期应付款项目进行明细核算。

三、未确认融资费用的主要账务处理。

（一）企业融资租入的固定资产，在租赁期开始日，按应计入固定资产成本的金额（租赁开始日租赁资产公允价值与最低租赁付款额现值两者中较低者，加上初始直接费用），借记“在建工程”或“固定资产”科目，按最低租赁付款额，贷记“长期应付款”科目，按发生的初始直接费用，贷记“银行存款”等科目，按其差额，借记本科目。

采用实际利率法分期摊销未确认融资费用，借记“财务费用”、“在建工程”等科目，贷记本科目。

（二）购入有关资产超过正常信用条件延期支付价款、实质上具有融资性质的，应按购买价款的现值，借记“固定资产”、“在建工程”等科目，按应支付的金额，贷记“长期应付款”科目，按其差额，借记本科目。

采用实际利率法分期摊销未确认融资费用，借记“在建工程”、“财务费用”等科目，贷记本科目。

四、本科目期末借方余额，反映企业未确认融资费用的摊余价值。

2711 专项应付款

一、本科目核算企业取得政府作为企业所有者投入的具有专项或特定用途的款项。

二、本科目可按资本性投资项目进行明细核算。

三、企业收到或应收的资本性拨款，借记“银行存款”等科目，贷记本科目。

将专项或特定用途的拨款用于工程项目，借记“在建工程”等科目，贷记“银行存款”、“应付职工薪酬”等科目。

工程项目完工形成长期资产的部分，借记本科目，贷记“资本公积——资本溢价”科目；对未形成长期资产需要核销的部分，借记本科目，贷记“在建工程”等科目；拨款结余需要返还的，借记本科目，贷记“银行存款”科目。

上述资本溢价转增实收资本或股本，借记“资本公积——资本溢价或股本溢价”科目，贷记“实收资本”或“股本”科目。

四、本科目期末贷方余额，反映企业尚未转销的专项应付款。

2801 预计负债

一、本科目核算企业确认的对外提供担保、未决诉讼、产品质量保证、重组义务、亏损性合同等预计负债。

二、本科目可按形成预计负债的交易或事项进行明细核算。

三、预计负债的主要账务处理。

（一）企业由对外提供担保、未决诉讼、重组义务产生的预计负债，应按确定的金额，借记“营业外支出”等科目，贷记本科目。

由产品质量保证产生的预计负债，应按确定的金额，借记“销售费用”科目，贷记本科目。

由资产弃置义务产生的预计负债，应按确定的金额，借记“固定资产”或“油气资产”科目，贷记本科目。在固定资产或油气资产的使用寿命内，按计算确定各期应负担的利息费用，借记“财务费用”科目，贷记本科目。

（二）实际清偿或冲减的预计负债，借记本科目，贷记“银行存款”等科目。

（三）根据确凿证据需要对已确认的预计负债进行调整的，调整增加的预计负债，借记有关科目，贷记本科目；调整减少的预计负债做相反的会计分录。

四、本科目期末贷方余额，反映企业已确认尚未支付的预计负债。

2901 递延所得税负债

一、本科目核算企业确认的应纳税暂时性差异产生的所得税负债。

二、本科目可按应纳税暂时性差异的项目进行明细核算。

三、递延所得税负债的主要账务处理。

（一）资产负债表日，企业确认的递延所得税负债，借记“所得税费用——递延所得税费用”科目，贷记本科目。资产负债表日递延所得税负债的应有余额大于其账面余额的，应按其差额确认，借记“所得税费用——递延所得税费用”科目，贷记本科目；资产负债表日递延所得税负债的应有余额小于其账面余额的做相反的会计分录。

与直接计入所有者权益的交易或事项相关的递延所得税负债，借记“资本公积——其他资本公积”科目，贷记本科目。

（二）企业合并中取得资产、负债的入账价值与其计税基础不同形成应纳税暂时性差异的，应于购买日确认递延所得税负债，同时调整商誉，借记“商誉”等科目，贷记本科目。

四、本科目期末贷方余额，反映企业已确认的递延所得税负债。

共同类

3001 清算资金往来

一、本科目核算企业（银行）间业务往来的资金清算款项。

二、本科目可按资金往来单位，分别“同城票据清算”、“信用卡清算”等进行明细核算。

三、同城票据清算业务的主要账务处理。

（一）提出借方凭证，借记本科目，贷记“其他应付款”科目。发生退票，借记“其他应付款”科目，贷记本科目。已过退票时间未发生退票，借记“其他应付款”科目，贷记“吸收存款”等科目。

提出贷方凭证，借记“吸收存款”等科目，贷记本科目；发生退票做相反的会计分录。

（二）提入借方凭证，提入凭证正确无误的，借记“吸收存款”等科目，贷记本科目。因误提他行凭证等原因不能入账的，借记“其他应收款”科目，贷记本科目。再提出时，借记本科目，贷记“其他应收款”科目。

提入贷方凭证，提入凭证正确无误的，借记本科目，贷记“吸收存款”等科目。因误提他行票据等原因不能入账的，借记本科目，贷记“其他应付款”科目。退票或再提出时，借记“其他应付款”科目，贷记本科目。

（三）将提出凭证和提入凭证计算轧差后为应收差额的，借记“存放中央银行款项”等科目，贷记本科目；如为应付差额做相反的会计分录。

四、发生的其他清算业务，收到的清算资金，借记“存放中央银行款项”等科目，贷记本科目；划付清算资金时做相反的会计分录。

五、本科目期末借方余额，反映企业应收的清算资金；本科目期末贷方余额，反映企业应付的清算资金。

3002 货币兑换

一、本科目核算企业（金融）采用分账制核算外币交易所产生的不同币种之间的兑换。

二、本科目按币种进行明细核算。

三、货币兑换的主要账务处理。

（一）企业发生的外币交易仅涉及货币性项目的，应按相同币种金额，借记或贷记有关货币性项目科目，贷记或借记本科目。

（二）发生的外币交易同时涉及货币性项目和非货币性项目的，按相同外币金额记入货币性项目和本科目（外币）；同时，按交易发生日即期汇率折算为记账本位币的金额记入非货币性项目和本科目（记账本位币）。

结算货币性项目产生的汇兑差额计入“汇兑损益”科目。

（三）期末，应将所有以外币表示的本科目余额按期末汇率折算为记账本位币金额，折算后的记账本位币金额与本科目（记账本位币）余额进行比较，为贷方差额的，借记本科目（记账本位币），贷记“汇兑损益”科目；为借方差额的做相反的会计分录。

四、本科目期末应无余额。

3101 衍生工具

一、本科目核算企业衍生工具的公允价值及其变动形成的衍生资产或衍生负债。

衍生工具作为套期工具的，在“套期工具”科目核算。

二、本科目可按衍生工具类别进行明细核算。

三、衍生工具的主要账务处理。

（一）企业取得衍生工具，按其公允价值，借记本科目，按发生的交易费用，借记“投资收益”科目，按实际支付的金额，贷记“银行存款”、“存放中央银行款项”等科目。

（二）资产负债表日，衍生工具的公允价值高于其账面余额的差额，借记本科目，贷记“公允价值变动损益”科目；公允价值低于其账面余额的差额做相反的会计分录。

（三）终止确认的衍生工具，应当比照“交易性金融资产”、“交易性金融负债”等科目的相关规定进行处理。

四、本科目期末借方余额，反映企业衍生工具形成资产的公允价值；本科目期末贷方余额，反映企业衍生工具形成负债的公允价值。

3201 套期工具

一、本科目核算企业开展套期保值业务（包括公允价值套期、现金流量套期和境外经营净投资套期）套期工具公允价值变动形成的资产或负债。

二、本科目可按套期工具类别进行明细核算。

三、套期工具的主要账务处理。

（一）企业将已确认的衍生工具等金融资产或金融负债指定为套期工具的，应按其账面价值，借记或贷记本科目，贷记或借记“衍生工具”等科目。

（二）资产负债表日，对于有效套期，应按套期工具产生的利得，借记本科目，贷记“公允价值变动损益”、“资本公积——其他资本公积”等科目；套期工具产生损失做相反的会计分录。

（三）金融资产或金融负债不再作为套期工具核算的，应按套期工具形成的资产或负债，借记或贷记有关科目，贷记或借记本科目。

四、本科目期末借方余额，反映企业套期工具形成资产的公允价值；本科目期末贷方余额，反映企业套期工具形成负债的公允价值。

3202 被套期项目

一、本科目核算企业开展套期保值业务被套期项目公允价值变动形成的资产或负债。

二、本科目可按被套期项目类别进行明细核算。

三、被套期项目的主要账务处理。

（一）企业将已确认的资产或负债指定为被套期项目，应按其账面价值，借记或贷记本科目，贷记或借记“库存商品”、“长期借款”、“持有至到期投资”等科目。已计提跌价准备或减值准备的，还应同时结转跌价准备或减值准备。

（二）资产负债表日，对于有效套期，应按被套期项目产生的利得，借记本科目，贷记“公允价值变动损益”、“资本公积——其他资本公积”等科目；被套期项目产生损失做相反的会计分录。

（三）资产或负债不再作为被套期项目核算的，应按被套期项目形成的资产或负债，借记或贷记有关科目，贷记或借记本科目。

四、本科目期末借方余额，反映企业被套期项目形成资产的公允价值；本科目期末贷方余额，反映企业被套期项目形成负债的公允价值。

所有者权益类

4001 实收资本

一、本科目核算企业接受投资者投入的实收资本。

股份有限公司应将本科目改为“4001 股本”科目。

企业收到投资者出资超过其在注册资本或股本中所占份额的部分，作为资本溢价或股本溢价，在“资本公积”科目核算。

二、本科目可按投资者进行明细核算。

企业（中外合作经营）在合作期间归还投资者的投资，应在本科目设置“已归还投资”明细科目进行核算。

三、实收资本的主要账务处理。

（一）企业接受投资者投入的资本，借记“银行存款”、“其他应收款”、“固定资产”、

“无形资产”、“长期股权投资”等科目，按其在注册资本或股本中所占份额，贷记本科目，按其差额，贷记“资本公积——资本溢价或股本溢价”科目。

（二）股东大会批准的利润分配方案中分配的股票股利，应在办理增资手续后，借记“利润分配”科目，贷记本科目。

经股东大会或类似机构决议，用资本公积转增资本，借记“资本公积——资本溢价或股本溢价”科目，贷记本科目。

（三）可转换公司债券持有人行使转换权利，将其持有的债券转换为股票，按可转换公司债券的余额，借记“应付债券——可转换公司债券（面值、利息调整）”科目，按其权益成份的金额，借记“资本公积——其他资本公积”科目，按股票面值和转换的股数计算的股票面值总额，贷记本科目，按其差额，贷记“资本公积——股本溢价”科目。如有现金支付不可转换股票，还应贷记“银行存款”等科目。

企业将重组债务转为资本的，应按重组债务的账面余额，借记“应付账款”等科目，按债权人因放弃债权而享有本企业股份的面值总额，贷记本科目，按股份的公允价值总额与相应的实收资本或股本之间的差额，贷记或借记“资本公积——资本溢价或股本溢价”科目，按其差额，贷记“营业外收入——债务重组利得”科目。

（四）以权益结算的股份支付换取职工或其他方提供服务的，应在行权日，按根据实际行权情况确定的金额，借记“资本公积——其他资本公积”科目，按应计入实收资本或股本的金额，贷记本科目。

四、企业按法定程序报经批准减少注册资本的，借记本科目，贷记“库存现金”、“银行存款”等科目。

股份有限公司采用收购本公司股票方式减资的，按股票面值和注销股数计算的股票面值总额，借记本科目，按所注销库存股的账面余额，贷记“库存股”科目，按其差额，借记“资本公积——股本溢价”科目，股本溢价不足冲减的，应借记“盈余公积”、“利润分配——未分配利润”科目；购回股票支付的价款低于面值总额的，应按股票面值总额，借记本科目，按所注销库存股的账面余额，贷记“库存股”科目，按其差额，贷记“资本公积——股本溢价”科目。

五、企业（中外合作经营）根据合同规定在合作期间归还投资者的投资，借记本科目（已归还投资），贷记“银行存款”等科目；同时，借记“利润分配——利润归还投资”科目，贷记“盈余公积——利润归还投资”科目。

中外合作经营清算，借记本科目、“资本公积”、“盈余公积”、“利润分配——未分配利润”等科目，贷记本科目（已归还投资）、“银行存款”等科目。

六、本科目期末贷方余额，反映企业实收资本或股本总额。

4002 资本公积

一、本科目核算企业收到投资者出资额超出其在注册资本或股本中所占份额的部分。

直接计入所有者权益的利得和损失，也通过本科目核算。

二、本科目应当分别“资本溢价（股本溢价）”、“其他资本公积”进行明细核算。

三、资本公积的主要账务处理。

（一）企业接受投资者投入的资本、可转换公司债券持有人行使转换权利、将债务转为资本等形成的资本公积，借记有关科目，贷记“实收资本”或“股本”科目、本科目（资本溢价或股本溢价）等。

与发行权益性证券直接相关的手续费、佣金等交易费用，借记本科目（股本溢价）等，贷记“银行存款”等科目。

经股东大会或类似机构决议，用资本公积转增资本，借记本科目（资本溢价或股本溢价），贷记“实收资本”或“股本”科目。

（二）同一控制下控股合并形成的长期股权投资，应在合并日按取得被合并方所有者权益账面价值的份额，借记“长期股权投资”科目，按享有被投资单位已宣告但尚未发放的现金股利或利润，借记“应收股利”科目，按支付的合并对价的账面价值，贷记有关资产科目或借记有关负债科目，按其差额，贷记本科目（资本溢价或股本溢价）；为借方差额的，借记本科目（资本溢价或股本溢价），资本公积（资本溢价或股本溢价）不足冲减的，借记“盈余公积”、“利润分配——未分配利润”科目。

同一控制下吸收合并涉及的资本公积，比照上述原则进行处理。

（三）长期股权投资采用权益法核算的，在持股比例不变的情况下，被投资单位除净损益以外所有者权益的其他变动，企业按持股比例计算应享有的份额，借记或贷记“长期股权投资——其他权益变动”科目，贷记或借记本科目（其他资本公积）。

处置采用权益法核算的长期股权投资，还应结转原记入资本公积的相关金额，借记或贷记本科目（其他资本公积），贷记或借记“投资收益”科目。

（四）以权益结算的股份支付换取职工或其他方提供服务的，应按照确定的金额，借记“管理费用”等科目，贷记本科目（其他资本公积）。

在行权日，应按实际行权的权益工具数量计算确定的金额，借记本科目（其他资本公积），按计入实收资本或股本的金额，贷记“实收资本”或“股本”科目，按其差额，贷记本科目（资本溢价或股本溢价）。

（五）自用房地产或存货转换为采用公允价值模式计量的投资性房地产，按照“投资性房地产”科目的相关规定进行处理，相应调整资本公积。

（六）将持有至到期投资重分类为可供出售金融资产，或将可供出售金融资产重分类为持有至到期投资的，按照“持有至到期投资”、“可供出售金融资产”等科目的相关规定进行处理，相应调整资本公积。

将可供出售金融资产重分类为采用成本或摊余成本计量的金融资产的，对于原记入资本公积的相关金额，还应分别不同情况进行处理：有固定到期日的，应在该项金融资产的剩余期限内，在资产负债表日，按采用实际利率法计算确定的摊销金额，借记或贷记本科目（其他资本公积），贷记或借记“投资收益”科目；没有固定到期日的，应在处置该项金融资产时，借记或贷记本科目（其他资本公积），贷记或借记“投资收益”科目。

可供出售金融资产的后续计量，按照“可供出售金融资产”科目的相关规定进行处理，相应调整资本公积。

（七）股份有限公司采用收购本公司股票方式减资的，按股票面值和注销股数计算的股票面值总额，借记“股本”科目，按所注销的库存股的账面余额，贷记“库存股”科目，按其差额，借记本科目（股本溢价），股本溢价不足冲减的，应借记“盈余公积”、“利润分配——未分配利润”科目；购回股票支付的价款低于面值总额的，应按股票面值总额，借记“股本”科目，按所注销的库存股的账面余额，贷记“库存股”科目，按其差额，贷记本科目（股本溢价）。

（八）资产负债表日，满足运用套期会计方法条件的现金流量套期和境外经营净投资套期产生的利得或损失，属于有效套期的，借记或贷记有关科目，贷记或借记本科目（其他资本公积）；属于无效套期的，借记或贷记有关科目，贷记或借记“公允价值变动损益”科目。

四、本科目期末贷方余额，反映企业的资本公积。

4101 盈余公积

一、本科目核算企业从净利润中提取的盈余公积。

二、本科目应当分别“法定盈余公积”、“任意盈余公积”进行明细核算。

外商投资企业还应分别“储备基金”、“企业发展基金”进行明细核算。

中外合作经营在合作期间归还投资者的投资，应在本科目设置“利润归还投资”明细科目进行核算。

三、盈余公积的主要账务处理。

（一）企业按规定提取的盈余公积，借记“利润分配——提取法定盈余公积、提取任意盈余公积”科目，贷记本科目（法定盈余公积、任意盈余公积）。

外商投资企业按规定提取的储备基金、企业发展基金、职工奖励及福利基金，借记“利润分配——提取储备基金、提取企业发展基金、提取职工奖励及福利基金”科目，贷记本科目（储备基金、企业发展基金）、“应付职工薪酬”科目。

（二）经股东大会或类似机构决议，用盈余公积弥补亏损或转增资本，借记本科目，贷记“利润分配——盈余公积补亏”、“实收资本”或“股本”科目。

经股东大会决议，用盈余公积派送新股，按派送新股计算的金额，借记本科目，按股票面值和派送新股总数计算的股票面值总额，贷记“股本”科目。

中外合作经营根据合同规定在合作期间归还投资者的投资，应按实际归还投资的金额，借记“实收资本——已归还投资”科目，贷记“银行存款”等科目；同时，借记“利润分配——利润归还投资”科目，贷记本科目（利润归还投资）。

四、本科目期末贷方余额，反映企业的盈余公积。

4102　一般风险准备

一、本科目核算企业（金融）按规定从净利润中提取的一般风险准备。

二、企业提取的一般风险准备，借记“利润分配——提取一般风险准备”科目，贷记本科目。用一般风险准备弥补亏损，借记本科目，贷记“利润分配——一般风险准备补亏”科目。

三、本科目期末贷方余额，反映企业的一般风险准备。

4103　本年利润

一、本科目核算企业当期实现的净利润（或发生的净亏损）。

二、企业期（月）末结转利润时，应将各损益类科目的金额转入本科目，结平各损益类科目。结转后本科目的贷方余额为当期实现的净利润；借方余额为当期发生的净亏损。

三、年度终了，应将本年收入和支出相抵后结出的本年实现的净利润，转入“利润分配”科目，借记本科目，贷记“利润分配——未分配利润”科目；如为净亏损做相反的会计分录。结转后本科目应无余额。

4104　利润分配

一、本科目核算企业利润的分配（或亏损的弥补）和历年分配（或弥补）后的余额。

二、本科目应当分别“提取法定盈余公积”、“提取任意盈余公积”、“应付现金股利或利润”、“转作股本的股利”、“盈余公积补亏”和“未分配利润”等进行明细核算。

三、利润分配的主要账务处理。

（一）企业按规定提取的盈余公积，借记本科目（提取法定盈余公积、提取任意盈余公积），贷记“盈余公积——法定盈余公积、任意盈余公积”科目。

外商投资企业按规定提取的储备基金、企业发展基金、职工奖励及福利基金，借记本科目（提取储备基金、提取企业发展基金、提取职工奖励及福利基金），贷记“盈余公积——储备基金、企业发展基金”、“应付职工薪酬”等科目。

企业（金融）按规定提取的一般风险准备，借记本科目（提取一般风险准备），贷记“一般风险准备”科目。

（二）经股东大会或类似机构决议，分配给股东或投资者的现金股利或利润，借记本科目（应付现金股利或利润），贷记“应付股利”科目。

经股东大会或类似机构决议，分配给股东的股票股利，应在办理增资手续后，借记本科目（转作股本的股利），贷记“股本”科目。

用盈余公积弥补亏损，借记“盈余公积——法定盈余公积或任意盈余公积”科目，贷记本科目（盈余公积补亏）。

企业（金融）用一般风险准备弥补亏损，借记“一般风险准备”科目，贷记本科目（一般风险准备补亏）科目。

四、年度终了，企业应将本年实现的净利润，自“本年利润”科目转入本科目，借记“本年利润”科目，贷记本科目（未分配利润），为净亏损的做相反的会计分录；同时，将“利润分配”科目所属其他明细科目的余额转入本科目“未分配利润”明细科目。结转后，本科目除“未分配利润”明细科目外，其他明细科目应无余额。

五、本科目年末余额，反映企业的未分配利润（或未弥补亏损）。

4201　库存股

一、本科目核算企业收购、转让或注销的本公司股份金额。

二、库存股的主要账务处理。

（一）企业为减少注册资本而收购本公司股份的，应按实际支付的金额，借记本科目，贷记“银行存款”等科目。

（二）为奖励本公司职工而收购本公司股份的，应按实际支付的金额，借记本科目，贷记“银行存款”等科目，同时做备查登记。

将收购的股份奖励给本公司职工属于以权益结算的股份支付，如有实际收到的金额，借记“银行存款”科目，按根据职工获取奖励股份的实际情况确定的金额，借记“资本公积——其他资本公积”科目，按奖励库存股的账面余额，贷记本科目，按其差额，贷记或借记“资本公积——股本溢价”科目。

（三）股东因对股东大会作出的公司合并、分立决议持有异议而要求企业收购本公司股份的，企业应按实际支付的金额，借记本科目，贷记“银行存款”等科目。

（四）转让库存股，应按实际收到的金额，借记“银行存款”等科目，按转让库存股的账面余额，贷记本科目，按其差额，贷记“资本公积——股本溢价”科目；为借方差额的，借记“资本公积——股本溢价”科目，股本溢价不足冲减的，应借记“盈余公积”、“利润分配——未分配利润”科目。

（五）注销库存股，应按股票面值和注销股数计算的股票面值总额，借记“股本”科目，按注销库存股的账面余额，贷记本科目，按其差额，借记“资本公积——股本溢价”科目，股本溢价不足冲减的，应借记“盈余公积”、“利润分配——未分配利润”科目。

三、本科目期末借方余额，反映企业持有尚未转让或注销的本公司股份金额。

成本类

5001　生产成本

一、本科目核算企业进行工业性生产发生的各项生产成本，包括生产各种产品（产成品、自制半成品等)、自制材料、自制工具、自制设备等。

企业(农业)进行农业生产发生的各项生产成本,可将本科目改为“5001 农业生产成本”科目,并分别种植业、畜牧养殖业、林业和水产业确定成本核算对象(消耗性生物资产、生产性生物资产、公益性生物资产和农产品)和成本项目,进行费用的归集和分配。

企业(房地产开发)可将本科目改为“5001 开发成本”科目。

二、本科目可按基本生产成本和辅助生产成本进行明细核算。

基本生产成本应当分别按照基本生产车间和成本核算对象(产品的品种、类别、定单、批别、生产阶段等)设置明细账(或成本计算单,下同),并按照规定的成本项目设置专栏。

三、生产成本的主要账务处理。

(一)企业发生的各项直接生产成本,借记本科目(基本生产成本、辅助生产成本),贷记“原材料”、“库存现金”、“银行存款”、“应付职工薪酬”等科目。

各生产车间应负担的制造费用,借记本科目(基本生产成本、辅助生产成本),贷记“制造费用”科目。

辅助生产车间为基本生产车间、企业管理部门和其他部门提供的劳务和产品,期(月)末按照一定的分配标准分配给各受益对象,借记本科目(基本生产成本)、“管理费用”、“销售费用”、“其他业务成本”、“在建工程”等科目,贷记本科目(辅助生产成本)。

企业已经生产完成并已验收入库的产成品以及入库的自制半成品,应于期(月)末,借记“库存商品”等科目,贷记本科目(基本生产成本)。

(二)生产性生物资产在产出农产品过程中发生的各项费用,借记“农业生产成本”科目,贷记“库存现金”、“银行存款”、“原材料”、“应付职工薪酬”、“生产性生物资产累计折旧”等科目。

农业生产过程中发生的应由农产品、消耗性生物资产、生产性生物资产和公益性生物资产共同负担的费用,借记“农业生产成本——共同费用”科目,贷记“库存现金”、“银行存款”、“原材料”、“应付职工薪酬”、“农业生产成本”等科目。

期(月)末,可按一定的分配标准对上述共同负担的费用进行分配,借记“农业生产成本——农产品”、“消耗性生物资产”、“生产性生物资产”、“公益性生物资产”等科目,贷记“农业生产成本——共同费用”科目。

应由生产性生物资产收获的农产品负担的费用,应当采用合理的方法在农产品各品种之间进行分配;如有尚未收获的农产品,还应当在已收获和尚未收获的农产品之间进行分配。

生产性生物资产收获的农产品验收入库时,按其实际成本,借记“农产品”科目,贷记本科目(农产品)。

四、本科目期末借方余额,反映企业尚未加工完成的在产品成本或尚未收获的农产品成本。

5101 制造费用

一、本科目核算企业生产车间(部门)为生产产品和提供劳务而发生的各项间接费用。

企业行政管理部门为组织和管理生产经营活动而发生的管理费用,在“管理费用”科目核算。

二、本科目可按不同的生产车间、部门和费用项目进行明细核算。

三、制造费用的主要账务处理。

(一)生产车间发生的机物料消耗,借记本科目,贷记“原材料”等科目。

(二)发生的生产车间管理人员的工资等职工薪酬,借记本科目,贷记“应付职工薪酬”科目。

（三）生产车间计提的固定资产折旧，借记本科目，贷记“累计折旧”科目。

（四）生产车间支付的办公费、水电费等，借记本科目，贷记“银行存款”等科目。

（五）发生季节性的停工损失，借记本科目，贷记“原材料”、“应付职工薪酬”、“银行存款”等科目。

（六）将制造费用分配计入有关的成本核算对象，借记“生产成本（基本生产成本、辅助生产成本）”、“劳务成本”等科目，贷记本科目。

（七）季节性生产企业制造费用全年实际发生额与分配额的差额，除其中属于为下一年开工生产做准备的可留待下一年分配外，其余部分实际发生额大于分配额的差额，借记“生产成本——基本生产成本”科目，贷记本科目；实际发生额小于分配额的差额做相反的会计分录。

四、除季节性的生产性企业外，本科目期末应无余额。

5201 劳务成本

一、本科目核算企业对外提供劳务发生的成本。

企业（证券）在为上市公司进行承销业务发生的各项相关支出，

可将本科目改为“5201 待转承销费用”科目，并按照客户进行明细核算。

二、本科目可按提供劳务种类进行明细核算。

三、企业发生的各项劳务成本，借记本科目，贷记“银行存款”、“应付职工薪酬”、“原材料”等科目。

建造承包商对外单位、专项工程等提供机械作业（包括运输设备）的成本，借记本科目，贷记“机械作业”科目。

结转劳务的成本，借记“主营业务成本”、“其他业务成本”等科目，贷记本科目。

四、本科目期末借方余额，反映企业尚未完成或尚未结转的劳务成本。

5301 研发支出

一、本科目核算企业进行研究与开发无形资产过程中发生的各项支出。

二、本科目可按研究开发项目，分别“费用化支出”、“资本化支出”进行明细核算。

三、研发支出的主要账务处理。

（一）企业自行开发无形资产发生的研发支出，不满足资本化条件的，借记本科目（费用化支出），满足资本化条件的，借记本科目（资本化支出），贷记“原材料”、“银行存款”、“应付职工薪酬”等科目。

（二）研究开发项目达到预定用途形成无形资产的，应按本科目（资本化支出）的余额，借记“无形资产”科目，贷记本科目（资本化支出）。

期（月）末，应将本科目归集的费用化支出金额转入“管理费用”科目，借记“管理费用”科目，贷记本科目（费用化支出）。

四、本科目期末借方余额，反映企业正在进行无形资产研究开发项目满足资本化条件的支出。

5401 工程施工

一、本科目核算企业（建造承包商）实际发生的合同成本和合同毛利。

二、本科目可按建造合同，分别“合同成本”、“间接费用”、“合同毛利”进行明细核算。

三、工程施工的主要账务处理。

（一）企业进行合同建造时发生的人工费、材料费、机械使用费以及施工现场材料的二次搬运费、生产工具和用具使用费、检验试验费、临时设施折旧费等其他直接费用，借记本科目（合同成本），贷记“应付职工薪酬”、“原材料”等科目。发生的施工、生产单位管理人员职工薪酬、固定资产折旧费、财产保险费、工程保修费、排污费等间接费用，借记本科目（间接费用），贷记“累计折旧”、“银行存款”等科目。

期（月）末，将间接费用分配计入有关合同成本，借记本科目（合同成本），贷记本科目（间接费用）。

（二）确认合同收入、合同费用时，借记“主营业务成本”科目，贷记“主营业务收入”科目，按其差额，借记或贷记本科目（合同毛利）。

（三）合同完工时，应将本科目余额与相关工程施工合同的“工程结算”科目对冲，借记“工程结算”科目，贷记本科目。

四、本科目期末借方余额，反映企业尚未完工的建造合同成本和合同毛利。

5402　工程结算

一、本科目核算企业（建造承包商）根据建造合同约定向业主办理结算的累计金额。

二、本科目可按建造合同进行明细核算。

三、企业向业主办理工程价款结算，按应结算的金额，借记“应收账款”等科目，贷记本科目。

合同完工时，应将本科目余额与相关工程施工合同的“工程施工”科目对冲，借记本科目，贷记“工程施工”科目。

四、本科目期末贷方余额，反映企业尚未完工建造合同已办理结算的累计金额。

5403　机械作业

一、本科目核算企业（建造承包商）及其内部独立核算的施工单位、机械站和运输队使用自有施工机械和运输设备进行机械作业（包括机械化施工和运输作业等）所发生的各项费用。

企业及其内部独立核算的施工单位，从外单位或本企业其他内部独立核算的机械站租入施工机械发生的机械租赁费，在“工程施工”科目核算。

二、本科目可按施工机械或运输设备的种类等进行明细核算。

施工企业内部独立核算的机械施工、运输单位使用自有施工机械或运输设备进行机械作业所发生的各项费用，可按成本核算对象和成本项目进行归集。

成本项目一般分为：人工费、燃料及动力费、折旧及修理费、其他直接费用、间接费用（为组织和管理机械作业生产所发生的费用）。

三、机械作业的主要账务处理。

（一）企业发生的机械作业支出，借记本科目，贷记“原材料”、“应付职工薪酬”、“累计折旧”等科目。

（二）期（月）末，企业及其内部独立核算的施工单位、机械站和运输队为本单位承包的工程进行机械化施工和运输作业的成本，应转入承包工程的成本，借记“工程施工”科目，贷记本科目。对外单位、专项工程等提供机械作业（包括运输设备）的成本，借记“劳务成本”科目，贷记本科目。

四、本科目期末应无余额。

损益类

6001 主营业务收入

一、本科目核算企业确认的销售商品、提供劳务等主营业务的收入。

二、本科目可按主营业务的种类进行明细核算。

三、主营业务收入的主要账务处理。

（一）企业销售商品或提供劳务实现的收入，应按实际收到或应收的金额，借记“银行存款”、“应收账款”、“应收票据”等科目，按确认的营业收入，贷记本科目。

采用递延方式分期收款、具有融资性质的销售商品或提供劳务满足收入确认条件的，按应收合同或协议价款，借记“长期应收款”科目，按应收合同或协议价款的公允价值（折现值），贷记本科目，按其差额，贷记“未实现融资收益”科目。

以库存商品进行非货币性资产交换（非货币性资产交换具有商业实质且公允价值能够可靠计量）、债务重组的，应按该产成品、商品的公允价值，借记有关科目，贷记本科目。

本期（月）发生的销售退回或销售折让，按应冲减的营业收入，借记本科目，按实际支付或应退还的金额，贷记“银行存款”、“应收账款”等科目。

上述销售业务涉及增值税销项税额的，还应进行相应的处理。

（二）确认建造合同收入，按应确认的合同费用，借记“主营业务成本”科目，按应确认的合同收入，贷记本科目，按其差额，借记或贷记“工程施工——合同毛利”科目。

四、期末，应将本科目的余额转入“本年利润”科目，结转后本科目应无余额。

6011 利息收入

一、本科目核算企业（金融）确认的利息收入，包括发放的各类贷款（银团贷款、贸易融资、贴现和转贴现融出资金、协议透支、信用卡透支、转贷款、垫款等）、与其他金融机构（中央银行、同业等）之间发生资金往来业务、买入返售金融资产等实现的利息收入等。

二、本科目可按业务类别进行明细核算。

三、资产负债表日，企业应按合同利率计算确定的应收未收利息，借记“应收利息”等科目，按摊余成本和实际利率计算确定的利息收入，贷记本科目，按其差额，借记或贷记“贷款——利息调整”等科目。

实际利率与合同利率差异较小的，也可以采用合同利率计算确定利息收入。

四、期末，应将本科目余额转入“本年利润”科目，结转后本科目无余额。

6021 手续费及佣金收入

一、本科目核算企业（金融）确认的手续费及佣金收入，包括办理结算业务、咨询业务、担保业务、代保管等代理业务以及办理受托贷款及投资业务等取得的手续费及佣金，如结算手续费收入、佣金收入、业务代办手续费收入、基金托管收入、咨询服务收入、担保收入、受托贷款手续费收入、代保管收入，代理买卖证券、代理承销证券、代理兑付证券、代理保管证券、代理保险业务等代理业务以及其他相关服务实现的手续费及佣金收入等。

二、本科目可按手续费及佣金收入类别进行明细核算。

三、企业确认的手续费及佣金收入，按应收的金额，借记“应收手续费及佣金”、“代理承销证券款”等科目，贷记本科目。实际收到手续费及佣金，借记“存放中央银行款项”、“银行存款”、“结算备付金”、“吸收存款”等科目，贷记“应收手续费及佣金”等科目。

四、期末，应将本科目余额转入“本年利润”科目，结转后本科目无余额。

6031 保费收入

一、本科目核算企业（保险）确认的保费收入。

二、本科目可按保险合同和险种进行明细核算。

三、保费收入的主要账务处理。

（一）企业确认的原保险合同保费收入，借记“应收保费”、“预收保费”、“银行存款”、“库存现金”等科目，贷记本科目。

非寿险原保险合同提前解除的，按原保险合同约定计算确定的应退还投保人的金额，借记本科目，贷记“库存现金”、“银行存款”等科目。

（二）确认的再保险合同分保费收入，借记“应收分保账款”科目，贷记本科目。

收到分保业务账单，按账单标明的金额对分保费收入进行调整，按调整增加额，借记“应收分保账款”科目，贷记本科目；调整减少额做相反的会计分录。

四、期末，应将本科目余额转入“本年利润”科目，结转后本科目无余额。

6041 租赁收入

一、本科目核算企业（租赁）确认的租赁收入。

二、本科目可按租赁资产类别进行明细核算。

三、企业确认的租赁收入，借记“未实现融资收益”、“应收账款”等科目，贷记本科目。取得或有租金，借记“银行存款”等科目，贷记本科目。

四、期末，应将本科目余额转入“本年利润”科目，结转后本科目无余额。

6051 其他业务收入

一、本科目核算企业确认的除主营业务活动以外的其他经营活动实现的收入，包括出租固定资产、出租无形资产、出租包装物和商品、销售材料、用材料进行非货币性交换（非货币性资产交换具有商业实质且公允价值能够可靠计量）或债务重组等实现的收入。

企业（保险）经营受托管理业务收取的管理费收入，也通过本科目核算。

二、本科目可按其他业务收入种类进行明细核算。

三、企业确认的其他业务收入，借记“银行存款”、“其他应收款”等科目，贷记本科目等。

四、期末，应将本科目余额转入“本年利润”科目，结转后本科目应无余额。

6061 汇兑损益

一、本科目核算企业（金融）发生的外币交易因汇率变动而产生的汇兑损益。

二、采用统账制核算的，各外币货币性项目的外币期（月）末余额，应当按照期（月）末汇率折算为记账本位币金额。按照期（月）末汇率折算的记账本位币金额与原账面记账本位币金额之间的差额，如为汇兑收益，借记有关科目，贷记本科目；如为汇兑损失做相反的会计分录。

采用分账制核算的，期（月）末将所有以外币表示的“货币兑换”科目余额按期（月）

末汇率折算为记账本位币金额，折算后的记账本位币金额与“货币兑换——记账本位币”科目余额进行比较，为贷方差额的，借记“货币兑换——记账本位币”科目，贷记“汇兑损益”科目；为借方差额的做相反的会计分录。

三、期末，应将本科目的余额转入“本年利润”科目，结转后本科目应无余额。

6101 公允价值变动损益

一、本科目核算企业交易性金融资产、交易性金融负债，以及采用公允价值模式计量的投资性房地产、衍生工具、套期保值业务等公允价值变动形成的应计入当期损益的利得或损失。

指定为以公允价值计量且其变动计入当期损益的金融资产或金融负债公允价值变动形成的应计入当期损益的利得或损失，也在本科目核算。

企业开展套期保值业务的，有效套期关系中套期工具或被套期项目的公允价值变动，也可以单独设置“6102 套期损益”科目核算。

二、本科目可按交易性金融资产、交易性金融负债、投资性房地产等进行明细核算。

三、公允价值变动损益的主要账务处理。

（一）资产负债表日，企业应按交易性金融资产的公允价值高于其账面余额的差额，借记“交易性金融资产——公允价值变动”科目，贷记本科目；公允价值低于其账面余额的差额做相反的会计分录。

出售交易性金融资产时，应按实际收到的金额，借记“银行存款”、“存放中央银行款项”等科目，按该金融资产的账面余额，贷记“交易性金融资产”科目，按其差额，借记或贷记“投资收益”科目。同时，将原计入该金融资产的公允价值变动转出，借记或贷记本科目，贷记或借记“投资收益”科目。

（二）资产负债表日，交易性金融负债的公允价值高于其账面余额的差额，借记本科目，贷记“交易性金融负债”等科目；公允价值低于其账面余额的差额做相反的会计分录。

处置交易性金融负债，应按该金融负债的账面余额，借记“交易性金融负债”科目，按实际支付的金额，贷记“银行存款”、“存放中央银行款项”、“结算备付金”等科目，按其差额，贷记或借记“投资收益”科目。同时，按该金融负债的公允价值变动，贷记或借记本科目，借记或贷记“投资收益”科目。

（三）采用公允价值模式计量的投资性房地产、衍生工具、套期工具、被套期项目等形成的公允价值变动，按照“投资性房地产”、“衍生工具”、“套期工具”、“被套期项目”等科目的相关规定进行处理。

四、期末，应将本科目余额转入“本年利润”科目，结转后本科目无余额。

6111 投资收益

一、本科目核算企业确认的投资收益或投资损失。

企业（金融）债券投资持有期间取得的利息收入，也可在“利息收入”科目核算。

二、本科目可按投资项目进行明细核算。

三、投资收益的主要账务处理。

（一）长期股权投资采用成本法核算的，企业应按被投资单位宣告发放的现金股利或利润中属于本企业的部分，借记“应收股利”科目，贷记本科目；属于被投资单位在取得本企业投资前实现净利润的分配额，应作为投资成本的收回，借记“应收股利”等科目，贷记“长期股权投资”科目。

长期股权投资采用权益法核算的，应按根据被投资单位实现的净利润或经调整的净利润计算应享有的份额，借记“长期股权投资——损益调整”科目，贷记本科目。被投资单位发生净亏损的，比照“长期股权投资”科目的相关规定进行处理。

处置长期股权投资时，应按实际收到的金额，借记“银行存款”等科目，按其账面余额，贷记“长期股权投资”科目，按尚未领取的现金股利或利润，贷记“应收股利”科目，按其差额，贷记或借记本科目。已计提减值准备的，还应同时结转减值准备。

处置采用权益法核算的长期股权投资，除上述规定外，还应结转原记入资本公积的相关金额，借记或贷记“资本公积——其他资本公积”科目，贷记或借记本科目。

（二）企业持有交易性金融资产、持有至到期投资、可供出售金融资产期间取得的投资收益以及处置交易性金融资产、交易性金融负债、指定为以公允价值计量且其变动计入当期损益的金融资产或金融负债、持有至到期投资、可供出售金融资产实现的损益，比照“交易性金融资产”、“持有至到期投资”、“可供出售金融资产”、“交易性金融负债”等科目的相关规定进行处理。

四、期末，应将本科目余额转入“本年利润”科目，本科目结转后应无余额。

6201 摊回保险责任准备金

一、本科目核算企业（再保险分出人）从事再保险业务应向再保险接受人摊回的保险责任准备金，包括未决赔款准备金、寿险责任准备金、长期健康险责任准备金。

企业（再保险分出人）也可以单独设置“摊回未决赔款准备金”、“摊回寿险责任准备金”、“摊回长期健康险责任准备金”等科目。

二、本科目可按保险责任准备金类别和险种进行明细核算。

三、摊回保险责任准备金的主要账务处理。

（一）企业在提取原保险合同保险责任准备金的当期，应按相关再保险合同约定计算确定的应向再保险接受人摊回的保险责任准备金，借记“应收分保合同准备金”科目，贷记本科目。

对原保险合同保险责任准备金进行充足性测试补提保险责任准备金，应按相关再保险合同约定计算确定的应收分保保险责任准备金的相应增加额，借记“应收分保合同准备金”科目，贷记本科目。

（二）在确定支付赔付款项金额或实际发生理赔费用而冲减原保险合同相应保险责任准备金余额的当期，应按相关应收分保保险责任准备金的相应冲减金额，借记本科目，贷记“应收分保合同准备金”科目。

（三）在寿险原保险合同提前解除而转销相关寿险责任准备金、长期健康险责任准备金余额的当期，应按相关应收分保保险责任准备金余额，借记本科目，贷记“应收分保合同准备金”科目。

四、期末，应将本科目余额转入“本年利润”科目，结转后本科目无余额。

6202 摊回赔付支出

一、本科目核算企业（再保险分出人）向再保险接受人摊回的赔付成本。

企业（再保险分出人）也可以单独设置“摊回赔款支出”、“摊回年金给付”、“摊回满期给付”、“摊回死伤医疗给付”等科目。

二、本科目可按险种进行明细核算。

三、摊回赔付支出的主要账务处理。

（一）企业在确定支付赔付款项金额或实际发生理赔费用而确认原保险合同赔付成本的当期，应按相关再保险合同约定计算确定的应向再保险接受人摊回的赔付成本金额，借记

"应收分保账款"科目，贷记本科目。

（二）在因取得和处置损余物资、确认和收到应收代位追偿款等而调整原保险合同赔付成本的当期，应按相关再保险合同约定计算确定的摊回赔付成本的调整金额，借记或贷记本科目，贷记或借记"应收分保账款"科目。

（三）对于超额赔款再保险等非比例再保险合同，计算确定应向再保险接受人摊回的赔付成本的，应按摊回的赔付成本金额，借记"应收分保账款"科目，贷记本科目。

四、期末，应将本科目余额转入"本年利润"科目，结转后本科目无余额。

6203 摊回分保费用

一、本科目核算企业（再保险分出人）向再保险接受人摊回的分保费用。

二、本科目可按险种进行明细核算。

三、摊回分保费用的主要账务处理。

（一）企业在确认原保险合同保费收入的当期，应按相关再保险合同约定计算确定的应向再保险接受人摊回的分保费用，借记"应收分保账款"科目，贷记本科目。

（二）计算确定应向再保险接受人收取的纯益手续费的，应按相关再保险合同约定计算确定的纯益手续费，借记"应收分保账款"科目，贷记本科目。

（三）在原保险合同提前解除的当期，应按相关再保险合同约定计算确定的摊回分保费用的调整金额，借记本科目，贷记"应收分保账款"科目。

四、期末，应将本科目余额转入"本年利润"科目，结转后本科目无余额。

6301 营业外收入

一、本科目核算企业发生的各项营业外收入，主要包括非流动资产处置利得、非货币性资产交换利得、债务重组利得、政府补助、盘盈利得、捐赠利得等。

二、本科目可按营业外收入项目进行明细核算。

三、企业确认处置非流动资产利得、非货币性资产交换利得、债务重组利得，比照"固定资产清理"、"无形资产"、"原材料"、"库存商品"、"应付账款"等科目的相关规定进行处理。

确认的政府补助利得，借记"银行存款"、"递延收益"等科目，贷记本科目。

四、期末，应将本科目余额转入"本年利润"科目，结转后本科目无余额。

6401 主营业务成本

一、本科目核算企业确认销售商品、提供劳务等主营业务收入时应结转的成本。

二、本科目可按主营业务的种类进行明细核算。

三、主营业务成本的主要账务处理。

（一）期（月）末，企业应根据本期（月）销售各种商品、提供各种劳务等实际成本，计算应结转的主营业务成本，借记本科目，贷记"库存商品"、"劳务成本"等科目。

采用计划成本或售价核算库存商品的，平时的营业成本按计划成本或售价结转，月末，还应结转本月销售商品应分摊的产品成本差异或商品进销差价。

本期（月）发生的销售退回，如已结转销售成本的，借记"库存商品"等科目，贷记本科目。

（二）确认建造合同收入，按应确认的合同费用，借记本科目，按应确认的合同收入，贷记"主营业务收入"科目，按其差额，借记或贷记"工程施工——合同毛利"科目。合同完工时，已计提存货跌价准备的，还应结转跌价准备。

四、期末，应将本科目的余额转入“本年利润”科目，结转后本科目无余额。

6402　其他业务成本

一、本科目核算企业确认的除主营业务活动以外的其他经营活动所发生的支出，包括销售材料的成本、出租固定资产的折旧额、出租无形资产的摊销额、出租包装物的成本或摊销额等。

除主营业务活动以外的其他经营活动发生的相关税费，在“营业税金及附加”科目核算。

采用成本模式计量投资性房地产的，其投资性房地产计提的折旧额或摊销额，也通过本科目核算。

二、本科目可按其他业务成本的种类进行明细核算。

三、企业发生的其他业务成本，借记本科目，贷记“原材料”、“周转材料”、“累计折旧”、“累计摊销”、“应付职工薪酬”、“银行存款”等科目。

四、期末，应将本科目余额转入“本年利润”科目，结转后本科目无余额。

6403　营业税金及附加

一、本科目核算企业经营活动发生的营业税、消费税、城市维护建设税、资源税和教育费附加等相关税费。

房产税、车船使用税、土地使用税、印花税在“管理费用”科目核算，但与投资性房地产相关的房产税、土地使用税在本科目核算。

二、企业按规定计算确定的与经营活动相关的税费，借记本科目，贷记“应交税费”科目。

三、期末，应将本科目余额转入“本年利润”科目，结转后本科目无余额。

6411　利息支出

一、本科目核算企业（金融）发生的利息支出，包括吸收的各种存款（单位存款、个人存款、信用卡存款、特种存款、转贷款资金等）、与其他金融机构（中央银行、同业等）之间发生资金往来业务、卖出回购金融资产等产生的利息支出。

二、本科目可按利息支出项目进行明细核算。

三、资产负债表日，企业应按摊余成本和实际利率计算确定的利息费用金额，借记本科目，按合同利率计算确定的应付未付利息，贷记“应付利息”科目，按其差额，借记或贷记“吸收存款——利息调整”等科目。

实际利率与合同利率差异较小的，也可以采用合同利率计算确定利息费用。

四、期末，应将本科目余额转入“本年利润”科目，结转后本科目无余额。

6421　手续费及佣金支出

一、本科目核算企业（金融）发生的与其经营活动相关的各项手续费、佣金等支出。

二、本科目可按支出类别进行明细核算。

三、企业发生的与其经营活动相关的手续费、佣金等支出，借记本科目，贷记“银行存款”、“存放中央银行款项”、“存放同业”、“库存现金”、“应付手续费及佣金”等科目。

四、期末，应将本科目余额转入“本年利润”科目，结转后本科目无余额。

6501 提取未到期责任准备金

一、本科目核算企业（保险）提取的非寿险原保险合同未到期责任准备金和再保险合同分保未到期责任准备金。

二、本科目可按保险合同和险种进行明细核算。

三、提取未到期责任准备金的主要账务处理。

（一）企业在确认原保费收入、分保费收入的当期，应按保险精算确定的未到期责任准备金，借记本科目，贷记“未到期责任准备金”科目。

（二）资产负债表日，应按保险精算重新计算确定的未到期责任准备金与已确认的未到期责任准备金的差额，借记“未到期责任准备金”科目，贷记本科目。

（三）原保险合同提前解除的，应按相关未到期责任准备金余额，借记“未到期责任准备金”科目，贷记本科目。

（四）在确认非寿险原保险合同保费收入的当期，按相关再保险合同约定计算确定的相关应收分保未到期责任准备金金额，借记“应收分保合同准备金”科目，贷记本科目。

资产负债表日，调整原保险合同未到期责任准备金余额的，按相关再保险合同约定计算确定的应收分保未到期责任准备金的调整金额，借记本科目，贷记“应收分保合同准备金”科目。

四、期末，应将本科目余额转入“本年利润”科目，结转后本科目无余额。

6502 提取保险责任准备金

一、本科目核算企业（保险）提取的原保险合同保险责任准备金，包括提取的未决赔款准备金、提取的寿险责任准备金、提取的长期健康险责任准备金。

再保险接受人提取的再保险合同保险责任准备金，也在本科目核算。

企业（保险）也可以单独设置“提取未决赔款准备金”、“提取寿险责任准备金”、“提取长期健康险责任准备金”等科目。

二、本科目可按保险责任准备金类别、险种和保险合同进行明细核算。

三、提取保险责任准备金的主要账务处理。

（一）企业确认寿险保费收入，应按保险精算确定的寿险责任准备金、长期健康险责任准备金，借记本科目，贷记“保险责任准备金”科目。

投保人发生非寿险保险合同约定的保险事故当期，企业应按保险精算确定的未决赔款准备金，借记本科目，贷记“保险责任准备金”科目。

对保险责任准备金进行充足性测试，应按补提的保险责任准备金，借记本科目，贷记“保险责任准备金”科目。

（二）原保险合同保险人确定支付赔付款项金额或实际发生理赔费用的当期，应按冲减的相应保险责任准备金余额，借记“保险责任准备金”科目，贷记本科目。

再保险接受人收到分保业务账单的当期，应按分保保险责任准备金的相应冲减金额，借记“保险责任准备金”科目，贷记本科目。

（三）寿险原保险合同提前解除的，应按相关寿险责任准备金、长期健康险责任准备金余额，借记“保险责任准备金”科目，贷记本科目。

四、期末，应将本科目余额转入“本年利润”科目，结转后本科目无余额。

6511 赔付支出

一、本科目核算企业（保险）支付的原保险合同赔付款项和再保险合同赔付款项。

企业（保险）可以单独设置“赔款支出”、“满期给付”、“年金给付”、“死伤医疗给付”、“分保赔付支出”等科目。

二、本科目可按保险合同和险种进行明细核算。

三、赔付支出的主要账务处理。

（一）企业在确定支付赔付款项金额或实际发生理赔费用的当期，借记本科目，贷记“银行存款”、“库存现金”等科目。

（二）承担赔付保险金责任后应当确认的代位追偿款，借记“应收代位追偿款”科目，贷记本科目。

收到应收代位追偿款时，应按实际收到的金额，借记“库存现金”、“银行存款”等科目，按应收代位追偿款的账面余额，贷记“应收代位追偿款”科目，按其差额，借记或贷记本科目。已计提坏账准备的，还应同时结转坏账准备。

（三）承担赔偿保险金责任后取得的损余物资，应按同类或类似资产的市场价格计算确定的金额，借记“损余物资”科目，贷记本科目。

处置损余物资，应按实际收到的金额，借记“库存现金”、“银行存款”等科目，按损余物资的账面余额，贷记“损余物资”科目，按其差额，借记或贷记本科目。已计提跌价准备的，还应同时结转跌价准备。

（四）再保险接受人收到分保业务账单的当期，应按账单标明的分保赔付款项金额，借记本科目，贷记“应付分保账款”科目。

四、期末，应将本科目余额转入“本年利润”科目，结转后本科目无余额。

6521　保单红利支出

一、本科目核算企业（保险）按原保险合同约定支付给投保人的红利。

二、本科目可按保单红利来源进行明细核算。

三、企业按原保险合同约定计提应支付的保单红利，借记本科目，贷记“应付保单红利”科目。

四、期末，应将本科目余额转入“本年利润”科目，结转后本科目无余额。

6531　退保金

一、本科目核算企业（保险）寿险原保险合同提前解除时按照约定应当退还投保人的保单现金价值。

企业（保险）寿险原保险合同提前解除时应当退还投保人的不属于保单现金价值的款项，以及非寿险原保险合同提前解除时应当退还投保人的款项，在“保费收入”科目核算。

二、本科目可按险种进行明细核算。

三、企业寿险原保险合同提前解除的，应按原保险合同约定计算确定的应退还投保人的保单现金价值，借记本科目，贷记“库存现金”、“银行存款”等科目。

四、期末，应将本科目余额转入“本年利润”科目，结转后本科目无余额。

6541　分出保费

一、本科目核算企业（再保险分出人）向再保险接受人分出的保费。

二、本科目可按险种进行明细核算。

三、分出保费的主要账务处理。

（一）企业在确认原保险合同保费收入的当期，应按再保险合同约定计算确定的分出保费金额，借记本科目，贷记“应付分保账款”科目。

在原保险合同提前解除的当期，应按再保险合同约定计算确定的分出保费的调整金额，借记“应付分保账款”科目，贷记本科目。

（二）对于超额赔款再保险等非比例再保险合同，应按再保险合同约定计算确定的分出保费金额，借记本科目，贷记“应付分保账款”科目。调整分出保费时，借记或贷记本科目，贷记或借记“应付分保账款”科目。

四、期末，应将本科目余额转入“本年利润”科目，结转后本科目无余额。

6542 分保费用

一、本科目核算企业（再保险接受人）向再保险分出人支付的分保费用。

二、本科目可按险种进行明细核算。

三、分保费用的主要账务处理。

（一）企业在确认分保费收入的当期，应按再保险合同约定计算确定的分保费用金额，借记本科目，贷记“应付分保账款”科目。

收到分保业务账单，按账单标明的金额对分保费用进行调整，借记或贷记本科目，贷记或借记“应付分保账款”科目。

（二）计算确定应向再保险分出人支付的纯益手续费的，应按再保险合同约定计算确定的纯益手续费，借记本科目，贷记“应付分保账款”科目。

四、期末，应将本科目余额转入“本年利润”科目，结转后本科目无余额。

6601 销售费用

一、本科目核算企业销售商品和材料、提供劳务的过程中发生的各种费用，包括保险费、包装费、展览费和广告费、商品维修费、预计产品质量保证损失、运输费、装卸费等以及为销售本企业商品而专设的销售机构（含销售网点、售后服务网点等）的职工薪酬、业务费、折旧费等经营费用。

企业发生的与专设销售机构相关的固定资产修理费用等后续支出，也在本科目核算。

企业（金融）应将本科目改为“6601 业务及管理费”科目，核算企业（金融）在业务经营和管理过程中所发生的各项费用，包括折旧费、业务宣传费、业务招待费、电子设备运转费、钞币运送费、安全防范费、邮电费、劳动保护费、外事费、印刷费、低值易耗品摊销、职工工资及福利费、差旅费、水电费、职工教育经费、工会经费、会议费、诉讼费、公证费、咨询费、无形资产摊销、长期待摊费用摊销、取暖降温费、聘请中介机构费、技术转让费、绿化费、董事会费、财产保险费、劳动保险费、待业保险费、住房公积金、物业管理费、研究费用、提取保险保障基金等。

企业（金融）不应设置“管理费用”科目。

二、本科目可按费用项目进行明细核算。

三、销售费用的主要账务处理。

（一）企业在销售商品过程中发生的包装费、保险费、展览费和广告费、运输费、装卸费等费用，借记本科目，贷记“库存现金”、“银行存款”等科目。

（二）发生的为销售本企业商品而专设的销售机构的职工薪酬、业务费等经营费用，借记本科目，贷记“应付职工薪酬”、“银行存款”、“累计折旧”等科目。

四、期末，应将本科目余额转入“本年利润”科目，结转后本科目无余额。

6602　管理费用

一、本科目核算企业为组织和管理企业生产经营所发生的管理费用，包括企业在筹建期间内发生的开办费、董事会和行政管理部门在企业的经营管理中发生的或者应由企业统一负担的公司经费（包括行政管理部门职工工资及福利费、物料消耗、低值易耗品摊销、办公费和差旅费等）、工会经费、董事会费（包括董事会成员津贴、会议费和差旅费等）、聘请中介机构费、咨询费（含顾问费）、诉讼费、业务招待费、房产税、车船使用税、土地使用税、印花税、技术转让费、矿产资源补偿费、研究费用、排污费等。

企业（商品流通）管理费用不多的，可不设置本科目，本科目的核算内容可并入“销售费用”科目核算。

企业生产车间（部门）和行政管理部门等发生的固定资产修理费用等后续支出，也在本科目核算。

二、本科目可按费用项目进行明细核算。

三、管理费用的主要账务处理。

（一）企业在筹建期间内发生的开办费，包括人员工资、办公费、培训费、差旅费、印刷费、注册登记费以及不计入固定资产成本的借款费用等在实际发生时，借记本科目（开办费），贷记“银行存款”等科目。

（二）行政管理部门人员的职工薪酬，借记本科目，贷记“应付职工薪酬”科目。

（三）行政管理部门计提的固定资产折旧，借记本科目，贷记“累计折旧”科目。

发生的办公费、水电费、业务招待费、聘请中介机构费、咨询费、诉讼费、技术转让费、研究费用，借记本科目，贷记“银行存款”、“研发支出”等科目。

按规定计算确定的应交矿产资源补偿费、房产税、车船使用税、土地使用税、印花税，借记本科目，贷记“应交税费”科目。

四、期末，应将本科目的余额转入“本年利润”科目，结转后本科目无余额。

6603　财务费用

一、本科目核算企业为筹集生产经营所需资金等而发生的筹资费用，包括利息支出（减利息收入）、汇兑损益以及相关的手续费、企业发生的现金折扣或收到的现金折扣等。

为购建或生产满足资本化条件的资产发生的应予资本化的借款费用，在“在建工程”、“制造费用”等科目核算。

二、本科目可按费用项目进行明细核算。

三、企业发生的财务费用，借记本科目，贷记“银行存款”、“未确认融资费用”等科目。发生的应冲减财务费用的利息收入、汇兑损益、现金折扣，借记“银行存款”、“应付账款”等科目，贷记本科目。

四、期末，应将本科目余额转入“本年利润”科目，结转后本科目无余额。

6604　勘探费用

一、本科目核算企业（石油天然气开采）在油气勘探过程中发生的地质调查、物理化学勘探各项支出和非成功探井等支出。

二、本科目可按勘探项目进行明细核算。

三、企业油气勘探过程中发生的各项非钻井勘探支出，借记本科目，贷记“银行存款”、“累计折旧”、“应付职工薪酬”等科目。

油气勘探过程中发生的各项钻井勘探支出中属于未发现探明经济可采储量的钻井勘探支出，借记本科目，贷记“油气勘探支出”科目。

四、期末，应将本科目余额转入“本年利润”科目，结转后本科目无余额。

6701　资产减值损失

一、本科目核算企业计提各项资产减值准备所形成的损失。

二、本科目可按资产减值损失的项目进行明细核算。

三、企业的应收款项、存货、长期股权投资、持有至到期投资、固定资产、无形资产、贷款等资产发生减值的，按应减记的金额，借记本科目，贷记“坏账准备”、“存货跌价准备”、“长期股权投资减值准备”、“持有至到期投资减值准备”、“固定资产减值准备”、“无形资产减值准备”、“贷款损失准备”等科目。

在建工程、工程物资、生产性生物资产、商誉、抵债资产、损余物资、采用成本模式计量的投资性房地产等资产发生减值的，应当设置相应的减值准备科目，比照上述规定进行处理。

四、企业计提坏账准备、存货跌价准备、持有至到期投资减值准备、贷款损失准备等，相关资产的价值又得以恢复的，应在原已计提的减值准备金额内，按恢复增加的金额，借记“坏账准备”、“存货跌价准备”、“持有至到期投资减值准备”、“贷款损失准备”等科目，贷记本科目。

五、期末，应将本科目余额转入“本年利润”科目，结转后本科目无余额。

6711　营业外支出

一、本科目核算企业发生的各项营业外支出，包括非流动资产处置损失、非货币性资产交换损失、债务重组损失、公益性捐赠支出、非常损失、盘亏损失等。

二、本科目可按支出项目进行明细核算。

三、企业确认处置非流动资产损失、非货币性资产交换损失、债务重组损失，比照“固定资产清理”、“无形资产”、“原材料”、“库存商品”、“应付账款”等科目的相关规定进行处理。

盘亏、毁损的资产发生的净损失，按管理权限报经批准后，借记本科目，贷记“待处理财产损溢”科目。

四、期末，应将本科目余额转入“本年利润”科目，结转后本科目无余额。

6801　所得税费用

一、本科目核算企业确认的应从当期利润总额中扣除的所得税费用。

二、本科目可按“当期所得税费用”、“递延所得税费用”进行明细核算。

三、所得税费用的主要账务处理。

（一）资产负债表日，企业按照税法规定计算确定的当期应交所得税，借记本科目（当期所得税费用），贷记“应交税费——应交所得税”科目。

（二）资产负债表日，根据递延所得税资产的应有余额大于“递延所得税资产”科目余额的差额，借记“递延所得税资产”科目，贷记本科目（递延所得税费用）、“资本公积——其他资本公积”等科目；递延所得税资产的应有余额小于“递延所得税资产”科目余额的差额做相反的会计分录。

企业应予确认的递延所得税负债，应当比照上述原则调整本科目、“递延所得税负债”

科目及有关科目。

四、期末，应将本科目的余额转入“本年利润”科目，结转后本科目无余额。

6901　以前年度损益调整

一、本科目核算企业本年度发生的调整以前年度损益的事项以及本年度发现的重要前期差错更正涉及调整以前年度损益的事项。

企业在资产负债表日至财务报告批准报出日之间发生的需要调整报告年度损益的事项，也可以通过本科目核算。

二、以前年度损益调整的主要账务处理。

（一）企业调整增加以前年度利润或减少以前年度亏损，借记有关科目，贷记本科目；调整减少以前年度利润或增加以前年度亏损做相反的会计分录。

（二）由于以前年度损益调整增加的所得税费用，借记本科目，贷记“应交税费——应交所得税”等科目；由于以前年度损益调整减少的所得税费用做相反的会计分录。

（三）经上述调整后，应将本科目的余额转入“利润分配——未分配利润”科目。本科目如为贷方余额，借记本科目，贷记“利润分配——未分配利润”科目；如为借方余额做相反的会计分录。

三、本科目结转后应无余额。

APPLICATION GUIDES OF
CHINA ACCOUNTING STANDARDS
and relevant legislations 2018

第二部分　企业会计准则解释

政策导读

为了深入贯彻实施企业会计准则，根据企业会计准则执行情况和解决执行中出现的问题，同时考虑我国会计准则与国际会计的持续趋同和等效，财政部分别于2007年11月16日印发了《企业会计准则解释第1号》（见财会〔2007〕14号文件）；2008年8月7日印发了《企业会计准则解释第2号》（见财会〔2008〕11号文件）；2009年6月11日印发了《企业会计准则解释第3号》（见财会〔2009〕8号文件）；2010年7月14日印发了《企业会计准则解释第4号》（见财会〔2010〕15号文件）；2012年11月5日印发了《企业会计准则解释第5号》（见财会〔2012〕19号文件）；2014年1月17日印发了《企业会计准则解释第6号》（见财会〔2014〕1号文件）；2015年11月4日印发了《企业会计准则解释第7号》（见财会〔2015〕19号文件）；2015年12月16日印发了《企业会计准则解释第8号》（见财会〔2015〕23号文件）；2017年6月12日印发了《企业会计准则解释第9号——关于权益法下投资净损失的会计处理》（见财会〔2017〕16号文件）、《企业会计准则解释第10号——关于以使用固定资产产生的收入为基础的折旧方法》（见财会〔2017〕17号文件）、《企业会计准则解释第11号——关于以使用无形资产产生的收入为基础的摊销方法》（见财会〔2017〕18号）、《企业会计准则解释第12号——关于关键管理人员服务的提供方与接受方是否为关联方》（见财会〔2017〕19号文件），作为对现行企业会计准则的解释和补充。

2017年发布的《企业会计准则解释第9号——关于权益法下投资净损失的会计处理》规定，投资方按权益法确认应分担被投资单位净亏损或被投资单位其他综合收益减少净额，将有关长期股权投资冲减至零并产生了未确认投资净损失的，被投资单位在以后期间实现净利润或其他综合收益增加净额时，投资方应当按照以前确认或登记有关投资净损失时的相反顺序进行会计处理。《企业会计准则解释第10号——关于以使用固定资产产生的收入为基础的折旧方法》规定，企业应当根据与固定资产有关的经济利益的预期消耗方式，决定固定资产折旧方法。企业不应以包括使用固定资产在内的经济活动所产生的收入为基础进行折旧。《企业会计准则解释第11号——关于以使用无形资产产生的收入为基础的摊销方法》规定，企业应根据与无形资产有关的经济利益的预期消耗方式，决定无形资产摊销方法。企业通常不应以包括使用无形资产在内的经济活动所产生的收入为基础进行摊销。《企业会计准则解释第12号——关于关键管理人员服务的提供方与接受方是否为关联方》规定，服务提供方向服务接受方提供关键管理人员服务的，服务接受方在编制财务报表时，应当将服务提供方作为关联方进行相关披露；服务提供方在编制财务报表时，不应仅仅因为向服务接受方提供了关键管理人员服务就将其认定为关联方，而应当按照《企业会计准则第36号——关联方披露》判断双方是否构成关联方并进行相应的会计处理。

准则解释

企业会计准则解释第 1 号

一、企业在编制年报时，首次执行日有关资产、负债及所有者权益项目的金额是否要进一步复核？原同时按照国内及国际财务报告准则对外提供财务报告的 B 股、H 股等上市公司，首次执行日如何调整？

答：企业在编制首份年报时，应当对首次执行日有关资产、负债及所有者权益项目的账面余额进行复核，经注册会计师审计后，在附注中以列表形式披露年初所有者权益的调节过程以及作出修正的项目、影响金额及其原因。

原同时按照国内及国际财务报告准则对外提供财务报告的 B 股、H 股等上市公司，首次执行日根据取得的相关信息，能够对因会计政策变更所涉及的交易或事项的处理结果进行追溯调整的，以追溯调整后的结果作为首次执行日的余额。

二、中国境内企业设在境外的子公司在境外发生的有关交易或事项，境内不存在且受相关法律法规等限制或交易不常见，企业会计准则未作规范的，如何进行处理？

答：中国境内企业设在境外的子公司在境外发生的交易或事项，境内不存在且受法律法规等限制或交易不常见，企业会计准则未作出规范的，可以将境外子公司已经进行的会计处理结果，在符合《企业会计准则——基本准则》的原则下，按照国际财务报告准则进行调整后，并入境内母公司合并财务报表的相关项目。

三、经营租赁中出租人发生的初始直接费用以及融资租赁中承租人发生的融资费用应当如何处理？出租人对经营租赁提供激励措施的，如提供免租期或承担承租人的某些费用等，承租人和出租人应当如何处理？企业（建造承包商）为订立建造合同发生的相关费用如何处理？

答：（一）经营租赁中出租人发生的初始直接费用，是指在租赁谈判和签订租赁合同过程中发生的可归属于租赁项目的手续费、律师费、差旅费、印花税等，应当计入当期损益；金额较大的应当资本化，在整个经营租赁期间内按照与确认租金收入相同的基础分期计入当期损益。

承租人在融资租赁中发生的融资费用应予资本化或是费用化，应按《企业会计准则第 17 号——借款费用》处理，并按《企业会计准则第 21 号——租赁》进行计量。

（二）出租人对经营租赁提供激励措施的，出租人与承租人应当分别下列情况进行处理：

1. 出租人提供免租期的，承租人应将租金总额在不扣除免租期的整个租赁期内，按直线法或其他合理的方法进行分摊，免租期内应当确认租金费用；出租人应将租金总额在不扣除免租期的整个租赁期内，按直线法或其他合理的方法进行分配，免租期内出租人应当确认租金收入。

2. 出租人承担了承租人某些费用的，出租人应将该费用自租金收入总额中扣除，按扣除后的租金收入余额在租赁期内进行分配；承租人应将该费用从租金费用总额中扣除，按扣除后的租金费用余额在租赁期内进行分摊。

（三）企业（建造承包商）为订立合同发生的差旅费、投标费等，能够单独区分和可靠计量且合同很可能订立的，应当予以归集，待取得合同时计入合同成本；未满足上述条件的，应当计入当期损益。

四、企业发行的金融工具应当在满足何种条件时确认为权益工具？

答：企业将发行的金融工具确认为权益性工具，应当同时满足下列条件：

（一）该金融工具应当不包括交付现金或其他金融资产给其他单位，或在潜在不利条件下与其他单位交换金融资产或金融负债的合同义务。

（二）该金融工具须用或可用发行方自身权益工具进行结算的，如为非衍生工具，该金融工具应当不包括交付非固定数量的发行方自身权益工具进行结算的合同义务；如为衍生工具，该金融工具只能通过交付固定数量的发行方自身权益工具换取固定数额的现金或其他金融资产进行结算。其中，所指的发行方自身权益工具不包括本身通过收取或交付企业自身权益工具进行结算的合同。

五、嵌入保险合同或嵌入租赁合同中的衍生工具应当如何处理？

答：根据《企业会计准则第 22 号——金融工具确认和计量》的规定，嵌入衍生工具相关的混合工具没有指定为以公允价值计量且其变动计入当期损益的金融资产或金融负债，同时满足有关条件的，该嵌入衍生工具应当从混合工具中分拆，作为单独的衍生工具处理。该规定同样适用于嵌入在保险合同中的衍生工具，除非该嵌入衍生工具本身属于保险合同。

按照保险合同约定，如果投保人在持有保险合同期间，拥有以固定金额或是以固定金额和相应利率确定的金额退还保险合同选择权的，即使其行权价格与主保险合同负债的账面价值不同，保险人也不应将该选择权从保险合同中分拆，仍按保险合同进行处理。但是，如果退保价值随同某金融变量或者某一与合同一方不特定相关的非金融变量的变动而变化，嵌入保险合同中的卖出选择权或现金退保选择权，应适用《企业会计准则第 22 号——金融工具确认和计量》；如果持有人实施卖出选择权或现金退保选择权的能力取决于上述变量变动的，嵌入保险合同中的卖出选择权或现金退保选择权，也适用《企业会计准则第 22 号——金融工具确认和计量》。

嵌入租赁合同中的衍生工具，应当按照《企业会计准则第 22 号——金融工具确认和计量》进行处理。

六、企业如有持有待售的固定资产和其他非流动资产，如何进行确认和计量？

答：《企业会计准则第 4 号——固定资产》第二十二条规定，企业对于持有待售的固定资产，应当调整该项固定资产的预计净残值，使该固定资产的预计净残值反映其公允价值减去处置费用后的金额，但不得超过符合持有待售条件时该项固定资产的原账面价值，原账面价值高于调整后预计净残值的差额，应作为资产减值损失计入当期损益。

同时满足下列条件的非流动资产应当划分为持有待售：一是企业已经就处置该非流动资产作出决议；二是企业已经与受让方签订了不可撤销的转让协议；三是该项转让将在一年内完成。

符合持有待售条件的无形资产等其他非流动资产，比照上述原则处理，但不包括递延所得税资产、《企业会计准则第 22 号——金融工具确认和计量》规范的金融资产、以公允价值计量的投资性房地产和生物资产、保险合同中产生的合同权利。

持有待售的非流动资产包括单项资产和处置组，处置组是指作为整体出售或其他方式一并处置的一组资产。

七、企业在确认由联营企业及合营企业投资产生的投资收益时，对于与联营企业及合营企业发生的内部交易损益应当如何处理？首次执行日对联营企业及合营企业投资存在股权投资借方差额的，计算投资损益时如何进行调整？企业在首次执行日前持有对子公司的长期股权投资，取得子公司分派现金股利或利润如何处理？

答：（一）企业持有的对联营企业及合营企业的投资，按照《企业会计准则第 2 号——长期股权投资》的规定，应当采用权益法核算，在按持股比例等计算确认应享有或应分担被投资单位的净损益时，应当考虑以下因素：

投资企业与联营企业及合营企业之间发生的内部交易损益按照持股比例计算归属于投资企业的部分，应当予以抵销，在此基础上确认投资损益。投资企业与被投资单位发生的内部交易损失，按照《企业会计准则第 8 号——资产减值》等规定属于资产减值损失的，应当全额确认。投资企业对于纳入其合并范围的子公司与其联营企业及合营企业之间发生的内部交易损益，也应当按照上述原则进行抵销，在此基础上确认投资损益。

投资企业对于首次执行日之前已经持有的对联营企业及合营企业的长期股权投资，如存在与该投资相关的股权投资借方差额，还应扣除按原剩余期限直线摊销的股权投资借方差额，确认投资损益。

投资企业在被投资单位宣告发放现金股利或利润时，按照规定计算应分得的部分确认应收股利，同时冲减长期股权投资的账面价值。

（二）企业在首次执行日以前已经持有的对子公司长期股权投资，应在首次执行日进行追溯调整，视同该子公司自最初即采用成本法核算。执行新会计准则后，应当按照子公司宣告分派现金股利或利润中应分得的部分，确认投资收益。

八、企业在股权分置改革过程中持有的限售股权如何进行处理?

答：企业在股权分置改革过程中持有对被投资单位在重大影响以上的股权，应当作为长期股权投资，视对被投资单位的影响程度分别采用成本法或权益法核算；企业在股权分置改革过程中持有对被投资单位不具有控制、共同控制或重大影响的股权，应当划分为可供出售金融资产，其公允价值与账面价值的差额，在首次执行日应当追溯调整，计入资本公积。

九、企业在编制合并财务报表时，因抵销未实现内部销售损益在合并财务报表中产生的暂时性差异是否应当确认递延所得税？母公司对于纳入合并范围子公司的未确认投资损失，执行新会计准则后在合并财务报表中如何列报?

答：（一）企业在编制合并财务报表时，因抵销未实现内部销售损益导致合并资产负债表中资产、负债的账面价值与其在所属纳税主体的计税基础之间产生暂时性差异的，在合并资产负债表中应当确认递延所得税资产或递延所得税负债，同时调整合并利润表中的所得税费用，但与直接计入所有者权益的交易或事项及企业合并相关的递延所得税除外。

（二）执行新会计准则后，母公司对于纳入合并范围子公司的未确认投资损失，在合并资产负债表中应当冲减未分配利润，不再单独作为“未确认的投资损失”项目列报。

十、企业改制过程中的资产、负债，应当如何进行确认和计量?

答：企业引入新股东改制为股份有限公司，相关资产、负债应当按照公允价值计量，并以改制时确定的公允价值为基础持续核算的结果并入控股股东的合并财务报表。改制企业的控股股东在确认对股份有限公司的长期股权投资时，初始投资成本为投出资产的公允价值及相关费用之和。

企业会计准则解释第 2 号

一、同时发行 A 股和 H 股的上市公司，应当如何运用会计政策及会计估计？

答：内地企业会计准则和香港财务报告准则实现等效后，同时发行 A 股和 H 股的上市公司，除部分长期资产减值损失的转回以及关联方披露两项差异外，对于同一交易事项，应当在 A 股和 H 股财务报告中采用相同的会计政策、运用相同的会计估计进行确认、计量和报告，不得在 A 股和 H 股财务报告中采用不同的会计处理。

二、企业购买子公司少数股东拥有对子公司的股权应当如何处理？企业或其子公司进行公司制改制的，相关资产、负债的账面价值应当如何调整？

答：（一）母公司购买子公司少数股权所形成的长期股权投资，应当按照《企业会计准则第 2 号——长期股权投资》第四条的规定确定其投资成本。

母公司在编制合并财务报表时，因购买少数股权新取得的长期股权投资与按照新增持股比例计算应享有子公司自购买日（或合并日）开始持续计算的净资产份额之间的差额，应当调整所有者权益（资本公积），资本公积不足冲减的，调整留存收益。

上述规定仅适用于本规定发布之后发生的购买子公司少数股权交易，之前已经发生的购买子公司少数股权交易未按照上述原则处理的，不予追溯调整。

（二）企业进行公司制改制的，应以经评估确认的资产、负债价值作为认定成本，该成本与其账面价值的差额，应当调整所有者权益；企业的子公司进行公司制改制的，母公司通常应当按照《企业会计准则解释第 1 号》的相关规定确定对子公司长期股权投资的成本，该成本与长期股权投资账面价值的差额，应当调整所有者权益。

三、企业对于合营企业是否应纳入合并财务报表的合并范围？

答：按照《企业会计准则第 33 号——合并财务报表》的规定，投资企业对于与其他投资方一起实施共同控制的被投资单位，应当采用权益法核算，不应采用比例合并法。但是，如果根据有关章程、协议等，表明投资企业能够对被投资单位实施控制的，应当将被投资单位纳入合并财务报表的合并范围。

四、企业发行认股权和债券分离交易的可转换公司债券，其认股权应当如何进行会计处理？

答：企业发行认股权和债券分离交易的可转换公司债券（以下简称分离交易可转换公司债券），其认股权符合《企业会计准则第 22 号——金融工具确认和计量》和《企业会计准则第 37 号——金融工具列报》有关权益工具定义的，应当按照分离交易可转换公司债券发行价格，减去不附认股权且其他条件相同的公司债券公允价值后的差额，确认一项权益工具（资本公积）。

企业对于本规定发布之前已经发行的分离交易可转换公司债券，应当进行追溯调整。

五、企业采用建设经营移交方式（BOT）参与公共基础设施建设业务应当如何处理？

答：企业采用建设经营移交方式（BOT）参与公共基础设施建设业务，应当按照以下规定进行处理：

（一）本规定涉及的 BOT 业务应当同时满足以下条件：

1. 合同授予方为政府及其有关部门或政府授权进行招标的企业。

2. 合同投资方为按照有关程序取得该特许经营权合同的企业（以下简称合同投资方）。合同投资方按照规定设立项目公司（以下简称项目公司）进行项目建设和运营。项目公司除取得建造有关基础设施的权利以外，在基础设施建造完成以后的一定期间内负责提供后续经营服务。

3. 特许经营权合同中对所建造基础设施的质量标准、工期、开始经营后提供服务的对象、收费标准及后续调整作出约定，同时在合同期满，合同投资方负有将有关基础设施移交给合同授予方的义务，并对基础设施在移交时的性能、状态等作出明确规定。

（二）与 BOT 业务相关收入的确认。

1. 建造期间，项目公司对于所提供的建造服务应当按照《企业会计准则第 15 号——建造合同》确认相关的收入和费用。基础设施建成后，项目公司应当按照《企业会计准则第 14 号——收入》确认与后续经营服务相关的收入。

建造合同收入应当按照收取或应收对价的公允价值计量，并分别以下情况在确认收入的同时，确认金融资产或无形资产：

（1）合同规定基础设施建成后的一定期间内，项目公司可以无条件地自合同授予方收取确定金额的货币资金或其他金融资产的；或在项目公司提供经营服务的收费低于某一限定金额的情况下，合同授予方按照合同规定负责将有关差价补偿给项目公司的，应当在确认收入的同时确认金融资产，并按照《企业会计准则第 22 号——金融工具确认和计量》的规定处理。

（2）合同规定项目公司在有关基础设施建成后，从事经营的一定期间内有权利向获取服务的对象收取费用，但收费金额不确定的，该权利不构成一项无条件收取现金的权利，项目公司应当在确认收入的同时确认无形资产。

建造过程如发生借款利息，应当按照《企业会计准则第 17 号——借款费用》的规定处理。

2. 项目公司未提供实际建造服务，将基础设施建造发包给其他方的，不应确认建造服务收入，应当按照建造过程中支付的工程价款等考虑合同规定，分别确认为金融资产或无形资产。

（三）按照合同规定，企业为使有关基础设施保持一定的服务能力或在移交给合同授予方之前保持一定的使用状态，预计将发生的支出，应当按照《企业会计准则第 13 号——或有事项》的规定处理。

（四）按照特许经营权合同规定，项目公司应提供不止一项服务（如既提供基础设施建造服务又提供建成后经营服务）的，各项服务能够单独区分时，其收取或应收的对价应当按照各项服务的相对公允价值比例分配给所提供的各项服务。

（五）BOT 业务所建造基础设施不应作为项目公司的固定资产。

（六）在 BOT 业务中，授予方可能向项目公司提供除基础设施以外其他的资产，如果该资产构成授予方应付合同价款的一部分，不应作为政府补助处理。项目公司自授予方取得资产时，应以其公允价值确认，未提供与获取该资产相关的服务前应确认为一项负债。

本规定发布前，企业已经进行的 BOT 项目，应当进行追溯调整；进行追溯调整不切实可行的，应以与 BOT 业务相关的资产、负债在所列报最早期间期初的账面价值为基础重新分类，作为无形资产或是金融资产，同时进行减值测试；在列报的最早期间期初进行减值测试不切实可行的，应在当期期初进行减值测试。

六、售后租回交易认定为经营租赁的，应当如何进行会计处理？

答：企业的售后租回交易认定为经营租赁的，应当分别以下情况处理：

（一）有确凿证据表明售后租回交易是按照公允价值达成的，售价与资产账面价值的差额应当计入当期损益。

（二）售后租回交易如果不是按照公允价值达成的，售价低于公允价值的差额，应计入当期损益；但若该损失将由低于市价的未来租赁付款额补偿时，有关损失应予以递延（递延收益），并按与确认租金费用相一致的方法在租赁期内进行分摊；如果售价大于公允价值，其大于公允价值的部分应计入递延收益，并在租赁期内分摊。

企业会计准则解释第3号

一、采用成本法核算的长期股权投资，投资企业取得被投资单位宣告发放的现金股利或利润，应当如何进行会计处理？

答：采用成本法核算的长期股权投资，除取得投资时实际支付的价款或对价中包含的已宣告但尚未发放的现金股利或利润外，投资企业应当按照享有被投资单位宣告发放的现金股利或利润确认投资收益，不再划分是否属于投资前和投资后被投资单位实现的净利润。

企业按照上述规定确认自被投资单位应分得的现金股利或利润后，应当考虑长期股权投资是否发生减值。在判断该类长期股权投资是否存在减值迹象时，应当关注长期股权投资的账面价值是否大于享有被投资单位净资产（包括相关商誉）账面价值的份额等类似情况。出现类似情况时，企业应当按照《企业会计准则第8号——资产减值》对长期股权投资进行减值测试，可收回金额低于长期股权投资账面价值的，应当计提减值准备。

二、企业持有上市公司限售股权，对上市公司不具有控制、共同控制或重大影响的，应当如何进行会计处理？

答：企业持有上市公司限售股权（不包括股权分置改革中持有的限售股权），对上市公司不具有控制、共同控制或重大影响的，应当按照《企业会计准则第22号——金融工具确认和计量》的规定，将该限售股权划分为可供出售金融资产或以公允价值计量且其变动计入当期损益的金融资产。

企业在确定上市公司限售股权公允价值时，应当按照《企业会计准则第22号——金融工具确认和计量》有关公允价值确定的规定执行，不得改变企业会计准则规定的公允价值确定原则和方法。

本解释发布前未按上述规定确定所持有限售股权公允价值的，应当按照《企业会计准则第28号——会计政策、会计估计变更和差错更正》进行处理。

三、高危行业企业提取的安全生产费，应当如何进行会计处理？

答：高危行业企业按照国家规定提取的安全生产费，应当计入相关产品的成本或当期损益，同时记入“4301专项储备”科目。

企业使用提取的安全生产费时，属于费用性支出的，直接冲减专项储备。企业使用提取的安全生产费形成固定资产的，应当通过“在建工程”科目归集所发生的支出，待安全项目完工达到预定可使用状态时确认为固定资产；同时，按照形成固定资产的成本冲减专项储备，并确认相同金额的累计折旧。该固定资产在以后期间不再计提折旧。

“专项储备”科目期末余额在资产负债表所有者权益项下“减：库存股”和“盈余公积”之间增设“专项储备”项目反映。

企业提取的维简费和其他具有类似性质的费用，比照上述规定处理。

本解释发布前未按上述规定处理的，应当进行追溯调整。

四、企业收到政府给予的搬迁补偿款应当如何进行会计处理？

答：企业因城镇整体规划、库区建设、棚户区改造、沉陷区治理等公共利益进行搬迁，收到政府从财政预算直接拨付的搬迁补偿款，应作为专项应付款处理。其中，属于对企业在搬迁和重建过程中发生的固定资产和无形资产损失、有关费用性支出、停工损失及搬迁后拟新建资产进行补偿的，应自专项应付款转入递延收益，并按照《企业会计准则第16号——政府补助》进行会计处理。企业取得的搬迁补偿款扣除转入递延收益的金额后如有结余的，应当作为资本公积处理。

企业收到除上述之外的搬迁补偿款，应当按照《企业会计准则第4号——固定资产》、《企业会计准则第16号——政府补助》等会计准则进行处理。

五、在股份支付的确认和计量中，应当如何正确运用可行权条件和非可行权条件？

答：企业根据国家有关规定实行股权激励的，股份支付协议中确定的相关条件，不得随意变更。其中，可行权条件是指能够确定企业是否得到职工或其他方提供的服务、且该服务使职工或其他方具有获取股份支付协议规定的权益工具或现金等权利的条件；反之，为非可行权条件。可行权条件包括服务期限条件或业绩条件。服务期限条件是指职工或其他方完成规定服务期限才可行权的条件。业绩条件是指职工或其他方完成规定服务期限且企业已经达到特定业绩目标才可行权的条件，具体包括市场条件和非市场条件。

企业在确定权益工具授予日的公允价值时，应当考虑股份支付协议规定的可行权条件中的市场条件和非可行权条件的影响。股份支付存在非可行权条件的，只要职工或其他方满足了所有可行权条件中的非市场条件（如服务期限等），企业应当确认已得到服务相对应的成本费用。

在等待期内如果取消了授予的权益工具，企业应当对取消所授予的权益性工具作为加速行权处理，将剩余等待期内应确认的金额立即计入当期损益，同时确认资本公积。职工或其他方能够选择满足非可行权条件但在等待期内未满足的，企业应当将其作为授予权益工具的取消处理。

六、企业自行建造或通过分包商建造房地产，应当遵循哪项会计准则确认与房地产建造协议相关的收入？

答：企业自行建造或通过分包商建造房地产，应当根据房地产建造协议条款和实际情况，判断确认收入应适用的会计准则。

房地产购买方在建造工程开始前能够规定房地产设计的主要结构要素，或者能够在建造过程中决定主要结构变动的，房地产建造协议符合建造合同定义，企业应当遵循《企业会计准则第 15 号——建造合同》确认收入。

房地产购买方影响房地产设计的能力有限（如仅能对基本设计方案做微小变动）的，企业应当遵循《企业会计准则第 14 号——收入》中有关商品销售收入的原则确认收入。

七、利润表应当作哪些调整？

答：（一）企业应当在利润表“每股收益”项下增列“其他综合收益”项目和“综合收益总额”项目。“其他综合收益”项目，反映企业根据企业会计准则规定未在损益中确认的各项利得和损失扣除所得税影响后的净额。“综合收益总额”项目，反映企业净利润与其他综合收益的合计金额。“其他综合收益”和“综合收益总额”项目的序号在原有基础上顺延。

（二）企业应当在附注中详细披露其他综合收益各项目及其所得税影响，以及原计入其他综合收益、当期转入损益的金额等信息。

（三）企业合并利润表也应按照上述规定进行调整。在“综合收益总额”项目下单独列示“归属于母公司所有者的综合收益总额”项目和“归属于少数股东的综合收益总额”项目。

（四）企业提供前期比较信息时，比较利润表应当按照《企业会计准则第 30 号——财务报表列报》第八条的规定处理。

八、企业应当如何改进报告分部信息？

答：企业应当以内部组织结构、管理要求、内部报告制度为依据确定经营分部，以经营分部为基础确定报告分部，并按下列规定披露分部信息。原有关确定地区分部和业务分部以及按照主要报告形式、次要报告形式披露分部信息的规定不再执行。

（一）经营分部，是指企业内同时满足下列条件的组成部分：

1. 该组成部分能够在日常活动中产生收入、发生费用；

2. 企业管理层能够定期评价该组成部分的经营成果，以决定向其配置资源、评价其业绩；

3. 企业能够取得该组成部分的财务状况、经营成果和现金流量等有关会计信息。

企业存在相似经济特征的两个或多个经营分部，同时满足《企业会计准则第 35 号——分部报告》第五条相关规定的，可以合并为一个经营分部。

（二）企业以经营分部为基础确定报告分部时，应当满足《企业会计准则第 35 号——分部报告》第八条规定的三个条件之一。未满足规定条件，但企业认为披露该经营分部信息对财务报告使用者有用的，也可将其确定为报告分部。

报告分部的数量通常不应超过 10 个。报告分部的数量超过 10 个需要合并的，应当以经营分部的合并条件为基础，对相关的报告分部予以合并。

（三）企业报告分部确定后，应当披露下列信息：

1. 确定报告分部考虑的因素、报告分部的产品和劳务的类型；

2. 每一报告分部的利润（亏损）总额相关信息，包括利润（亏损）总额组成项目及计量的相关会计政策信息；

3. 每一报告分部的资产总额、负债总额相关信息，包括资产总额组成项目的信息，以及有关资产、负债计量的相关会计政策。

（四）除上述已经作为报告分部信息组成部分披露的外，企业还应当披露下列信息：

1. 每一产品和劳务或每一类似产品和劳务组合的对外交易收入；

2. 企业取得的来自于本国的对外交易收入总额以及位于本国的非流动资产（不包括金融资产、独立账户资产、递延所得税资产，下同）总额，企业从其他国家取得的对外交易收入总额以及位于其他国家的非流动资产总额；

3. 企业对主要客户的依赖程度。

企业会计准则解释第 4 号

一、同一控制下的企业合并中，合并方发生的审计、法律服务、评估咨询等中介费用以及其他相关管理费用，应当于发生时计入当期损益。非同一控制下的企业合并中，购买方发生的上述费用，应当如何进行会计处理？

答：非同一控制下的企业合并中，购买方为企业合并发生的审计、法律服务、评估咨询等中介费用以及其他相关管理费用，应当于发生时计入当期损益；购买方作为合并对价发行的权益性证券或债务性证券的交易费用，应当计入权益性证券或债务性证券的初始确认金额。

二、非同一控制下的企业合并中，购买方在购买日取得被购买方可辨认资产和负债，应当如何进行分类或指定？

答：非同一控制下的企业合并中，购买方在购买日取得被购买方可辨认资产和负债，应当根据企业会计准则的规定，结合购买日存在的合同条款、经营政策、并购政策等相关因素进行分类或指定，主要包括被购买方的金融资产和金融负债的分类、套期关系的指定、嵌入衍生工具的分拆等。但是，合并中如涉及租赁合同和保险合同且在购买日对合同条款作出修订的，购买方应当根据企业会计准则的规定，结合修订的条款和其他因素对合同进行分类。

三、企业通过多次交易分步实现非同一控制下企业合并的，对于购买日之前持有的被购买方的股权，应当如何进行会计处理？

答：企业通过多次交易分步实现非同一控制下企业合并的，应当区分个别财务报表和合并财务报表进行相关会计处理：

（一）在个别财务报表中，应当以购买日之前所持被购买方的股权投资的账面价值与购买日新增投资成本之和，作为该项投资的初始投资成本；购买日之前持有的被购买方的股权涉及其他综合收益的，应当在处置该项投资时将与其相关的其他综合收益（例如，可供出售金融资产公允价值变动计入资本公积的部分，下同）转入当期投资收益。

（二）在合并财务报表中，对于购买日之前持有的被购买方的股权，应当按照该股权在购买日的公允价值进行重新计量，公允价值与其账面价值的差额计入当期投资收益；购买日之前持有的被购买方的股权涉及其他综合收益的，与其相关的其他综合收益应当转为购买日所属当期投资收益。购买方应当在附注中披露其在购买日之前持有的被购买方的股权在购买日的公允价值、按照公允价值重新计量产生的相关利得或损失的金额。

四、企业因处置部分股权投资或其他原因丧失了对原有子公司控制权的，对于处置后的剩余股权应当如何进行会计处理？

答：企业因处置部分股权投资或其他原因丧失了对原有子公司控制权的，应当区分个别财务报表和合并财务报表进行相关会计处理：

（一）在个别财务报表中，对于处置的股权，应当按照《企业会计准则第 2 号——长期股权投资》的规定进行会计处理；同时，对于剩余股权，应当按其账面价值确认为长期股权投资或其他相关金融资产。处置后的剩余股权能够对原有子公司实施共同控制或重大影响的，按有关成本法转为权益法的相关规定进行会计处理。

（二）在合并财务报表中，对于剩余股权，应当按照其在丧失控制权日的公允价值进行重新计量。处置股权取得的对价与剩余股权公允价值之和，减去按原持股比例计算应享有原有子公司自购买日开始持续计算的净资产的份额之间的差额，计入丧失控制权当期的投资收益。与原有子公司股权投资相关的其他综合收益，应当在丧失控制权时转为当期投资收益。企业应当在附注中披露处置后的剩余股权在丧失控制权日的公允价值、按照公允价值重新计量产生的相关利得或损失的金额。

五、在企业合并中，购买方对于因企业合并而产生的递延所得税资产，应当如何进行会计处理？

答：在企业合并中，购买方取得被购买方的可抵扣暂时性差异，在购买日不符合递延所得税资产确认条件的，不应予以确认。购买日后12个月内，如取得新的或进一步的信息表明购买日的相关情况已经存在，预期被购买方在购买日可抵扣暂时性差异带来的经济利益能够实现的，应当确认相关的递延所得税资产，同时减少商誉，商誉不足冲减的，差额部分确认为当期损益；除上述情况以外，确认与企业合并相关的递延所得税资产，应当计入当期损益。

本解释发布前递延所得税资产未按照上述规定处理的，应当进行追溯调整，追溯调整不切实可行的除外。

六、在合并财务报表中，子公司少数股东分担的当期亏损超过了少数股东在该子公司期初所有者权益中所享有的份额的，其余额应当如何进行会计处理？

答：在合并财务报表中，子公司少数股东分担的当期亏损超过了少数股东在该子公司期初所有者权益中所享有的份额的，其余额仍应当冲减少数股东权益。

本解释发布前子公司少数股东权益未按照上述规定处理的，应当进行追溯调整，追溯调整不切实可行的除外。

七、企业集团内涉及不同企业的股份支付交易应当如何进行会计处理？

答：企业集团（由母公司和其全部子公司构成）内发生的股份支付交易，应当按照以下规定进行会计处理：

（一）结算企业以其本身权益工具结算的，应当将该股份支付交易作为权益结算的股份支付处理；除此之外，应当作为现金结算的股份支付处理。

结算企业是接受服务企业的投资者的，应当按照授予日权益工具的公允价值或应承担负债的公允价值确认为对接受服务企业的长期股权投资，同时确认资本公积（其他资本公积）或负债。

（二）接受服务企业没有结算义务或授予本企业职工的是其本身权益工具的，应当将该股份支付交易作为权益结算的股份支付处理；接受服务企业具有结算义务且授予本企业职工的是企业集团内其他企业权益工具的，应当将该股份支付交易作为现金结算的股份支付处理。

本解释发布前股份支付交易未按上述规定处理的，应当进行追溯调整，追溯调整不切实可行的除外。

八、融资性担保公司应当执行何种会计标准？

答：融资性担保公司应当执行企业会计准则，并按照《企业会计准则——应用指南》有关保险公司财务报表格式规定，结合公司实际情况，编制财务报表并对外披露相关信息，不再执行《担保企业会计核算办法》（财会〔2005〕17号）。

融资性担保公司发生的担保业务，应当按照《企业会计准则第25号——原保险合同》、《企业会计准则第26号——再保险合同》、《保险合同相关会计处理规定》（财会〔2009〕15号）等有关保险合同的相关规定进行会计处理。

本解释发布前融资性担保公司发生的担保业务未按照上述规定处理的，应当进行追溯调整，追溯调整不切实可行的除外。

九、企业发生的融资融券业务，应当执行何种会计标准？

答：融资融券业务，是指证券公司向客户出借资金供其买入证券或者出借证券供其卖出，并由客户交存相应担保物的经营活动。企业发生的融资融券业务，分为融资业务和融券业务两类。

关于融资业务，证券公司及其客户均应当按照《企业会计准则第22号——金融工具确认和计量》有关规定进行会计处理。证券公司融出的资金，应当确认应收债权，并确认相应利息收入；客户融入的资金，应当确认应付债务，并确认相应利息费用。

关于融券业务，证券公司融出的证券，按照《企业会计准则第 23 号——金融资产转移》有关规定，不应终止确认该证券，但应确认相应利息收入；客户融入的证券，应当按照《企业会计准则第 22 号——金融工具确认和计量》有关规定进行会计处理，并确认相应利息费用。

证券公司对客户融资融券并代客户买卖证券时，应当作为证券经纪业务进行会计处理。

证券公司及其客户发生的融资融券业务，应当按照《企业会计准则第 37 号——金融工具列报》有关规定披露相关会计信息。

本解释发布前融资融券业务未按照上述规定进行处理的，应当进行追溯调整，追溯调整不切实可行的除外。

十、企业根据《企业会计准则解释第 2 号》（财会〔2008〕11 号）的规定，对认股权和债券分离交易的可转换公司债券中的认股权，单独确认了一项权益工具（资本公积——其他资本公积）。认股权持有人没有行权的，原计入资本公积（其他资本公积）的部分，应当如何进行会计处理？

答：企业发行的认股权和债券分离交易的可转换公司债券，认股权持有人到期没有行权的，应当在到期时将原计入资本公积（其他资本公积）的部分转入资本公积（股本溢价）。

本解释发布前认股权和债券分离交易的可转换公司债券未按照上述规定进行处理的，应当进行追溯调整，追溯调整不切实可行的除外。

十一、本解释中除特别注明应予追溯调整的以外，其他问题自 2010 年 1 月 1 日起施行。

企业会计准则解释第 5 号

一、非同一控制下的企业合并中，购买方应如何确认取得的被购买方拥有的但在其财务报表中未确认的无形资产？

答：非同一控制下的企业合并中，购买方在对企业合并中取得的被购买方资产进行初始确认时，应当对被购买方拥有的但在其财务报表中未确认的无形资产进行充分辨认和合理判断，满足以下条件之一的，应确认为无形资产：

（一）源于合同性权利或其他法定权利；

（二）能够从被购买方中分离或者划分出来，并能单独或与相关合同、资产和负债一起，用于出售、转移、授予许可、租赁或交换。

企业应当在附注中披露在非同一控制下的企业合并中取得的被购买方无形资产的公允价值及其公允价值的确定方法。

二、企业开展信用风险缓释工具相关业务，应当如何进行会计处理？

答：信用风险缓释工具，是指信用风险缓释合约、信用风险缓释凭证及其他用于管理信用风险的信用衍生产品。信用风险缓释合约，是指交易双方达成的、约定在未来一定期限内，信用保护买方按照约定的标准和方式向信用保护卖方支付信用保护费用，由信用保护卖方就约定的标的债务向信用保护买方提供信用风险保护的金融合约。信用风险缓释凭证，是指由标的实体以外的机构创设，为凭证持有人就标的债务提供信用风险保护的、可交易流通的有价凭证。

信用保护买方和卖方应当根据信用风险缓释工具的合同条款，按照实质重于形式的原则，判断信用风险缓释工具是否属于财务担保合同，并分别下列情况进行处理：

（一）属于财务担保合同的信用风险缓释工具，除融资性担保公司根据《企业会计准则解释第 4 号》第八条的规定处理外，信用保护买方和卖方应当按照《企业会计准则第 22 号——金融工具确认和计量》中有关财务担保合同的规定进行会计处理。其中，信用保护买方支付的信用保护费用和信用保护卖方取得的信用保护收入，应当在财务担保合同期间内按照合理的基础进行摊销，计入各期损益。

（二）不属于财务担保合同的其他信用风险缓释工具，信用保护买方和卖方应当按照《企业会计准则第 22 号——金融工具确认和计量》的规定，将其归类为衍生工具进行会计处理。

财务担保合同，是指当特定债务人到期不能按照最初或修改后的债务工具条款偿付时，要求签发人向蒙受损失的合同持有人赔付特定金额的合同。

开展信用风险缓释工具相关业务的信用保护买方和卖方，应当根据信用风险缓释工具的分类，分别按照《企业会计准则第 37 号——金融工具列报》、《企业会计准则第 25 号——原保险合同》或《企业会计准则第 26 号——再保险合同》以及《企业会计准则第 30 号——财务报表列报》进行列报。

三、企业采用附追索权方式出售金融资产，或将持有的金融资产背书转让，是否应当终止确认该金融资产？

答：企业对采用附追索权方式出售的金融资产，或将持有的金融资产背书转让，应当根据《企业会计准则第 23 号——金融资产转移》的规定，确定该金融资产所有权上几乎所有的风险和报酬是否已经转移。企业已将该金融资产所有权上几乎所有的风险和报酬转移给转入方的，应当终止确认该金融资产；保留了金融资产所有权上几乎所有的风险和报酬的，不应当终止确认该金融资产；既没有转移也没有保留金融资产所有权上几乎所有的风险和报酬的，应当继续判断企业是否对该资产保留了控制，并根据《企业会计准则第 23 号——金融资产转移》的规定进行会计处理。

四、银行业金融机构开展同业代付业务，应当如何进行会计处理？

答：银行业金融机构应当根据委托行（发起行、开证行）与受托行（代付行）签订的代付业务协议条款判断同业代付交易的实质，按照融资资金的提供方不同以及代付本金和利息的偿还责任不同，分别下列情况进行处理：

（一）如果委托行承担合同义务在约定还款日无条件向受托行偿还代付本金和利息，委托行应当按照《企业会计准则第 22 号——金融工具确认和计量》，将相关交易作为对申请人发放贷款处理，受托行应当将相关交易作为向委托行拆出资金处理。

（二）如果申请人承担合同义务向受托行在约定还款日偿还代付本金和利息（无论还款是否通过委托行），委托行仅在申请人到期未能偿还代付本金和利息的情况下，才向受托行无条件偿还代付本金和利息的，对于相关交易中的担保部分，委托行应当按照《企业会计准则第 22 号——金融工具确认和计量》对财务担保合同的规定处理；对于相关交易中的代理责任部分，委托行应当按照《企业会计准则第 14 号——收入》处理。受托行应当按照《企业会计准则第 22 号——金融工具确认和计量》，将相关交易作为对申请人发放贷款处理。

银行业金融机构应当严格遵循《企业会计准则第 37 号——金融工具列报》和其他相关准则的规定，对同业代付业务涉及的金融资产、金融负债、贷款承诺、担保、代理责任等相关信息进行列报。同业代付业务产生的金融资产和金融负债不得随意抵销。

本条解释既适用于信用证项下的同业代付业务，也适用于保理项下的同业代付业务。

五、企业通过多次交易分步处置对子公司股权投资直至丧失控制权，应当如何进行会计处理？

答：企业通过多次交易分步处置对子公司股权投资直至丧失控制权的，应当按照《关于执行会计准则的上市公司和非上市企业做好 2009 年年报工作的通知》（财会〔2009〕16 号）和《企业会计准则解释第 4 号》（财会〔2010〕15 号）的规定对每一项交易进行会计处理。处置对子公司股权投资直至丧失控制权的各项交易属于一揽子交易的，应当将各项交易作为一项处置子公司并丧失控制权的交易进行会计处理；但是，在丧失控制权之前每一次处置价款与处置投资对应的享有该子公司净资产份额的差额，在合并财务报表中应当确认为其他综合收益，在丧失控制权时一并转入丧失控制权当期的损益。

处置对子公司股权投资的各项交易的条款、条件以及经济影响符合以下一种或多种情况，通常表明应将多次交易事项作为一揽子交易进行会计处理：

（1）这些交易是同时或者在考虑了彼此影响的情况下订立的；

（2）这些交易整体才能达成一项完整的商业结果；

（3）一项交易的发生取决于其他至少一项交易的发生；

（4）一项交易单独看是不经济的，但是和其他交易一并考虑时是经济的。

六、企业接受非控股股东（或非控股股东的子公司）直接或间接代为偿债、债务豁免或捐赠的，应如何进行会计处理？

答：企业接受代为偿债、债务豁免或捐赠，按照企业会计准则规定符合确认条件的，通常应当确认为当期收益；但是，企业接受非控股股东（或非控股股东的子公司）直接或间接代为偿债、债务豁免或捐赠，经济实质表明属于非控股股东对企业的资本性投入，应当将相关利得计入所有者权益（资本公积）。

企业发生破产重整，其非控股股东因执行人民法院批准的破产重整计划，通过让渡所持有的该企业部分股份向企业债权人偿债的，企业应将非控股股东所让渡股份按照其在让渡之日的公允价值计入所有者权益（资本公积），减少所豁免债务的账面价值，并将让渡股份公允价值与被豁免的债务账面价值之间的差额计入当期损益。控股股东按照破产重整计划让渡了所持有的部分该企业股权向企业债权人偿债的，该企业也按此原则处理。

七、本解释自 2013 年 1 月 1 日施行，不要求追溯调整。

企业会计准则解释第 6 号

一、企业因固定资产弃置费用确认的预计负债发生变动的，应当如何进行会计处理？

答：企业应当进一步规范关于固定资产弃置费用的会计核算，根据《企业会计准则第 4 号——固定资产》应用指南的规定，对固定资产的弃置费用进行会计处理。

本解释所称的弃置费用形成的预计负债在确认后，按照实际利率法计算的利息费用应当确认为财务费用；由于技术进步、法律要求或市场环境变化等原因，特定固定资产的履行弃置义务可能发生支出金额、预计弃置时点、折现率等变动而引起的预计负债变动，应按照以下原则调整该固定资产的成本：

（1）对于预计负债的减少，以该固定资产账面价值为限扣减固定资产成本。如果预计负债的减少额超过该固定资产账面价值，超出部分确认为当期损益。

（2）对于预计负债的增加，增加该固定资产的成本。

按照上述原则调整的固定资产，在资产剩余使用年限内计提折旧。一旦该固定资产的使用寿命结束，预计负债的所有后续变动应在发生时确认为损益。

二、根据《企业会计准则第 20 号——企业合并》，在同一控制下的企业合并中，合并方在企业合并中取得的资产和负债，应当按照合并日在被合并方的账面价值计量。在被合并方是最终控制方以前年度从第三方收购来的情况下，合并方在编制财务报表时，应如何确定被合并方资产、负债的账面价值？

答：同一控制下的企业合并，是指参与合并的企业在合并前后均受同一方或相同的多方最终控制，且该控制不是暂时性的。从最终控制方的角度看，其在合并前后实际控制的经济资源并没有发生变化，因此有关交易事项不应视为购买。合并方编制财务报表时，在被合并方是最终控制方以前年度从第三方收购来的情况下，应视同合并后形成的报告主体自最终控制方开始实施控制时起，一直是一体化存续下来的，应以被合并方的资产、负债（包括最终控制方收购被合并方而形成的商誉）在最终控制方财务报表中的账面价值为基础，进行相关会计处理。合并方的财务报表比较数据追溯调整的期间应不早于双方处于最终控制方的控制之下孰晚的时间。

本解释发布前同一控制下的企业合并未按照上述规定处理的，应当进行追溯调整，追溯调整不切实可行的除外。

三、本解释自发布之日起施行。

企业会计准则解释第 7 号

一、投资方因其他投资方对其子公司增资而导致本投资方持股比例下降，从而丧失控制权但能实施共同控制或施加重大影响的，投资方应如何进行会计处理？

答：该问题主要涉及《企业会计准则第 2 号——长期股权投资》、《企业会计准则第 33 号——合并财务报表》等准则。

投资方应当区分个别财务报表和合并财务报表进行相关会计处理：

（一）在个别财务报表中，应当对该项长期股权投资从成本法转为权益法核算。首先，按照新的持股比例确认本投资方应享有的原子公司因增资扩股而增加净资产的份额，与应结转持股比例下降部分所对应的长期股权投资原账面价值之间的差额计入当期损益；然后，按照新的持股比例视同自取得投资时即采用权益法核算进行调整。

（二）在合并财务报表中，应当按照《企业会计准则第 33 号——合并财务报表》的有关规定进行会计处理。

二、重新计量设定受益计划净负债或者净资产所产生的变动应计入其他综合收益，后续会计期间应如何进行会计处理？

答：该问题主要涉及《企业会计准则第 9 号——职工薪酬》等准则。

重新计量设定受益计划净负债或者净资产的变动计入其他综合收益，在后续会计期间不允许转回至损益，在原设定受益计划终止时应当在权益范围内将原计入其他综合收益的部分全部结转至未分配利润。计划终止，指该计划已不存在，即本企业已解除该计划所产生的所有未来义务。

三、子公司发行优先股等其他权益工具的，应如何计算母公司合并利润表中的“归属于母公司股东的净利润”？

答：该问题主要涉及《企业会计准则第 33 号——合并财务报表》等准则。

子公司发行累积优先股等其他权益工具的，无论当期是否宣告发放其股利，在计算列报母公司合并利润表中的“归属于母公司股东的净利润”时，应扣除当期归属于除母公司之外的其他权益工具持有者的可累积分配股利，扣除金额应在“少数股东损益”项目中列示。

子公司发行不可累积优先股等其他权益工具的，在计算列报母公司合并利润表中的“归属于母公司股东的净利润”时，应扣除当期宣告发放的归属于除母公司之外的其他权益工具持有者的不可累积分配股利，扣除金额应在“少数股东损益”项目中列示。

本解释发布前企业的合并财务报表未按照上述规定列报的，应当对可比期间的数据进行相应调整。

四、母公司直接控股的全资子公司改为分公司的，该母公司应如何进行会计处理？

答：母公司直接控股的全资子公司改为分公司的（不包括反向购买形成的子公司改为分公司的情况），应按以下规定进行会计处理：

（一）原母公司（即子公司改为分公司后的总公司）应当对原子公司（即子公司改为分公司后的分公司）的相关资产、负债，按照原母公司自购买日所取得的该原子公司各项资产、负债的公允价值（如为同一控制下企业合并取得的原子公司则为合并日账面价值）以及购买日（或合并日）计算的递延所得税负债或递延所得税资产持续计算至改为分公司日的各项资产、负债的账面价值确认。在此基础上，抵销原母公司与原子公司内部交易形成的未实现损益，并调整相关资产、负债，以及相应的递延所得税负债或递延所得税资产。此外，某些特殊项目按如下原则处理：

1. 原为非同一控制下企业合并取得的子公司改为分公司的，原母公司购买原子公司时产生的合并成本小于合并中取得的可辨认净资产公允价值份额的差额，应计入留存收益；

原母公司购买原子公司时产生的合并成本大于合并中取得的可辨认净资产公允价值份额的差额，应按照原母公司合并该原子公司的合并财务报表中商誉的账面价值转入原母公司的商誉。原为同一控制下企业合并取得的子公司改为分公司的，原母公司在合并财务报表中确认的最终控制方收购原子公司时形成的商誉，按其在合并财务报表中的账面价值转入原母公司的商誉。

2. 原子公司提取但尚未使用的安全生产费或一般风险准备，分别情况处理：原为非同一控制下企业合并取得的子公司改为分公司的，按照购买日起开始持续计算至改为分公司日的原子公司安全生产费或一般风险准备的账面价值，转入原母公司的专项储备或一般风险准备；原为同一控制下企业合并取得的子公司改为分公司的，按照合并日原子公司安全生产费或一般风险准备账面价值持续计算至改为分公司日的账面价值，转入原母公司的专项储备或一般风险准备。

3. 原为非同一控制下企业合并取得的子公司改为分公司的，应将购买日至改为分公司日原子公司实现的净损益，转入原母公司留存收益；原为同一控制下企业合并取得的子公司改为分公司的，应将合并日至改为分公司日原子公司实现的净损益，转入原母公司留存收益。这里，将原子公司实现的净损益转入原母公司留存收益时，应当按购买日（或合并日）所取得的原子公司各项资产、负债公允价值（或账面价值）为基础计算，并且抵销原母子公司内部交易形成的未实现损益。

原子公司实现的其他综合收益和权益法下核算的其他所有者权益变动等，应参照上述原则计算调整，并相应转入原母公司权益项下其他综合收益和资本公积等项目。

4. 原母公司对该原子公司长期股权投资的账面价值与按上述原则将原子公司的各项资产、负债等转入原母公司后形成的差额，应调整资本公积；资本公积不足冲减的，调整留存收益。

（二）除上述情况外，原子公司改为分公司过程中，由于其他原因产生的各项资产、负债的入账价值与其计税基础不同所产生的暂时性差异，按照《企业会计准则第 18 号——所得税》的有关规定进行会计处理。

（三）其他方式取得的子公司改为分公司的，应比照上述（一）和（二）原则进行会计处理。

五、对于授予限制性股票的股权激励计划，企业应如何进行会计处理？等待期内企业应如何考虑限制性股票对每股收益计算的影响？

答：该问题主要涉及《企业会计准则第 11 号——股份支付》、《企业会计准则第 22 号——金融工具确认和计量》、《企业会计准则第 34 号——每股收益》和《企业会计准则第 37 号——金融工具列报》等准则。

（一）授予限制性股票的会计处理

上市公司实施限制性股票的股权激励安排中，常见做法是上市公司以非公开发行的方式向激励对象授予一定数量的公司股票，并规定锁定期和解锁期，在锁定期和解锁期内，不得上市流通及转让。达到解锁条件，可以解锁；如果全部或部分股票未被解锁而失效或作废，通常由上市公司按照事先约定的价格立即进行回购。

对于此类授予限制性股票的股权激励计划，向职工发行的限制性股票按有关规定履行了注册登记等增资手续的，上市公司应当根据收到职工缴纳的认股款确认股本和资本公积（股本溢价），按照职工缴纳的认股款，借记“银行存款”等科目，按照股本金额，贷记“股本”科目，按照其差额，贷记“资本公积——股本溢价”科目；同时，就回购义务确认负债（作收购库存股处理），按照发行限制性股票的数量以及相应的回购价格计算确定的金额，借记“库存股”科目，贷记“其他应付款——限制性股票回购义务”（包括未满足条件而须立即回购的部分）等科目。

上市公司应当综合考虑限制性股票锁定期和解锁期等相关条款，按照《企业会计准则第 11 号——股份支付》相关规定判断等待期，进行与股份支付相关的会计处理。对于因回购产生的义务确认的负债，应当按照《企业会计准则第 22 号——金融工具确认和计量》相关规定进行会计处理。上市公司未达到限制性股票解锁条件而需回购的股票，按照应支付的金额，借记“其他应付款——限制性股票回购义务”等科目，贷记“银行存款”等科目；同时，按照注销的限制性股票数量相对应的股本金额，借记“股本”科目，按照注销的限制性股票数量相对应的库存股的账面价值，贷记“库存股”科目，按其差额，借记“资本公积——股本溢价”科目。上市公司达到限制性股票解锁条件而无需回购的股票，按照解锁股票相对应的负债的账面价值，借记“其他应付款——限制性股票回购义务”等科目，按照解锁股票相对应的库存股的账面价值，贷记“库存股”科目，如有差额，则借记或贷记“资本公积——股本溢价”科目。

（二）等待期内发放现金股利的会计处理和基本每股收益的计算

上市公司在等待期内发放现金股利的会计处理及基本每股收益的计算，应视其发放的现金股利是否可撤销采取不同的方法：

1. 现金股利可撤销，即一旦未达到解锁条件，被回购限制性股票的持有者将无法获得（或需要退回）其在等待期内应收（或已收）的现金股利。

等待期内，上市公司在核算应分配给限制性股票持有者的现金股利时，应合理估计未来解锁条件的满足情况，该估计与进行股份支付会计处理时在等待期内每个资产负债表日对可行权权益工具数量进行的估计应当保持一致。对于预计未来可解锁限制性股票持有者，上市公司应分配给限制性股票持有者的现金股利应当作为利润分配进行会计处理，借记“利润分配——应付现金股利或利润”科目，贷记“应付股利——限制性股票股利”科目；同时，按分配的现金股利金额，借记“其他应付款——限制性股票回购义务”等科目，贷记“库存股”科目；实际支付时，借记“应付股利——限制性股票股利”科目，贷记“银行存款”等科目。对于预计未来不可解锁限制性股票持有者，上市公司应分配给限制性股票持有者的现金股利应当冲减相关的负债，借记“其他应付款——限制性股票回购义务”等科目，贷记“应付股利——限制性股票股利”科目；实际支付时，借记“应付股利——限制性股票股利”科目，贷记“银行存款”等科目。后续信息表明不可解锁限制性股票的数量与以前估计不同的，应当作为会计估计变更处理，直到解锁日预计不可解锁限制性股票的数量与实际未解锁限制性股票的数量一致。

等待期内计算基本每股收益时，分子应扣除当期分配给预计未来可解锁限制性股票持有者的现金股利；分母不应包含限制性股票的股数。

2. 现金股利不可撤销，即不论是否达到解锁条件，限制性股票持有者仍有权获得（或不得被要求退回）其在等待期内应收（或已收）的现金股利。

等待期内，上市公司在核算应分配给限制性股票持有者的现金股利时，应合理估计未来解锁条件的满足情况，该估计与进行股份支付会计处理时在等待期内每个资产负债表日对可行权权益工具数量进行的估计应当保持一致。对于预计未来可解锁限制性股票持有者，上市公司应分配给限制性股票持有者的现金股利应当作为利润分配进行会计处理，借记“利润分配——应付现金股利或利润”科目，贷记“应付股利——限制性股票股利”科目；实际支付时，借记“应付股利——限制性股票股利”科目，贷记“银行存款”等科目。对于预计未来不可解锁限制性股票持有者，上市公司应分配给限制性股票持有者的现金股利应当计入当期成本费用，借记“管理费用”等科目，贷记“应付股利——应付限制性股票股利”科目；实际支付时，借记“应付股利——限制

性股票股利”科目，贷记“银行存款”等科目。后续信息表明不可解锁限制性股票的数量与以前估计不同的，应当作为会计估计变更处理，直到解锁日预计不可解锁限制性股票的数量与实际未解锁限制性股票的数量一致。

等待期内计算基本每股收益时，应当将预计未来可解锁限制性股票作为同普通股一起

参加剩余利润分配的其他权益工具处理，分子应扣除归属于预计未来可解锁限制性股票的净利润；分母不应包含限制性股票的股数。

（三）等待期内稀释每股收益的计算

等待期内计算稀释每股收益时，应视解锁条件不同采取不同的方法：

1. 解锁条件仅为服务期限条件的，企业应假设资产负债表日尚未解锁的限制性股票已于当期期初（或晚于期初的授予日）全部解锁，并参照《企业会计准则第 34 号——每股收益》中股份期权的有关规定考虑限制性股票的稀释性。其中，行权价格为限制性股票的发行价格加上资产负债表日尚未取得的职工服务按《企业会计准则第 11 号——股份支付》有关规定计算确定的公允价值。锁定期内计算稀释每股收益时，分子应加回计算基本每股收益分子时已扣除的当期分配给预计未来可解锁限制性股票持有者的现金股利或归属于预计未来可解锁限制性股票的净利润。

2. 解锁条件包含业绩条件的，企业应假设资产负债表日即为

解锁日并据以判断资产负债表日的实际业绩情况是否满足解锁要求的业绩条件。若满足业绩条件的，应当参照上述解锁条件仅为服务期限条件的有关规定计算稀释性每股收益；若不满足业绩条件的，计算稀释性每股收益时不必考虑此限制性股票的影响。

本解释发布前限制性股票未按照上述规定处理的，应当追溯调整，并重新计算各列报期间的每股收益，追溯调整不切实可行的除外。

六、本解释中除特别注明外，其他问题的会计处理规定适用于 2015 年年度及以后期间的财务报告。

企业会计准则解释第 8 号

一、商业银行及其子公司（以下统称为“商业银行”）应当如何判断是否控制其按照银行业监督管理委员会相关规定发行的理财产品（以下称为“理财产品”）？

答：商业银行应当按照《企业会计准则第 33 号——合并财务报表》（以下简称《合并财务报表准则》）的相关规定，判断是否控制其发行的理财产品。如果商业银行控制该理财产品，应当按照《合并财务报表准则》的规定将该理财产品纳入合并范围。

商业银行在判断是否控制其发行的理财产品时，应当综合考虑其本身直接享有以及通过所有子公司（包括控制的结构化主体）间接享有权利而拥有的权力、可变回报及其联系。分析可变回报时，至少应当关注以下方面：

可变回报通常包括商业银行因向理财产品提供管理服务等获得的决策者薪酬和其他利益：前者包括各种形式的理财产品管理费（含各种形式的固定管理费和业绩报酬等），还可能包括以销售费、托管费以及其他各种服务收费的名义收取的实质上为决策者薪酬的收费；后者包括各种形式的直接投资收益，提供信用增级或支持等而获得的补偿或报酬，因提供信用增级或支持等而可能发生或承担的损失，与理财产品进行其他交易或者持有理财产品其他利益而取得的可变回报，以及销售费、托管费和其他各种名目的服务收费等。其中，提供的信用增级包括担保（例如保证理财产品投资者的本金或收益、为理财产品的债务提供保证等）、信贷承诺等；提供的支持包括财务或其他支持，例如流动性支持、回购承诺、向理财产品提供融资、购买理财产品持有的资产、同理财产品进行衍生交易等。

商业银行在分析享有的可变回报时，不仅应当分析与理财产品相关的法律法规及各项合同安排的实质，还应当分析理财产品成本与收益是否清晰明确，交易定价（含收费）是否符合市场或行业惯例，以及是否存在其他可能导致商业银行最终承担理财产品损失的情况等。商业银行应当慎重考虑其是否在没有合同义务的情况下，对过去发行的具有类似特征的理财产品提供过信用增级或支持的事实或情况，至少包括以下几个方面：

1. 提供该信用增级或支持的触发事件及其原因，以及预期未来发生类似事件的可能性和频率。

2. 商业银行提供该信用增级或支持的原因，以及做出这一决定的内部控制和管理流程；预期未来出现类似触发事件时，是否仍将提供信用增级和支持（此评估应当基于商业银行对于此类事件的应对机制以及内部控制和管理流程，且应当考虑历史经验）。

3. 因提供信用增级或支持而从理财产品获取的对价，包括但不限于该对价是否公允，收取该对价是否存在不确定性以及不确定性的程度。

4. 因提供信用增级或支持而面临损失的风险程度。

如果商业银行按照《合并财务报表准则》判断对所发行的理财产品不构成控制，但在该理财产品的存续期内，商业银行向该理财产品提供了合同义务以外的信用增级或支持，商业银行应当至少考虑上述各项事实和情况，重新评估是否对该理财产品形成控制。经重新评估后认定对理财产品具有控制的，商业银行应当将该理财产品纳入合并范围。同时，对于发行的具有类似特征（如具有类似合同条款、基础资产构成、投资者构成、商业银行参与理财产品而享有可变回报的构成等）的理财产品，商业银行也应当按照一致性原则予以重新评估。

二、商业银行应当如何对其发行的理财产品进行会计处理？

答：商业银行发行的理财产品应当作为独立的会计主体，按照企业会计准则的相关规定进行会计处理。

（一）会计核算

对于理财产品持有或发行的金融工具，在采用《企业会计准则第 22 号——金融工具确认和计量》（以下简称《金融工具确认计量准则》）、《企业会计准则第 37 号——金融工具列报》（以下简称《金融工具列报准则》）和《企业会计准则第 39 号——公允价值计量》（以下简称《公允价值计量准则》）时，应当至少考虑以下内容：

1. 分类

对于理财产品持有的金融资产或金融负债，应当根据持有目的或意图、是否有活跃市场报价、金融工具现金流量特征等，按照《金融工具确认计量准则》有关金融资产或金融负债的分类原则进行恰当分类。

如果理财产品持有的非衍生金融资产由于缺乏流动性而难以在市场上出售（如非标准化债权资产），则通常不能表明该金融资产是为了交易目的而持有的（如为了近期内出售，或者属于进行集中管理的可辨认金融工具组合的一部分，且有客观证据表明近期采用短期获利方式对该组合进行管理），因而不应当分类为以公允价值计量且其变动计入当期损益的金融资产中的交易性金融资产。

如果理财产品持有的权益工具投资在活跃市场中没有报价，且采用估值技术后公允价值也不能可靠计量，则不得将其指定为以公允价值计量且其变动计入当期损益的金融资产。

如果商业银行因为估值流程不完善或不具备估值能力，且未能或难以有效利用第三方估值等原因，无法或难以可靠地评估理财产品持有的金融资产或金融负债的公允价值，则通常不能表明其能以公允价值为基础对理财产品持有的金融资产或金融负债进行管理和评价，因而不得依据《金融工具确认计量准则》，将该金融资产或金融负债指定为以公允价值计量且其变动计入当期损益的金融工具。

理财产品发行的金融工具，应当按照《金融工具列报准则》的相关规定进行分类。

在对理财产品进行会计处理时，应当按照企业会计准则的相关规定规范使用会计科目，不得使用诸如“代理理财投资”等可能引起歧义的科目名称。

2. 计量

对于理财产品持有的金融资产或金融负债，应当按照《金融工具确认计量准则》、《公允价值计量准则》和其他相关准则进行计量。其中：

（1）公允价值计量

对于以公允价值计量的金融资产或金融负债，应当按照《公允价值计量准则》的相关规定确定其公允价值。通常情况下，金融工具初始确认的成本不符合后续公允价值计量要求，除非有充分的证据或理由表明该成本在计量日仍是对公允价值的恰当估计。

（2）减值

理财产品持有的除以公允价值计量且其变动计入当期损益之外的金融资产，应当按照《金融工具确认计量准则》中有关金融资产减值的规定，评估是否存在减值的客观证据，以及确定减值损失的金额并进行会计核算。

（二）列报

商业银行是编报理财产品财务报表的法定责任人。如果相关法律法规或监管部门要求报送或公开理财产品财务报表，商业银行应当确保其报送或公开的理财产品财务报表符合企业会计准则的要求。

三、商业银行应当在 2016 年年度及以后期间的财务报告中适用本解释要求。本解释生效前商业银行对理财产品的会计处理与本解释不一致的，应当进行追溯调整，追溯调整不可行的除外。

企业会计准则解释第 9 号
——关于权益法下有关投资净损失的会计处理

一、涉及的主要准则

该问题主要涉及《企业会计准则第 2 号——长期股权投资》(财会〔2014〕14 号，以下简称第 2 号准则)。

二、涉及的主要问题

第 2 号准则第十二条规定，投资方确认被投资单位发生的净亏损，应以长期股权投资的账面价值以及其他实质上构成对被投资单位净投资的长期权益(简称其他长期权益)冲减至零为限，投资方负有承担额外损失义务的除外。被投资单位以后实现净利润的，投资方在其收益分享额弥补未确认的亏损分担额后，恢复确认收益分享额。

根据上述规定，投资方在权益法下因确认被投资单位发生的其他综合收益减少净额而产生未确认投资净损失的，是否按照上述原则处理?

三、会计确认、计量和列报要求

投资方按权益法确认应分担被投资单位的净亏损或被投资单位其他综合收益减少净额，将有关长期股权投资冲减至零并产生了未确认投资净损失的，被投资单位在以后期间实现净利润或其他综合收益增加净额时，投资方应当按照以前确认或登记有关投资净损失时的相反顺序进行会计处理，即依次减记未确认投资净损失金额、恢复其他长期权益和恢复长期股权投资的账面价值，同时，投资方还应当重新复核预计负债的账面价值，有关会计处理如下：

(一) 投资方当期对被投资单位净利润和其他综合收益增加净额的分享额小于或等于前期未确认投资净损失的，根据登记的未确认投资净损失的类型，弥补前期未确认的应分担的被投资单位净亏损或其他综合收益减少净额等投资净损失。

(二) 投资方当期对被投资单位净利润和其他综合收益增加净额的分享额大于前期未确认投资净损失的，应先按照以上(一)的规定弥补前期未确认投资净损失；对于前者大于后者的差额部分，依次恢复其他长期权益的账面价值和恢复长期股权投资的账面价值，同时按权益法确认该差额。

投资方应当按照《企业会计准则第 13 号——或有事项》的有关规定，对预计负债的账面价值进行复核，并根据复核后的最佳估计数予以调整。

四、生效日期和新旧衔接

本解释自 2018 年 1 月 1 日起施行。本解释施行前的有关业务未按照以上规定进行处理的，应进行追溯调整，追溯调整不切实可行的除外。本解释施行前已处置或因其他原因终止采用权益法核算的长期股权投资，无需追溯调整。

企业会计准则解释第 10 号
——关于以使用固定资产产生的收入为基础的折旧方法

一、涉及的主要准则

该问题主要涉及《企业会计准则第 4 号——固定资产》（财会〔2006〕3 号，以下简称第 4 号准则）。

二、涉及的主要问题

第 4 号准则第十七条规定，企业应当根据与固定资产有关的经济利益的预期实现方式，合理选择固定资产折旧方法。可选用的折旧方法包括年限平均法、工作量法、双倍余额递减法和年数总和法等。

根据上述规定，企业能否以包括使用固定资产在内的经济活动产生的收入为基础计提折旧？

三、会计确认、计量和列报要求

企业在按照第 4 号准则的上述规定选择固定资产折旧方法时，应当根据与固定资产有关的经济利益的预期消耗方式做出决定。由于收入可能受到投入、生产过程、销售等因素的影响，这些因素与固定资产有关经济利益的预期消耗方式无关，因此，企业不应以包括使用固定资产在内的经济活动所产生的收入为基础进行折旧。

四、生效日期和新旧衔接

本解释自 2018 年 1 月 1 日起施行，不要求追溯调整。本解释施行前已确认的相关固定资产未按本解释进行会计处理的，不调整以前各期折旧金额，也不计算累积影响数，自施行之日起在未来期间根据重新评估后的折旧方法计提折旧。

企业会计准则解释第 11 号
——关于以使用无形资产产生的收入为基础的摊销方法

一、涉及的主要准则

该问题主要涉及《企业会计准则第 6 号——无形资产》(财会〔2006〕3 号，以下简称第 6 号准则)。

二、涉及的主要问题

第 6 号准则第十七条规定，企业选择的无形资产摊销方法，应当反映与该无形资产有关的经济利益的预期实现方式。无法可靠确定预期实现方式的，应当采用直线法摊销。

根据上述规定，企业能否以包括使用无形资产在内的经济活动产生的收入为基础进行摊销?

三、会计确认、计量和列报要求

企业在按照第 6 号准则的上述规定选择无形资产摊销方法时，应根据与无形资产有关的经济利益的预期消耗方式做出决定。由于收入可能受到投入、生产过程和销售等因素的影响，这些因素与无形资产有关经济利益的预期消耗方式无关，因此，企业通常不应以包括使用无形资产在内的经济活动所产生的收入为基础进行摊销，但是，下列极其有限的情况除外：

1. 企业根据合同约定确定无形资产固有的根本性限制条款（如无形资产的使用时间、使用无形资产生产产品的数量或因使用无形资产而应取得固定的收入总额）的，当该条款为因使用无形资产而应取得的固定的收入总额时，取得的收入可以成为摊销的合理基础，如企业获得勘探开采黄金的特许权，且合同明确规定该特许权在销售黄金的收入总额达到某固定的金额时失效。

2. 有确凿的证据表明收入的金额和无形资产经济利益的消耗是高度相关的。

企业采用车流量法对高速公路经营权进行摊销的，不属于以包括使用无形资产在内的经济活动产生的收入为基础的摊销方法。

四、生效日期和新旧衔接

本解释自 2018 年 1 月 1 日起施行，不要求追溯调整。本解释施行前已确认的无形资产未按本解释进行会计处理的，不调整以前各期摊销金额，也不计算累积影响数，自施行之日起在未来期间根据重新评估后的摊销方法计提摊销。

企业会计准则解释第 12 号
——关于关键管理人员服务的提供方与接受方是否为关联方

一、涉及的主要准则

该问题主要涉及《企业会计准则第 36 号——关联方披露》(财会〔2006〕3 号，以下简称第 36 号准则)。

二、涉及的主要问题

根据第 36 号准则第四条，企业的关键管理人员构成该企业的关联方。

根据上述规定，提供关键管理人员服务的主体（以下简称服务提供方）与接受该服务的主体（以下简称服务接受方）之间是否构成关联方？例如，证券公司与其设立并管理的资产管理计划之间存在提供和接受关键管理人员服务的关系的，是否仅因此就构成了关联方，即证券公司在财务报表中是否将资产管理计划作为关联方披露，以及资产管理计划在财务报表中是否将证券公司作为关联方披露。

三、会计确认、计量和列报要求

服务提供方向服务接受方提供关键管理人员服务的，服务接受方在编制财务报表时，应当将服务提供方作为关联方进行相关披露；服务提供方在编制财务报表时，不应仅仅因为向服务接受方提供了关键管理人员服务就将其认定为关联方，而应当按照第 36 号准则判断双方是否构成关联方并进行相应的会计处理。

服务接受方可以不披露服务提供方所支付或应支付给服务提供方有关员工的报酬，但应当披露其接受服务而应支付的金额。

四、生效日期和新旧衔接

本解释自 2018 年 1 月 1 日起施行，不要求追溯调整。

APPLICATION GUIDES OF CHINA ACCOUNTING STANDARDS

and relevant legislations 2018

第三部分　特殊会计处理规定

政策导读

为了解决特殊行业和特殊业务会计处理问题，实现特殊行业和特殊业务会计处理与企业会计准则的衔接，财政部出台了一系列规定。其中：2016 年至 2017 年出台了增值税会计处理规定、企业破产清算有关会计处理规定、规范“三去一降一补”有关业务的会计处理规定等，具体来说，2016 年 12 月 3 日财政部印发了《增值税会计处理规定》（见财会〔2016〕22 号文件），2017 年 2 月 3 日财政部会计司发布了《增值税会计处理规定》有关问题的解读；2016 年 12 月 20 日财政部印发《企业破产清算有关会计处理规定》（见财会〔2016〕23 号文件）；2016 年 9 月 22 日财政部印发《规范“三去一降一补”有关业务的会计处理规定》（见财会〔2016〕17 号文件）。此前，财政部于 2009 年 7 月 20 日印发了《典当企业执行〈企业会计准则〉若干衔接规定》（见财会〔2009〕11 号文件），2009 年 12 月 22 日印发了《保险合同相关会计处理规定》（见财会〔2009〕15 号文件），2012 年 12 月 27 日印发了《可再生能源电价附加有关会计处理规定》（见财会〔2012〕24 号文件），2013 年 12 月 27 日印发了《证券公司财务报表格式和附注》（见财会〔2013〕26 号文件），2014 年 2 月 28 日印发了《农业保险大灾风险准备金会计处理规定》（见财会〔2014〕12 号文件），2014 年 9 月 16 日印发了《关于中央文化企业执行〈企业会计准则〉有关事项的通知》（见财文资〔2014〕17 号文件）。国家粮食局于 2013 年 12 月 26 日印发了《粮食企业执行会计准则有关粮油业务会计处理的规定》（见国粮财〔2013〕311 号文件）。这些特殊行业、特殊业务会计处理规定，作为我国现行会计制度体系的组成部分，需要会计从业人员给予关注，并在会计工作中实施。

会计规定

增值税会计处理规定

（2016 年 12 月 3 日　财会〔2016〕22 号）

根据《中华人民共和国增值税暂行条例》和《关于全面推开营业税改征增值税试点的通知》（财税〔2016〕36 号）等有关规定，现对增值税有关会计处理规定如下：

一、会计科目及专栏设置

增值税一般纳税人应当在“应交税费”科目下设置“应交增值税”、“未交增值税”、“预交增值税”、“待抵扣进项税额”、“待认证进项税额”、“待转销项税额”、“增值税留抵税额”、“简易计税”、“转让金融商品应交增值税”、“代扣代交增值税”等明细科目。

（一）增值税一般纳税人应在“应交增值税”明细账内设置“进项税额”、“销项税额抵减”、“已交税金”、“转出未交增值税”、“减免税款”、“出口抵减内销产品应纳税额”、“销项税额”、“出口退税”、“进项税额转出”、“转出多交增值税”等专栏。其中：

1. “进项税额”专栏，记录一般纳税人购进货物、加工修理修配劳务、服务、无形资产或不动产而支付或负担的、准予从当期销项税额中抵扣的增值税额；

2. “销项税额抵减”专栏，记录一般纳税人按照现行增值税制度规定因扣减销售额而减少的销项税额；

3. “已交税金”专栏，记录一般纳税人当月已交纳的应交增值税额；

4. “转出未交增值税”和“转出多交增值税”专栏，分别记录一般纳税人月度终了转出当月应交未交或多交的增值税额；

5. “减免税款”专栏，记录一般纳税人按现行增值税制度规定准予减免的增值税额；

6. “出口抵减内销产品应纳税额”专栏，记录实行“免、抵、退”办法的一般纳税人按规定计算的出口货物的进项税抵减内销产品的应纳税额；

7. “销项税额”专栏，记录一般纳税人销售货物、加工修理修配劳务、服务、无形资产或不动产应收取的增值税额；

8. “出口退税”专栏，记录一般纳税人出口货物、加工修理修配劳务、服务、无形资产按规定退回的增值税额；

9. “进项税额转出”专栏，记录一般纳税人购进货物、加工修理修配劳务、服务、无形资产或不动产等发生非正常损失以及其他原因而不应从销项税额中抵扣、按规定转出的进项税额。

（二）“未交增值税”明细科目，核算一般纳税人月度终了从“应交增值税”或“预交增值税”明细科目转入当月应交未交、多交或预缴的增值税额，以及当月交纳以前期间未交的增值税额。

（三）“预交增值税”明细科目，核算一般纳税人转让不动产、提供不动产经营租赁服务、提供建筑服务、采用预收款方式销售自行开发的房地产项目等，以及其他按现行增值税制度规定应预缴的增值税额。

（四）“待抵扣进项税额”明细科目，核算一般纳税人已取得增值税扣税凭证并经税务机关认证，按照现行增值税制度规定准予以后期间从销项税额中抵扣的进项税额。包括：一般纳税人自 2016 年 5 月 1 日后取得并按固定资产核算的不动产或者 2016 年 5 月 1 日后取得的不动产在建工程，按现行增值税制度规定准予以后期间从销项税额中抵扣的进项税额；

实行纳税辅导期管理的一般纳税人取得的尚未交叉稽核比对的增值税扣税凭证上注明或计算的进项税额。

（五）“待认证进项税额”明细科目，核算一般纳税人由于未经税务机关认证而不得从当期销项税额中抵扣的进项税额。包括：一般纳税人已取得增值税扣税凭证、按照现行增值税制度规定准予从销项税额中抵扣，但尚未经税务机关认证的进项税额；一般纳税人已申请稽核但尚未取得稽核相符结果的海关缴款书进项税额。

（六）“待转销项税额”明细科目，核算一般纳税人销售货物、加工修理修配劳务、服务、无形资产或不动产，已确认相关收入（或利得）但尚未发生增值税纳税义务而需于以后期间确认为销项税额的增值税额。

（七）“增值税留抵税额”明细科目，核算兼有销售服务、无形资产或者不动产的原增值税一般纳税人，截止到纳入营改增试点之日前的增值税期末留抵税额按照现行增值税制度规定不得从销售服务、无形资产或不动产的销项税额中抵扣的增值税留抵税额。

（八）“简易计税”明细科目，核算一般纳税人采用简易计税方法发生的增值税计提、扣减、预缴、缴纳等业务。

（九）“转让金融商品应交增值税”明细科目，核算增值税纳税人转让金融商品发生的增值税额。

（十）“代扣代交增值税”明细科目，核算纳税人购进在境内未设经营机构的境外单位或个人在境内的应税行为代扣代缴的增值税。

小规模纳税人只需在“应交税费”科目下设置“应交增值税”明细科目，不需要设置上述专栏及除“转让金融商品应交增值税”、“代扣代交增值税”外的明细科目。

二、账务处理

（一）取得资产或接受劳务等业务的账务处理。

1. 采购等业务进项税额允许抵扣的账务处理。一般纳税人购进货物、加工修理修配劳务、服务、无形资产或不动产，按应计入相关成本费用或资产的金额，借记“在途物资”或“原材料”、“库存商品”、“生产成本”、“无形资产”、“固定资产”、“管理费用”等科目，按当月已认证的可抵扣增值税额，借记“应交税费——应交增值税（进项税额）”科目，按当月未认证的可抵扣增值税额，借记“应交税费——待认证进项税额”科目，按应付或实际支付的金额，贷记“应付账款”、“应付票据”、“银行存款”等科目。发生退货的，如原增值税专用发票已做认证，应根据税务机关开具的红字增值税专用发票做相反的会计分录；如原增值税专用发票未做认证，应将发票退回并做相反的会计分录。

2. 采购等业务进项税额不得抵扣的账务处理。一般纳税人购进货物、加工修理修配劳务、服务、无形资产或不动产，用于简易计税方法计税项目、免征增值税项目、集体福利或个人消费等，其进项税额按照现行增值税制度规定不得从销项税额中抵扣的，取得增值税专用发票时，应借记相关成本费用或资产科目，借记“应交税费——待认证进项税额”科目，贷记“银行存款”、“应付账款”等科目，经税务机关认证后，应借记相关成本费用或资产科目，贷记“应交税费——应交增值税（进项税额转出）”科目。

3. 购进不动产或不动产在建工程按规定进项税额分年抵扣的账务处理。一般纳税人自2016年5月1日后取得并按固定资产核算的不动产或者2016年5月1日后取得的不动产在建工程，其进项税额按现行增值税制度规定自取得之日起分2年从销项税额中抵扣的，应当按取得成本，借记“固定资产”、“在建工程”等科目，按当期可抵扣的增值税额，借记“应交税费——应交增值税（进项税额）”科目，按以后期间可抵扣的增值税额，借记“应交税费——待抵扣进项税额”科目，按应付或实际支付的金额，贷记“应付账款”、“应付票据”、“银行存款”等科目。尚未抵扣的进项税额待以后期间允许抵扣时，按允许抵扣的金额，借记“应交税费——应交增值税（进项税额）”科目，贷记“应交税费——待抵扣进项税额”科目。

4. 货物等已验收入库但尚未取得增值税扣税凭证的账务处理。一般纳税人购进的货物等已到达并验收入库，但尚未收到增值税扣税凭证并未付款的，应在月末按货物清单或相关合同协议上的价格暂估入账，不需要将增值税的进项税额暂估入账。下月初，用红字冲销原暂估入账金额，待取得相关增值税扣税凭证并经认证后，按应计入相关成本费用或资产的金额，借记“原材料”、“库存商品”、“固定资产”、“无形资产”等科目，按可抵扣的增值税额，借记“应交税费——应交增值税（进项税额）”科目，按应付金额，贷记“应付账款”等科目。

5. 小规模纳税人采购等业务的账务处理。小规模纳税人购买物资、服务、无形资产或不动产，取得增值税专用发票上注明的增值税应计入相关成本费用或资产，不通过“应交税费——应交增值税”科目核算。

6. 购买方作为扣缴义务人的账务处理。按照现行增值税制度规定，境外单位或个人在境内发生应税行为，在境内未设有经营机构的，以购买方为增值税扣缴义务人。境内一般纳税人购进服务、无形资产或不动产，按应计入相关成本费用或资产的金额，借记“生产成本”、“无形资产”、“固定资产”、“管理费用”等科目，按可抵扣的增值税额，借记“应交税费——进项税额”科目（小规模纳税人应借记相关成本费用或资产科目），按应付或实际支付的金额，贷记“应付账款”等科目，按应代扣代缴的增值税额，贷记“应交税费——代扣代交增值税”科目。实际缴纳代扣代缴增值税时，按代扣代缴的增值税额，借记“应交税费——代扣代交增值税”科目，贷记“银行存款”科目。

（二）销售等业务的账务处理。

1. 销售业务的账务处理。企业销售货物、加工修理修配劳务、服务、无形资产或不动产，应当按应收或已收的金额，借记“应收账款”、“应收票据”、“银行存款”等科目，按取得的收入金额，贷记“主营业务收入”、“其他业务收入”、“固定资产清理”、“工程结算”等科目，按现行增值税制度规定计算的销项税额（或采用简易计税方法计算的应纳增值税额），贷记“应交税费——应交增值税（销项税额）”或“应交税费——简易计税”科目（小规模纳税人应贷记“应交税费——应交增值税”科目）。发生销售退回的，应根据按规定开具的红字增值税专用发票做相反的会计分录。

按照国家统一的会计制度确认收入或利得的时点早于按照增值税制度确认增值税纳税义务发生时点的，应将相关销项税额计入“应交税费——待转销项税额”科目，待实际发生纳税义务时再转入“应交税费——应交增值税（销项税额）”或“应交税费——简易计税”科目。

按照增值税制度确认增值税纳税义务发生时点早于按照国家统一的会计制度确认收入或利得的时点的，应将应纳增值税额，借记“应收账款”科目，贷记“应交税费——应交增值税（销项税额）”或“应交税费——简易计税”科目，按照国家统一的会计制度确认收入或利得时，应按扣除增值税销项税额后的金额确认收入。

2. 视同销售的账务处理。企业发生税法上视同销售的行为，应当按照企业会计准则制度相关规定进行相应的会计处理，并按照现行增值税制度规定计算的销项税额（或采用简易计税方法计算的应纳增值税额），借记“应付职工薪酬”、“利润分配”等科目，贷记“应交税费——应交增值税（销项税额）”或“应交税费——简易计税”科目（小规模纳税人应计入“应交税费——应交增值税”科目）。

3. 全面试行营业税改征增值税前已确认收入，此后产生增值税纳税义务的账务处理。企业营业税改征增值税前已确认收入，但因未产生营业税纳税义务而未计提营业税的，在达到增值税纳税义务时点时，企业应在确认应交增值税销项税额的同时冲减当期收入；已经计提营业税且未缴纳的，在达到增值税纳税义务时点时，应借记“应交税费——应交营业税”、“应交税费——应交城市维护建设税”、“应交税费——应交教育费附加”等科目，贷记“主营业务收入”科目，并根据调整后的收入计算确定计入“应交税费——待转销项税额”科目的金额，同时冲减收入。

全面试行营业税改征增值税后，“营业税金及附加”科目名称调整为“税金及附加”科目，该科目核算企业经营活动发生的消费税、城市维护建设税、资源税、教育费附加及房产税、土地使用税、车船使用税、印花税等相关税费；利润表中的“营业税金及附加”项目调整为“税金及附加”项目。

（三）差额征税的账务处理。

1. 企业发生相关成本费用允许扣减销售额的账务处理。按现行增值税制度规定企业发生相关成本费用允许扣减销售额的，发生成本费用时，按应付或实际支付的金额，借记“主营业务成本”、“存货”、“工程施工”等科目，贷记“应付账款”、“应付票据”、“银行存款”等科目。待取得合规增值税扣税凭证且纳税义务发生时，按照允许抵扣的税额，借记“应交税费——应交增值税（销项税额抵减）”或“应交税费——简易计税”科目（小规模纳税人应借记“应交税费——应交增值税”科目），贷记“主营业务成本”、“存货”、“工程施工”等科目。

2. 金融商品转让按规定以盈亏相抵后的余额作为销售额的账务处理。金融商品实际转让月末，如产生转让收益，则按应纳税额借记“投资收益”等科目，贷记“应交税费——转让金融商品应交增值税”科目；如产生转让损失，则按可结转下月抵扣税额，借记“应交税费——转让金融商品应交增值税”科目，贷记“投资收益”等科目。交纳增值税时，应借记“应交税费——转让金融商品应交增值税”科目，贷记“银行存款”科目。年末，本科目如有借方余额，则借记“投资收益”等科目，贷记“应交税费——转让金融商品应交增值税”科目。

（四）出口退税的账务处理。

为核算纳税人出口货物应收取的出口退税款，设置“应收出口退税款”科目，该科目借方反映销售出口货物按规定向税务机关申报应退回的增值税、消费税等，贷方反映实际收到的出口货物应退回的增值税、消费税等。期末借方余额，反映尚未收到的应退税额。

1. 未实行“免、抵、退”办法的一般纳税人出口货物按规定退税的，按规定计算的应收出口退税额，借记“应收出口退税款”科目，贷记“应交税费——应交增值税（出口退税）”科目，收到出口退税时，借记“银行存款”科目，贷记“应收出口退税款”科目；退税额低于购进时取得的增值税专用发票上的增值税额的差额，借记“主营业务成本”科目，贷记“应交税费——应交增值税（进项税额转出）”科目。

2. 实行“免、抵、退”办法的一般纳税人出口货物，在货物出口销售后结转产品销售成本时，按规定计算的退税额低于购进时取得的增值税专用发票上的增值税额的差额，借记“主营业务成本”科目，贷记“应交税费——应交增值税（进项税额转出）”科目；按规定计算的当期出口货物的进项税抵减内销产品的应纳税额，借记“应交税费——应交增值税（出口抵减内销产品应纳税额）”科目，贷记“应交税费——应交增值税（出口退税）”科目。在规定期限内，内销产品的应纳税额不足以抵减出口货物的进项税额，不足部分按有关税法规定给予退税的，应在实际收到退税款时，借记“银行存款”科目，贷记“应交税费——应交增值税（出口退税）”科目。

（五）进项税额抵扣情况发生改变的账务处理。

因发生非正常损失或改变用途等，原已计入进项税额、待抵扣进项税额或待认证进项税额，但按现行增值税制度规定不得从销项税额中抵扣的，借记“待处理财产损溢”、“应付职工薪酬”、“固定资产”、“无形资产”等科目，贷记“应交税费——应交增值税（进项税额转出）”、“应交税费——待抵扣进项税额”或“应交税费——待认证进项税额”科目；原不得抵扣且未抵扣进项税额的固定资产、无形资产等，因改变用途等用于允许抵扣进项税额的应税项目的，应按允许抵扣的进项税额，借记“应交税费——应交增值税（进项税额）”科目，贷记“固定资产”、“无形资产”等科目。固定资产、无形资产等经上述调整后，应按调整后的账面价值在剩余尚可使用寿命内计提折旧或摊销。

一般纳税人购进时已全额计提进项税额的货物或服务等转用于不动产在建工程的，对于结转以后期间的进项税额，应借记“应交税费——待抵扣进项税额”科目，贷记“应交税费——应交增值税（进项税额转出）”科目。

（六）月末转出多交增值税和未交增值税的账务处理。

月度终了，企业应当将当月应交未交或多交的增值税自“应交增值税”明细科目转入“未交增值税”明细科目。对于当月应交未交的增值税，借记“应交税费——应交增值税（转出未交增值税）”科目，贷记“应交税费——未交增值税”科目；对于当月多交的增值税，借记“应交税费——未交增值税”科目，贷记“应交税费——应交增值税（转出多交增值税）”科目。

（七）交纳增值税的账务处理。

1. 交纳当月应交增值税的账务处理。企业交纳当月应交的增值税，借记“应交税费——应交增值税（已交税金）”科目（小规模纳税人应借记“应交税费——应交增值税”科目），贷记“银行存款”科目。

2. 交纳以前期间未交增值税的账务处理。企业交纳以前期间未交的增值税，借记“应交税费——未交增值税”科目，贷记“银行存款”科目。

3. 预缴增值税的账务处理。企业预缴增值税时，借记“应交税费——预交增值税”科目，贷记“银行存款”科目。月末，企业应将“预交增值税”明细科目余额转入“未交增值税”明细科目，借记“应交税费——未交增值税”科目，贷记“应交税费——预交增值税”科目。房地产开发企业等在预缴增值税后，应直至纳税义务发生时方可从“应交税费——预交增值税”科目结转至“应交税费——未交增值税”科目。

4. 减免增值税的账务处理。对于当期直接减免的增值税，借记“应交税金——应交增值税（减免税款）”科目，贷记损益类相关科目。

（八）增值税期末留抵税额的账务处理。

纳入营改增试点当月月初，原增值税一般纳税人应按不得从销售服务、无形资产或不动产的销项税额中抵扣的增值税留抵税额，借记“应交税费——增值税留抵税额”科目，贷记“应交税费——应交增值税（进项税额转出）”科目。待以后期间允许抵扣时，按允许抵扣的金额，借记“应交税费——应交增值税（进项税额）”科目，贷记“应交税费——增值税留抵税额”科目。

（九）增值税税控系统专用设备和技术维护费用抵减增值税额的账务处理。

按现行增值税制度规定，企业初次购买增值税税控系统专用设备支付的费用以及缴纳的技术维护费允许在增值税应纳税额中全额抵减的，按规定抵减的增值税应纳税额，借记“应交税费——应交增值税（减免税款）”科目（小规模纳税人应借记“应交税费——应交增值税”科目），贷记“管理费用”等科目。

（十）关于小微企业免征增值税的会计处理规定。

小微企业在取得销售收入时，应当按照税法的规定计算应交增值税，并确认为应交税费，在达到增值税制度规定的免征增值税条件时，将有关应交增值税转入当期损益。

三、财务报表相关项目列示

“应交税费”科目下的“应交增值税”、“未交增值税”、“待抵扣进项税额”、“待认证进项税额”、“增值税留抵税额”等明细科目期末借方余额应根据情况，在资产负债表中的“其他流动资产”或“其他非流动资产”项目列示；“应交税费——待转销项税额”等科目期末贷方余额应根据情况，在资产负债表中的“其他流动负债”或“其他非流动负债”项目列示；“应交税费”科目下的“未交增值税”、“简易计税”、“转让金融商品应交增值税”、

“代扣代交增值税”等科目期末贷方余额应在资产负债表中的“应交税费”项目列示。

四、附则

本规定自发布之日起施行，国家统一的会计制度中相关规定与本规定不一致的，应按本规定执行。2016 年 5 月 1 日至本规定施行之间发生的交易由于本规定而影响资产、负债等金额的，应按本规定调整。《营业税改征增值税试点有关企业会计处理规定》（财会〔2012〕13 号）及《关于小微企业免征增值税和营业税的会计处理规定》（财会〔2013〕24 号）等原有关增值税会计处理的规定同时废止。

财政部关于《增值税会计处理规定》有关问题的解读

（2017 年 2 月 3 日）

我部在 2016 年 12 月发布了《财政部关于印发〈增值税会计处理规定〉的通知》（财会〔2016〕22 号，以下简称《规定》），该《规定》自发布以来，受到广泛关注，为便于理解，现就有关问题解读如下：

一、关于待认证进项税额的结转

根据《规定》第二（一）2 项，一般纳税人购进货物、加工修理修配劳务、服务、无形资产或不动产，用于简易计税方法计税项目、免征增值税项目、集体福利或个人消费等，其进项税额按照现行增值税制度规定不得从销项税额中抵扣的，取得增值税专用发票时，应借记相关成本费用或资产科目，借记“应交税费——待认证进项税额”科目，贷记“银行存款”、“应付账款”等科目，经税务机关认证后，根据有关“进项税额”、“进项税额转出”专栏及“待认证进项税额”明细科目的核算内容，先转入“进项税额”专栏，借记“应交税费——应交增值税（进项税额）”科目，贷记“应交税费——待认证进项税额”科目；按现行增值税制度规定转出时，记入“进项税额转出”专栏，借记相关成本费用或资产科目，贷记“应交税费——应交增值税（进项税额转出）”科目。

二、关于已验收入库但尚未取得增值税扣税凭证的货物等的暂估入账金额

在对《规定》第二（一）4 项中已验收入库但尚未取得增值税扣税凭证的货物等暂估入账时，暂估入账的金额不包含增值税进项税额。一般纳税人购进劳务、服务等但尚未取得增值税扣税凭证的，比照处理。

三、关于企业提供建筑服务确认销项税额的时点

根据《规定》第二（二）1 项，企业销售货物、加工修理修配劳务、服务、无形资产或不动产，应当按应收或已收的金额，借记“应收账款”、“应收票据”、“银行存款”等科目，按取得的收入金额，贷记“主营业务收入”、“其他业务收入”、“固定资产清理”、“工程结算”等科目，按现行增值税制度规定计算的销项税额（或采用简易计税方法计算的应纳增值税额），贷记“应交税费——应交增值税（销项税额）”或“应交税费——简易计税”科目（小规模纳税人应贷记“应交税费——应交增值税”科目）。

企业提供建筑服务，在向业主办理工程价款结算时，借记“应收账款”等科目，贷记“工程结算”科目，贷记“应交税费——应交增值税（销项税额）”等科目，企业向业主办理工程价款结算的时点早于增值税纳税义务发生的时点的，应贷记“应交税费——待转销项税额”等科目，待增值税纳税义务发生时再转入“应交税费——应交增值税（销项税额）”等科目；增值税纳税义务发生的时点早于企业向业主办理工程价款结算的，应借记“银行存款”等科目，贷记“预收账款”和“应交税费——应交增值税（销项税额）”等科目。

四、关于调整后的收入

《规定》第二（二）3 项中，企业在全面推开营业税改征增值税前已确认收入且已经计提营业税但未缴纳的，根据调整后的收入计算确定销项税额时，该调整后的收入是指按照现行增值税制度调整后的收入，即不含税销售额。

五、关于企业发生相关成本费用允许扣减销售额的账务处理中涉及的存货类科目

《规定》第二（三）1项中，企业发生相关成本费用按现行增值税制度规定允许扣减销售额的，在发生成本费用时，按应付或实际支付的金额，借记“主营业务成本”、“存货”、“工程施工”等科目，贷记“应付账款”、“应付票据”、“银行存款”等科目。其中，“存货”类的科目具体包括“材料采购”、“原材料”、“库存商品”、“开发成本”等科目，企业应根据本单位业务的实际情况予以确定。

六、关于衔接规定

根据《规定》附则，本规定自发布之日起施行，国家统一的会计制度中相关规定与本规定不一致的，应按本规定执行。2016年5月1日至本规定施行之间发生的交易由于本规定而影响资产、负债等金额的，应按本规定调整。

上述规定明确，企业应当自《规定》发布之日起，按《规定》要求对增值税有关业务进行会计核算，国家统一的会计制度中相关规定与本规定不一致的，应按本规定执行。对于2016年5月1日至本规定施行之间发生的交易由于本规定而影响资产、负债和损益等财务报表列报项目金额的，应按本规定调整；对于2016年1月1日至4月30日期间发生的交易，不予追溯调整；对于2016年财务报表中可比期间的财务报表也不予追溯调整；财务报表各列报项目因《规定》发生重大调整的，应在2016年财务报表附注中予以披露。

财政部会计司制度二处

企业破产清算有关会计处理规定

第一章 总 则

第一条 为规范企业破产清算的会计处理，向人民法院和债权人会议等提供企业破产清算期间的相关财务信息，根据《中华人民共和国会计法》、《中华人民共和国企业破产法》（以下简称破产法）及其相关规定，制定本规定。

第二条 本规定适用于经法院宣告破产处于破产清算期间的企业法人（以下简称破产企业）。

第二章 编制基础和计量属性

第三条 破产企业会计确认、计量和报告以非持续经营为前提。

第四条 企业经法院宣告破产的，应当按照法院或债权人会议要求的时点（包括破产宣告日、债权人会议确定的编报日、破产终结申请日等，以下简称破产报表日）编制清算财务报表，并由破产管理人签章。

第五条 破产企业在破产清算期间的资产应当以破产资产清算净值计量。本规定所称的资产，是指破产法规定的债务人（破产企业）财产。

破产资产清算净值，是指在破产清算的特定环境下和规定时限内，最可能的变现价值扣除相关的处置税费后的净额。最可能的变现价值应当为公开拍卖的变现价值，但是债权人会议另有决议或国家规定不能拍卖或限制转让的资产除外；债权人会议另有决议的，最可能的变现价值应当为其决议的处置方式下的变现价值；按照国家规定不能拍卖或限制转让的，应当将按照国家规定的方式处理后的所得作为变现价值。

第六条 破产企业在破产清算期间的负债应当以破产债务清偿价值计量。

破产债务清偿价值，是指在不考虑破产企业的实际清偿能力和折现等因素的情况下，破产企业按照相关法律规定或合同约定应当偿付的金额。

第三章 确认和计量

第七条 破产企业被法院宣告破产的，应当按照破产资产清算净值对破产宣告日的资产进行初始确认计量；按照破产债务清偿价值对破产宣告日的负债进行初始确认计量；相关差额直接计入清算净值。

第八条 破产企业在破产清算期间的资产，应当按照破产资产清算净值进行后续计量，负债按照破产债务清偿价值进行后续计量。破产企业应当按照破产报表日的破产资产清算净值和破产债务清偿价值，对资产和负债的账面价值分别进行调整，差额计入清算损益。

第九条 破产清算期间发生资产处置的，破产企业应当终止确认相关被处置资产，并将处置所得金额与被处置资产的账面价值的差额扣除直接相关的处置费用后，计入清算损益。

破产清算期间发生债务清偿的，破产企业应当按照偿付金额，终止确认相应部分的负债。在偿付义务完全解除时，破产企业应当终止确认该负债的剩余账面价值，同时确认清算损益。

第十条 破产清算期间发生各项费用、取得各项收益应当直接计入清算损益。

第十一条 在破产清算期间，破产企业按照税法规定需缴纳企业所得税的，应当计算所得税费用，并将其计入清算损益。所得税费用应当仅反映破产企业当期应交的所得税。

第十二条 破产企业因盘盈、追回等方式在破产清算期间取得的资产，应当按照取得时的破产资产清算净值进行初始确认计量，初始确认计量的账面价值与取得该资产的成本之间存在差额的，该差额应当计入清算损益。

第十三条 破产企业在破产清算期间新承担的债务，应当按照破产债务清偿价值进行初始确认计量，并计入清算损益。

第四章 清算财务报表的列报

第十四条 破产企业应当按照本规定编制清算财务报表，向法院、债权人会议等报表使用者反映破产企业在破产清算过程中的财务状况、清算损益、现金流量变动和债务偿付状况。

第十五条 破产企业的财务报表包括清算资产负债表、清算损益表、清算现金流量表、债务清偿表及相关附注。

法院宣告企业破产的，破产企业应当以破产宣告日为破产报表日编制清算资产负债表及相关附注。

法院或债权人会议等要求提供清算财务报表的，破产企业应当根据其要求提供清算财务报表的时点确定破产报表日，编制清算资产负债表、清算损益表、清算现金流量表、债务清偿表及相关附注。

向法院申请裁定破产终结的，破产企业应当编制清算损益表、债务清偿表及相关附注。

第十六条 清算资产负债表反映破产企业在破产报表日资产的破产资产清算净值，以及负债的破产债务清偿价值。

资产项目和负债项目的差额在清算资产负债表中作为清算净值列示。

第十七条 清算损益表反映破产企业在破产清算期间发生的各项收益、费用。清算损益表至少应当单独列示反映下列信息的项目：资产处置净收益（损失）、债务清偿净收益（损失）、破产资产和负债净值变动净收益（损失）、破产费用、共益债务支出、所得税费用等。

第十八条 清算现金流量表反映破产企业在破产清算期间货币资金余额的变动情况。清算现金流量表应当采用直接法编制，至少应当单独列示反映下列信息的项目：处置资产收到的现金净额、清偿债务支付的现金、支付破产费用的现金、支付共益债务支出的现金、支付所得税的现金等。

第十九条 债务清偿表反映破产企业在破产清算期间发生的债务清偿情况。债务清偿表应当根据破产法规定的债务清偿顺序，按照各项债务的明细单独列示。债务清偿表中列示的各项债务至少应当反映其确认金额、清偿比例、实际需清偿金额、已清偿金额、尚未清偿金额等信息。

第二十条 破产企业应当在清算财务报表附注中披露下列信息：

（一）破产资产明细信息；

（二）破产管理人依法追回的账外资产明细信息；

（三）破产管理人依法取回的质物和留置物的明细信息；

（四）未经法院确认的债务的明细信息；

（五）应付职工薪酬的明细信息；

（六）期末货币资金余额中已经提存用于向特定债权人分配或向国家缴纳税款的金额；

（七）资产处置损益的明细信息，包括资产性质、处置收入、处置费用及处置净收益；

（八）破产费用的明细信息，包括费用性质、金额等；

（九）共益债务支出的明细信息，包括具体项目、金额等。

第五章　附　则

第二十一条　在本规定施行之后经法院宣告破产的企业，应当按照本规定进行会计处理。

第二十二条　本规定自发布之日起施行。《国有企业试行破产有关会计处理问题暂行规定》（财会字〔1997〕28 号）同时废止。

附：1. 会计科目使用说明及账务处理

2. 破产企业清算财务报表及其附注

附 1：

会计科目使用说明及账务处理

一、科目设置

破产企业的会计档案等财务资料经法院裁定由破产管理人接管的，应当在企业被法院宣告破产后，可以比照原有资产、负债类会计科目，根据实际情况设置相关科目，并增设相关负债类、清算净值类和清算损益类等会计科目。破产企业还可以根据实际需要，在一级科目下自行设置明细科目。

（一）负债类科目设置。

1.“应付破产费用”科目，本科目核算破产企业在破产清算期间发生的破产法规定的各类破产费用。

2.“应付共益债务”科目，本科目核算破产企业在破产清算期间发生的破产法规定的各类共益债务。

共益债务，是指在人民法院受理破产申请后，为全体债权人的共同利益而管理、变卖和分配破产财产而负担的债务，主要包括因管理人或者债务人（破产企业，下同）请求对方当事人履行双方均未履行完毕的合同所产生的债务、债务人财产受无因管理所产生的债务、因债务人不当得利所产生的债务、为债务人继续营业而应当支付的劳动报酬和社会保险费用以及由此产生的其他债务、管理人或者相关人员执行职务致人损害所产生的债务以及债务人财产致人损害所产生的债务。

（二）清算净值类科目设置。

“清算净值”科目，本科目核算破产企业在破产报表日结转的清算净损益科目余额。破产企业资产与负债的差额，也在本科目核算。

（三）清算损益类科目设置。

1.“资产处置净损益”科目，本科目核算破产企业在破产清算期间处置破产资产产生的、扣除相关处置费用后的净损益。

2.“债务清偿净损益”科目，本科目核算破产企业在破产清算期间清偿债务产生的净损益。

3.“破产资产和负债净值变动净损益”科目，本科目核算破产企业在破产清算期间按照破产资产清算净值调整资产账面价值，以及按照破产债务清偿价值调整负债账面价值产生的净损益。

4.“其他收益”科目，本科目核算除资产处置、债务清偿以外，在破产清算期间发生的其他收益。

5.“破产费用”科目，本科目核算破产企业破产清算期间发生的破产法规定的各项破产费用，主要包括破产案件的诉讼费用，管理、变价和分配债务人资产的费用，管理人执行职务的费用、报酬和聘用工作人员的费用。本科目应按发生的费用项目设置明细账。

6.“共益债务支出”科目，本科目核算破产企业破产清算期间发生的破产法规定的共益债务相关的各项支出。

7.“其他费用”科目，本科目核算破产企业破产清算期间发生的除破产费用和共益债务支出之外的各项其他费用。

8.“所得税费用”科目，本科目核算破产企业破产清算期间发生的企业所得税费用。

9.“清算净损益”科目，本科目核算破产企业破产清算期间结转的上述各类清算损益科目余额。

破产企业可根据具体情况增设、减少或合并某些会计科目。

二、账务处理

（一）破产宣告日余额结转。

法院宣告企业破产时，应当根据破产企业移交的科目余额表，将部分会计科目的相关余额转入以下新科目，并编制新的科目余额表。

1. 原“应付账款”、“其他应付款”等科目中属于破产法所规定的破产费用的余额，转入“应付破产费用”科目。

2. 原“应付账款”、“其他应付款”等科目中属于破产法所规定的共益债务的余额，转入“应付共益债务”科目。

3. 原“商誉”、“长期待摊费用”、“递延所得税资产”、“递延所得税负债”、“递延收益”、“股本”、“资本公积”、“盈余公积”、“其他综合收益”、“未分配利润”等科目的余额，转入“清算净值”科目。

（二）破产宣告日余额调整。

1. 关于各类资产。破产企业应当对拥有的各类资产（包括原账面价值为零的已提足折旧的固定资产、已摊销完毕的无形资产等）登记造册，估计其破产资产清算净值，按照其破产资产清算净值对各资产科目余额进行调整，并相应调整“清算净值”科目。

2. 关于各类负债。破产企业应当对各类负债进行核查，按照第六条规定对各负债科目余额进行调整，并相应调整“清算净值”科目。

（三）处置破产资产。

1. 破产企业收回应收票据、应收款项类债权、应收款项类投资，按照收回的款项，借记“现金”、“银行存款”等科目，按照应收款项类债权或应收款项类投资的账面价值，贷记相关资产科目，按其差额，借记或贷记“资产处置净损益”科目。

2. 破产企业出售各类投资，按照收到的款项，借记“现金”、“银行存款”等科目，按照相关投资的账面价值，贷记相关资产科目，按其差额，借记或贷记“资产处置净损益”科目。

3. 破产企业出售存货、投资性房地产、固定资产及在建工程等实物资产，按照收到的款项，借记“现金”、“银行存款”等科目，按照实物资产的账面价值，贷记相关资产科目，按应当缴纳的税费贷记“应交税费”科目，按上述各科目发生额的差额，借记或贷记“资产处置净损益”科目。

4. 破产企业出售无形资产，按照收到的款项，借记“现金”、“银行存款”等科目，按照无形资产的账面价值，贷记“无形资产”科目，按应当缴纳的税费贷记“应交税费”科目，按上述各科目发生额的差额，借记或贷记“资产处置净损益”科目。

5. 破产企业的划拨土地使用权被国家收回，国家给予一定补偿的，按照收到的补偿金额，借记“现金”、“银行存款”等科目，贷记“其他收益”科目。

6. 破产企业处置破产资产发生的各类评估、变价、拍卖等费用，按照发生的金额，借记“破产费用”科目，贷记“现金”、“银行存款”、“应付破产费用”等科目。

（四）清偿债务。

1. 破产企业清偿破产费用和共益债务，按照相关已确认负债的账面价值，借记“应付破产费用”、“应付共益债务”等科目，按照实际支付的金额，贷记“现金”、“银行存款”等科目，按其差额，借记或贷记“破产费用”、“共益债务支出”科目。

2. 破产企业按照经批准的职工安置方案，支付的所欠职工的工资和医疗、伤残补助、抚恤费用，应当划入职工个人账户的基本养老保险、基本医疗保险费用和其他社会保险费用，以及法律、行政法规规定应当支付给职工的补偿金，按照相关账面价值借记“应付职工薪酬”等科目，按照实际支付的金额，贷记“现金”、“银行存款”等科目，按其差额，借记或贷记“债务清偿净损益”科目。

3. 破产企业支付所欠税款，按照相关账面价值，借记“应交税费”等科目，按照实际支付的金额，贷记“现金”、“银行存款”等科目，按其差额，借记或贷记“债务清偿净损益”科目。

4. 破产企业清偿破产债务，按照实际支付的金额，借记相关债务科目，贷记“现金”、“银行存款”等科目。

破产企业以非货币性资产清偿债务的，按照清偿的价值借记相关负债科目，按照非货币性资产的账面价值，贷记相关资产科目，按其差额，借记或贷记“债务清偿净损益”科目。

债权人依法行使抵销权的，按照经法院确认的抵销金额，借记相关负债科目，贷记相关资产科目，按其差额，借记或贷记“债务清偿净损益”科目。

（五）其他账务处理。

1. 在破产清算期间通过清查、盘点等方式取得的未入账资产，应当按照取得日的破产资产清算净值，借记相关资产科目，贷记“其他收益”科目。

2. 在破产清算期间通过债权人申报发现的未入账债务，应当按照破产债务清偿价值确定计量金额，借记“其他费用”科目，贷记相关负债科目。

3. 在编制破产清算期间的财务报表时，应当对所有资产项目按其于破产报表日的破产资产清算净值重新计量，借记或贷记相关资产科目，贷记或借记“破产资产和负债净值变动净损益”科目；应当对所有负债项目按照破产债务清偿价值重新计量，借记或贷记相关负债科目，贷记或借记“破产资产和负债净值变动净损益”科目。

4. 破产企业在破产清算期间，作为买入方继续履行尚未履行完毕的合同的，按照收到的资产的破产资产清算净值，借记相关资产科目，按照相应的增值税进项税额，借记“应交税费”科目，按照应支付或已支付的款项，贷记“现金”、“银行存款”、“应付共益债务”或“预付款项”等科目，按照上述各科目的差额，借记“其他费用”或贷记“其他收益”科目；企业作为卖出方继续履行尚未履行完毕的合同的，按照应收或已收的金额，借记“现金”、“银行存款”、“应收账款”等科目，按照转让的资产账面价值，贷记相关资产科目，按照应缴纳相关税费，贷记“应交税费”科目，按照上述各科目的差额，借记“其他费用”科目或贷记“其他收益”科目。

5. 破产企业发生破产法第四章相关事实，破产管理人依法追回相关破产资产的，按照追回资产的破产资产清算净值，借记相关资产科目，贷记“其他收益”科目。

6. 破产企业收到的利息、股利、租金等孳息，借记“现金”、“银行存款”等科目，贷记“其他收益”科目。

7. 破产企业在破产清算终结日，剩余破产债务不再清偿的，按照其账面价值，借记相关负债科目，贷记“其他收益”科目。

8. 在编制破产清算期间的财务报表时，有已实现的应纳税所得额的，考虑可以抵扣的金额后，应当据此提存应交所得税，借记“所得税费用”科目、贷记“应交税费”科目。

9. 在编制破产清算期间的财务报表时，应当将“资产处置净损益”、“债务清偿净损益”、“破产资产和负债净值变动净损益”、“其他收益”、“破产费用”、“共益债务支出”、“其他费用”、“所得税费用”科目结转至“清算净损益”科目，并将“清算净损益”科目余额转入“清算净值”科目。

附 2：

破产企业清算财务报表及其附注

一、清算资产负债表及其附注

清算资产负债表

会清 01 表

编制单位：　　　　　　　　　　　　__年__月__日　　　　　　　　　　　　单位：元

资产	行次	期末数	负债及清算净值	行次	期末数
货币资金			负债：		
应收票据			借款		
应收账款			应付票据		
其他应收款			应付账款		
预付款项			预收款项		
存货			其他应付款		
金融资产投资			应付债券		
长期股权投资			应付破产费用		
投资性房地产			应付共益债务		
固定资产			应付职工薪酬		
在建工程			应交税费		
无形资产			……		
……					
资产总计			负债合计		
			清算净值：		
			清算净值		
			负债及清算净值总计		

本表反映破产企业在破产报表日关于资产、负债、清算净值及其相互关系的信息。

本表列示的项目不区分流动和非流动，其中，“应收账款”或“其他应收款”项目，应分别根据“应收账款”或“其他应收款”的科目余额填列，同时，“长期应收款”科目余额也在上述两项目中分析填列；“借款”项目，应根据“短期借款”和“长期借款”科目余额合计数填列；“应付账款”或“其他应付款”项目，应分别根据“应付账款”、“其他应付款”的科目余额填列，同时，“长期应付款”科目余额也在该项目中分析填列；“金融资产投资”项目，应根据“以公允价值计量且其变动计入当期损益的金融资产”、“持有至到期投资”和“可供出售金融资产”的科目余额合计数填列。

本表的“清算净值”项目反映破产企业于破产报表日的清算净值。本项目应根据“清算净值”科目余额填列。

破产企业应当在破产资产负债表附注中，区分是否用作担保，分别披露破产资产明细信息。

破产企业应当在破产资产负债表附注中，披露依法追回的账外资产、取回的质物和留置物等明细信息，如追回或取回有关资产的时间、有关资产的名称、破产资产清算净值等。

破产企业应当在破产资产负债表附注中，分别披露经法院确认以及未经法院确认的债务的明细信息，如债务项目名称以及有关金额等。

破产企业应当在破产资产负债表附注中，披露应付职工薪酬的明细信息，如所欠职工的工资和医疗、伤残补助、抚恤费用，所欠的应当划入职工个人账户的基本养老保险、基本医疗保险费用，以及法律、行政法规规定应当支付给职工的补偿金。

二、清算损益表及其附注

清算损益表

会清 02 表

编制单位：　　　　　　　__年__月__日至__年__月__日　　　　　　　单位：元

项目	行次	本期数	累计数
一、清算收益（清算损失以“－”号表示）			
（一）资产处置净收益（净损失以“－”号表示）			
（二）债务清偿净收益（净损失以“－”号表示）			
（三）破产资产和负债净值变动净收益（净损失以“－”号表示）			
（四）其他收益			
小　计			
二、清算费用			
（一）破产费用（以“－”号表示）			
（二）共益债务支出（以“－”号表示）			
（三）其他费用（以“－”号表示）			
（四）所得税费用（以“－”号表示）			
小　计			
三、清算净收益（清算净损失以“－”号表示）			

本表反映破产企业在清算期间发生的各项收益、费用。本期数反映破产企业从上一破产报表日至本破产报表日期间有关项目的发生额，累计数反映破产企业从被法院宣告破产之日至本破产报表日期间有关项目的发生额。

“资产处置净收益”项目，根据“资产处置净损益”科目的发生额填列，如为净损失以“－”号表示。

“债务清偿净收益”项目，根据“债务清偿净损益”科目的发生额填列，如为净损失以“－”号表示。

“破产资产和负债净值变动净收益”项目，根据“破产资产和负债净值变动净损益”科目的发生额填列，如为净损失以“－”号表示。

“清算净收益”项目，根据“清算净损益”科目的发生额填列，如为清算净损失以“－”号表示。“清算净收益”项目金额应当为“清算收益”与“清算费用”之和。

破产企业应当在清算损益表附注中，披露资产处置损益的明细信息，包括资产性质、处置收入、处置费用及处置净收益。

破产企业应当在清算损益表附注中，披露破产费用的明细信息，包括费用性质、金额等。破产企业应当在清算损益表附注中，披露共益债务支出的明细信息，包括具体项目、金额等。

三、清算现金流量表及其附注

清算现金流量表

会清 03 表

编制单位：　　　　　　　__年__月__日至__年__月__日　　　　　　　单位：元

	行次	本期数	累计数
一、期初货币资金余额			
二、清算现金流入			

续表

	行次	本期数	累计数
（一）处置资产收到的现金净额			
（二）收到的其他现金 清算现金流入小计			
三、清算现金流出			
（一）清偿债务支付的现金			
（二）支付破产费用的现金			
（三）支付共益债务的现金			
（四）支付所得税费用的现金			
（五）支付的其他现金			
清算现金流出小计			
四、期末货币资金余额			

清算现金流量表反映破产企业在破产清算期间货币资金余额的变动情况，本表应当根据货币资金科目的变动额分析填列。本期数反映破产企业从上一破产报表日至本破产报表日期间有关项目的发生额，累计数反映破产企业从被法院宣告破产之日至本破产报表日期间有关项目的发生额。

破产企业应当在清算现金流量表附注中，披露期末货币资金余额中已经提存用于向特定债权人分配或向国家缴纳税款的金额。

四、债务清偿表

债务清偿表

会清 04 表

编制单位：　　　　__年__月__日　　　　单位：元

债务项目	行次	期末数	经法院确认债务的金额	清偿比例	实际需清偿金额	已清偿金额	尚未清偿金额
		①	②	③	④＝②×③	⑤	⑥＝④－⑤
有担保的债务：							
××银行×							
××企业×							
……×							
小计×							
普通债务：							
第一顺序：劳动债务							
其中：应付职工薪酬							
……							
……							
第二顺序：国家税款债务							
其中：应交税费							
……							
……							

续表

债务项目	行次	期末数	经法院确认债务的金额	清偿比例	实际需清偿金额	已清偿金额	尚未清偿金额
		①	②	③	④=②×③	⑤	⑥=④-⑤
第三顺序：普通债务							
其中：借款							
——××银行							
——××企业							
应付债务工具							
——××银行							
——××企业							
应付票据							
应付款项							
——××银行							
——××企业							
小计×							
合计×							

本表反映破产企业债务清偿情况。

本表应按有担保的债务和普通债务分类设项。

期末数为负债按照破产债务清偿价值确定的金额。

经法院确认的债务金额为经债权人申报并由法院确认的金额；未经确认的债务，无需填写该金额。

清偿比例为根据破产法的规定，当破产资产不足以清偿同一顺序的清偿要求时，按比例进行分配时所采用的比例。

规范“三去一降一补”有关业务的会计处理规定

一、关于国有独资或全资企业之间无偿划拨子公司的会计处理

在“三去一降一补”工作中，有关企业集团出于深化国企改革或去产能、调结构等原因，按照国有资产监管部门（以下简称国资监管部门）有关规定，对所属的子公司的股权进行集团之间的无偿划拨。本规定所称的国有独资或全资企业，包括国有独资公司、非公司制国有独资企业、国有全资企业、事业单位投资设立的一人有限责任公司及其再投资设立的一人有限责任公司。国有独资或全资企业之间按有关规定无偿划拨子公司，导致对被划拨企业的控制权从划出企业转移到划入企业的，应当进行以下会计处理：

（一）划入企业的会计处理。

1. 个别财务报表。被划拨企业按照国有产权无偿划拨的有关规定开展审计等，上报国资监管部门作为无偿划拨依据的，划入企业在取得被划拨企业的控制权之日，编制个别财务报表时，应当根据国资监管部门批复的有关金额，借记“长期股权投资”科目，贷记“资本公积（资本溢价）”科目（若批复明确作为资本金投入的，记入“实收资本”科目，下同）。

2. 合并财务报表。划入企业在取得被划拨企业的控制权后编制合并财务报表，一般包括资产负债表、利润表、现金流量表和所有者权益变动表等：

（1）合并资产负债表。划入企业应当以被划拨企业经审计等确定并经国资监管部门批复的资产和负债的账面价值及其在被划拨企业控制权转移之前发生的变动为基础，对被划拨企业的资产负债表进行调整，调整后应享有的被划拨企业资产和负债之间的差额，计入资本公积（资本溢价）。

（2）合并利润表。划入企业编制取得被划拨企业的控制权当期的合并利润表时，应包含被划拨企业自国资监管部门批复的基准日起至控制权转移当期期末发生的净利润。

（3）合并现金流量表。划入企业编制取得被划拨企业的控制权当期的合并现金流量表时，应包含被划拨企业自国资监管部门批复的基准日起至控制权转移当期期末产生的现金流量。

（4）合并所有者权益变动表。划入企业编制当期的合并所有者权益变动表时，应包含被划拨企业自国资监管部门批复的基准日起至控制权转移当期期末的所有者权益变动情况。合并所有者权益变动表可以根据合并资产负债表和合并利润表编制。

（二）划出企业的会计处理。

1. 个别财务报表。划出企业在丧失对被划拨企业的控制权之日，编制个别财务报表时，应当按照对被划拨企业的长期股权投资的账面价值，借记“资本公积（资本溢价）”科目（若批复明确冲减资本金的，应借记“实收资本”科目，下同），贷记“长期股权投资（被划拨企业）”科目；资本公积（资本溢价）不足冲减的，依次冲减盈余公积和未分配利润。

2. 合并财务报表。划出企业在丧失对被划拨企业的控制权之日，编制合并财务报表时，不应再将被划拨企业纳入合并财务报表范围，终止确认原在合并财务报表中反映的被划拨企业相关资产、负债、少数股东权益以及其他权益项目，相关差额冲减资本公积（资本溢价），资本公积（资本溢价）不足冲减的，依次冲减盈余公积和未分配利润。同时，划出企业与被划拨企业之间在控制权转移之前发生的未实现内部损益，应转入资本公积（资本溢价），资本公积（资本溢价）不足冲减的，依次冲减盈余公积和未分配利润。

二、关于即将关闭出清的“僵尸企业”的会计处理

（一）即将关闭出清的“僵尸企业”自身的会计处理。

根据《国务院关于钢铁行业化解过剩产能实现脱困发展的意见》（国发〔2016〕6号）

和《国务院关于煤炭行业化解过剩产能实现脱困发展的意见》（国发〔2016〕7号）等文件规定，地方可以综合运用兼并重组、债务重组和破产清算等方式，加快处置“僵尸企业”，实现市场出清。

企业按照政府推动化解过剩产能的有关规定界定为“僵尸企业”且列入即将关闭出清的“僵尸企业”名单的（以下简称此类“僵尸企业”），应自被列为此类“僵尸企业”的当期期初开始，对资产改按清算价值计量、负债改按预计的结算金额计量，有关差额计入营业外支出（收入）。此类“僵尸企业”不应再对固定资产和无形资产计提折旧或摊销。

此类“僵尸企业”应在附注中披露财务报表的编制基础及其原因、财务报表上有关资产和负债的状况、清理的进展情况、是否会因资产变现以及负债清偿等原因需预计大额的损失或额外负债等重要信息。

此类“僵尸企业”进入破产清算程序且被法院指定的破产管理人接管的，应改按有关破产清算的会计处理规定进行会计处理。

（二）即将关闭出清的“僵尸企业”的母公司的会计处理。

此类“僵尸企业”的母公司（以下简称母公司）应当区分个别财务报表和合并财务报表进行会计处理：

1. 母公司在编制个别财务报表时，对该子公司长期股权投资，应当按照资产负债表日的可收回金额与账面价值孰低进行计量，前者低于后者的，其差额计入资产减值损失。

2. 母公司在编制合并财务报表时，应当以该子公司按本条规定编制的财务报表为基础，按与该子公司相同的基础对该子公司的资产、负债进行计量，计量金额与原在合并财务报表中反映的相关资产、负债以及商誉的金额之间的差额，应计入当期损益。母公司因其所属子公司进入破产清算程序且被法院指定的破产管理人接管等，丧失了对该子公司控制权的，不应再将其纳入合并财务报表范围。

3. 母公司应当在合并财务报表附注中披露子公司财务报表的编制基础及其原因、母公司计量基础的有关变化对其当期财务状况、经营成果、现金流量等方面的影响、子公司清理的进展情况、是否会因资产变现以及负债清偿等原因需预计大额的损失或额外负债等重要信息。

（三）即将关闭出清的“僵尸企业”的母公司以外的其他权益性投资方的会计处理。

本规定所称的其他权益性投资方，是指对此类“僵尸企业”具有共同控制或能够施加重大影响的投资企业。这些投资企业对该“僵尸企业”的长期股权投资，应当按照可收回金额与账面价值孰低进行计量，前者低于后者的，其差额计入资产减值损失。

三、关于中央企业对工业企业结构调整专项奖补资金的会计处理

根据《财政部关于印发〈工业企业结构调整专项奖补资金管理办法〉的通知》（财建〔2016〕253号，以下简称253号文），中央财政将安排工业企业结构调整专项奖补资金（以下简称专项奖补资金），用于支持地方政府和中央企业推动钢铁、煤炭等行业化解过剩产能。

中央企业在收到预拨的专项奖补资金时，应当暂通过“专项应付款”科目核算，借记“银行存款”等科目，贷记“专项应付款”科目。中央企业按要求开展化解产能相关工作后，按照253号文规定的计算标准等，能够合理可靠地确定因完成任务所取得的专项奖补资金金额的，借记“专项应付款”科目，贷记有关损益科目；不能合理可靠地确定因完成任务所取得的专项奖补资金金额的，应当经财政部核查清算后，按照清算的有关金额，借记“专项应付款”科目，贷记有关损益科目；预拨的专项奖补资金小于企业估计应享有的金额的，不足部分的差额借记“其他应收款”；因未能完成有关任务而按规定向财政部缴回资金的，按缴回资金金额，借记“专项应付款”科目，贷记“银行存款”等科目。

四、本规定自发布之日起施行，不要求追溯调整。

典当企业执行《企业会计准则》若干衔接规定

（2009 年 7 月 20 日　财会〔2009〕11 号）

典当企业应当遵循《企业会计准则——基本准则》、各项具体准则、会计准则应用指南以及解释（以下简称新会计准则）的规定，进行会计处理，编制财务报告，在新会计准则首次执行日，应当按照《企业会计准则第 38 号——首次执行企业会计准则》及其应用指南、解释的规定执行，做好新旧衔接，确保平稳过渡。

一、典当业务会计处理及其衔接

典当企业自首次执行日起，应当按照新会计准则的要求进行会计处理，有关典当业务的会计处理及其衔接要求如下：

（一）对于典当企业发放的当金，企业应当设置“贷款”科目或分别设置“质押贷款”和“抵押贷款”科目，并按照《企业会计准则第 22 号——金融工具确认和计量》的规定进行会计处理。即对于发放的当金，典当企业应当按照公允价值进行初始计量，采用实际利率法，按照摊余成本进行后续计量。

（二）利息和综合费用属于计算实际利率的组成项目，应当在确定实际利率时予以考虑，按照实际利率法计算贷款的摊余成本及各期利息收入。企业应收或预收的综合费用，通过“应收账款”或“预收账款”科目进行会计处理。

（三）对于典当企业取得的符合资产定义和资产确认条件的动产等绝当物品，企业应当设置“1409 绝当物品”等科目，按照《企业会计准则第 1 号——存货》的规定进行会计处理，并在资产负债表的“存货”项目中列示；对于取得的符合资产定义和资产确认条件的股权、票据等金融资产类绝当物品，企业应当设置“交易性金融资产”、“可供出售金融资产”、“持有至到期投资”、“应收票据”等科目，并按照《企业会计准则第 22 号——金融工具确认和计量》的规定进行会计处理。

绝当物品发生减值的，企业应当按照新会计准则的要求确认相应的资产减值损失。存货类绝当物品的处置通过“其他业务收入”和“其他业务成本”等科目进行会计处理；金融工具类绝当物品的处置通过“投资收益”等科目进行会计处理；应当退还当户或向当户追索的款项通过“其他应付款”或“其他应收款”等科目进行会计处理。

（四）对于典当企业从事的鉴定评估及咨询等服务，应当设置“手续费及佣金收入”、“手续费及佣金支出”等科目，并按照《企业会计准则第 14 号——收入》中有关提供劳务收入的确认和计量原则进行会计处理。

（五）典当企业应当设置备查簿，登记当物的有关信息。

二、财务报表列报的要求及其衔接

典当企业自首次执行日起，应当按照新会计准则的要求进行财务报表的列报（财务报表格式参见附件），有关报表项目及其金额应按照新会计准则的要求做好新旧转换和衔接工作。附注的编制应当遵循新会计准则的相关规定，并补充披露以下内容：

（一）贷款和垫款按担保物类别分布情况

项目	期末账面余额	年初账面余额
动产质押贷款		
财产权利质押贷款		

续表

项目	期末账面余额	年初账面余额
房地产抵押贷款		
合计		

（二）逾期贷款

项目	期末账面余额					年初账面余额				
	逾期1天至90天（含90天）	逾期90天至360天（含360天）	逾期360天至3年（含3年）	逾期3年以上	合计	逾期1天至90天（含90天）	逾期90天至360天（含360天）	逾期360天至3年（含3年）	逾期3年以上	合计
动产质押贷款										
财产权利质押贷款										
房地产抵押贷款										
合计										

（三）绝当金额（指绝当涉及的贷款以及应收未收的利息和综合费用）

项目	本期发生额	上期发生额
动产质押贷款绝当金额		
财产权利质押贷款绝当金额		
房地产抵押贷款绝当金额		
合计		

（四）利息收入（按担保物类别）

项目	本期发生额	上期发生额
动产质押贷款利息收入		
财产权利质押贷款利息收入		
房地产抵押贷款利息收入		
合计		

附：财务报表格式

附：

资产负债表

会典01表

编制单位：　　　　年　　月　　日　　　　单位：元

资产	期末余额	年初余额	负债和所有者权益（或股东权益）	期末余额	年初余额
资产：			负债：		
货币资金			短期借款		
交易性金融资产			交易性金融负债		
衍生金融资产			衍生金融负债		
买入返售金融资产			卖出回购金融资产款		

续表

资产	期末余额	年初余额	负债和所有者权益（或股东权益）	期末余额	年初余额
应收账款			应付账款		
应收利息			应付职工薪酬		
存货			应交税费		
发放贷款和垫款			应付利息		
可供出售金融资产			长期借款		
持有至到期投资			预计负债		
长期股权投资			递延所得税负债		
固定资产			其他负债		
无形资产			负债合计		
递延所得税资产			所有者权益（或股东权益）：		
其他资产			实收资本（或股本）		
			资本公积		
			减：库存股		
			盈余公积		
			一般风险准备		
			未分配利润		
			所有者权益（或股东权益）合计		
资产总计			负债和所有者权益（或股东权益）总计		

利润表

会典 02 表

编制单位：　　　　年　　月　　　　单位：元

项目	本期金额	上期金额
一、营业收入		
利息净收入		
利息收入		
利息支出		
手续费及佣金净收入		
手续费及佣金收入		
手续费及佣金支出		
投资收益（损失以“－”号填列）		
其中：对联营企业和合营企业的投资收益		
公允价值变动收益（损失以“－”号填列）		
汇兑收益（损失以“－”号填列）		
其他业务收入		
二、营业支出		
营业税金及附加		
业务及管理费		
资产减值损失		
其他业务成本		
三、营业利润（亏损以“－”号填列）		
加：营业外收入		

续表

项目	本期金额	上期金额
减：营业外支出		
四、利润总额（亏损总额以“—”号填列）		
减：所得税费用		
五、净利润（净亏损以“—”号填列）		
六、每股收益：		
（一）基本每股收益		
（二）稀释每股收益		
七、其他综合收益		
八、综合收益总额		

现金流量表

会典 03 表

编制单位： 年 月 单位：元

项目	本期金额	上期金额
一、经营活动产生的现金流量：		0
买卖交易性金融资产净增加额		
取得借款收到的现金		
收取利息、综合费、手续费及佣金的现金		
收到其他与经营活动有关的现金		
经营活动现金流入小计		
客户贷款及垫款净增加额		
支付手续费及佣金的现金		
支付给职工以及为职工支付的现金		
支付的各项税费		
支付其他与经营活动有关的现金		
经营活动现金流出小计		
经营活动产生的现金流量净额		
二、投资活动产生的现金流量：		
收回投资收到的现金		
取得投资收益收到的现金		
处置固定资产、无形资产和其他长期资产收回的现金净额		
收到其他与投资活动有关的现金		
投资活动现金流入小计		
投资支付的现金		
购建固定资产、无形资产和其他长期资产支付的现金		
支付其他与投资活动有关的现金		
投资活动现金流出小计		
投资活动产生的现金流量净额		
三、筹资活动产生的现金流量：		
吸收投资收到的现金		
收到其他与筹资活动有关的现金		
筹资活动现金流入小计		

续表

项目	本期金额	上期金额
偿还债务支付的现金		
分配股利、利润或偿付利息支付的现金		
支付其他与筹资活动有关的现金		
筹资活动现金流出小计		
筹资活动产生的现金流量净额		
四、汇率变动对现金及现金等价物的影响		
五、现金及现金等价物净增加额		
加：期初现金及现金等价物余额		
六、期末现金及现金等价物余额		

所有者权益变动表

会典 04 表

编制单位：　　　　　　　　____年度　　　　　　　　单位：元

项目	本年金额						上年金额					
	实收资本（或股本）	资本公积	减：库存股	盈余公积	未分配利润	所有者权益合计	实收资本（或股本）	资本公积	减：库存股	盈余公积	未分配利润	所有者权益合计
一、上年年末余额												
加：会计政策变更												
前期差错更正												
二、本年年初余额												
三、本年增减变动金额（减少以“—”号填列）												
（一）净利润												
（二）直接计入所有者权益的利得和损失												
1. 可供出售金融资产公允价值变动净额												
（1）计入所有者权益的金额												
（2）转入当期损益的金额												
2. 现金流量套期工具公允价值变动净额												
（1）计入所有者权益的金额												
（2）转入当期损益的金额												
（3）计入被套期项目初始确认金额中的金额												
3. 权益法下被投资单位其他所有者权益变动的影响												
4. 与计入所有者权益项目相关的所得税影响												
5. 其他												
上述（一）和（二）小计												
（三）所有者投入和减少资本												
1. 所有者投入资本												
2. 股份支付计入所有者权益的金额												
3. 其他												
（四）利润分配												
1. 提取盈余公积												

续表

项目	本年金额						上年金额					
	实收资本（或股本）	资本公积	减：库存股	盈余公积	未分配利润	所有者权益合计	实收资本（或股本）	资本公积	减：库存股	盈余公积	未分配利润	所有者权益合计
2. 提取一般风险准备												
3. 对所有者（或股东）的分配												
4. 其他												
（五）所有者权益内部结转												
1. 资本公积转增资本（或股本）												
2. 盈余公积转增资本（或股本）												
3. 盈余公积弥补亏损												
4. 一般风险准备弥补亏损												
5. 其他												
四、本年年末余额												

保险合同相关会计处理规定

（2009 年 12 月 22 日　财会〔2009〕15 号）

为了规范保险混合合同分拆、重大保险风险测试和保险合同准备金计量等问题，现就有关会计处理规定如下：

一、保险混合合同分拆

（一）保险人与投保人签订的合同，使保险人既承担保险风险又承担其他风险的，应当分别下列情况进行处理：

1. 保险风险部分和其他风险部分能够区分，并且能够单独计量的，应当将保险风险部分和其他风险部分进行分拆。保险风险部分，确定为保险合同；其他风险部分，不确定为保险合同。

2. 保险风险部分和其他风险部分不能够区分，或者虽能够区分但不能够单独计量的，如果保险风险重大，应当将整个合同确定为保险合同；如果保险风险不重大，不应当将整个合同确定为保险合同。

（二）确定为保险合同的，应当按照《企业会计准则第 25 号——原保险合同》、《企业会计准则第 26 号——再保险合同》等进行处理；不确定为保险合同的，应当按照《企业会计准则第 22 号——金融工具确认和计量》、《企业会计准则第 37 号——金融工具列报》等进行处理。

二、重大保险风险测试

（一）保险人与投保人签订的需要进行重大保险风险测试的合同，应当在合同初始确认日进行重大保险风险测试。保险人应当以单项合同为基础进行重大保险风险测试；不同合同的保险风险同质的，可以按合同组合为基础进行重大保险风险测试。

测试结果表明，发生合同约定的保险事故可能导致保险人支付重大附加利益的，即认定该保险风险重大，但不具有商业实质的除外。合同的签发对交易双方的经济利益没有可辨认的影响的，表明保险人与投保人签订的合同不具有商业实质。附加利益，是指保险人在发生保险事故时的支付额，超过不发生保险事故时的支付额的金额。

（二）保险人应当在附注中披露与重大保险风险测试有关的下列信息：

1. 重大保险风险的测试方法和标准；

2. 重大保险风险测试中合同的分组标准和选取方法；

3. 重大保险风险测试假设的设定依据。

经过重大保险风险测试后，未确认为保险合同的重大合同，应当披露其交易金额、保险责任、保险期间等信息。

三、保险合同准备金计量

保险人应当在资产负债表日计量保险合同准备金，以如实反映保险合同负债。寿险保险合同准备金包括寿险责任准备金、长期健康险责任准备金，分别由未到期责任准备金和未决赔款准备金组成。非寿险保险合同准备金包括未到期责任准备金、未决赔款准备金。

（一）保险合同准备金计量的基本要求

1. 保险人在确定保险合同准备金时，应当将单项保险合同作为一个计量单元，也可以将具有同质保险风险的保险合同组合作为一个计量单元。计量单元的确定标准应当在各个会计期间保持一致，不得随意变更。

2. 保险合同准备金应当以保险人履行保险合同相关义务所需支出的合理估计金额为基础进行计量。

保险人履行保险合同相关义务所需支出，是指由保险合同产生的预期未来现金流出与预期未来现金流入的差额，即预期未来净现金流出。其中，预期未来现金流出，是指保险人为履行保险合同相关义务所必需的合理现金流出，主要包括：（1）根据保险合同承诺的保证利益，包括死亡给付、残疾给付、疾病给付、生存给付、满期给付等；（2）根据保险合同构成推定义务的非保证利益，包括保单红利给付等；（3）管理保险合同或处理相关赔付必需的合理费用，包括保单维持费用、理赔费用等。预期未来现金流入，是指保险人为承担保险合同相关义务而获得的现金流入，包括保险费和其他收费。

预期未来净现金流出的合理估计金额，应当以资产负债表日可获取的当前信息为基础，按照各种情形的可能结果及相关概率计算确定。

3. 保险人在确定保险合同准备金时，应当考虑边际因素，并单独计量。保险人应当在保险期间内，采用系统、合理的方法，将边际计入当期损益。

保险人在保险合同初始确认日不应当确认首日利得，发生首日损失的，应当予以确认并计入当期损益。

4. 保险人在确定保险合同准备金时，应当考虑货币时间价值的影响。

货币时间价值影响重大的，应当对相关未来现金流量进行折现。计量货币时间价值所采用的折现率，应当以资产负债表日可获取的当前信息为基础确定，不得锁定。

5. 原保险合同现金流量和与其相关的再保险合同现金流量应当分别估计，并应当将从再保险分入人摊回的保险合同准备金确认为资产。

6. 保险人在确定保险合同准备金时，不得计提以平滑收益为目的的巨灾准备金、平衡准备金、平滑准备金等。

（二）未到期责任准备金的计量假设和期间

1. 未到期责任准备金计量假设应当以资产负债表日可获取的当前信息为基础确定。

（1）对于未来保险利益不受对应资产组合投资收益影响的保险合同，用于计算未到期责任准备金的折现率，应当根据与负债现金流出期限和风险相当的市场利率确定；对于未来保险利益随对应资产组合投资收益变化的保险合同，用于计算未到期责任准备金的折现率，应当根据对应资产组合预期产生的未来投资收益率确定。

（2）保险人应当根据实际经验和未来的发展变化趋势，确定合理估计值，作为保险事故发生率假设，如死亡发生率、疾病发生率、伤残率等。

（3）保险人应当根据实际经验和未来的发展变化趋势，确定合理估计值，作为退保率假设。

（4）保险人应当根据费用分析结果和未来的发展变化趋势，确定合理估计值，作为费用假设。

未来费用水平对通货膨胀反应敏感的，保险人在确定费用假设时应当考虑通货膨胀因素的影响。保险人确定的通货膨胀率假设，应当与确定折现率假设时采用的通货膨胀率假设保持一致。

（5）保险人应当根据分红保险账户的预期投资收益率、管理层的红利政策、保单持有人的合理预期等因素，确定合理估计值，作为保单红利假设。

2. 保险人在计量未到期责任准备金时，预测未来净现金流出的期间为整个保险期间。对于包含可续保选择权的保险合同，如果保单持有人很可能执行续保选择权并且保险人不具有重新厘定保险费的权利，保险人应当将预测期间延长至续保选择权终止的期间。

（三）未决赔款准备金的计量方法

1. 未决赔款准备金包括已发生已报案未决赔款准备金、已发生未报案未决赔款准备金和理赔费用准备金等。

2. 保险人应当采用逐案估损法、案均赔款法等方法，以最终赔付的合理估计金额为基础，同时考虑边际因素，计量已发生已报案未决赔款准备金。

3. 保险人应当根据保险风险的性质和分布、赔款发展模式、经验数据等因素，采用链梯法、案均赔款法、准备金进展法、B-F 法等方法，以最终赔付的合理估计金额为基础，同时考虑边际因素，计量已发生未报案未决赔款准备金。

4. 保险人应当以未来必需发生的理赔费用的合理估计金额为基础，计量理赔费用准备金。

（四）相关信息的披露

保险人应当在附注中披露与保险合同准备金计量有关的下列信息：

1. 各项保险合同准备金的增减变动情况；
2. 考虑分出业务和不考虑分出业务的索赔进展情况；
3. 保险合同准备金的计量方法、计量单元及其确定方法；
4. 预期未来现金流入和流出金额的组成内容和计量方法；
5. 保险合同准备金包含的边际的计量方法和计入当期损益的方法；
6. 计量保险合同准备金使用的重大假设及其来源，重大假设的敏感性分析，以及不同假设之间的关系；
7. 对重大假设产生影响的不确定性事项及其影响程度，以及重大假设确定过程中如何考虑过去经验和当前情况的描述；
8. 计量保险合同准备金使用的重大假设与可观察到的市场参数或其他公开信息的符合程度及其原因；
9. 计量保险合同准备金使用的方法和重大假设发生变更的，应当披露变更的事实、原因及其影响。

四、新旧衔接

保险公司应当自编制 2009 年年度财务报告开始实施本规定。以前年度发生的有关交易或事项的会计处理与本规定不一致的，应当进行追溯调整。但是，追溯调整不切实可行的除外。

可再生能源电价附加有关会计处理规定

（2012 年 12 月 27 日　财会〔2012〕24 号）

根据《中华人民共和国可再生能源法》、《财政部 国家发展改革委 国家能源局关于印发〈可再生能源电价附加补助资金管理暂行办法〉的通知》（财建〔2012〕102 号）等相关规定，现就可再生能源电价附加有关会计处理规定如下：

一、电网企业代征代缴可再生能源电价附加的会计处理

电网企业向电力用户销售电量时，按实际收到或应收的金额，借记“银行存款”、“应收账款”等科目，按实现的电价收入，贷记“主营业务收入”科目，按实际销售电量计算的应代征可再生能源电价附加额，贷记“其他应付款”等科目，按专用发票上注明的增值税额，贷记“应交税费——应交增值税（销项税额）”科目。

电网企业按月上缴可再生能源电价附加时，按取得的《非税收入一般缴款书》上注明的缴款额，借记“其他应付款”等科目，贷记“银行存款”科目。

电网企业取得可再生能源电价附加代征手续费时，借记“银行存款”等科目，贷记“其他业务收入”科目。

电网企业按有关规定进行可再生能源电价附加汇算清缴时，因电力用户欠缴电费，经专员办审核确认后作为坏账损失核销而不计入电网企业实际销售电量的，按核减电量计算的可再生能源电价附加，借记“其他应付款”等科目，贷记“应收账款”科目。已审核确认并核销的坏账损失如果以后又收回的，按实际收回电量计算的可再生能源电价附加，借记“银行存款”科目，贷记“其他应付款”等科目。

二、电网企业收购可再生能源电量的会计处理

电网企业收购可再生能源电量时，按可再生能源发电上网电价计算的购电费，借记“生产成本”等科目，按专用发票上注明的增值税额，借记“应交税费——应交增值税（进项税额）”科目，按实际支付或应付的金额，贷记“银行存款”、“应付账款”等科目。

三、电网企业取得可再生能源发电项目上网电价补助的会计处理

电网企业取得可再生能源发电项目上网电价补助时，按收到或应收的金额，借记“银行存款”等科目，贷记“主营业务收入”科目。

四、可再生能源发电企业销售可再生能源电量的会计处理

可再生能源发电企业销售可再生能源电量时，按实际收到或应收的金额，借记“银行存款”、“应收账款”等科目，按实现的电价收入，贷记“主营业务收入”科目，按专用发票上注明的增值税额，贷记“应交税费——应交增值税（销项税额）”科目。

五、企业取得可再生能源发电项目接网费用等补助的会计处理

企业专为可再生能源发电项目接入电网系统而发生的工程投资和运行维护费用，以及国家投资或补贴建设的公共可再生能源独立电力系统所发生的合理的运行和管理费用超出销售电价的部分，按规定取得可再生能源电价附加补助资金的，按收到或应收的补助金额，借记“银行存款”、“其他应收款”等科目，贷记“主营业务收入”科目。

粮食企业执行会计准则有关粮油业务会计处理的规定

（2013 年 12 月 26 日　国粮财〔2013〕311 号）

一、执行新会计准则的有关处理

（一）关于粮油库存成本的核算

设置“储备粮油”一级科目，核算粮食企业库存的用于调节粮食供求总量、稳定粮食市场，以及应对重大自然灾害或突发事件的中央储备粮油、地方储备粮油、最低收购价粮食、国家临时储存粮油等政策性粮油的实际成本。该科目可按政策性粮油的种类进行明细核算。设置“轮换粮油”一级科目，核算粮食企业按照主管部门下达的轮换计划轮换中央或地方储备粮油的实际成本。设置“定向供应粮油”一级科目，核算粮食企业按照政府指令，向军队、受灾人员、低收入人员、执行退耕还林（退牧还草、禁牧舍饲）政策的农牧民以及为平抑市场粮价限价销售等供应的粮油商品的实际成本。该科目可根据不同供应人群类别进行明细核算。设置“商品粮油”一级科目，核算粮食企业库存的自营商品粮油的实际成本。储备粮油和定向供应粮油应按历史成本进价，不计提存货跌价准备，国家对政策性粮油成本计价有特殊规定的，从其规定。

外购粮油存货成本具体包括：购买价款，以及达到入库储存状态前发生的运输费、装卸费、保险费、包装费、运输途中的合理损耗及入库整理等各项费用。其中，有关政策性粮油库存成本需经政府有关部门审核确定的，应先将购买粮食所支付的价款通过“储备粮油”科目下设的“待核××粮油价款”明细科目归集，发生的收购、运输等入库前费用通过“待核××粮油费用”明细科目归集；政府有关部门核定粮油成本后，将购进粮食价款和费用，转入相应的政策性粮油库存成本；企业实际成本支出与政府部门核定成本之间的差额通过“储备粮油结算价差收入”和“储备粮油结算价差”科目核算，计入当期损益。

（二）关于储备粮油轮换

储备粮油轮换采取成本不变、实物兑换、费用包干方式进行的，企业轮出储备粮油，按销售额借记“银行存款”科目，贷记“主营业务收入——××粮油轮换销售收入”。同时暂按销售价款结转成本借记“主营业务成本——××粮油轮换销售成本”，贷记“轮换粮油”科目；月末，根据轮入粮油的加权平均价和完成轮换数量的乘积与轮出粮油的加权平权售价和完成轮换数量的乘积之间的差额，调整当期已完成轮换粮油的销售成本，借记或贷记“主营业务成本——××粮油轮换销售成本”科目，贷记或借记“轮换粮油”科目。

储备粮油轮换采取财政承担价差亏损或盈余、成本重新核定的方式进行的，轮出粮油参照储备粮油销售处理，销售成本按账面库存成本结转，轮入粮油参照储备粮油购进处理。

（三）关于储备粮油等政策性粮食移库

政策性粮食移库储存时，调出企业在会计处理上直接核减粮油库存和贷款，不作销售处理；调入库点相应增加粮油库存和贷款。调运发生的铁路、水路运费经财政部驻相关省（区、市）财政监察专员办事处审核后计入调运方粮食库存成本。在税务处理上，政策性粮食移库视同销售处理，调出方应按有关规定向调入企业开具发票。

（四）关于储备粮油、定向供应粮油等政策性粮油销售

粮食企业按政府指令性计划销售储备粮油、定向供应的粮油等政策性粮油，按销售额借记“银行存款”或“应收账款”科目，贷记“主营业务收入——××粮油销售收入”科目；月末按库存成本，借记“主营业务成本——××粮油销售成本”，贷记“储备粮油”或“定向供应粮油”等科目。价差盈余上交财政时，借记“主营业务收入——××粮油销售收入”科目，贷记“其他应付款——应上交财政价差款”科目；价差亏损按财政确定的弥补

数额，借记“其他应收款——应收补贴款”科目，贷记“递延收益”科目。

（五）关于粮食损失、损耗和溢余

粮食企业收购农民粮食，对农民交售的高水分、高杂质粮食，按照国家粮油质量标准扣量，其中弥补烘干入库整理费用等扣量形成的库存按权属记入“政策性粮油”或“商品粮油”科目。

粮食企业在商品粮油验收入库起至出库止的整个储存过程中发生的自然损耗和水分杂质减量等正常损耗，设置“粮油损耗准备”科目核算，于年度终了，按照国家规定的粮油损耗比例按仓（货位）计提粮油损耗准备，借记“销售费用——商品损耗”科目，贷记“粮油损耗准备”科目。一个独立存放单位（如一仓、一个货位）储存的粮油销售完毕后，根据实际发生的粮油损耗借记“粮油损耗准备”，贷记“商品粮油”等科目，对实际发生损耗与计提数额之间的差额，予以补提或冲回。政策性粮油储存损耗的处置方法按国家有关规定执行。

粮油在储存和流转过程中，由于自然灾害或责任事故造成的非正常损失，在未经批准处理之前，将损失金额计入“待处理财产损溢”科目，待调查清楚明确责任后，属于人为因素造成的，按应扣除过失人的赔偿金额，借记“其他应收款”等科目；属不可抗力原因造成的，按批准金额借记“营业外支出”科目。

（六）关于粮油品种兑换

粮油品种兑换业务不涉及补价的，换入粮油的成本为换出粮油的账面价值加上应支付的相关税费，不确认损益。粮油品种兑换业务涉及补价的，支付补价方：换入粮油的成本按换出粮油的账面价值、支付的补价和应支付的相关税费合计确认，不确认损益。收到补价方：换入粮油的成本按换出粮油的账面价值，减去收到的补价，再加上应支付的相关税费合计确认，不确认损益。借记“商品粮油——××品种”，贷记“商品粮油——－××品种”，借记或贷记“银行存款”等科目。

（七）关于粮油代购、代储、代销、代加工的处理

1. 关于粮食代购。视同中介收取手续费方式代购的，企业收到委托代购粮油款时，借记“银行存款”或“库存现金”等科目，贷记“预收账款”科目。按约定价格收购入库时，借记“受托代购商品”科目，贷记“银行存款”或“现金”等科目，同时借记“预收账款”科目，贷记“受托代购商品款”科目。代购粮油出库时，借记“受托代购商品款”科目，贷记“受托代购商品”科目。视同购销方式代购的，企业按照粮食购进和销售进行处理，确认损益。

2. 关于粮食代储。粮食企业代农储粮或接受其他单位委托代储粮油时，按照双方协议价格或市价，借记：“受托代储商品”科目，贷记：“受托代储商品款”科目，代储行为结束，作相反会计分录。

3. 关于粮食代销。视同中介收取手续费方式代销的，企业收到委托代销粮油，按约定价格借记“受托代销商品”科目，贷记“受托代销商品款”科目。按约定价格销售代销粮油，借记“银行存款”科目，贷记“应付账款”等科目，同时借记“受托代销商品款”科目，贷记“受托代销商品”科目。交付代销款时，借记“应付账款”科目，贷记“银行存款”科目。

视同购销方式代销的，按实际销售额确认销售收入借记“银行存款”科目，贷记“主营业务收入”科目；按约定价格和价款结转销售成本，借记“主营业务成本”科目，贷记“受托代销商品”科目，同时借记“受托代销商品款”等科目，贷记“应付账款”科目。

4. 关于粮食代加工。粮食企业收到受托加工材料物资时，借记“受托加工物资”科目，贷记“受托加工物资款”科目。加工完成，将加工物资发给委托方作相反分录。

企业代购、代销、代储、代加工，收取的手续费，借记“银行存款”科目，贷记“其他业务收入”科目。

（八）粮食竞价交易

1. 关于粮食交易市场。交易市场向客户收取的保证金和货款可根据核算需要，按客户单位细化核算，也可归类汇总核算。

交易市场向客户收取保证金时，借记“现金”、“银行存款”等科目，贷记“应付保证金——交易保证金”、“应付保证金——履约保证金”科目。若交易不成功或客户履约结束，交易市场退回客户保证金时做相反会计分录。若客户履行合同违约，交易市场代受损方扣取违约方违约金，借记“应付保证金——履约保证金（违约方）”科目，贷记“银行存款”或其他相关类科目。交易市场向买卖双方收取的交易手续费和违约金，计入“主营业务收入——交易手续费收入”科目。

交易市场收到买方存入的购货款时，借记“银行存款”等科目，贷记“应付交割款（买方）科目。应买方要求，将未成交部分的保证金转为货款时，借记“应付保证金——交易保证金（买方）”、“应付保证金——履约保证金（买方）”科目，贷记“应付交割款（买方）”科目。履约后，交易市场将买方购货款分解，借记“应付交割款（买方）”科目，贷记“应付交割款（卖方）”、“其他应付款——应上交财政差价款”等科目；支付卖方销货款时，借记“应付交割款（卖方）”科目，贷记“银行存款”等科目。

2. 关于粮食企业进场交易。粮食企业向交易市场交存保证金时，借记“其他应收款——保证金”科目，贷记“银行存款”科目；划回保证金，作相反会计分录。竞价交易成功后，按交易细则履约，买方支付给交易市场结算货款时，借记“应付账款”科目，贷记“银行存款”科目；验收入库时，按照粮食竞买价款和手续费等支出，借记“商品粮油”或政策性粮油类科目，贷记“应付账款”等科目。卖方收到交易市场转来的货款时，借记“银行存款”科目，贷记“主营业务收入”科目，同时按照有关规定结转销售成本。若粮食企业发生违约，交易市场扣交保证金时，借记“营业外支出”科目，贷记“其他应收款——保证金”科目。

（九）关于政策性粮食财务挂账

粮食企业对中央或地方政府清理认定的政策性粮食财务挂账，设置“政策性财务挂账”科目，按照认定金额和挂账类别，借记“政策性财务挂账——老粮食财务挂账、新增粮食财务挂账、陈化粮差价亏损挂账、保护价粮差价亏挂账、其他政策性亏损挂账（以下简称“××挂账”）或政策性财务挂账利息”科目，贷记“其他应收款——应收补贴款”、“应收账款”、“待处理财产损溢”、“其他应收款”、“利润分配——未分配利润”等科目。同时，将政策性财务挂账占用的银行借款，从“短期借款”、“长期借款”的明细科目中转出，借记“短期借款——××贷款”、“长期借款——××贷款”科目，贷记“长期借款——政策性财务挂账借款——××挂账贷款”科目。

若政府拨款消化政策性粮食财务挂账，根据政府文件和贷款归还手续，借记“银行存款”科目，贷记“政策性财务挂账——××挂账或政策性财务挂账利息”科目，同时借记“长期借款——政策性财务挂账借款——××挂账贷款”科目，贷记“银行存款”科目。

（十）关于粮食企业取得的财政资金

1. 关于政府补助。粮食企业取得各项财政拨款时，应分清款项的性质、种类和规定用途。一般情况下，政府部门无偿拨付给企业，用于弥补企业日常生产费用开支，支付固定资产维修费用，或对开展特定的经济活动所给予的专项经费应纳入政府补助进行核算，如粮油产业化项目贷款贴息、建仓贷款贴息、运费补助、粮油利息费用补助、价差补贴、专项检查经费、专项活动经费、仓房维修补助、网点改造补助等。对于收益相关的政府补助，企业依据政府及有关部门下发的文件、规章制度和管理办法中所确定的标准和金额，借记“其他应收款——应收补贴款”科目，贷记“递延收益”科目，按照配比原则，同时借记“递延收益”科目、贷记“补贴收入”科目。对于资产相关的政府补助，包括政府无偿划拨资产或专项经费在使用过程中形成的长期资产等，企业取得时借记“银行存款”、“固定资产”等科目，贷记“递延收益”科目。自相关资产达到预定可使用状态时起，在该资产使用寿命内平均分配，分次计入以后各期的损益，借记“递延收益”科目，贷记“补贴收入”科目，固定资产按期计提折旧，借记费用类科目，贷记“累计折旧”科目。相关资产在使用寿命结束前被出售、转让、报废或发生毁损的，应将尚未分配的递延收益余额一次性转入资产处置当期的损益。粮食企业待转拨所属或其他企业的粮油补贴，通过“其他应付款——待拨政策性补贴资金”科目核算。

2. 关于政府投资。企业收到政府作为投资人直接投资、资本注入的货币资金或非货币性资产时，应增加所有者权益，借记“银行存款”、“固定资产”、“无形资产”等科目，按其在注册资本或股本中所占份额，贷记“实收资本”或“股本”科目，按其差额，贷记“资本公积”科目。

企业收到政府拨付的具有导向性的、专门用于提升企业生产能力、发挥长期效用、改善基础设施的投资补助，如：粮食仓储物流设施新建、重建、改扩建投资、粮食产业化投资、粮食质量安全检验监测能力建设投资等，借记“银行存款”等科目，贷记“专项应付款”科目；将拨款用于工程项目，借记“在建工程”、“固定资产”等科目，贷记“银行存款”等科目；专项拨款形成的长期资产，文件明确由全体股东共同享有的，借记“专项应付款”科目，贷记“资本公积”科目，如明确归属某个投资者，贷记“实收资本”科目；对未形成长期资产的支出，直接借记“专项应付款”科目，贷记“银行存款”等科目；拨款结余需要返还的，借记“专项应付款”科目，贷记“银行存款”科目。

3. 关于由企业转付给自然人的财政资金，如种粮农民补贴，分流安置职工款等，计入“专项应付款”科目，进行往来核算。

4. 关于粮食企业因城镇整体规划、库区建设、棚户区改造、沉陷区治理等公共利益进行搬迁，收到政府从财政预算直接拨付的搬迁补偿款，应作为“专项应付款”处理。其中，属于对企业在搬迁和重建过程中发生的固定资产和无形资产损失、有关费用性支出、停工损失及搬迁后拟新建资产进行补偿的，应自“专项应付款”转入“递延收益”，并按照《企业会计准则第 16 号——政府补助》进行会计处理。企业取得的搬迁补偿款扣除转入递延收益的金额后如有结余的，应当作为“资本公积”处理。企业政策性搬迁涉及的所得税有关问题按照国家税务总局 2012 年第 40 号公告和 2013 年第 11 号公告执行。

企业收到除上述之外（非公共利益）的搬迁补偿款，应当按照《企业会计准则第 4 号——固定资产》、《企业会计准则第 16 号——政府补助》等会计准则进行处理。

5. 粮食企业取得的政府转贷、偿还性资助的财政资金，如世界银行贷款项目资金等，根据企业会计准则的规定作为“长期借款”进行会计处理。

6. 粮食企业取得的税收返还款（不包括增值税出口退税），计入“补贴收入”科目，确认损益。

二、执行新会计准则有关财务报表列报要求

（一）“储备粮油”、“定向供应粮油”、“轮换粮油”、“商品粮油”科目余额在资产负债表的“存货”及“库存商品”项目内反映。

（二）“受托代销商品”和“受托代销商品款”、“受托代购商品”和“受托代购商品款”、“受托代储商品”和“受托代储商品款”、“受托加工物资”和“受托加工物资款”科目，月末余额可借贷相互抵销，不在资产负债表内列示。

（三）“粮油损耗准备”科目余额在资产负债表并入“存货跌价准备”项目内反映。

（四）“政策性财务挂账”科目余额在资产负债表的“其他非流动资产”项目内反映。

（五）“应付保证金”和“应付交割款”科目余额在资产负债表的“其他应付款”项目内反映。

（六）“储备粮油结算价差收入”科目累计发生额在利润表的“营业收入”项目内反映。

（七）“储备粮油结算价差支出”科目累计发生额在利润表的“营业成本”项目内反映。

（八）“补贴收入”科目累计发生额在利润表“营业外收入”的“政府补助”项目内反映。

（九）有关政府补助指标表项目，可根据“其他应收款——应收财政补贴款”、“递延收益”、“专项应付款”、“补贴收入”、等科目分析填列。

证券公司财务报表格式和附注

（2013 年 12 月 27 日 财会〔2013〕26 号）

合并资产负债表

会证合 01 表

编制单位： 年 月 日 单位：元

资产	附注	期末余额	年初余额	负债和所有者权益（或股东权益）	附注	期末余额	年初余额
资产：				负债：			
货币资金				短期借款			
其中：客户存款				应付短期融资款			
结算备付金				拆入资金			
其中：客户备付金				交易性金融负债			
拆出资金				衍生金融负债			
融出资金				卖出回购金融资产款			
交易性金融资产				代理买卖证券款			
衍生金融资产				代理承销证券款			
买入返售金融资产				应付职工薪酬			
应收款项				应交税费			
应收利息				应付款项			
存出保证金				应付利息			
可供出售金融资产				预计负债			
持有至到期投资				长期借款			
长期股权投资				应付债券			
投资性房地产				递延所得税负债			
固定资产				其他负债			
在建工程				负债合计			
无形资产				所有者权益（或股东权益）：			
商誉				实收资本（或股本）			
递延所得税资产				资本公积			
其他资产				减：库存股			
				盈余公积			
				一般风险准备			
				未分配利润			
				外币报表折算差额			
				归属于母公司所有者权益（或股东权益）合计			
				少数股东权益			
				所有者权益（或股东权益）合计			
资产总计				负债和所有者权益（或股东权益）总计			

修订新增项目说明：

1. 行项目“货币资金”下的其中项“客户资金存款”修订为“客户存款”，统一反映证券公司融资融券业务发生的客户信用资金存款和原有的客户资金存款。

2. 新增行项目“融出资金”，反映证券公司融资融券业务中的融资部分，以及买入相关监管部门规定的约定购回等买入返售之外的向客户提供融资的业务，例如包括证券公司在境外开展孖展业务等。今后新出现的类似业务，也在此项目下反映。

3. 新增行项目“应收款项”，反映证券公司经营过程中应收取的各项业务款项，包括应收清算款项、应收资产管理费、应收手续费及佣金等。

4. 新增行项目“在建工程”，反映证券公司的在建工程业务。

5. 新增行项目“应付短期融资款”，反映证券公司对外发行的期限在 1 年以下（含 1 年）的其他金融负债，例如短期融资券和期限短于一年的债券等。

6. 新增行项目“应付款项”，反映证券公司经营过程中形成的应支付的各项业务款项，包括应付清算款项等。

母公司资产负债表

会证合 01 表

编制单位：　　　　　　　　　　　　年　　月　　日　　　　　　　　　　　　单位：元

资产	附注	期末余额	年初余额	负债和所有者权益（或股东权益）	附注	期末余额	年初余额
资产：				负债：			
货币资金				短期借款			
其中：客户存款				应付短期融资款			
结算备付金				拆入资金			
其中：客户备付金				交易性金融负债			
拆出资金				衍生金融负债			
融出资金				卖出回购金融资产款			
交易性金融资产				代理买卖证券款			
衍生金融资产				代理承销证券款			
买入返售金融资产				应付职工薪酬			
应收款项				应交税费			
应收利息				应付款项			
存出保证金				应付利息			
可供出售金融资产				预计负债			
持有至到期投资				长期借款			
长期股权投资				应付债券			
投资性房地产				递延所得税负债			
固定资产				其他负债			
在建工程				负债合计			
无形资产				所有者权益（或股东权益）：			
递延所得税资产				实收资本（或股本）			
其他资产				资本公积			
				减：库存股			
				盈余公积			
				一般风险准备			
				未分配利润			
				外币报表折算差额			
				所有者权益（或股东权益）合计			
资产总计				负债和所有者权益（或股东权益）总计			

合并利润表

会证合 02 表

编制单位：　　　　年　　月　　　　单位：元

项目	附注	本期数	上期数
一、营业收入			
手续费及佣金净收入			
其中：经纪业务手续费净收入			
投资银行业务手续费净收入			
资产管理业务手续费净收入			
利息净收入			
投资收益（损失以“一”列示）			
其中：对联营企业和合营企业的投资收益			
公允价值变动收益（损失以“一”列示）			
汇兑收益（损失以“一”列示）			
其他业务收入			
二、营业支出			
营业税金及附加			
业务及管理费			
资产减值损失			
其他业务成本			
三、营业利润（亏损以“一”列示）			
加：营业外收入			
减：营业外支出			
四、利润总额（亏损总额以“一”列示）			
减：所得税费用			
五、净利润（净亏损以“一”列示）			
其中：归属于母公司所有者（或股东）的净利润			
少数股东损益			
六、每股收益			
（一）基本每股收益			
（二）稀释每股收益			
七、其他综合收益			
八、综合收益总额			
其中：归属于母公司所有者（或股东）的综合收益总额			
归属于少数股东的综合收益总额			

修订及新增项目说明：

在行项目“手续费及佣金收入”下，按照目前证券公司的业务特点，将原“代理买卖证券业务净收入”、“证券承销业务净收入”和“受托客户资产管理业务净收入”等3个其中项，修改为“经纪业务手续费净收入”、“投资银行业务手续费净收入”和“资产管理业务手续费净收入”等3个其中项。

母公司利润表

会证合 02 表

编制单位：　　　　　　　　　　　　年　　月　　　　　　　　　　　　单位：元

项目	附注	本期数	上期数
一、营业收入			
手续费及佣金净收入			
其中：经纪业务手续费净收入			
投资银行业务手续费净收入			
资产管理业务手续费净收入			
利息净收入			
投资收益（损失以“－”列示）			
其中：对联营企业和合营企业的投资收益			
公允价值变动收益（损失以“－”列示）			
汇兑收益（损失以“－”列示）			
其他业务收入			
二、营业支出			
营业税金及附加			
业务及管理费			
资产减值损失			
其他业务成本			
三、营业利润			
加：营业外收入			
减：营业外支出			
四、利润总额			
减：所得税费用			
五、净利润			
六、其他综合收益			
七、综合收益总额			

合并现金流量表

会证合 03 表

编制单位：　　　　　　　　　　　　年　　月　　　　　　　　　　　　单位：元

项目	附注	本期金额	上期金额
一、经营活动产生的现金流量：			
处置交易性金融资产净增加额			
收取利息、手续费及佣金的现金			
拆入资金净增加额			
回购业务资金净增加额			
融出资金净减少额			
代理买卖证券收到的现金净额			

续表

项目	附注	本期数	上期数
收到其他与经营活动有关的现金			
经营活动现金流入小计			
融出资金净增加额			
代理买卖证券支付的现金净额			
支付利息、手续费及佣金的现金			
支付给职工及为职工支付的现金			
支付的各项税费			
支付其他与经营活动有关的现金			
经营活动现金流出小计			
经营活动产生的现金流量净额			
二、投资活动产生的现金流量：			
收回投资所收到的现金			
取得投资收益收到的现金			
处置子公司及其他营业单位收到的现金净额			
收到其他与投资活动有关的现金			
投资活动现金流入小计			
投资支付的现金			
购建固定资产、无形资产和其他长期资产所支付的现金			
取得子公司及其他营业单位支付的现金净额			
支付其他与投资活动有关的现金			
投资活动现金流出小计			
投资活动产生的现金流量净额			
三、筹资活动产生的现金流量：			
吸收投资收到的现金			
其中：子公司吸收少数股东投资收到的现金			
取得借款收到的现金			
发行债券收到的现金			
收到其他与筹资活动有关的现金			
筹资活动现金流入小计			
偿还债务支付的现金			
分配股利、利润或偿付利息支付的现金			
其中：子公司支付给少数股东的股利、利润			
支付其他与筹资活动有关的现金			
筹资活动现金流出小计			
筹资活动产生的现金流量净额			
四、汇率变动对现金的影响			
五、现金及现金等价物净增加额			
加：期初现金及现金等价物余额			
六、期末现金及现金等价物余额			

母公司现金流量表

会证 03 表

编制单位： 年 月 单位：元

项目	附注	本期金额	上期金额
一、经营活动产生的现金流量：			
处置交易性金融资产净增加额			
收取利息、手续费及佣金的现金			
拆入资金净增加额			
回购业务资金净增加额			
融出资金净减少额			
代理买卖证券收到的现金净额			
收到其他与经营活动有关的现金			
经营活动现金流入小计			
融出资金净增加额			
代理买卖证券支付的现金净额			
支付利息、手续费及佣金的现金			
支付给职工及为职工支付的现金			
支付的各项税费			
支付其他与经营活动有关的现金			
经营活动现金流出小计			
经营活动产生的现金流量净额			
二、投资活动产生的现金流量：			
收回投资所收到的现金			
取得投资收益收到的现金			
收到其他与投资活动有关的现金			
投资活动现金流入小计			
投资支付的现金			
购建固定资产、无形资产和其他长期资产所支付的现金			
支付其他与投资活动有关的现金			
投资活动现金流出小计			
投资活动产生的现金流量净额			
三、筹资活动产生的现金流量：			
吸收投资收到的现金			
取得借款收到的现金			
发行债券收到的现金			
收到其他与筹资活动有关的现金			
筹资活动现金流入小计			
偿还债务支付的现金			
分配股利、利润或偿付利息支付的现金			
支付其他与筹资活动有关的现金			
筹资活动现金流出小计			
筹资活动产生的现金流量净额			
四、汇率变动对现金的影响			
五、现金及现金等价物净增加额			
加：期初现金及现金等价物余额			
六、期末现金及现金等价物余额			

合并所有者权益（或股东权益）变动表

会证合 04 表

编制单位：　　　　____年度　　　　单位：元

项目	本期金额										上期金额									
	归属于母公司所有者（或股东）的权益								少数股东权益	所有者权益（或股东权益）合计	归属于母公司所有者（或股东）的权益								少数股东权益	所有者权益（或股东权益）合计
	实收资本（或股本）	资本公积	减：库存股	盈余公积	一般风险准备	未分配利润	外币报表折算差额	其他			实收资本（或股本）	资本公积	减：库存股	盈余公积	一般风险准备	未分配利润	外币报表折算差额	其他		
一、上年年末余额																				
加：会计政策变更																				
前期差错更正																				
其他																				
二、本年年初余额																				
三、本期增减变动金额（减少以“－”号填列）																				
（一）净利润																				
（二）其他综合收益																				
上述（一）和（二）小计																				
（三）所有者（或股东）投入和减少资本																				
1. 所有者（或股东）投入资本																				
2. 股份支付计入所有者（或股东）权益的金额																				
3. 与少数股东的权益性交易																				
4. 其他																				
（四）利润分配																				
1. 提取盈余公积																				

续表

项目	本期金额										上期金额									
	归属于母公司所有者（或股东）的权益								少数股东权益	所有者权益（或股东权益）合计	归属于母公司所有者（或股东）的权益								少数股东权益	所有者权益（或股东权益）合计
	实收资本（或股本）	资本公积	减：库存股	盈余公积	一般风险准备	未分配利润	外币报表折算差额	其他			实收资本（或股本）	资本公积	减：库存股	盈余公积	一般风险准备	未分配利润	外币报表折算差额	其他		
2. 提取一般风险准备																				
3. 对所有者（或股东）的分配																				
4. 其他																				
（五）所有者（或股东）权益内部结转																				
1. 资本公积转增资本（或股本）																				
2. 盈余公积转增资本（或股本）																				
3. 盈余公积弥补亏损																				
4. 其他																				
四、本期期末余额																				

母公司所有者（或股东）权益变动表

会证 04 表

编制单位：　　　　____年度　　　　单位：元

项目	本期金额								上期金额							
	实收资本（或股本）	资本公积	减：库存股	盈余公积	一般风险准备	未分配利润	外币报表折算差额	所有者权益（或股东权益）合计	实收资本（或股本）	资本公积	减：库存股	盈余公积	一般风险准备	未分配利润	外币报表折算差额	所有者权益（或股东权益）合计
一、上年年末余额																
加：会计政策变更																
前期差错更正																
其他																
二、本年年初余额																
三、本期增减变动金额（减少以“—”号填列）																
（一）净利润																
（二）其他综合收益																
上述（一）和（二）小计																
（三）所有者（或股东）投入和减少资本																
1. 所有者（或股东）投入资本																
2. 股份支付计入所有者（或股东）权益的金额																
3. 其他																
（四）利润分配																
1. 提取盈余公积																
2. 提取一般风险准备																
3. 对所有者（或股东）的分配																
4. 其他																
（五）所有者（或股东）权益内部结转																
1. 资本公积转增资本（或股本）																
2. 盈余公积转增资本（或股本）																
3. 盈余公积弥补亏损																
4. 其他																
四、本期期末余额																

××××证券公司
××××年度财务报表附注

一、公司基本情况
二、主要会计政策及会计估计
（一）财务报表的编制基础
（二）遵循企业会计准则的声明
（三）会计期间
（四）记账本位币
（五）同一控制下和非同一控制下企业合并
（六）合并财务报表（合并基础、合并财务报表的编制方法等）
（七）现金及现金等价物
（八）外币业务和外币报表折算
（九）金融工具
（十）坏账准备的确认标准、计提方法
（十一）长期股权投资
（十二）投资性房地产
（十三）固定资产
（十四）在建工程
（十五）借款费用
（十六）无形资产
（十七）长期待摊费用
（十八）商誉
（十九）买入返售与卖出回购款项
（二十）预计负债
（二十一）股份支付
（二十二）利润分配
（二十三）收入
（二十四）政府补助
（二十五）递延所得税资产和递延所得税负债
（二十六）经营租赁
（二十七）融资融券业务
（二十八）关联方
（二十九）分部报告
…
三、重要会计政策的确定依据以及会计估计中所采用的关键假设和不确定因素
四、会计政策、会计估计的变更以及差错更正的说明
（一）会计政策变更的说明
（二）会计估计变更的说明
（三）会计差错更正的说明
五、税项
填制说明：
应披露公司所涉及的主要税种、税率、税收优惠及其他需要说明的税务事项。

六、企业合并及合并财务报表

（一）子公司情况

1. 通过自行设立方式取得的子公司

2. 通过同一控制下企业合并取得的子公司

3. 通过非同一控制下企业合并取得的子公司

上述内容分别按下表披露：

子公司名称	注册及营业地	注册资本	法定代表人	业务性质	出资额	持股比例		表决权比例		是否合并
						直接	间接	直接	间接	

（二）特殊目的主体或通过受托经营等方式形成控制权的经营实体

（三）纳入合并财务报表范围但母公司拥有其半数或半数以下表决权的子公司

填制说明：

对纳入合并范围但母公司拥有其半数或半数以下表决权的子公司，说明纳入合并范围的原因。

（四）公司拥有半数以上表决权但未能对其形成控制的被投资单位

填制说明：

对于公司拥有半数以上表决权，但未能对其形成控制的被投资单位，说明未形成控制的原因。

（五）合并范围发生变更的说明

（六）本期合并范围发生变动的子公司

1. 本期新纳入合并范围的子公司

2. 本期不再纳入合并范围的子公司

（七）本期发生的同一控制下企业合并

（八）本期发生的非同一控制下企业合并

（九）境外经营实体主要报表项目的折算汇率

七、合并财务报表主要项目注释

（一）货币资金

1. 按类别列示

项目	期末余额	年初余额
库存现金		
银行存款		
其中：客户存款		
公司存款		
其他货币资金		
合计		

2. 按币种列示

项目	期末余额			年初余额		
	外币金额	折算率	人民币金额	外币金额	折算率	人民币金额
客户资金存款：						
人民币						
美元						

续表

项目	期末余额			年初余额		
	外币金额	折算率	人民币金额	外币金额	折算率	人民币金额
…						
小计						
客户信用资金存款：						
人民币						
美元						
…						
小计						
客户存款合计						
公司自有资金存款：						
人民币						
美元						
…						
小计						
公司信用资金存款：						
人民币						
美元						
…						
小计						
公司存款合计						
合计						

3. 受限制的货币资金（因抵押、质押或冻结等对使用有限制、有潜在回收风险的款项应单独说明）

（二）结算备付金

1. 按类别列示

项目	期末余额	年初余额
客户备付金		
公司备付金		
合计		

2. 按币种列示

项目	期末余额			年初余额		
	外币金额	折算率	人民币金额	外币金额	折算率	人民币金额
客户普通备付金：						
人民币						
美元						
…						
小计						
客户信用备付金：						
人民币						
美元						
…						

续表

项目	期末余额			年初余额		
	外币金额	折算率	人民币金额	外币金额	折算率	人民币金额
小计						
客户备付金合计						
公司自有备付金：						
人民币						
美元						
…						
小计						
公司信用备付金：						
人民币						
美元						
…						
小计						
公司备付金合计						
合计						

（三）融出资金

1. 按类别列示

项目	期末余额	年初余额
1. 融资融券业务融出资金		
2. 开展融资		
…		
减：减值准备		
融出资金净值		

2. 按账龄分析

账龄	期末余额				年初余额			
	账面余额		坏账准备		账面余额		坏账准备	
	金额	比例（%）	金额	比例（%）	金额	比例（%）	金额	比例（%）
1—3个月								
3—6个月								
6个月以上								
…								
合计								

3. 担保物信息以及是否存在逾期。

填制说明：

本附注反映证券公司除拆出资金、买入返售金融资产外融出给客户的款项，包括融资融券业务中的融资业务。对于融出资金，证券公司应当披露其账龄以及客户提供的担保物公允价值信息。如果存在逾期情况，则需要披露逾期相关信息。

（四）交易性金融资产

1．按类别列示

项目	期末账面价值			年初账面价值		
	为交易目的而持有的金融资产	指定以公允价值计量且变动计入当期损益的金融资产	合计	为交易目的而持有的金融资产	指定以公允价值计量且变动计入当期损益的金融资产	合计
…						
合计						

2．交易性金融资产中已融出证券情况

3．有承诺条件的交易性金融资产

填制说明：

本附注反映证券公司为交易目的而持有的金融资产和直接指定为以公允价值计量且其变动计入当期损益的金融资产，但不包括衍生金融资产。对于交易性金融资产中已融出证券、或附带其他条件的交易性金融资产，证券公司应当披露相关信息。

（五）衍生金融工具

类别	期末金额						年初金额					
	套期工具			非套期工具			套期工具			非套期工具		
	名义金额	公允价值		名义金额	公允价值		名义金额	公允价值		名义金额	公允价值	
		资产	负债		资产	负债		资产	负债		资产	负债
利率衍生工具（按类别列示）												
货币衍生工具（按类别列示）												
权益衍生工具（按类别列示）												
信用衍生工具（按类别列示）												
其他衍生工具（按类别列示）												
合计												

（六）买入返售金融资产

1. 按标的物类别列示

标的物类别	期末余额	年初余额
股票		
债券		
其中：国债		
金融债		
公司债		
…		
其他		
合计		

2. 按业务类别列示

项目	期末余额	年初余额	备注
约定购回式证券			
股票质押式回购			
…			
其他			
合计			

3. 约定购回式证券、股票质押回购等的剩余期限

4. 买入返售金融资产的担保物信息

填制说明：

本附注反映证券公司按返售协议约定先买入再按固定价格返售的金融资产所融出的资金，包括约定购回式业务、股票质押式回购等业务。

（七）应收款项

1. 按明细列示

项目	期末余额	年初余额
应收清算款		
…		
其他		
合计		
减：减值准备		
应收款项账面价值		

2. 按账龄分析

账龄	期末余额				年初余额			
	账面余额		坏账准备		账面余额		坏账准备	
	金额	比例（%）	金额	比例（%）	金额	比例（%）	金额	比例（%）
1年以内								
1—2年								
2—3年								
3年以上								
合计								

3. 按评估方式列示

种类	期末余额				年初余额			
	账面余额		坏账准备		账面余额		坏账准备	
	金额	比例（%）	金额	比例（%）	金额	比例（%）	金额	比例（%）
单项计提减值准备								
组合计提减值准备								
合计								

填制说明：

本附注反映证券公司经营过程中应收取的各项业务款项，包括应收清算款项、应收资产管理费、应收手续费及佣金等。证券公司应当分别按照账龄和坏账准备计提方法分类披露。

（八）应收利息

项目	期末余额	年初余额
应收债券投资利息		
…		
其他应收利息		
合计		

填制说明：

本附注反映证券公司拆出资金、融出资金、买入返售金融资产、持有的分期付息的债券投资等应收取的利息。

（九）存出保证金

项目	期末余额	年初余额
交易保证金		
信用保证金		
履约保证金		
…		
其他		
合计		

填制说明：

本附注反映证券公司因办理业务需要存出或交纳的各种保证金款项，包括交易保证金、信用保证金、履约保证金等。

（十）可供出售金融资产

1. 按投资品种类别列示

项目	期末余额	年初余额
…		
减：减值准备		
可供出售金融资产账面价值		

2. 可供出售金融资产中已融出证券情况

3. 已融出证券的担保情况

4. 存在限售期限及有承诺条件的可供出售金融资产

填制说明：

本附注反映证券公司持有的可供出售金融资产的价值。证券公司应当根据其实际情况披露可供出售金融资产中已融出证券及其担保物的公允价值信息。对于存在限售期或其他承诺条件的可供出售金融资产，证券公司应披露其公允价值及相关限制条件。

（十一）持有至到期投资

项目	期末余额	年初余额
…		
减：减值准备		
持有至到期投资账面价值		

填制说明：

本附注反映证券公司持有至到期投资的摊余成本。

（十二）长期股权投资

1. 按类别列示

项目	期末余额	年初余额
联营企业		
合营企业		
其他股权投资		
小计		
减：减值准备		
合计		

填制说明：

上表反映证券公司持有的采用成本法和权益法核算的长期股权投资，如对联营企业投资、对合营企业投资等。

2. 长期股权投资明细情况

被投资单位	核算方法	投资成本	年初余额	增减变动	期末余额	在被投资单位持股比例（%）	在被投资单位表决权比例（%）	在被投资单位持股比例与表决权比例不一致的说明	减值准备	本期计提减值准备	本期现金红利
权益法小计											
成本法小计											
合计											

3. 联营企业基本情况

被投资单位名称	企业类型	注册地	法定代表人	业务性质	注册资本	本企业持股比例（%）	本企业在被投资单位表决权比例（%）	期末资产总额	期末负债总额	期末净资产总额	本期营业收入总额	本期净利润

4. 合营企业基本情况

被投资单位名称	企业类型	注册地	法定代表人	业务性质	注册资本	本企业持股比例（%）	本企业在被投资单位表决权比例（%）	期末资产总额	期末负债总额	期末净资产总额	本期营业收入总额	本期净利润

5. 联营企业、合营企业的重要会计政策、会计估计与公司的会计政策、会计估计有无重大差异的说明。

（十三）投资性房地产

项目	年初数	本期增加额	本期减少额	期末数
一、账面原值合计				
1. 房屋、建筑物				
2. 土地使用权				
二、累计折旧和累计摊销合计				
1. 房屋、建筑物				
2. 土地使用权				
三、投资性房地产净值合计				
1. 房屋、建筑物				
2. 土地使用权				
四、投资性房地产减值准备累计金额合计				
1. 房屋、建筑物				
2. 土地使用权				
五、投资性房地产账面价值合计				
1. 房屋、建筑物				
2. 土地使用权				

填制说明：

上述披露仅为证券公司按照成本法核算的投资性房地产的披露格式。若采用公允价值模式进行后续计量的，证券公司应当披露投资性房地产公允价值的确认依据及公允价值金额的增减变动情况。

（十四）固定资产

1. 账面价值

项目	期末数	年初数
固定资产原价		
减：累计折旧		
固定资产减值准备		
固定资产账面价值合计		

2. 固定资产增减变动表

项目	房屋及建筑物	运输工具	办公设备及其他设备	其他	合计
一、原价：					
1. 年初余额					
2. 本期增加					
（1）本期购置					
（2）在建工程转入					
（3）其他增加					
3. 本期减少					
（1）转让和出售					
（2）清理报废					
（3）其他减少					
4. 外币报表折算差额					
5. 期末余额					
二、累计折旧：					
年初余额					
本期计提					
本期减少					
外币报表折算差额					
期末余额					
三、减值准备：					
年初余额					
本期计提					
本期减少					
外币报表折算差额					
期末余额					
四、账面价值：					
1. 期末账面价值					
2. 年初账面价值					

3. 产权存在瑕疵的固定资产。

4. 固定资产所有权的限制及其金额和用于担保的固定资产账面价值。

5. 准备处置的固定资产名称、账面价值、公允价值、预计处置费用和预计处置时间等。

（十五）在建工程

1．在建工程账面价值

项目	期末数			年初数		
	账面余额	减值准备	账面价值	账面余额	减值准备	账面价值

2．在建工程项目变动情况

工程名称	资金来源	年初数	本期增加	本期减少		期末数
				本期转入固定资产	其他减少	

（十六）无形资产

1．无形资产增减变动表

项目	土地使用权	计算机软件	交易席位费	其他	合计
原价					
年初余额					
本期增加					
本期减少					
外币报表折算差额					
期末余额					
累计摊销					
年初余额					
本期增加					
本期减少					
外币报表折算差额					
期末余额					
减值准备					
年初余额					
本期增加					
本期减少					
外币报表折算差额					
期末余额					
账面价值					
年初余额					
期末余额					

2．期末有无用于抵押或担保的无形资产。

填制说明：

本附注反映证券公司持有的无形资产的价值，包括专利权、非专利技术、商标权、著作权、土地使用权、交易席位费等的增减变动情况。

（十七）商誉

被投资单位名称或形成商誉的事项	年初余额	本期增加	本期减少	期末余额	期末减值准备
合计					

（十八）其他资产

1．按类别列示

项目	期末余额	年初余额
其他应收款		
待转承销费用		
长期待摊费用		
……		
合计		

填制说明：

上表反映证券公司未在财务报表行项目中反映的其他应收款、待转承销费用、长期待摊费用等。

2．其他应收款

（1）按明细列示

项目	期末余额	年初余额
其他应收款项余额		
减：坏账准备		
其他应收款净值		

（2）按账龄分析

账龄	期末余额				年初余额			
	账面余额		坏账准备		账面余额		坏账准备	
	金额	比例（%）	金额	比例（%）	金额	比例（%）	金额	比例（%）
1 年以内								
1—2 年								
2—3 年								
3 年以上								
合计								

（3）其他应收款按种类分析

种类	期末余额				年初余额			
	账面余额		坏账准备		账面余额		坏账准备	
	金额	比例（%）	金额	比例（%）	金额	比例（%）	金额	比例（%）
单项计提								
组合计提								
合计								

（4）期末其他应收款情况

单位名称	金额	年限	占其他应收款总额比例（%）	性质或内容

3．长期待摊费用

项目	年初余额	本期增加额	本期摊销	期末余额
合计				

（十九）递延所得税资产和递延所得税负债

1．递延所得税资产和递延所得税负债

（1）递延所得税资产

项目	期末余额		年初余额	
	可抵扣暂时性差异	递延所得税资产	可抵扣暂时性差异	递延所得税资产
合计				

（2）递延所得税负债

项目	期末余额		年初余额	
	应纳税暂时性差异	递延所得税负债	应纳税暂时性差异	递延所得税负债
合计				

2．未确认递延所得税资产的可抵扣暂时性差异、可抵扣亏损等金额

（二十）资产减值准备

项目	年初余额	本期增加	本期减少		期末余额
			转回	转销	
坏账准备					
长期股权投资减值准备					
可供出售金融资产减值准备					
固定资产减值准备					
…					
合计					

（二十一）短期借款

项目	期末余额	年初余额
质押借款		
信用借款		
…		
合计		

填制说明：

本附注反映证券公司向银行或其他金融机构等借入的期限在1年以下（含1年）的各种借款。证券公司应当按照增信方式（信用、质押等）的不同分类披露。

（二十二）拆入资金

项目	期末余额	年初余额
银行拆入资金		
转融通融入资金		
…		
合计		

填制说明：

本附注反映证券公司从金融机构拆入的款项。证券公司应当根据实际业务情况披露转融通融入资金规模、剩余期限、利率（或区间）等情况。

（二十三）交易性金融负债

项目	期末账面价值			年初账面价值		
	为交易目的而持有的金融资产	指定以公允价值计量且变动计入当期损益的金融资产	合计	为交易目的而持有的金融资产	指定以公允价值计量且变动计入当期损益的金融资产	合计
…						
合计						

填制说明：

本附注反映证券公司为交易目的而持有的金融负债和指定为以公允价值计量且其变动计入当期损益的金融负债，但不包括衍生金融负债。

（二十四）应付短期融资款

类型	发行日期	到期日期	票面利率	年初账面余额	本期增加额	本期减少额	期末账面余额
…							
合计							

填制说明：

本附注反映证券公司对外发行的期限在1年以下（含1年）的其他金融负债。包括短期融资券、期限短于一年的债券等。

（二十五）应付款项

项目	期末余额	年初余额
合计		

填制说明：

本附注反映证券公司经营过程中形成的应支付的各项业务款项，包括应付清算款项等。

（二十六）卖出回购金融资产款

1. 按标的物类别列示

标的物类别	期末账面余额	年初账面余额
国债		
金融债		
公司债		
…		
合计		

2. 按业务类别列示

项目	期末金额	年初余额	备注
债券质押式报价回购			
…			
其他卖出回购金融资产款			
合计			

3. 质押式报价回购的剩余期限和利率区间

4. 卖出回购金融资产款的担保物信息

填制说明：

本附注反映证券公司按回购协议先卖出再以固定价格买入金融资产所融入的资金，包括质押式报价回购等。证券公司应当根据实际业务情况披露质押式报价回购规模、剩余期限、利率（或区间）情况及担保物公允价值等信息。

（二十七）代理买卖证券款

项目	期末余额	年初余额
普通经纪业务		
——个人		
——机构		
信用业务		
——个人		
——机构		
…		
合计		

填制说明：

本附注反映证券公司接受客户委托，代理客户买卖股票、债券和基金等有价证券收到客户存入本公司的款项，代理客户领取的现金股利等款项也在本附注反映。证券公司应当披露融资融券客户的信用交易代理买卖证券款的情况。

如因涉及境外业务无法区分个人业务和机构业务的，证券公司可对境内、境外业务分别披露，境外业务可不区分个人业务和机构业务，仅披露总额。

（二十八）代理承销证券款

项目	期末余额	年初余额
代理承销企业债券款		
代理承销股票款		
代理承销国债款		
…		
合计		

填制说明：

本附注反映证券公司接受委托，代理销售证券所形成的、应付证券发行人的代销资金。

（二十九）应付职工薪酬

项目	年初数	本期增加额	本期支付额	期末余额
一、工资、奖金、津贴和补贴				
二、职工福利费				
三、社会保险费				
四、住房公积金				
五、工会经费和职工教育经费				
六、非货币性福利				
七、因解除劳动关系给予的补偿				
八、其他				
其中：以现金结算的股份支付				
合计				

（三十）应交税费

项目	期末余额	年初余额
营业税		
城市维护建设税		
教育费附加及地方教育费附加		
企业所得税		
个人所得税		
…		
其他		
合计		

（三十一）应付利息

项目	期末余额	年初余额
应付短期借款利息		
…		
合计		

填制说明：

本附注反映证券公司按照合同约定应支付的利息，包括代理买卖证券款、分期付息到期还本的长期借款、应付短期融资款和分期付息的应付债券等。

（三十二）预计负债

1. 预计负债的种类、形成原因以及经济利益流出不确定的说明。
2. 各类预计负债的年初、期末余额和本期变动情况。
3. 与预计负债有关的预期补偿金额和本期已确认的预期补偿金额。

（三十三）应付债券

债券类型	发行日期	到期日期	票面利率	年初账面余额	本期增加额	本期减少额	期末账面余额
…							
合计							

填制说明：

本附注反映证券公司为筹集长期资金发行债券的本金和应付利息。证券公司发行的可转换债券拆分成金融负债、权益工具或衍生金融工具的，分拆后形成的金融负债在此附注中反映。

（三十四）其他负债

1. 按类别列示

项目	期末余额	年初余额
其他应付款		
应付股利		
…		
合计		

2. 其他应付款

项目	期末余额	年初余额
…		
合计		

3. 应付股利

项目	期末余额	年初余额
…		
合计		

（三十五）股本

项目	年初余额	本期变动增（+）减（-）			期末余额
		本期增加	本期减少	小计	
…					
合计					

（三十六）资本公积

项目	年初余额	本期增加	本期减少	期末余额
1. 资本溢价（股本溢价）：				
（1）…				
小计				
2. 其他资本公积：				
（1）可供出售金融资产公允价值变动产生的利得或损失				
（2）现金流量套期				
(3) …				
小计				
合计				

（三十七）盈余公积

项目	年初余额	本期增加	本期减少	期末余额
法定盈余公积				
任意盈余公积				
合计				

（三十八）一般风险准备

项目	年初余额	本期增加	本期减少	期末余额
一般风险准备				
交易风险准备				
其他				
合计				

（三十九）未分配利润

项目	金额	提取或分配比例
年初未分配利润		
加：本期归属于母公司所有者的净利润		
减：提取法定盈余公积		
提取任意盈余公积		
提取一般风险准备		
应付普通股股利		
…		
期末未分配利润		

（四十）手续费及佣金净收入

项目	本期发生额	上期发生额
手续费及佣金收入：		
1. 经纪业务收入		
其中：证券经纪业务收入		
其中：代理买卖证券业务		
交易单元席位租赁		
代销金融产品业务		
期货经纪业务收入		
2. 投资银行业务收入		
其中：证券承销业务		
保荐服务业务		
财务顾问业务		
3. 投资咨询服务收入		
4. 资产管理业务收入		
…		
5. 其他		
手续费及佣金收入小计		
手续费及佣金支出：		
1. 经纪业务支出		
其中：证券经纪业务支出		
其中：代理买卖证券业务		
交易单元席位租赁		
代销金融产品业务		
期货经纪业务支出		
2. 投资银行业务支出		
其中：证券承销业务		
保荐业务服务		
财务顾问业务支出		
3. 投资咨询服务支出		
4. 资产管理业务支出		
…		
5. 其他		
手续费及佣金支出小计		
手续费及佣金净收入		

填制说明：

本附注反映手续费及佣金收入和支出情况。手续费及佣金收入反映证券公司取得的经纪、投资银行、资产管理等代理业务以及其他相关服务实现的手续费及佣金收入等。手续费及佣金支出反映证券公司发生的经纪、投资银行、资产管理等业务发生的各项手续费、佣金支出。

（四十一）利息净收入

项目	本期发生额	上期发生额
利息收入：		
1. 拆出资金利息收入		
2. 买入返售利息收入		
其中：约定购回利息收入		
…		
3. 其他利息收入		
利息收入小计		
利息支出：		
1. 客户保证金利息支出		
2. 卖出回购利息支出		
其中：报价回购利息支出		
…		
3. 其他利息支出		
利息支出小计		
利息净收入		

填制说明：

利息收入反映证券公司根据收入准则确认的利息收入，包括融资融券业务、与其他金融机构之间发生资金往来业务、买入返售金融资产等所取得的利息收入等。

利息支出反映证券公司发生的利息支出，包括代理买卖证券款、与其他金融机构之间发生资金往来业务、卖出回购金融资产、拆入资金等产生的利息支出。

（四十二）投资收益

1. 投资收益明细情况

项目	本期发生额	上期发生额
1. 权益法确认的收益		
2. 成本法确认的收益		
3. 金融工具持有期间取得的分红和利息		
其中：交易性金融工具		
持有至到期金融投资		
可供出售金融资产		
4. 处置收益		
其中：长期股权投资		
交易性金融工具		
衍生金融工具		
持有至到期金融投资		
可供出售金融资产		
…		
5. 其他		
合计		

2. 对联营企业和合营企业的投资收益

被投资单位	本期发生额	上期发生额	本期比上期增减变动的原因

3. 按成本法核算的长期股权投资收益

被投资单位	本期发生额	上期发生额	本期比上期增减变动的原因

4. 投资收益汇回有无重大限制。

（四十三）公允价值变动损益

产生公允价值变动收益的来源	本期发生额	上期发生额
交易性金融工具公允价值变动损益		
衍生金融工具公允价值变动损益		
…		
合计		

填制说明：

本附注反映证券公司持有的交易性金融资产或交易性金融负债，以及采用公允价值模式计量的投资性房地产、衍生工具等项目的公允价值变动所形成应计入当期损益的利得或损失。

（四十四）其他业务收入

项目	本期发生额	上期发生额
出租收入		
…		
其他		
合计		

（四十五）营业税金及附加

项目	本期发生额	上期发生额	计缴标准
营业税			
城市维护建设税			
教育费附加及地方教育费附加			
…			
其他			
合计			

填制说明：

本附注反映证券公司经营活动发生的营业税、消费税、城市维护建设税、资源税和教育费附加等相关税费。

（四十六）业务及管理费

费用项目

项目	本期发生额	上期发生额
1.		
2.		
3.		
4.		
5.		
6.		
7.		
8.		
9.		
10.		
…		
合计		

填制说明：

本附注反映证券公司在业务经营和管理过程中所发生的各项费用，包括折旧费、职工薪酬费用、差旅费、业务招待费、无形资产摊销和长期待摊费用摊销等。

（四十七）资产减值损失

项目	本期发生额	上期发生额
合计		

（四十八）其他业务成本

项目	本期发生额	上期发生额
合计		

填制说明：

本附注反映证券公司除主营业务活动以外的其他经营活动所发生的支出，包括出租固定资产的折旧额、出租无形资产的摊销额和采用成本模式计量的投资房地产的折旧额等。

（四十九）营业外收入

1．按类别列示

项目	本期发生额	上期发生额
合计		

2. 政府补助明细

项目	本期发生额	上期发生额
合计		

（五十）营业外支出

项目	本期发生额	上期发生额
合计		

（五十一）所得税费用

项目	本期发生额	上期发生额
按税法及相关规定计算的当期所得税		
递延所得税调整		
合计		

所得税费用（收益）与会计利润关系的说明：

项目	本期金额	上期金额
利润总额		
按适用税率计算的所得税费用		
暂时性差异的影响		
子公司适用不同税率的影响		
对以前期间所得税的调整影响		
…		
其他		
所得税费用		

（五十二）其他综合收益

项目	本期发生额	上期发生额
1. 可供出售金融资产产生的利得（或损失）金额		
减：可供出售金融资产产生的所得税影响		
前期计入其他综合收益当期转入损益的金额		
小计		
2. 按照权益法核算的在被投资单位其他综合收益中所享有的份额		
减：按照权益法核算的在被投资单位其他综合收益中所享有的份额产生的所得税影响		
前期计入其他综合收益当期转入损益的净额		
小计		
3. 现金流量套期工具产生的利得（或损失）金额		

续表

项目	本期发生额	上期发生额
减：现金流量套期工具产生的所得税影响		
前期计入其他综合收益当期转入损益的净额		
转为被套期项目初始确认金额的调整额		
小计		
4. 外币财务报表折算差额		
减：处置境外经营转入损益的净额		
小计		
5. 其他		
减：由其他计入其他综合收益产生的所得税影响		
前期其他计入其他综合收益当期转入损益的净额		
合计		

（五十三）现金流量补充信息

1. 收到其他与经营活动有关的现金

项目	本期金额	上期金额
…		
合计		

2. 支付其他与经营活动有关的现金

项目	本期金额	上期金额
…		
合计		

3. 收到其他与投资活动有关的现金

项目	本期金额	上期金额
…		
合计		

4. 支付其他与投资活动有关的现金

项目	本期金额	上期金额
…		
合计		

5. 收到其他与筹资活动有关的现金

项目	本期金额	上期金额
…		
合计		

6．支付其他与筹资活动有关的现金

项目	本期金额	上期金额
…		
合计		

（五十四）现金流量表补充披露

1．现金流量表补充资料

项目	本期金额	上期金额
1．将净利润调节为经营活动现金流量：		
净利润		
加：资产减值损失		
固定资产折旧		
形资产摊销		
长期待摊费用摊销		
处置固定资产、无形资产和其他长期资产的损失（收益以“－”号填列）		
固定资产报废损失（收益以“－”号填列）		
公允价值变动损失（收益以“－”号填列）		
利息支出		
汇兑损失（收益以“－”号填列）		
投资损失（收益以“－”号填列）		
递延所得税资产减少（增加以“－”号填列）		
递延所得税负债增加（减少以“－”号填列）		
以公允价值计量且其变动计入当期损益的金融资产等的减少（增加以“－”号填列）		
经营性应收项目的减少（增加以“－”号填列）		
经营性应付项目的增加（减少以“－”号填列）		
其他		
经营活动产生的现金流量净额		
2．不涉及现金收支的重大投资和筹资活动：		
债务转为资本		
一年内到期的可转换公司债券		
融资租入固定资产		
3．现金及现金等价物净变动情况：		
现金的期末余额		
减：现金的年初余额		
加：现金等价物的期末余额		
减：现金等价物的年初余额		
现金及现金等价物净增加额		

2. 当期取得或处置子公司及其他营业单位的有关信息

项目	金额
一、取得子公司及其他营业单位的有关信息	
1. 取得子公司及其他营业单位的价格	
2. 取得子公司及其他营业单位支付的现金和现金等价物	
减：子公司及其他营业单位持有的现金和现金等价物	
3. 取得子公司及其他营业单位支付的现金净额	
4. 取得子公司的净资产	
流动资产	
非流动资产	
流动负债	
非流动负债	
二、处置子公司及其他营业单位的有关信息	
1. 处置子公司及其他营业单位的价格	
2. 处置子公司及其他营业单位收到的现金及现金等价物	
减：子公司及其他营业单位持有的现金及现金等价物	
3. 处置子公司及其他营业单位收到的现金净额	
4. 处置子公司的净资产	
流动资产	
非流动资产	
流动负债	
非流动负债	

3. 现金和现金等价物的构成

项目	期末余额	年初余额
一、现金		
其中：库存现金		
可随时用于支付的银行存款		
可随时用于支付的其他货币资金		
结算备付金		
二、现金等价物		
三、现金及现金等价物余额		
其中：母公司或集团内子公司使用受限制的现金和现金等价物		

八、分部报告

	本年度					上年度				
	××业务	…	抵销	其他	合计	××业务	…	抵销	其他	合计
一、营业收入										
…										
二、营业支出										
…										
三、营业利润（亏损）										

续表

	本年度					上年度				
	××业务	…	抵销	其他	合计	××业务	…	抵销	其他	合计
四、利润总额										
五、资产总额										
分部资产：										
…										
分部资产合计										
递延所得税资产										
六、负债总额										
分部负债：										
…										
分部负债合计										
递延所得税负债										
七、补充信息										
1. 折旧与摊销费用										
2. 资本性支出										
3. 资产减值损失										

填制说明：

主要报告形式是地区分部的证券公司，比照业务分部格式进行披露。

九、关联方及关联交易

（一）公司的母公司有关信息披露如下：

母公司名称	注册地	业务性质	注册资本

填制说明：

（1）母公司不是最终控制方的，证券公司应当说明最终控制方名称。

（2）母公司和最终控制方均不对外提供财务报表的，证券公司应当说明母公司之上与其最相近的对外提供财务报表的母公司名称。

（二）母公司对公司的持股比例和表决权比例。

（三）公司的其他关联方情况

其他关联方名称	其他关联方与本公司的关系

（四）关联方交易

填制说明：

证券公司与关联方发生交易的，应当分别说明各关联方关系的性质、交易类型及交易要素。交易要素至少应当包括：

（1）交易的金额。

（2）未结算项目的金额、条款和条件，以及有关提供或取得担保的信息。

（3）未结算应收项目的坏账准备金额。

（4）定价政策。

（5）关键管理人员报酬。

十、或有事项

（一）未决诉讼或仲裁形成的或有负债及其财务影响

（二）其他或有负债

十一、承诺事项

十二、资产负债表日后事项

十三、其他重要事项说明

十四、风险管理

（一）市场风险管理

（二）信用风险管理

（三）流动性风险管理

十五、金融资产及负债的公允价值管理

十六、母公司财务报表主要项目注释

（一）长期股权投资

1. 按类别列示

项目	期末余额	年初余额
子公司		
联营企业		
合营企业		
其他股权投资		
小计		
减：减值准备		
合计		

2. 长期股权投资明细情况

被投资单位	核算方法	投资成本	年初余额	增减变动	期末余额	在被投资单位持股比例（%）	在被投资单位表决权比例（%）	在被投资单位持股比例与表决权比例不一致的说明	减值准备	本期计提减值准备	本期现金红利
权益法小计											
成本法小计											
合计											

3. 公司有无向投资企业转移资金能力受到限制的情况。

（二）手续费及佣金净收入

项目	本期发生额	上期发生额
手续费及佣金收入：		
1. 经纪业务收入		
其中：证券经纪业务收入		
其中：代理买卖证券业务		
交易单元席位租赁		
代销金融产品业务		
期货经纪业务收入		
2. 投资银行业务收入		
其中：证券承销业务		
保荐服务业务		
财务顾问业务		
3. 投资咨询服务收入		
4. 资产管理业务收入		
…		
5. 其他		
手续费及佣金收入小计		
手续费及佣金支出：		
1. 经纪业务支出		
其中：证券经纪业务支出		
其中：代理买卖证券业务		
交易单元席位租赁		
代销金融产品业务		
期货经纪业务支出		
2. 投资银行业务支出		
其中：证券承销业务		
保荐业务服务		
财务顾问业务支出		
3. 投资咨询服务支出		
4. 资产管理业务支出		
…		
5. 其他		
手续费及佣金支出小计		
手续费及佣金净收入		

（三）投资收益

1．投资收益明细情况

项目	本期发生额	上期发生额
1．权益法确认的收益		
2．成本法确认的收益		
3．金融工具持有期间取得的分红和利息		
其中：交易性金融工具		
持有至到期金融投资		
可供出售金融资产		
4．处置收益		
其中：长期股权投资		
交易性金融工具		
衍生金融工具		
持有至到期金融投资		
可供出售金融资产		
…		
5．其他		
合计		

2．对联营企业和合营企业的投资收益

被投资单位	本期发生额	上期发生额	本期比上期增减变动的原因

3．按成本法核算的长期股权投资收益

被投资单位	本期发生额	上期发生额	本期比上期增减变动的原因

（四）现金流量表补充资料

项目	本期金额	上期金额
1．将净利润调节为经营活动现金流量：		
净利润		
加：资产减值损失		
固定资产折旧		
无形资产摊销		
长期待摊费用摊销		
处置固定资产、无形资产和其他长期资产的损失（收益以“－”号填列）		
固定资产报废损失（收益以“－”号填列）		

续表

项目	本期金额	上期金额
公允价值变动损失（收益以“—”号填列）		
利息支出		
汇兑损失（收益以“—”号填列）		
投资损失（收益以“—”号填列）		
递延所得税资产减少（增加以“—”号填列）		
递延所得税负债增加（减少以“—”号填列）		
以公允价值计量且其变动计入当期损益的金融资产等的减少（增加以“—”号填列）		
经营性应收项目的减少（增加以“—”号填列）		
经营性应付项目的增加（减少以“—”号填列）		
其他		
经营活动产生的现金流量净额		
2. 不涉及现金收支的重大投资和筹资活动：		
债务转为资本		
一年内到期的可转换公司债券		
融资租入固定资产		
3. 现金及现金等价物净变动情况：		
现金的期末余额		
减：现金的年初余额		
加：现金等价物的期末余额		
减：现金等价物的年初余额		
现金及现金等价物净增加额		

十七、财务报表的批准报出

本财务报表业经公司董事会于20××年×月×日批准报出。

农业保险大灾风险准备金会计处理规定

（2014 年 2 月 28 日　财会〔2014〕12 号）

为了规范农业保险大灾风险准备金（包括保费准备金和利润准备金，以下简称大灾准备金）的会计处理，根据《中华人民共和国会计法》、企业会计准则等法律法规，现就有关事项规定如下：

一、适用范围

农业保险经办机构（以下简称保险机构）从事各级财政按规定给予保费补贴的种植业、养殖业、林业等农业保险业务（以下简称农业保险），其计提、使用、转回大灾准备金的会计处理，适用本规定。

保险机构计提的保险合同准备金（不含本规定所指的大灾准备金），应当按照《保险合同相关会计处理规定》（财会〔2009〕15 号）等相关规定进行会计处理。

二、科目设置

保险机构应当设置下列会计科目，对大灾准备金进行会计核算：

（一）在损益类科目中设置“6505 提取保费准备金”科目，核算保险机构按规定当期从农业保险保费收入中提取的保费准备金。本科目应按种植业、养殖业、森林等大类险种进行明细核算。

（二）在负债类科目中设置“2605 保费准备金”科目，核算保险机构按规定从农业保险保费收入中提取，并按规定使用和转回的保费准备金。本科目应按种植业、养殖业、森林等大类险种进行明细核算。

（三）在所有者权益类科目中设置“4105 大灾风险利润准备”科目，核算保险机构按规定从净利润中提取，并按规定使用和转回的利润准备金，以及大灾准备金资金运用形成的收益。

在“利润分配”科目下设置“提取利润准备”明细科目，核算保险机构按规定从当期净利润中提取的利润准备金。

在“利润分配”科目下设置“大灾准备金投资收益”明细科目，核算保险机构以大灾准备金所对应的资金用于投资等所产生的收益。

三、主要账务处理

（一）期末，保险机构按照各类农业保险当期实现的自留保费（即保险业务收入减去分出保费的净额）和规定的保费准备金计提比例计算应提取的保费准备金，借记“提取保费准备金”科目，贷记“保费准备金”科目。

（二）期末，保险机构总部在依法提取法定公积金、一般风险准备金后，按规定从年度净利润中提取的利润准备金，借记“利润分配——提取利润准备”科目，贷记“大灾风险利润准备”科目。

（三）保险机构按规定以大灾准备金所对应的资金用于投资等所产生的收益，借记“应收利息”、“应收股利”等科目，贷记“投资收益”等科目；同时，借记“利润分配——大灾准备金投资收益”科目，贷记“大灾风险利润准备”科目。

（四）保险机构在确定支付赔付款项金额或实际发生理赔费用的当期，按照应赔付或实际赔付的金额，借记“赔付支出”科目，贷记“应付赔付款”、“银行存款”等科目；按规定以大灾准备金用于弥补农业大灾风险损失时，按弥补的金额依次冲减“保费准备金”、

“大灾风险利润准备”科目，借记“保费准备金”、“大灾风险利润准备”科目，贷记“提取保费准备金”、“利润分配——提取利润准备”科目。

（五）保险机构不再经营农业保险的，将以前年度计提的保费准备金的余额逐年转回损益时，按转回的金额，借记“保费准备金”科目，贷记“提取保费准备金”科目；将利润准备金的余额转入一般风险准备时，按转回的金额，借记“大灾风险利润准备”科目，贷记“一般风险准备”科目。

四、列示与披露

（一）保险机构应当在资产负债表负债项下“长期借款”项目之上增设“保费准备金”项目，反映期末保费准备金的余额。

（二）保险机构应当在资产负债表所有者权益项下“一般风险准备”项目和“未分配利润”项目之间增设“大灾风险利润准备”项目，反映期末利润准备金的余额。

（三）保险机构应当在利润表“减：摊回保险责任准备金”项目和“保单红利支出”项目之间，增设“提取保费准备金”项目，反映保险机构当期按规定提取的保费准备金净额。

（四）保险机构应当在所有者权益变动表“未分配利润”栏目前增设“大灾风险利润准备”栏，反映保险机构期末利润准备金余额的情况；同时，在“（四）利润分配”类的“提取一般风险准备”项目之下增设“提取利润准备”项目，反映保险机构当期按规定提取的利润准备金净额。

（五）保险机构应当在财务报表附注中披露与大灾准备金有关的下列信息：

1. 按各大类险种提取保费准备金的比例及金额。披露格式如下：

项目	本期		上期	
	金额	计提比例	金额	计提比例
种植业保险				
养殖业保险				
森林保险				
…				
其他				
合计		—		—

2. 大灾准备金的期初账面余额、本期增加数、本期减少数和期末账面余额。披露格式如下：

项目	期初账面余额	本期增加	本期减少	期末账面余额
1. 利润准备金				
2. 保费准备金				
种植业保险				
养殖业保险				
森林保险				
…				
其他				
合计				

五、实施日期及衔接规定

本规定自发布之日起实施。

本规定发布前保险机构提取的大灾准备金的会计处理与本规定不一致的，应将发布之日前原提取的大灾准备金余额，按照其计提来源（保费或利润）从相关科目分别转入“保费准备金”、“大灾风险利润准备”科目的相关明细科目，并不再按原办法计提和使用大灾准备金。

财政部关于中央文化企业执行《企业会计准则》有关事项的通知

(2014 年 9 月 16 日　财文资〔2014〕17 号)

党中央有关部门，国务院有关部委、有关直属机构，全国人大常委会办公厅，全国政协办公厅，高法院，高检院，有关人民团体，各民主党派中央，中国出版集团公司、中国对外文化集团公司：

根据《关于印发文化体制改革中经营性文化事业单位转制为企业和进一步支持文化企业发展两个规定的通知》(国办发〔2014〕15 号)、《企业会计准则——基本准则》(财政部令第 33 号) 和《财政部关于修订〈企业会计准则——基本准则〉的决定》(财政部令第 76 号) 有关规定，为积极稳妥推动财政部代表国务院履行出资人职责的中央文化企业 (以下简称中央文化企业) 及其各级子企业全面实施《企业会计准则》，提升企业现代化管理和国际化经营水平，现将有关事项通知如下：

一、高度重视执行《企业会计准则》相关工作

为适应我国市场经济发展和企业国际化经营的需要，2006 年财政部陆续颁布了新的会计准则及其应用指南 (以下简称《企业会计准则》)，于 2007 年 1 月 1 日起在上市公司范围内实施。2014 年财政部修订和出台了企业会计准则基本准则和 8 项具体准则，进一步推动了我国会计准则体系与国际财务报告准则趋同。目前我国大部分大中型企业已执行《企业会计准则》。中央文化企业执行《企业会计准则》，对于提高企业会计信息质量，推动企业稳健经营和开拓国际市场，具有十分重要的意义。《企业会计准则》的实施要求中央文化企业会计核算体系、财务信息系统作相应调整，对企业会计、审计、内部控制、公司治理结构以及经营成果均会产生重大影响，对经营决策、财务管理水平以及会计人员素质等提出了更高的要求。各中央文化企业要高度重视执行《企业会计准则》工作，统一思想认识，加强组织领导，规范核算办法，强化财务督导，明确工作机制、职责分工和工作程序，做到早准备、早布置、早落实。中央文化企业负责人要亲自抓领导协调工作，企业总会计师或分管财务工作的负责人要做好组织实施工作，财务及相关业务部门要做好具体落实工作，加强协调配合，充分估计执行中可能存在的问题，采取切实可行的措施，确保《企业会计准则》的有效执行。

二、执行《企业会计准则》总体要求

(一) 自 2015 年 1 月 1 日起，中央文化企业及其各级子企业应执行 2006 年财政部颁布的《企业会计准则——基本准则》(财政部令第 33 号)、具体准则和应用指南，以及 2014 年修订和出台的企业会计准则基本准则和 8 项具体准则等有关规定。执行《企业会计准则》的中央文化企业及其各级子企业，不再执行《企业会计制度》、行业会计制度、《新闻出版业会计核算办法》等专业核算办法和问题解答。

(二) 2015 年 1 月 1 日前，中央文化企业未执行《企业会计准则》的，应以 2015 年 1 月 1 日为首次执行日，组织本企业和各级子企业统一执行《企业会计准则》等有关规定，并报送相关备案审批资料。中央文化企业未执行而所属各级子企业已执行《企业会计准则》的，所属各级子企业应随中央文化企业统一开展此项工作。

(三) 2015 年 1 月 1 日前，中央文化企业已执行《企业会计准则》，各级子企业未全面执行的，中央文化企业应参照本通知，组织各级子企业统一执行《企业会计准则》等有关规定，并报送相关备案资料。

(四) 2015 年 1 月 1 日前，中央文化企业及其各级子企业已全面执行《企业会计准则》

的，应进一步完善各项基础工作，根据2014年财政部修订和出台的8项新企业会计准则调整企业内部会计核算办法等，此次不报送相关资料。

三、认真做好执行《企业会计准则》的各项基础工作

（一）认真组织《企业会计准则》的学习培训工作。财政部将于2014年10月组织开展相关业务培训（有关安排另行通知）。各中央文化企业应当将学习和掌握《企业会计准则》作为提高经营管理水平、完善内控机制建设的重要基础工作来抓，认真、扎实地组织开展《企业会计准则》层层培训工作。在培训范围上，既要包括各级企业财务、审计人员，也要对企业各级领导以及相关业务部门开展培训；在培训内容上，既要学习了解《企业会计准则》的具体内容、主要变化和应用要求，还要紧密结合文化企业实际情况，深入研究探讨《企业会计准则》对本企业经营管理等方面的影响及其应对措施。

（二）全面开展企业户数清理工作。按照《企业会计准则》规定，母公司能够控制的全部子企业均应当纳入合并范围。因此，各中央文化企业应当按照产权或财务隶属关系自上而下分级组织做好子企业户数清理核实工作，对下属企业（单位）的户数、管理级次、股权结构、经营状况等要认真组织清理，做到全面彻底、不重不漏，为规范界定合并范围和企业级次奠定基础，不得存在应纳入未纳入合并范围的子企业。中央文化企业所属各级子企业，包括各级全资及控股子企业，以及各类独立核算的分支机构、事业单位、境外企业和基建项目等，都应当纳入户数清理范围。

（三）认真做好资产负债清查工作。各中央文化企业应当按规定对各项资产和负债进行认真盘点、全面清查和质量核实，特别是对各类借款、长短期投资、投资性房地产、无形资产、表外核算资产等应作为重点清查对象，并严格划分各类资产的范围，如实反映各类资产负债状况及潜在财务风险，为规范其初始确认和后续计量，准确执行《企业会计准则》奠定基础。

（四）进一步完善企业内部控制制度。各中央文化企业应当根据《企业内部控制基本规范》（财会〔2008〕7号）和《财政部、证监会、审计署、银监会、保监会关于印发企业内部控制配套指引的通知》（财会〔2010〕11号），结合执行《企业会计准则》要求和自身实际情况，及时梳理和改造业务流程，调整完善各项内部控制政策、程序及措施，补充完善《企业会计准则》规定的公允价值计量、金融工具核算、职工薪酬管理等内控管理规范，定期开展内部控制的有效性评估工作，及时发现内部控制的缺陷和薄弱环节，完善制度、加强管理、堵塞漏洞。

四、切实做好执行《企业会计准则》有关衔接工作

各中央文化企业应当在全面开展户数清理和资产清查工作的基础上，进一步规范各项会计基础工作，认真做好内部会计核算办法修订、科目转换与账务调整、会计信息系统改造等工作，确保原有会计制度与《企业会计准则》的顺利衔接和平稳过渡。

（一）统一修订内部会计核算办法。各中央文化企业应当全面贯彻执行《企业会计准则》的各项规定，不得选择执行和降低标准。应统一修订企业内部会计核算办法，细化会计核算内容，合理选择会计政策和会计估计，确保企业会计确认、计量和报告行为制度化、规范化。企业会计政策、会计估计一经确定，不得随意变更；确需变更的，应当在编制年度财务决算报告前向财政部文资办报备。

（二）认真做好有关账务衔接工作。各中央文化企业应当结合会计核算的变化情况，制定会计科目转换办法，完善企业会计科目核算体系，明确核算口径和确认原则，并在首次执行《企业会计准则》时，对原有会计科目按《企业会计准则》要求进行余额转换，确保新旧会计科目顺利衔接，重分类科目可追溯。

（三）及时调整会计信息系统。各中央文化企业应当按照执行《企业会计准则》会计科目的变化及其衔接办法，及时对原有会计核算软件和会计信息系统进行调试，以便实现数据转换，方便会计信息的对外披露，确保新旧账套的平稳过渡。

（四）及时调整年度财务预算和各项考核指标。2015 年 1 月 1 日起执行《企业会计准则》的中央文化企业，在编制 2015 年度企业财务预算和设置考核指标时尚未考虑执行《企业会计准则》影响的，可按照《企业会计准则》有关规定和变化情况，对企业财务预算和各项考核指标进行相应调整。

五、谨慎适度选用公允价值计量模式

各中央文化企业应当根据《企业会计准则》的有关规定，建立健全公允价值计量相关的内部控制制度，严格相关决策程序和会计核算办法，统一规范企业公允价值计量管理。

（一）合理确定公允价值计量模式的选用范围。选用公允价值计量模式的业务范围和资产负债项目要与企业主要业务或资产市场交易特点、文化行业发展特征、资产质量状况相符合，对于尚不存在活跃市场条件或不能持续可靠地取得可比市场价格的业务和资产负债项目，不得采用公允价值模式计量。要审慎选择公允价值计量的主要业务范围和资产负债项目，一经确定不得随意变更；确需调整的，应当在编制年度财务决算报告前向财政部文资办报备。

（二）科学确定公允价值估值方法。在依据《企业会计准则》有关规定采用公允价值对相关业务和资产负债项目进行计量时，应当综合考虑包括活跃文化市场交易在内的各项影响因素，科学合理地确定相关估值假设以及主要参数选取原则。

（三）建立完善的公允价值计量备查簿。对有关业务和资产负债项目采用公允价值进行计量时，应当建立完整的公允价值计量备查簿，认真记录公允价值计量的依据和过程，确保公允价值计量的准确性、可靠性。

六、认真核实企业资产质量

各中央文化企业应当在认真开展资产清查和主要资产质量核实的基础上，综合分析企业资产整体质量状况，客观、公允判断企业资产的真实价值和潜在增值能力，以及企业存在的经营风险状况，为出资人财务监管等工作提供决策依据。

（一）定期开展资产质量核实工作。企业应当在认真开展资产清查的基础上，分析各项资产质量，客观判断是否存在可能发生减值的迹象，并按规定进行减值测试，合理估计资产的可收回金额，及时确认资产减值损失，不得出现新的潜亏挂账。

（二）规范资产减值准备管理。根据《企业会计准则》有关规定，企业应当统一修订内部资产减值准备计提和财务核销管理办法，明确各项减值准备计提和财务核销的范围、标准、依据和程序，按规定合理计提减值准备，不得利用减值准备计提、转回调节利润。各项资产减值准备的计提标准，一经确定，不得随意变更。

七、规范建立金融工具初始确认和后续计量管理制度

各中央文化企业应当根据《企业会计准则》有关规定，在认真清查、准确核实的基础上，根据经济业务实质和业务经营的特点，制定适合本企业特点的金融工具初始确认和后续计量管理办法，统一规范金融工具管理，合理划分金融资产或金融负债类别。

八、加强职工薪酬核算管理

各中央文化企业应根据《企业会计准则》及国家其他有关规定，规范职工薪酬的确认、计量，加强职工薪酬的核算管理。

（一）加强职工薪酬核算管理。各中央文化企业应当对提供给职工的各类形式的货币性薪酬或非货币性福利进行全面清理和分类核实，按规定全面、完整地反映企业职工薪酬的

情况，加强职工工资总额和福利费管理，规范各项报酬的计提与发放，严格控制人工成本增长幅度，按规定使用应付福利费余额，不得随意扩大职工福利费开支范围和提高开支标准。

（二）规范离职后福利、辞退福利及其他长期职工福利支出。中央文化企业应当按照《企业会计准则》有关规定，对符合规定的离职后福利、辞退福利及其他长期职工福利支出确认有关负债，并进行追溯调整。中央文化企业在确认有关负债前，应当整理详细的福利计划、人员清单、费用项目、补偿标准、折现率等相关材料，并由具备资质的中介机构对相关负债确认情况出具专项经济鉴证说明。

九、规范会计师事务所专项审计工作

中央文化企业原则上应聘请财务决算审计会计师事务所，对《企业会计准则》期初数调整事项进行专项审计。会计师事务所应协助企业做好内部会计核算办法修订、期初余额转换等相关工作，出具的专项审计报告应包括报告正文和《中央文化企业执行〈企业会计准则〉期初数申报表》等附件。专项审计报告中应当重点披露以下内容：

（一）企业的会计责任和会计师事务所的审计责任。

（二）审计依据、审计方法、审计范围和已实施的审计程序。

（三）对首次执行日企业资产、负债及所有者权益变动核实结果及处理意见。

（四）依据《企业会计准则》，企业会计政策、会计估计的调整情况。

（五）执行《企业会计准则》有可能对企业的财务状况产生重大影响的事项等。

对境外子企业等确实难以出具专项审计报告的，应当由中央文化企业内审部门参照专项审计报告披露格式出具专项审核报告。

十、按时上报执行《企业会计准则》相关备案审批资料

（一）报送实施方案。

2015 年 1 月 1 日，首次执行《企业会计准则》的中央文化企业，要认真研究制订实施方案，经主管部门审核后，由主管部门以红头文件的形式，于 2014 年 10 月 31 日前向财政部文资办报送实施方案。实施方案具体内容如下：

1. 执行《企业会计准则》的中央文化企业名称，分管领导和财务负责人，纳入执行《企业会计准则》范围的各级子企业名称。

2. 执行《企业会计准则》的人员培训、户数清理、资产债务清查、内部会计核算办法修订、会计信息系统改造等具体工作计划和时间安排。

3. 董事会或总经理办公会等权力机构对企业执行《企业会计准则》的决议复印件。

4. 执行《企业会计准则》可能面临及需要协调的相关问题。

（二）审批备案期初数等资料。

1. 2015 年 1 月 1 日，首次执行《企业会计准则》的中央文化企业，应根据《企业会计准则》的有关规定及相关指标解释口径，按照财政部统一下发的数据处理软件，编报《中央文化企业执行〈企业会计准则〉期初数申报表》（以下简称《申报表》）及报表重要项目说明（见附件 1、2），经会计师事务所审计并出具专项审计报告，由主管部门审核后，于 2015 年 4 月 30 日前，随 2014 年度企业财务决算工作，报财政部审核确认，以确定中央文化企业执行《企业会计准则》的期初数。具体报送要求如下：

（1）主管部门申请审批中央文化企业执行《企业会计准则》期初数的红头文件。

（2）执行《企业会计准则》的报告，主要内容包括中央文化企业执行《企业会计准则》时间、范围，执行《企业会计准则》对企业财务状况和经营成果产生的影响，以及预计产生的影响，执行《企业会计准则》各项工作开展情况等。

（3）中央文化企业统一修订的《会计核算办法》及修订情况的专项说明，包括会计政策和会计估计发生变更的情况，新旧会计科目衔接对照表等。

（4）中央文化企业合并口径《申报表》、报表重要项目说明、专项审计报告纸质文件和电子文档，期初数转换工作底稿电子文档，以及合并及各基层企业分户计算机数据，纸质文件加盖企业公章。纸质《申报表》以“万元”为金额单位，保留两位小数，A4 纸打印。二级及以下子企业还应当报送报表重要项目说明、专项审计报告和期初数转换工作底稿电子文档（存入计算机数据附件信息）。

2. 2015 年 1 月 1 日前，中央文化企业已执行《企业会计准则》，各级有关子企业未全面执行的，中央文化企业应参照本通知要求，对各级子企业执行《企业会计准则》的期初数进行审核确认。并于 2015 年 4 月 30 日前，按照上述要求将各级有关子企业执行《企业会计准则》的汇总报告，各级有关子企业合并及分户计算机数据，重要项目说明、专项审计报告电子文档等资料（存入计算机数据附件信息），随 2014 年度企业财务决算工作，报送主管部门和财政部文资办备案。

中央文化企业应当认真落实执行《企业会计准则》有关工作要求，进一步规范会计核算，完善内部控制机制建设，强化对各级子企业的财务监管，努力提高企业经营管理水平和会计信息质量。在执行和准备执行《企业会计准则》过程中发生的有关情况和问题，请及时反馈财政部文资办。

附件：1. 中央文化企业执行《企业会计准则》期初数申报表（略）及编报说明

2. 中央文化企业执行《企业会计准则》期初数申报表重要项目说明（参考格式）

附件 1：

中央文化企业执行《企业会计准则》期初数申报表编报说明

一、编报范围

本套报表由首次申请执行《企业会计准则》的中央文化企业及其各级子企业，以合并财务报表为基础编制和披露。

二、报表组成

本套报表包括：

（一）报表封面；

（二）首次执行日资产负债申报表；

（三）所有者权益差异调节表。

三、首次执行日资产负债申报表（表一）的编报说明

（一）“企业申报数”由企业根据新会计准则的相关规定分析填列；

（二）“中介审计数”反映经会计师事务所审计后确认数；

（三）“确认数”由财政部核定后填列。

（四）表内公式：

19 行＝（2＋3＋4＋5＋6＋7＋8＋9＋10＋11＋12＋13＋14＋15＋16＋17＋18）行；39 行＝（21＋22＋23＋24＋25＋26＋27＋28＋29＋30＋31＋32＋33＋34＋35＋36＋37＋38）行；54 行＝（19＋39）行；77 行＝（56＋57＋58＋59＋60＋61＋62＋63＋64＋65＋66＋67＋68＋69＋70＋71＋72＋73＋74＋75＋76）行；87 行＝（79＋80＋81＋82＋83＋84＋85＋86）行；88 行＝（77＋87）行；90 行＝（91＋93＋94＋96）行；98 行＝（90－97）行；105 行＝（98＋99－100＋101＋102＋103＋104）行；107 行＝（105＋106）行；108 行＝（88＋107）行；54 行企业申报数＝108 行企业申报数；54 行中介审计数＝108 行中介审计数；54 行确认数＝108 行确认数。

四、所有者权益差异调节表（表二）的编报说明

（一）2014 年 12 月 31 日数（现行会计制度）：反映按照现行会计制度和会计准则 2014 年末所有者权益及权益各组成项目的金额，与 2014 年财务决算数一致。

（二）2015 年 1 月 1 日数（新会计准则）：指根据新会计准则和现行会计制度差异调整后，2015 年执行新会计准则所有者权益及权益各组成项目的期初数。

（三）企业应当按照《企业会计准则第 38 号—首次执行企业会计准则》第五条至第十九条的规定，以及 2014 年财政部修订和出台的企业会计准则基本准则和 8 项具体准则等规定，结合自身特点和具体情况编制。

（四）表中各主要项目应当参照所附参考格式进行说明。

（五）表内公式：

（1 行～18 行）1 栏＝（1 行～18 行）（4＋7＋10＋13＋16＋19＋22）栏；（1 行～18 行）2 栏＝（1 行～18 行）（5＋8＋11＋14＋17＋20＋23）栏；（1 行～18 行）3 栏＝（1 行～18 行）（6＋9＋12＋15＋18＋21＋24）栏；19 行（1 栏～24 栏）＝（1＋2＋5＋6＋7＋8＋9＋10＋13＋14＋15＋16＋17＋18）行（1 栏～24 栏）。

附件 2：

中央文化企业执行《企业会计准则》期初数申报表重要项目说明

（参考格式）

一、编制目的

××企业于 2015 年 1 月 1 日起开始执行《企业会计准则》。按照财政部《关于中央文化企业执行〈企业会计准则〉有关事项的通知》要求，对所有者权益差异调节表中重要项目进行说明，以披露所有者权益的变化情况和重大差异的调节过程。

二、编制基础

××企业以 2015 年 1 月 1 日为《企业会计准则》首次执行日，根据《企业会计准则——基本准则》（财政部令第 33 号）、《财政部关于修订〈企业会计准则——基本准则〉的决定》（财政部令第 76 号）、《企业会计准则第 38 号——首次执行企业会计准则》等具体准则、企业会计准则解释第 1 号等准则解释，以及 2014 年财政部修订和出台的 8 项具体准则（以下简称为企业会计准则）等相关规定，结合企业的自身特点和具体情况，以 2014 年度合并财务报表为基础，并依据重要性原则编制所有者权益差异调节表。

说明其他重大的需说明的编制基础事项。

三、重要项目说明

（一）长期股权投资

1. 对控制的子企业长期股权投资调整

按照企业会计准则的相关规定，在 2015 年 1 月 1 日，对控制的子企业的长期股权投资，原采用权益法核算的，应按照成本法进行追溯调整。

视同该子企业自取得时即采用变更后的会计政策，对其原账面核算的成本、原摊销的股权投资差额、按照权益法确认的损益调整及股权投资准备等均进行追溯调整。

其中：

1.1 同一控制下企业合并形成的长期股权投资差额

在 2015 年 1 月 1 日，对属于同一控制下企业合并产生的长期股权投资差额，按照企业会计准则进行追溯调整，调整首次执行日的留存收益。导致减少（增加）所有者权益××万元，其中归属于母公司所有者权益为××万元，归属于少数股东权益为××万元。分项说明对所有者权益影响最大的前 10 项。

被投资单位名称（前十位）	初始金额	摊余价值	调整所有者权益
合计			

1.2 非同一控制下企业合并形成的长期股权投资差额

在 2015 年 1 月 1 日，对非同一控制下企业合并形成的股权投资贷方差额，按照企业会计准则进行追溯调整，调整首次执行日的留存收益。导致减少（增加）所有者权益××万元，其中归属于母公司所有者权益为××万元，归属于少数股东权益为××万元。分项说明对所有者权益影响最大的前 10 项（格式同上）。

在 2015 年 1 月 1 日，对非同一控制下企业合并形成的股权投资借方差额按照企业会计准则进行追溯调整后，并入“投资成本”明细科目，以后在母公司报表层面上不再摊销。在合并财务报表中作为商誉列示，并进行减值测试（如有减值情况，减值可以在下列“（七）2”企业合并有关的追溯调整中进行披露）。该项调整导致减少（增加）所有者权益××万元，其中归属于母公司所有者权益为××万元，归属于少数股东权益为××万元。分项说明对所有者权益影响最大的前 10 项。

根据规定，在首次执行日对控制的子企业长期股权投资进行追溯调整不切实可行的，应就股权投资差额的余额进行衔接处理。参照上述格式分别披露。

2. 其他采用权益法核算的长期股权投资贷方差额

按照企业会计准则相关规定，在 2015 年 1 月 1 日，对其他采用权益法核算的长期股权投资，存在股权投资贷方差额的，应冲销贷方差额，调整留存收益，导致增加所有者权益××万元，其中归属于母公司所有者权益为××万元，归属于少数股东权益为××万元。分项说明对所有者权益影响最大的前 10 项：

被投资单位名称（前十位）	初始金额	累计摊销额	摊余价值	调整所有者权益
合计				

3. 对被投资单位不具有控制、共同控制或重大影响，并且在活跃市场中没有报价、公允价值不能可靠计量的权益性投资，原按成本法在长期股权投资中核算的，应按照《企业会计准则第 22 号—金融资产的确认和计量》进行处理，在“可供出售金融资产”科目核算。

（二）拟以公允价值模式计量的投资性房地产

按照《企业会计准则》，本企业采用公允价值模式计量投资性房地产，在 2015 年 1 月 1 日，将公允价值与账面价值的差额调整留存收益，导致增加（减少）所有者权益××万元，其中归属于母公司所有者权益为××万元，归属于少数股东权益为××万元。按房地产类别具体说明如下：

资产类别	账面价值	公允价值	差额
已出租的建筑物			
已出租的土地使用权			
持有并准备增值后转让的土地使用权			
合计			

说明公允价值的确定方法和依据。

（三）因预计资产弃置费用应补提的以前年度折旧等

按照《企业会计准则》，在 2015 年 1 月 1 日，对于满足预计负债确认条件且该日之前尚未计入资产成本的弃置费用，应当增加该项资产成本，并确认相应的负债；同时，将应补提的折旧（折耗）和应计入以前年度损益的财务费用调整留存收益，导致减少所有者权益××万元，其中归属于母公司所有者权益为××万元，归属于少数股东权益为××万元。按资产类别具体说明如下：

资产项目	预计的弃置费用总额	计入资产成本的弃置费用	应补计的折旧（折耗）	应补计的财务费用

说明资产弃置时弃置费用的确定方法和依据，该项资产初始确认时折现率的确定方法和依据，相关资产的折旧年限和折旧率等。

（四）符合负债确认条件的离职后福利、辞退福利、其他长期职工福利

按照《企业会计准则》，在 2015 年 1 月 1 日，××企业存在离职后福利、辞退福利、其他长期职工福利并符合负债确认条件，应确认离职后福利、辞退福利、其他长期职工福利而产生的负债，并调整留存收益，导致减少所有者权益××万元，其中归属于母公司所有者权益为××万元，归属于少数股东权益为××万元。

说明离职后福利、辞退福利、其他长期职工福利的具体内容，管理层批准时间，计划实施的时间，人员清单、费用项目、补偿标准、折现率和确认的依据等。

（五）股份支付

按照《企业会计准则》，在 2015 年 1 月 1 日，××企业存在可行权日在该日（之后）的股份支付，应当按照权益工具（其他方服务或承担的以权益工具为基础计算确定的负债）的公允价值，将应计入 2015 年 1 月 1 日之前等待期的成本费用金额调整留存收益，相应增加所有者权益（或负债），导致增加（减少）所有者权益××万元，其中归属于母公司所有者权益为××万元，归属于少数股东权益为××万元。

说明股份激励计划的授予对象、授予日、行权条件等。

（六）符合预计负债确认条件的重组义务

按照《企业会计准则》，在 2015 年 1 月 1 日，××企业将满足预计负债确认条件的重组义务，确认为负债，并调整留存收益，导致减少所有者权益××万元，其中归属于母公司所有者权益为××万元，归属于少数股东权益为××万元。

说明重组事项、重组进度或预计进度，重组义务的估值方法和依据等。

（七）企业合并

1. 同一控制下企业合并商誉的账面价值

按照《企业会计准则》，在 2015 年 1 月 1 日，属于同一控制下企业合并，原已确认商誉的摊余价值应全额冲销，并调整留存收益，导致减少所有者权益××万元，其中归属于母公司所有者权益为××万元，归属于少数股东权益为××万元。按下列项目具体说明如下：

被合并单位名称	初始金额	合并时间	累计摊销额	摊余价值
合计				

2. 根据新准则计提的商誉减值准备

按照《企业会计准则》，在 2015 年 1 月 1 日，属于非同一控制下企业合并，原已确认商誉的摊余价值作为认定成本，不再进行摊销，但应在该日对商誉进行减值测试，发生减值的，应当以计提减值准备后的金额确认，并调整留存收益，导致减少所有者权益××万

元，其中归属于母公司所有者权益为××万元，归属于少数股东权益为××万元。

说明商誉的形成来源、商誉减值的确定方法等。

（八）以公允价值计量且其变动计入当期损益的金融资产以及可供出售金融资产

按照《企业会计准则》，在2015年1月1日，××企业对交易性金融资产以及可供出售金融资产按照公允价值计量，并将账面价值与公允价值的差额调整留存收益，导致增加（减少）所有者权益××万元，其中归属于母公司所有者权益为××万元，归属于少数股东权益为××万元。按下列项目具体说明如下：

项目	账面价值	公允价值	差额
交易性金融资产			
其中：股票			
国债			
其他债券			
基金			
指定为以公允价值计量且其变动计入当期损益的金融资产			
……			
小计			
可供出售金融资产			
其中：国债			
其他债券			
权益工具			
持有上市公司限售股权			
……			
小计			
合计			

说明金融资产的分类依据、公允价值的确定依据等。

（九）以公允价值计量且其变动计入当期损益的金融负债

按照《企业会计准则》，在2015年1月1日，对指定为以公允价值计量且其变动计入当期损益的金融负债，应当按照公允价值计量，并将账面价值与公允价值的差额调整留存收益，导致增加（减少）所有者权益××万元，其中归属于母公司所有者权益为××万元，归属于少数股东权益为××万元。按下列项目具体说明如下：

项目	账面价值	公允价值	差额
合计			

（十）金融工具分拆增加的权益

按照《企业会计准则》，在2015年1月1日，对于嵌入衍生金融工具，按照《企业会计准则第22号—金融工具确认和计量》规定应从混合工具分拆的，若其公允价值能够合理确定，应当将其从混合工具分拆并单独处理；对于企业发行的包含负债和权益成份的非衍生金融工具，若负债成份的公允价值能够合理确定，应当按照《企业会计准则第37号—金融工具列报》的规定，将负债和权益成份分拆，金融工具分拆增加的权益部分的价值，调增资本公积，导致增加所有者权益××万元，其中归属于母公司所有者权益为××万元，归属于少数股东权益为××万元。

说明金融工具的具体项目、分拆方法和公允价值的确定依据等。

（十一）衍生金融工具

按照《企业会计准则》，在 2015 年 1 月 1 日，对于未在资产负债表内确认、或已按成本计量的衍生金融工具（不包括套期工具），应当按照公允价值计量，同时调整留存收益，导致增加（减少）所有者权益××万元，其中归属于母公司所有者权益为××万元，归属于少数股东权益为××万元。

说明衍生金融工具的具体项目、公允价值的确定依据和方法等。

（十二）所得税

按照《企业会计准则》，所得税核算应采用资产负债表债务法，在 2015 年 1 月 1 日，对资产、负债的账面价值与其计税基础不同形成的暂时性差异，应当按照相关条件确认递延所得税资产或递延所得税负债，并将影响金额调整留存收益，导致增加（减少）所有者权益××万元，其中归属于母公司所有者权益为××万元，归属于少数股东权益为××万元。按下列项目具体说明如下：

调整项目	可抵扣差异	应纳税差异	对所有者权益影响
（一）根据账面价值与计税基础确定的暂时性差异			
应收账款			
……			
预计负债			
……			
合计			
其中：未来有足够应纳税所得额支撑的可抵扣暂时性差异			
税率			
应确认递延所得税资产或负债			
未确认递延所得税资产的可抵扣暂时性差异			
（二）可抵扣的经营亏损			
已确认递延所得税资产			
未确认递延所得税资产的可抵扣亏损			
到期日			
（三）可结转的税款抵减			
已确认递延所得税资产			
未确认递延所得税资产的税款抵减			
到期日			
（四）调整内部未实现的销售产生的递延所得税资产			
合计			

（十三）其他

说明除上述调整事项之外根据《企业会计准则第 38 号—首次执行企业会计准则》等文件，需追溯调整的其他影响所有者权益的事项。

四、其他需说明事项

（一）少数股东权益调整

××企业 2014 年 12 月 31 日按照现行会计制度编制的合并报表中少数股东权益为××万元，在 2015 年 1 月 1 日，按照《企业会计准则》纳入合并财务报表范围的子企业少数股东权益增加（减少）××万元，导致合并报表中的少数股东权益应为××万元。

按照《企业会计准则》，在 2015 年 1 月 1 日，××企业 2014 年 12 月 31 日按照现行会计制度编制的合并报表中的少数股东权益应转列为所有者权益，导致所有者权益增加××万元。

（二）合并范围变化影响

按照《企业会计准则》，在2015年1月1日，母公司应当将其全部子企业（包括母公司所控制的单独主体）纳入合并财务报表的合并范围。如果母公司是投资性主体，则母公司应当仅将为其投资活动提供相关服务的子公司（如有）纳入合并范围并编制合并财务报表，其他子公司不应当予以合并。合营企业不再纳入合并范围。由于上述合并范围变化导致增加（减少）所有者权益××万元，归属于少数股东权益为××万元。按下列项目具体说明：

项目	调整所有者权益
1. 合营企业合并方法调整影响	
2. 小规模企业及特殊行业的子企业对合并范围的影响	
3. 属于特殊情形不纳入合并范围，但按照《企业会计准则》应纳入合并范围企业的影响	
4. 其它	

（三）本所有者权益差异调节表的编制遵循重要性原则，同时，随着企业对《企业会计准则》影响评价的进一步深入及财政部对《企业会计准则》解释的进一步明确，××企业有可能调整编制本调节表时所采用的相关会计政策，并导致2015年度财务报告中的相关数据与本调节表出现差异。

（四）其他需说明的事项

××企业

年 月 日

APPLICATION GUIDES OF
CHINA ACCOUNTING STANDARDS

and relevant legislations 2018

第四部分　会计工作规范

政策导读

本部分收录了会计基础工作规范和企业会计信息化工作规范两部分内容。1996年6月17日财政部以财会字〔1996〕19号文件印发的《会计基础工作规范》，尽管有的内容需要修改和完善，但基本内容和基本精神仍适用当前会计基础工作，广大财会人员需要掌握并落实到会计工作中，筑牢会计工作基础是做好会计工作的前提。2013年12月6日财政部以财会〔2013〕20号文件印发的《企业会计信息化工作规范》，是为推动企业会计信息化，提高会计软件和相关服务质量，规范信息化环境下的会计工作。

会计规范

会计基础工作规范

（1996 年 6 月 17 日　财会字〔1996〕19 号）

第一章　总　则

第一条　为了加强会计基础工作，建立规范的会计工作秩序，提高会计工作水平，根据《中华人民共和国会计法》的有关规定，制定本规范。

第二条　国家机关、社会团体、企业、事业单位、个体工商户和其他组织的会计基础工作，应当符合本规范的规定。

第三条　各单位应当依据有关法规、法规和本规范的规定，加强会计基础工作，严格执行会计法规制度，保证会计工作依法有序地进行。

第四条　单位领导人对本单位的会计基础工作负有领导责任。

第五条　各省、自治区、直辖市财政厅（局）要加强对会计基础工作的管理和指导，通过政策引导、经验交流、监督检查等措施，促进基层单位加强会计基础工作，不断提高会计工作水平。

国务院各业务主管部门根据职责权限管理本部门的会计基础工作。

第二章　会计机构和会计人员

第一节　会计机构设置和会计人员配备

第六条　各单位应当根据会计业务的需要设置会计机构；不具备单独设置会计机构条件的，应当在有关机构中配备专职会计人员。

事业行政单位会计机构的设置和会计人员的配备，应当符合国家统一事业行政单位会计制度的规定。

设置会计机构，应当配备会计机构负责人；在有关机构中配备专职会计人员，应当在专职会计人员中指定会计主管人员。

会计机构负责人、会计主管人员的任免，应当符合《中华人民共和国会计法》和有关法律的规定。

第七条　会计机构负责人、会计主管人员应当具备下列基本条件：

（一）坚持原则，廉洁奉公；

（二）具有会计专业技术资格；

（三）主管一个单位或者单位内一个重要方面的财务会计工作时间不少于 2 年；

（四）熟悉国家财经法律、法规、规章和方针、政策，掌握本行业业务管理的有关知识；

（五）有较强的组织能力；

（六）身体状况能够适应本职工作的要求。

第八条　没有设置会计机构和配备会计人员的单位，应当根据《代理记账管理暂行办法》委托会计师事务所或者持有代理记账许可证书的其他代理记账机构进行代理记账。

第九条　大、中型企业、事业单位、业务主管部门应当根据法律和国家有关规定设置总会计师。总会计师由具有会计师以上专业技术资格的人员担任。

总会计师行使《总会计师条例》规定的职责、权限。

总会计师的任命（聘任）、免职（解聘）依照《总会计师条例》和有关法律的规定办理。

第十条 各单位应当根据会计业务需要配备持有会计证的会计人员。未取得会计证的人员，不得从事会计工作。

第十一条 各单位应当根据会计业务需要设置会计工作岗位。

会计工作岗位一般可分为：会计机构负责人或者会计主管人员，出纳，财产物资核算，工资核算，成本费用核算，财务成果核算，资金核算，往来结算，总账报表，稽核，档案管理等。开展会计电算化和管理会计的单位，可以根据需要设置相应工作岗位，也可以与其他工作岗位相结合。

第十二条 会计工作岗位，可以一人一岗、一人多岗或者一岗多人。但出纳人员不得兼管稽核、会计档案保管和收入、费用、债权债务账目的登记工作。

第十三条 会计人员的工作岗位应当有计划地进行轮换。

第十四条 会计人员应当具备必要的专业知识和专业技能，熟悉国家有关法律、法规、规章和国家统一会计制度，遵守职业道德。

会计人员应当按照国家有关规定参加会计业务的培训。各单位应当合理安排会计人员的培训，保证会计人员每年有一定时间用于学习和参加培训。

第十五条 各单位领导人应当支持会计机构、会计人员依法行使职权；对忠于职守，坚持原则，做出显著成绩的会计机构、会计人员，应当给予精神的和物质的奖励。

第十六条 国家机关、国有企业、事业单位任用会计人员应当实行回避制度。

单位领导人的直系亲属不得担任本单位的会计机构负责人、会计主管人员。会计机构负责人、会计主管人员的直系亲属不得在本单位会计机构中担任出纳工作。

需要回避的直系亲属为：夫妻关系、直系血亲关系、三代以内旁系血亲以及配偶亲关系。

第二节 会计人员职业道德

第十七条 会计人员在会计工作中应当遵守职业道德，树立良好的职业品质、严谨的工作作风，严守工作纪律，努力提高工作效率和工作质量。

第十八条 会计人员应当热爱本职工作，努力钻研业务，使自己的知识和技能适应所从事工作的要求。

第十九条 会计人员应当熟悉财经法律、法规、规章和国家统一会计制度，并结合会计工作进行广泛宣传。

第二十条 会计人员应当按照会计法规、法规和国家统一会计制度规定的程序和要求进行会计工作，保证所提供的会计信息合法、真实、准确、及时、完整。

第二十一条 会计人员办理会计事务应当实事求是、客观公正。

第二十二条 会计人员应当熟悉本单位的生产经营和业务管理情况，运用掌握的会计信息和会计方法，为改善单位内部管理、提高经济效益服务。

第二十三条 会计人员应当保守本单位的商业秘密。除法律规定和单位领导人同意外，不能私自向外界提供或者泄露单位的会计信息。

第二十四条 财政部门、业务主管部门和各单位应当定期检查会计人员遵守职业道德的情况，并作为会计人员晋升、晋级、聘任专业职务、表彰奖励的重要考核依据。

会计人员违反职业道德的，由所在单位进行处罚；情节严重的，由会计证发证机关吊销其会计证。

第三节　会计工作交接

第二十五条　会计人员工作调动或者因故离职，必须将本人所经管的会计工作全部移交给接替人员。没有办清交接手续的，不得调动或者离职。

第二十六条　接替人员应当认真接管移交工作，并继续办理移交的未了事项。

第二十七条　会计人员办理移交手续前，必须及时做好以下工作：

（一）已经受理的经济业务尚未填制会计凭证的，应当填制完毕。

（二）尚未登记的账目，应当登记完毕，并在最后一笔余额后加盖经办人员印章。

（三）整理应该移交的各项资料，对未了事项写出书面材料。

（四）编制移交清册，列明应当移交的会计凭证、会计账簿、会计报表、印章、现金、有价证券、支票簿、发票、文件、其他会计资料和物品等内容；实行会计电算化的单位，从事该项工作的移交人员还应当在移交清册中列明会计软件及密码、会计软件数据磁盘（磁带等）及有关资料、实物等内容。

第二十八条　会计人员办理交接手续，必须有监交人负责监交。一般会计人员交接，由单位会计机构负责人、会计主管人员负责监交；会计机构负责人、会计主管人员交接，由单位领导人负责监交，必要时可由上级主管部门派人会同监交。

第二十九条　移交人员在办理移交时，要按移交清册逐项移交；接替人员要逐项核对点收。

（一）现金、有价证券要根据会计账簿有关记录进行点交。库存现金、有价证券必须与会计账簿记录保持一致。不一致时，移交人员必须限期查清。

（二）会计凭证、会计账簿、会计报表和其他会计资料必须完整无缺。如有短缺，必须查清原因，并在移交清册中注明，由移交人员负责。

（三）银行存款账户余额要与银行对账单核对，如不一致，应当编制银行存款余额调节表调节相符，各种财产物资和债权债务的明细账户余额要与总账有关账户余额核对相符；必要时，要抽查个别账户的余额，与实物核对相符，或者与往来单位、个人核对清楚。

（四）移交人员经管的票据、印章和其他实物等，必须交接清楚；移交人员从事会计电算化工作的，要对有关电子数据在实际操作状态下进行交接。

第三十条　会计机构负责人、会计主管人员移交时，还必须将全部财务会计工作、重大财务收支和会计人员的情况等，向接替人员详细介绍。对需要移交的遗留问题，应当写出书面材料。

第三十一条　交接完毕后，交接双方和监交人员要在移交注册上签名或者盖章。并应在移交注册上注明：单位名称，交接日期，交接双方和监交人员的职务、姓名，移交清册页数以及需要说明的问题和意见等。

移交清册一般应当填制一式三份，交接双方各执一份，存档一份。

第三十二条　接替人员应当继续使用移交的会计账簿，不得自行另立新账，以保持会计记录的连续性。

第三十三条　会计人员临时离职或者因病不能工作且需要接替或者代理的，会计机构负责人、会计主管人员或者单位领导人必须指定有关人员接替或者代理，并办理交接手续。

临时离职或者因病不能工作的会计人员恢复工作的，应当与接替或者代理人员办理交接手续。

移交人员因病或者其他特殊原因不能亲自办理移交的，经单位领导人批准，可由移交人员委托他人代办移交，但委托人应当承担本规范第三十五条规定的责任。

第三十四条　单位撤销时，必须留有必要的会计人员，会同有关人员办理清理工作，编制决算。未移交前，不得离职。接收单位和移交日期由主管部门确定。

单位合并、分立的，其会计工作交接手续比照上述有关规定办理。

第三十五条　移交人员对所移交的会计凭证、会计账簿、会计报表和其他有关资料的合法性、真实性承担法律责任。

第三章　会计核算

第一节　会计核算一般要求

第三十六条　各单位应当按照《中华人民共和国会计法》和国家统一会计制度的规定建立会计账册，进行会计核算，及时提供合法、真实、准确、完整的会计信息。

第三十七条　各单位发生的下列事项，应当及时办理会计手续、进行会计核算：

（一）款项和有价证券的收付；

（二）财物的收发、增减和使用；

（三）债权债务的发生和结算；

（四）资本、基金的增减；

（五）收入、支出、费用、成本的计算；

（六）财务成果的计算和处理；

（七）其他需要办理会计手续、进行会计核算的事项。

第三十八条　各单位的会计核算应当以实际发生的经济业务为依据，按照规定的会计处理方法进行，保证会计指标的口径一致、相互可比和会计处理方法的前后各期相一致。

第三十九条　会计年度自公历 1 月 1 日起至 12 月 31 日止。

第四十条　会计核算以人民币为记账本位币。

收支业务以外国货币为主的单位，也可以选定某种外国货币作为记账本位币，但是编制的会计报表应当折算为人民币反映。

境外单位向国内有关部门编报的会计报表，应当折算为人民币反映。

第四十一条　各单位根据国家统一会计制度的要求，在不影响会计核算要求、会计报表指标汇总和对外统一会计报表的前提下，可以根据实际情况自行设置和使用会计科目。

事业行政单位会计科目的设置和使用，应当符合国家统一事业行政单位会计制度的规定。

第四十二条　会计凭证、会计账簿、会计报表和其他会计资料的内容和要求必须符合国家统一会计制度的规定，不得伪造、变造会计凭证和会计账簿，不得设置账外账，不得报送虚假会计报表。

第四十三条　各单位对外报送的会计报表格式由财政部统一规定。

第四十四条　实行会计电算化的单位，对使用的会计软件及其生成的会计凭证、会计账簿、会计报表和其他会计资料的要求，应当符合财政部关于会计电算化的有关规定。

第四十五条　各单位的会计凭证、会计账簿、会计报表和其他会计资料，应当建立档案，妥善保管。会计档案建档要求、保管期限、销毁办法等依据《会计档案管理办法》的规定进行。

实行会计电算化的单位，有关电子数据、会计软件资料等应当作为会计档案进行管理。

第四十六条　会计记录的文字应当使用中文，少数民族自治地区可以同时使用少数民族文字。中国境内的外商投资企业、外国企业和其他外国经济组织也可以同时使用某种外国文字。

第二节　填制会计凭证

第四十七条　各单位办理本规范第三十七条规定的事项，必须取得或者填制原始凭证，并及时送交会计机构。

第四十八条 原始凭证的基本要求是：

（一）原始凭证的内容必须具备：凭证的名称；填制凭证的日期；填制凭证单位名称或者填制人姓名；经办人员的签名或者盖章；接受凭证单位名称；经济业务内容；数量、单价和金额。

（二）从外单位取得的原始凭证，必须盖有填制单位的公章；从个人取得的原始凭证，必须有填制人员的签名或者盖章。自制原始凭证必须有经办单位领导人或者其指定的人员签名或者盖章。对外开出的原始凭证，必须加盖本单位公章。

（三）凡填有大写和小写金额的原始凭证，大写与小写金额必须相符。购买实物的原始凭证，必须有验收证明。支付款项的原始凭证，必须有收款单位和收款人的收款证明。

（四）一式几联的原始凭证，应当注明各联的用途，只能以一联作为报销凭证。

一式几联的发票和收据，必须用双面复写纸（发票和收据本身具备复写纸功能的除外）套写，并连续编号。作废时应当加盖"作废"戳记，连同存根一起保存，不得撕毁。

（五）发生销货退回的，除填制退货发票外，还必须有退货验收证明；退款时，必须取得对方的收款收据或者汇款银行的凭证，不得以退货发票代替收据。

（六）职工公出借款凭据，必须附在记账凭证之后。收回借款时，应当另开收据或者退还借据副本，不得退还原借款收据。

（七）经上级有关部门批准的经济业务，应当将批准文件作为原始凭证附件。如果批准文件需要单独归档的，应当在凭证上注明批准机关名称、日期和文件字号。

第四十九条 原始凭证不得涂改、挖补。发现原始凭证有错误的，应当由开出单位重开或者更正，更正处应当加盖开出单位的公章。

第五十条 会计机构、会计人员要根据审核无误的原始凭证填制记账凭证。

记账凭证可以分为收款凭证、付款凭证和转账凭证，也可以使用通用记账凭证。

第五十一条 记账凭证的基本要求是：

（一）记账凭证的内容必须具备：填制凭证的日期；凭证编号；经济业务摘要；会计科目；金额；所附原始凭证张数；填制凭证人员、稽核人员、记账人员、会计机构负责人、会计主管人员签名或者盖章。收款和付款记账凭证还应当由出纳人员签名或者盖章。

以自制的原始凭证或者原始凭证汇总表代替记账凭证的，也必须具备记账凭证应有的项目。

（二）填制记账凭证时，应当对记账凭证进行连续编号。一笔经济业务需要填制两张以上记账凭证的，可以采用分数编号法编号。

（三）记账凭证可以根据每一张原始凭证填制，或者根据若干张同类原始凭证汇总填制，也可以根据原始凭证汇总表填制。但不得将不同内容和类别的原始凭证汇总填制在一张记账凭证上。

（四）除结账和更正错误的记账凭证可以不附原始凭证外，其他记账凭证必须附有原始凭证。如果一张原始凭证涉及几张记账凭证，可以把原始凭证附在一张主要的记账凭证后面，并在其他记账凭证上注明附有该原始凭证的记账凭证的编号或者附原始凭证复印件。

一张原始凭证所列支出需要几个单位共同负担的，应当将其他单位负担的部分，开给对方原始凭证分割单，进行结算。原始凭证分割单必须具备原始凭证的基本内容：凭证名称、填制凭证日期、填制凭证单位名称或者填制人姓名、经办人的签名或者盖章、接受凭证单位名称、经济业务内容、数量、单价、金额和费用分摊情况等。

（五）如果在填制记账凭证时发生错误，应当重新填制。

已经登记入账的记账凭证，在当年内发现填写错误时，可以用红字填写一张与原内容相同的记账凭证，在摘要栏注明"注销某月某日某号凭证"字样，同时再用蓝字重新填制一张正确的记账凭证，注明"订正某月某日某号凭证"字样。如果会计科目没有错误，只是金额错误，也可以将正确数字与错误数字之间的差额，另编一张调整的记账凭证，调增金额用蓝字，调减金额用红字。发现以前年度记账凭证有错误的，应当用蓝字填制一张更正的记账凭证。

（六）记账凭证填制完经济业务事项后，如有空行，应当自金额栏最后一笔金额数字下的空行处至合计数上的空行处划线注销。

第五十二条 填制会计凭证，字迹必须清晰、工整，并符合下列要求：

（一）阿拉伯数字应当一个一个地写，不得连笔写。阿拉伯金额数字前面应当书写货币币种符号或者货币名称简写和币种符号。币种符号与阿拉伯金额数字之间不得留有空白。凡阿拉伯数字前写有币种符号的，数字后面不再写货币单位。

（二）所有以元为单位（其他货币种类为货币基本单位，下同）的阿拉伯数字，除表示单价等情况外，一律填写到角分；无角分的，角位和分位可写“00”，或者符号“——”；有角无分的，分位应当写“0”，不得用符号“——”代替。

（三）汉字大写数字金额如零、壹、贰、叁、肆、伍、陆、柒、捌、玖、拾、佰、仟、万、亿等，一律用正楷或者行书体书写，不得用0、一、二、三、四、五、六、七、八、九、十等简化字代替，不得任意自造简化字。大写金额数字到元或者角为止的，在“元”或者“角”字之后应当写“整”字或者“正”字；大写金额数字有分的，分字后面不写“整”或者“正”字。

（四）大写金额数字前未印有货币名称的，应当加填货币名称，货币名称与金额数字之间不得留有空白。

（五）阿拉伯金额数字中间有“0”时，汉字大写金额要写“零”字；阿拉伯数字金额中间连续有几个“0”时，汉字大写金额中可以只写一个“零”字；阿拉伯金额数字元位是“0”，或者数字中间连续有几个“0”、元位也是“0”但角位不是“0”时，汉字大写金额可以只写一个“零”字，也可以不写“零”字。

第五十三条 实行会计电算化的单位，对于机制记账凭证，要认真审核，做到会计科目使用正确，数字准确无误。打印出的机制记账凭证要加盖制单人员、审核人员、记账人员及会计机构负责人、会计主管人员印章或者签字。

第五十四条 各单位会计凭证的传递程序应当科学、合理，具体办法由各单位根据会计业务需要自行规定。

第五十五条 会计机构、会计人员要妥善保管会计凭证。

（一）会计凭证应当及时传递，不得积压。

（二）会计凭证登记完毕后，应当按照分类和编号顺序保管，不得散乱丢失。

（三）记账凭证应当连同所附的原始凭证或者原始凭证汇总表，按照编号顺序，折叠整齐，按期装订成册，并加具封面，注明单位名称、年度、月份和起讫日期、凭证种类、起讫号码，由装订人在装订线封签外签名或者盖章。

对于数量过多的原始凭证，可以单独装订保管，在封面上注明记账凭证日期、编号、种类，同时在记账凭证上注明“附件另订”和原始凭证名称及编号。

各种经济合同、存出保证金收据以及涉外文件等重要原始凭证，应当另编目录，单独登记保管，并在有关的记账凭证和原始凭证上相互注明日期和编号。

（四）原始凭证不得外借，其他单位如因特殊原因需要使用原始凭证时，经本单位会计机构负责人、会计主管人员批准，可以复制。向外单位提供的原始凭证复制件，应当在专设的登记簿上登记，并由提供人员和收取人员共同签名或者盖章。

（五）从外单位取得的原始凭证如有遗失，应当取得原开出单位盖有公章的证明，并注明原来凭证的号码、金额和内容等，由经办单位会计机构负责人、会计主管人员和单位领导人批准后，才能代作原始凭证。如果确实无法取得证明的，如火车、轮船、飞机票等凭证，由当事人写出详细情况，由经办单位会计机构负责人、会计主管人员和单位领导人批准后，代作原始凭证。

第三节　登记会计账簿

第五十六条　各单位应当按照国家统一会计制度的规定和会计业务的需要设置会计账簿。会计账簿包括总账、明细账、日记账和其他辅助性账簿。

第五十七条　现金日记账和银行存款日记账必须采用订本式账簿。不得用银行对账单或者其他方法代替日记账。

第五十八条　实行会计电算化的单位，用计算机打印的会计账簿必须连续编号，经审核无误后装订成册，并由记账人员和会计机构负责人、会计主管人员签字或者盖章。

第五十九条　启用会计账簿时，应当在账簿封面上写明单位名称和账簿名称。在账簿扉页上应当附启用表，内容包括：启用日期、账簿页数、记账人员和会计机构负责人、会计主管人员姓名，并加盖名章和单位公章。记账人员或者会计机构负责人、会计主管人员调动工作时，应当注明交接日期、接办人员或者监交人员姓名，并由交接双方人员签名或者盖章。

启用订本式账簿，应当从第一页到最后一页顺序编定页数，不得跳页、缺号。使用活页式账页，应当按账户顺序编号，并须定期装订成册。装订后再按实际使用的账页顺序编定页码。另加目录，记明每个账户的名称和页次。

第六十条　会计人员应当根据审核无误的会计凭证登记会计账簿。登记账簿的基本要求是：

（一）登记会计账簿时，应当将会计凭证日期、编号、业务内容摘要、金额和其他有关资料逐项记入账内，做到数字准确、摘要清楚、登记及时、字迹工整。

（二）登记完毕后，要在记账凭证上签名或者盖章，并注明已经登账的符号，表示已经记账。

（三）账簿中书写的文字和数字上面要留有适当空格，不要写满格；一般应占格距的二分之一。

（四）登记账簿要用蓝黑墨水或者碳素墨水书写，不得使用圆珠笔（银行的复写账簿除外）或者铅笔书写。

（五）下列情况，可以用红色墨水记账：

1. 按照红字冲账的记账凭证，冲销错误记录；
2. 在不设借贷等栏的多栏式账页中，登记减少数；
3. 在三栏式账户的余额栏前，如未印明余额方向的，在余额栏内登记负数余额；
4. 根据国家统一会计制度的规定可以用红字登记的其他会计记录。

（六）各种账簿按页次顺序连续登记，不得跳行、隔页。如果发生跳行、隔页，应当将空行、空页划线注销，或者注明“此行空白”、“此页空白”字样，并由记账人员签名或者盖章。

（七）凡需要结出余额的账户，结出余额后，应当在“借或贷”等栏内写明“借”或者“贷”等字样。没有余额的账户，应当在“借或贷”等栏内写“平”字，并在余额栏内用“Q”表示。

现金日记账和银行存款日记账必须逐日结出余额。

（八）每一账页登记完毕结转下页时，应当结出本页合计数及余额，写在本页最后一行和下页第一行有关栏内，并在摘要栏内注明“过次页”和“承前页”字样；也可以将本页合计数及金额只写在下页第一行有关栏内，并在摘要栏内注明“承前页”字样。

对需要结计本月发生额的账户，结计“过次页”的本页合计数应当为自本月初起至本页末止的发生额合计数；对需要结计本年累计发生额的账户，结计“过次页”的本页合计数应当为自年初起至本页末止的累计数；对既不需要结计本月发生额也不需要结计本年累计发生额的账户，可以只将每页末的余额结转次页。

第六十一条 实行会计电算化的单位，总账和明细账应当定期打印。

发生收款和付款业务的，在输入收款凭证和付款凭证的当天必须打印出现金日记账和银行存款日记账，并与库存现金核对无误。

第六十二条 账簿记录发生错误，不准涂改、挖补、刮擦或者用药水消除字迹，不准重新抄写，必须按照下列方法进行更正：

（一）登记账簿时发生错误，应当将错误的文字或者数字划红线注销，但必须使原有字迹仍可辨认；然后在划线上方填写正确的文字或者数字，并由记账人员在更正处盖章。对于错误的数字，应当全部划红线更正，不得只更正其中的错误数字。对于文字错误，可只划去错误的部分。

（二）由于记账凭证错误而使账簿记录发生错误，应当按更正的记账凭证登记账簿。

第六十三条 各单位应当定期对会计账簿记录的有关数字与库存实物、货币资金、有价证券、往来单位或者个人等进行相互核对，保证账证相符、账账相符、账实相符。对账工作每年至少进行一次。

（一）账证核对。核对会计账簿记录与原始凭证、记账凭证的时间、凭证字号、内容、金额是否一致，记账方向是否相符。

（二）账账核对。核对不同会计账簿之间的账簿记录是否相符，包括：总账有关账户的余额核对，总账与明细账核对，总账与日记账核对，会计部门的财产物资明细账与财产物资保管和使用部门的有关明细账核对等。

（三）账实核对。核对会计账簿记录与财产等实有数额是否相符。包括：现金日记账账面余额与现金实际库存数相核对；银行存款日记账账面余额定期与银行对账单相核对；各种财物明细账账面余额与财物实存数额相核对；各种应收、应付款明细账账面余额与有关债务、债权单位或者个人核对等。

第六十四条 各单位应当按照规定定期结账。

（一）结账前，必须将本期内所发生的各项经济业务全部登记入账。

（二）结账时，应当结出每个账户的期末余额。需要结出当月发生额的，应当在摘要栏内注明“本月合计”字样，并在下面通栏划单红线。需要结出本年累计发生额的，应当在摘要栏内注明“本年累计”字样，并在下面通栏划单红线；12 月末的“本年累计”就是全年累计发生额。全年累计发生额下面应当通栏划双红线。年度终了结账时，所有总账账户都应当结出全年发生额和年末余额。

（三）年度终了，要把各账户的余额结转到下一会计年度，并在摘要栏注明“结转下年”字样；在下一会计年度新建有关会计账簿的第一行余额栏内填写上年结转的余额，并在摘要栏注明“上年结转”字样。

第四节 编制财务报告

第六十五条 各单位必须按照国家统一会计制度的规定，定期编制财务报告。

财务报告包括会计报表及其说明。会计报表包括会计报表主表、会计报表附表、会计报表附注。

第六十六条 各单位对外报送的财务报告应当根据国家统一会计制度规定的格式和要求编制。

单位内部使用的财务报告，其格式和要求由各单位自行规定。

第六十七条 会计报表应当根据登记完整、核对无误的会计账簿记录和其他有关资料编制，做到数字真实、计算准确、内容完整、说明清楚。

任何人不得篡改或者授意、指使、强令他人篡改会计报表的有关数字。

第六十八条 会计报表之间、会计报表各项目之间，凡有对应关系的数字，应当相互一致。本期会计报表与上期会计报表之间有关的数字应当相互衔接。如果不同会计年度会计报表中各项目的内容和核算方法有变更的，应当在年度会计报表中加以说明。

第六十九条 各单位应当按照国家统一会计制度的规定认真编写会计报表附注及其说明，做到项目齐全，内容完整。

第七十条 各单位应当按照国家规定的期限对外报送财务报告。

对外报送的财务报告，应当依次编写页码，加具封面，装订成册，加盖公章。封面上应当注明：单位名称，单位地址，财务报告所属年度、季度、月度，送出日期，并由单位领导人、总会计师、会计机构负责人、会计主管人员签名或者盖章。

单位领导人对财务报告的合法性、真实性负法律责任。

第七十一条 根据法律和国家有关规定应当对财务报告进行审计的，财务报告编制单位应当先行委托注册会计师进行审计，并将注册会计师出具的审计报告随同财务报告按照规定的期限报送有关部门。

第七十二条 如果发现对外报送的财务报告有错误，应当及时办理更正手续。除更正本单位留存的财务报告外，并应同时通知接受财务报告的单位更正。错误较多的，应当重新编报。

第四章 会计监督

第七十三条 各单位的会计机构、会计人员对本单位的经济活动进行会计监督。

第七十四条 会计机构、会计人员进行会计监督的依据是：

（一）财经法律、法规、规章；

（二）会计法律、法规和国家统一会计制度；

（三）各省、自治区、直辖市财政厅（局）和国务院业务主管部门根据《中华人民共和国会计法》和国家统一会计制度制定的具体实施办法或者补充规定；

（四）各单位根据《中华人民共和国会计法》和国家统一会计制度制定的单位内部会计管理制度；

（五）各单位内部的预算、财务计划、经济计划、业务计划等。

第七十五条 会计机构、会计人员应当对原始凭证进行审核和监督。

对不真实、不合法的原始凭证，不予受理。对弄虚作假、严重违法的原始凭证，在不予受理的同时，应当予以扣留，并及时向单位领导人报告，请求查明原因，追究当事人的责任。

对记载不准确、不完整的原始凭证，予以退回，要求经办人员更正、补充。

第七十六条 会计机构、会计人员对伪造、变造、故意毁灭会计账簿或者账外设账行为，应当制止和纠正；制止和纠正无效的，应当向上级主管单位报告，请求作出处理。

第七十七条 会计机构、会计人员应当对实物、款项进行监督，督促建立并严格执行财产清查制度。发现账簿记录与实物、款项不符时，应当按照国家有关规定进行处理。超出会计机构、会计人员职权范围的，应当立即向本单位领导报告，请求查明原因，作出处理。

第七十八条 会计机构、会计人员对指使、强令编造、篡改财务报告行为，应当制止和纠正；制止和纠正无效的，应当向上级主管单位报告，请求处理。

第七十九条 会计机构、会计人员应当对财务收支进行监督。

（一）对审批手续不全的财务收支，应当退回，要求补充、更正。

（二）对违反规定不纳入单位统一会计核算的财务收支，应当制止和纠正。

（三）对违反国家统一的财政、财务、会计制度规定的财务收支，不予办理。

（四）对认为是违反国家统一的财政、财务、会计制度规定的财务收支，应当制止和纠正；制止和纠正无效的，应当向单位领导人提出书面意见请求处理。

单位领导人应当在接到书面意见起十日内作出书面决定，并对决定承担责任。

（五）对违反国家统一的财政、财务、会计制度规定的财务收支，不予制止和纠正，又不向单位领导人提出书面意见的，也应当承担责任。

（六）对严重违反国家利益和社会公众利益的财务收支，应当向主管单位或者财政、审计、税务机关报告。

第八十条 会计机构、会计人员对违反单位内部会计管理制度的经济活动，应当制止和纠正；制止和纠正无效的，向单位领导人报告，请求处理。

第八十一条 会计机构、会计人员应当对单位制定的预算、财务计划、经济计划、业务计划的执行情况进行监督。

第八十二条 各单位必须依照法律和国家有关规定接受财政、审计、税务等机关的监督，如实提供会计凭证、会计账簿、会计报表和其他会计资料以及有关情况、不得拒绝、隐匿、谎报。

第八十三条 按照法律规定应当委托注册会计师进行审计的单位，应当委托注册会计师进行审计，并配合注册会计师的工作，如实提供会计凭证、会计账簿、会计报表和其他会计资料以及有关情况，不得拒绝、隐匿、谎报，不得示意注册会计师出具不当的审计报告。

第五章 内部会计管理制度

第八十四条 各单位应当根据《中华人民共和国会计法》和国家统一会计制度的规定，结合单位类型和内容管理的需要，建立健全相应的内部会计管理制度。

第八十五条 各单位制定内部会计管理制度应当遵循下列原则：

（一）应当执行法律、法规和国家统一的财务会计制度。

（二）应当体现本单位的生产经营、业务管理的特点和要求。

（三）应当全面规范本单位的各项会计工作，建立健全会计基础，保证会计工作的有序进行。

（四）应当科学、合理，便于操作和执行。

（五）应当定期检查执行情况。

（六）应当根据管理需要和执行中的问题不断完善。

第八十六条 各单位应当建立内部会计管理体系。主要内容包括：单位领导人、总会计师对会计工作的领导职责；会计部门及其会计机构负责人、会计主管人员的职责、权限；会计部门与其他职能部门的关系；会计核算的组织形式等。

第八十七条 各单位应当建立会计人员岗位责任制度。主要内容包括：会计人员的工作岗位设置；各会计工作岗位的职责和标准；各会计工作岗位的人员和具体分工；会计工作岗位轮换办法；对各会计工作岗位的考核办法。

第八十八条 各单位应当建立账务处理程序制度。主要内容包括：会计科目及其明细科目的设置和使用；会计凭证的格式、审核要求和传递程序；会计核算方法；会计账簿的设置；编制会计报表的种类和要求；单位会计指标体系。

第八十九条 各单位应当建立内部牵制制度。主要内容包括：内部牵制制度的原则；组织分工；出纳岗位的职责和限制条件；有关岗位的职责和权限。

第九十条 各单位应当建立稽核制度。主要内容包括：稽核工作的组织形式和具体分工；稽核工作的职责、权限；审核会计凭证和复核会计账簿、会计报表的方法。

第九十一条 各单位应当建立原始记录管理制度。主要内容包括：原始记录的内容和填制方法；原始记录的格式；原始记录的审核；原始记录填制人的责任；原始记录签署、传递、汇集要求。

第九十二条 各单位应当建立定额管理制度。主要内容包括：定额管理的范围；制定和修订定额的依据、程序和方法；定额的执行；定额考核和奖惩办法等。

第九十三条 各单位应当建立计量验收制度。主要内容包括：计量检测手段和方法；计量验收管理的要求；计量验收人员的责任和奖惩办法。

第九十四条 各单位应当建立财产清查制度。主要内容包括：财产清查的范围；财产清查的组织；财产清查的期限和方法；对财产清查中发现问题的处理办法；对财产管理人员的奖惩办法。

第九十五条 各单位应当建立财务收支审批制度。主要内容包括：财务收支审批人员和审批权限；财务收支审批程序；财务收支审批人员的责任。

第九十六条 实行成本核算的单位应当建立成本核算制度。主要内容包括：成本核算的对象；成本核算的方法和程序；成本分析等。

第九十七条 各单位应当建立财务会计分析制度。主要内容包括：财务会计分析的主要内容；财务会计分析的基本要求和组织程序；财务会计分析的具体方法；财务会计分析报告的编写要求等。

第六章　附　则

第九十八条 本规范所称国家统一会计制度，是指由财政部制定、或者财政部与国务院有关部门联合制定、或者经财政部审核批准的在全国范围内统一执行的会计规章、准则、办法等规范性文件。

本规范所称会计主管人员，是指不设置会计机构、只在其他机构中设置专职会计人员的单位行使会计机构负责人职权的人员。

本规范第三章第二节和第三节关于填制会计凭证、登记会计账簿的规定，除特别指出外，一般适用于手工记账。实行会计电算化的单位，填制会计凭证和登记会计账簿的有关要求，应当符合财政部关于会计电算化的有关规定。

第九十九条 各省、自治区、直辖市财政厅（局）、国务院各业务主管部门可以根据本规范的原则，结合本地区、本部门的具体情况，制定具体实施办法，报财政部备案。

第一百条 本规范由财政部负责解释、修改。

第一百零一条 本规范自公布之日起实施。1984 年 4 月 24 日财政部发布的《会计人员工作规则》同时废止。

附：

关于《会计基础工作规范》的说明

一、关于制定《会计基础工作规范》的必要性

会计基础工作是会计工作的基本环节，也是经济管理工作的重要基础。我国十分重视会计基础工作，相应制定了一系列规章、制度，规范会计基础工作；同时，通过加强在职会计人员培训等措施，不断提高广大会计人员的基本业务技能，促进了会计基础工作的改善和提高。随着改革开放的深入和社会主义市场经济的发展，许多单位认识到会计基础工作的重要性，把会计基础工作与改善经营管理、建立现代企业制度等结合起来，积极采取措施改善和加强会计基础工作，使会计工作逐步规范，水平稳步提高，也使会计工作在单位经营管理中发挥越来越大的作用。但是，会计基础工作中也存在一些薄弱环节，突出表现在：一些单位因为内部管理松弛而削弱了会计基础工作，账目混乱，财产不实，数据失真；一些单位会计人员数量不足、素质不高，造成记账随意，手续不清，差错严重，会计资料散失；一些单位为了掩盖真实的财务状况和经营成果，任意伪造、变造虚假的会计凭证、会计账簿、会计报表；有些会计人员违反会计职业道德，不认真行使会计监督职权，参与违法违纪活动，甚至为违法违纪活动出谋划策；等等。这些问题，不仅削弱了会计基础工作，影响了会计工作秩序的正常运行和会计职能作用的有效发挥，也在一定程度上干扰了社会经济秩序，对各单位的经营管理和整个市场经济的运行产生了极为严重的消极影，向。存在上述问题，有的是单位不重视会计基础工作造成的，有的是会计人员素质不高造成的，有的是单位有意违纪造成的，同时，也存在管理乏力、督促检查不够以及制度建设不规范、不完善等方面的原因。必须针对会计基础工作中存在的问题及其原因，切实采取措施，加强会计基础工作。

1984 年 4 月，财政部发布了《会计人员工作规则》，对建立会计人员岗位责任制、使用会计科目、填制会计凭证、登记会计账簿、编制会计报表、管理会计档案、办理会计交接等问题作出了具体规定。这是一个全面规范各单位会计基础工作的重要规章，对强化会计基础工作建设起到了积极作用。但是，随着经济管理和会计工作的发展，《会计人员工作规则》的一些规定已经不能适应新形势的要求，会计基础工作中的一些新情况、新问题也需要以规章、制度的形式予以规范。因此，在总结《会计人员工作规则》及其他会计基础工作规章、制度实施情况的基础上，制定《会计基础工作规范》（以下简称《规范》），对会计基础工作的管理、会计机构和会计人员、会计人员职业道德、会计核算、会计监督、单位内部会计管理制度建设等问题作出了全面规范，一方面为各基层单位和广大会计人员开展会计基础工作提出要求和示范，使加强和改进会计基础有明确的目标和具体努力方向，以此推动各单位的会计基础工作逐步规范化、科学化、现代化；另一方面，为各级管理部门管理会计基础工作、检查会计基础工作情况提供政策依据和考核标准，督促各单位不断改进和加强会计基础工作。《规范》共六章一百零一条，第一章总则，第二章会计机构和会计人员，第三章会计核算，第四章会计监督，第五章内部会计管理制度，第六章附则。《规范》发布实施后，《会计人员工作规则》同时废止。

二、关于制定《规范》的指导思想

（一）以《会计法》为依据

《会计法》是会计工作的基本法，是指导会计工作、制定相应会计法规、规章的基本依据。《规范》在遵循《会计法》规定的基本原则和各项要求的基础上，对会计基础工作方面的内容进行了具体规范。可以说，《规范》是对《会计法》中有关会计基础工作方面的内容的具体化，是《会计法》重要配套规章之一。同时，《规范》吸收了《会计人员工作规则》

中科学的、合理的内容，并对部分内容根据新形势的要求作了相应充实和完善。

（二）从会计工作的实际情况和发展需要出发

《规范》适用于一切有会计工作的单位，为了增强适应性和可操作性，一方面，《规范》尽可能地适应不同类型单位的会计工作要求，只是对会计基础工作的最基本环节作出规定，以兼顾会计工作发展不平衡的实际状况；另一方面，根据经济管理和会计工作的发展要求，对会计工作中正在发展的新情况从会计基础的角度作出规范，如会计电算化等，以起积极引导作用。

（三）突出重点，繁简兼顾

《规范》针对会计基础工作中比较薄弱的环节，如填制会计凭证、登记会计账簿、编制会计报表等，作出了详细而具体的规定，这些环节是会计最基础的工作，也是最容易出现不规范、甚至混乱的地方，对这些问题进行具体规定，有助于会计人员正确掌握。而对会计基础工作中的其他问题，如会计人员职业道德、单位内部会计管理制度建设等，尽管这些也是当前会计工作中迫切需要强化的问题，但由于对这些工作的管理正在起步之中，需要在实践中探索，以积累经验、逐步推开，因此，《规范》只是作出较为原则的规定，待条件成熟时，可以对这方面的内容进行修订，也可以制定单独规章。

三、关于《规范》的适用范围

《规范》第二条规定："国家机关、社会团体、企业、事业单位、个体工商户和其他组织的会计基础工作，应当符合本规范的规定。"这是对《规范》适用范围的规定，与《会计法》的适用范围相一致。

在我国，不同地区、部门之间，不同规模、类型的单位之间，会计基础工作有一定差别，有的差别较大，这对各单位统一执行《规范》增加了难度。为了妥善解决这一问题，《规范》有关规定在内容上尽可能地兼顾了不同单位的实际情况；同时，在第九十九条规定："各省、自治区、直辖市财政厅（局）、国务院各业务主管部门可以根据本规范的原则，结合本地区、本部门的具体情况，制定具体实施办法，报财政部备案。"目的是允许各地区、各部门在执行《规范》的基础上，可以根据各自的实际情况，对会计基础工作管理中的有关问题作出具体规定，这也是有效实施《规范》、增强其适用性的一个主要方面。

四、关于会计基础工作的管理

会计基础工作，既是各单位会计工作和经营管理工作的基本内容，也是政府部门管理会计工作的一个重要方面。因此，《规范》第四条和第五条对会计基础工作的领导责任和管理部门作了明确规定。基本要求是：第一，各单位领导人对本单位的会计基础工作负有领导责任。也就是说，一个单位的会计基础工作不健全或者出现混乱，首先应当追究单位领导人的责任。第二，各省、自治区、直辖市财政厅（局）和国务院业务主管部门对基层单位的会计基础工作负有管理和指导的责任。会计基础工作是否扎实有序，直接影响会计工作水平和会计信息质量，因此，会计基础工作既是各单位的一项内部管理行为，也是一项政府管理行为，省级财政部门和国务院各业务主管部门应当切实履行管理和指导的职责，引导本地区、本部门所属单位的会计基础工作逐步向规范化方向发展。

五、关于会计机构和会计人员的基本规范

会计机构和会计人员是会计工作的重要承担者，在加强会计基础工作中起关键作用，同时，对会计机构和会计人员的管理也是会计基础工作的一项重要内容。因此，《规范》第二章对会计机构和会计人员的管理提出了具体要求。

（一）会计机构设置

《规范》规定，各单位应当根据会计业务的需要设置会计机构；不具备单独设置会计机构条件的，应当在有关机构中设置专职会计人员。由各单位根据会计业务的需要自主决定是否设置会计机构，这一原则与有关法律规定和企业制度改革的要求是一致的。是否设置会计机构，主要取决于本单位会计业务的需要，即是否能保证本单位会计工作的正常进行，如果一个单位既没有设置会计机构，也没有配备专职会计人员，则应当根据财政部发布的《代理记账管理暂行办法》的要求，委托会计师事务所或者持有代理记账许可证书的其他代理记账机构进行代理记账，以使单位的会计工作有序进行，不影响单位正常的经营管理工作。

另外，为了兼顾国家对事业行政单位预算会计工作管理的要求，《规范》规定，事业行政单位设置会计机构和配备会计人员应当符合国家统一事业行政单位会计制度的规定。1988 年 9 月 17 日财政部发布的《事业行政单位预算会计制度》第九条规定："事业行政单位的会计机构，应当同本单位事业规模、人员编制以及担负的预算会计工作任务相适应。事业规模大、会计业务多的主管会计单位和二级会计单位应当单独建立会计机构"；"事业规模不大、会计业务不多的二级会计单位和基层会计单位，可不单独设会计机构，但应配备专职或兼职会计员和出纳员办理会计工作。人员和经费都很少的县级直属机构，可以按隶属关系或者业务性质，归口成立联合会计单位，单独设立联合会计机构或者配备专职会计员、出纳员办理联合会计工作"。

（二）会计机构负责人、会计主管人员

会计机构负责人、会计主管人员是单位负责会计工作的中层领导人员，对包括会计基础工作在内的所有会计工作起组织、管理等作用。因此，《规范》要求，设置会计机构的，应当配备会计机构负责人；在有关机构中配备专职会计人员的，应当在专职会计人员中指定会计主管人员。同时，对会计机构负责人、会计主管人员的任职资格和任免问题作出了规定。

1. 会计机构负责人、会计主管人员的任职资格。在实际工作中，一些单位对会计机构负责人、会计主管人员任用不当，有的任用不熟悉会计业务的人员担任会计机构负责人、会计主管人员，有的会计机构负责人、会计主管人员政策水平、业务水平和组织能力不能适应工作的要求，会计人员对此反映强烈。根据各方面的意见，《规范》对会计机构负责人、会计主管人员的任职资格作出了具体规定，共六个方面条件：一是政治思想条件，即要能坚持原则、廉洁奉公。二是专业技术资格条件，即要有会计专业技术资格。由于不同类型的单位对会计机构负责人、会计主管人员的专业技术资格的要求不同，《规范》没有对会计机构负责人、会计主管人员应当具备哪一档次的会计专业技术资格作出具体规定。三是工作经历条件，即主管一个单位或者单位内一个重要方面的财务会计工作时间不少于二年。四是政策业务水平条件，即熟悉国家财经法律、法规、规章和方针、政策，掌握本行业业务管理的有关知识。五是组织能力，即要有较强的组织能力。六是身体条件，即要求身体状况能够适应本职工作的要求。

2. 会计机构负责人、会计主管人员的任免。《规范》规定，"会计机构负责人、会计主管人员的任免，应当符合《中华人民共和国会计法》和有关法律的规定"。《会计法》第二十三条规定，"国有企业、事业单位的会计机构负责人、会计主管人员的任免应当经过主管单位同意"，对国有企业、事业单位会计机构负责人、会计主管人员任免的具体程序，应当按照 1985 年 4 月 8 日财政部、劳动人事部发布的《关于贯彻实施〈会计法〉中有关会计人员任免规定的通知》的要求进行，即：国有企业、事业单位会计机构负责人、会计主管人员的任免，由单位行政领导人（厂长、经理）提名报上级主管单位，上级主管单位人事部门与财务会计部门对所属单位上报的任免人员协商考核，并报经行政领导人同意后，单位行政领导人方可正式任免。对其他单位的会计机构负责人、会计主管人员的任免应当根据相关法律的规定进行，如《公司法》第五十条和第一百一十九条分别规定，有限责任公司和股份有限公司的经理有权"聘任或者解聘除应由董事会聘任或者解聘以外的负责管理人员"；《城镇集体所有制企业条例》第三十四条规定，厂长（经理）有权"按照国家规定任免或者聘任、解聘企业中层行政领导干部，但法律、法规另有规定的，从其规定”。

（三）会计人员配备

配备数量适当的会计人员，是一个单位会计工作得以正常开展的重要条件。配备的会计人员应当具备什么样的条件，《规范》从最基本的要求出发，规定了两方面条件：一是应当配备持有会计证的会计人员，未取得会计证的人员，不得从事会计工作；二是应当配备有必要的专业知识和专业技能，熟悉国家有关法律、法规和财务会计制度，遵守职业道德的会计人员。由于受我国会计学历教育规模的限制，目前会计队伍中具备规定学历的比例还不高，要迅速提高会计人员的政治和业务素质，加强在职会计人员培训是重要途径之一，为此，《规范》同时提出，会计人员应当按照国家有关规定参加会计业务的培训，各单位应当合理安排会计人员的培训，保证会计人员每年有一定时间用于学习和参加培训。目前，财政部正在就在职会计人员的培训问题制定专门的办法。

至于一个单位应当配备多少会计人员，有不少人建议按职工人数、资产规模等确定比例。考虑到尽管一个单位会计人员的数量与职工人数、资产规模等有一定联系，但更主要的应当取决于该单位会计工作的现代化（如会计电算化）程度和工作效率等因素，况且，不同行业（系统）的会计工作要求不一样，很难据此确定一个各行各业都适用的会计人数比例。因此，《规范》对此未作规定，有条件的部门和单位，可以根据本部门（系统）、本单位的情况，在实施办法中予以明确。

（四）总会计师

《规范》对设置总会计师问题作了三个方面的规定：一是大、中型企业、事业单位、业务主管部门应当根据《会计法》、《总会计师条例》等规定设置总会计师，总会计师由具有会计师以上专业技术资格的人员担任。对于总会计师的具体任职资格，《总会计师条例》作了具体规定。二是设置总会计师的单位，总会计师应当行使《总会计师条例》规定的职责、权限。三是总会计师的任命（聘任）、免职（解聘）依照《总会计师条例》和有关法律的规定办理，即国有大、中型企业、事业单位和业务主管部门总会计师的任免执行《总会计师条例》第十五条：“企业的总会计师由本单位主要行政领导人提名，政府主管部门任命或者聘任；免职或者解聘程序与任命或者聘任程序相同。事业单位和业务主管部门的总会计师依照干部管理权限任命或者聘任；免职或者解聘程序与任命或者聘任程序相同”的规定；城乡集体所有制企业事业单位总会计师的任免，参照《总会计师条例》的有关规定进行；其他单位总会计师的任免，按照有关法律规定进行，如《中外合资经营企业法》第六条规定，中外合资经营企业“董事会的职权是按合营企业章程规定，讨论决定合营企业的一切重大问题：企业发展规划、生产经营活动方案、收支预算、利润分配、劳动工资计划、停业，以及总经理、副总经理、总工程师、总会计师、审计师的任命或聘请及其职权和待遇等”；《公司法》第四十六条、第一百一十二条分别规定，有限责任公司和股份有限公司的董事会“聘任或者解聘公司经理（总经理），根据经理的提名、聘任或者解聘公司副经理、财务负责人，决定其报酬事项”。

（五）会计工作岗位

在会计机构内部和会计人员中建立岗位责任制，定人员，定岗位，明确分工，各司其职，有利于会计工作程序化、规范化，有利于落实责任和会计人员钻研分管的业务，有利于提高工作效率和工作质量。如何设置会计工作岗位，《规范》规定了基本原则和示范性要求：一是会计工作岗位可以一人一岗、一人多岗或者一岗多人，但应当符合内部牵制制度的要求，出纳人员不得兼管稽核、会计档案保管和收入、费用、债权债务账目的登记工作。二是会计人员的工作岗位应当有计划地进行轮换，以促进会计人员全面熟悉业务，不断提高业务素质。三是会计工作岗位的设置由各单位根据会计业务需要确定。《规范》只是提出了示范性的会计工作岗位设置方案，即：会计机构负责人或者会计主管人员，出纳，财产物资核算，工资核算，成本费用核算，财务成果核算，资金核算，往来结算，总账报表，稽核，档案管理等。开展会计电算化和管理会计的单位，可以根据需要设置相应工作岗位，也可以与其他工作岗位相结合。

（六）会计人员回避制度

回避制度是我国人事管理的一项重要制度。事实表明，会计工作中的一些违法违纪活动，确实存在利用同在一个单位的亲属关系通同作弊的现象。在会计人员中实行回避制度，十分必要。我国已有相关法规对会计人员回避制度作出了规定，如 1993 年 8 月 14 日国务院发布的《国家公务员暂行条例》第六十一条规定："国家公务员之间有夫妻关系、直系血亲关系、三代以内旁系血亲关系以及近姻亲关系的，……。也不得在其中一方担任领导职务的机关从事监察、审计、人事、财务工作"。根据上述规定的精神，结合会计工作的实际情况，《规范》规定，"国家机关、国有企业、事业单位任用会计人员应当实行回避制度。单位领导人的直系亲属不得担任本单位的会计机构负责人、会计主管人员。会计机构负责人、会计主管人员的直系亲属不得在本单位会计机构中担任出纳工作。"至于其他单位是否实行会计人员回避制度，《规范》没有明确规定。

（七）会计人员职业道德

会计人员职业道德，是会计人员从事会计工作应当遵循的道德标准。建立会计人员职业道德规范，是对会计人员强化道德约束，防止和杜绝会计人员在工作中出现不道德行为的有效措施。建立基层单位会计人员的职业道德规范，在我国尚属空白。但在实际工作中，会计人员丧失原则、有意隐瞒真实情况、甚至为违法违纪活动出谋划策的行为时有发生，严重违背了作为一个会计人员应当具备的基本标准。有必要在建立会计人员职业道德规范的基础上，强化对会计人员的职业道德教育和监督检查，提高会计人员的职业道德水平。因此，《规范》专门对会计人员的职业道德问题作出了规定，主要包括以下六个方面：

1. 敬业爱岗。即会计人员应当热爱本职工作，努力钻研业务，使自己的知识和技能适应所从事工作的要求。

2. 熟悉法规。即会计人员应当熟悉财经法律、法规和国家统一会计制度，并结合会计工作进行广泛宣传。

3. 依法办事。即会计人员应当按照会计法律、法规、规章规定的程序和要求进行会计工作，保证所提供的会计信息合法、真实、准确、及时、完整。

4. 客观公正。即会计人员办理会计事务应当实事求是、客观公正。

5. 搞好服务。即会计人员应当熟悉本单位的生产经营和业务管理情况，运用掌握的会计信息和会计方法，为改善单位内部管理、提高经济效益服务。

6. 保守秘密。即会计人员应当保守本单位的商业秘密，除法律规定和单位领导人同意外，不能私自向外界提供或者泄露单位的会计信息。

《规范》同时要求，财政部门、业务主管部门和各单位应当定期检查会计人员遵守职业道德的情况，并作为会计人员晋升、晋级、聘任专业职务、表彰奖励的重要考核依据；会计人员违反职业道德的，由所在单位进行处罚；情节严重的，由会计证发证机关吊销其会计证。

（八）会计工作交接

会计工作交接制度，是会计工作的一项重要制度，也是会计基础工作的重要内容。办理好会计工作交接，有利于保持会计工作的连续性，有利于明确责任。会计工作交接制度的要求，《会计法》以及其会计法规、规章都作出了原则性规定，《规范》在此基础上对会计工作交接的具体要求进一步作出了规定，主要内容有：

1. 基本要求。会计人员工作调动或者因故离职必须将本人所经管的会计工作全部移交给接替人员，没有办清交接手续不得调动或者离职。在实际工作中，有些应当办理移交手续的会计人员借故不办理移交手续，或者迟迟不移交所经管的会计工作，使正常的会计工作受到影响，这是制度上所不允许的，单位领导人应当督促经办人员及时办理移交手续。

2．办理移交手续前的准备工作。会计人员在办理移交手续前必须及时办理完毕未了的会计事项，包括：对已经受理的经济业务尚未填制会计凭证的，应当填制完毕；尚未登记的账目，应当登记完毕，并在最后一笔余额后加盖经办人员印章；整理应该移交的各项资料，对未了事项写出书面证明等。同时，编制移交清册，列明应当移交的会计凭证、会计账簿、会计报表、现金、有价证券、印章以及其他会计用品等。会计机构负责人、会计主管人员移交时，还应将全部财务会计工作、重大财务收支问题和会计人员的情况等，向接替人员介绍清楚；需要移交的遗留问题，应当写出书面材料。

3．按照移交清册逐项移交。交接双方要按照移交清册列明的内容，进行逐项交接。其中：现金要根据会计账簿记录余额进行点交，不得短缺；有价证券的数量要与会计账簿记录一致，由于一些有价证券如债券、国库券等面额与发行价格可能会不一致，因此，在对这些有价证券的实际发行价格、利（股）息等按照会计账簿余额进行交接的同时，应当对上述有价证券的数量（如张数等）也按照有关会计账簿记录点交清楚；所有会计资料必须完整无缺，如有短缺，必须查明原因，并在移交清册中注明，由移交人负责；银行存款账户余额要与银行对账单核对，各种财产物资和债权债务的明细账户余额要与总账有关账户余额核对，核对清楚后，才能交接；移交人员经管的票据、印章及其他会计用品等，也必须交接清楚，特别是实行会计电算化的单位，对有关电子数据应当在电子计算机上进行实际操作，以检查电子数据的运行和有关数字的情况。交接工作结束后，交接双方和监交人要在移交清册上签名或者盖章，以明确责任；同时，移交清册由交接双方以及单位各执一份，以供备查。

4．专人负责监交。在办理会计工作交接手续时，要有专人负责监交，以保证交接工作的顺利进行。一般会计人员办理交接手续，由单位的会计机构负责人、会计主管人员负责监交；会计机构负责人、会计主管人员办理交接手续，由单位领导人负责监交，必要时可由上级主管部门派人会同监交。所谓必要时由上级主管部门派人会同监交，是指交接双方需要上级主管单位监交或者上级主管单位认为需要参与监交。通常有三种情况：一是所属单位领导人不能监交，需要由上级主管单位派人代表主管单位监交的，如因单位撤并而办理交接手续等；二是所属单位领导人不能尽快监交，需要由上级主管单位派人督促监交的，如上级主管单位责成所属单位撤换不合格的会计机构负责人、会计主管人员，所属单位领导人以种种借口拖延不办理交接手续时，上级主管单位就应派人督促会同监交等；三是不宜由所属单位领导人单独监交，而需要上级主管单位会同监交的，如所属单位领导人与办理交接手续的会计机构负责人、会计主管人员有矛盾，交接时需要上级主管单位派人会同监交，以防可能发生单位领导人借机刁难等情况。此外，上级主管单位认为交接中存在某种问题需要派人监交的，也可以派人会同监交。

5．临时工作交接。对于会计人员临时离职或者因病暂时不能工作，需要有人接替或者代理工作的，也应当按照《规范》的规定办理交接手续，同样，临时离职或者因病暂时离岗的会计人员恢复工作的，也要与临时接替或者代理人员办理交接手续，目的是保持会计工作的连续和分清责任。对于移交人员因病或者其他特殊原因不能亲自办理移交的，《规范》规定，在这种情况下，经单位领导人批准，可以由移交人员委托他人代办移交手续，但委托人应当对所移交的会计工作和相关资料承担责任，不得借口委托他人代办交接而推脱责任。

6．移交后的责任。移交人对自己经办且已经移交的会计资料的合法性、真实性，要承担法律责任，不能因为会计资料已经移交而推脱责任。

六、关于会计核算的基本规范

会计核算是会计的基本职能之一，在会计基础工作中占有非常重要的位置。在实际工作中，会计基础工作中存在的问题，有很大一部分出现在会计核算这一环节上。因此，加强会计核算基础建设，对提高整个会计基础工作水平，起十分重要的作用。《规范》从第三十六条至第七十二条对会计核算基础管理问题作出了具体规定。主要包括以下几个方面的内容：

（一）会计核算的一般要求

会计核算的一般要求，是各单位在会计核算中应当遵循的最基本的规范。《规范》在第三章的第一节中主要规定了以下几点：

1. 各单位应当依法建账。《规范》第三十六条规定："各单位应当按照《中华人民共和国会计法》和国家统一会计制度的规定建立会计账册，进行会计核算，及时提供合法、真实、准确、完整的会计信息。这是会计核算工作的最基本要求，也是当前会计工作中比较薄弱的一个环节，因此，《规范》进一步予以强调。"按照《中华人民共和国会计法》和国家统一会计制度的规定建立会计账册"有两层含义：一是依法建账，即国家机关、社会团体、企业、事业单位和应当建账的个体工商户、其他组织，都应当按照要求建立会计账册，进行会计核算。二是不具备建账条件的，应当实行代理记账；只有经批准实行定额纳税的个体工商户等，可以暂时不建账，但是从经营者了解经营情况、计算经营成果的实际需要出发，暂不建账的个体工商户等也应当积极创造条件建账，这对改善经营管理有百益而无一害。

2. 会计核算的内容。《规范》第三十七条规定了会计核算的基本内容。各单位对发生《规范》第三十七条所列举的会计事项，应当及时办理会计手续、进行会计核算。

3. 会计核算的基本要求。主要包括：

第一，会计核算应当以实际发生的经济业务为依据，按照规定的会计处理方法进行，保证会计指标的口径一致、相互可比和会计处理方法的前后各期相一致。

第二，会计年度采用公历制。

第三，原则上以人民币为记账本位币。

第四，会计凭证、会计账簿、会计报表和其他会计资料的内容和要求，必须符合国家统一会计制度的规定，不得伪造、变造会计凭证、会计账簿，不得设置账外账，不得报送虚假会计报表。这里的伪造，是指以虚假的经济业务为前提，编制虚假的会计凭证和会计账簿，达到以假充真的目的；变造，是指利用涂改、挖补或其他方法改变会计凭证、会计账簿的真实内容，以达到非法目的；设置账外账，是指在正常的会计账簿之外另设置一套或者多套会计账簿，将一项经济业务的核算在不同的会计账簿之间采取种种手段作出不同的反映，或者将一项经济业务不通过正常的会计账簿予以反映，而是通过另设的会计账簿进行核算，以达到隐瞒真实情况、损害国家和社会公众利益等非法目的。伪造、变造会计凭证、会计账簿，设置账外账，编制虚假会计报表等，都是一种严重违法行为，必须予以制止和纠正。

第五，允许各单位在按照国家统一会计制度要求的前提下自行设置和使用会计科目。主要考虑是，随着会计核算制度改革的进一步深化，会计核算工作将逐步实行在会计准则的统一规范下由基层单位自行组织的模式，基层单位对会计科目的选择和使用有较大的自主权和灵活性，但不是说基层单位可以随意使用、甚至乱用会计科目，应当有一定的前提条件：一是设置和使用的会计科目，其核算的内容应当符合包括会计准则在内的国家统一会计制度的规定；二是所使用的会计科目应当能够满足编制统一会计报表的要求，保证会计报表各项目的数据来源合法、真实、准确、完整。同时，对事业行政单位作为例外，即要求事业行政单位设置和使用会计科目应当符合国家统一事业行政单位会计制度的规定，以适应国家预算管理的要求。在上述前提下，允许基层单位自主设置和使用会计科目，有利于会计科目的设置和使用紧密结合单位的会计工作和经营管理需要。当然，自主设置和使用会计科目，要求各单位会计人员的素质等条件必须与之相适应，因此，设置和使用会计科目的权限问题，应当按照国家的统一规定进行。

第六，实行会计电算化的单位，所使用的会计软件和电子计算机生成的会计凭证、会计账簿、会计报表等会计资料应当符合国家有关规定。这方面，财政部已经发布了《会计电算化管理办法》、《会计核算软件基本功能规范》等规章，对有关问题作出了具体规定。

第七，会计档案应当按照《会计档案管理办法》的规定进行妥善保管。实行会计电算化的单位，有关电子数据及相应软件资料、文字资料等，应当视同会计档案进行管理。

第八，会计记录文字。会计记录的文字应当使用中文，少数民族自治地区可以同时使用少数民族文字，在中国境内的外商投资企业、外国企业和其他外国经济组织也可以同时使用某种外国文字。这样要求，既统一了会计记录的文字，也兼顾了不同语种的实际情况。

（二）填制会计凭证

会计凭证是记录经济业务发生和完成情况的书面证明，是记账的重要依据。填制会计凭证是一项基础性工作，对会计核算过程、会计信息质量等起至关重要的作用，做好这项工作，要求会计人员有扎实的基本功、细致的工作作风和高度负责的责任心。《规范》对填制会计凭证作了以下几个方面的规定：

1. 原始凭证。原始凭证是证明经济业务已经发生，明确经济责任，并用作记账原始依据的一种凭证，它是会计核算的重要资料。因此，办理会计事项，必须取得或者填制原始凭证，并及时送交会计机构，以保证会计核算工作得以顺利进行；同时，为了保持原始凭证记录的实际情况，对原始凭证不能涂改、挖补，如果发现原始凭证有错误的，应当由开出单位重开或者更正，更正处应当加盖开出单位的公章。根据《规范》规定，原始凭证必须具备的基本要素是：凭证的名称；填制凭证的日期；填制凭证单位名称或者填制人姓名；经办人员的签名或者盖章；接受凭证单位名称；经济业务内容、数量、单价和金额。

对一些特殊情况的原始凭证，《规范》规定除应当具备原始凭证的上述内容外，还应当符合一定的附加条件。具体是：

第一，从外单位取得的原始凭证，必须盖有填制单位的公章；相应的，对外开出的原始凭证，必须加盖本单位的公章。从个人取得的原始凭证，必须有填制人员的签名或者盖章。在实际工作中，有些单位存在“白条”问题，即用单位或者个人开具的、没有固定格式的、不具备规定内容的非正式原始凭证，如外单位没有加盖公章的借款单据等。显然，用“白条”充当原始凭证是不符合制度要求的，在会计工作中应当避免出现“白条”。

这里所说的“公章”，是指具有法律效力和特定用途，能够证明单位身份和性质的印鉴，包括业务公章、财务专用章、发票专用章、结算专用章等。不同的行业、单位对票据上的单位公章有不同的要求，因此，《规范》对单位公章具体指哪种印章没有作出统一规定。

第二，自制的原始凭证，必须有经办单位的领导人或者由单位领导人指定的人员签名或者盖章。

第三，购买实物的原始凭证，必须有验收证明。这样要求，目的是为了明确经济责任，保证账物相符，防止盲目采购，避免物资短缺和流失。实物验收工作由经管实物的人员负责办理，会计人员通过有关的原始凭证进行监督检查。需要入库的实物，必须填写入库验收单，由实物保管人员验收后在入库单上如实填写实收数额，并加盖印章；不需要入库的实物，除经办人员在凭证上签章外，必须交给实物保管人员或者使用人员进行验收，由实物保管人员或者使用人员在凭证上签名或者盖章。总之，必须有购买人以外的第三者查证核实后，会计人员才能据以入账。

第四，支付款项的原始凭证，必须有收款单位和收款人的收款证明，不能仅以支付款项的有关凭证如银行汇款凭证等代替。其目的是为了防止舞弊行为的发生。

第五，发生销货退回的，除填制退货发票外，还必须有退货验收证明；退款时，必须取得对方的收款收据或者汇款银行的凭证，不得以退货发票代替收据。在实际工作中，有些单位发生销售退回，收到的退货没有验收证明，造成退货流失；在办理退款时，开出红字发票，并以红字发票副本作为本单位付款的原始凭证，既不经对方单位盖章收讫，也不附对方单位收到退款的收据。这种做法容易发生舞弊行为，漏洞很大。因此，发生销货退回及退还货款时，必须填制退货发票并附有退货验收证明和对方的收款收据。如果由于特殊情况，可先用银行的有关凭证作为临时收据，待收到收款单位的收款证明后，再将其附在原付款凭证之后，作为正式原始凭证。

第六，职工公出借款凭证，必须附在记账凭证之后。收回借款时，应当另开收据或者退还借款副本，不得退还原借款收据。因为，借款和还回借款，是互有联系的两项经济业务，在借款和还回借款发生时，必须分别在会计账目上独自反映出来，因此，借款收据和收还借款的收据都是原始凭证，必须予以保留，不能将原借款收据退还借款人，否则，将会使会计资料失去完整性。

第七，经上级有关部门批准的经济业务，应当将批准文件作为原始凭证附件。如果批准文件需要单独归档的，应当在凭证上注明文件的批准机关名称、日期和文号，以便确认经济业务的审批情况和查阅。

2. 记账凭证。记账凭证是用来确定经济业务性质和分类即会计分录的一种凭证。会计人员必须根据审核无误的原始凭证填制记账凭证。记账凭证可以分为收款凭证、付款凭证和转账凭证，也可以使用通用记账凭证，这主要由各单位根据会计业务量的多少和会计人员的习惯选择使用。《规范》对记账凭证的基本要求作了下列规定：

第一，记账凭证必须具备的内容。包括：填制凭证的日期；凭证编号；经济业务摘要；会计科目；金额；所附原始凭证张数；填制凭证人员、稽核人员、记账人员、会计机构负责人（会计主管人员）签名或者盖章。收付款的记账凭证还应当由出纳人员签名或者盖章。以自制的原始凭证或者原始凭证汇总表代表记账凭证的，也必须具备记账凭证应有的项目。

第二，填制记账凭证时，应当对记账凭证进行连续编号。目的是为了分清会计事项处理的先后顺序，便于记账凭证与会计账簿核对，确保记账凭证完整无缺。编号的方法可以有多种，可以分别现金收付、银行存款收付和转账业务三类编号，或者按现金收入、现金支出、银行存款收入、银行存款支出和转账五类进行编号，也有再将转账业务按照具体内容分成几类编号。各单位应当根据本单位业务繁简程度和人员多寡、分工情况，来选择便于记账、查账、内部稽核、简单严密的编号方法。无论采用哪一类编号方法，都应按月顺序编号，即每月从第一号编起，顺序编至月末。一笔经济业务需要填制两张或者两张以上记账凭证的，可以采用分数编号法编号，如 1 号会计事项分录需要填制三张记账凭证，即可编号 号、 、 号。

第三，记账凭证可以根据每一张原始凭证填制，或者根据若干张同类原始凭证汇总填制，也可以根据原始凭证汇总表填制。但不得将不同内容和类别的原始凭证汇总填制在一张记账凭证上，否则，经济业务的具体内容不清楚，难以填写摘要，会计科目也因没有明确的对应关系而看不清经济业务的来龙去脉，这样填制记账凭证，不仅凭证自身记录不清楚，也容易造成会计账簿记录的错误，给记账、算账人员带来困难。

第四，除结账和更正错误的记账凭证可以不附原始凭证外，其他记账凭证必须附原始凭证，并注明所附原始凭证张数。所附原始凭证张数的计算，一般应以原始凭证的自然张数为准。凡是与记账凭证中的经济业务记录有关的每一张证据，都应作为原始凭证的附件。如果记账凭证中附有原始凭证汇总表，应该把所附的原始凭证和原始凭证汇总表的张数一起计入附件张数之内。但对于报销差旅费等零散票券，可以粘贴在一张纸上，作为一张原始凭证。如果一张原始凭证涉及几张记账凭证的，可以把原始凭证附在一张主要的记账凭证后面，并在其他记账凭证上注明附有该原始凭证的记账凭证的编号或者原始凭证复印件。

第五，原始凭证分割单的填制。原始凭证分割单是指一张原始凭证所列的费用应由两个以上单位共同负担的情况下，保存原始凭证的主办单位开给其他应负担部分费用支出的单位的证明。这种分割单必须具备原始凭证的基本内容，包括：凭证名称，填制凭证日期，填制凭证单位名称或者填制人姓名，经办人员的签名或者盖章，接受凭证单位名称，经济业务内容，数量，单价，金额和费用分摊情况等。

第六，记账凭证的改错方法。如果在填制记账凭证时发生错误，应当重新填制。如果是已经登记入账的记账凭证在当年内发现错误的，可以用红字注销法进行更正。如果会计科目没有错误，只是金额错误，可以将正确数字与错误数字之间的差额，另编一张调整的记账凭证。如果发现以前年度记账凭证有错误的，应当用蓝字填制一张更正的记账凭证。

第七，记账凭证填制完经济业务事项后，如有空行，应当自最后一笔金额数字下的空行处至合计数上的空行处划线注销。目的是堵塞漏洞，严密会计核算手续。

第八，机制记账凭证的要求。实行会计电算化的单位，对于机制记账凭证应当符合记账凭证的一般要求，打印出来的机制记账凭证要加盖制单人员、审核人员、记账人员及会计机构负责人、会计主管人员印章或者签字，以加强审核，明确责任。

3. 会计凭证的字迹和保管要求。会计凭证是重要的会计核算资料，因此，填制会计凭证的字迹必须清晰、工整，以便于辨认和防止篡改。《规范》对填制会计凭证时的阿拉伯数字、汉字大写金额数字、货币符号等的书写都作出了具体规定，会计人员在填制会计凭证时，应当严格按照规定要求。

对于会计凭证的保管，《规范》作出了以下具体规定：

第一，会计凭证要及时传递，不得积压，以保证会计核算的及时、正常进行。

第二，会计凭证登记完毕后，应当按照分类和编号顺序保管，特别是记账凭证应当连同所附的原始凭证等要按照规定的要求装订、保管，不得散失。

第三，原始凭证不得外借，其他单位确需借用的，可以提供复制件，但应当履行严格的报批和借用登记手续。

第四，原始凭证如有遗失，应当按照规定的要求取得相应证明，并办理审核和报批手续。

应当说明的是，《规范》对于填制会计凭证的有关规定，除特别指出的外，主要适用于手工记账，对于实行会计电算化的单位，填制会计凭证的有关要求还应当符合财政部关于会计电算化方面的规定。

（三）登记会计账簿

会计账簿是全面记录和反映一个单位经济业务，把大量分散的数据或资料进行归类整理，逐步加工成有用会计信息的簿籍，它是编制会计报表的重要依据。登记会计账簿，是会计核算工作的重要环节。因此，《规范》对登记会计账簿问题作出了以下规定：

1. 会计账簿的设置。各单位应当按照国家统一会计制度的规定和会计业务的需要设置会计账簿。会计账簿包括总账、明细账、日记账和其他辅助性账簿。每一项会计事项，一方面要记入有关的总账，另一方面要记入该总账所属的明细账。

总账的形式，《规范》未作统一规定，可以采用“三栏式”的订本账或者活页账，也可以采用棋盘式总账，还可以采用具有期初余额、本期发生额和期末余额的科目汇总表代替总账，但只有本期发生额的科目汇总表不能代替总账。各单位可以根据实际情况自行选择总账。

明细账可以有多种形式，如订本式、活页式、三栏式、多栏式等。各单位可以自行选择。

日记账是一种特殊的明细账，如现金日记账和银行存款日记账，为了加强现金和银行存款的管理，手工记账的单位，现金日记账和银行存款日记账必须采用订本式账簿，不得用银行对账单或者其他方法代替日记账。

实行会计电算化的单位，用计算机打印的会计账簿必须连续编号，经审核无误后装订成册，并由记账人员和会计机构负责人、会计主管人员签字或者盖章，以防止账页的散失和被抽换，保证会计资料的完整。

2. 会计账簿的启用。启用新的会计账簿时，应当在账簿封面上写明单位名称和账簿名称，并填写账簿扉页上的“启用表”，注明启用日期、账簿起止页数（活页式账簿，可于装订时填写起止页数）、记账人员和会计机构负责人、会计主管人员姓名等，并加盖名章和单位公章。当记账人员或者会计机构负责人、会计主管人员调动工作时，也要在“启用表”上注明交接日期、接办人员和监交人员姓名，并由交接双方签字或者盖章。这样做是为了明确有关人员的责任，加强有关人员的责任感，维护会计账簿记录的严肃性。

3. 会计账簿的登记。会计人员应当根据审核无误的会计凭证登记会计账簿。至于各种会计账簿应当每隔多长时间登记一次，《规范》未作统一规定。一般来说，总账要按照单位所采用的会计核算形式及时记账。采用记账凭证核算形式的单位，直接根据记账凭证定期（三天、五天或者十天）登记，在这种核算形式下，应当尽可能地根据原始凭证编制原始凭证汇总表，根据原始凭证汇总表和原始凭证填制记账凭证，根据记账凭证登记总账；采用科目汇总表核算形式的单位，可以根据定期汇总编制的科目汇总表随时登记总账；采用汇总记账凭证核算形式的单位，可以根据汇总收款凭证、汇总付款凭证和汇总转账凭证的合计数，月终时一次登记总账。各单位具体采用哪一种会计核算形式，每隔几天登记一次总账，可以由本单位根据实际情况自行确定。各种明细账，要根据原始凭证、原始凭证汇总表和记账凭证每天进行登记，也可以定期（三天或者五天）登记。但债权债务明细账和财产物资明细账应当每天登记，以便随时与对方单位结算，核对库存余额。现金日记账和银行存款日记账，应当根据办理完毕的收付款凭证，随时逐笔顺序进行登记，最少每天登记一次。

对于登记会计账簿的具体要求，《规范》规定如下：

第一，登记会计账簿时，应当将会计凭证日期、编号、业务内容摘要、金额和其他有关资料逐项记入账内。登记完毕后，记账人员要在记账凭证上签名或者盖章，并注明已经登账的符号（如打“√”等）。

第二，各种账簿要按页次顺序连续登记，不得跳行、隔页。除制度规定允许用红色墨水登账的情况外，登记账簿要用蓝黑墨水或者碳素墨水书写，不得用圆珠笔（银行的复写账簿除外）或者铅笔书写。账簿中书写的文字和数字一般应占格距的二分之一，以便留有改错的空间。

第三，凡需结出余额的账户，应当定期结出余额。现金日记账和银行存款日记账必须每天结出余额。每一账页登记完毕结转下页时，应当结出本页合计数和余额，写在本页最后一行和下页第一行有关栏内，并在摘要栏内注明“过次页”和“承前页”字样。对“过次页”的本页合计数如何计算，一般分三种情况：需要结计本月发生额的账户，结计“过次页”的本页合计数应为自本月初起至本页末止的发生额合计数；需要结计本年累计发生额的账户，结计“过次页”的本页合计数应当为自年初起至本页末止的累计数；既不需要结计本月发生额也不需要结计本年累计发生额的账户，可以只将每页末的余额结转次页。

4. 账簿记录的错误更正。如果会计账簿记录发生错误，不允许用涂改、挖补、刮擦、药水消除字迹等手段更正错误，也不允许重抄，而应当根据情况，按照规定采用划线更正法等进行更正；由于记账凭证错误而使账簿记录发生错误，应当首先更正记账凭证，然后再按更正的记账凭证登记账簿。

5. 对账。对账就是核对账目。会计核算要求账簿登记清晰、准确，但在实际工作中，由于种种原因，账目难免会出现错漏。因此，需要经常进行对账，即将会计账簿记录的有关数字与库存实物、货币资金、有价证券、往来单位或者个人等进行相互核对，保证账证相符、账账相符、账实相符。《规范》要求，各单位的对账工作每年至少进行一次。

6. 结账。结账是在将本期内所发生的经济业务全部登记入账的摹础上，按照规定的方法对该期内的账簿记录进行小结，结算出本期发生额合计和余额，并将其余额结转下期或者转入新账。为了正确反映一定时期内在账簿记录中已经记录的经济业务，总结有关经济业务活动和财务状况，各单位必须在会计期末进行结账，不得为赶编会计报表而提前结账，更不得先编制会计报表后结账。结账时，应当根据不同的账户记录，分别采用不同的方法：

第一，对不需要按月结计本期发生额的账户，如各项应收应付款明细账和各项财产物资明细账等，每次记账以后，都要随时结出余额，每月最后一笔余额即为月末余额。也就是说，月末余额就是本月最后一笔经济业务记录的同一行内的余额。月末结账时，只需要在最后一笔经济业务记录之下通栏划红单线，不需要再结计一次余额。划线的目的，是为了突出有关数字，表示本期的会计记录已经截止或者结束，并将本期与下期的记录明显分开。

第二，现金、银行存款日记账和需要按月结记发生额的收入、费用等明细账，每月结账时，要在最后一笔经济业务记录下面通栏划红单线，结出本月发生额和余额，在摘要栏内注明“本月合计”字样，在下面再通栏划红单线。

第三，需要结计本年累计发生额的某些明细账户，每月结账时，应在“本月合计”行下结出自年初起至本月末止的累计发生额，登记在月份发生额下面，在摘要栏内注明“本年累计”字样，并在下面再通栏划红单线。十二月末的“本年累计”就是全年累计发生额，全年累计发生额下通栏划红双线。

第四，总账账户平时只需结出月末余额。年终结账时，为了总括反映本年全年各项资金运动情况的全貌，核对账目，要将所有总账账户结出全年发生额和年末余额，在摘要栏内注明“本年合计”字样，并在合计数下通栏划红双线。采用棋盘式总账和科目汇总表代总账的单位，年终结账，应当汇编一张全年合计的科目汇总表和棋盘式总账。

年度终了结账时，有余额的账户，要将其余额结转下年。结转的方法是，将有余额的账户的余额直接记入新账余额栏内，不需要编制记账凭证，也不必将余额再记入本年账户的借方或者贷方，使本年有余额的账户的余额变为零。因为，既然年末是有余额的账户，其余额应当如实地在账户中加以反映，否则，容易混淆有余额的账户和没有余额账户的区别。

对于新的会计年度建账问题，一般来说，总账、日记账和多数明细账应每年更换一次。但有些财产物资明细账和债权债务明细账，由于材料品种、规格和往来单位较多，更换新账，重抄一遍工作量较大，因此，可以跨年度使用，不必每年度更换一次。各种备查簿也可以连续使用。

《规范》对登记会计账簿的有关规定，除特别指出的外，主要适用于手工记账，实行会计电算化的单位，登记会计账簿还应当符合财政部关于会计电算化的有关规定。

（四）编制财务报告

财务报告是一个单位向有关方面和国家有关部门提供财务状况和经营成果的书面文件。财务报告包括会计报表及其说明。“财务报告”的提法，是 1992 年企业财务会计制度改革以后出现的，以前一般称“会计报表”或“财务报表”。有意见认为，“财务报告”的提法仅适用于企业单位，不适用于事业、行政等单位，因为事业行政单位会计制度仍采用“会计报表”的提法。一般而言，会计报表是指会计报表主表、会计报表附表、会计报表附注，会计报表加上有关文字说明即为财务报告，因此，事业行政单位会计制度中的“会计报表”，实际上具备了财务报告的基本要素，应当视同为财务报告。为了统一，《规范》使用了“财务报告”的提法。

编制财务报告，是对会计核算工作的全面总结，也是及时提供合法、真实、准确、完整会计信息的重要环节。实际工作中存在的会计信息失真问题，很大程度上是在编制财务报告环节有意违纪或技术性差错造成的。因此，必须严格财务报告的编制程序和质量要求。《规范》主要作了以下规定：

1. 各单位必须按照国家统一会计制度规定定期编制财务报告。财务报告可以分月度、季度、半年度、年度等编制。对外报送的财务报告的格式、编制要求、报送期限应当符合国家有关规定；单位内部使用的财务报告，其格式和要求由各单位自行规定。

2. 会计报表应当根据登记完整、核对无误的会计账簿记录和其他有关资料编制，做到数字真实、计算准确、内容完整、说明清楚。任何人不得篡改或者授意、指使、强令他人篡改财务报告数字。

3. 会计报表之间、会计报表各项目之间，凡有对应关系的数字，应当相互一致。

4. 单位领导人对报送的财务报告的合法性、真实性负法律责任。

5. 根据法律和国家有关规定应当对财务报告进行审计的，财务报告编制单位应当先行委托注册会计师进行审计，并将注册会计师出具的审计报告随同财务报告一并报送有关部门。

七、关于会计监督的基本规范

会计监督是会计的另一项重要职能。有效发挥会计监督职能，不仅可以维护财经纪律和社会经济秩序，对健全会计基础工作、建立规范的会计工作秩序，也起到重要作用。《规范》第四章在明确会计机构、会计人员履行《会计法》赋予的监督职权的基础上，提出会计机构、会计人员应当对单位内部的其他经济活动进行监督和控制，以更好地为单位内部管理服务。《规范》规定的主要内容是：

（一）会计监督的主体和对象

《规范》第七十三条规定："各单位的会计机构、会计人员对本单位的经济活动进行会计监督。"就是说，会计监督的主体是各单位的会计机构、会计人员；会计监督的对象是本单位的经济活动。尽管会计监督的主体是各单位的会计机构、会计人员，但不能理解为会计监督仅仅是会计机构、会计人员的事情，单位领导人应当积极支持、保障会计机构、会计人员行使好会计监督职权。

（二）会计监督的依据

《规范》规定，会计机构、会计人员依据法律、法规、规章、制度进行会计监督。具体依据包括五个方面：一是国家财经法律、法规、规章；二是会计法律、法规和国家统一会计制度；三是各省、自治区、直辖市财政厅（局）和国务院业务主管部门根据《中华人民共和国会计法》和国家统一会计制度制定的具体实施办法或者补充规定；四是各单位根据《中华人民共和国会计法》和国家统一会计制度制定的单位内部会计管理制度；五是各单位内部的预算、财务计划、经济计划、业务计划等。上述内容体现了会计机构、会计人员不仅要认真行使法律赋予的监督职权，还应当对单位内部的其他经济活动进行有效的监督和控制，以充分发挥会计的职能作用。

（三）对原始凭证进行审核和监督

对原始凭证进行审核和监督，是对会计信息质量实行源头控制的重要环节，是会计基础工作的一项重要内容。会计机构、会计人员对原始凭证进行审核和监督，主要应当抓住两个环节：一是对原始凭证真实性、合法性的监督。对不真实、不合法的原始凭证，不予受理。对弄虚作假、严重违法的原始凭证，在不予受理的同时，应当予以扣留，并及时向单位领导人报告，请求查明原因，追究当事人的责任。二是对原始凭证准确性、完整性的监督。对记载不准确、不完整的原始凭证，予以退回，要求经办人员更正、补充。

（四）对会计账簿的监督

《规范》针对当前假造账册、账外设账行为比较严重的问题，突出强调，会计机构、会计人员对伪造、变造、故意毁灭会计账簿或者账外设账行为，应当制止和纠正；制止和纠正无效的，应当向上级主管单位报告，请求作出处理。

（五）对实物、款项的监督

《规范》规定，会计机构、会计人员应当对实物、款项进行监督，督促建立并严格执行财产清查制度。发现账簿记录与实物、款项不符时，应当按照国家有关规定进行处理；超出会计机构、会计人员职权范围的，应当立即向本单位领导报告，请求查明原因，作出处理。其目的是认真执行财产清查制度，分清责任，保护公共财产的安全、完整。

（六）对财务报告的监督

《规范》规定，会计机构、会计人员对指使、强令编造、篡改财务报告行为，应当制止和纠正；制止和纠正无效的，应当向上级主管单位报告，请求处理。这主要是针对实际工作中假造会计报表等问题所作出的规定。

（七）对财务收支的监督

会计机构、会计人员对单位的财务收支实行监督，《规范》主要规定了以下几点：一是对审批手续不全的财务收支，应当退回，要求补充、更正。二是对违反规定不纳入单位统一会计核算的财务收支，应当制止和纠正。三是对违反国家统一的财政、财务、会计制度规定的财务收支，不予办理。四是对认为是违反国家统一的财政、财务、会计制度规定的财务收支，应当制止和纠正；制止和纠正无效的，应当向单位领导人提出书面意见请求处理。单位领导人应当在接到书面意见起十日内作出书面决定，并对决定承担责任。五是对违反国家统一的财政、财务、会计制度规定的财务收支，不予制止和纠正，又不向单位领导人提出书面意见的，也应当承担责任。六是对严重违反国家利益和社会公众利益的财务收支，应当向主管单位或者财政、审计、税务机关报告。

（八）对其他经济活动的监督

《规范》还规定，会计机构、会计人员对违反单位内部会计管理制度，以及单位制定的预算、财务计划、经济计划、业务计划等的经济活动实行监督。

（九）配合搞好国家监督和社会监督

国家政府部门和社会中介组织对单位会计工作的监督，是会计监督的重要组成部分。国家监督和社会监督的健全和完善，可以督促单位内部会计监督的更好地进行。因此，《规范》规定，各单位必须依照法律和国家有关规定接受财政、审计、税务机关等的监督，如实提供会计凭证、会计账簿、会计报表和其他会计资料以及有关情况，不得拒绝、隐匿、谎报；按照法律规定应当委托注册会计师进行审计的单位，应当委托注册会计师进行审计，并配合注册会计师的工作，如实提供会计凭证、会计账簿、会计报表和其他会计资料以及有关情况，不得拒绝、隐匿、谎报，不得示意注册会计师出具不当的审计报告。

八、建立内部会计管理制度的基本规范

建立健全单位内部会计管理制度，是贯彻执行会计法律、法规、规章、制度，保证单位会计工作有序进行的重要措施，也是加强会计基础工作的重要手段。实践证明，建立并严格执行单位内部会计管理制度的，会计基础工作就比较扎实，会计工作在经济管理中就能有效发挥作用。因此，《规范》在第五章对建立单位内部会计管理制度问题作了原则性规定。

（一）制定内部会计管理制度遵循的原则

制定内部会计管理制度，应当遵循一定的原则，以保证内部会计管理制度科学、合理、切实可行。这些原则包括：

1. 应当执行法律、法规和国家统一的财务会计制度；
2. 应当体现本单位的生产经营、业务管理的特点和要求；
3. 应当全面规范本单位的各项会计工作，建立健全会计基础工作，保证会计工作的有序进行；
4. 应当科学、合理，便于操作和执行；
5. 应当定期检查执行情况；
6. 应当根据管理需要和执行中的问题不断完善。

（二）内部会计管理制度的基本内容

《规范》从强化会计管理和各单位的实际情况出发，示范性的提出了应当建立的十二项内部会计管理制度，具体是：内部会计管理体系，会计人员岗位责任制度，账务处理程序制度，内部牵制制度，稽核制度，原始记录管理制度，定额管理制度，计量验收制度，财产清查制度，财务收支审批制度，成本核算制度，财务会计分析制度。同时，对各项制度

应当包括的主要内容，提出了原则性指导意见。应当强调，各单位建立哪些内容会计管理制度，各项内部会计管理制度包括哪些内容，主要取决于单位内部的经营管理需要，不同类型的单位也会对内部会计管理制度有不同的选择，如行政单位往往不需要建立成本核算制度等。《规范》所提出的建立内部会计管理制度的示范性要求，只作为指导意见，一方面是引导各单位加强内部会计管理制度建设，另一方面是为了避免各单位在制定内部会计管理制度过程中出现不必要的失误。

九、关于附则

《规范》第六章附则对解释权、实施时间等问题作出了规定，同时对《规范》中的一些概念进行了解释。具体内容是：第一，允许各省、自治区、直辖市财政厅（局）和国务院各业务主管部门根据《规范》的原则，结合本地区、本部门的具体情况，制定具体实施办法，并报财政部备案。在保证《规范》各项规定得到实施的前提下，兼顾地方、部门的实际情况，有利于正确处理好统一性与灵活性的关系。第二，《规范》的解释权、修改权在财政部。第三，《规范》自公布之日起实施。第四，对《规范》中的有关名词的基本含义进行了解释，以便于执行者的正确理解。《规范》所称“国家统一会计制度”，是指由财政部制定、或者财政部与国务院有关部门联合制定、或者经财政部审核批准的在全国范围内统一执行的会计规章、准则、办法等规范性文件；《规范》所称“会计主管人员”，是指不设置会计机构、只在其他机构中设置专职会计人员的单位行使会计机构负责人职权的人员。

企业会计信息化工作规范

（2013 年 12 月 6 日　财会〔2013〕20 号）

第一章　总　则

第一条　为推动企业会计信息化，节约社会资源，提高会计软件和相关服务质量，规范信息化环境下的会计工作，根据《中华人民共和国会计法》、《财政部关于全面推进我国会计信息化工作的指导意见》（财会〔2009〕6 号），制定本规范。

第二条　本规范所称会计信息化，是指企业利用计算机、网络通信等现代信息技术手段开展会计核算，以及利用上述技术手段将会计核算与其他经营管理活动有机结合的过程。

本规范所称会计软件，是指企业使用的，专门用于会计核算、财务管理的计算机软件、软件系统或者其功能模块。会计软件具有以下功能：

（一）为会计核算、财务管理直接采集数据；

（二）生成会计凭证、账簿、报表等会计资料；

（三）对会计资料进行转换、输出、分析、利用。

本规范所称会计信息系统，是指由会计软件及其运行所依赖的软硬件环境组成的集合体。

第三条　企业（含代理记账机构，下同）开展会计信息化工作，软件供应商（含相关咨询服务机构，下同）提供会计软件和相关服务，适用本规范。

第四条　财政部主管全国企业会计信息化工作，主要职责包括：

（一）拟订企业会计信息化发展政策；

（二）起草、制定企业会计信息化技术标准；

（三）指导和监督企业开展会计信息化工作；

（四）规范会计软件功能。

第五条　县级以上地方人民政府财政部门管理本地区企业会计信息化工作，指导和监督本地区企业开展会计信息化工作。

第二章　会计软件和服务

第六条　会计软件应当保障企业按照国家统一会计准则制度开展会计核算，不得有违背国家统一会计准则制度的功能设计。

第七条　会计软件的界面应当使用中文并且提供对中文处理的支持，可以同时提供外国或者少数民族文字界面对照和处理支持。

第八条　会计软件应当提供符合国家统一会计准则制度的会计科目分类和编码功能。

第九条　会计软件应当提供符合国家统一会计准则制度的会计凭证、账簿和报表的显示和打印功能。

第十条　会计软件应当提供不可逆的记账功能，确保对同类已记账凭证的连续编号，不得提供对已记账凭证的删除和插入功能，不得提供对已记账凭证日期、金额、科目和操作人的修改功能。

第十一条　鼓励软件供应商在会计软件中集成可扩展商业报告语言（XBRL）功能，便于企业生成符合国家统一标准的 XBRL 财务报告。

第十二条　会计软件应当具有符合国家统一标准的数据接口，满足外部会计监督需要。

第十三条　会计软件应当具有会计资料归档功能，提供导出会计档案的接口，在会计档案存储格式、元数据采集、真实性与完整性保障方面，符合国家有关电子文件归档与电子档案管理的要求。

第十四条 会计软件应当记录生成用户操作日志，确保日志的安全、完整，提供按操作人员、操作时间和操作内容查询日志的功能，并能以简单易懂的形式输出。

第十五条 以远程访问、云计算等方式提供会计软件的供应商，应当在技术上保证客户会计资料的安全、完整。对于因供应商原因造成客户会计资料泄露、毁损的，客户可以要求供应商承担赔偿责任。

第十六条 客户以远程访问、云计算等方式使用会计软件生成的电子会计资料归客户所有。

软件供应商应当提供符合国家统一标准的数据接口供客户导出电子会计资料，不得以任何理由拒绝客户导出电子会计资料的请求。

第十七条 以远程访问、云计算等方式提供会计软件的供应商，应当做好本厂商不能维持服务情况下，保障企业电子会计资料安全以及企业会计工作持续进行的预案，并在相关服务合同中与客户就该预案做出约定。

第十八条 软件供应商应当努力提高会计软件相关服务质量，按照合同约定及时解决用户使用中的故障问题。

会计软件存在影响客户按照国家统一会计准则制度进行会计核算问题的，软件供应商应当为用户免费提供更正程序。

第十九条 鼓励软件供应商采用呼叫中心、在线客服等方式为用户提供实时技术支持。

第二十条 软件供应商应当就如何通过会计软件开展会计监督工作，提供专门教程和相关资料。

第三章 企业会计信息化

第二十一条 企业应当充分重视会计信息化工作，加强组织领导和人才培养，不断推进会计信息化在本企业的应用。

除本条第三款规定外，企业应当指定专门机构或者岗位负责会计信息化工作。

未设置会计机构和配备会计人员的企业，由其委托的代理记账机构开展会计信息化工作。

第二十二条 企业开展会计信息化工作，应当根据发展目标和实际需要，合理确定建设内容，避免投资浪费。

第二十三条 企业开展会计信息化工作，应当注重信息系统与经营环境的契合，通过信息化推动管理模式、组织架构、业务流程的优化与革新，建立健全适应信息化工作环境的制度体系。

第二十四条 大型企业、企业集团开展会计信息化工作，应当注重整体规划，统一技术标准、编码规则和系统参数，实现各系统的有机整合，消除信息孤岛。

第二十五条 企业配备的会计软件应当符合本规范第二章要求。

第二十六条 企业配备会计软件，应当根据自身技术力量以及业务需求，考虑软件功能、安全性、稳定性、响应速度、可扩展性等要求，合理选择购买、定制开发、购买与开发相结合等方式。

定制开发包括企业自行开发、委托外部单位开发、企业与外部单位联合开发。

第二十七条 企业通过委托外部单位开发、购买等方式配备会计软件，应当在有关合同中约定操作培训、软件升级、故障解决等服务事项，以及软件供应商对企业信息安全的责任。

第二十八条 企业应当促进会计信息系统与业务信息系统的一体化，通过业务的处理直接驱动会计记账，减少人工操作，提高业务数据与会计数据的一致性，实现企业内部信息资源共享。

第二十九条 企业应当根据实际情况，开展本企业信息系统与银行、供应商、客户等外部单位信息系统的互联，实现外部交易信息的集中自动处理。

第三十条 企业进行会计信息系统前端系统的建设和改造，应当安排负责会计信息化工作的专门机构或者岗位参与，充分考虑会计信息系统的数据需求。

第三十一条 企业应当遵循企业内部控制规范体系要求，加强对会计信息系统规划、设计、开发、运行、维护全过程的控制，将控制过程和控制规则融入会计信息系统，实现对违反控制规则情况的自动防范和监控，提高内部控制水平。

第三十二条 对于信息系统自动生成、且具有明晰审核规则的会计凭证，可以将审核规则嵌入会计软件，由计算机自动审核。未经自动审核的会计凭证，应当先经人工审核再进行后续处理。

第三十三条 处于会计核算信息化阶段的企业，应当结合自身情况，逐步实现资金管理、资产管理、预算控制、成本管理等财务管理信息化。

处于财务管理信息化阶段的企业，应当结合自身情况，逐步实现财务分析、全面预算管理、风险控制、绩效考核等决策支持信息化。

第三十四条 分公司、子公司数量多、分布广的大型企业、企业集团应当探索利用信息技术促进会计工作的集中，逐步建立财务共享服务中心。

实行会计工作集中的企业以及企业分支机构，应当为外部会计监督机构及时查询和调阅异地储存的会计资料提供必要条件。

第三十五条 外商投资企业使用的境外投资者指定的会计软件或者跨国企业集团统一部署的会计软件，应当符合本规范第二章要求。

第三十六条 企业会计信息系统数据服务器的部署应当符合国家有关规定。数据服务器部署在境外的，应当在境内保存会计资料备份，备份频率不得低于每月一次。境内备份的会计资料应当能够在境外服务器不能正常工作时，独立满足企业开展会计工作的需要以及外部会计监督的需要。

第三十七条 企业会计资料中对经济业务事项的描述应当使用中文，可以同时使用外国或者少数民族文字对照。

第三十八条 企业应当建立电子会计资料备份管理制度，确保会计资料的安全、完整和会计信息系统的持续、稳定运行。

第三十九条 企业不得在非涉密信息系统中存储、处理和传输涉及国家秘密，关系国家经济信息安全的电子会计资料；未经有关主管部门批准，不得将其携带、寄运或者传输至境外。

第四十条 企业内部生成的会计凭证、账簿和辅助性会计资料，同时满足下列条件的，可以不输出纸面资料：

（一）所记载的事项属于本企业重复发生的日常业务；

（二）由企业信息系统自动生成；

（三）可及时在企业信息系统中以人类可读形式查询和输出；

（四）企业信息系统具有防止相关数据被篡改的有效机制；

（五）企业对相关数据建立了电子备份制度，能有效防范自然灾害、意外事故和人为破坏的影响；

（六）企业对电子和纸面会计资料建立了完善的索引体系。

第四十一条 企业获得的需要外部单位或者个人证明的原始凭证和其他会计资料，同时满足下列条件的，可以不输出纸面资料：

（一）会计资料附有外部单位或者个人的、符合《中华人民共和国电子签名法》的可靠的电子签名；

（二）电子签名经符合《中华人民共和国电子签名法》的第三方认证；

（三）满足第四十条第（一）项、第（三）项、第（五）项和第（六）项规定的条件。

第四十二条 企业会计资料的归档管理，遵循国家有关会计档案管理的规定。

第四十三条 实施企业会计准则通用分类标准的企业，应当按照有关要求向财政部报送 XBRL 财务报告。

第四章 监 督

第四十四条 企业使用会计软件不符合本规范要求的，由财政部门责令限期改正。限期不改的，财政部门应当予以公示，并将有关情况通报同级相关部门或其派出机构。

第四十五条 财政部采取组织同行评议，向用户企业征求意见等方式对软件供应商提供的会计软件遵循本规范的情况进行检查。

省、自治区、直辖市人民政府财政部门发现会计软件不符合本规范规定的，应当将有关情况报财政部。

任何单位和个人发现会计软件不符合本规范要求的，有权向所在地省、自治区、直辖市人民政府财政部门反映，财政部门应当根据反映开展调查，并按本条第二款规定处理。

第四十六条 软件供应商提供的会计软件不符合本规范要求的，财政部可以约谈该供应商主要负责人，责令限期改正。限期内未改正的，由财政部予以公示，并将有关情况通报相关部门。

第五章 附 则

第四十七条 省、自治区、直辖市人民政府财政部门可以根据本规范制定本地区具体实施办法。

第四十八条 自本规范施行之日起，《会计核算软件基本功能规范》（财会字〔1994〕27 号）、《会计电算化工作规范》（财会字〔1996〕17 号）不适用于企业及其会计软件。

第四十九条 本规范自 2014 年 1 月 6 日起施行，1994 年 6 月 30 日财政部发布的《商品化会计核算软件评审规则》（财会字〔1994〕27 号）、《会计电算化管理办法》（财会字〔1994〕27 号）同时废止。

APPLICATION GUIDES OF CHINA ACCOUNTING STANDARDS

and relevant legislations 2018

第五部分　中央八项规定及相关财务规定

政策导读

2012年12月中共中央政治局会议一致通过了关于改进工作作风、密切联系群众的八项规定。自八项规定实施以来，有关部门出台了一系列制度规定，现将其中要求国有企业参照执行的部分整理出来，以方便读者学习查阅。这方面的规定包括：2013年11月26日中共中央、国务院发布的《党政机关厉行节约反对浪费条例》，2013年12月8日中共中央办公厅、国务院办公厅印发的《党政机关国内公务接待管理规定》，2014年2月25日财政部、国家外国专家局印发的《因公短期出国培训费用管理办法》（见财行〔2014〕4号文件），2013年12月20日财政部、外交部印发的《因公临时出国经费管理办法》（见财行〔2013〕516号文件）。

相关规定

中央八项规定

2012 年 12 月 4 日，中共中央政治局召开会议，审议中央政治局关于改进工作作风、密切联系群众的八项规定，分析研究 2013 年经济工作。中共中央总书记习近平主持会议。会议一致同意关于改进工作作风、密切联系群众的八项规定。

1. 要改进调查研究，到基层调研要深入了解真实情况，总结经验、研究问题、解决困难、指导工作，向群众学习、向实践学习，多同群众座谈，多同干部谈心，多商量讨论，多解剖典型，多到困难和矛盾集中、群众意见多的地方去，切忌走过场、搞形式主义，要轻车简从、减少陪同、简化接待，不张贴悬挂标语横幅，不安排群众迎送，不铺设迎宾地毯，不摆放花草，不安排宴请；

2. 要精简会议活动，切实改进会风，严格控制以中央名义召开的各类全国性会议和举行的重大活动，不开泛泛部署工作和提要求的会，未经中央批准一律不出席各类剪彩、奠基活动和庆祝会、纪念会、表彰会、博览会、研讨会及各类论坛，提高会议实效，开短会、讲短话，力戒空话、套话；

3. 要精简文件简报，切实改进文风，没有实质内容、可发可不发的文件、简报一律不发；

4. 要规范出访活动，从外交工作大局需要出发合理安排出访活动，严格控制出访随行人员，严格按照规定乘坐交通工具，一般不安排中资机构、华侨华人、留学生代表等到机场迎送；

5. 要改进警卫工作，坚持有利于联系群众的原则，减少交通管制，一般情况下不得封路、不清场闭馆；

6. 要改进新闻报道，中央政治局同志出席会议和活动应根据工作需要、新闻价值、社会效果决定是否报道，进一步压缩报道的数量、字数、时长；

7. 要严格文稿发表，除中央统一安排外，个人不公开出版著作、讲话单行本，不发贺信、贺电，不题词、题字；

8. 要厉行勤俭节约，严格遵守廉洁从政有关规定，严格执行住房、车辆配备等有关工作和生活待遇的规定。

党政机关厉行节约反对浪费条例

（2013年11月26日）

第一章 总 则

第一条 为了进一步弘扬艰苦奋斗、勤俭节约的优良作风，推进党政机关厉行节约反对浪费，建设节约型机关，根据国家有关法律法规和中央有关规定，制定本条例。

第二条 本条例适用于党的机关、人大机关、行政机关、政协机关、审判机关、检察机关，以及工会、共青团、妇联等人民团体和参照公务员法管理的事业单位。

第三条 本条例所称浪费，是指党政机关及其工作人员违反规定进行不必要的公务活动，或者在履行公务中超出规定范围、标准和要求，不当使用公共资金、资产和资源，给国家和社会造成损失的行为。

第四条 党政机关厉行节约反对浪费，应当遵循下列原则：坚持从严从简，勤俭办一切事业，降低公务活动成本；坚持依法依规，遵守国家法律法规和党内法规制度的相关规定，严格按程序办事；坚持总量控制，科学设定相关标准，严格控制经费支出总额，加强厉行节约绩效考评；坚持实事求是，从实际出发安排公务活动，取消不必要的公务活动，保证正常公务活动；坚持公开透明，除涉及国家秘密事项外，公务活动中的资金、资产、资源使用等情况应予公开，接受各方面监督；坚持深化改革，通过改革创新破解体制机制障碍，建立健全厉行节约反对浪费工作长效机制。

第五条 中共中央办公厅、国务院办公厅负责统筹协调、指导检查全国党政机关厉行节约反对浪费工作，建立协调联络机制承办具体事务。地方各级党委办公厅（室）、政府办公厅（室）负责指导检查本地区党政机关厉行节约反对浪费工作。

纪检监察机关和组织人事、宣传、外事、发展改革、财政、审计、机关事务管理等部门根据职责分工，依法依规履行对厉行节约反对浪费相关工作的管理、监督等职责。

第六条 各级党委和政府应当加强对厉行节约反对浪费工作的组织领导。党政机关领导班子主要负责人对本地区、本部门、本单位的厉行节约反对浪费工作负总责，其他成员根据工作分工，对职责范围内的厉行节约反对浪费工作负主要领导责任。

第二章 经费管理

第七条 党政机关应当加强预算编制管理，按照综合预算的要求，将各项收入和支出全部纳入部门预算。

党政机关依法取得的罚没收入、行政事业性收费、政府性基金、国有资产收益和处置等非税收入，必须按规定及时足额上缴国库，严禁以任何形式隐瞒、截留、挤占、挪用、坐支或者私分，严禁转移到机关所属工会、培训中心、服务中心等单位账户使用。

第八条 党政机关应当遵循先有预算、后有支出的原则，严格执行预算，严禁超预算或者无预算安排支出，严禁虚列支出、转移或者套取预算资金。

严格控制国内差旅费、因公临时出国（境）费、公务接待费、公务用车购置及运行费、会议费、培训费等支出。年度预算执行中不予追加，因特殊需要确需追加的，由财政部门审核后按程序报批。

建立预算执行全过程动态监控机制，完善预算执行管理办法，建立健全预算绩效管理体系，增强预算执行的严肃性，提高预算执行的准确率，防止年底突击花钱等现象发生。

第九条 推进政府会计改革，进一步健全会计制度，准确核算机关运行经费，全面反映行政成本。

第十条 财政部门应当会同有关部门，根据国内差旅、因公临时出国（境）、公务接待、会议、培训等工作特点，综合考虑经济发展水平、有关货物和服务的市场价格水平，制定分地区的公务活动经费开支范围和开支标准。

加强相关开支标准之间的衔接，建立开支标准调整机制，定期根据有关货物和服务的市场价格变动情况调整相关开支标准，增强开支标准的协调性、规范性、科学性。

严格开支范围和标准，严格支出报销审核，不得报销任何超范围、超标准以及与相关公务活动无关的费用。

第十一条 全面实行公务卡制度。健全公务卡强制结算目录，党政机关国内发生的公务差旅费、公务接待费、公务用车购置及运行费、会议费、培训费等经费支出，除按规定实行财政直接支付或者银行转账外，应当使用公务卡结算。

第十二条 党政机关采购货物、工程和服务，应当遵循公开透明、公平竞争、诚实信用原则。

政府采购应当依法完整编制采购预算，严格执行经费预算和资产配置标准，合理确定采购需求，不得超标准采购，不得超出办公需要采购服务。

严格执行政府采购程序，不得违反规定以任何方式和理由指定或者变相指定品牌、型号、产地。采购公开招标数额标准以上的货物、工程和服务，应当进行公开招标，确需改变采购方式的，应当严格执行有关公示和审批程序。列入政府集中采购目录范围的，应当委托集中采购机构代理采购，并逐步实行批量集中采购。严格控制协议供货采购的数量和规模，不得以协议供货拆分项目的方式规避公开招标。

党政机关应当按照政府采购合同规定的采购需求组织验收。政府采购监督管理部门应当逐步建立政府采购结果评价制度，对政府采购的资金节约、政策效能、透明程度以及专业化水平进行综合、客观评价。

加快政府采购管理交易平台建设，推进电子化政府采购。

第三章　国内差旅和因公临时出国（境）

第十三条 党政机关应当建立健全并严格执行国内差旅内部审批制度，从严控制国内差旅人数和天数，严禁无明确公务目的的差旅活动，严禁以公务差旅为名变相旅游，严禁异地部门间无实质内容的学习交流和考察调研。

第十四条 国内差旅人员应当严格按规定乘坐交通工具、住宿、就餐，费用由所在单位承担。差旅人员住宿、就餐由接待单位协助安排的，必须按标准交纳住宿费、餐费。差旅人员不得向接待单位提出正常公务活动以外的要求，不得接受礼金、礼品和土特产品等。

第十五条 统筹安排年度因公临时出国计划，严格控制团组数量和规模，不得安排照顾性、无实质内容的一般性出访，不得安排考察性出访，严禁集中安排赴热门国家和地区出访，严禁以各种名义变相公款出国旅游。严格执行因公临时出国限量管理规定，不得把出国作为个人待遇、安排轮流出国。严格控制跨地区、跨部门团组。

组织、外专等有关部门应当加强出国培训总体规划和监督管理，严格控制出国培训规模，科学设置培训项目，择优选派培训对象，提高出国培训的质量和实效。

第十六条 外事管理部门应当加强因公临时出国审核审批管理，对违反规定、不适合成行的团组予以调整或者取消。

加强因公临时出国经费预算总额控制，严格执行经费先行审核制度。无出国经费预算安排的不予批准，确有特殊需要的，按规定程序报批。严禁违反规定使用出国经费预算以外资金作为出国经费，严禁向所属单位、企业、我国驻外机构等摊派或者转嫁出国费用。

第十七条 出国团组应当按规定标准安排交通工具和食宿，不得违反规定乘坐民航包机，不得乘坐私人、企业和外国航空公司包机，不得安排超标准住房和用车，不得擅自增加出访国家或者地区，不得擅自绕道旅行，不得擅自延长在国外停留时间。

出国期间，不得与我国驻外机构和其他中资机构、企业之间用公款互赠礼品或者纪念品，不得用公款相互宴请。

第十八条 严格根据工作需要编制出境计划，加强因公出境审批和管理，不得安排出境考察，不得组织无实质内容的调研、会议、培训等活动。

严格遵守因公出境经费预算、支出、使用、核算等财务制度，不得接受超标准接待和高消费娱乐，不得接受礼金、贵重礼品、有价证券、支付凭证等。

第四章 公务接待

第十九条 建立健全国内公务接待集中管理制度。党政机关公务接待管理部门应当加强对国内公务接待工作的管理和指导。

第二十条 党政机关应当建立公务接待审批控制制度，对无公函的公务活动不予接待，严禁将非公务活动纳入接待范围。

第二十一条 党政机关应当严格执行国内公务接待标准，实行接待费支出总额控制制度。

接待单位应当严格按标准安排接待对象的住宿用房，协助安排用餐的按标准收取餐费，不得在接待费中列支应当由接待对象承担的费用，不得以举办会议、培训等名义列支、转移、隐匿接待费开支。

建立国内公务接待清单制度，如实反映接待对象、公务活动、接待费用等情况。接待清单作为财务报销的凭证之一并接受审计。

第二十二条 外宾接待工作应当遵循服务外交、友好对等、务实节俭的原则。外宾邀请单位应当严格按照有关规定安排接待活动，从严从紧控制外宾团组和接待费用。

第二十三条 有关部门和地方应当参照国内公务接待标准，制定招商引资等活动的接待办法，严格审批，强化管理，严禁超规格、超标准接待，严禁扩大接待范围、增加接待项目，严禁以招商引资等名义变相安排公务接待。

第二十四条 党政机关不得以任何名义新建、改建、扩建所属宾馆、招待所等具有接待功能的设施或者场所。

建立接待资源共享机制，推进机关所属接待、培训场所的集中统一管理和利用。健全服务经营机制，推行机关所属接待、培训场所企业化管理，降低服务经营成本。

积极推进国内公务接待服务社会化改革，有效利用社会资源为国内公务接待提供住宿、餐饮、用车等服务。

第五章 公务用车

第二十五条 坚持社会化、市场化方向，改革公务用车制度，合理有效配置公务用车资源，创新公务交通分类提供方式，保障公务出行，降低行政成本，建立符合国情的新型公务用车制度。

改革公务用车实物配给方式，取消一般公务用车，保留必要的执法执勤、机要通信、应急和特种专业技术用车及按规定配备的其他车辆。普通公务出行由公务人员自主选择，实行社会化提供。取消的一般公务用车，采取公开招标、拍卖等方式公开处置。

适度发放公务交通补贴，不得以车改补贴的名义变相发放福利。

第二十六条 党政机关应当从严配备实行定向化保障的公务用车，不得以特殊用途等理由变相超编制、超标准配备公务用车，不得以任何方式换用、借用、占用下属单位或者其他单位和个人的车辆，不得接受企事业单位和个人赠送的车辆。

严格按规定配备专车，不得擅自扩大专车配备范围或者变相配备专车。

从严控制执法执勤用车的配备范围、编制和标准。执法执勤用车配备应当严格限制在一线执法执勤岗位，机关内部管理和后勤岗位以及机关所属事业单位一律不得配备。

第二十七条 公务用车实行政府集中采购，应当选用国产汽车，优先选用新能源汽车。

公务用车严格按照规定年限更新，已到更新年限尚能继续使用的应当继续使用，不得因领导干部职务晋升、调任等原因提前更新。

公务用车保险、维修、加油等实行政府采购，降低运行成本。

第二十八条 除涉及国家安全、侦查办案等有保密要求的特殊工作用车外，执法执勤用车应当喷涂明显的统一标识。

第二十九条 根据公务活动需要，严格按规定使用公务用车，严禁以任何理由挪用或者固定给个人使用执法执勤、机要通信等公务用车，领导干部亲属和身边工作人员不得因私使用配备给领导干部的公务用车。

第六章 会议活动

第三十条 党政机关应当精简会议，严格执行会议费开支范围和标准。

党政机关会议实行分类管理、分级审批。财政部门应当会同机关事务管理等部门制定本级党政机关会议费管理办法，从严控制会议数量、会期和参会人员规模。完善并严格执行严禁党政机关到风景名胜区开会制度规定。

第三十一条 会议召开场所实行政府采购定点管理。会议住宿用房以标准间为主，用餐安排自助餐或者工作餐。

会议期间，不得安排宴请，不得组织旅游以及与会议无关的参观活动，不得以任何名义发放纪念品。

完善会议费报销制度。未经批准以及超范围、超标准开支的会议费用，一律不予报销。严禁违规使用会议费购置办公设备，严禁列支公务接待费等与会议无关的任何费用，严禁套取会议资金。

第三十二条 建立健全培训审批制度，严格控制培训数量、时间、规模，严禁以培训名义召开会议。

严格执行分类培训经费开支标准，严格控制培训经费支出范围，严禁在培训经费中列支公务接待费、会议费等与培训无关的任何费用。严禁以培训名义进行公款宴请、公款旅游活动。

第三十三条 未经批准，党政机关不得以公祭、历史文化、特色物产、单位成立、行政区划变更、工程奠基或者竣工等名义举办或者委托、指派其他单位举办各类节会、庆典活动，不得举办论坛、博览会、展会活动。严禁使用财政性资金举办营业性文艺晚会。从严控制举办大型综合性运动会和各类赛会。

经批准的节会、庆典、论坛、博览会、展会、运动会、赛会等活动，应当严格控制规模和经费支出，不得向下属单位摊派费用，不得借举办活动发放各类纪念品，不得超出规定标准支付费用邀请名人、明星参与活动。为举办活动专门配备的设备在活动结束后应当及时收回。

第三十四条 严格控制和规范各类评比达标表彰活动，实行中央和省（自治区、直辖市）两级审批制度。评比达标表彰项目费用由举办单位承担，不得以任何方式向相关单位和个人收取费用。

第七章 办公用房

第三十五条 党政机关办公用房建设应当从严控制。凡是违反规定的拟建办公用房项目，必须坚决终止；凡是未按照规定程序履行审批手续、擅自开工建设的办公用房项目，必须停建并予以没收；凡是超规模、超标准、超投资概算建设的办公用房项目，应当根据具体情况限期腾退超标准面积或者全部没收、拍卖。

党政机关办公用房应当严格管理，推进办公用房资源的公平配置和集约使用。凡是超过规定面积标准占有、使用办公用房以及未经批准租用办公用房的，必须腾退；凡是未经批准改变办公用房使用功能的，原则上应当恢复原使用功能。严禁出租出借办公用房，已经出租出借的，到期必须收回；租赁合同未到期的，租金收入应当按照收支两条线管理。

第三十六条 党政机关新建、改建、扩建、购置、置换、维修改造、租赁办公用房，必须严格按规定履行审批程序。采取置换方式配给办公用房的，应当执行新建办公用房各项标准，不得以未使用政府预算建设资金、资产整合等名义规避审批。

第三十七条 党政机关办公用房建设项目应当按照朴素、实用、安全、节能原则，严格执行办公用房建设标准、单位综合造价标准和公共建筑节能设计标准，符合土地利用和城市规划要求。党政机关办公楼不得追求成为城市地标建筑，严禁配套建设大型广场、公园等设施。

第三十八条 党政机关办公用房建设项目投资，统一由政府预算建设资金安排。土地收益和资产转让收益应当按照有关规定实行收支两条线管理，不得直接用于办公用房建设。

党政机关办公用房维修改造项目所需投资，统一列入预算由财政资金安排解决，未经审批的项目不得安排预算。

第三十九条 办公用房建设应当严格执行工程招投标和政府采购有关规定，加强对工程项目的全过程监理和审计监督。加快推行办公用房建设项目代建制。

办公用房因使用时间较长、设施设备老化、功能不全，不能满足办公需求的，可以进行维修改造。维修改造项目应当以消除安全隐患、恢复和完善使用功能、降低能源资源消耗为重点，严格履行审批程序，严格执行维修改造标准。

第四十条 建立健全办公用房集中统一管理制度，对办公用房实行统一调配、统一权属登记。

党政机关应当严格按照有关标准和本单位“三定”方案，从严核定、使用办公用房。超标部分应当移交同级机关事务管理部门用于统一调剂。

新建、调整办公用房的单位，应当按照“建新交旧”、“调新交旧”的原则，在搬入新建或者新调整办公用房的同时，将原办公用房腾退移交机关事务管理部门统一调剂使用。

因机构增设、职能调整确需增加办公用房的，应当在本单位现有办公用房中解决；本单位现有办公用房不能满足需要的，由机关事务管理部门整合办公用房资源调剂解决；无法调剂、确需租用解决的，应当严格履行报批手续，不得以变相补偿方式租用由企业等单位提供的办公用房。

第四十一条 党政机关领导干部应当按照标准配置使用一处办公用房，确因工作需要另行配置办公用房的，应当严格履行审批程序。领导干部不得长期租用宾馆、酒店房间作为办公用房。配置使用的办公用房，在退休或者调离时应当及时腾退并由原单位收回。

第八章　资源节约

第四十二条 党政机关应当节约集约利用资源，加强全过程节约管理，提高能源、水、粮食、办公家具、办公设备、办公用品等的利用效率和效益，统筹利用土地，杜绝浪费行为。

第四十三条 对能源、水的使用实行分类定额和目标责任管理。推广应用节能技术产品，淘汰高耗能设施设备，重点推广应用新能源和可再生能源。积极使用节水型器具，建设节水型单位。

健全节能产品政府采购政策，严格执行节能产品政府强制采购和优先采购制度。

第四十四条 优化办公家具、办公设备等资产的配置和使用，通过调剂方式盘活存量资产，节约购置资金。已到更新年限尚能继续使用的，不得报废处置。

对产生的非涉密废纸、废弃电器电子产品等废旧物品进行集中回收处理，促进循环利用；涉及国家秘密的，按照有关保密规定进行销毁。

第四十五条 党政机关政务信息系统建设应当统筹规划，统一组织实施，防止重复建设和频繁升级。

建立共享共用机制，加强资源整合，推动重要政务信息系统互联互通、信息共享和业务协同，降低软件开发、系统维护和升级等方面费用，防止资源浪费。

积极利用信息化手段，推行无纸化办公，减少一次性办公用品消耗。

第九章 宣传教育

第四十六条 宣传部门应当把厉行节约反对浪费作为重要宣传内容，充分发挥各级各类媒体作用，重视运用互联网等新兴媒体，通过新闻报道、文化作品、公益广告等形式，广泛宣传中华民族勤俭节约的优秀品德，宣传阐释相关制度规定，宣传推广厉行节约的经验做法和先进典型，倡导绿色低碳消费理念和健康文明生活方式。

第四十七条 党政机关应当把加强厉行节约反对浪费教育作为作风建设的重要内容，融入干部队伍建设和机关日常管理之中，建立健全常态化工作机制。对各种铺张浪费现象和行为，应当严肃批评、督促改正。

纪检监察机关应当不定期曝光铺张浪费的典型案例，发挥警示教育作用。

组织人事部门和党校、行政学院、干部学院应当把厉行节约反对浪费作为干部教育培训的重要内容，创新教育方法，切实增强教育培训的针对性和实效性。

第四十八条 党政机关应当围绕建设节约型机关，组织开展形式多样、便于参与的活动，引导干部职工增强节约意识、珍惜物力财力，积极培育和形成崇尚节约、厉行节约、反对浪费的机关文化，为在全社会形成节俭之风发挥示范表率作用。

第十章 监督检查

第四十九条 各级党委和政府应当建立厉行节约反对浪费监督检查机制，明确监督检查的主体、职责、内容、方法、程序等，加强经常性督促检查，针对突出问题开展重点检查、暗访等专项活动。

下级党委和政府应当每年向上级党委和政府报告本地区厉行节约反对浪费工作情况，党委和政府所属部门、单位应当每年向本级党委和政府报告本部门、本单位厉行节约反对浪费工作情况。报告可结合领导班子年度考核和工作报告一并进行。

第五十条 领导干部厉行节约反对浪费工作情况，应当列为领导班子民主生活会和领导干部述职述廉的重要内容并接受评议。

第五十一条 党委办公厅（室）、政府办公厅（室）负责统筹协调相关部门开展对厉行节约反对浪费工作的督促检查。每年至少组织开展一次专项督查，并将督查情况在适当范围内通报。专项督查可以与党风廉政建设责任制检查考核、年终党建工作考核等相结合，督查考核结果应当按照干部管理权限送纪检监察机关和组织人事部门，作为干部管理监督、选拔任用的依据。

第五十二条 纪检监察机关应当加强对厉行节约反对浪费工作的监督检查，受理群众举报和有关部门移送的案件线索，及时查处违纪违法问题。

中央和省、自治区、直辖市党委巡视组应当按照有关规定，加强对有关党组织领导班子及其成员厉行节约反对浪费工作情况的巡视监督。

第五十三条 财政部门应当加强对党政机关预算编制、执行等财政、财务、政府采购和会计事项的监督检查，依法处理发现的违规问题，并及时向本级党委和政府汇报监督检查结果。

审计部门应当加大对党政机关公务支出和公款消费的审计力度，依法处理、督促整改违规问题，并将涉嫌违纪违法问题移送有关部门查处。

第五十四条 党政机关应当建立健全厉行节约反对浪费信息公开制度。除依照法律法规和有关要求须保密的内容和事项外，下列内容应当按照及时、方便、多样的原则，以适当方式进行公开：

（一）预算和决算信息；

（二）政府采购文件、采购预算、中标成交结果、采购合同等情况；

（三）国内公务接待的批次、人数、经费总额等情况；

（四）会议的名称、主要内容、支出金额等情况；

（五）培训的项目、内容、人数、经费等情况；

（六）节会、庆典、论坛、博览会、展会、运动会、赛会等活动举办信息；

（七）办公用房建设、维修改造、使用、运行费用支出等情况；

（八）公务支出和公款消费的审计结果；

（九）其他需要公开的内容。

第五十五条 推动和支持人民代表大会及其常务委员会依法严格审查批准党政机关公务支出预算，加强对预算执行情况的监督。发挥人大代表的监督作用，通过提出意见、建议、批评以及询问、质询等方式加强对党政机关厉行节约反对浪费工作的监督。

支持人民政协对党政机关厉行节约反对浪费工作的监督，自觉接受并积极支持政协委员通过调研、视察、提案等方式加强对党政机关厉行节约反对浪费工作的监督。

第五十六条 重视各级各类媒体在厉行节约反对浪费方面的舆论监督作用。建立舆情反馈机制，及时调查处理媒体曝光的违规违纪违法问题。

发挥群众对党政机关及其工作人员铺张浪费行为的监督作用，认真调查处理群众反映的问题。

第十一章　责任追究

第五十七条 建立党政机关厉行节约反对浪费工作责任追究制度。

对违反本条例规定造成浪费的，应当依纪依法追究相关人员的责任，对负有领导责任的主要负责人或者有关领导干部实行问责。

第五十八条 有下列情形之一的，追究相关人员的责任：

（一）未经审批列支财政性资金的；

（二）采取弄虚作假等手段违规取得审批的；

（三）违反审批要求擅自变通执行的；

（四）违反管理规定超标准或者以虚假事项开支的；

（五）利用职务便利假公济私的；

（六）有其他违反审批、管理、监督规定行为的。

第五十九条 有下列情形之一的，追究主要负责人或者有关领导干部的责任：

（一）本地区、本部门、本单位铺张浪费、奢侈奢华问题严重，对发现的问题查处不力，干部群众反映强烈的；

（二）指使、纵容下属单位或者人员违反本条例规定造成浪费的；

（三）不履行内部审批、管理、监督职责造成浪费的；

（四）不按规定及时公开本地区、本部门、本单位有关厉行节约反对浪费工作信息的；

（五）其他对铺张浪费问题负有领导责任的。

第六十条 违反本条例规定造成浪费的，根据情节轻重，由有关部门依照职责权限给予批评教育、责令作出检查、诫勉谈话、通报批评或者调离岗位、责令辞职、免职、降职等处理。

应当追究党纪政纪责任的，依照《中国共产党纪律处分条例》、《行政机关公务员处分条例》等有关规定给予相应的党纪政纪处分。

涉嫌违法犯罪的，依法追究法律责任。

第六十一条 违反本条例规定获得的经济利益，应当予以收缴或者纠正。

违反本条例规定，用公款支付、报销应由个人支付的费用，应当责令退赔。

第六十二条 受到责任追究的人员对处理决定不服的，可以按照相关规定向有关机关提出申诉。受理申诉机关应当依据有关规定认真受理并作出结论。

申诉期间，不停止处理决定的执行。

第十二章 附 则

第六十三条 各省、自治区、直辖市党委和政府，中央和国家机关各部委，可以根据本条例，结合实际制定实施细则。有关职能部门应当根据各自职责，制定完善相关配套制度。

国有企业、国有金融企业、不参照公务员法管理的事业单位，参照本条例执行。

中国人民解放军和中国人民武装警察部队按照军队有关规定执行。

第六十四条 本条例由中共中央办公厅、国务院办公厅会同有关部门负责解释。

第六十五条 本条例自发布之日起施行。1997 年 5 月 25 日发布的《中共中央、国务院关于党政机关厉行节约制止奢侈浪费行为的若干规定》同时废止。其他有关党政机关厉行节约反对浪费的规定，凡与本条例不一致的，按照本条例执行。

党政机关国内公务接待管理规定

（2013年12月8日）

第一条 为了规范党政机关国内公务接待管理，厉行勤俭节约，反对铺张浪费，加强党风廉政建设，根据《党政机关厉行节约反对浪费条例》规定，制定本规定。

第二条 本规定适用于各级党的机关、人大机关、行政机关、政协机关、审判机关、检察机关，以及工会、共青团、妇联等人民团体和参照公务员法管理事业单位的国内公务接待行为。

本规定所称国内公务，是指出席会议、考察调研、执行任务、学习交流、检查指导、请示汇报工作等公务活动。

第三条 国内公务接待应当坚持有利公务、务实节俭、严格标准、简化礼仪、高效透明、尊重少数民族风俗习惯的原则。

第四条 各级党政机关公务接待管理部门应当结合当地实际，完善国内公务接待管理制度，制定国内公务接待标准。县级以上党政机关公务接待管理部门负责管理本级党政机关国内公务接待工作，指导下级党政机关国内公务接待工作。乡镇党委、政府应当加强国内公务接待管理，严格执行有关管理规定和开支标准。

第五条 各级党政机关应当加强公务外出计划管理，科学安排和严格控制外出的时间、内容、路线、频率、人员数量，禁止异地部门间没有特别需要的一般性学习交流、考察调研，禁止重复性考察，禁止以各种名义和方式变相旅游，禁止违反规定到风景名胜区举办会议和活动。公务外出确需接待的，派出单位应当向接待单位发出公函，告知内容、行程和人员。

第六条 接待单位应当严格控制国内公务接待范围，不得用公款报销或者支付应由个人负担的费用。国家工作人员不得要求将休假、探亲、旅游等活动纳入国内公务接待范围。

第七条 接待单位应当根据规定的接待范围，严格接待审批控制，对能够合并的公务接待统筹安排。无公函的公务活动和来访人员一律不予接待。公务活动结束后，接待单位应当如实填写接待清单，并由相关负责人审签。接待清单包括接待对象的单位、姓名、职务和公务活动项目、时间、场所、费用等内容。

第八条 国内公务接待不得在机场、车站、码头和辖区边界组织迎送活动，不得跨地区迎送，不得张贴悬挂标语横幅，不得安排群众迎送，不得铺设迎宾地毯；地区、部门主要负责人不得参加迎送。严格控制陪同人数，不得层层多人陪同。接待单位安排的活动场所、活动项目和活动方式，应当有利于公务活动开展。安排外出考察调研的，应当深入基层、深入群众，不得走过场、搞形式主义。

第九条 接待住宿应当严格执行差旅、会议管理的有关规定，在定点饭店或者机关内部接待场所安排，执行协议价格。出差人员住宿费应当回本单位凭据报销，与会人员住宿费按会议费管理有关规定执行。住宿用房以标准间为主，接待省部级干部可以安排普通套间。接待单位不得超标准安排接待住房，不得额外配发洗漱用品。

第十条 接待对象应当按照规定标准自行用餐。确因工作需要，接待单位可以安排工作餐一次，并严格控制陪餐人数。接待对象在10人以内的，陪餐人数不得超过3人；超过10人的，不得超过接待对象人数的三分之一。工作餐应当供应家常菜，不得提供鱼翅、燕窝等高档菜肴和用野生保护动物制作的菜肴，不得提供香烟和高档酒水，不得使用私人会所、高消费餐饮场所。

第十一条 国内公务接待的出行活动应当安排集中乘车，合理使用车型，严格控制随行车辆。接待单位应当严格按照有关规定使用警车，不得违反规定实行交通管控。确因安全需要安排警卫的，应当按照规定的警卫界限、警卫规格执行，合理安排警力，尽可能缩小警戒范围，不得清场闭馆。

第十二条 各级党政机关应当加强对国内公务接待经费的预算管理，合理限定接待费预算总额。公务接待费用应当全部纳入预算管理，单独列示。禁止在接待费中列支应当由接待对象承担的差旅、会议、培训等费用，禁止以举办会议、培训为名列支、转移、隐匿接待费开支；禁止向下级单位及其他单位、企业、个人转嫁接待费用，禁止在非税收入中坐支接待费用；禁止借公务接待名义列支其他支出。

第十三条 县级以上地方党委、政府应当根据当地经济发展水平、市场价格等实际情况，按照当地会议用餐标准制定本级国内公务接待工作餐开支标准，并定期进行调整。接待住宿应当按照差旅费管理有关规定，执行接待对象在当地的差旅住宿费标准。接待开支标准应当报上一级党政机关公务接待管理部门、财政部门备案。

第十四条 接待费报销凭证应当包括财务票据、派出单位公函和接待清单。接待费资金支付应当严格按照国库集中支付制度和公务卡管理有关规定执行。具备条件的地方应当采用银行转账或者公务卡方式结算，不得以现金方式支付。

第十五条 机关内部接待场所应当建立健全服务经营机制，推行企业化管理，推进劳动、用工和分配制度与市场接轨，建立市场化的接待费结算机制，降低服务经营成本，提高资产使用效率，逐步实现自负盈亏、自我发展。各级党政机关不得以任何名义新建、改建、扩建内部接待场所，不得对机关内部接待场所进行超标准装修或者装饰、超标准配置家具和电器。推进机关内部接待场所集中统一管理和利用，建立资源共享机制。

第十六条 接待单位不得超标准接待，不得组织旅游和与公务活动无关的参观，不得组织到营业性娱乐、健身场所活动，不得安排专场文艺演出，不得以任何名义赠送礼金、有价证券、纪念品和土特产品等。

第十七条 县级以上党政机关公务接待管理部门应当会同有关部门加强对本级党政机关各部门和下级党政机关国内公务接待工作的监督检查。监督检查的主要内容包括：

（一）国内公务接待规章制度制定情况；

（二）国内公务接待标准执行情况；

（三）国内公务接待经费管理使用情况；

（四）国内公务接待信息公开情况；

（五）机关内部接待场所管理使用情况。

党政机关各部门应当定期汇总本部门国内公务接待情况，报同级党政机关公务接待管理部门、财政部门、纪检监察机关备案。

第十八条 财政部门应当对党政机关国内公务接待经费开支和使用情况进行监督检查。审计部门应当对党政机关国内公务接待经费进行审计，并加强对机关内部接待场所的审计监督。

第十九条 县级以上党政机关公务接待管理部门应当会同财政部门按年度组织公开本级国内公务接待制度规定、标准、经费支出、接待场所、接待项目等有关情况，接受社会监督。

第二十条 各级党政机关应当将国内公务接待工作纳入问责范围。纪检监察机关应当加强对国内公务接待违规违纪行为的查处，严肃追究接待单位相关负责人、直接责任人的党纪责任、行政责任并进行通报，涉嫌犯罪的移送司法机关依法追究刑事责任。

第二十一条 积极推进国内公务接待服务社会化改革，有效利用社会资源为国内公务接待提供住宿、用餐、用车等服务。推行接待用车定点服务制度。

第二十二条 地方各级党委、政府应当依照本规定制定本地区国内公务接待管理办法。

第二十三条 地方各级政府因招商引资等工作需要，接待除国家工作人员以外的其他因公来访人员，应当参照本规定实行单独管理，明确标准，控制经费总额，注重实际效益，加强审批管理，强化审计监督，杜绝奢侈浪费。严禁扩大接待范围、增加接待项目，严禁以招商引资为名变相安排公务接待。

第二十四条 国有企业、国有金融企业和不参照公务员法管理的事业单位参照本规定执行。

第二十五条 本规定由国家机关事务管理局会同有关部门负责解释。

第二十六条 本规定自发布之日起施行。2006 年 10 月 20 日中共中央办公厅、国务院办公厅印发的《党政机关国内公务接待管理规定》同时废止。

因公短期出国培训费用管理办法

（2014 年 2 月 25 日　财行〔2014〕4 号）

第一条　为进一步规范因公短期出国培训费用管理，加强预算监督，提高资金使用效益，保证出国培训工作的顺利开展，根据《党政机关厉行节约反对浪费条例》等法律法规，制定本办法。

第二条　各级党的机关、人大机关、行政机关、政协机关、审判机关、检察机关、民主党派、人民团体和事业单位（以下简称各单位）因公短期出国培训费用的管理适用本办法。

第三条　因公短期出国培训，是指各单位选派各类专业技术人员和管理人员到国外进行 90 天以内（不含 90 天）的业务培训。

第四条　因公短期出国培训应当坚持强化预算约束、优化培训结构、因事立项定人、加强监督管理的原则，严控费用规模，严格计划执行。

第五条　因公短期出国培训费用纳入预算管理。各单位安排因公短期出国培训项目应当实行经费预算先行审核，无预算或超预算的不得安排出国培训。

第六条　因公短期出国培训实行计划审核审批管理。组织、外专等有关部门应当加强出国培训的总体规划，严格控制出国培训规模，科学设置培训项目，择优选派培训对象，注重出国培训的质量和实效。

第七条　各单位应当建立因公短期出国培训计划与预算管理的内部控制制度。组团单位应当填报《因公短期出国培训任务和预算审批意见表》，由出国培训管理部门和财务部门分别审核并出具审签意见，报经本单位领导办公会或党组（党委）审议确定。培训任务、培训费用预算审核未通过的，不得列入单位出国培训计划，不得安排出国培训。

第八条　因公短期出国培训费用开支范围包括：培训费、国际旅费、国外城市间交通费、住宿费、伙食费、公杂费和其他费用。其中，培训费是指出国培训团组用于授课、翻译、场租、资料、课程设计、对口业务考察或业务实践活动等在国外培训所必须发生的费用。

第九条　国际旅费、国外城市间交通费、住宿费、伙食费、公杂费、其他费用的管理要求和开支标准参照《因公临时出国经费管理办法》（财行〔2013〕516 号）执行。

培训费开支在规定的标准之内据实报销。

出国培训团组需在国内开展预培训和培训总结所发生的费用，参照国内培训费相关规定执行。

第十条　组团单位和培训项目境外承办机构双方应当签订培训协议，明确培训费用的明细支出项目。

国家外国专家局对培训项目境外承办机构定期进行资格认定和监督检查，认定结果予以公开。

第十一条　中央财政安排出国培训专项经费，对专业技术人才、高技能人才、农村实用及社会工作人才类培训予以重点资助。

第十二条　由外方资助出国培训经费的，各单位不得重复支付。外方对费用开支有明确规定的，按其规定执行；没有规定的，参照规定的标准和要求执行。外方资助经费不足以弥补规定培训费用开支的，可以按照规定的开支标准，由各单位补足其费用差额部分。

第十三条　培训人员回国报销费用时，应当凭出国任务批件和出国培训审核件，填报《因公短期出国培训费用报销单》，并附各项经费开支有效票据。

各单位财务部门应当对因公短期出国培训团组提供的出国任务批件、护照（包括签证和出入境记录）复印件及有效费用明细票据进行认真审核，严格按照批准的出国培训团组人员、天数、路线、经费预算及开支标准核销经费，超出部分不得核销。

第十四条 各单位不得组织计划外或营利性出国培训项目，也不得安排照顾性质、无实质内容、无实际需要及参观考察等一般性出国培训项目。

第十五条 培训团组在国外期间，原则上不赠送礼品，一律不安排宴请。

培训团组严禁接受或变相接受企事业单位资助，严禁向同级机关、下级机关、所属单位、我驻外机构等摊派或转嫁出国培训费用。

第十六条 建立出国培训项目信息公开制度和成果共享机制。除涉密内容和事项外，各单位应当将培训的项目、内容、人数、经费等情况，以适当方式进行公开。

第十七条 各级出国培训管理、外事、财政、审计等部门对因公短期出国培训项目执行情况和培训费用管理使用情况进行定期或不定期检查。

各单位应当建立健全因公短期出国培训项目内部监督检查机制，每半年向同级出国培训管理、外事、财政部门报送本单位因公短期出国培训项目执行和费用使用情况。

第十八条 各单位以及培训人员违反本办法规定，有下列行为之一的，相关开支一律不予报销，并按照《财政违法行为处罚处分条例》和《党政机关厉行节约反对浪费条例》等有关规定予以处理：

（一）无预算或未经财务部门同意安排出国培训项目的；

（二）违规扩大出国培训费用开支范围的；

（三）擅自提高出国培训费用开支标准的；

（四）虚报培训团组人数、天数等，套取出国培训费用的；

（五）使用虚假票据报销出国培训费用的；

（六）培训期间存在铺张浪费、公款旅游行为的；

（七）其他违反本办法的行为。

第十九条 各单位因公短期赴香港、澳门、台湾地区培训的，适用本办法。

第二十条 确有必要到未列培训费开支标准的国家（地区）开展因公培训的，可按照经济社会发展水平相近的国家标准执行。

第二十一条 国有企业和其他机构因公短期出国培训参照本办法执行。

第二十二条 本办法由财政部、国家外国专家局负责解释。

第二十三条 本办法自 2014 年 4 月 1 日起施行。国家外国专家局、财政部《关于出国（境）实习培训团组集体开支的培训费标准和管理办法的暂行规定》（外专发〔1994〕162 号）及国家外国专家局、财政部《关于调整短期出国（境）培训生活费开支标准和部分国家培训费币种的通知》（外专发〔2002〕95 号）同时废止。

附：1. 因公短期出国培训任务和预算审批意见表

2. 因公短期出国培训费用报销单（参考表样）

附 1：

因公短期出国培训任务和预算审批意见表

<table>
<tr><td colspan="2">项目名称</td><td colspan="8"></td></tr>
<tr><td colspan="2">项目单位</td><td colspan="2"></td><td>团长（级别）</td><td colspan="2"></td><td>团员人数</td><td colspan="2"></td></tr>
<tr><td colspan="2">培训国别
（含经停）</td><td colspan="2"></td><td colspan="3">培训时间（天数）</td><td colspan="3"></td></tr>
<tr><td colspan="10">出国培训任务审核意见</td></tr>
<tr><td>审核单位</td><td colspan="3"></td><td colspan="2">审核日期</td><td colspan="4"></td></tr>
<tr><td>审核依据</td><td colspan="9"></td></tr>
<tr><td rowspan="5">审核内容</td><td colspan="9">培训目标或必要性：</td></tr>
<tr><td colspan="9">培训时间和国别是否符合规定：</td></tr>
<tr><td colspan="9">培训日程是否符合规定：</td></tr>
<tr><td colspan="9">培训团组人数是否符合规定：</td></tr>
<tr><td colspan="9">其他事项：</td></tr>
<tr><td>审核意见</td><td colspan="9"></td></tr>
<tr><td colspan="10">预算财务审核意见</td></tr>
<tr><td>审核单位</td><td colspan="3"></td><td colspan="2">审核日期</td><td colspan="4"></td></tr>
<tr><td>审核依据</td><td colspan="9"></td></tr>
<tr><td rowspan="7">审核内容</td><td rowspan="6">资金来源及金额</td><td colspan="8">1. 列入年度预算（人民币）：　　　　元</td></tr>
<tr><td>合计</td><td>培训费</td><td>国际旅费</td><td>住宿费</td><td>伙食费</td><td>公杂费</td><td>国外城市间交通费</td><td>其他费用</td></tr>
<tr><td></td><td></td><td></td><td></td><td></td><td></td><td></td><td></td></tr>
<tr><td colspan="8">2. 外方资助（折合人民币）：　　　　元；外方名称：</td></tr>
<tr><td>合计</td><td>培训费</td><td>国际旅费</td><td>住宿费</td><td>伙食费</td><td>公杂费</td><td>国外城市间交通费</td><td>其他费用</td></tr>
<tr><td></td><td></td><td></td><td></td><td></td><td></td><td></td><td></td></tr>
<tr><td>需说明事项</td><td colspan="8"></td></tr>
<tr><td>审核意见</td><td colspan="9"></td></tr>
</table>

附 2：

因公短期出国培训费用报销单（参考表样）

报销单位：　　　　　　　　　　　　　　报销日期：

项目名称					
团长姓名			培训国别（含经停）		
应派出人数			实际成行人数		
出国日期		年 月 日至 年 月 日共 天			
序号	开支内容	币别	金额	单据张数	备注
1	培 训 费				附原始单据
2	住 宿 费				附原始单据
3	伙 食 费				
4	公 杂 费				
5	城市间交通费				附原始单据
6	国 际 旅 费				附原始单据
7	其 他 费 用				附原始单据
	合 计	大写		小写	

团长：　　　　　　　　　　　　　　　　经手人：

因公临时出国经费管理办法

（2013 年 12 月 20 日　财行〔2013〕516 号）

第一章　总　则

第一条　为了进一步规范因公临时出国经费管理，加强预算监督，提高资金使用效益，保证外事工作的顺利开展，根据《中华人民共和国预算法》、《党政机关厉行节约反对浪费条例》等法律法规，制定本办法。

第二条　本办法适用于各级党政军机关、人大政协机关、审判机关、检察机关、民主党派、人民团体和事业单位因公组派临时代表团组的省部级以下（含省部级）出国人员（以下简称出国人员）。

第三条　各地区各部门各单位因公组派临时出国团组应当坚持强化预算约束、优化经费结构、厉行勤俭节约、讲求务实高效的原则，严格控制因公临时出国规模，规范因公临时出国经费管理。

第二章　预算管理和计划管理

第四条　因公临时出国经费应当全部纳入预算管理，并按照下列规定执行：

（一）各级财政部门应当加强因公临时出国经费的预算管理，严格控制因公临时出国经费总额，科学合理地安排因公临时出国经费预算。

（二）各地区各部门各单位应当加强预算硬约束，认真贯彻落实厉行节约的要求，在核定的年度因公临时出国经费预算内，务实高效、精简节约地安排因公临时出国活动，不得超预算或无预算安排出访团组。确有特殊需要的，按规定程序报批。

第五条　出访团组实行计划审批管理，并按照下列规定执行：

（一）各地区各部门各单位应当认真贯彻中央有关外事管理规定，科学制订年度因公临时出国计划，认真履行因公临时出国计划报批制度，严格控制因公临时出国团组人数、国家数和在外停留天数，正确执行限量管理规定。组团单位和派出单位要明确责任，谁派出、谁负责。

（二）因公临时出国应当坚持因事定人的原则，不得因人找事，不得安排照顾性和无实质内容的一般性出访，不得安排考察性出访。

（三）各级外事部门应当加强因公临时出国计划的审核审批管理，严格把关，对违反规定、不适合成行的团组予以调整或者取消。驻外使馆答复国内因公临时出国征求意见时，应当严格履行把关职责。

第六条　各地区各部门各单位出国经费的支付，应当严格按照国库集中支付制度和公务卡管理制度的有关规定执行。

各地区各部门各单位应当严格执行各项经费开支标准，不得擅自突破，严禁接受或变相接受企事业单位资助，严禁向同级机关、下级机关、下属单位、企业、驻外机构等摊派或转嫁出访费用。

第七条　各地区各部门各单位应当建立因公临时出国计划与财务管理的内部控制制度。出访团组应当事先填报《因公临时出国任务和预算审批意见表》（见附 1），由单位外事和财务部门分别出具审签意见，明确审核责任。出国任务、出国经费预算未通过审核的，不得安排出访团组。

第三章 经费管理

第八条 因公临时出国经费包括：国际旅费、国外城市间交通费、住宿费、伙食费、公杂费和其他费用。

国际旅费，是指出境口岸至入境口岸旅费。

国外城市间交通费，是指为完成工作任务所必须发生的，在出访国家的城市与城市之间的交通费用。

住宿费是指出国人员在国外发生的住宿费用。

伙食费是指出国人员在国外期间的日常伙食费用。

公杂费是指出国人员在国外期间的市内交通、邮电、办公用品、必要的小费等费用。

其他费用主要是指出国签证费用、必需的保险费用、防疫费用、国际会议注册费用等。

第九条 国际旅费按照下列规定执行：

（一）选择经济合理的路线。出国人员应当优先选择由我国航空公司运营的国际航线，由于航班衔接等原因确需选择外国航空公司航线的，应当事先报经单位外事和财务部门审批同意。不得以任何理由绕道旅行，或以过境名义变相增加出访国家和时间。

（二）按照经济适用的原则，通过政府采购等方式，选择优惠票价，并尽可能购买往返机票。

（三）因公临时出国购买机票，须经本单位外事和财务部门审批同意。机票款由本单位通过公务卡、银行转账方式支付，不得以现金支付。单位财务部门应当根据《航空运输电子客票行程单》等有效票据注明的金额予以报销。

（四）出国人员应当严格按照规定安排交通工具，不得乘坐民航包机或私人、企业和外国航空公司包机。

（五）省部级人员可以乘坐飞机头等舱、轮船一等舱、火车高级软卧或全列软席列车的商务座；司局级人员可以乘坐飞机公务舱、轮船二等舱、火车软卧或全列软席列车的一等座；其他人员均乘坐飞机经济舱、轮船三等舱、火车硬卧或全列软席列车的二等座。所乘交通工具舱位等级划分与以上不一致的，可乘坐同等水平的舱位。所乘交通工具未设置上述规定中本级别人员可乘坐舱位等级的，应乘坐低一等级舱位。上述人员发生的国际旅费据实报销。

（六）出国人员乘坐国际列车，国内段按国内差旅费的有关规定执行；国外段超过 6 小时以上的按自然（日历）天数计算，每人每天补助 12 美元。

第十条 出国人员根据出访任务需要在一个国家城市间往来，应当事先在出国计划中列明，并报本单位外事和财务部门批准。未列入出国计划、未经本单位外事和财务部门批准的，不得在国外城市间往来。出国人员的旅程必须按照批准的计划执行，其城市间交通费凭有效原始票据据实报销。

第十一条 住宿费按照下列规定执行：

（一）出国人员应当严格按照规定安排住宿，省部级人员可安排普通套房，住宿费据实报销；厅局级及以下人员安排标准间，在规定的住宿费标准之内予以报销。

（二）参加国际会议等的出国人员，原则上应当按照住宿费标准执行。如对方组织单位指定或推荐酒店，应当严格把关，通过询价方式从紧安排，超出费用标准的，须事先报经本单位外事和财务部门批准。经批准，住宿费可据实报销。

第十二条 伙食费和公杂费按照下列规定执行：

（一）出国人员伙食费、公杂费可以按规定的标准发给个人包干使用。包干天数按离、抵我国国境之日计算。

（二）根据工作需要和特点，不宜个人包干的出访团组，其伙食费和公杂费由出访团组统一掌握，包干使用。

（三）外方以现金或实物形式提供伙食费和公杂费接待我代表团组的，出国人员不再领取伙食费和公杂费。

（四）出访用餐应当勤俭节约，不上高档菜肴和酒水，自助餐也要注意节俭。

第十三条 出访团组对外原则上不搞宴请，确需宴请的，应当连同出国计划一并报批，宴请标准按照所在国家一人一天的伙食费标准掌握。

出访团组与我国驻外使领馆等外交机构和其他中资机构、企业之间一律不得用公款相互宴请。

第十四条 出访团组在国外期间，收授礼品应当严格按有关规定执行。原则上不对外赠送礼品，确有必要赠送的，应当事先报经本单位外事和财务部门审批同意，按照厉行节俭的原则，选择具有民族特色的纪念品、传统手工艺品和实用物品，朴素大方，不求奢华。

出访团组与我国驻外使领馆等外交机构和其他中资机构、企业之间一律不得以任何名义、任何方式互赠礼品或纪念品。

第十五条 出国签证费用、防疫费用、国际会议注册费用等凭有效原始票据据实报销。根据到访国要求，出国人员必须购买保险的，应当事先报经本单位外事和财务部门批准后，按照到访国驻华使领馆要求购买，凭有效原始票据据实报销。

第十六条 出国人员回国报销费用时，须凭有效票据填报有团组负责人审核签字的国外费用报销单（具体表格由各单位制定）。各种报销凭证须用中文注明开支内容、日期、数量、金额等，并由经办人签字。

各单位财务部门应当根据本办法制定本单位财务报销审批的具体规定，加强对因公临时出国团组的经费核销管理。各单位财务部门应当对因公临时出国团组提交的出国任务批件、护照（包括签证和出入境记录）复印件及有效费用明细票据进行认真审核，严格按照批准的出国团组人员、天数、路线、经费预算及开支标准核销经费，不得核销与出访任务无关的开支。

第十七条 中央各部门根据出国经费预算，结合实际购汇需求，自主核定本部门及其所属单位购汇数额，通过财政部批准的人民币资金账户，向外汇指定银行购买外汇。

省级财政部门根据本级各部门和下级财政部门的申请，自主核定本地区购汇数额，并确定一家外汇指定银行具体办理购汇手续。

第四章 监督检查

第十八条 除涉密内容和事项外，因公临时出国经费的预决算应当按照预决算信息公开的有关规定，及时公开，主动接受社会监督。

第十九条 各级外事、财政、审计等部门对因公临时出国情况进行定期或不定期联合检查。各级财政部门应当定期或不定期对各部门各单位因公临时出国经费管理使用情况进行监督检查。审计部门应当对各部门各单位因公临时出国经费管理使用情况进行审计。

财务部门应当建立健全因公临时出国团组内部监督检查机制，每半年向同级外事、财政部门报送本部门本单位因公临时出国经费使用情况。严格按照预算绩效管理的有关规定，加强因公临时出国经费预算绩效评价，切实提高预算资金的使用效益。

第二十条 组团单位应当采取集中形式，对团组全体人员进行行前财经纪律教育。对出国人员违反本办法规定，有下列行为之一的，除相关开支一律不予报销外，按照《财政违法行为处罚处分条例》等有关规定严肃处理，并追究有关人员责任：

（一）违规扩大出国经费开支范围的；

（二）擅自提高经费开支标准的；

（三）虚报团组级别、人数、国家数、天数等，套取出国经费的；

（四）使用虚假发票报销出国费用的；

（五）其他违反本办法的行为。

第五章　附　则

第二十一条　各地区各部门各单位因公临时赴香港、澳门、台湾地区的，适用本办法。

第二十二条　各地区各部门各单位可以根据本办法，结合实际制定具体规定，报财政部备案。边境地区有频繁出国任务的，其因公临时出国经费开支标准和管理办法由所在省、自治区财政厅根据实际情况制定，并报财政部备案。

第二十三条　对与我新建交或未建交国家，相关经费开支标准暂按照经济水平相近的邻国标准执行。

第二十四条　财政部、外交部根据出访国家或地区经济发展、物价等变动情况，对相关经费开支标准适时调整。

第二十五条　国有企业和其他因公临时出国人员参照本办法执行。

第二十六条　本办法由财政部、外交部负责解释。

第二十七条　本办法自发布之日起30日后施行。财政部、外交部《关于印发〈临时出国人员费用开支标准和管理办法〉的通知》（财行〔2001〕73号）和财政部、中国民用航空总局《关于加强因公出国机票管理的通知》（财外字〔1998〕283号）同时废止。

附：1. 因公临时出国任务和预算审批意见表

2. 各国家和地区住宿费、伙食费、公杂费开支标准表（略）

附 1：

因公临时出国任务和预算审批意见表

<table>
<tr><td>团组名称</td><td colspan="6"></td></tr>
<tr><td>组团单位</td><td></td><td>团长（级别）</td><td></td><td>团员人数</td><td colspan="2"></td></tr>
<tr><td colspan="3">出访国别（含经停）</td><td colspan="4">出访时间（天数）</td></tr>
<tr><td colspan="7">出国任务审核意见</td></tr>
<tr><td>审核单位</td><td colspan="2"></td><td colspan="4">审核日期</td></tr>
<tr><td>审核依据</td><td colspan="6"></td></tr>
<tr><td rowspan="6">审核内容</td><td colspan="6">是否列入出国计划：</td></tr>
<tr><td colspan="6">出访目标和必要性：</td></tr>
<tr><td colspan="6">时间和国别是否符合规定：</td></tr>
<tr><td colspan="6">路线是否符合规定：</td></tr>
<tr><td colspan="6">团组人数是否符合规定：</td></tr>
<tr><td colspan="6">其他事项：</td></tr>
<tr><td>审核意见</td><td colspan="6"></td></tr>
<tr><td colspan="7">预算财务审核意见</td></tr>
<tr><td>审核单位</td><td colspan="2"></td><td colspan="4">审核日期</td></tr>
<tr><td>审核依据</td><td colspan="6"></td></tr>
<tr><td rowspan="5">审核内容</td><td colspan="6">是否列入年度预算：</td></tr>
<tr><td>合计</td><td>国际旅费</td><td>住宿费</td><td>伙食费</td><td>公杂费</td><td>其他费用</td></tr>
<tr><td></td><td></td><td></td><td></td><td></td><td></td></tr>
<tr><td colspan="6">须事先报批的支出事项：</td></tr>
<tr><td colspan="6">其他事项：</td></tr>
<tr><td>审核意见</td><td colspan="6"></td></tr>
</table>

备注：出访团组和单位财务部门应对各项支出的测算和审核做详细说明。

APPLICATION GUIDES OF CHINA ACCOUNTING STANDARDS

and relevant legislations 2018

第六部分　其他财会法规

政策导读

本部分收录了《中华人民共和国会计法》《企业财务会计报告条例》《企业财务通则》等内容，以及财政部 2013 年 8 月 27 日印发的《会计人员继续教育规定》（见财会〔2013〕18 号文件）。为了加强和规范企业成本核算，提高企业经济效益，财政部 2013 年 8 月 16 日印发了《企业产品成本核算制度（试行）》（见财会〔2013〕17 号文件），在此基础上于 2014 年 12 月 24 日印发了《企业产品成本核算制度——石油石化行业》（见财会〔2014〕32 号文件），2015 年 11 月 12 日印发了《企业产品成本核算制度——钢铁行业》（见财会〔2015〕20 号文件），2016 年 9 月 30 日印发了《企业产品成本核算制度——煤炭行业》（见财会〔2016〕21 号文件）。此外，本部分还收录了 2016 年 2 月 26 日财政部、科技部、国资委联合印发的《国有科技型企业股权和分红激励暂行办法》（见财资〔2016〕4 号文件）以及财政部、国家档案局于 2015 年 12 月 11 日联合印发的《会计档案管理办法》（见财政部 国家档案局令第 79 号）。

相关法规

中华人民共和国会计法

（1985 年 1 月 21 日第六届全国人民代表大会常务委员会第九次会议通过　根据 1993 年 12 月 29 日第八届全国人民代表大会常务委员会第五次会议《关于修改〈中华人民共和国会计法〉的决定》修正　1999 年 10 月 31 日第九届全国人民代表大会常务委员会第十二次会议修订　2017 年 11 月 4 日第十二届全国人民代表大会常务委员会第三十次会议第二次修正）

第一章　总　则

第一条　为了规范会计行为，保证会计资料真实、完整，加强经济管理和财务管理，提高经济效益，维护社会主义市场经济秩序，制定本法。

第二条　国家机关、社会团体、公司、企业、事业单位和其他组织（以下统称单位）必须依照本法办理会计事务。

第三条　各单位必须依法设置会计账簿，并保证其真实、完整。

第四条　单位负责人对本单位的会计工作和会计资料的真实性、完整性负责。

第五条　会计机构、会计人员依照本法规定进行会计核算，实行会计监督。

任何单位或者个人不得以任何方式授意、指使、强令会计机构、会计人员伪造、变造会计凭证、会计账簿和其他会计资料，提供虚假财务会计报告。

任何单位或者个人不得对依法履行职责、抵制违反本法规定行为的会计人员实行打击报复。

第六条　对认真执行本法，忠于职守，坚持原则，做出显著成绩的会计人员，给予精神的或者物质的奖励。

第七条　国务院财政部门主管全国的会计工作。

县级以上地方各级人民政府财政部门管理本行政区域内的会计工作。

第八条　国家实行统一的会计制度。国家统一的会计制度由国务院财政部门根据本法制定并公布。

国务院有关部门可以依照本法和国家统一的会计制度制定对会计核算和会计监督有特殊要求的行业实施国家统一的会计制度的具体办法或者补充规定，报国务院财政部门审核批准。

中国人民解放军总后勤部可以依照本法和国家统一的会计制度制定军队实施国家统一的会计制度的具体办法，报国务院财政部门备案。

第二章　会计核算

第九条　各单位必须根据实际发生的经济业务事项进行会计核算，填制会计凭证，登记会计账簿，编制财务会计报告。

任何单位不得以虚假的经济业务事项或者资料进行会计核算。

第十条　下列经济业务事项，应当办理会计手续，进行会计核算：

（一）款项和有价证券的收付；

（二）财物的收发、增减和使用；

（三）债权债务的发生和结算；

（四）资本、基金的增减；

（五）收入、支出、费用、成本的计算；

（六）财务成果的计算和处理；

（七）需要办理会计手续、进行会计核算的其他事项。

第十一条 会计年度自公历1月1日起至12月31日止。

第十二条 会计核算以人民币为记账本位币。

业务收支以人民币以外的货币为主的单位，可以选定其中一种货币作为记账本位币，但是编报的财务会计报告应当折算为人民币。

第十三条 会计凭证、会计账簿、财务会计报告和其他会计资料，必须符合国家统一的会计制度的规定。

使用电子计算机进行会计核算的，其软件及其生成的会计凭证、会计账簿、财务会计报告和其他会计资料，也必须符合国家统一的会计制度的规定。

任何单位和个人不得伪造、变造会计凭证、会计账簿及其他会计资料，不得提供虚假的财务会计报告。

第十四条 会计凭证包括原始凭证和记账凭证。

办理本法第十条所列的经济业务事项，必须填制或者取得原始凭证并及时送交会计机构。

会计机构、会计人员必须按照国家统一的会计制度的规定对原始凭证进行审核，对不真实、不合法的原始凭证有权不予接受，并向单位负责人报告；对记载不准确、不完整的原始凭证予以退回，并要求按照国家统一的会计制度的规定更正、补充。

原始凭证记载的各项内容均不得涂改；原始凭证有错误的，应当由出具单位重开或者更正，更正处应当加盖出具单位印章。原始凭证金额有错误的，应当由出具单位重开，不得在原始凭证上更正。

记账凭证应当根据经过审核的原始凭证及有关资料编制。

第十五条 会计账簿登记，必须以经过审核的会计凭证为依据，并符合有关法律、行政法规和国家统一的会计制度的规定。会计账簿包括总账、明细账、日记账和其他辅助性账簿。

会计账簿应当按照连续编号的页码顺序登记。会计账簿记录发生错误或者隔页、缺号、跳行的，应当按照国家统一的会计制度规定的方法更正，并由会计人员和会计机构负责人（会计主管人员）在更正处盖章。

使用电子计算机进行会计核算的，其会计账簿的登记、更正，应当符合国家统一的会计制度的规定。

第十六条 各单位发生的各项经济业务事项应当在依法设置的会计账簿上统一登记、核算，不得违反本法和国家统一的会计制度的规定私设会计账簿登记、核算。

第十七条 各单位应当定期将会计账簿记录与实物、款项及有关资料相互核对，保证会计账簿记录与实物及款项的实有数额相符、会计账簿记录与会计凭证的有关内容相符、会计账簿之间相对应的记录相符、会计账簿记录与会计报表的有关内容相符。

第十八条 各单位采用的会计处理方法，前后各期应当一致，不得随意变更；确有必要变更的，应当按照国家统一的会计制度的规定变更，并将变更的原因、情况及影响在财务会计报告中说明。

第十九条 单位提供的担保、未决诉讼等或有事项，应当按照国家统一的会计制度的规定，在财务会计报告中予以说明。

第二十条 财务会计报告应当根据经过审核的会计账簿记录和有关资料编制，并符合本法和国家统一的会计制度关于财务会计报告的编制要求、提供对象和提供期限的规定；其他法律、行政法规另有规定的，从其规定。

财务会计报告由会计报表、会计报表附注和财务情况说明书组成。向不同的会计资料使用者提供的财务会计报告，其编制依据应当一致。有关法律、行政法规规定会计报表、会计报表附注和财务情况说明书须经注册会计师审计的，注册会计师及其所在的会计师事务所出具的审计报告应当随同财务会计报告一并提供。

第二十一条 财务会计报告应当由单位负责人和主管会计工作的负责人、会计机构负责人（会计主管人员）签名并盖章；设置总会计师的单位，还须由总会计师签名并盖章。

单位负责人应当保证财务会计报告真实、完整。

第二十二条 会计记录的文字应当使用中文。在民族自治地方，会计记录可以同时使用当地通用的一种民族文字。在中华人民共和国境内的外商投资企业、外国企业和其他外国组织的会计记录可以同时使用一种外国文字。

第二十三条 各单位对会计凭证、会计账簿、财务会计报告和其他会计资料应当建立档案，妥善保管。会计档案的保管期限和销毁办法，由国务院财政部门会同有关部门制定。

第三章 公司、企业会计核算的特别规定

第二十四条 公司、企业进行会计核算，除应当遵守本法第二章的规定外，还应当遵守本章规定。

第二十五条 公司、企业必须根据实际发生的经济业务事项，按照国家统一的会计制度的规定确认、计量和记录资产、负债、所有者权益、收入、费用、成本和利润。

第二十六条 公司、企业进行会计核算不得有下列行为：

（一）随意改变资产、负债、所有者权益的确认标准或者计量方法，虚列、多列、不列或者少列资产、负债、所有者权益；

（二）虚列或者隐瞒收入，推迟或者提前确认收入；

（三）随意改变费用、成本的确认标准或者计量方法，虚列、多列、不列或者少列费用、成本；

（四）随意调整利润的计算、分配方法，编造虚假利润或者隐瞒利润；

（五）违反国家统一的会计制度规定的其他行为。

第四章 会计监督

第二十七条 各单位应当建立、健全本单位内部会计监督制度。单位内部会计监督制度应当符合下列要求：

（一）记账人员与经济业务事项和会计事项的审批人员、经办人员、财物保管人员的职责权限应当明确，并相互分离、相互制约；

（二）重大对外投资、资产处置、资金调度和其他重要经济业务事项的决策和执行的相互监督、相互制约程序应当明确；

（三）财产清查的范围、期限和组织程序应当明确；

（四）对会计资料定期进行内部审计的办法和程序应当明确。

第二十八条 单位负责人应当保证会计机构、会计人员依法履行职责，不得授意、指使、强令会计机构、会计人员违法办理会计事项。

会计机构、会计人员对违反本法和国家统一的会计制度规定的会计事项，有权拒绝办理或者按照职权予以纠正。

第二十九条 会计机构、会计人员发现会计账簿记录与实物、款项及有关资料不相符的，按照国家统一的会计制度的规定有权自行处理的，应当及时处理；无权处理的，应当立即向单位负责人报告，请求查明原因，作出处理。

第三十条 任何单位和个人对违反本法和国家统一的会计制度规定的行为，有权检举。

收到检举的部门有权处理的，应当依法按照职责分工及时处理；无权处理的，应当及时移送有权处理的部门处理。收到检举的部门、负责处理的部门应当为检举人保密，不得将检举人姓名和检举材料转给被检举单位和被检举人个人。

第三十一条 有关法律、行政法规规定，须经注册会计师进行审计的单位，应当向受委托的会计师事务所如实提供会计凭证、会计账簿、财务会计报告和其他会计资料以及有关情况。

任何单位或者个人不得以任何方式要求或者示意注册会计师及其所在的会计师事务所出具不实或者不当的审计报告。

财政部门有权对会计师事务所出具审计报告的程序和内容进行监督。

第三十二条 财政部门对各单位的下列情况实施监督：

（一）是否依法设置会计账簿；

（二）会计凭证、会计账簿、财务会计报告和其他会计资料是否真实、完整；

（三）会计核算是否符合本法和国家统一的会计制度的规定；

（四）从事会计工作的人员是否具备专业能力，遵守职业道德。

在对前款第（二）项所列事项实施监督，发现重大违法嫌疑时，国务院财政部门及其派出机构可以向与被监督单位有经济业务往来的单位和被监督单位开立账户的金融机构查询有关情况，有关单位和金融机构应当给予支持。

第三十三条 财政、审计、税务、人民银行、证券监管、保险监管等部门应当依照有关法律、行政法规规定的职责，对有关单位的会计资料实施监督检查。

前款所列监督检查部门对有关单位的会计资料依法实施监督检查后，应当出具检查结论。有关监督检查部门已经作出的检查结论能够满足其他监督检查部门履行本部门职责需要的，其他监督检查部门应当加以利用，避免重复查账。

第三十四条 依法对有关单位的会计资料实施监督检查的部门及其工作人员对在监督检查中知悉的国家秘密和商业秘密负有保密义务。

第三十五条 各单位必须依照有关法律、行政法规的规定，接受有关监督检查部门依法实施的监督检查，如实提供会计凭证、会计账簿、财务会计报告和其他会计资料以及有关情况，不得拒绝、隐匿、谎报。

第五章 会计机构和会计人员

第三十六条 各单位应当根据会计业务的需要，设置会计机构，或者在有关机构中设置会计人员并指定会计主管人员；不具备设置条件的，应当委托经批准设立从事会计代理记账业务的中介机构代理记账。

国有的和国有资产占控股地位或者主导地位的大、中型企业必须设置总会计师。总会计师的任职资格、任免程序、职责权限由国务院规定。

第三十七条 会计机构内部应当建立稽核制度。

出纳人员不得兼任稽核、会计档案保管和收入、支出、费用、债权债务账目的登记工作。

第三十八条 会计人员应当具备从事会计工作所需要的专业能力。

担任单位会计机构负责人（会计主管人员）的，应当具备会计师以上专业技术职务资格或者从事会计工作三年以上经历。

本法所称会计人员的范围由国务院财政部门规定。

第三十九条 会计人员应当遵守职业道德，提高业务素质。对会计人员的教育和培训工作应当加强。

第四十条 因有提供虚假财务会计报告，做假账，隐匿或者故意销毁会计凭证、会计账簿、财务会计报告，贪污，挪用公款，职务侵占等与会计职务有关的违法行为被依法追究刑事责任的人员，不得再从事会计工作。

第四十一条 会计人员调动工作或者离职，必须与接管人员办清交接手续。

一般会计人员办理交接手续，由会计机构负责人（会计主管人员）监交；会计机构负责人（会计主管人员）办理交接手续，由单位负责人监交，必要时主管单位可以派人会同监交。

第六章 法律责任

第四十二条 违反本法规定，有下列行为之一的，由县级以上人民政府财政部门责令限期改正，可以对单位并处三千元以上五万元以下的罚款；对其直接负责的主管人员和其他直接责任人员，可以处二千元以上二万元以下的罚款；属于国家工作人员的，还应当由其所在单位或者有关单位依法给予行政处分：

（一）不依法设置会计账簿的；

（二）私设会计账簿的；

（三）未按照规定填制、取得原始凭证或者填制、取得的原始凭证不符合规定的；

（四）以未经审核的会计凭证为依据登记会计账簿或者登记会计账簿不符合规定的；

（五）随意变更会计处理方法的；

（六）向不同的会计资料使用者提供的财务会计报告编制依据不一致的；

（七）未按照规定使用会计记录文字或者记账本位币的；

（八）未按照规定保管会计资料，致使会计资料毁损、灭失的；

（九）未按照规定建立并实施单位内部会计监督制度或者拒绝依法实施的监督或者不如实提供有关会计资料及有关情况的；

（十）任用会计人员不符合本法规定的。

有前款所列行为之一，构成犯罪的，依法追究刑事责任。

会计人员有第一款所列行为之一，情节严重的，五年内不得从事会计工作。

有关法律对第一款所列行为的处罚另有规定的，依照有关法律的规定办理。

第四十三条 伪造、变造会计凭证、会计账簿，编制虚假财务会计报告，构成犯罪的，依法追究刑事责任。

有前款行为，尚不构成犯罪的，由县级以上人民政府财政部门予以通报，可以对单位并处五千元以上十万元以下的罚款；对其直接负责的主管人员和其他直接责任人员，可以处三千元以上五万元以下的罚款；属于国家工作人员的，还应当由其所在单位或者有关单位依法给予撤职直至开除的行政处分；其中的会计人员，五年内不得从事会计工作。

第四十四条 隐匿或者故意销毁依法应当保存的会计凭证、会计账簿、财务会计报告，构成犯罪的，依法追究刑事责任。

有前款行为，尚不构成犯罪的，由县级以上人民政府财政部门予以通报，可以对单位并处五千元以上十万元以下的罚款；对其直接负责的主管人员和其他直接责任人员，可以处三千元以上五万元以下的罚款；属于国家工作人员的，还应当由其所在单位或者有关单位依法给予撤职直至开除的行政处分；其中的会计人员，五年内不得从事会计工作。

第四十五条 授意、指使、强令会计机构、会计人员及其他人员伪造、变造会计凭证、会计账簿，编制虚假财务会计报告或者隐匿、故意销毁依法应当保存的会计凭证、会计账簿、财务会计报告，构成犯罪的，依法追究刑事责任；尚不构成犯罪的，可以处五千元以上五万元以下的罚款；属于国家工作人员的，还应当由其所在单位或者有关单位依法给予降级、撤职、开除的行政处分。

第四十六条 单位负责人对依法履行职责、抵制违反本法规定行为的会计人员以降级、撤职、调离工作岗位、解聘或者开除等方式实行打击报复，构成犯罪的，依法追究刑事责任；尚不构成犯罪的，由其所在单位或者有关单位依法给予行政处分。对受打击报复的会计人员，应当恢复其名誉和原有职务、级别。

第四十七条 财政部门及有关行政部门的工作人员在实施监督管理中滥用职权、玩忽职守、徇私舞弊或者泄露国家秘密、商业秘密，构成犯罪的，依法追究刑事责任；尚不构成犯罪的，依法给予行政处分。

第四十八条 违反本法第三十条规定，将检举人姓名和检举材料转给被检举单位和被检举人个人的，由所在单位或者有关单位依法给予行政处分。

第四十九条 违反本法规定，同时违反其他法律规定的，由有关部门在各自职权范围内依法进行处罚。

第七章 附 则

第五十条 本法下列用语的含义：

单位负责人，是指单位法定代表人或者法律、行政法规规定代表单位行使职权的主要负责人。

国家统一的会计制度，是指国务院财政部门根据本法制定的关于会计核算、会计监督、会计机构和会计人员以及会计工作管理的制度。

第五十一条 个体工商户会计管理的具体办法，由国务院财政部门根据本法的原则另行规定。

第五十二条 本法自 2000 年 7 月 1 日起施行。

企业财务会计报告条例

（2000 年 6 月 21 日　国务院令第 287 号）

第一章　总　则

第一条　为了规范企业财务会计报告，保证财务会计报告的真实、完整，根据《中华人民共和国会计法》，制定本条例。

第二条　企业（包括公司，下同）编制和对外提供财务会计报告，应当遵守本条例。本条例所称财务会计报告，是指企业对外提供的反映企业某一特定日期财务状况和某一会计期间经营成果、现金流量的文件。

第三条　企业不得编制和对外提供虚假的或者隐瞒重要事实的财务会计报告。企业负责人对本企业财务会计报告的真实性、完整性负责。

第四条　任何组织或者个人不得授意、指使、强令企业编制对外提供虚假的或者隐瞒重要事实的财务会计报告。

第五条　注册会计师、会计师事务所审计企业财务会计报告，应当依照有关法律、行政法规以及注册会计师执业规则的规定进行，并对所出具的审计报告负责。

第二章　财务会计报告的构成

第六条　财务会计报告分为年度、半年度、季度和月度财务会计报告。

第七条　年度、半年度财务会计报告应当包括：

（一）会计报表；

（二）会计报表附注；

（三）财务情况说明书。

会计报表应当包括资产负债表、利润表、现金流量表及相关附表。

第八条　季度、月度财务会计报告通常仅指会计报表，会计报表至少应当包括资产负债表和利润表。国家统一的会计制度规定季度、月度财务会计报告需要编制会计报表附注的，从其规定。

第九条　资产负债表是反映企业在某一特定日期财务状况的报表。资产负债表应当按照资产、负债和所有者权益（或者股东权益，下同）分类分项列示。其中，资产、负债和所有者权益的定义及列示应当遵循下列规定：

（一）资产，是指为过去的交易、事项形成并由企业拥有或者控制的资源，该资源预期会给企业带来经济利益。在资产负债表上，资产应当按照其流动性分类分项列示，包括流动资产、长期投资、固定资产、无形资产及其他资产。银行、保险公司和非银行金融机构的各项资产有特殊性的，按照其性质分类分项列示。

（二）负债，是指过去的交易、事项形成的现时义务，履行该义务预期会导致经济利益流出企业。在资产负债表上，负债应当按照其流动性分类分项列示，包括流动负债、长期负债等。银行、保险公司和非银行金融机构的各项负债有特殊性的，按照其性质分类分项列示。

（三）所有者权益，是指所有者在企业资产中享有的经济利益，其金额为资产减去负债后的余额。在资产负债表上，所有者权益应当按照实收资本（或者股东）、资本公积、盈余公积、未分配利润等项目分项列示。

第十条　利润表是反映企业在一定会计期间经营成果的报表。利润表应当按照各项收入、费用以及构成利润的各个项目分类分项列示。其中，收入、费用和利润的定义及列示应当遵循下列规定：

（一）收入，是指企业在销售商品、提供劳务及让渡资产使用权等日常活动中所形成的经济利益的总流入。收入不包括为第三方或者客户代收的款项。在利润表上，收入应当按照其重要性分项列示。

（二）费用，是指企业为销售商品、提供劳务等日常活动所发生的经济利益的流出。在利润表上，费用应当按照其性质分项列示。

（三）利润，是指企业在一定会计期间的经营成果。在利润表上，利润应当按照营业利润、利润总额和净利润等利润的构成分类分项列示。

第十一条 现金流量表是反映企业一定会计期间现金和现金等价物（以下简称现金）流入和流出的报表。现金流量表应当按照经营活动、投资活动和筹资活动的现金流量分类分项列示。其中，经营活动、投资活动和筹资活动的定义及列示应当遵循下列规定：

（一）经营活动，是指企业投资活动和筹资活动以外的所有交易和事项。在现金流量表上，经营活动的现金流量应当按照其经营活动的现金流入和流出的性质分项列示；银行、保险公司和非银行金融机构的经营活动按照其经营活动特点分项列示。

（二）投资活动，是指企业长期资产的购建和不包括在现金等价物范围内的投资及其处置活动。在现金流量表上，投资活动的现金流量应当按照其投资活动的现金流入和流出的性质分项列示。

（三）筹资活动，是指导致企业资本及债务规模和构成发生变化的活动。在现金流量表上，筹资活动的现金流量应当按照其筹资活动的现金流入和流出的性质分项列示。

第十二条 相关附表是反映企业财力状况、经营成果和现金流量的补充报表，主要包括利润分配表以及国家统一的会计制度规定的其他附表。利润分配表是反映企业一定会计期间对实现净利润以及前年度未分配利润的分配或者亏损弥补的报表。利润分配表应当按照利润分配各个项目分类分项列示。

第十三条 年度、半年度会计报表至少应当反映两个年度或者相关两个期间的比较数据。

第十四条 会计报表附注是为便于会计报表使用者理解会计报表的内容而对会计报表的编制基础、编制依据、编制原则和方法及主要项目等所作的解释。会计报表附注至少应当包括下列内容：

（一）不符合基本会计假设的说明；

（二）重要会计政策和会计估计及其变更情况、变更原因及其对财务状况和经营成果的影响；

（三）或有事项和资产负债表日后事项的说明；

（四）关联方关系及其交易的说明；

（五）重要资产转让及其出售情况；

（六）企业合并、分立；

（七）重大投资、融资活动；

（八）会计报表中重要项目的明细资料；

（九）有助于理解和分析会计报表需要说明的其他事项。

第十五条 财务情况说明书至少应当对下列情况作出说明：

（一）企业生产经营的基本情况；

（二）利润实现和分配情况；

（三）资金增减和周转情况；

（四）对企业财务状况、经营成果和现金流量有重大影响的其他事项。

第三章 财务会计报告的编制

第十六条 企业应当于年度终了编报年度财务会计报告。国家统一的会计制度规定企业应当编报半年度、季度和月度财务会计报告的，从其规定。

第十七条 企业编制财务会计报告，应当根据真实的交易、事项以及完整、准确的账簿记录等资料，并按照国家统一的会计制度规定的编制基础、编制依据、编制原则和方法。

企业不得违反本条例和国家统一的会计制度规定，随意改变财务会计报告的编制基础、编制依据、编制原则和方法。

任何组织或者个人不得授意、指使、强令企业违反本条例和国家统一的会计制度规定，改变财务会计报告的编制基础、编制依据、编制原则和方法。

第十八条 企业应当依照本条例和国家统一的会计制度规定，对会计报表中各项会计要素进行合理的确认和计量，不得随意改变会计要素的确认和计量标准。

第十九条 企业应当依照有关法律、行政法规和本条例规定的结账日进行结账，不得提前或者延迟。年度结账日为公历年度每年的 12 月 31 日；半年度、季度、月度结账日分别为公历年度每半年、每季、每月的最后一天。

第二十条 企业在编制年度财务会计报告前，应当按照下列规定，全面清查资产、核实债务：

（一）结算款项，包括应收款项、应付款项、应交税金等是否存在，与债务、债权单位的相应债务、债权金额是否一致；

（二）原材料、在产品、自制半成品、库存商品等各项存货的实存数量与账面数量是否一致，是否有报废损失和积压物资等；

（三）各面投资是否存在，投资收益是否按照国家统一的会计制度规定进行确认和计量；

（四）房屋建筑物、机器设备、运输工具等各项固定资产的实存数量与账面数量是否一致；

（五）在建工程的实际发生额与账面记录是否一致；

（六）需要清查、核实的其他内容。

企业通过前款规定的清查、核实，查明财产物资的实存数量与账面数量是否一致、各项结算款项的拖欠情况及其原因、材料物资的实际储备情况、各项投资是否达到预期目的、固定资产的使用情况及其完好程度等。企业清查、核实后，应当将清查、核实的结果及其处理办法向企业的董事会或者相应机构报告，并根据国家统一的会计制度的规定进行相应的会计处理。

企业应当在年度中间根据具体情况，对各项财产物资和结算款项进行重点抽查、轮流清查或者定期清查。

第二十一条 企业在编制财务会计报告前，除应当全面清查资产、核实债务外，还应当完成下列工作：

（一）核对各会计账簿记录与会计凭证的内容、金额等是否一致，记账方向是否相符；

（二）依照本条例规定的结账日进行结账，结出有关会计账簿的余额和发生额，并核对各会计账簿之间的余额；

（三）检查相关的会计核算是否按照国家统一的会计制度的规定进行；

（四）对于国家统一的会计制度没有规定统一核算方法的交易、事项，检查其是否按照会计核算的一般原则进行确认和计量以及相关账务处理是否合理；

（五）检查是否存在因会计差错、会计政策变更等原因需要调整前期或者本期相关项目。

在前款规定工作中发现问题的，应当按照国家统一的会计制度的规定进行处理。

第二十二条 企业编制年度和半年度财务会计报告时，对经查实后的资产、负债有变动的，应当按照资产、负债的确认和计量标准进行确认和计量，并按照国家统一的会计制度的规定进行相应的会计处理。

第二十三条　企业应当按照国家统一的会计制度规定的会计报表格式和内容，根据登记完整、核对无误的会计账簿记录和其他有关资料编制会计报表，做到内容完整、数字真实、计算准确，不得漏报或者任意取舍。

第二十四条　会计报表之间，会计报表各项目之间，凡有对应关系的数字，应当相互一致；会计报表中本期与上期的有关数字应当相互衔接。

第二十五条　会计报表附注和财务情况说明书应当按照本条例和国家统一的会计制度的规定，对会计报表中需要说明的事项作出真实、完整、清楚的说明。

第二十六条　企业发生合并、分立情形的，应当按照国家统一的会计的制度规定编制相应的财务会计报告。

第二十七条　企业终止营业的，应当在终止营业时按照编制年度财务会计报告的要求全面清查资产、核实债务、进行结账，并编制财务会计报告；在清算期间，应当按照国家统一的会计制度的规定编制清算期间的财务会计报告。

第二十八条　按照国家统一的会计制度的规定，需要编制登会计报表的企业集团，母公司除编制某个别会计报表外，还应当编制企业集团的合并会计报表。企业集团合并会计报表，是指反映企业集团整体财务状况、经营成果和现金流量的会计报表。

第四章　财务会计报告的对外提供

第二十九条　对外提供的财务会计报告反映的会计信息应当真实、完整。

第三十条　企业应当依照法律、行政法规和国家统一的会计制度有关财务会计报告提供期限的规定，及时对外提供财务会计报告。

第三十一条　企业对外提供的财务会计报告应当依次编定页数，加具封面，装订成册，加盖公章。封面上应当注明：企业名称、企业统一代码、组织形式、地址、报表所属年度或者月份、报出日期，并由企业负责人和主管会计工作的负责人、会计机构负责人（会计主管人员）签名并盖章；设置总会计师的企业，还应当由总会计师签名并盖章。

第三十二条　企业应当依照企业章程的规定，向投资者提供财务会计报告。国务院派出监事会的国有重点大型企业、国有重点金融机构和省、自治区、直辖市人民政府派出监事会的国有企业，应当依法定期向监事会提供财务会计报告。

第三十三条　有关部门或者机构依照法律、行政法规或者国务院的规定，要求企业提供部分或者全部财务会计报告及其有关数据的，应当向企业出示依据，并不得要求企业改变财务会计报告有关数据的会计口径。

第三十四条　非依照法律、行政法规或者国务院的规定，任何组织或者个人不得要求企业提供部分或者全部财务会计报告及其有类数据。违反本条例规定，要求企业提供部分或者全部财务会计报告及其有关数据的，企业有权拒绝。

第三十五条　国有企业、国有控股的或者占主导地位的企业，应当至少每年一次向本企业的职工代表大会公布财务会计报告，并重点说明下列事项：

（一）反映与职工利益密切相关的信息，包括：管理费用的构成情况，企业管理人员工资、福利和职工工资、福利费用的发放、使用和结余情况，公益金的提取及使用情况，利润分配的情况以及其他与职工利益相关的信息；

（二）内部审计发现的问题及纠正情况；

（三）注册会会师审计的情况；

（四）国家审计机关发现的问题及纠正情况；

（五）重大的投资、融资和资产处置决策及其原因的说明；

（六）需要说明的其他重要事项。

第三十六条　企业依照本条例规定向有关各方提供的财务会计报告，其编制基础、编制依据、编制原则和方法应当一致，不得提供编制基础、编制依据、编制原则和方法不同的财务会计报告。

第三十七条 财务会计报告须经注册会计师审计的，企业应当将注册会计师及其会计师事务所出具的审计报告随同财务会计报告一并对外提供。

第三十八条 接受企业财务会计报告的组织或者个人，在企业财务会计报告未正式对外披露前，应当对其内容保密。

第五章 法律责任

第三十九条 违反本条例规定，有下列行为之一的，由县级以上人民政府财政部门责令限期改正，对企业可以处 3 000 元以上 5 万元以下的罚款；对直接负责的主管人员和其他直接责任人员，可以处 2 000 元以上 2 万元以下的罚款；属于国家工作人员的，并依法给予行政处分或者纪律处分：

（一）随意改变会计要素的确认和计量标准的；

（二）随意改变财务会计报告的编制基础、编制依据、编制原则和方法的；

（三）提前或者延迟结账日结账的；

（四）在编制年度财务会计报告前，未按照本条例规定全面清查资产、核实债务的；

（五）拒绝财政部门和其他有关部门对财务会计报告依法进行的监督检查，或者不如实提供有关情况的。

会计人员有前款所列行为之一，情节严重的，由县级以上人民政府财政部门吊销会计从业资格证书。

第四十条 企业编制、对外提供虚假的或者隐瞒重要事实的财务会计报告，构成犯罪的，依法追究刑事责任。

有前款行为，尚不构成犯罪的，由县级以上人民政府财政部门予以通报，对企业可以处 5 000 元以上 10 万元以下的罚款；对直接负责的主管人员和其他直接责任人员，可以处 3 000 元以上 5 万元以下的罚款；属于国家工作人员的，并依法给予撤职直至开除的行政处分或者纪律处分；对其中的会计人员，情节严重的，并由县级以上人民政府财政部门吊销会计从业资格证书。

第四十一条 授意、指使、强令会计机构、会计人员及其他人员编制、对外提供虚假的或者隐瞒重要事实的财务会计报告，或者隐匿、故意销毁依法应当保存的财务会计报告，构成犯罪的，依法追究刑事责任；尚不构成犯罪的，可以处 5 000 元以上 5 万元以下的罚款；属于国家工作人员的，并依法给予降级、撤职、开除的行政处分或者纪律处分。

第四十二条 违反本条例的规定，要求企业向其提供部分或者全部财务会计报告及其有关数据的，由县级以上人民政府责令改正。

第四十三条 违反本条例规定，同时违反其他法律、行政法规规定的，由有关部门在各自的职权范围内依法给予处罚。

第六章 附 则

第四十四条 国务院财政部门可以根据本条例的规定，制定财务会计报告的具体编报办法。

第四十五条 不对外筹集资金、经营规模较小的企业编制和对外提供财务会计报告的办法，由国务院财政部门根据本条例的原则另行规定。

第四十六条 本条例自 2001 年 1 月 1 日起施行。

企业财务通则

（2006 年 12 月 4 日　财政部令第 41 号）

第一章　总　则

第一条　为了加强企业财务管理，规范企业财务行为，保护企业及其相关方的合法权益，推进现代企业制度建设，根据有关法律、行政法规的规定，制定本通则。

第二条　在中华人民共和国境内依法设立的具备法人资格的国有及国有控股企业适用本通则。金融企业除外。

其他企业参照执行。

第三条　国有及国有控股企业（以下简称企业）应当确定内部财务管理体制，建立健全财务管理制度，控制财务风险。

企业财务管理应当按照制定的财务战略，合理筹集资金，有效营运资产，控制成本费用，规范收益分配及重组清算财务行为，加强财务监督和财务信息管理。

第四条　财政部负责制定企业财务规章制度。

各级财政部门（以下通称主管财政机关）应当加强对企业财务的指导、管理、监督，其主要职责包括：

（一）监督执行企业财务规章制度，按照财务关系指导企业建立健全内部财务制度。

（二）制定促进企业改革发展的财政财务政策，建立健全支持企业发展的财政资金管理制度。

（三）建立健全企业年度财务会计报告审计制度，检查企业财务会计报告质量。

（四）实施企业财务评价，监测企业财务运行状况。

（五）研究、拟订企业国有资本收益分配和国有资本经营预算的制度。

（六）参与审核属于本级人民政府及其有关部门、机构出资的企业重要改革、改制方案。

（七）根据企业财务管理的需要提供必要的帮助、服务。

第五条　各级人民政府及其部门、机构，企业法人、其他组织或者自然人等企业投资者（以下通称投资者），企业经理、厂长或者实际负责经营管理的其他领导成员（以下通称经营者），依照法律、法规、本通则和企业章程的规定，履行企业内部财务管理职责。

第六条　企业应当依法纳税。企业财务处理与税收法律、行政法规规定不一致的，纳税时应当依法进行调整。

第七条　各级人民政府及其部门、机构出资的企业，其财务关系隶属同级财政机关。

第二章　企业财务管理体制

第八条　企业实行资本权属清晰、财务关系明确、符合法人治理结构要求的财务管理体制。

企业应当按照国家有关规定建立有效的内部财务管理级次。企业集团公司自行决定集团内部财务管理体制。

第九条　企业应当建立财务决策制度，明确决策规则、程序、权限和责任等。法律、行政法规规定应当通过职工（代表）大会审议或者听取职工、相关组织意见的财务事项，依照其规定执行。

企业应当建立财务决策回避制度。对投资者、经营者个人与企业利益有冲突的财务决策事项，相关投资者、经营者应当回避。

第十条 企业应当建立财务风险管理制度，明确经营者、投资者及其他相关人员的管理权限和责任，按照风险与收益均衡、不相容职务分离等原则，控制财务风险。

第十一条 企业应当建立财务预算管理制度，以现金流为核心，按照实现企业价值最大化等财务目标的要求，对资金筹集、资产营运、成本控制、收益分配、重组清算等财务活动，实施全面预算管理。

第十二条 投资者的财务管理职责主要包括：

（一）审议批准企业内部财务管理制度、企业财务战略、财务规划和财务预算。

（二）决定企业的筹资、投资、担保、捐赠、重组、经营者报酬、利润分配等重大财务事项。

（三）决定企业聘请或者解聘会计师事务所、资产评估机构等中介机构事项。

（四）对经营者实施财务监督和财务考核。

（五）按照规定向全资或者控股企业委派或者推荐财务总监。

投资者应当通过股东（大）会、董事会或者其他形式的内部机构履行财务管理职责，可以通过企业章程、内部制度、合同约定等方式将部分财务管理职责授予经营者。

第十三条 经营者的财务管理职责主要包括：

（一）拟订企业内部财务管理制度、财务战略、财务规划，编制财务预算。

（二）组织实施企业筹资、投资、担保、捐赠、重组和利润分配等财务方案，诚信履行企业偿债义务。

（三）执行国家有关职工劳动报酬和劳动保护的规定，依法缴纳社会保险费、住房公积金等，保障职工合法权益。

（四）组织财务预测和财务分析，实施财务控制。

（五）编制并提供企业财务会计报告，如实反映财务信息和有关情况。

（六）配合有关机构依法进行审计、评估、财务监督等工作。

第三章　资金筹集

第十四条 企业可以接受投资者以货币资金、实物、无形资产、股权、特定债权等形式的出资。其中，特定债权是指企业依法发行的可转换债券、符合有关规定转作股权的债权等。

企业接受投资者非货币资产出资时，法律、行政法规对出资形式、程序和评估作价等有规定的，依照其规定执行。

企业接受投资者商标权、著作权、专利权及其他专有技术等无形资产出资的，应当符合法律、行政法规规定的比例。

第十五条 企业依法以吸收直接投资、发行股份等方式筹集权益资金的，应当拟订筹资方案，确定筹资规模，履行内部决策程序和必要的报批手续，控制筹资成本。

企业筹集的实收资本，应当依法委托法定验资机构验资并出具验资报告。

第十六条 企业应当执行国家有关资本管理制度，在获准工商登记后 30 日内，依据验资报告等向投资者出具出资证明书，确定投资者的合法权益。

企业筹集的实收资本，在持续经营期间可以由投资者依照法律、行政法规以及企业章程的规定转让或者减少，投资者不得抽逃或者变相抽回出资。

除《公司法》等有关法律、行政法规另有规定外，企业不得回购本企业发行的股份。企业依法回购股份，应当符合有关条件和财务处理办法，并经投资者决议。

第十七条 对投资者实际缴付的出资超出注册资本的差额（包括股票溢价），企业应当作为资本公积管理。

经投资者审议决定后，资本公积用于转增资本。国家另有规定的，从其规定。

第十八条 企业从税后利润中提取的盈余公积包括法定公积金和任意公积金，可以用于弥补企业亏损或者转增资本。法定公积金转增资本后留存企业的部分，以不少于转增前注册资本的25%为限。

第十九条 企业增加实收资本或者以资本公积、盈余公积转增实收资本，由投资者履行财务决策程序后，办理相关财务事项和工商变更登记。

第二十条 企业取得的各类财政资金，区分以下情况处理：

（一）属于国家直接投资、资本注入的，按照国家有关规定增加国家资本或者国有资本公积。

（二）属于投资补助的，增加资本公积或者实收资本。国家拨款时对权属有规定的，按规定执行；没有规定的，由全体投资者共同享有。

（三）属于贷款贴息、专项经费补助的，作为企业收益处理。

（四）属于政府转贷、偿还性资助的，作为企业负债管理。

（五）属于弥补亏损、救助损失或者其他用途的，作为企业收益处理。

第二十一条 企业依法以借款、发行债券、融资租赁等方式筹集债务资金的，应当明确筹资目的，根据资金成本、债务风险和合理的资金需求，进行必要的资本结构决策，并签订书面合同。

企业筹集资金用于固定资产投资项目的，应当遵守国家产业政策、行业规划、自有资本比例及其他规定。

企业筹集资金，应当按规定核算和使用，并诚信履行合同，依法接受监督。

第四章 资产营运

第二十二条 企业应当根据风险与收益均衡等原则和经营需要，确定合理的资产结构，并实施资产结构动态管理。

第二十三条 企业应当建立内部资金调度控制制度，明确资金调度的条件、权限和程序，统一筹集、使用和管理资金。企业支付、调度资金，应当按照内部财务管理制度的规定，依据有效合同、合法凭证，办理相关手续。

企业向境外支付、调度资金应当符合国家有关外汇管理的规定。

企业集团可以实行内部资金集中统一管理，但应当符合国家有关金融管理等法律、行政法规规定，并不得损害成员企业的利益。

第二十四条 企业应当建立合同的财务审核制度，明确业务流程和审批权限，实行财务监控。

企业应当加强应收款项的管理，评估客户信用风险，跟踪客户履约情况，落实收账责任，减少坏账损失。

第二十五条 企业应当建立健全存货管理制度，规范存货采购审批、执行程序，根据合同的约定以及内部审批制度支付货款。

企业选择供货商以及实施大宗采购，可以采取招标等方式进行。

第二十六条 企业应当建立固定资产购建、使用、处置制度。

企业自行选择、确定固定资产折旧办法，可以征询中介机构、有关专家的意见，并由投资者审议批准。固定资产折旧办法一经选用，不得随意变更。确需变更的，应当说明理由，经投资者审议批准。

企业购建重要的固定资产、进行重大技术改造，应当经过可行性研究，按照内部审批制度履行财务决策程序，落实决策和执行责任。

企业在建工程项目交付使用后，应当在一个年度内办理竣工决算。

第二十七条 企业对外投资应当遵守法律、行政法规和国家有关政策的规定，符合企业发展战略的要求，进行可行性研究，按照内部审批制度履行批准程序，落实决策和执行的责任。

企业对外投资应当签订书面合同，明确企业投资权益，实施财务监管。依据合同支付投资款项，应当按照企业内部审批制度执行。

企业向境外投资的，还应当经投资者审议批准，并遵守国家境外投资项目核准和外汇管理等相关规定。

第二十八条 企业通过自创、购买、接受投资等方式取得的无形资产，应当依法明确权属，落实有关经营、管理的财务责任。

无形资产出现转让、租赁、质押、授权经营、连锁经营、对外投资等情形时，企业应当签订书面合同，明确双方的权利义务，合理确定交易价格。

第二十九条 企业对外担保应当符合法律、行政法规及有关规定，根据被担保单位的资信及偿债能力，按照内部审批制度采取相应的风险控制措施，并设立备查账簿登记，实行跟踪监督。

企业对外捐赠应当符合法律、行政法规及有关财务规定，制定实施方案，明确捐赠的范围和条件，落实执行责任，严格办理捐赠资产的交接手续。

第三十条 企业从事期货、期权、证券、外汇交易等业务或者委托其他机构理财，不得影响主营业务的正常开展，并应当签订书面合同，建立交易报告制度，定期对账，控制风险。

第三十一条 企业从事代理业务，应当严格履行合同，实行代理业务与自营业务分账管理，不得挪用客户资金、互相转嫁经营风险。

第三十二条 企业应当建立各项资产损失或者减值准备管理制度。各项资产损失或者减值准备的计提标准，一经选用，不得随意变更。企业在制订计提标准时可以征询中介机构、有关专家的意见。

对计提损失或者减值准备后的资产，企业应当落实监管责任。能够收回或者继续使用以及没有证据证明实际损失的资产，不得核销。

第三十三条 企业发生的资产损失，应当及时予以核实、查清责任，追偿损失，按照规定程序处理。

企业重组中清查出的资产损失，经批准后依次冲减未分配利润、盈余公积、资本公积和实收资本。

第三十四条 企业以出售、抵押、置换、报废等方式处理资产时，应当按照国家有关规定和企业内部财务管理制度规定的权限和程序进行。其中，处理主要固定资产涉及企业经营业务调整或者资产重组的，应当根据投资者审议通过的业务调整或者资产重组方案实施。

第三十五条 企业发生关联交易的，应当遵守国家有关规定，按照独立企业之间的交易计价结算。投资者或者经营者不得利用关联交易非法转移企业经济利益或者操纵关联企业的利润。

第五章 成本控制

第三十六条 企业应当建立成本控制系统，强化成本预算约束，推行质量成本控制办法，实行成本定额管理、全员管理和全过程控制。

第三十七条 企业实行费用归口、分级管理和预算控制，应当建立必要的费用开支范围、标准和报销审批制度。

第三十八条 企业技术研发和科技成果转化项目所需经费，可以通过建立研发准备金筹措，据实列入相关资产成本或者当期费用。

符合国家规定条件的企业集团，可以集中使用研发费用，用于企业主导产品和核心技术的自主研发。

第三十九条 企业依法实施安全生产、清洁生产、污染治理、地质灾害防治、生态恢复和环境保护等所需经费，按照国家有关标准列入相关资产成本或者当期费用。

第四十条 企业发生销售折扣、折让以及支付必要的佣金、回扣、手续费、劳务费、提成、返利、进场费、业务奖励等支出的，应当签订相关合同，履行内部审批手续。

企业开展进出口业务收取或者支付的佣金、保险费、运费，按照合同规定的价格条件处理。

企业向个人以及非经营单位支付费用的，应当严格履行内部审批及支付的手续。

第四十一条 企业可以根据法律、法规和国家有关规定，对经营者和核心技术人员实行与其他职工不同的薪酬办法，属于本级人民政府及其部门、机构出资的企业，应当将薪酬办法报主管财政机关备案。

第四十二条 企业应当按照劳动合同及国家有关规定支付职工报酬，并为从事高危作业的职工缴纳团体人身意外伤害保险费，所需费用直接作为成本（费用）列支。

经营者可以在工资计划中安排一定数额，对企业技术研发、降低能源消耗、治理“三废”、促进安全生产、开拓市场等作出突出贡献的职工给予奖励。

第四十三条 企业应当依法为职工支付基本医疗、基本养老、失业、工伤等社会保险费，所需费用直接作为成本（费用）列支。

已参加基本医疗、基本养老保险的企业，具有持续盈利能力和支付能力的，可以为职工建立补充医疗保险和补充养老保险，所需费用按照省级以上人民政府规定的比例从成本（费用）中提取。超出规定比例的部分，由职工个人负担。

第四十四条 企业为职工缴纳住房公积金以及职工住房货币化分配的财务处理，按照国家有关规定执行。

职工教育经费按照国家规定的比例提取，专项用于企业职工后续职业教育和职业培训。

工会经费按照国家规定比例提取并拨缴工会。

第四十五条 企业应当依法缴纳行政事业性收费、政府性基金以及使用或者占用国有资源的费用等。

企业对没有法律法规依据或者超过法律法规规定范围和标准的各种摊派、收费、集资，有权拒绝。

第四十六条 企业不得承担属于个人的下列支出：

（一）娱乐、健身、旅游、招待、购物、馈赠等支出。

（二）购买商业保险、证券、股权、收藏品等支出。

（三）个人行为导致的罚款、赔偿等支出。

（四）购买住房、支付物业管理费等支出。

（五）应由个人承担的其他支出。

第六章 收益分配

第四十七条 投资者、经营者及其他职工履行本企业职务或者以企业名义开展业务所得的收入，包括销售收入以及对方给予的销售折扣、折让、佣金、回扣、手续费、劳务费、提成、返利、进场费、业务奖励等收入，全部属于企业。

企业应当建立销售价格管理制度，明确产品或者劳务的定价和销售价格调整的权限、程序与方法，根据预期收益、资金周转、市场竞争、法律规范约束等要求，采取相应的价格策略，防范销售风险。

第四十八条 企业出售股权投资，应当按照规定的程序和方式进行。股权投资出售底价，参照资产评估结果确定，并按照合同约定收取所得价款。在履行交割时，对尚未收款部分的股权投资，应当按照合同的约定结算，取得受让方提供的有效担保。

上市公司国有股减持所得收益，按照国务院的规定处理。

第四十九条 企业发生的年度经营亏损，依照税法的规定弥补。税法规定年限内的税前利润不足弥补的，用以后年度的税后利润弥补，或者经投资者审议后用盈余公积弥补。

第五十条 企业年度净利润，除法律、行政法规另有规定外，按照以下顺序分配：

（一）弥补以前年度亏损。

（二）提取10%法定公积金。法定公积金累计额达到注册资本50%以后，可以不再提取。

（三）提取任意公积金。任意公积金提取比例由投资者决议。

（四）向投资者分配利润。企业以前年度未分配的利润，并入本年度利润，在充分考虑现金流量状况后，向投资者分配。属于各级人民政府及其部门、机构出资的企业，应当将应付国有利润上缴财政。

国有企业可以将任意公积金与法定公积金合并提取。股份有限公司依法回购后暂未转让或者注销的股份，不得参与利润分配；以回购股份对经营者及其他职工实施股权激励的，在拟订利润分配方案时，应当预留回购股份所需利润。

第五十一条 企业弥补以前年度亏损和提取盈余公积后，当年没有可供分配的利润时，不得向投资者分配利润，但法律、行政法规另有规定的除外。

第五十二条 企业经营者和其他职工以管理、技术等要素参与企业收益分配的，应当按照国家有关规定在企业章程或者有关合同中对分配办法作出规定，并区别以下情况处理：

（一）取得企业股权的，与其他投资者一同进行企业利润分配。

（二）没有取得企业股权的，在相关业务实现的利润限额和分配标准内，从当期费用中列支。

第七章 重组清算

第五十三条 企业通过改制、产权转让、合并、分立、托管等方式实施重组，对涉及资本权益的事项，应当由投资者或者授权机构进行可行性研究，履行内部财务决策程序，并组织开展以下工作：

（一）清查财产，核实债务，委托会计师事务所审计。

（二）制订职工安置方案，听取重组企业的职工、职工代表大会的意见或者提交职工代表大会审议。

（三）与债权人协商，制订债务处置或者承继方案。

（四）委托评估机构进行资产评估，并以评估价值作为净资产作价或者折股的参考依据。

（五）拟订股权设置方案和资本重组实施方案，经过审议后履行报批手续。

第五十四条 企业采取分立方式进行重组，应当明晰分立后的企业产权关系。

企业划分各项资产、债务以及经营业务，应当按照业务相关性或者资产相关性原则制订分割方案。对不能分割的整体资产，在评估机构评估价值的基础上，经分立各方协商，由拥有整体资产的一方给予他方适当经济补偿。

第五十五条 企业可以采取新设或者吸收方式进行合并重组。企业合并前的各项资产、债务以及经营业务，由合并后的企业承继，并应当明确合并后企业的产权关系以及各投资者的出资比例。

企业合并的资产税收处理应当符合国家有关税法的规定，合并后净资产超出注册资本的部分，作为资本公积；少于注册资本的部分，应当变更注册资本或者由投资者补足出资。

对资不抵债的企业以承担债务方式合并的，合并方应当制定企业重整措施，按照合并方案履行偿还债务责任，整合财务资源。

第五十六条 企业实行托管经营，应当由投资者决定，并签订托管协议，明确托管经营的资产负债状况、托管经营目标、托管资产处置权限以及收益分配办法等，并落实财务监管措施。

受托企业应当根据托管协议制订相关方案，重组托管企业的资产与债务。未经托管企业投资者同意，不得改组、改制托管企业，不得转让托管企业及转移托管资产、经营业务，不得以托管企业名义或者以托管资产对外担保。

第五十七条 企业进行重组时，对已占用的国有划拨土地应当按照有关规定进行评估，履行相关手续，并区别以下情况处理：

（一）继续采取划拨方式的，可以不纳入企业资产管理，但企业应当明确划拨土地使用权权益，并按规定用途使用，设立备查账簿登记。国家另有规定的除外。

（二）采取作价入股方式的，将应缴纳的土地出让金转作国家资本，形成的国有股权由企业重组前的国有资本持有单位或者主管财政机关确认的单位持有。

（三）采取出让方式的，由企业购买土地使用权，支付出让费用。

（四）采取租赁方式的，由企业租赁使用，租金水平参照银行同期贷款利率确定，并在租赁合同中约定。

企业进行重组时，对已占用的水域、探矿权、采矿权、特许经营权等国有资源，依法可以转让的，比照前款处理。

第五十八条 企业重组过程中，对拖欠职工的工资和医疗、伤残补助、抚恤费用以及欠缴的基本社会保险费、住房公积金，应当以企业现有资产优先清偿。

第五十九条 企业被责令关闭、依法破产、经营期限届满而终止经营的，或者经投资者决议解散的，应当按照法律、法规和企业章程的规定实施清算。清算财产变卖底价，参照资产评估结果确定。国家另有规定的，从其规定。

企业清算结束，应当编制清算报告，委托会计师事务所审计，报投资者或者人民法院确认后，向相关部门、债权人以及其他的利益相关人通告。其中，属于各级人民政府及其部门、机构出资的企业，其清算报告应当报送主管财政机关。

第六十条 企业解除职工劳动关系，按照国家有关规定支付的经济补偿金或者安置费，除正常经营期间发生的列入当期费用以外，应当区别以下情况处理：

（一）企业重组中发生的，依次从未分配利润、盈余公积、资本公积、实收资本中支付。

（二）企业清算时发生的，以企业扣除清算费用后的清算财产优先清偿。

第八章 信息管理

第六十一条 企业可以结合经营特点，优化业务流程，建立财务和业务一体化的信息处理系统，逐步实现财务、业务相关信息一次性处理和实时共享。

第六十二条 企业应当逐步创造条件，实行统筹企业资源计划，全面整合和规范财务、业务流程，对企业物流、资金流、信息流进行一体化管理和集成运作。

第六十三条 企业应当建立财务预警机制，自行确定财务危机警戒标准，重点监测经营性净现金流量与到期债务、企业资产与负债的适配性，及时沟通企业有关财务危机预警的信息，提出解决财务危机的措施和方案。

第六十四条 企业应当按照有关法律、行政法规和国家统一的会计制度的规定，按时编制财务会计报告，经营者或者投资者不得拖延、阻挠。

第六十五条 企业应当按照规定向主管财政机关报送月份、季度、年度财务会计报告等材料，不得在报送的财务会计报告等材料上作虚假记载或者隐瞒重要事实。主管财政机关应当根据企业的需要提供必要的培训和技术支持。

企业对外提供的年度财务会计报告，应当依法经过会计师事务所审计。国家另有规定的，从其规定。

第六十六条 企业应当在年度内定期向职工公开以下信息：

（一）职工劳动报酬、养老、医疗、工伤、住房、培训、休假等信息。

（二）经营者报酬实施方案。

（三）年度财务会计报告审计情况。

（四）企业重组涉及的资产评估及处置情况。

（五）其他依法应当公开的信息。

第六十七条 主管财政机关应当建立健全企业财务评价体系，主要评估企业内部财务控制的有效性，评价企业的偿债能力、盈利能力、资产营运能力、发展能力和社会贡献。评估和评价的结果可以通过适当方式向社会发布。

第六十八条 主管财政机关及其工作人员应当恰当使用所掌握的企业财务信息，并依法履行保密义务，不得利用企业的财务信息谋取私利或者损害企业利益。

第九章　财务监督

第六十九条 企业应当依法接受主管财政机关的财务监督和国家审计机关的财务审计。

第七十条 经营者在经营过程中违反本通则有关规定的，投资者可以依法追究经营者的责任。

第七十一条 企业应当建立、健全内部财务监督制度。

企业设立监事会或者监事人员的，监事会或者监事人员依照法律、行政法规、本通则和企业章程的规定，履行企业内部财务监督职责。

经营者应当实施内部财务控制，配合投资者或者企业监事会以及中介机构的检查、审计工作。

第七十二条 企业和企业负有直接责任的主管人员和其他人员有以下行为之一的，县级以上主管财政机关可以责令限期改正、予以警告，有违法所得的，没收违法所得，并可以处以不超过违法所得 3 倍、但最高不超过 3 万元的罚款；没有违法所得的，可以处以 1 万元以下的罚款。

（一）违反本通则第三十九条、四十条、四十二条第一款、四十三条、四十六条规定列支成本费用的。

（二）违反本通则第四十七条第一款规定截留、隐瞒、侵占企业收入的。

（三）违反本通则第五十条、五十一条、五十二条规定进行利润分配的。但依照《公司法》设立的企业不按本通则第五十条第一款第二项规定提取法定公积金的，依照《公司法》的规定予以处罚。

（四）违反本通则第五十七条规定处理国有资源的。

（五）不按本通则第五十八条规定清偿职工债务的。

第七十三条 企业和企业负有直接责任的主管人员和其他人员有以下行为之一的，县级以上主管财政机关可以责令限期改正、予以警告。

（一）未按本通则规定建立健全各项内部财务管理制度的。

（二）内部财务管理制度明显与法律、行政法规和通用的企业财务规章制度相抵触，且不按主管财政机关要求修正的。

第七十四条 企业和企业负有直接责任的主管人员和其他人员不按本通则第六十四条、第六十五条规定编制、报送财务会计报告等材料的，县级以上主管财政机关可以依照《公司法》、《企业财务会计报告条例》的规定予以处罚。

第七十五条 企业在财务活动中违反财政、税收等法律、行政法规的，依照《财政违法行为处罚处分条例》（国务院令第427号）及有关税收法律、行政法规的规定予以处理、处罚。

第七十六条 主管财政机关以及政府其他部门、机构有关工作人员，在企业财务管理中滥用职权、玩忽职守、徇私舞弊或者泄露国家机密、企业商业秘密的，依法进行处理。

第十章 附 则

第七十七条 实行企业化管理的事业单位比照适用本通则。

第七十八条 本通则自2007年1月1日起施行。

企业产品成本核算制度（试行）

（2013年8月16日 财会〔2013〕17号）

第一章 总 则

第一条 为了加强企业产品成本核算工作，保证产品成本信息真实、完整，促进企业和经济社会的可持续发展，根据《中华人民共和国会计法》、企业会计准则等国家有关规定制定本制度。

第二条 本制度适用于大中型企业，包括制造业、农业、批发零售业、建筑业、房地产业、采矿业、交通运输业、信息传输业、软件及信息技术服务业、文化业以及其他行业的企业。其他未明确规定的行业比照以上类似行业的规定执行。

本制度不适用于金融保险业的企业。

第三条 本制度所称的产品，是指企业日常生产经营活动中持有以备出售的产成品、商品、提供的劳务或服务。

本制度所称的产品成本，是指企业在生产产品过程中所发生的材料费用、职工薪酬等，以及不能直接计入而按一定标准分配计入的各种间接费用。

第四条 企业应当充分利用现代信息技术，编制、执行企业产品成本预算，对执行情况进行分析、考核，落实成本管理责任制，加强对产品生产事前、事中、事后的全过程控制，加强产品成本核算与管理各项基础工作。

第五条 企业应当根据所发生的有关费用能否归属于使产品达到目前场所和状态的原则，正确区分产品成本和期间费用。

第六条 企业应当根据产品生产过程的特点、生产经营组织的类型、产品种类的繁简和成本管理的要求，确定产品成本核算的对象、项目、范围，及时对有关费用进行归集、分配和结转。

企业产品成本核算采用的会计政策和估计一经确定，不得随意变更。

第七条 企业一般应当按月编制产品成本报表，全面反映企业生产成本、成本计划执行情况、产品成本及其变动情况等。

第二章 产品成本核算对象

第八条 企业应当根据生产经营特点和管理要求，确定成本核算对象，归集成本费用，计算产品的生产成本。

第九条 制造企业一般按照产品品种、批次订单或生产步骤等确定产品成本核算对象。

（一）大量大批单步骤生产产品或管理上不要求提供有关生产步骤成本信息的，一般按照产品品种确定成本核算对象。

（二）小批单件生产产品的，一般按照每批或每件产品确定成本核算对象。

（三）多步骤连续加工产品且管理上要求提供有关生产步骤成本信息的，一般按照每种（批）产品及各生产步骤确定成本核算对象。

产品规格繁多的，可以将产品结构、耗用原材料和工艺过程基本相同的产品，适当合并作为成本核算对象。

第十条 农业企业一般按照生物资产的品种、成长期、批别（群别、批次）、与农业生产相关的劳务作业等确定成本核算对象。

第十一条 批发零售企业一般按照商品的品种、批次、订单、类别等确定成本核算对象。

第十二条 建筑企业一般按照订立的单项合同确定成本核算对象。单项合同包括建造多项资产的，企业应当按照企业会计准则规定的合同分立原则，确定建造合同的成本核算对象。为建造一项或数项资产而签订一组合同的，按合同合并的原则，确定建造合同的成本核算对象。

第十三条 房地产企业一般按照开发项目、综合开发期数并兼顾产品类型等确定成本核算对象。

第十四条 采矿企业一般按照所采掘的产品确定成本核算对象。

第十五条 交通运输企业以运输工具从事货物、旅客运输的，一般按照航线、航次、单船（机）、基层站段等确定成本核算对象；从事货物等装卸业务的，可以按照货物、成本责任部门、作业场所等确定成本核算对象；从事仓储、堆存、港务管理业务的，一般按照码头、仓库、堆场、油罐、筒仓、货棚或主要货物的种类、成本责任部门等确定成本核算对象。

第十六条 信息传输企业一般按照基础电信业务、电信增值业务和其他信息传输业务等确定成本核算对象。

第十七条 软件及信息技术服务企业的科研设计与软件开发等人工成本比重较高的，一般按照科研课题、承接的单项合同项目、开发项目、技术服务客户等确定成本核算对象。合同项目规模较大、开发期较长的，可以分段确定成本核算对象。

第十八条 文化企业一般按照制作产品的种类、批次、印次、刊次等确定成本核算对象。

第十九条 除本制度已明确规定的以外，其他行业企业应当比照以上类似行业的企业确定产品成本核算对象。

第二十条 企业应当按照第八条至第十九条规定确定产品成本核算对象，进行产品成本核算。企业内部管理有相关要求的，还可以按照现代企业多维度、多层次的管理需要，确定多元化的产品成本核算对象。

多维度，是指以产品的最小生产步骤或作业为基础，按照企业有关部门的生产流程及其相应的成本管理要求，利用现代信息技术，组合出产品维度、工序维度、车间班组维度、生产设备维度、客户订单维度、变动成本维度和固定成本维度等不同的成本核算对象。

多层次，是指根据企业成本管理需要，划分为企业管理部门、工厂、车间和班组等成本管控层次。

第三章 产品成本核算项目和范围

第二十一条 企业应当根据生产经营特点和管理要求，按照成本的经济用途和生产要素内容相结合的原则或者成本性态等设置成本项目。

第二十二条 制造企业一般设置直接材料、燃料和动力、直接人工和制造费用等成本项目。

直接材料，是指构成产品实体的原材料以及有助于产品形成的主要材料和辅助材料。

燃料和动力，是指直接用于产品生产的燃料和动力。

直接人工，是指直接从事产品生产的工人的职工薪酬。

制造费用，是指企业为生产产品和提供劳务而发生的各项间接费用，包括企业生产部门（如生产车间）发生的水电费、固定资产折旧、无形资产摊销、管理人员的职工薪酬、劳动保护费、国家规定的有关环保费用、季节性和修理期间的停工损失等。

第二十三条 农业企业一般设置直接材料、直接人工、机械作业费、其他直接费用、间接费用等成本项目。

直接材料，是指种植业生产中耗用的自产或外购的种子、种苗、饲料、肥料、农药、燃料和动力、修理用材料和零件、原材料以及其他材料等；养殖业生产中直接用于养殖生产的苗种、饲料、肥料、燃料、动力、畜禽医药费等。

直接人工，是指直接从事农业生产人员的职工薪酬。

机械作业费，是指种植业生产过程中农用机械进行耕耙、播种、施肥、除草、喷药、收割、脱粒等机械作业所发生的费用。

其他直接费用，是指除直接材料、直接人工和机械作业费以外的畜力作业费等直接费用。

间接费用，是指应摊销、分配计入成本核算对象的运输费、灌溉费、固定资产折旧、租赁费、保养费等费用。

第二十四条 批发零售企业一般设置进货成本、相关税费、采购费等成本项目。

进货成本，是指商品的采购价款。

相关税费，是指购买商品发生的进口关税、资源税和不能抵扣的增值税等。

采购费，是指运杂费、装卸费、保险费、仓储费、整理费、合理损耗以及其他可归属于商品采购成本的费用。采购费金额较小的，可以在发生时直接计入当期销售费用。

第二十五条 建筑企业一般设置直接人工、直接材料、机械使用费、其他直接费用和间接费用等成本项目。建筑企业将部分工程分包的，还可以设置分包成本项目。

直接人工，是指按照国家规定支付给施工过程中直接从事建筑安装工程施工的工人以及在施工现场直接为工程制作构件和运料、配料等工人的职工薪酬。

直接材料，是指在施工过程中所耗用的、构成工程实体的材料、结构件、机械配件和有助于工程形成的其他材料以及周转材料的租赁费和摊销等。

机械使用费，是指施工过程中使用自有施工机械所发生的机械使用费，使用外单位施工机械的租赁费，以及按照规定支付的施工机械进出场费等。

其他直接费用，是指施工过程中发生的材料搬运费、材料装卸保管费、燃料动力费、临时设施摊销、生产工具用具使用费、检验试验费、工程定位复测费、工程点交费、场地清理费，以及能够单独区分和可靠计量的为订立建造承包合同而发生的差旅费、投标费等费用。

间接费用，是指企业各施工单位为组织和管理工程施工所发生的费用。

分包成本，是指按照国家规定开展分包，支付给分包单位的工程价款。

第二十六条 房地产企业一般设置土地征用及拆迁补偿费、前期工程费、建筑安装工程费、基础设施建设费、公共配套设施费、开发间接费、借款费用等成本项目。

土地征用及拆迁补偿费，是指为取得土地开发使用权（或开发权）而发生的各项费用，包括土地买价或出让金、大市政配套费、契税、耕地占用税、土地使用费、土地闲置费、农作物补偿费、危房补偿费、土地变更用途和超面积补交的地价及相关税费、拆迁补偿费用、安置及动迁费用、回迁房建造费用等。

前期工程费，是指项目开发前期发生的政府许可规费、招标代理费、临时设施费以及水文地质勘察、测绘、规划、设计、可行性研究、咨询论证费、筹建、场地通平等前期费用。

建筑安装工程费，是指开发项目开发过程中发生的各项主体建筑的建筑工程费、安装工程费及精装修费等。

基础设施建设费，是指开发项目在开发过程中发生的道路、供水、供电、供气、供暖、排污、排洪、消防、通讯、照明、有线电视、宽带网络、智能化等社区管网工程费和环境卫生、园林绿化等园林、景观环境工程费用等。

公共配套设施费，是指开发项目内发生的、独立的、非营利性的且产权属于全体业主的，或无偿赠与地方政府、政府公共事业单位的公共配套设施费用等。

开发间接费，指企业为直接组织和管理开发项目所发生的，且不能将其直接归属于成本核算对象的工程监理费、造价审核费、结算审核费、工程保险费等。为业主代扣代缴的公共维修基金等不得计入产品成本。

借款费用，是指符合资本化条件的借款费用。

房地产企业自行进行基础设施、建筑安装等工程建设的，可以比照建筑企业设置有关成本项目。

第二十七条 采矿企业一般设置直接材料、燃料和动力、直接人工、间接费用等成本项目。

直接材料，是指采掘生产过程中直接耗用的添加剂、催化剂、引发剂、助剂、触媒以及净化材料、包装物等。

燃料和动力，是指采掘生产过程中直接耗用的各种固体、液体、气体燃料，以及水、电、汽、风、氮气、氧气等动力。

直接人工，是指直接从事采矿生产人员的职工薪酬。

间接费用，是指为组织和管理厂（矿）采掘生产所发生的职工薪酬、劳动保护费、固定资产折旧、无形资产摊销、保险费、办公费、环保费用、化（检）验计量费、设计制图费、停工损失、洗车费、转输费、科研试验费、信息系统维护费等。

第二十八条 交通运输企业一般设置营运费用、运输工具固定费用与非营运期间的费用等成本项目。

营运费用，是指企业在货物或旅客运输、装卸、堆存过程中发生的营运费用，包括货物费、港口费、起降及停机费、中转费、过桥过路费、燃料和动力、航次租船费、安全救生费、护航费、装卸整理费、堆存费等。铁路运输企业的营运费用还包括线路等相关设施的维护费等。

运输工具固定费用，是指运输工具的固定费用和共同费用等，包括检验检疫费、车船使用税、劳动保护费、固定资产折旧、租赁费、备件配件、保险费、驾驶及相关操作人员薪酬及其伙食费等。

非营运期间费用，是指受不可抗力制约或行业惯例等原因暂停营运期间发生的有关费用等。

第二十九条 信息传输企业一般设置直接人工、固定资产折旧、无形资产摊销、低值易耗品摊销、业务费、电路及网元租赁费等成本项目。

直接人工，是指直接从事信息传输服务的人员的职工薪酬。

业务费，是指支付通信生产的各种业务费用，包括频率占用费，卫星测控费，安全保卫费，码号资源费，设备耗用的外购电力费，自有电源设备耗用的燃料和润料费等。

电路及网元租赁费，是指支付给其他信息传输企业的电路及网元等传输系统及设备的租赁费等。

第三十条 软件及信息技术服务企业一般设置直接人工、外购软件与服务费、场地租赁费、固定资产折旧、无形资产摊销、差旅费、培训费、转包成本、水电费、办公费等成本项目。

直接人工，是指直接从事软件及信息技术服务的人员的职工薪酬。

外购软件与服务费，是指企业为开发特定项目而必须从外部购进的辅助软件或服务所发生的费用。

场地租赁费，是指企业为开发软件或提供信息技术服务租赁场地支付的费用等。

转包成本，是指企业将有关项目部分分包给其他单位支付的费用。

第三十一条 文化企业一般设置开发成本和制作成本等成本项目。

开发成本，是指从选题策划开始到正式生产制作所经历的一系列过程，包括信息收集、策划、市场调研、选题论证、立项等阶段所发生的信息搜集费、调研交通费、通信费、组稿费、专题会议费、参与开发的职工薪酬等。

制作成本，是指产品内容制作成本和物质形态的制作成本，包括稿费、审稿费、校对费、录入费、编辑加工费、直接材料费、印刷费、固定资产折旧、参与制作的职工薪酬等。电影企业的制作成本，是指企业在影片制片、译制、洗印等生产过程所发生的各项费用，包括剧本费、演职员的薪酬、胶片及磁片磁带费、化妆费、道具费、布景费、场租费、剪接费、洗印费等。

第三十二条 除本制度已明确规定的以外，其他行业企业应当比照以上类似行业的企业确定成本项目。

第三十三条 企业应当按照第二十一条至第三十二条规定确定产品成本核算项目，进行产品成本核算。企业内部管理有相关要求的，还可以按照现代企业多维度、多层次的成本管理要求，利用现代信息技术对有关成本项目进行组合，输出有关成本信息。

第四章 产品成本归集、分配和结转

第三十四条 企业所发生的费用，能确定由某一成本核算对象负担的，应当按照所对应的产品成本项目类别，直接计入产品成本核算对象的生产成本；由几个成本核算对象共同负担的，应当选择合理的分配标准分配计入。

企业应当根据生产经营特点，以正常生产能力水平为基础，按照资源耗费方式确定合理的分配标准。

企业应当按照权责发生制的原则，根据产品的生产特点和管理要求结转成本。

第三十五条 制造企业发生的直接材料和直接人工，能够直接计入成本核算对象的，应当直接计入成本核算对象的生产成本，否则应当按照合理的分配标准分配计入。

制造企业外购燃料和动力的，应当根据实际耗用数量或者合理的分配标准对燃料和动力费用进行归集分配。生产部门直接用于生产的燃料和动力，直接计入生产成本；生产部门间接用于生产（如照明、取暖）的燃料和动力，计入制造费用。制造企业内部自行提供燃料和动力的，参照本条第三款进行处理。

制造企业辅助生产部门为生产部门提供劳务和产品而发生的费用，应当参照生产成本项目归集，并按照合理的分配标准分配计入各成本核算对象的生产成本。辅助生产部门之间互相提供的劳务、作业成本，应当采用合理的方法，进行交互分配。互相提供劳务、作业不多的，可以不进行交互分配，直接分配给辅助生产部门以外的受益单位。

第三十六条 制造企业发生的制造费用，应当按照合理的分配标准按月分配计入各成本核算对象的生产成本。企业可以采取的分配标准包括机器工时、人工工时、计划分配率等。

季节性生产企业在停工期间发生的制造费用，应当在开工期间进行合理分摊，连同开工期间发生的制造费用，一并计入产品的生产成本。

制造企业可以根据自身经营管理特点和条件，利用现代信息技术，采用作业成本法对不能直接归属于成本核算对象的成本进行归集和分配。

第三十七条 制造企业应当根据生产经营特点和联产品、副产品的工艺要求，选择系数分配法、实物量分配法、相对销售价格分配法等合理的方法分配联合生产成本。

第三十八条 制造企业发出的材料成本，可以根据实物流转方式、管理要求、实物性质等实际情况，采用先进先出法、加权平均法、个别计价法等方法计算。

第三十九条 制造企业应当根据产品的生产特点和管理要求，按成本计算期结转成本。制造企业可以选择原材料消耗量、约当产量法、定额比例法、原材料扣除法、完工百分比法等方法，恰当地确定完工产品和在产品的实际成本，并将完工入库产品的产品成本结转至库存产品科目；在产品数量、金额不重要或在产品期初期末数量变动不大的，可以不计算在产品成本。

制造企业产成品和在产品的成本核算，除季节性生产企业等以外，应当以月为成本计算期。

第四十条 农业企业应当比照制造企业对产品成本进行归集、分配和结转。

第四十一条 批发零售企业发生的进货成本、相关税金直接计入成本核算对象成本；发生的采购费，可以结合经营管理特点，按照合理的方法分配计入成本核算对象成本。采购费金额较小的，可以在发生时直接计入当期销售费用。

批发零售企业可以根据实物流转方式、管理要求、实物性质等实际情况，采用先进先出法、加权平均法、个别计价法、毛利率法等方法结转产品成本。

第四十二条 建筑企业发生的有关费用，由某一成本核算对象负担的，应当直接计入成本核算对象成本；由几个成本核算对象共同负担的，应当选择直接费用比例、定额比例和职工薪酬比例等合理的分配标准，分配计入成本核算对象成本。

建筑企业应当按照《企业会计准则第 15 号——建造合同》的规定结转产品成本。合同结果能够可靠估计的，应当采用完工百分比法确定和结转当期提供服务的成本；合同结果不能可靠估计的，应当直接结转已经发生的成本。

第四十三条 房地产企业发生的有关费用，由某一成本核算对象负担的，应当直接计入成本核算对象成本；由几个成本核算对象共同负担的，应当选择占地面积比例、预算造价比例、建筑面积比例等合理的分配标准，分配计入成本核算对象成本。

第四十四条 采矿企业应当比照制造企业对产品成本进行归集、分配和结转。

第四十五条 交通运输企业发生的营运费用，应当按照成本核算对象归集。

交通运输企业发生的运输工具固定费用，能确定由某一成本核算对象负担的，应当直接计入成本核算对象的成本；由多个成本核算对象共同负担的，应当选择营运时间等符合经营特点的、科学合理的分配标准分配计入各成本核算对象的成本。

交通运输企业发生的非营运期间费用，比照制造业季节性生产企业处理。

第四十六条 信息传输、软件及信息技术服务等企业，可以根据经营特点和条件，利用现代信息技术，采用作业成本法等对产品成本进行归集和分配。

第四十七条 文化企业发生的有关成本项目费用，由某一成本核算对象负担的，应当直接计入成本核算对象成本；由几个成本核算对象共同负担的，应当选择人员比例、工时比例、材料耗用比例等合理的分配标准分配计入成本核算对象成本。

第四十八条 企业不得以计划成本、标准成本、定额成本等代替实际成本。企业采用计划成本、标准成本、定额成本等类似成本进行直接材料日常核算的，期末应当将耗用直接材料的计划成本或定额成本等类似成本调整为实际成本。

第四十九条 除本制度已明确规定的以外，其他行业企业应当比照以上类似行业的企业对产品成本进行归集、分配和结转。

第五十条 企业应当按照第三十四条至第四十九条规定对产品成本进行归集、分配和结转。企业内部管理有相关要求的，还可以利用现代信息技术，在确定多维度、多层次成本核算对象的基础上，对有关费用进行归集、分配和结转。

第五章　附　则

第五十一条 小企业参照执行本制度。

第五十二条 本制度自 2014 年 1 月 1 日起施行。

第五十三条 执行本制度的企业不再执行《国营工业企业成本核算办法》。

企业产品成本核算制度——石油石化行业

（2014 年 12 月 24 日　财会〔2014〕32 号）

第一章　总　则

一、为了规范石油石化行业产品成本核算，保证石油石化企业产品成本信息真实、完整，提升企业之间成本信息的可比性，促进行业和企业可持续发展，根据《中华人民共和国会计法》、企业会计准则和《企业产品成本核算制度（试行）》等有关规定，制定本制度。

二、本制度适用于大中型石油石化企业，包括石油天然气生产企业和石油炼化生产企业。其他石油石化企业参照本制度执行。

三、本制度所称的产品，是指石油石化企业在产品生产过程中形成的油气产品和炼化产品。

四、本制度所称的产品成本核算，包括油气产品成本核算和炼化产品成本核算。

五、油气产品成本一般采用作业成本法或按照重点成本类别进行核算。油气产品成本核算的基本步骤包括：

（一）确定油气产品为成本核算对象。

（二）根据实际管理需要，以行政组织架构、油藏经营管理单元或区块为基础设置成本中心。

（三）采用作业成本法核算的，根据油气产品生产过程划分作业类型，识别作业单元，并将各作业单元发生的成本费用要素归集到对应的作业过程，形成作业成本。

按照重点成本类别核算的，根据油气产品生产流程和费用性质划分重点成本类别，按照重点成本类别归集油气生产过程中发生的各项成本费用要素，形成按照重点类别归集的生产成本。

（四）采用作业成本法核算的，根据作业成本与成本核算对象（产品、区块，下同）之间的因果关系，将作业成本按受益原则直接计入或采用当量系数法分配计入成本核算对象。

按照重点成本类别核算的，根据重点类别归集的生产成本与成本核算对象的受益关系，将油气生产成本按照受益原则直接计入或采用当量系数法分配计入油气产品成本。

六、炼化产品成本核算的基本步骤包括：

（一）确定炼油产品或化工产品为成本核算对象，按照成本中心（车间或装置）归集基本生产成本、辅助生产成本。

（二）以产品产量、材料用量或固定资产原值等为基础，将制造费用合理地分摊计入基本生产成本和辅助生产成本。

（三）根据辅助生产部门提供劳务或动力的受益对象，将辅助生产成本采用交互分配等合理方法转入基本生产成本。

（四）将基本生产成本按照受益对象直接计入或采用系数法分配计入炼化产品成本。

七、石油石化行业产品成本核算会计科目设置和使用的基本原则包括：

（一）根据油气产品生产特点，通常设置“油气生产成本”等会计科目，按照成本费用要素进行明细核算。采用作业成本法归集和管理生产成本的，应分析成本动因，设置作业过程，反映油气产品生产成本。

（二）根据炼化产品生产特点，通常设置“基本生产成本”、“辅助生产成本”等会计科目，按照成本费用要素进行明细核算，反映炼化产品生产成本。

八、石油石化企业应当设置专门机构负责产品成本核算的组织和管理，制定统一的产品成本核算制度，确定产品成本核算流程和方法。

第二章 产品成本核算对象

第一节 油气产品成本核算对象

油气产品成本核算以油气产品为核算对象，通常包括原油、天然气、凝析油和液化气等油气产品。

一、原油，是指在采至地面后的正常压力和温度下，未经加工的、已脱气的呈液态或半固体状态的石油。

对于原油的产品成本核算，一般按照密度进行分类。原油按照密度可以划分为轻质原油、中质原油、重质原油（稠油）、超重原油（沥青）等；按照硫含量可以划分为微含硫原油、低硫原油、中含硫原油、高硫原油等；按照含蜡量可以划分为低蜡原油、含蜡原油、高蜡原油等。

二、天然气，是指以气态碳氢化合物为主的各种气体组成的混合物。天然气按其来源不同分为气层气、溶解气等常规天然气和煤层气、页岩气、致密气等非常规天然气。

三、其他主要油气产品，主要包括液化气和凝析油等。

液化气，主要成分是甲烷，含有少量的乙烷、丙烷、氮或天然气中常见的其他组分。

凝析油，是指在地层条件下的气态烃类物质，在采出到地面的过程中，随着温度和压力的降低，从气相中析出的由戊烷和以上重烃组分组成的液态混合物。

第二节 炼化产品成本核算对象

炼化产品成本核算以炼化产品为核算对象，通常包括石油燃料类产品、石油溶剂类产品、化工原料类产品等炼化产品。

一、石油燃料类产品，主要包括原油经常减压蒸馏在一定温度条件下切割，或二次加工调和取得的汽油、煤油、柴油、重油、液化石油气等产品。

二、石油溶剂类产品，主要包括以原油经蒸馏所得的直馏汽油馏分或以催化重整的抽余油为原料，经精制、分馏、切割出一定馏分取得的溶剂油、航空洗涤汽油等。

三、化工原料类产品，主要包括原油经初馏、常压蒸馏在一定温度条件下蒸出的轻馏分，或二次加工而得到的石脑油、轻烃、加氢尾油、直馏柴油等化工原料。

四、润滑油类产品，主要包括润滑油基础油以及加入适当添加剂调制的润滑油，按照其用途主要分为齿轮油、内燃机用油、气轮机用油、液压系统用油四大类。

五、石蜡类产品，主要包括半精炼石蜡、全精炼石蜡、粗石蜡、皂化蜡、食品用石蜡等。

六、石油焦类产品。

七、石油沥青类产品，主要包括以原油经蒸馏等不同工序生产的建筑石油沥青、道路石油沥青、重交道路石油沥青、电缆沥青、橡胶沥青、防腐沥青等。

八、有机化工原料类产品，主要包括以石脑油、加氢裂化尾油、炼厂轻烃、油田液化气、油田轻烃等为原料的乙烯、丙烯、混合碳四、裂解汽油、氢气等裂解产物，及其后续加工生产的甲烷、碳四、乙炔、丁二烯、丁烯、裂解汽油、苯、甲苯、二甲苯、甲基叔丁基醚、丙酮、丁醇、辛醇、苯乙烯等液体化工产品。

九、合成树脂类产品，主要包括以乙烯、丙烯等为原料，在引发剂或催化剂的作用下，发生聚合反应而生成的高压低密度聚乙烯、低压高密度聚乙烯、线性低密度聚乙烯、聚丙烯、聚苯乙烯等高分子聚合物产品。

十、合成纤维原料类产品，主要包括以丙烯、液氨为原料生产的丙烯腈及以苯二甲酸二甲酯、乙二醇、精对苯二甲酸为原料生产的聚酯切片等产品。

十一、合成纤维类产品，主要包括通过对聚酯、丙烯腈、丙烯等合成纤维原料进行深加工，生产相应的高分子聚合物，经纺丝等后加工而制得的纤维，合成纤维根据其化学组成可分为涤纶、腈纶、丙纶、锦纶、氨纶等。

十二、合成橡胶类产品，主要包括以丁二烯、苯乙烯、丙烯腈等为原料，在引发剂所提供的自由基和乳化剂的作用下发生聚合反应生成的丁苯橡胶、顺丁橡胶、丁腈橡胶、乙丙橡胶等产品。

十三、化肥类产品，主要包括以天然气、石脑油、重油、煤、硝酸、硫酸等为原料生产的液氨、尿素、硫酸铵、硝酸铵等产品。

十四、动力类产品，主要包括为保证炼油化工生产需要，由辅助生产装置生产供基本生产装置（部门）消耗或对外销售的新鲜水、循环水、脱盐水、除氧水、软化水、冷凝水、电、蒸汽、氮气、氧气、风等产品。

十五、辅助劳务类产品，主要包括为保证炼油化工生产需要，由辅助生产装置（部门）为基本生产和辅助生产装置提供或对外提供的排污、化验、仓储、运输等辅助劳务。

第三章　产品成本核算项目和范围

第一节　油气产品成本核算要素

油气产品成本主要包括操作成本和折旧折耗及摊销等。操作成本也称作业成本，包括油气生产过程中发生的材料、燃料、动力、人工等各项费用支出。

一般采用作业成本法或按照重点成本类别归集油气产品成本费用要素，油气产品成本费用要素一般按照成本费用性质分类，主要包括：

一、材料费，是指为生产油气产品消耗的井站日常用料、油管、抽油杆、抽油泵、机泵配件及管阀、仪器仪表及各类化学药剂等各种材料的成本。

二、燃料费，是指为生产油气产品耗用的原油、汽油、柴油、天然气、液化气等各种固体、液体、气体燃料。

三、水费，是指为生产油气产品耗用水发生的费用。

四、电费，是指为生产油气产品耗用电发生的费用。

五、人工费，是指为生产油气产品向职工提供的各种形式的报酬及各项附加费用。主要包括职工工资及各项津贴、福利费、工会经费、职工教育经费、社会保险费、住房公积金、商业人身险、其他劳动保险及劳务费等。

六、折旧折耗及摊销，是指根据有关企业会计准则的规定，予以资本化的矿区权益成本、油气勘探成本、油气开发成本和弃置义务成本等分摊至油气产品成本的折耗，及其他固定资产的折旧和长期资产的摊销。

七、运输费，是指为油气产品生产提供运输服务发生的费用。

八、维护及修理费，是指为了维持油气产品生产的正常运行，保证设施设备原有的生产能力，对设施设备进行维护、修理所发生的费用。主要包括井站设施维修、管网维修、设备维修、油气田道路养护、电力设施维护等。

九、外委业务费，是指在油气产品生产过程中，委托外部单位提供服务发生的费用。

十、财产保险费，是指为组织油气产品生产管理，承担的向社会保险机构或其他机构投保的各项财产所支付的保险费用等。

十一、办公费，是指为组织油气产品生产管理，发生的文具费、邮电费、通讯费、印刷费等办公性费用。

十二、差旅费，是指为组织油气产品生产管理，发生的职工因公外出交通费、住宿费、出差补助等费用。

十三、会议费，是指为组织油气产品生产管理，召开或参加会议发生的费用。

十四、低值易耗品摊销，是指为组织油气产品生产管理，耗用的不能作为固定资产的各种用具物品的摊销。

十五、图书资料费，是指为组织油气产品生产管理，购买技术图书、报刊杂志等资料所发生的费用。

十六、租赁费，是指为组织油气产品生产管理，租入的有形和无形资产，按照合同或协议的约定支付给出租方的租赁费用。

十七、取暖费，是指为组织油气产品生产管理，发生的取暖费用。

十八、物业管理费，是指为组织油气产品生产管理，支付的物业管理费用。已出售的住宅物业管理费，不得列支产品成本。

十九、技术服务费，是指在油气产品生产过程中，为取得外部单位技术服务发生的费用。

二十、机物料消耗，是指在油气产品生产过程中耗用的未作为原材料或低值易耗品管理使用的一般性材料支出。

二十一、试验检验费，是指在油气产品生产过程中，对材料、产品进行的分析、试验、化验、检验、容器检定等所发生的费用。

二十二、劳动保护费，是指在油气产品生产过程中，为职工提供的劳动保护、防护等发生的费用。

二十三、信息系统维护费，是指为组织油气产品生产管理，在计算机信息系统建设完成后所发生的运行维护费用。

不能列入以上各成本费用要素项目的，列入其他费用。

第二节　炼化产品成本核算项目和范围

炼化产品成本包括基本生产成本和辅助生产成本。其中，基本生产成本，是指直接将原料生产加工成炼化产品过程中发生的成本；辅助生产成本，是指为生产炼化产品提供动力产品和辅助劳务的生产装置（部门）发生的成本，也包括部分对外销售动力产品或提供劳务过程中发生的成本。基本生产成本和辅助生产成本下设置炼化产品成本项目，归集各成本费用要素。

一、炼化产品成本项目

炼化产品成本项目主要包括：

（一）原料及主要材料，是指经过加工构成炼化产品实体的各种原料及主要材料，主要包括原油、天然气、液化气、轻烃等。

（二）辅助材料，是指炼化产品生产过程中投入的有助于产品形成，但不构成产品实体的材料，主要包括各种催化剂、引发剂、助剂、化工添加剂、包装材料、生产过程中使用的净化材料等。

（三）燃料，是指炼化产品生产过程中直接耗用的各种固体、液体、气体燃料。主要包括天然气、干气、液化气、瓦斯、柴油、重油、煤等。

（四）动力，是指炼化产品生产耗用的各种水、电、汽、风、氮气等。

（五）直接人工，是指炼化产品生产企业直接从事产品（劳务）生产人员的各种形式的报酬及各项附加费用。主要包括职工工资及各项津贴、福利费、工会经费、职工教育经费、社会保险费、住房公积金、商业人身险、其他劳动保险及劳务费等。

（六）制造费用，是指生产炼化产品的基本生产车间（部门）和辅助生产车间（部门）

为组织和管理生产所发生的各项间接费用。

二、炼化产品成本费用要素

炼化产品成本费用要素一般按照成本费用性质分类，主要包括：

（一）原料及主要材料费，指为生产炼化产品投入的原料及主要材料的成本。

（二）辅助材料费，指为生产炼化产品投入的辅助材料的成本。

（三）其他直接材料费，是指为生产炼化产品投入的不能列入上述（一）、（二）两个项目的其他直接材料的成本。

（四）燃料费，指为生产炼化产品耗用的燃料发生的费用。

（五）动力费，指为生产炼化产品直接耗用的各种水、电、汽、风、氮气等发生的费用。

（六）人工费，是指为生产炼化产品向职工提供的各种形式的报酬及各项附加费用。主要包括职工工资及各项津贴、福利费、工会经费、职工教育经费、社会保险费、住房公积金、商业人身险、其他劳动保险及劳务费等。

（七）折旧及摊销，是指对炼化产品生产过程中使用的生产装置、厂房、附属机器设备等计提的折旧，以及其他长期资产的摊销。

（八）运输费，是指为生产炼化产品提供运输服务发生的费用。

（九）水费，是指为生产炼化产品间接耗用水发生的费用。

（十）电费，是指为生产炼化产品间接耗用电发生的费用。

（十一）办公费，是指为组织炼化产品生产管理，发生的文具费、邮电费、通讯费、印刷费等办公性费用。

（十二）差旅费，是指为组织炼化产品生产管理，发生的职工因公外出住宿费、交通费、出差补助等费用。

（十三）会议费，是指为组织炼化产品生产管理，召开或参加会议发生的费用。

（十四）低值易耗品摊销，是指为组织炼化产品生产管理，耗用的不能作为固定资产的各种用具物品的摊销。

（十五）图书资料费，是指为组织炼化产品生产管理，购买技术图书、报刊杂志等资料所发生的费用。

（十六）租赁费，是指为组织炼化产品生产管理，租入的有形和无形资产，按照合同或协议的约定支付给出租方的租赁费用。

（十七）财产保险费，是指为组织炼化产品生产管理，承担的向社会保险机构或其他机构投保的各项财产所支付的保险费用等。

（十八）取暖费，是指为组织炼化产品生产管理，发生的取暖费用。

（十九）物业管理费，是指为组织炼化产品生产管理，支付的物业管理费用。已出售的住宅物业管理费，不得列支产品成本。

（二十）机物料消耗，是指在炼化产品生产过程中耗用的未作为原材料或低值易耗品管理使用的一般性材料支出。

（二十一）试验检验费，是指在炼化产品生产过程中，对材料、产品进行的分析、实验、化验、检验、压力容器检定等所发生的费用。

（二十二）劳动保护费，是指在炼化产品生产过程中，为职工提供的劳动保护、防护等发生的费用。

（二十三）排污费，是指为生产炼化产品负担的排污机构处理废气、废水、废渣等所发生的费用。

（二十四）合同能源管理费，是指为开展炼化产品合同能源管理发生的节能支出及其他有关费用。

（二十五）信息系统维护费，是指为组织炼化产品生产管理，在计算机信息系统建设完成后所发生的运行维护费用。

不能列入以上各成本费用要素项目的，列入其他费用。

第四章　产品成本归集、分配和结转

第一节　油气产品成本归集、分配和结转

油气产品生产企业一般按照成本中心并分成本要素，对油气产品成本进行归集，按照受益原则、采用当量系数法对油气产品成本进行分配、结转。采用作业成本法进行管理、或采用重点成本类别进行核算的油气产品生产企业，可分别增加作业过程维度或重点成本类别，对油气产品成本进行归集、分配和结转。

一、油气产品生产企业成本中心设置

油气产品生产企业可以按照实际管理需要设置成本中心，主要包括以下三种方式：

（一）按照行政组织架构设置成本中心

根据行政组织机构设置成本中心，可以将一个行政单位作为独立的成本中心，如：将厂、矿分别设置为独立的成本中心；也可以将几个较小的组织机构合并为一个成本中心或成本中心组，如：将矿以下的井组、站点等合并为一个成本中心或成本中心组。

（二）按照矿区设置成本中心

以油藏经营管理单元作为一个成本中心或成本中心组进行设置。设置级别原则上应与本企业储量评估、产量统计时的划分单元相对应。

（三）按照区块设置成本中心

区块成本中心作为矿区成本中心的补充细化，可以按照以下原则设置：

1. 一个油（气）藏为一个区块。

2. 若干相邻且地质构造或地层条件相同或相近的油（气）藏为一个区块。

3. 一个独立集输计量系统为一个区块。

4. 一个大的油（气）藏上面分成几个独立集输系统并分别计量的，可以分为几个区块。

5. 采用重大、新型采油技术并工业化推广的区域为一个区块。

二、油气产品成本归集、分配和结转的一般流程

（一）收集各区块原油、天然气、凝析油、液化气等各种产品的生产量、自用量、商品量、销售量、库存量等有关资料。

（二）对各成本中心发生的成本费用进行审核，正确划分油气生产成本和期间费用。

（三）将应当计入产品成本的油气生产成本，区分为直接成本和间接成本，按照受益原则进行分配：

1. 能分清受益对象的，直接计入相应的成本中心；

2. 不能分清受益对象的，按照产量、开井口数或人数等适当的标准进行分配后，计入相应的成本中心。

（四）将各成本中心归集的油气生产成本在原油、天然气、凝析油、液化气等产品间按照受益原则进行分配：

1. 能分清受益产品的，直接计入相应的产品；

2. 不能分清受益产品的，按照当量系数法在各产品间进行分配。即将不同产品的商品量全部折合为油气当量，按照各产品油气当量占总油气当量的比例分配油气生产成本，计

入相应的产品。

确定油气当量系数时，通常按照热值将天然气的产量折算为原油产量。原油的吨桶换算系数通常按照密度确定。

（五）根据各产品商品量计算各产品的单位生产成本，并据此将产成品成本结转至“库存商品”科目。

三、作业成本法下油气成本的归集、分配及结转

作业成本法下，油气产品生产企业在按成本中心核算基础上、按照生产活动中发生的各项作业归集和计算作业成本，并根据作业成本与成本核算对象（产品、区块）之间的因果关系，将作业成本追溯到成本核算对象，完成成本计算过程。

（一）作业成本法归集、分配及结转步骤

1. 根据油气生产过程划分作业类型。

2. 识别作业单元。分析各作业设施、组织机构及业务类型与作业过程的关系，确定各作业过程对应的作业单元。

3. 将各作业单元发生的成本费用归集到对应的作业过程。

4. 将作业过程的成本直接归集或按照受益原则分配到对应的成本中心。

5. 将各作业过程归集的油气生产成本在原油、天然气、凝析油、液化气等产品间按照受益原则、采用当量系数法进行分配。

6. 根据各产品商品量计算各产品的单位生产成本，并据此将产成品成本结转至“库存商品”科目。

（二）作业过程分类及对应作业单元

油气产品生产企业作业过程通常划分如下：

1. 采出作业，是指直接生产单位通过各种生产方式将油气从井底提升到地面，并到达联合站（集气站）的过程，主要包括采油采气单位的采油队、采油井区、采油站、采油井、集气站、配气站、采气井等作业单元。作业成本包括发生的原材料及主要材料、燃料、电费、人工费用、折旧折耗、运输费等。

2. 驱油物注入作业，是指为提高采收率，对地层进行注水（气）或者注入其他物质的过程，主要包括采油采气单位的注水队、注水站、注气站及其他相同类别的作业单元。作业成本包括发生的原材料及主要材料、燃料、电费、人工费用、折旧折耗、运输费等。

3. 稠油热采作业，是指通过向地层注入蒸汽或其他热介质，以获取稠油、高凝油的生产过程中的造汽、注汽和保温过程，主要包括采油单位的热注大队及其他相同类别的作业单元。作业成本包括发生的原材料及主要材料、燃料、电费、人工费用、折旧折耗、运输费等。

4. 油气处理作业，是指通过一定工艺流程使油、气、水分离，并对油气进行提纯净化的过程，主要包括采油单位油气产品集输大队、联合站等油气处理类作业单元。作业成本包括发生的原材料及主要材料、燃料、电费、人工费用、折旧折耗、运输费等。

5. 轻烃回收作业，是指通过冷却、稳定、压缩等工艺方法从原油或天然气中回收凝析油和液化气的过程，主要包括采油采气单位的轻烃回收装置类作业单元。作业成本包括发生的原材料及主要材料、燃料、电费、人工费用、折旧折耗、运输费等。

6. 井下作业，是指为维护油、气、水井正常生产，改造油气层、提高油气产量而对油、气、水井进行修井的过程，主要包括采油采气单位的井下作业等作业单元。作业成本包括发生的各项材料费（油管、抽油杆、电泵、电缆等）、化学药剂费、作业施工单位的劳务费等。

井下作业分为措施作业和维护作业。措施作业，是指以实现增产增注或取得新的地质成果为目的的修井过程；维护作业，是指以维持油气水井正常生产为目的的修井过程。

7. 测井试井作业，是指在油气产品生产过程中取得油气田地下油气水分布动态及井况

资料的过程，主要包括采油采气单位测试大队、技术检测中心等作业单元。作业成本包括发生的原材料及主要材料、燃料、电费、人工费用、折旧费、运输费等。

8. 天然气净化作业，是指利用天然气处理装置净化天然气的过程，主要包括采气单位净化厂的机关、净化车间、水热车间、环保车间、电仪车间、化验室等作业单元。作业成本包括发生的材料、燃料、电费、人工费用、折旧费等。

9. 厂矿管理作业，是指厂、矿两级机关组织和管理厂（矿）油气生产的过程，主要包括采油采气单位厂级机关、工艺所、地质所、作业区级机关及巡护队、集输大队机关及附属机构等作业单元。作业成本包括发生的材料、燃料、电费、人工费用、折旧费、青苗赔偿费、运输费等。

10. 其他辅助作业，是指各辅助生产单位为生产及管理提供产品或劳务的过程，主要包括采油采气单位所属的水电、运输、维修、海工、海港管理和车管等作业单元。作业成本包括发生的材料、燃料、电费、人工费用、折旧费等。

（三）其他辅助作业成本的分配和结转

按照以下原则对其他辅助作业成本进行分配后计入相应的成本中心和作业过程：

1. 水、电部门发生的费用，按照各受益对象接受的用电（水）量分别计入相应类型的成本中心和作业过程。

2. 运输部门、车管部门发生的费用，按照各受益对象接受的运输工作量（台班、车次等）分别计入相应类型的成本中心和作业过程。

3. 维修部门、准备部门发生的费用，按照各受益对象接受的维修工作量分别计入相应类型的成本中心和作业过程。

4. 海工部门发生的费用，按照各受益对象接受的服务工作量分别计入相应类型的成本中心和作业过程。

5. 海港管理部门发生的费用，按照各受益对象接受的工作量分别计入相应类型的成本中心和作业过程。

四、重点成本类别核算方法下的归集、分配和结转

（一）按照重点成本类别归集

按照重点成本类别归集成本的，是指按照油气田作业费用中的主要组成部分划分费用类型，并归集相应成本。油气产品成本按照重点成本类别的归集步骤主要包括：

1. 根据企业成本管理要求，设置重点成本类别。

2. 将油气生产作业中发生的各项费用，按照重点成本类别分类归集。

（二）按照重点成本类别分配和结转

油气产品成本按照重点成本类别进行分配和结转的步骤主要包括：

1. 将按重点成本类别归集的生产成本直接归集或按照受益原则分配到对应的成本中心。

2. 将各成本中心归集的油气生产成本在原油、天然气、凝析油、液化气等产品间按照受益原则、采用当量系数法进行分配。

3. 根据各产品商品量计算各产品的单位生产成本，并据此将产成品成本结转至“库存商品”科目。

第二节　炼化产品成本归集、分配和结转

一般按照成本中心、成本项目，对炼化产品成本进行归集、分配和结转。

一、炼化产品成本中心

炼化产品生产企业通常以装置设置成本中心或成本中心组，也可按车间（部门）等生

产管理单元设置成本中心或成本中心组。

二、炼化产品成本归集

（一）原料及主要材料成本的归集

炼化生产使用的原料及主要材料按照实际成本进行核算，采用加权平均等方法结转原料成本。根据计划统计部门提供的资料，确认原油及外购原（料）油的进厂量、加工量，采用加权平均等方法核算本期加工的各类原（料）油成本。

（二）辅助材料成本的归集

炼化生产使用的辅助材料按照实际成本核算，按照装置实际消耗量计算辅助材料成本。

对于一次填加，使用期限超过一年的催化剂等材料，按照使用周期逐月平均摊销或按照实际消耗计入辅助材料成本。对于一次装填，使用期限在一年以内的催化剂等材料，按照使用期限分月平均摊销或按照实际消耗计入辅助材料成本。对于金额较小或没有明确使用周期的，直接计入辅助材料成本。

（三）燃料成本的归集

炼化生产使用的外购燃料按照实际成本进行核算，本装置自产自用的燃料按照固定价格或其他合理方式进行核算，其他装置耗用的自用燃料按照实际成本核算，采用加权平均等方法进行结转。

（四）动力成本的归集

炼化生产耗用的水、电、蒸汽、氮气、风等动力，根据统计部门提供的数据，确认消耗量，按照外购或自产动力的实际成本核算。辅助生产部门提供的自产动力，在辅助部门之间交互分配后，按照各动力产品的实际成本进行核算。动力产品，是指炼化产品生产企业辅助生产装置生产、加工（包括转供）的各种水、电、蒸汽、氮气、风等产品。

基本生产装置产生的动力，作为副产品核算，按照可变现净值、标准成本或固定价格从成本中扣除，但本装置产生的动力类副产品不得直接抵扣本装置的动力消耗。

（五）直接人工成本的归集

属于生产车间直接从事产品生产人员的人工成本，直接计入基本（辅助）生产成本。

（六）制造费用的归集

属于基本（辅助）生产部门为组织和管理生产而发生的各项间接费用，计入制造费用。

三、炼化产品成本分配和结转

（一）制造费用的分配和结转

基本（辅助）生产部门发生的制造费用归集后，月末全部分配转入基本（辅助）生产成本。制造费用按照产品产量、直接材料比例、固定资产原值比例等方法进行合理分配。通常与资产有关的制造费用按照固定资产原值比例分配，与人员有关的制造费用按照人工成本比例分配，分配方法一经确定，不能随意变更。

（二）辅助生产成本的分配和结转

辅助生产成本费用归集后，按照一定的分配标准将提供的劳务和产品分配到各受益对象。辅助劳务，是指炼化产品生产企业辅助生产装置（部门）为保证基本生产装置、辅助生产装置生产运行而提供的排污、化验、运输、仓储等劳务。

1. 辅助生产部门对内，即对辅助生产部门提供的劳务和产品，按照实际成本或标准成本进行分配。

2. 辅助生产部门对外，即对基本生产部门、生产管理部门和其他部门等提供的劳务和产品，按照辅助生产部门交互分配后的实际成本进行分配。

如果一个辅助生产部门只提供一种产品或劳务，对外分配率计算如下：

$$分配率=\left(\begin{matrix}辅助生产部门\\归集的生产费用\end{matrix}+\begin{matrix}本部门耗用的其他辅助部门\\提供的产品或劳务费用\end{matrix}-\begin{matrix}其他辅助部门耗用本部门\\提供的产品或劳务费用\end{matrix}\right)\div\left(\begin{matrix}本部门提供的产品\\或劳务总量\end{matrix}-\begin{matrix}其他辅助部门耗用的\\产品或劳务数量\end{matrix}\right)$$

如果一个辅助生产部门提供两种以上产品或劳务，先按照一定的方法，如按照各产品或劳务的系数进行分配，计算出每种产品或劳务的单位成本，然后再分配到受益对象。

（三）产成品的成本分配和结转

根据炼化生产装置连续生产、顺序加工的特点，产品成本计算一般采用“逐步结转分步法”，先计算上游装置产品成本，然后根据下游装置的消耗量按照实际成本逐步结转半成品、产成品成本。自制半成品按照实际成本或固定成本结转。炼油企业也可将整个炼厂做为一个整体，采用综合系数法核算产品成本。

产成品，是指炼化产品生产企业完成炼化生产过程、并已验收合格入库，可供出售的产品；在产品，是指炼化产品生产企业月末尚未完工或虽已完工但由于尚需检验等原因，不具备入库条件的产品；自制半成品，是指炼化产品生产企业在一个生产装置已经加工完毕，待转入下一生产装置继续加工或暂时入库的产品，包括可供出售的自制半成品。

基本生产成本费用归集后，根据计划统计部门提供的盘点资料，确认产成品和半成品的产量，计算商品产品总成本和各品种单位成本。

1. 本期商品产品总成本＝原料及主要材料成本＋制造加工费＋期初半成品成本－期末半成品成本－（自用燃料油、燃料气、生产装置自产蒸汽＋供其他专业系统自用产品＋来料加工费用等）

2. 确定各品种产品成本时，对于单一产品装置采用“品种法”，对联产品采用“系数法”。“系数法”计算方法如下：

（1）某产品成本积数＝某产品成本系数×产品产量

（2）某产品总成本＝某产品成本积数÷全部产品成本积数和×全部商品产品总成本

（3）某产品单位成本＝某产品总成本÷某产品产量

联产品系数的确定，一般以产品生产工艺流程、产品结构、产品收率和市场价值为基础，采用经济比值法、产品总成本法、产品比重法等确定。联产品系数的确定方法一经确定，不得随意改变。

期末，将产成品成本分品种结转至“库存商品”科目。

四、特殊项目成本的确认

（一）副产品成本

副产品是伴随主要产品的生产而产生的，一般价值低、数量少。可采用可变现净值、固定价格等方法确定成本，从主产品成本中扣除。基本生产装置产出的燃料及动力，按照副产品核算。

（二）停工损失

停工损失，是指炼化产品生产企业的生产车间在停工期间发生的各种费用支出。

季节性停工、修理期间的正常停工费用在炼化产品成本核算范围内，应当计入炼化产品成本；非正常停工费用应当计入企业当期损益。

（三）厂际（装置）互供

炼化产品生产企业内部各分厂及装置间产品互供，同一板块（同一业务范围）内部互供的，产品互供按照实际成本结转；跨板块（不同业务范围）产品互供的，根据管理需要，可视同内部销售，销售方按照实际成本结转产品成本确认主营业务成本，按照内部结算价格确认主营业务收入，购买方比照外购原料进行核算。内部结算价格原则上应当以市场价格为基础确定。

附件：

石油石化行业产品生产流程

第一部分　油气产品生产流程

油气产品生产流程包括矿权取得、油气勘探、油气开发、油气生产和区块弃置的全过程。

一、矿权取得

为在一定矿权区域内进行勘探、开发工作，油气产品生产企业需要向国家矿产资源管理部门提交矿权申请，得到批复后取得矿权。

二、油气勘探

为识别勘探区域或探明油气储量，油气产品生产企业需要进行地质调查、地球物理勘探和钻探等油气勘探活动。

三、油气开发

为取得探明矿区中的油气，油气产品生产企业需要进行建造或更新井及相关设施等油气开发活动，油气开发主要包括开发前期评价、开发方案编制和产能建设三个阶段。

四、油气生产

为了取得原油、天然气等产品，油气产品生产企业需要进行将油气从油气藏提取到地表以及在矿区内收集、拉运、处理、现场储存和矿区管理等油气生产活动。油气生产主要包括采出系统、集输系统、注配系统和配套系统四个部分。

五、油气资产弃置

根据国家及油气田所在地有关环境法律法规要求或与利益相关方达成的协议，油气产品生产企业在矿区废弃时承担弃置义务。

第二部分　炼化产品生产流程

炼化产品生产流程包括炼油产品生产流程和化工产品生产流程。

一、炼油产品生产流程

炼油产品生产，是指将原油通过物理分离或化学转化的方法，生产出汽油、煤油、柴油、重油和润滑油等产品的过程。炼油产品生产主要包括一次加工、二次加工等过程。

（一）一次加工

一次加工主要包括原油预处理和常减压蒸馏过程。

原油预处理，是指将原油脱盐脱水的过程。

常减压蒸馏，是指利用预处理后的原油各组分沸点不同，通过蒸馏装置分离出一次加工产品的过程。一次加工产品主要包括石脑油、轻柴油、蜡油和渣油等。

（二）二次加工

二次加工主要包括催化裂化、催化重整、加氢裂化、延迟焦化、渣油加氢、润滑油和加氢精制等过程。

1. 催化裂化，是指在催化剂存在下进行裂化反应的过程。

2. 催化重整，是指在催化剂作用下对汽油分子结构进行重新排列获得芳烃组分的过程。

3. 加氢裂化，是指在高温高压下，临氢和催化剂条件下，使重质原料发生加氢、裂化和异构化反应，转化为轻质油的过程。

4. 延迟焦化，是指以渣油为原料，通过深度热裂化和缩合反应，将高残炭的渣油转化为轻质油，得到气体、汽油、柴油、轻蜡油和焦炭的过程。

5. 渣油加氢，是指重质渣油经过加氢处理后，脱除含硫、含氮化合物及金属杂质的过程。

6. 润滑油基础油生产，是指以减压塔二线、三线、四线馏分为原料，脱除渣油中的胶质和沥青质，并经过进一步精制形成润滑油基础油的过程。

二、化工产品生产流程

化工产品生产，是指利用石油中的烃类在高温下不稳定、易分解的特性，使烃类发生断链或聚合、脱氢或加氢、氧化或还原等系列反应，将碳、氢和其他元素分子重新组合生产产品的过程。化工产品生产主要包括原料处理、化学反应和产品精制等过程。

（一）原料处理，是指通过净化、提浓、混合、乳化或粉碎等方法进行预处理后，使原料符合进行化学反应所要求的状态和规格的过程。

（二）化学反应，是指经过预处理的原料，在一定的温度、压力等条件下进行反应，达到所要求的反应转化率和收率的过程。

（三）产品精制，是指将化学反应得到的产物进行分离精制，除去副产物或杂质，以获得符合要求的产品的过程。

企业产品成本核算制度——钢铁行业

（2015 年 11 月 12 日 财会〔2015〕20 号）

第一章 总 则

一、为了规范钢铁行业产品成本核算，促进钢铁企业加强成本管理，提高经济效益，根据《中华人民共和国会计法》、企业会计准则和《企业产品成本核算制度（试行）》等有关规定，制定本制度。

二、本制度适用于大中型钢铁企业，其他钢铁企业参照本制度执行。

本制度所称的钢铁企业，是指主要从事钢铁冶炼和压延加工的企业，一般包括炼焦、烧结和球团、炼铁、炼钢、轧钢等生产工序，或至少包括炼铁、炼钢和轧钢之一的部分工序。

三、本制度所称的产品，是指钢铁企业生产经营活动中形成的成品钢材，以及其他可作为产品对外出售的半成品。

四、钢铁产品成本核算的基本步骤包括：

（一）合理确定成本核算对象。

（二）根据实际管理需要，设置成本中心。

（三）以成本中心为基础，归集成本费用。

（四）对成本中心成本费用进行分配和结转，计算产品成本。

具备条件的钢铁企业，可以采用基于工序的作业成本法进行核算。

五、钢铁企业根据产品生产特点，通常设置“生产成本”等会计科目，按照成本费用要素进行明细核算。

六、钢铁企业应当设置或指定专门机构负责产品成本核算的组织和管理，根据本制度规定，确定产品成本核算流程和方法。

第二章 产品成本核算对象

钢铁企业产品成本核算应当以生产工序为基础，以相应工序产出的产品为核算对象，通常包括炼焦工序产品、烧结球团工序产品、炼铁工序产品、炼钢工序产品和轧钢工序产品等。

一、炼焦工序产品，主要包括全焦、煤气等。

二、烧结球团工序产品，主要包括烧结矿和球团矿。

三、炼铁工序产品，主要包括炼钢生铁和铸造生铁。

四、炼钢工序产品，主要包括连铸钢坯和模铸钢锭。

五、轧钢工序产品，主要包括各种成品钢材。

六、辅助工序产品，主要包括自制耐火材料、冶金配件和备品备件，燃料和动力，内部运输、化验检验、检修劳务等。

第三章 产品成本核算项目和范围

一、产品成本项目

钢铁企业产品成本项目主要包括：

（一）原料及主要材料，是指为生产产品直接投入的构成产品实体的物料。

（二）辅助材料，是指为生产产品投入的不能构成产品实体，但有助于产品形成的物料。

（三）燃料和动力，是指生产过程中耗费、成本归属对象明确、一次性耗费受益的能源介质。

（四）直接人工，是指直接从事产品生产人员的各种形式的报酬及各项附加费用。

（五）制造费用，是指以成本中心为基础，为组织和管理生产所发生的各项间接费用。

二、产品成本费用要素

（一）原料及主要材料费，是指为生产产品投入的原料及主要材料的成本。原料及主要材料费主要包括投入的铁矿石、铁水、生铁块、废钢、铁合金、钢坯、钢锭、用于再加工的钢材、锌、锡、有机涂料等成本。

（二）辅助材料费，是指为生产产品投入的辅助材料的成本。辅助材料费主要包括投入的皮带、耐火材料、熔剂、电极、轧辊、酸碱类、油脂类、包装材料等成本。

（三）燃料和动力费，是指为生产产品耗用燃料和动力发生的费用。燃料和动力费主要包括耗用的煤炭、焦炭、助燃剂，以及风、水、电、气等费用。

（四）人工费，是指为生产产品向职工提供的各种形式的报酬及各项附加费用。人工费主要包括职工工资及各项津贴、福利费、工会经费、职工教育经费、社会保险费、住房公积金、商业人身险、其他劳动保险及劳务费等。

（五）折旧费，是指为生产产品使用的生产装置、厂房、附属机器设备等计提的折旧。

（六）运输费，是指为生产产品提供运输服务发生的费用。

（七）维护及修理费，是指为维持产品生产的正常运行，保证设施设备原有的生产能力，对设施设备进行维护、修理所发生的费用。维护及修理费主要包括材料费、修理工时费、备品备件费等。

（八）财产保险费，是指为组织产品生产管理，向社会保险机构或其他机构投保的各项财产所支付的保险费用。

（九）办公费，是指为组织产品生产管理，发生的文具费、邮电费、通讯费、印刷费等办公性费用。

（十）差旅费，是指为组织产品生产管理，职工因公出差所发生的住宿费、交通费、出差补助等。

（十一）会议费，是指为组织产品生产管理，召开或参加会议发生的费用。

（十二）外委业务费，是指在产品生产过程中，委托外部单位提供服务发生的费用。

（十三）低值易耗品摊销，是指为组织产品生产管理，耗用的不能作为固定资产的各种用具物品的摊销。

（十四）租赁费，是指为组织产品生产管理，租入的各种资产，按照合同或协议的约定支付给出租方的租赁费用。

（十五）机物料消耗，是指在产品生产过程中耗用的未作为原材料、辅助材料或低值易耗品管理使用的一般性材料支出。

（十六）劳动保护费，是指为生产产品为职工提供劳动保护、防护等发生的费用。

（十七）排污费，是指为生产产品负担的排污机构处理废气、废水、废渣等所发生的费用。

（十八）信息系统维护费，是指为组织产品生产管理，在计算机信息系统建设完成后所发生的运行维护费用。不能列入以上各项成本费用要素的项目，列入其他费用。

第四章 产品成本归集、分配和结转

钢铁企业一般按照成本中心，分别成本项目，对产品成本进行归集、分配和结转。

一、成本中心的设置

钢铁企业通常按照生产工序设置成本中心，也可以按照车间（部门）等生产管理单元设置成本中心。

二、产品成本的归集

（一）原料及主要材料成本的归集。

生产产品使用的原料及主要材料按照实际成本进行核算，采用加权平均等方法结转原料及主要材料成本。

（二）辅助材料成本的归集。

生产产品使用的辅助材料按照实际成本进行核算，根据工序实际消耗量或预计可使用寿命计算其成本。

（三）燃料和动力成本的归集。

生产产品使用的外购或自产燃料和动力按照实际成本进行核算，根据相关数据确认其消耗量并计算其成本。辅助生产部门提供的自产燃料和动力，在辅助部门之间按照交互分配等方法分配后，按照各燃料和动力产品的实际成本进行核算。

（四）直接人工成本的归集。

直接从事产品生产人员的人工成本，直接计入基本（辅助）工序生产成本。

（五）制造费用的归集。

为组织和管理产品生产而发生的各项间接费用，计入制造费用。

（六）回收物料、能源冲减成本。

生产过程产生的高炉返矿、高炉水渣、转炉钢渣、锭坯切头切尾、轧制氧化铁屑、剪切边角料、报废锭坯材等回收物料，返焦粉、煤气、蒸汽、循环水、余热发电、压差发电等回收能源，应当按照其价值冲减相应成本核算对象的原材料成本、燃料和动力成本等，回收物料、能源的价值应当参照市场价格予以确定；如回收物料、能源无法明确归属至产品的，可按照成本核算对象的实际产量或根据有关技术经济资料分析确定的适当比例对回收物料、能源的价值进行分配后，冲减相应成本核算对象的成本项目。

三、产品成本的分配和结转

（一）制造费用的分配和结转。

成本中心发生的制造费用按照费用要素归集后，月末全部分配转入成本核算对象的生产成本。钢铁企业应当根据实际情况，一般采用生产工人工时、机器工时、耗用原材料的数量或成本、产品产量等为基础对制造费用进行分配。制造费用分配方法一经确定，不得随意变更。

（二）辅助生产成本的分配和结转。

辅助生产成本费用归集后，按照一定的分配标准将提供的劳务和产品分配到各受益对象。各辅助部门之间相互提供辅助产品或劳务的，按照交互分配等方法进行分配。互相提供劳务不多的，可以不进行交互分配，直接分配给辅助生产部门以外的受益单位。

（三）产成品成本的分配和结转。

根据钢铁企业生产工序连续生产、顺序加工的特点，产品成本计算一般采用“逐步结转分步法”。

基本生产工序的产品成本，按照向下游工序的实际运送量和实际成本，分步结转为下游工序在产品、半成品和产品的原料及主要材料。辅助工序的产品和劳务，按照输入使用单位的实际数量和实际成本，结转为使用单位的燃料及动力等成本。基本工序生产成本费用归集后，根据产成品和半成品的产量，计算商品产品总成本和各产品品种单位成本。

钢铁企业按照标准成本、计划成本、模拟市场价等非实际成本结转产成品成本的，应当在每月末汇总实际成本与非实际成本的差异，按受益原则分配至各工序的相应成本项目。

炼焦工序和含有伴生（共生）金属的冶炼工序以联产品为对象进行成本核算。炼焦工序一般采用“系数法”在全焦、煤气和焦油等产品中进行成本分配；含有伴生（共生）金属的冶炼工序一般采用“系数法”在钢铁产品和伴生（共生）金属产品中进行成本分配。“系数法”计算方法如下：

1. 某产品成本积数＝某产品成本系数×产品产量；

2. 某产品总成本＝某产品成本积数÷全部产品成本积数之和×全部商品产品总成本；

3. 某产品单位成本＝某产品总成本÷某产品产量。

联产品系数的确定，一般以产品生产工艺流程、产品结构、产品收率和市场价值为基础，采用经济比值法等确定。联产品系数的确定方法一经确定，不得随意改变。

期末，将产成品成本按照产品品种进行结转。

四、作业成本法下产品成本的归集、分配及结转

采用作业成本法的钢铁企业，应当按照下列规定进行成本核算。

（一）工序系统及作业划分。钢铁企业工序系统及作业通常可以划分为：

1. 铁前系统。

铁前系统，是指包括炼铁及其上游各主要工序的生产系统，主要包括炼焦、烧结和球团、炼铁。

2. 钢后系统。

钢后系统，是指包括炼钢及其下游各工序的生产系统，主要包括炼钢、浇铸、热轧、冷轧、涂层、镀层、焊管工序等。

炼钢工序划分为粗炼、精炼等作业（如需要，也可将铁水预处理设为作业）；浇铸工序按照工艺划分为连铸或模铸作业；热轧工序划分为加热、热轧、精整、包装等作业；冷轧工序划分为酸洗、冷轧、热处理、涂镀、精整、包装等作业。

3. 辅助生产系统。

辅助生产系统，是指为生产主流程提供辅助产品和劳务的生产单位，主要包括电力、燃气、水、运输、修理等。根据管理需要，辅助生产系统可依据服务内容和性质设置相应的作业。

（二）作业成本的归集、分配及结转步骤。

1. 根据生产过程划分工序系统和作业。

2. 分析各作业设施、组织机构及业务类型与作业过程的关系，确定各作业过程对应的作业单元。

3. 将各作业单元发生的成本费用（不包括上游工序结转到本工序的原材料和辅助材料）归集到对应的作业过程，形成作业成本。

4. 将作业成本直接归集或按照受益原则分配到对应的成本中心。

5. 将各作业过程归集的生产成本在各产品间按照受益原则、采用当量系数法等进行分配。

6. 按照各产品消耗的原材料、辅助材料和分配的作业成本，计算各产品的单位生产成本，并据此结转产成品成本。

（三）辅助作业成本的分配和结转。

钢铁企业应当按照以下原则对辅助作业成本进行分配后计入相应的成本中心和作业过程：

1. 水、电部门发生的费用，形成水、电等辅助产品成本，按照各受益对象接受的用水、电量分别计入相应类型的成本中心和作业过程。

2. 运输部门、车管部门发生的费用，形成相应运输成本，按照各受益对象接受的运输工作量（台班、车次等）分别计入相应类型的成本中心和作业过程。

3. 维修部门、准备部门发生的费用，形成相应服务成本，按照各受益对象接受的服务量分别计入相应类型的成本中心和作业过程。

五、特殊项目成本的确认

（一）副产品成本。

副产品，是指钢铁企业在同一生产过程中，使用同种原料，在生产主产品的同时附带生产出来的非主要产品。一般采用可变现净值、固定价格等方法确定成本，从主产品成本中扣除。

（二）停工损失。

停工损失，是指钢铁企业在停工期间发生的各种费用支出。季节性停工、修理期间的正常停工费用在钢铁产品成本核算范围内，应当计入钢铁产品成本；非正常停工费用应当计入企业当期损益。

附：钢铁产品生产流程

附：

钢铁产品生产流程

钢铁产品生产过程一般分为长流程和短流程。长流程即高炉转炉流程，是以铁矿石为主要原料，通过人工造块、高炉炼铁、转炉炼钢以及轧钢等工序生产钢材的过程。短流程即电炉流程，是以废钢、生铁、直接还原铁等为原料，通过电炉炼钢、轧钢等工序生产钢材的过程。各工序的中间产品，一般用作下道工序的原料。但有的中间产品，如生铁、钢坯、热轧材等，也可作为成品出售。

一、原料取得和配料

钢铁企业购入铁矿石、焦煤、焦炭、铁合金、废钢等原料，一般经过装卸作业，存入原料库（场）。投入生产之前，有些原料需加工整理，例如，对成分不同的铁矿石进行混匀作业，有的废钢需要分拣、切碎作业等。

二、人工造块

粉状铁矿石不能直接入炉炼铁，须通过烧结或球团等工艺使之成块，以提高其在高炉中的透气性。

（一）烧结工艺，是指在矿粉中掺入煤粉、焦粉及石灰等，混匀后在烧结机上点火燃烧，使矿粉熔结成块，经破碎、筛分，制成烧结矿的生产过程。

（二）球团工艺，是指将矿粉掺入粘结剂造球，送入回转窑或竖窑焙烧，生产出球团矿的生产过程。

三、炼焦

焦炭是高炉炼铁的主要燃料和还原剂。长流程钢铁企业有的通过炼焦自产焦炭炼铁，有的通过外购焦炭炼铁。

炼焦，是指将主焦煤与其他配煤混合装入焦炉，在隔绝空气条件下高温干馏，通过热分解、结焦，产出焦炭、焦炉煤气和粗焦油等的生产过程。焦炉煤气可用作钢铁生产工艺所需能源及发电。焦炉煤气和粗焦油可进一步深加工为其他化工产品。

四、炼铁

炼铁，是指在高温状态下煤炭中的一氧化碳从铁矿石中夺取氧，将铁矿石还原为生铁的生产过程。炼铁主要有高炉法和非高炉法（包括直接还原、熔融还原）两类。

五、炼钢和浇铸

炼钢和浇铸通常设在同一生产区域，其中炼钢是将铁水、废钢等含铁原料和合金元素转化为合格钢水，浇铸则将钢水凝结为固体。炼钢主要有转炉炼钢和电炉炼钢两种工艺；浇铸方式主要为连铸，少量为模铸。

（一）转炉炼钢，是指将铁水、废钢等含铁原料及石灰石等辅助材料装入转炉，通过吹氧等作业去除铁水中多余的碳和其他杂质，加入不同铁合金，生产出不同化学成分的合格钢水的生产过程。

（二）电炉炼钢，是指以电力产生热能熔化废钢等含铁原料，用吹氧去除杂质，加入铁合金，生产出合格钢水的生产过程。有铁水供给条件的电炉炼钢厂，通常加入一定比例的铁水，以降低电力消耗。

（三）钢水精炼，是指对钢水纯净度和化学成分要求较高的钢种，通常需要采用精炼设备，对钢水进行脱气、去除有害杂质和调节化学成分及温度的生产过程。

（四）连铸，是指将合格钢水连续注入连铸机结晶器，使钢水逐渐凝结固化，输出连铸钢坯的生产过程。依截面不同，连铸坯分为板坯、方坯、矩形坯、圆坯等类型，分别用于轧制不同品种的钢材。

（五）模铸，是指将钢水浇入事先制备的铸模，使之凝固成为钢锭的非连续浇铸的生产过程。模铸钢锭一般需经开坯作业，才能用于轧制钢材。

六、热轧

热轧，是指将钢坯经加热炉加热到适当温度，利用轧机上轧辊的压延作用，将钢坯轧制成各种形状钢材的生产过程。

七、冷轧及延伸加工

冷轧及延伸加工，是指将热轧钢材在常温状态下进一步加工，以达到用户所需的状态和性能的生产过程，主要包括冷轧、压制花纹、涂镀层、剪切、焊管、冷弯、拉拔、抛光等。

企业产品成本核算制度——煤炭行业

（2016年9月30日 财会〔2016〕21号）

第一章 总 则

一、为了规范煤炭行业产品成本核算，促进煤炭企业加强成本管理，提高经济效益，根据《中华人民共和国会计法》、企业会计准则和《企业产品成本核算制度（试行）》等有关规定，制定本制度。

二、本制度适用于大中型煤炭企业，其他煤炭企业参照本制度执行。

本制度所称的煤炭企业，是指主要从事煤炭开采或洗选加工的企业。

三、本制度所称的煤炭产品，是指煤炭企业生产经营活动中形成的原煤、洗选煤等。

四、煤炭产品成本核算的基本步骤包括：

（一）合理确定成本核算对象。

（二）根据实际管理需要，设置成本中心。

（三）以成本中心为基础，归集成本费用。

（四）对成本中心成本费用进行分配和结转，计算产品成本。

五、煤炭企业根据产品生产特点，通常设置“生产成本”等会计科目，按照成本费用要素进行明细核算。

六、煤炭企业应当设置或指定专门机构负责产品成本核算的组织和管理，根据本制度规定，确定产品成本核算流程和方法。

第二章 产品成本核算对象

煤炭企业产品成本核算应当以煤炭产品为核算对象，具体包括原煤、洗选煤等。

一、原煤，是指开采出的毛煤经过简单选矸（矸石直径50mm以上）后的煤炭，以及经过筛选分类后的筛选煤等。

毛煤，是指从地上或地下采掘出来的、未经任何加工处理的煤炭。

二、洗选煤，是指经过破碎、水洗、风洗等物理化学工艺，去灰去矸后的煤炭产品，包括精煤、中煤、煤泥等，不包括煤矸石。

精煤，是指经过分选获得的高质量煤炭产品。

中煤，是指在分选过程中获得的中间质量煤炭产品。

煤泥，是指在分选后获得的低质量煤炭产品。

煤矸石，是指在开采煤炭过程和洗选煤炭过程中排放出来的，在成煤过程中与煤伴生的一种含碳量较低、比煤坚硬的黑灰色岩石。其中，对外销售或自用的洗矸石作为洗选煤过程中的副产品。

第三章 产品成本核算项目和范围

一、产品成本项目

煤炭企业产品成本项目主要包括：

（一）直接材料，是指为生产产品直接投入的原料及主要材料、辅助材料。

原料及主要材料，是指为生产洗选煤产品投入的构成产品实体的物料。

辅助材料，是指为生产产品投入的不能构成产品实体，但有助于产品形成的物料。

（二）燃料和动力，是指生产过程中耗用的、成本归属对象明确、一次性耗费受益的各种燃料，以及电、风、水、气等动力。

（三）直接人工，是指直接从事产品生产人员的各种形式的报酬及各项附加费用。

（四）制造费用，是指以成本中心为基础，为组织和管理生产所发生的各项间接费用，主要包括车间管理人员的人工费、折旧费、折耗及摊销、安全生产费、维护及修理费、运输费、财产保险费、外委业务费、低值易耗品摊销、租赁费、机物料消耗、试验检验费、劳动保护费、排污费、信息系统维护费等。

二、产品成本费用要素

煤炭企业产品成本费用要素主要包括：

（一）原料及主要材料费，是指为生产洗选煤产品投入的入洗原煤等的成本。

（二）辅助材料费，是指为生产产品投入的辅助材料的成本。辅助材料费主要包括投入的木材、支护用品、火工产品、大型材料、配件、专用工具、自用煤、劳保用品、建工材料、油脂及乳化液、其他材料等成本。

（三）燃料和动力费，是指为生产产品耗用的、成本归属对象明确的各种燃料费用，以及电、风、水、气等动力费用。

（四）人工费，是指为生产产品向职工提供的各种形式的报酬及各项附加费用。人工费主要包括职工工资、奖金、津贴补贴、社会保险费、住房公积金、补充养老保险（含年金）和补充医疗费用、职工福利费、工会经费、职工教育经费、按规定支付的商业人身险及其他劳动保险费、劳务费等。

（五）折旧费，是指为生产产品使用的生产装置、厂房、附属机器设备等计提的折旧。

（六）折耗及摊销，是指予以资本化的矿区权益成本、煤炭勘探成本、煤炭开发成本和弃置义务成本等分摊至煤炭产品成本的折耗，以及其他长期资产的摊销。

（七）安全生产费，是指根据国家有关规定，按照一定标准提取并在生产成本中列支，专门用于完善和改进企业或者项目安全生产条件的费用。

（八）维护及修理费，是指为维持产品生产的正常运行，保证设施设备原有的生产能力，对设施设备进行维护、修理所发生的费用。维护及修理费主要包括材料费、修理工时费、备品备件费等。

（九）运输费，是指为生产产品提供运输服务发生的费用。

（十）财产保险费，是指为组织产品生产，向社会保险机构或其他机构投保的各项财产所支付的保险费用。

（十一）外委业务费，是指在产品生产过程中，委托外部单位提供服务发生的费用。

（十二）低值易耗品摊销，是指为组织产品生产，耗用的不能作为固定资产的各种用具物品的摊销。

（十三）租赁费，是指为组织产品生产，租入的各种资产，按照合同或协议的约定支付给出租方的租赁费用。

（十四）机物料消耗，是指在产品生产过程中耗用的未作为原材料、辅助材料或低值易耗品管理使用的一般性材料支出。

（十五）试验检验费，是指在产品生产过程中，对材料、产品进行的分析、试验、化验、检验、鉴定等所发生的费用。

（十六）劳动保护费，是指为从事产品生产的职工提供劳动保护、防护等发生的费用。

（十七）排污费，是指为生产产品负担的排污机构处理废气、废水、废渣等所发生的费用。

（十八）信息系统维护费，是指为组织产品生产投入使用的信息系统所发生的运行维护费用。

煤炭企业为生产产品实际发生的，不在上述范围的产品成本费用要素，应当作为其他成本费用要素进行明细核算。

第四章 产品成本归集、分配和结转

煤炭企业一般以成本中心为基础，分别成本项目，对产品成本进行归集、分配和结转，计算产品成本。

一、成本中心的设置

煤炭企业通常按照生产环节设置成本中心，也可以按照井区（或生产车间）、队组等生产管理单元设置成本中心。

二、产品成本的归集

（一）原料及主要材料成本的归集。

生产产品使用的原料及主要材料按照实际成本进行核算，采用移动加权平均等方法结转原料及主要材料成本。

（二）辅助材料成本的归集。

生产产品使用的辅助材料按照实际成本进行核算，根据生产中实际消耗量或预计可使用寿命计算其成本。

（三）燃料和动力成本的归集。

生产产品使用的外购或自产动力按照实际成本进行核算，根据相关数据确认其消耗量并计算其成本。

（四）直接人工成本的归集。

直接从事产品生产人员的人工成本，直接计入基本生产成本或辅助生产成本。

（五）制造费用的归集。

为组织和管理产品生产而发生的各项间接费用，计入制造费用。

三、产品成本的分配和结转

（一）辅助生产成本的分配和结转。

辅助生产成本费用归集后，应根据实际情况采用直接分配法、交互分配法、顺序分配法等将提供的产品和劳务分配到各受益单位。辅助部门之间相互提供产品或劳务的，应采用交互分配法进行分配；互相提供劳务不多的，可以不进行交互分配，采用直接分配法等进行分配。辅助生产成本的分配方法一经确定，不得随意变更。

直接分配法，是指不考虑各辅助生产车间之间相互提供劳务或产品的情况，而是将各种辅助生产费用直接分配给辅助生产以外的各受益单位的一种辅助生产成本分配方法。

交互分配法，是指对辅助生产车间的成本费用先后进行交互分配和直接分配两次分配的一种辅助生产成本分配方法。进行分配时，首先根据各辅助生产车间相互提供的产品或劳务的数量计算交互分配率，在各辅助生产车间之间进行一次交互分配；然后将各辅助生产车间交互分配后的实际费用（即交互分配前的费用加上分配转入的费用，减去交互分配转出的费用），再按提供劳务量在辅助生产车间以外的各受益单位之间进行分配。

顺序分配法，是指按照辅助生产车间受益多少的顺序分配费用，受益少的先分配，受益多的后分配，先分配的辅助生产车间不负担后分配的辅助生产车间的费用的一种辅助生产成本分配方法。

（二）制造费用的分配和结转。

成本中心发生的制造费用按照费用要素归集后，月末全部分配转入产品的生产成本。煤炭企业应当根据实际情况，一般采用生产工人工时、机器工时、耗用原材料的数量或成本、产品产量等为基础对制造费用进行分配。制造费用分配方法一经确定，不得随意变更。

（三）产成品成本的分配和结转。

根据煤炭企业生产特点，产品成本计算一般采用"品种法"。实际生产成本应当采用价格系数法等在各种煤炭产品品种之间分配。

采用价格系数法时，应当根据市场实际情况，将售价最高的品种折合系数确定为 1，按照分品种的售价（不含增值税）计算折合系数，将各种产品的实际产量折合为标准产量。具体计算公式如下：

$$分品种折合系数=\frac{某品种售价}{售价最高的品种售价};$$

$$分品种折合量=分品种当月实际生产量\times分品种折合系数;$$

$$折合单位生产成本=\frac{当月实际生产成本总额}{分品种折合量总量};$$

$$分品种当月实际生产成本(结转数)=分品种折合量\times折合单位生产成本;$$

$$分品种当月实际单位生产成本=\frac{分品种当月实际生产成本}{分品种当月实际生产量}。$$

煤炭企业按照标准成本、计划成本等非实际成本结转产成品成本的，应当在每月末汇总实际成本与非实际成本的差异，按受益原则分配至相应产品成本。

期末，将产成品成本按照产品品种进行结转。

四、特殊项目成本的确认

（一）副产品成本。

副产品，是指煤炭企业在同一生产过程中，使用同种原料，在生产主产品的同时附带生产出来的非主要产品，如对外销售或加工利用的洗矸石和煤灰等。一般采用可变现净值、固定价格等方法确定成本，从总产品成本中扣除。

（二）停工损失。

停工损失，是指煤炭企业在停工期间发生的各种费用支出。季节性停工、修理期间的正常停工费用，应当计入煤炭产品成本；除上述正常停工费用以外的非正常停工费用，应当直接计入企业当期损益。

附录：

煤炭产品生产流程

一、煤炭开采生产流程

煤炭开采分为露天开采和井工开采两种方式，生产流程包括：煤炭资源勘探；采矿设计；生产准备；工作面开采作业；煤炭运输、提升；经洗选加工、储存、装运成为煤炭产品等主要流程。

（一）煤炭资源勘探，是指采用钻探、物探、调查和试验、分析，以查明地下煤炭资源情况的过程。

（二）采矿设计，是指根据井田的煤炭资源情况和开采条件，对选用露天或井工开采方式进行选择，对开采方案、工艺、采煤方法、运输、通风、供电、供风、供水、排水、安全设施等系统进行设计，并明确生产流程及劳动组织的过程。

（三）生产准备。

1. 开拓、掘进（井工矿）或表土剥离作业线开帮（露天矿）。

（1）开拓、掘进，是指在井工矿开采中，施工井筒、大巷、主要硐室等开拓井巷工程和掘进采区、采煤工作面等系统巷道的生产过程。

（2）表土剥离作业线开帮，是指在露天矿开采中，表土层剥离和采煤面的开帮过程。

2. 采掘设备安装。

3. 建立矿井运输、通风、供电、供风、排水、安全设施等系统工程的生产过程。

（四）采煤工作，是指根据矿井选用的采煤工艺，如长壁式、房柱式、急倾斜柔性支架等，使用机械、炮采、水采等方法在采煤工作面进行煤炭开采的生产过程。

（五）煤矿运输。

1. 煤炭运输，是指将采煤工作面开采的原煤输送到地面储煤场（仓）或选煤厂的过程。

2. 辅助运输，是指矿井材料、设备、工作人员的运输过程。

（六）煤矿通风，是指对煤矿采掘工作面、主要硐室及其他用风地点，采用全压通风、局部通风机供风等方式进行通风系统管理和作业的生产过程。

（七）煤矿供电，是指对煤矿机电设备供电进行的系统管理和作业的生产过程。

（八）煤矿供风，是指对煤矿需要供风的地点和设备进行的系统管理和作业的生产过程。

（九）煤矿供水，是指对煤矿需要用水的地点和设备进行的系统管理和作业的生产过程。

（十）煤矿排水，是指将煤矿涌水排到地面进行的系统管理和作业的生产过程。

（十一）煤矿监测监控，是指对煤矿安全环境和生产进行的各类监测监控系统管理和作业的生产过程。

二、洗选煤生产流程

原煤洗选工艺按用途分炼焦用煤洗选、动力用煤洗选两大类，按洗选介质分干法分选和湿法洗选两大类，一般来说，选煤厂由以下主要工艺组成，原煤准备、原煤分选、产品脱水、煤泥水处理、产品干燥。

（一）原煤准备。

原煤准备主要包括原煤入厂、储存、破碎和筛分。

1. 原煤入厂，是指根据矿井距选煤厂距离的不同由运输皮带、汽车、火车等不同方式将原煤运输进入选煤厂的过程。

2. 原煤储存，是指入厂的原煤由运输皮带、翻车机、矿车等不同方式进入存储仓的过程。

3. 原煤破碎，是指原煤在洗选前经过破碎机破碎至合适的粒度的过程。

4. 原煤筛分，是指破碎后的原煤经过分级筛进行筛选分级，一般以粒度 100mm、50mm、13mm 为分级标准，为之后的原煤分选做准备的过程。

（二）原煤分选。

目前，我国原煤的主要分选方法可分为湿法的重介质、跳汰、浮选以及干法选煤。

1. 重介质选煤，是指在以磁铁矿粉为加重质的重介质悬浮液中利用煤与矸石的不同的密度进行洗选的工艺，适用于分选 300mm～25（13）mm 的块煤。

2. 重介质旋流器选煤，是指在离心力场中的重介质悬浮液中利用煤与矸石的密度差别进行分选的工艺，适用于分选粒度为 50（100）mm～0.5mm 的难选煤、细粒级、脱除黄铁矿硫的原煤分选。

3. 跳汰选煤，是指利用压缩空气产生的脉动水流在跳汰机的筛板上实现煤与矸石按密度分选的工艺，适用于分选粒度为 100mm－0.5mm 的原煤。

4. 浮游选煤（简称浮选），是指根据煤与矸石表面不同的物理—化学性质（主要是湿润性）的差异进行分选的工艺，主要用于炼焦煤细颗粒物（0.5 毫米以下）的分选。

5. 干法选煤，是指采用空气—煤粉（加重质微粒）为介质，用压缩空气和激振力使物料松散，在带床条的床面上实现煤和矸石按密度分选的工艺。

对于动力煤的分选，目前主要有两种方式：一是应用干法选煤，原煤（粒度 100－13mm）由输送皮带送入干法选煤设备产出精煤、中煤和矸石等产品；二是应用浅槽刮板重介质分选机，准备好的块原煤（粒度 100－13mm）由输送皮带送入浅槽刮板重介质分选机产出精煤、中煤和矸石等产品。

对于炼焦煤的分选，目前主要应用重介质旋流器选煤和浮选，原煤（粒度 50mm 以下）进入重介质旋流器，产出精煤、中煤和矸石等产品，产品进入脱介筛脱除介质，精煤、中煤脱除介质后筛上粒度较大的进入产品脱水环节，筛下粒度较小的经磁选机选出介质后进入浮选，产出浮选精煤进入产品脱水环节。

（三）产品脱水。

煤炭产品脱水主要包括湿法洗选后块煤和末煤产品的脱水、浮选精煤脱水、煤泥脱水。

煤炭经过湿法洗选后的产品不可避免的携带大量水分，特别是刚产生的浮选精煤和煤泥，由于粒度较小，水分特别大，必须经过脱水设备脱除携带水分，否则无法使用。通常使用离心脱水机对块煤和末煤进行脱水，加压过滤机对浮选精煤进行脱水，隔膜式压滤机对煤泥进行脱水，脱水后的滤液进入循环水系统进行处理。

（四）煤泥水处理。

浮选后的煤泥水进入浓缩机，沉淀后，清水循环使用，浓缩物进入脱水环节成为煤泥。

（五）产品干燥。

利用热能对产品进行干燥。

国有科技型企业股权和分红激励暂行办法

（2016年2月26日 财资〔2016〕4号）

第一章 总 则

第一条 为加快实施创新驱动发展战略，建立国有科技型企业自主创新和科技成果转化的激励分配机制，调动技术和管理人员的积极性和创造性，推动高新技术产业化和科技成果转化，依据《中华人民共和国促进科技成果转化法》、《中华人民共和国公司法》、《中华人民共和国企业国有资产法》等国家法律法规，制定本办法。

第二条 本办法所称国有科技型企业，是指中国境内具有公司法人资格的国有及国有控股未上市科技企业（含全国中小企业股份转让系统挂牌的国有企业），具体包括：

（一）转制院所企业、国家认定的高新技术企业。

（二）高等院校和科研院所投资的科技企业。

（三）国家和省级认定的科技服务机构。

第三条 本办法所称股权激励，是指国有科技型企业以本企业股权为标的，采取股权出售、股权奖励、股权期权等方式，对企业重要技术人员和经营管理人员实施激励的行为。

分红激励，是指国有科技型企业以科技成果转化收益为标的，采取项目收益分红方式；或者以企业经营收益为标的，采取岗位分红方式，对企业重要技术人员和经营管理人员实施激励的行为。

第四条 国有科技型企业实施股权和分红激励应当遵循以下原则：

（一）依法依规，公正透明。严格遵守国家法律法规和本办法的规定，有序开展激励工作，操作过程公开、公平、公正，坚决杜绝利益输送，防止国有资产流失。

（二）因企制宜，多措并举。统筹考虑企业规模、行业特点和发展阶段，采取一种或者多种激励方式，科学制定激励方案。建立合理激励、有序流转、动态调整的机制。

（三）利益共享，风险共担。激励对象按照自愿原则，获得股权和分红激励，应当诚实守信，勤勉尽责，自觉维护企业和全体股东利益，共享改革发展成果，共担市场竞争风险。

（四）落实责任，强化监督。建立健全企业内部监督机制，依法维护企业股东和员工的权益。履行国有资产监管职责单位及同级财政、科技部门要加强监管，依法追责。

第五条 国有科技型企业负责拟订股权和分红激励方案，履行内部审议和决策程序，报经履行出资人职责或国有资产监管职责的部门、机构、企业审核后，对符合条件的激励对象实施激励。

第二章 实施条件

第六条 实施股权和分红激励的国有科技型企业应当产权明晰、发展战略明确、管理规范、内部治理结构健全并有效运转，同时具备以下条件：

（一）企业建立了规范的内部财务管理制度和员工绩效考核评价制度。年度财务会计报告经过中介机构依法审计，且激励方案制定近3年（以下简称近3年）没有因财务、税收等违法违规行为受到行政、刑事处罚。成立不满3年的企业，以实际经营年限计算。

（二）对于本办法第二条中的（一）、（二）类企业，近3年研发费用占当年企业营业收入均在3%以上，激励方案制定的上一年度企业研发人员占职工总数10%以上。成立不满3年的企业，以实际经营年限计算。

（三）对于本办法第二条中的（三）类企业，近3年科技服务性收入不低于当年企业营业收入的 60%。

上款所称科技服务性收入是指国有科技服务机构营业收入中属于研究开发及其服务、技术转移服务、检验检测认证服务、创业孵化服务、知识产权服务、科技咨询服务、科技金融服务、科学技术普及服务等收入。

企业成立不满 3 年的，不得采取股权奖励和岗位分红的激励方式。

第七条 激励对象为与本企业签订劳动合同的重要技术人员和经营管理人员，具体包括：

（一）关键职务科技成果的主要完成人，重大开发项目的负责人，对主导产品或者核心技术、工艺流程做出重大创新或者改进的主要技术人员。

（二）主持企业全面生产经营工作的高级管理人员，负责企业主要产品（服务）生产经营的中、高级经营管理人员。

（三）通过省、部级及以上人才计划引进的重要技术人才和经营管理人才。

企业不得面向全体员工实施股权或者分红激励。

企业监事、独立董事不得参与企业股权或者分红激励。

第三章 股权激励

第八条 企业可以通过以下方式解决激励标的股权来源：

（一）向激励对象增发股份。

（二）向现有股东回购股份。

（三）现有股东依法向激励对象转让其持有的股权。

第九条 企业可以采取股权出售、股权奖励、股权期权等一种或多种方式对激励对象实施股权激励。

大、中型企业不得采取股权期权的激励方式。

企业的划型标准，按照国家统计局《关于印发统计上大中小微型企业划分办法的通知》（国统字〔2011〕75 号）等有关规定执行。

第十条 大型企业的股权激励总额不超过企业总股本的 5%；中型企业的股权激励总额不超过企业总股本的 10%；小、微型企业的股权激励总额不超过企业总股本的 30%，且单个激励对象获得的激励股权不得超过企业总股本的 3%。

企业不能因实施股权激励而改变国有控股地位。

第十一条 企业实施股权出售，应按不低于资产评估结果的价格，以协议方式将企业股权有偿出售给激励对象。资产评估结果，应当根据国有资产评估的管理规定，报相关部门、机构或者企业核准或者备案。

第十二条 企业实施股权奖励，除满足本办法第六条规定外，近 3 年税后利润累计形成的净资产增值额应当占近 3 年年初净资产总额的 20%以上，实施激励当年年初未分配利润为正数。

近 3 年税后利润累计形成的净资产增值额，是指激励方案制定上年末账面净资产相对于近 3 年首年初账面净资产的增加值，不包括财政及企业股东以各种方式投资或补助形成的净资产和已经向股东分配的利润。

第十三条 企业用于股权奖励的激励额不超过近 3 年税后利润累计形成的净资产增值额的 15%。企业实施股权奖励，必须与股权出售相结合。

股权奖励的激励对象，仅限于在本企业连续工作 3 年以上的重要技术人员。单个获得股权奖励的激励对象，必须以不低于 1∶1 的比例购买企业股权，且获得的股权奖励按激励实施时的评估价值折算，累计不超过 300 万元。

第十四条 企业用于股权奖励的激励额，应当依据经核准或者备案的资产评估结果折合股权，并确定向每个激励对象奖励 的股权。

第十五条 企业股权出售或者股权奖励原则上应一次实施到位。

第十六条 小、微型企业采取股权期权方式实施激励的，应当在激励方案中明确规定激励对象的行权价格。

确定行权价格时，应当综合考虑科技成果成熟程度及其转化情况、企业未来至少5年的盈利能力、企业拟授予全部股权数量等因素，且不低于制定股权期权激励方案时经核准或者备案的每股评估价值。

第十七条 企业应当与激励对象约定股权期权授予和行权的业绩考核目标等条件。

业绩考核指标可以选取净资产收益率、主营业务收入增长率、现金营运指数等财务指标，但应当不低于企业近3年平均业绩水平及同行业平均业绩水平。成立不满3年的企业，以实际经营年限计算。

第十八条 企业应当在激励方案中明确股权期权的授权日、可行权日和行权有效期。

股权期权授权日与获授股权期权首次可行权日之间的间隔不得少于1年，股权期权行权的有效期不得超过5年。

企业应当规定激励对象在股权期权行权的有效期内分期行权。有效期过后，尚未行权的股权期权自动失效。

第十九条 企业以股权期权方式授予的股权，激励对象分期缴纳相应出资额的，以实际出资额对应的股权参与企业利润分配。

第二十条 企业不得为激励对象购买股权提供贷款以及其他形式的财务资助，包括为激励对象向其他单位或者个人贷款提供担保。企业要坚持同股同权，不得向激励对象承诺年度分红回报或设置托底回购条款。

第二十一条 激励对象可以采用直接或间接方式持有激励股权。采用间接方式的，持股单位不得与企业存在同业竞争关系或发生关联交易。

第二十二条 股权激励的激励对象，自取得股权之日起，5年内不得转让、捐赠，特殊情形按以下规定处理：

（一）因本人提出离职或者个人原因被解聘、解除劳动合同，取得的股权应当在半年内全部退回企业，其个人出资部分由企业按上一年度审计后净资产计算退还本人。

（二）因公调离本企业的，取得的股权应当在半年内全部退回企业，其个人出资部分由企业按照上一年度审计后净资产计算与实际出资成本孰高的原则返还本人。

在职激励对象不得以任何理由要求企业收回激励股权。

第四章 分红激励

第二十三条 企业实施项目收益分红，应当依据《中华人民共和国促进科技成果转化法》，在职务科技成果完成、转化后，按照企业规定或者与重要技术人员约定的方式、数额和时限执行。企业制定相关规定，应当充分听取本企业技术人员的意见，并在本企业公开相关规定。

企业未规定、也未与重要技术人员约定的，按照下列标准执行：

（一）将该项职务科技成果转让、许可给他人实施的，从该项科技成果转让净收入或者许可净收入中提取不低于50%的比例；

（二）利用该项职务科技成果作价投资的，从该项科技成果形成的股份或者出资比例中提取不低于50%的比例；

（三）将该项职务科技成果自行实施或者与他人合作实施的，应当在实施转化成功投产后连续3至5年，每年从实施该项科技成果的营业利润中提取不低于5%的比例。

转让、许可净收入为企业取得的科技成果转让、许可收入扣除相关税费和企业为该项科技成果投入的全部研发费用及维护、维权费用后的金额。企业将同一项科技成果使用权向多个单位或者个人转让、许可的，转让、许可收入应当合并计算。

第二十四条 企业实施项目收益分红，应当按照具体项目实施财务管理，并按照国家统一的会计制度进行核算，反映具体项目收益分红情况。

第二十五条 企业实施岗位分红，除满足本办法第六条规定外，近 3 年税后利润累计形成的净资产增值额应当占企业近 3 年年初净资产总额的 10%以上，且实施激励当年年初未分配利润为正数。

第二十六条 企业年度岗位分红激励总额不高于当年税后利润的 15%。企业应当按照岗位在科技成果产业化中的重要性和贡献，确定不同岗位的分红标准。

第二十七条 激励对象应当在该岗位上连续工作 1 年以上，且原则上每次激励人数不超过企业在岗职工总数的 30%。

激励对象获得的岗位分红所得不高于其薪酬总额的 2/3。激励对象自离岗当年起，不再享有原岗位分红权。

第二十八条 岗位分红激励方案有效期原则上不超过 3 年。激励方案中应当明确年度业绩考核指标，原则上各年度净利润增长率应当高于企业实施岗位分红激励近 3 年平均增长水平。

企业未达到年度考核要求的，应当终止激励方案的实施，再次实施岗位分红激励需重新申报。

激励对象未达到年度考核要求的，应当按约定的条款扣减、暂缓或停止分红激励。

第二十九条 企业实施分红激励所需支出计入工资总额，但不受当年本单位工资总额限制、不纳入本单位工资总额基数，不作为企业职工教育经费、工会经费、社会保险费、补充养老及补充医疗保险费、住房公积金等的计提依据。

第五章 激励方案的管理

第三十条 企业总经理班子或者董事会（以下统称企业内部决策机构）负责拟订企业股权和分红激励方案（格式参见附件）。

第三十一条 对同一激励对象就同一职务科技成果或者产业化项目，企业只能采取一种激励方式、给予一次激励。对已按照本办法实施股权激励的激励对象，企业在 5 年内不得再对其实施股权激励。

第三十二条 激励方案涉及的财务数据和资产评估结果，应当经具有相关资质的会计师事务所审计和资产评估机构评估，并按有关规定办理核准或备案手续。

第三十三条 企业内部决策机构拟订激励方案时，应当通过职工代表大会或者其他形式充分听取职工的意见和建议。

第三十四条 企业内部决策机构应当将激励方案及听取职工意见情况，先行报履行出资人职责或国有资产监管职责的部门、机构、企业（以下简称审核单位）批准。

中央企业集团公司相关材料报履行出资人职责的部门或机构批准；中央企业集团公司所属子企业，相关材料报中央企业集团公司批准。履行出资人职责的国有资本投资、运营公司所属子企业，相关材料报国有资本投资、运营公司批准。

中央部门及事业单位所属企业，按国有资产管理权属，相关材料报中央主管部门或机构批准。

地方国有企业相关材料，按现行国有资产管理体制，报同级履行国有资产监管职责的部门或机构批准。

第三十五条 审核单位应当严格审核企业申报的激励方案，必要时要求企业法律事务机构或者外聘律师对激励方案出具法律意见书，对以下事项发表专业意见：

（一）激励方案是否符合有关法律、法规和本办法的规定。

（二）激励方案是否存在明显损害企业及现有股东利益的情形。

（三）激励方案是否充分披露影响激励结果的重大信息。

（四）激励方案可能引发的法律纠纷等风险，以及应对风险的法律建议。

（五）其他重要事项。

审核单位自受理企业股权和分红激励方案之日起 20 个工作日内，提出书面审定意见。

第三十六条 审核单位批准企业实施股权和分红激励后，企业内部决策机构应将批准的激励方案提请股东（大）会审议。

在股东（大）会审议激励方案时，国有股东代表应当按照审批单位书面审定意见发表意见。

未设立股东（大）会的企业，按照审批单位批准的方案实施。

第三十七条 除国家另有规定外，企业应当在股东（大）会审议通过激励方案后 5 个工作日内，将以下材料报送审核单位备案：

（一）经股东（大）会审议通过的激励方案。

（二）相关批准文件、股东（大）会决议。

企业股东应当依法行使股东权利，督促企业内部决策机构严格按照激励方案实施激励。

第三十八条 在激励方案实施期间内，企业应于每年 1 月底前向审核单位报告上一年度激励方案实施情况：

（一）实施激励涉及的业绩条件、净收益等财务信息。

（二）激励对象在报告期内各自获得的激励情况。

（三）报告期内的股权激励数量及金额，引起的股本变动情况，以及截至报告期末的累计额。

（四）报告期内的分红激励金额，以及截至报告期末的累计额。

（五）激励支出的列支渠道和会计核算情况。

（六）其他应报告的事项。

中央主管部门、机构和中央企业集团公司，应当对所属企业年度股权和分红激励实施情况进行总结，包括实施股权和分红激励企业户数、激励方式、激励人数、激励落实情况、存在的突出问题以及有关政策建议等，并于 3 月底前将上一年度实施情况的总结报告报送财政部、科技部。

地方省级财政部门、科技部门，负责对本省地方国有企业年度股权和分红激励实施情况进行总结，并于 3 月底前将上一年度实施情况的总结报告报送财政部、科技部。

第三十九条 企业实施股权或者分红激励，应当按照《企业财务通则》（财政部令第 41 号）和国家统一会计制度的规定，规范财务管理和会计核算。

第四十条 企业实施激励导致注册资本规模、股权结构或者组织形式变动的，应当按照有关规定，根据相关批准文件、股东（大）会决议等，及时办理国有资产产权登记和工商变更登记手续。

第四十一条 因出现特殊情形需要调整激励方案的，企业应当重新履行内部审议和外部审核的程序。

因出现特殊情形需要终止实施激励的，企业内部决策机构应当向审核单位报告并向股东（大）会说明情况。

第四十二条 企业实施激励过程中，应当接受审核单位及财政、科技部门监督。对违反有关法律法规及本办法规定、损害国有资产合法权益的情形，审核单位应当责令企业中止方案实施，并追究相关人员的法律责任。

第六章 附 则

第四十三条 企业不符合本办法规定激励条件而向管理者转让国有产权的，应当通过产权交易市场公开进行，并按照国家关于产权交易监督管理的有关规定执行。

第四十四条 尚未实施公司制改革的全民所有制企业可参照本办法，实施项目收益分红和岗位分红激励政策。

第四十五条 本办法由财政部、科技部负责解释。各地方、部门可根据本办法制定具体实施细则。

第四十六条 本办法自 2016 年 3 月 1 日起施行。企业依据《财政部 科技部关于印发〈中关村国家自主创新示范区企业股权和分红激励实施办法〉的通知》（财企〔2010〕8 号）、《财政部 科技部关于〈中关村国家自主创新示范区企业股权和分红激励实施办法〉的补充通知》（财企〔2011〕1 号）制定并正在实施的激励方案，可继续执行，实施期满，新的激励方案统一按本办法执行。

附件："企业股权和分红激励方案"提纲

附件：

“企业股权和分红激励方案”提纲

企业拟定的激励方案应包括但不限于以下内容：

一、基本情况

（一）企业基本情况及其发展战略。

（二）企业近3年的业务发展和财务状况。

（三）企业产权是否清晰，目前的股权结构。

（四）激励方案拟订和实施的管理机构及其成员。

（五）企业未来三年技术创新规划，包括企业技术创新目标，以及为实现技术创新目标在体制机制、创新人才、创新投入、创新能力、创新管理等方面将采取的措施。

（六）其他重要事项。

二、激励方案

（一）企业符合本办法规定实施激励条件的情况说明。

（二）激励对象的确定依据、具体名单及其职位和主要贡献。

（三）激励方式的选择及考虑因素。

（四）实施股权激励的，说明所需股权来源、数量及其占企业实收资本（股本）总额的比例，与激励对象约定的业绩条件；拟分次实施的，说明每次拟授予股权的来源、数量及其占比。

（五）实施股权激励的，说明股权出售价格或者股权期权行权价格的确定依据。

（六）实施分红激励的，说明具体激励水平及考虑因素。

（七）每个激励对象预计可获得的股权数量、激励金额。

（八）企业与激励对象各自的权利、义务。

（九）激励对象通过其他方式间接持股的，说明必要性、直接持股单位的基本情况，必要时应当出具直接持股单位与企业不存在同业竞争关系或者不发生关联交易的书面承诺。

（十）发生企业控制权变更、合并、分立，激励对象职务变更、离职、被解聘、被解除劳动合同、死亡等特殊情形时的调整性规定。

（十一）激励方案的审批、变更、终止程序。

（十二）其他重要事项。

三、其他需说明的特殊事项说明

会计档案管理办法

（2015 年 12 月 11 日　财政部 国家档案局令第 79 号）

第一条　为了加强会计档案管理，有效保护和利用会计档案，根据《中华人民共和国会计法》《中华人民共和国档案法》等有关法律和行政法规，制定本办法。

第二条　国家机关、社会团体、企业、事业单位和其他组织（以下统称单位）管理会计档案适用本办法。

第三条　本办法所称会计档案是指单位在进行会计核算等过程中接收或形成的，记录和反映单位经济业务事项的，具有保存价值的文字、图表等各种形式的会计资料，包括通过计算机等电子设备形成、传输和存储的电子会计档案。

第四条　财政部和国家档案局主管全国会计档案工作，共同制定全国统一的会计档案工作制度，对全国会计档案工作实行监督和指导。

县级以上地方人民政府财政部门和档案行政管理部门管理本行政区域内的会计档案工作，并对本行政区域内会计档案工作实行监督和指导。

第五条　单位应当加强会计档案管理工作，建立和完善会计档案的收集、整理、保管、利用和鉴定销毁等管理制度，采取可靠的安全防护技术和措施，保证会计档案的真实、完整、可用、安全。

单位的档案机构或者档案工作人员所属机构（以下统称单位档案管理机构）负责管理本单位的会计档案。单位也可以委托具备档案管理条件的机构代为管理会计档案。

第六条　下列会计资料应当进行归档：

（一）会计凭证，包括原始凭证、记账凭证；

（二）会计账簿，包括总账、明细账、日记账、固定资产卡片及其他辅助性账簿；

（三）财务会计报告，包括月度、季度、半年度、年度财务会计报告；

（四）其他会计资料，包括银行存款余额调节表、银行对账单、纳税申报表、会计档案移交清册、会计档案保管清册、会计档案销毁清册、会计档案鉴定意见书及其他具有保存价值的会计资料。

第七条　单位可以利用计算机、网络通信等信息技术手段管理会计档案。

第八条　同时满足下列条件的，单位内部形成的属于归档范围的电子会计资料可仅以电子形式保存，形成电子会计档案：

（一）形成的电子会计资料来源真实有效，由计算机等电子设备形成和传输；

（二）使用的会计核算系统能够准确、完整、有效接收和读取电子会计资料，能够输出符合国家标准归档格式的会计凭证、会计账簿、财务会计报表等会计资料，设定了经办、审核、审批等必要的审签程序；

（三）使用的电子档案管理系统能够有效接收、管理、利用电子会计档案，符合电子档案的长期保管要求，并建立了电子会计档案与相关联的其他纸质会计档案的检索关系；

（四）采取有效措施，防止电子会计档案被篡改；

（五）建立电子会计档案备份制度，能够有效防范自然灾害、意外事故和人为破坏的影响；

（六）形成的电子会计资料不属于具有永久保存价值或者其他重要保存价值的会计档案。

第九条　满足本办法第八条规定条件，单位从外部接收的电子会计资料附有符合《中华人民共和国电子签名法》规定的电子签名的，可仅以电子形式归档保存，形成电子会计档案。

第十条 单位的会计机构或会计人员所属机构（以下统称单位会计管理机构）按照归档范围和归档要求，负责定期将应当归档的会计资料整理立卷，编制会计档案保管清册。

第十一条 当年形成的会计档案，在会计年度终了后，可由单位会计管理机构临时保管一年，再移交单位档案管理机构保管。因工作需要确需推迟移交的，应当经单位档案管理机构同意。

单位会计管理机构临时保管会计档案最长不超过三年。临时保管期间，会计档案的保管应当符合国家档案管理的有关规定，且出纳人员不得兼管会计档案。

第十二条 单位会计管理机构在办理会计档案移交时，应当编制会计档案移交清册，并按照国家档案管理的有关规定办理移交手续。

纸质会计档案移交时应当保持原卷的封装。电子会计档案移交时应当将电子会计档案及其元数据一并移交，且文件格式应当符合国家档案管理的有关规定。特殊格式的电子会计档案应当与其读取平台一并移交。

单位档案管理机构接收电子会计档案时，应当对电子会计档案的准确性、完整性、可用性、安全性进行检测，符合要求的才能接收。

第十三条 单位应当严格按照相关制度利用会计档案，在进行会计档案查阅、复制、借出时履行登记手续，严禁篡改和损坏。

单位保存的会计档案一般不得对外借出。确因工作需要且根据国家有关规定必须借出的，应当严格按照规定办理相关手续。

会计档案借用单位应当妥善保管和利用借入的会计档案，确保借入会计档案的安全完整，并在规定时间内归还。

第十四条 会计档案的保管期限分为永久、定期两类。定期保管期限一般分为 10 年和 30 年。

会计档案的保管期限，从会计年度终了后的第一天算起。

第十五条 各类会计档案的保管期限原则上应当按照本办法附表执行，本办法规定的会计档案保管期限为最低保管期限。

单位会计档案的具体名称如有同本办法附表所列档案名称不相符的，应当比照类似档案的保管期限办理。

第十六条 单位应当定期对已到保管期限的会计档案进行鉴定，并形成会计档案鉴定意见书。经鉴定，仍需继续保存的会计档案，应当重新划定保管期限；对保管期满，确无保存价值的会计档案，可以销毁。

第十七条 会计档案鉴定工作应当由单位档案管理机构牵头，组织单位会计、审计、纪检监察等机构或人员共同进行。

第十八条 经鉴定可以销毁的会计档案，应当按照以下程序销毁：

（一）单位档案管理机构编制会计档案销毁清册，列明拟销毁会计档案的名称、卷号、册数、起止年度、档案编号、应保管期限、已保管期限和销毁时间等内容。

（二）单位负责人、档案管理机构负责人、会计管理机构负责人、档案管理机构经办人、会计管理机构经办人在会计档案销毁清册上签署意见。

（三）单位档案管理机构负责组织会计档案销毁工作，并与会计管理机构共同派员监销。监销人在会计档案销毁前，应当按照会计档案销毁清册所列内容进行清点核对；在会计档案销毁后，应当在会计档案销毁清册上签名或盖章。

电子会计档案的销毁还应当符合国家有关电子档案的规定，并由单位档案管理机构、会计管理机构和信息系统管理机构共同派员监销。

第十九条 保管期满但未结清的债权债务会计凭证和涉及其他未了事项的会计凭证不得销毁，纸质会计档案应当单独抽出立卷，电子会计档案单独转存，保管到未了事项完结时为止。

单独抽出立卷或转存的会计档案，应当在会计档案鉴定意见书、会计档案销毁清册和会计档案保管清册中列明。

第二十条 单位因撤销、解散、破产或其他原因而终止的，在终止或办理注销登记手续之前形成的会计档案，按照国家档案管理的有关规定处置。

第二十一条 单位分立后原单位存续的，其会计档案应当由分立后的存续方统一保管，其他方可以查阅、复制与其业务相关的会计档案。

单位分立后原单位解散的，其会计档案应当经各方协商后由其中一方代管或按照国家档案管理的有关规定处置，各方可以查阅、复制与其业务相关的会计档案。

单位分立中未结清的会计事项所涉及的会计凭证，应当单独抽出由业务相关方保存，并按照规定办理交接手续。

单位因业务移交其他单位办理所涉及的会计档案，应当由原单位保管，承接业务单位可以查阅、复制与其业务相关的会计档案。对其中未结清的会计事项所涉及的会计凭证，应当单独抽出由承接业务单位保存，并按照规定办理交接手续。

第二十二条 单位合并后原各单位解散或者一方存续其他方解散的，原各单位的会计档案应当由合并后的单位统一保管。单位合并后原各单位仍存续的，其会计档案仍应当由原各单位保管。

第二十三条 建设单位在项目建设期间形成的会计档案，需要移交给建设项目接受单位的，应当在办理竣工财务决算后及时移交，并按照规定办理交接手续。

第二十四条 单位之间交接会计档案时，交接双方应当办理会计档案交接手续。

移交会计档案的单位，应当编制会计档案移交清册，列明应当移交的会计档案名称、卷号、册数、起止年度、档案编号、应保管期限和已保管期限等内容。

交接会计档案时，交接双方应当按照会计档案移交清册所列内容逐项交接，并由交接双方的单位有关负责人负责监督。交接完毕后，交接双方经办人和监督人应当在会计档案移交清册上签名或盖章。

电子会计档案应当与其元数据一并移交，特殊格式的电子会计档案应当与其读取平台一并移交。档案接受单位应当对保存电子会计档案的载体及其技术环境进行检验，确保所接收电子会计档案的准确、完整、可用和安全。

第二十五条 单位的会计档案及其复制件需要携带、寄运或者传输至境外的，应当按照国家有关规定执行。

第二十六条 单位委托中介机构代理记账的，应当在签订的书面委托合同中，明确会计档案的管理要求及相应责任。

第二十七条 违反本办法规定的单位和个人，由县级以上人民政府财政部门、档案行政管理部门依据《中华人民共和国会计法》《中华人民共和国档案法》等法律法规处理处罚。

第二十八条 预算、计划、制度等文件材料，应当执行文书档案管理规定，不适用本办法。

第二十九条 不具备设立档案机构或配备档案工作人员条件的单位和依法建账的个体工商户，其会计档案的收集、整理、保管、利用和鉴定销毁等参照本办法执行。

第三十条 各省、自治区、直辖市、计划单列市人民政府财政部门、档案行政管理部门，新疆生产建设兵团财务局、档案局，国务院各业务主管部门，中国人民解放军总后勤部，可以根据本办法制定具体实施办法。

第三十一条 本办法由财政部、国家档案局负责解释，自 2016 年 1 月 1 日起施行。1998 年 8 月 21 日财政部、国家档案局发布的《会计档案管理办法》（财会字〔1998〕32 号）同时废止。

附表：1. 企业和其他组织会计档案保管期限表

2. 财政总预算、行政单位、事业单位和税收会计档案保管期限表

附表 1：企业和其他组织会计档案保管期限表

序号	档案名称	保管期限	备注
一	**会计凭证**		
1	原始凭证	30 年	
2	记账凭证	30 年	
二	**会计账簿**		
3	总账	30 年	
4	明细账	30 年	
5	日记账	30 年	
6	固定资产卡片		固定资产报废清理后保管 5 年
7	其他辅助性账簿	30 年	
三	**财务会计报告**		
8	月度、季度、半年度财务会计报告	10 年	
9	年度财务会计报告	永久	
四	**其他会计资料**		
10	银行存款余额调节表	10 年	
11	银行对账单	10 年	
12	纳税申报表	10 年	
13	会计档案移交清册	30 年	
14	会计档案保管清册	永久	
15	会计档案销毁清册	永久	
16	会计档案鉴定意见书	永久	

附表 2：财政总预算、行政单位、事业单位和税收会计档案保管期限表

序号	档案名称	保管期限			备注
		财政总预算	行政单位事业单位	税收会计	
一	**会计凭证**				
1	国家金库编送的各种报表及缴库退库凭证	10 年		10 年	
2	各收入机关编送的报表	10 年			
3	行政单位和事业单位的各种会计凭证		30 年		包括：原始凭证、记账凭证和传票汇总表
4	财政总预算拨款凭证和其他会计凭证	30 年			包括：拨款凭证和其他会计凭证
二	**会计账簿**				
5	日记账		30 年	30 年	
6	总账	30 年	30 年	30 年	
7	税收日记账（总账）			30 年	
8	明细分类、分户账或登记簿	30 年	30 年	30 年	
9	行政单位和事业单位固定资产卡片				固定资产报废清理后保管 5 年
三	**财务会计报告**				
10	政府综合财务报告	永久			下级财政、本级部门和单位报送的保管 2 年

续表

序号	档案名称	保管期限			备注
		财政总预算	行政单位事业单位	税收会计	
11	部门财务报告		永久		所属单位报送的保管 2 年
12	财政总决算	永久			下级财政、本级部门和单位报送的保管 2 年
13	部门决算		永久		所属单位报送的保管 2 年
14	税收年报（决算）			永久	
15	国家金库年报（决算）	10 年			
16	基本建设拨、贷款年报（决算）	10 年			
17	行政单位和事业单位会计月、季度报表		10 年		所属单位报送的保管 2 年
18	税收会计报表			10 年	所属税务机关报送的保管 2 年
四	**其他会计资料**				
19	银行存款余额调节表	10 年	10 年		
20	银行对账单	10 年	10 年	10 年	
21	会计档案移交清册	30 年	30 年	30 年	
22	会计档案保管清册	永久	永久	永久	
23	会计档案销毁清册	永久	永久	永久	
24	会计档案鉴定意见书	永久	永久	永久	

注：税务机关的税务经费会计档案保管期限，按行政单位会计档案保管期限规定办理。

会计人员继续教育规定

（2013年8月27日 财会〔2013〕18号）

第一章 总 则

第一条 为加强持有会计从业资格证书人员（以下简称会计人员）继续教育的管理，推进会计人员继续教育工作科学化、规范化、信息化，培养造就高素质的会计队伍，提高会计人员专业胜任能力，根据《中华人民共和国会计法》（以下简称《会计法》）和《会计从业资格管理办法》的规定，制定本办法。

第二条 会计人员继续教育的管理适用本办法。

第三条 会计人员继续教育应当紧密结合经济社会发展和会计行业发展要求，统筹规划，强化服务，注重质量，全面推进会计人才队伍建设，为经济社会和会计行业发展提供人才保证和智力支持。

第四条 会计人员继续教育工作应当遵循下列基本原则：

（一）以人为本，按需施教。把握会计行业发展趋势和会计人员从业基本要求，突出提升会计人员专业胜任能力，引导会计人员更新知识、拓展技能，提高解决实际问题的能力。

（二）突出重点，提高能力。会计人员继续教育面向会计人员，全面提高会计人员整体素质，进一步改善会计人员知识结构。

（三）加强指导，创新机制。在统筹规划的前提下，有效利用各方面教育资源，引导社会办学单位参与会计人员继续教育，并不断丰富继续教育内容，创新继续教育方式，整合继续教育资源，提高继续教育质量，逐步形成政府部门规划指导、社会单位积极参与、用人单位支持督促的会计人员继续教育新格局。

第五条 会计人员享有参加继续教育的权利和接受继续教育的义务。

第六条 会计人员继续教育的对象是取得会计从业资格的人员。

取得会计从业资格的人员，应当自取得资格的次年开始参加继续教育，并在规定时间内取得规定学分。

第二章 管理体制

第七条 财政部负责全国会计人员继续教育管理的下列事项：

（一）制定全国会计人员继续教育规划；

（二）制定全国会计人员继续教育制度；

（三）拟定全国会计人员继续教育工作重点；

（四）组织开发、评估、推荐全国会计人员继续教育重点教材；

（五）组织全国会计人员继续教育师资培训；

（六）指导、督促各地区和有关部门开展会计人员继续教育工作。

第八条 各省、自治区、直辖市、计划单列市财政厅（局）（以下简称省级财政部门）负责本地区会计人员继续教育管理的下列事项：

（一）依据全国会计人员继续教育制度，制定本地区的会计人员继续教育实施办法；

（二）依据全国会计人员继续教育规划和工作重点，制定本地区会计人员继续教育计划并组织实施；

（三）确定本地区各级财政部门会计人员继续教育管理工作的具体职责和权限；

（四）组织推荐适合本地区的会计人员继续教育教材，或者选用财政部统一组织开发、推荐的全国会计人员继续教育重点教材；

（五）组织本地区会计人员继续教育培训和会计人员继续教育师资培训；

（六）指导、监督本地区会计人员继续教育工作，规范会计人员继续教育培训市场；

（七）监督、检查会计人员接受继续教育情况。

第九条 中共中央直属机关事务管理局、国家机关事务管理局、中国人民解放军总后勤部、中国人民武装警察部队后勤部（以下简称中央主管单位）和新疆生产建设兵团财务局应当按照会计从业资格管理体制，分别负责中央在京单位、中国人民解放军系统、中国人民武装警察部队系统和新疆生产建设兵团财务局会计人员继续教育的组织实施工作。

中央主管单位和新疆生产建设兵团财务局管理会计人员继续教育的职责，比照本办法第八条执行。

第十条 会计人员所在单位负责组织和督促本单位的会计人员参加继续教育。

会计人员所在单位应当遵循教育、考核、使用相结合的原则，鼓励、支持并组织本单位会计人员参加继续教育，保证学习时间，提供必要的学习条件。

第三章 内容与形式

第十一条 会计人员继续教育的内容主要包括会计理论、政策法规、业务知识、技能训练和职业道德等。

（一）会计理论继续教育，重点加强会计基础理论和应用理论的培训，提高会计人员用理论指导实践的能力；

（二）政策法规继续教育，重点加强会计法规制度及其他相关法规制度的培训，提高会计人员依法从事会计工作的能力；

（三）业务知识和技能训练继续教育，重点加强履行岗位职责所必备的会计准则制度等专业知识、内部控制、会计信息化等方面的培训，提高会计人员的实际工作能力和业务技能；

（四）职业道德继续教育，重点加强会计职业道德的培训，提高会计人员职业道德水平。

第十二条 会计人员可以自愿选择参加本办法规定的继续教育形式。

第十三条 会计人员继续教育的形式主要有：

（一）参加县级以上地方人民政府财政部门、中央主管单位、新疆生产建设兵团财务局（以下简称继续教育管理部门）组织的会计人员继续教育师资培训、会计脱产培训、远程网络化会计培训；

（二）参加继续教育管理部门公布的会计人员继续教育机构组织的会计脱产培训、远程网络化会计培训；

（三）参加继续教育管理部门公布的会计人员所在单位组织的会计脱产培训、远程网络化会计培训；

（四）参加财政部组织的全国会计领军人才培训；

（五）参加财政部组织的大中型企事业单位总会计师素质提升工程培训；

（六）参加省级财政部门、中央主管单位、新疆生产建设兵团财务局组织的高端会计人才培训；

（七）参加中国注册会计师继续教育培训；

（八）参加继续教育管理部门组织的其他形式培训。

继续教育管理部门应当按照管理权限，定期公布会计人员继续教育机构或会计人员所在单位名称等相关信息。

第十四条 除本办法第十三条规定的继续教育形式外，会计人员继续教育的形式还包括：

（一）参加财政部组织的全国会计领军人才考试，以及省级财政部门、中央主管单位、新疆生产建设兵团财务局组织的高端会计人才考试；

（二）参加会计、审计专业技术资格考试，以及注册会计师、注册资产评估师、注册税务师考试；

（三）参加国家教育行政主管部门承认的会计类专科以上学位学历教育；

（四）承担继续教育管理部门或其认可的会计学术团体的会计类研究课题，或在有国内统一刊号（CN）的经济管理类报刊上发表会计类论文；

（五）公开出版会计类书籍；

（六）参加省级以上财政部门、中央主管单位、新疆生产建设兵团财务局组织或其认可的会计类知识大赛；

（七）继续教育管理部门认可的其他形式。

第十五条 会计人员继续教育内容应当根据会计人员的从业要求，综合运用讲授式、研究式、案例式、模拟式、体验式等教学方法，提高培训效果和质量。

第十六条 继续教育管理部门应当积极推广网络教育、远程教育、电化教育等方式，提高会计人员继续教育教学和管理的信息化水平。

第四章 学分管理

第十七条 会计人员参加继续教育采取学分制管理制度，每年参加继续教育取得的学分不得少于24学分。

会计人员参加继续教育取得的学分，在全国范围内有效。

第十八条 会计人员参加本办法第十三条规定的继续教育形式，继续教育学分计量标准如下：

（一）参加继续教育管理部门组织的会计人员继续教育师资培训、会计脱产培训、远程网络化会计培训，考试或考核合格的，每学时折算为1学分；

（二）参加继续教育管理部门公布的会计人员继续教育机构组织的会计脱产培训、远程网络化会计培训，考试或考核合格的，每学时折算为1学分；

（三）参加继续教育管理部门公布的会计人员所在单位组织的会计脱产培训、远程网络化会计培训，考试或考核合格的，每学时折算为1学分；

（四）参加财政部组织的全国会计领军人才培训，考试或考核合格的，每学时折算为1学分；

（五）参加财政部组织的大中型企事业单位总会计师素质提升工程培训，考试或考核合格的，每学时折算为1学分；

（六）参加省级财政部门、中央主管单位、新疆生产建设兵团财务局组织的高端会计人才培训，考试或考核合格的，每学时折算为1学分；

（七）参加中国注册会计师继续教育培训，经所属注册会计师协会确认的，每学时折算为1学分。

第十九条 会计人员参加本办法第十四条规定的继续教育形式，继续教育学分计量标准如下：

（一）参加财政部组织的全国会计领军人才考试，以及省级财政部门、中央主管单位、新疆生产建设兵团财务局组织的高端会计人才考试，被录取的，折算为24学分；

（二）参加会计、审计专业技术资格考试，以及注册会计师、注册资产评估师、注册税务师考试，每通过一科考试，折算为24学分；

（三）参加国家教育行政主管部门承认的会计类专科以上学位学历教育，通过当年度一个学习科目考试或考核的，折算为 24 学分；

（四）独立承担继续教育管理部门或其认可的会计学术团体的会计类研究课题，课题结项的，每项研究课题折算为 24 学分；与他人合作完成的，每项研究课题的第一作者折算为 24 学分，其他作者每人折算为 12 学分；

（五）独立在有国内统一刊号的经济管理类报刊上发表会计类论文的，每篇论文折算为 24 学分；与他人合作发表的，每篇论文的第一作者折算为 24 学分，其他作者每人折算为 12 学分；

（六）独立公开出版会计类书籍的，每本会计类书籍折算为 24 学分；与他人合作出版的，每本会计类书籍的第一作者折算为 24 学分，其他作者每人折算为 12 学分；

（七）参加省级以上财政部门、中央主管单位、新疆生产建设兵团财务局组织或其认可的会计类知识大赛，成绩合格或受到表彰的，折算为 24 学分。

会计人员参加继续教育取得的学分，均在当年度有效，不得结转下年度。

第二十条 会计人员在省级财政部门、中央主管单位、新疆生产建设兵团财务局管辖范围之间办理调转登记时，未按规定完成继续教育的，应当分情况进行处理：

（一）会计人员未按规定完成以前年度继续教育的，应当在调出地完成以前年度继续教育后，才能办理会计从业资格调转手续。

（二）会计人员未按规定完成当年度继续教育的，调出地应当在其调转登记表中予以注明，会计人员办理调转后，应当在调入地完成当年度继续教育。

第二十一条 会计人员参加未经继续教育管理部门公布的会计人员继续教育机构组织开展的会计人员继续教育，继续教育管理部门不为其办理继续教育事项登记。

会计人员参加未经继续教育管理部门公布的会计人员所在单位组织开展的会计人员继续教育，继续教育管理部门不为其办理继续教育事项登记。

第五章 机构管理

第二十二条 继续教育管理部门应当加强会计人员继续教育机构建设，构建分工明确、优势互补、布局合理、竞争有序的会计人员继续教育体系。

会计人员继续教育应当充分发挥国家会计学院、中华会计函授学校、会计学会、总会计师协会、县级以上地方人民政府财政部门和中央主管单位会计人员培训基地（中心）等教育资源的主渠道作用，鼓励、引导高等院校、科研院所等单位参与会计人员继续教育工作。

第二十三条 会计人员继续教育机构必须同时符合下列条件：

（一）具备承担培训工作相适应的教学场所和教学设施；

（二）拥有与承担培训工作相适应的师资队伍和管理力量；

（三）制定完善的教学培训计划、管理制度和其他相关制度；

（四）能够完成所承担的培训任务，保证培训质量；

（五）符合有关法律法规的规定。

第二十四条 会计人员继续教育机构应当根据会计人员继续教育规划和工作重点等，改进培训方式，科学设置培训内容，加强教学管理，提高教学水平，保证培训质量。

第二十五条 会计人员继续教育机构应当建立健全会计人员继续教育培训档案，如实记载会计人员继续教育情况，并在培训结束后及时将有关情况报送所在地继续教育管理部门。

第六章 师资与教材

第二十六条 会计人员继续教育机构的教学人员，应当具有良好的职业道德修养、较高的理论政策水平、扎实的专业知识基础，有一定的实际工作经验，掌握现代教育培训理论和方法，具备胜任教学、科研工作的能力。

第二十七条 继续教育管理部门应当加强会计人员继续教育教材建设，逐步形成会计人员继续教育教材体系，以适应会计人员继续教育的需要。

第二十八条 会计人员继续教育教材的建设应当坚持开发与利用相结合，加强教材开发的针对性和实用性。提倡会计人员继续教育教材开发社会化，鼓励社会上有能力的部门和单位按照统一的会计人员继续教育规划和工作重点等，参与编制会计人员继续教育教材。

第二十九条 继续教育管理部门应当加强对会计人员继续教育教材的编写、评估、推荐、出版、发行、使用情况的管理和监督。

第三十条 任何部门、单位和个人不得向会计人员强行推销、搭售会计人员继续教育教材。

第七章 监督与检查

第三十一条 会计人员继续教育管理实行登记制度。

会计人员办理继续教育事项登记，可以通过以下两种途径：

（一）会计人员参加继续教育经考试或考核合格后，应当在 3 个月内持会计从业资格证书、相关证明材料向所属继续教育管理部门办理继续教育事项登记；

（二）继续教育管理部门根据公布的会计人员继续教育机构或会计人员所在单位报送的会计人员继续教育信息，为会计人员办理继续教育事项登记。

继续教育管理部门应当建立健全会计人员从业档案信息系统，如实记载会计人员接受继续教育情况。

第三十二条 会计人员由于病假、在境外工作、生育等原因，无法在当年完成继续教育取得规定学分的，应当提供合理证明，经继续教育管理部门审核确认后，其没有取得的继续教育学分可以顺延至下一年度取得。

第三十三条 继续教育管理部门应当加强对会计人员继续教育情况的监督与检查，并将监督、检查结果作为会计人员参加先进会计工作者评选、颁发会计人员荣誉证书等的依据之一。

对未按规定参加继续教育或者参加继续教育未取得规定学分的会计人员，继续教育管理部门应当责令其限期改正。

第三十四条 继续教育管理部门应当定期对所在地会计人员继续教育机构进行检查、评估。

第三十五条 会计人员继续教育机构不得有下列行为：

（一）采取虚假、欺诈等不正当手段招揽生源的；

（二）以会计人员继续教育名义组织境内外公费旅游或者进行其他高消费活动的；

（三）违反国家有关规定擅自印发与会计人员继续教育相关培训证书的；

（四）以会计人员继续教育名义乱收费或者只收费不培训的。

第三十六条 继续教育管理部门应当将各单位会计人员继续教育情况作为《会计法》执行情况检查、会计从业资格情况检查的内容。

第八章 附 则

第三十七条 省级财政部门、中央主管单位和新疆生产建设兵团财务局可根据本办法制定具体实施办法，并报财政部备案。

第三十八条 本办法自 2013 年 10 月 1 日起施行。财政部 2006 年 11 月 20 日发布的《会计人员继续教育规定》（财会〔2006〕19 号）同时废止。